나 없이 [illegible]S 풀지 마라

수능완성 스페셜 special

메가스터디 **전형태**

수능완성 문학
+ 변형문제 N제

나BS 수능완성의 특징 이 책의 활용법

01.

나BS는 치밀하고 철저합니다.

모든 지문의 구조 분석, 작품 해제와 주요 시어의 의미가 담겼습니다.이토록 치밀하고 철저한 EBS 분석은 수험생이 수능을 완벽하게 준비하기를 바라는 **전형태 선생님의 피나는 노력입니다.**

덧셈은 끝났다 (■ ↔ ■ : 대립적 시어(채움 ↔ 비움))
욕망, 욕심, 채움의 삶

밥과 잠을 줄이고 / 뺄셈을 시작해야 한다
비우는 삶을 살고자 하는 의지

1~3행 : 줄이고 비우는 뺄셈 같은 삶에 대한 다짐

남은 것이라곤

주소, 이름 따위를 적어서 대문 위나 옆에 붙이는 작은 패
때 묻은 문패와 해어진 옷가지
화자에게 남은 현재의 재산

이것이 나의 모든 재산일까 (■ : 의문형 종결 어미의 반복 → 자문을 통해 지금 내 모습에 대한 성찰을 드러냄.)

4~6행 : 가진 것이 별로 없는 현재의 재산

시어 시구 풀이

덧셈은 끝났다~뺄셈을 시작해야 한다 → 화자는 '덧셈'과 '뺄셈'이라는 셈법에 자신의 삶의 자세를 빗대고 있다. 그동안 욕심과 욕망으로 채우는 삶을 살았던 모습에 대한 반성을 바탕으로 비우는 삶을 살고자 하는 다짐을 드러내고 있다.

남은 것이라곤~이것이 나의 모든 재산일까 → '문패'와 '옷가지'는 화자가 덧셈의 삶을 살며 얻게 된 '재산'에 해당한다. 화자는 이를 '때 묻은'과 '해어진' 같은 부정적인 수식어로 표현함으로써 욕망과 욕심으로 채워진 삶이 얼마나 허망한 것인지를 드러내고 있다.

01 | 주제

존재의 본질을 파악하고자 하는 염원

02 | 특징

① 존재의 본질을 파악하고자 하는 소망을 드러내는 화자 중심의 시
② 관념적이고 추상적인 내용을 상징적인 시어를 통해 구상함.
③ 다양한 감각적 심상을 활용하여 대상을 표현함.

03 | 작품 해제

「오렌지」는 '오렌지'를 소재로 하여 존재론적 입장에서 사물의 본질을 추구하고자 하는 작품이다. 이 시에서 '오렌지'는 '나'가 본질을 인식하고자 하는 대상이며, '위험한 상태'는 이러한 존재의 본질을 파악하지 못하는 무지한 상태를 의미한다. 화자는 오렌지의 본질을 파악한다는 이유로 오렌지의 껍질을 벗기거나 속살을 까서는 안 된다고 이야기한다. 오렌지는 어느 하나로 분해될 수 없는, 그 자체로서 하나의 전체이며 오렌지에 손을 대는 순간 본래의 오렌지는 사라지기 때문이다. 이렇듯 존재의 참모습을 파악하는 것이 얼마나 어려운지를 보여 주는 이 시는 마지막 연에서 사물의 본질 파악에 대한 막연한 가능성을 암시하며 시상을 마무리하고 있다.

02.

나BS에는 평가원 기출이 있습니다.

나BS에는 평가원 선지가 수록되었습니다. 평가원의 개념으로 EBS를 분석할 수 있도록, 평가원 기출 선지로 O.X 문제를 구성했습니다.

OX문제

01 인물의 성격을 고사에 빗대어 사건을 새로운 국면으로 전환한다. [2024학년도 6월] (O / X)
02 전기적 요소를 활용하여 비현실적 장면을 부각하고 있다. [2013학년도 6월] (O / X)
03 소유경은 남만의 장수인 홍랑의 빼어난 용모와 아리따운 태도를 보고 그가 여인임을 눈치챘다. (O / X)
04 홍랑은 옥피리로 곡조를 연주하여 부모의 나라인 명나라와의 전쟁을 피하고자 하였다. (O / X)
05 서술자가 개입하여 인물에 대한 평가를 제시하고 있다. [2024학년도 수능] (O / X)

03.

나BS에는 논문을 담았습니다.

출제자는 전공자의 논문을 통해 보기와 선지를 구성합니다. 나BS [고전문학편]과 [현대문학편]은 수많은 논문을 인용하여 EBS를 분석합니다. **출제자의 시선으로.**

김광규의 일상시

김광규의 시는 일상의 평범한 순간을 평범한 언어로 담아내 '일상시'라고도 불린다. 여기서 '일상'은 습관적으로 살아가는 그런 삶이 아니라, 현실 생활에서 부딪히는 체험으로서의 삶이다. 그의 일상시는 끊임없는 비판 의식을 가짐으로써 그 의미를 발견할 수 있고, 시인은 독자와 진정한 소통을 하고자 노력해 왔다.

김광규는 일상적 체험을 시로 형상화하는 과정을 통해 세계의 실체와 부조리함을 드러낸다. 그의 초기 시는 일상성을 중심으로 하여 현대시의 길을 개척하고 있으며, 일상이라는 반복적 현상을 활용한다는 점에서 읽기가 쉽다. 그만큼 많은 독자를 확보하고 있으며 보편적인 정서를 대변하고 있는 시인임이 틀림없다. 그의 시가 읽기 쉬운 것은 그만큼 상징적이거나 다의적인 특성을 지닌 서정시와 다른 측면이 있기 때문이다. 그렇다고 쉬운 시의 가치를 평이하게 판단하는 것은 옳지 않다. 김광규의 시가 쉽고 보편적인 이유는 일상의 모습을 있는 그대로 그려 내는 것과 동시에 문제적으로 일상을 바라보기 때문이다.

김광규의 시의 일상성은 작고 구체적인 것들에 대한 관심에서 비롯되었다. 김광규의 시에서는 다양하고 구체적이며 미시적인 사물들이 존재하고 그것들이 새로운 방식으로 접속되는 방식이 두드러지게 나타난다. 세부적인 현실의 모습을 포착한다는 점에서 일상 바라보기는 의미 있는 시도이다. 일상성을 담보로 하고 있는 김광규의 시들은 1960-70년대 한국 사회의 변화 양상을 담아내는 데 있어서 효과적인 그릇이었다.

04.

다음 글을 읽고 물음에 답하시오.

(가)

서경(西京)이 아즐가 서경(西京)이 **셔울**히마르는
위 두어렁셩 두어렁셩 다링디리
닷곤ᄃᆡ 아즐가 닷곤ᄃᆡ 쇼셩경 고외마른
위 두어렁셩 두어렁셩 다링디리
여ᄒᆡ므론 아즐가 여ᄒᆡ므논 **질삼뵈** ᄇᆞ리시고
위 두어렁셩 두어렁셩 다링디리
괴시란ᄃᆡ 아즐가 괴시란ᄃᆡ **우러곰 좃니노이다**
위 두어렁셩 두어렁셩 다링디리

〈제1연〉

[A]
구스리 아즐가 구스리 바회예 디신ᄃᆞᆯ
위 두어렁셩 두어렁셩 다링디리
긴히ᄯᆞᆫ 아즐가 긴힛ᄯᆞᆫ 그츠리잇가 나ᄂᆞᆫ
위 두어렁셩 두어렁셩 다링디리
즈믄 ᄒᆡ를 아즐가 즈믄 ᄒᆡ를 외오곰 녀신ᄃᆞᆯ
위 두어렁셩 두어렁셩 다링디리
신(信)잇ᄃᆞᆫ 아즐가 신(信)잇ᄃᆞᆫ **그츠리잇가** 나ᄂᆞᆫ
위 두어렁셩 두어렁셩 다링디리

〈제2연〉

- 작자 미상, 「서경별곡」 -

03. 〈보기〉를 참고할 때, (가)의 [A]와 〈보기〉의 [B]를 비교하여 이해한 내용으로 적절하지 않은 것은?

<보기>

「서경별곡」의 제2연에서 여음구를 제외한 부분은 당시 유행하던 민요의 모티프를 수용한 것으로, 「정석가」에도 동일한 모티프가 나타난다. 고려 시대의 문인 이제현도 당시에 유행하던 민요를 다음과 같이 한시로 옮긴 적이 있다.

[B]
비록 구슬이 바위에 떨어져도　縱然巖石落珠璣
끈은 진실로 끊어질 때 없으리.　纓縷固應無斷時
낭군과 천 년을 이별한다고 해도　與郞千載相離別
한 점 붉은 마음이야 어찌 바뀌리오?　一點丹心何改移

① [A]와 [B]에서 '구슬'은 변할 수 있는 것을, '긴'이나 '끈'은 변하지 않는 것을 비유하는 소재로 활용하였군.
② [A]에서는 '신'을, [B]에서는 '붉은 마음'을 굳건한 '바위'로 형상화하였군.
③ [A]와 [B] 모두에서 변하지 않는 마음을 소중한 가치로 여기는 화자의 태도가 나타나는군.
④ [A]와 [B]를 보니 동일한 모티프가 서로 다른 형식의 작품으로 수용되었군.
⑤ [A]와 [B]를 보니 여음구의 사용 여부에 차이가 있군.

나BS에는 실전 문제가 있습니다.

철저한 작품 분석, 평가원 개념 적용을 통해 이해한 내용을 확인할 수 있도록 실전 문제와 자세한 해설을 수록했습니다.

나BS 스페셜의 특징

이 책의 활용법

01.

PART 01. 현대시
1 꽃 피는 시절 이성복
2 성탄제 김종길
3 거울 이상

PART 02. 고전시가
1 갑민가 작자 미상
2 관동별곡 정철
3 어부사시사 윤선도
4 서경별곡 작자 미상

PART 03. 고전 산문
1 옥루몽 남영로
2 낙성비룡 작자 미상
3 흥부전 작자 미상

PART 04. 현대 산문
1 소금 강경애
2 목넘이 마을의 개 황순원
3 모범경작생 박영준
4 명태에 관한 추억 목성균

갈래별 목차 구성으로 해당 파트 집중 훈련

현대시, 현대 산문, 고전시가, 고전 산문. 총 4가지 갈래로 나누어 해당 파트 고난도 문제를 풀이함으로써 어려운 문제가 나와도 흔들리지 않도록 하였다

02.

상세한 해설을 통해 복습에 최적화

나BS 스페셜은 강의용 교재지만, 시간이 부족해서 강의 수강이 어렵거나 수강 이후 복습을 원하는 학생들을 위해 해설의 상세함을 극대화시켰다. 충분한 해설을 통해 학생의 사고를 교정할 수 있다.

1. 작자 미상, 갑민가

2. ④

화자나 인물의 태도가 바뀔 때는 변환점이나 계기를 집요하게 물어본다. ⓔ은 집 안의 재산을 모두 팔아 신역을 납부하려던 화자가, 신역을 돈이 아닌 돈피로만 받으라는 지방 수령의 명령으로 인해 그마저도 납부하지 못하게 된 절망적인 상황을 의미한다. ⓔ 바로 다음 부분에서 화자가 '글을 지어 하소연'하는 등의 노력을 하고 있으며 '이십육 냥 돈피'를 샀다고 하였으므로 ⓔ을 '신역을 피하기 위해 고향을 떠날 결심'을 한 것으로 볼 수는 없다.

오답풀이

① ㉠에서는 '살던 곳'에 '뿌리박혀' 살 것을 권하며, 신역을 치르기 위한 방법으로 '삼을 캐고' '돈피'를 잡을 것을 제시하고 있다. 따라서 ㉠에는 상대방에게 고향을 떠나지 말라는 권고의 의도가 있음을 확인할 수 있다. ② '우리 조상 남촌 양반 진사 급제 잇달아 하여'에서 알 수 있듯이 본래 양반 계층이었던 화자가, ㉡에서는 '원수인의 모해'로 '군사 신분'이 되었음이 제시되고 있다. 화자는 이에 대해 '애슬프다'며 직설적으로 한탄하고 있으므로 적절하다. ③ ㉢에서 화자는 '자취 없이 도망'한 '시름없는 혈족들'과 달리, '누대봉사'를 해야 하는 입장이기에 신역을 피해 도망하지 못하였음을 토로하고 있다. ⑤ 신역 때문에 아내를 잃은 화자는, 끝내 신역을 마친 후에야 장례를 치르고 있다. ⓜ은 신역을 마친 후에 가족의 장례를 치르는 비참한 상황에 대한 설움을 드러내는 부분이다.

03.

다음을 읽고 물음에 답하시오.

(가)
멀리 있어도 나는 당신을 압니다
㉠ 귀먹고 눈먼 당신은 추운 땅속을 헤매다
누군가의 입가에서 잔잔한 웃음이 되려 하셨지요

부르지 않아도 당신은 옵니다
생각지 않아도, 꿈꾸지 않아도 당신은 옵니다
당신이 올 때면 먼발치 마른 흙더미도 고개를 듭니다

당신은 지금 내 안에 있습니다
당신은 나를 알지 못하고
나를 벗고 싶어 몸부림하지만

내게서 당신이 떠나갈 때면
내 목은 갈라지고 **실핏줄 터지고**
내 눈, 내 귀, 거덜 난 **몸뚱이 갈가리 찢어지고**

나는 울고 싶고, 웃고 싶고, 토하고 싶고
벌컥벌컥 물사발 들이켜고 싶고 길길이 날뛰며
㉡ 절편보다 희고 고운 당신을 잎잎이, 뱉아 낼 테지만

부서지고 무너지며 당신을 보낼 일 아득합니다
굳은 살가죽에 불 댕길 일 막막합니다
불탄 살가죽 뚫고 다시 태어날 일 꿈같습니다

지금 당신은 내 안에 있지만
나는 당신을 어떻게 보내 드려야 할지 모르겠습니다
㉢ 조막만 한 손으로 뼛센 내 가슴 쥐어뜯으며 발 구르는 당신

- 이성복, 「꽃 피는 시절」 -

03 〈보기〉는 선생님 수업의 일부이다. 선생님의 질문에 대한 학생의 의견으로 적절하지 않은 것은?

보기

선생님 : 대상이 자신의 존재적 가능성을 아름답게 발현할 수 있도록 적절한 순간에 그 대상을 놓아주는 것이 진정한 사랑이자 모두의 내면적 성장의 길임을 알면서도 우리는 대상을 구속하거나 집착하려 하고, 대상과의 이별을 큰 아픔으로 받아들이는 경향이 있습니다. (가)와 (나)는 모두 사랑의 주체와 대상 간의 이러한 관계를 형상화한 작품으로서, (가)는 이별의 순간에 주체가 겪는 아픔에, (나)는 이별 이후 느끼는 지난 사랑에 대한 집착과 새로운 사랑의 가능성에 초점을 맞추고 있습니다. 이제 이러한 관점에서 (가)와 (나)를 함께 감상해 볼까요?

① (가)의 '누군가의 입가에서' 피어나는 '잔잔한 웃음'은, 대상이 자신의 가능성을 아름답게 발현하여 도달하고자 하는 모습이겠어요.
② (가)의 '실핏줄 터지고'와 '몸뚱이 갈가리 찢어지고'는 이별의 순간에 사랑의 주체가 느낄 큰 아픔을 표현한 부분이겠군요.
③ (가)의 '불탄 살가죽 뚫고 다시 태어날' 시간은, 사랑의 주체가 대상을 놓아 줄 적절한 순간으로 느끼는 때이겠어요.
④ (나)의 '푸른 새싹'은 새로운 사랑의 가능성을, '얻는다는 것'은 이별 후에 주체가 경험할 내면적 성장을 의미하겠어요.
⑤ (나)의 '뉘우치는 마음의 한복판에 / 젖어있'는 '묵은 사랑'에서 대상과의 이별 후 지난 사랑에 집착하고 있는 주체의 모습을 볼 수 있어요.

고난도
EBS 변형 문제

나BS 스페셜

최근 평가원 트렌드에 맞춰 고난도 문항으로 구성했다. 평가원은 교육청이나 사설과 다른 **깊이 있는 사고**를 요구한다. 이에 따라 지문의 핵심을 제대로 잡지 못하면 틀리는 문제들을 많이 배치하여 **정교한 사고를 할 수 있도록** 했다. 또한 평가원과 이질감이 느껴지지 않도록 **현대시와 고전시가는 비연계 작품과 묶어 출제**하는데 최대한 신경을 썼다. 기출을 통해 평가원 문제에 친숙한 학생이라면 **문제의 질을 알아볼 것**이다.

CONTENTS 이 책의 순서

나 없이 EBS 풀지 마라 수능완성

PART 01. 현대시

			나BS	수완
1	**교목**	이육사	12	40
2	**성탄제**	김종길	18	41
3	**뺄셈**	김광규	25	144
4	**북어**	최승호	28	172
5	**물증**	오규원	34	172
6	**오렌지**	신동집	37	200
7	**거울**	이상	41	200
8	**그릇·1**	오세영	46	227
9	**꽃 피는 시절**	이성복	50	227
10	**배를 밀며**	장석남	54	250

PART 02. 고전시가

			나BS	수완
1	**낙은별곡**	남도진	62	59
2	**삼가 뜻하는 바를 아뢰오니~**	작자 미상	72	148
3	**순창가**	이운영	74	148
4	**갑민가**	작자 미상	80	168
5	**관동별곡**	정철	92	193
6	**총석곡**	구강	103	195
7	**강호구가**	나위소	108	225
8	**어부사시사**	윤선도	116	225
9	**서경별곡**	작자 미상	122	249

PART 03. 고전 산문

			나BS	수완
1	**옥루몽**	남영로	132	68
2	**유씨삼대록**	작자 미상	139	142
3	**낙성비룡**	작자 미상	145	165
4	**흥부전**	작자 미상	152	191
5	**오유란전**	작자 미상	159	219
6	**춘매전**	작자 미상	163	247

PART 04. 현대 산문

			나BS	수완
1	**소금**	강경애	170	49
2	**농토**	윤조병	175	77
3	**낙화의 적막**	이태준	181	144
4	**고장 난 문**	이범선	183	146
5	**목넘이 마을의 개**	황순원	188	170
6	**명태에 관한 추억**	목성균	194	172
7	**마포**	백석	197	194
8	**갈매나무를 찾아서**	김소진	200	197
9	**모범 경작생**	박영준	204	221
10	**국물 있사옵니다**	이근삼	209	222
11	**빙청과 심홍**	윤흥길	213	252
12	**서동요**	김영현	217	254

나 없이 EBS
풀지 마라 수능완성

정답과 해설 224

CONTENTS 이 책의 순서

나BS 수완 스페셜 변형문제 N제

PART 01. 현대시

			나BS	수완
1	꽃 피는 시절	이성복	252	227
2	성탄제	김종길	254	41
3	거울	이상	256	200

PART 02. 고전시가

			나BS	수완
1	갑민가	작자 미상	260	168
2	관동별곡	정철	262	193
3	어부사시사	윤선도	263	225
4	서경별곡	작자 미상	264	249

PART 03. 고전 산문

			나BS	수완
1	옥루몽	남영로	268	68
2	낙성비룡	작자 미상	270	165
3	흥부전	작자 미상	272	191

PART 04. 현대 산문

			나BS	수완
1	소금	강경애	276	49
2	목넘이 마을의 개	황순원	278	170
3	모범 경작생	박영준	280	221
4	명태에 관한 추억	목성균	282	172

나BS 수완 스페셜 변형문제 N제

정답과 해설 287

나 없이 EBS 풀지마라

수능완성

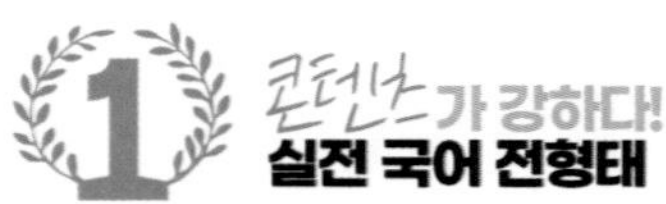

PART

01

현대시

1 이육사, 교목

STEP 01 OX 문제를 통한 지문 이해 훈련

푸른 하늘에 닿을 듯이
세월에 불타고 우뚝 남아 서서
차라리 봄도 꽃피진 말아라.

낡은 거미집 휘두르고
끝없는 꿈길에 혼자 설레이는
마음은 아예 뉘우침 아니라.

검은 그림자 쓸쓸하면
마침내 **호수** 속 깊이 거꾸러져
차마 **바람**도 흔들진 못해라.

OX문제

01 현실에 대한 부정적 인식을 바탕으로 앞날에 대한 회의를 드러내고 있다. [2022학년도 수능] (O / X)

02 '호수'는 나무가 들어가고자 하는 공간으로 궁극적인 이상향을 표상한다. (O / X)

03 '바람'은 화자의 의지를 굽히고자 하는 부정적인 대상이다. (O / X)

04 동일한 색채어를 반복적으로 제시하며 시상을 전개한다. [2024학년도 수능] (O / X)

05 명령형의 문장을 사용하여 주제 의식을 부각하고 있다. [2014학년도 6월AB] (O / X)

STEP
02 지문 분석

나BS 수능완성 | 현대문학

푸른 하늘에 닿을 듯이
이상과 염원의 세계

세월에 불타고 우뚝 남아 서서
↳ 굳은 의지

차라리 봄도 꽃피진 말아라.

1연 : 부정적 현실에 굽히지 않는 신념과 의지

낡은 거미집 휘두르고

끝없는 꿈길에 혼자 설레이는
이상을 위한 투쟁

마음은 아예 뉘우침 아니라.

2연 : 자신이 선택한 삶에 대해 후회 없는 태도

검은 그림자 쓸쓸하면

마침내 호수 속 깊이 거꾸러져
하강적 이미지

차마 바람도 흔들진 못해라.
외부의 압력(일제의 탄압)

3연 : 현실에 굴복하지 않겠다는 강인한 의지

■ : 색채어
□ : 부정적 현실(일제 강점기)
■ : 부사어 반복 → 화자의 단호한 자세 부각
■ : 명령형의 부정적 종결 어미 반복 → 화자의 의지 강조

시어 시구 풀이

교목 → 줄기가 곧고 굵으며 높이가 8미터를 넘는 나무. 작품의 시대적 배경을 고려할 때 화자는 교목을 통해 일제 강점 하에서도 뜻을 굽히지 않고 꿋꿋하게 살고자 하는 삶의 자세를 형상화하고 있다고 볼 수 있다.

세월에 불타고~차라리 봄도 꽃피진 말아라. → 화자는 세월에 불타듯이 고통과 시련을 겪었지만 우뚝 남아 서 있는 교목의 모습을 통해 부정적 현실에서도 굽히지 않는 자신의 신념과 의지를 형상화하고 있다. 또한 '차라리 봄도 꽃피진 말아라.'에서는 부정적 명령형 어미를 사용하여 꽃을 피우지 않는 한이 있더라도 의지를 굽히지 않겠다는 화자의 단호함을 강조하여 표현하고 있다.

마음은 아예 뉘우침 아니라. → 뉘우침은 스스로 제 잘못을 깨닫고 가책을 느끼는 것을 의미한다. 따라서 화자가 '마음은 아예 뉘우침 아니라'고 표현한 것은 자신이 선택한 길이 잘못된 것이 아니며, 이를 후회하지 않겠다는 결의(뜻을 정하여 굳게 마음을 먹음)를 드러낸 것으로 볼 수 있다.

검은 그림자 쓸쓸하면~차마 바람도 흔들진 못해라. → '검은 그림자'가 드리워지는 암담한 상황이 찾아온다면 '호수 속 깊이 거꾸러'지듯 자신의 삶을 버림으로써 의지를 지키겠다는 태도가 드러난다. 또한 '바람', 즉 화자의 의지를 흔들고 굽히려는 외부의 압력에도 흔들리지 않고 굴복하지 않겠다는 강한 의지를 보여 주고 있다.

STEP
03 작품 해제

01 | 주제

암담한 현실에도 굴하지 않는 강인한 의지

02 | 특징

① 암담한 현실 상황에 순응하지 않겠다는 의지를 드러낸 화자 중심의 시
② 교목이라는 자연물을 통해 부정적인 현실 상황에서도 굴복하지 않겠다는 의지를 형상화함.
③ 부정적 종결 어미로 각 연을 종결하여 현실에 대한 저항 의지를 표현함.

03 | 작품 해제

이 작품은 어두운 시대 현실 속에서도 현실과 타협하지 않고 신념을 지키겠다는 시인의 결연한 의지를 그려 내고 있다. 이러한 시인의 자세는 강인하면서도 의지적인 어조로 드러난다. 또한 줄기가 굵고 하늘 높이 곧게 자라는 교목에 그 의지를 투영하여 치열한 삶의 자세와 혹독한 현실에 맞서 싸우고자 하는 화자의 태도를 형상화하고 있다.

STEP

04 논문으로 만나는 출제자의 시선

나BS 수능완성 | 현대문학

함께 읽어 보기 - 이육사 「절정」

매운 계절(季節)의 채찍에 갈겨
마침내 북방(北方)으로 휩쓸려 오다.

하늘도 그만 지쳐 끝난 고원(高原)
서릿발 칼날진 그 위에 서다.

어데다 무릎을 꿇어야 하나
한 발 재겨 디딜 곳 조차 없다.

이러매 눈 감아 생각해 볼밖에
겨울은 강철로 된 무지갠가 보다.

전반부의 1연은 북방이라는 절박한 현실이, 2연에서는 고원이라는 극한 상황이, 후반부의 3연은 체념과 저항과의 갈등이, 4연에서는 극복을 위한 몸부림이 제시되어 있다. 이육사에게는 삶과 죽음의 문제보다는 신념의 실현이 더 절실했다. 절박한 상황에서 무지개라는 넓은 공간으로 초월할 수 있었던 것은 그의 확고한 신념 때문이다. 「절정」과 함께 「교목」은 이육사 자신의 생애를 집약한 선비 정신의 치열성과 강렬성을 형상화한 절명시(이 세상에 마지막으로 남기는 애절한 시)이다.

「절정」과 「교목」의 공간을 합성하면 '하늘 → 땅 → 호수'로 3분된다. 그러나 시적 자아의 이동 경로는 반대로 작용한다. 「절정」은 땅에서 하늘로 초월하고, 「교목」은 땅에서 호수로 투신한다. 땅을 현실 상황으로 설정하면서 「절정」은 하늘로, 「교목」은 호수로 한계 상황을 달리 설정하고 있다. 아이러니하게도 하늘로의 상승과 호수로의 하강이 같은 한계 상황으로 설정되고 있다는 점이다. 이육사가 꿇어앉을 만한 땅조차도 없다고 생각하여 선택한 것이 하늘과 호수의 공간이다. 「절정」과 함께 「교목」은 미래의 대안이 제시되어 있지 않다. 압력과 저항이라는 이분법적 설정 외에 그 어떤 길도 찾을 수 없다. 이 두 텍스트는 삶과 죽음의 문제가 아닌 신념을 어떻게 처리해야 할 것인가라는 큰 과제를 남겨 두고 있다.

STEP 05 나BS 실전 문제

다음 글을 읽고 물음에 답하시오.

(가)
푸른 하늘에 닿을 듯이
세월에 불타고 우뚝 남아 서서
차라리 봄도 꽃피진 말아라

낡은 거미집 휘두르고
끝없는 꿈길에 혼자 설레이는
마음은 아예 뉘우침 아니라

검은 그림자 쓸쓸하면
마침내 호수(湖水) 속 깊이 거꾸러져
차마 **바람**도 흔들진 못해라

- 이육사, 「교목(喬木)」 -

(나)
푸른 산이 흰 구름을 지니고 살 듯
내 머리 위에는 항상 푸른 하늘이 있다

하늘을 향하고 산림처럼 두 팔을 드러낼 수 있는 것이 얼마나 숭고한 일이냐

두 다리는 비록 연약하지만 젊은 산맥으로 삼고
부절히 움직인다는 둥근 지구를 밟았거니……

푸른 산처럼 든든하게 지구를 디디고 사는 것은 얼마나 기쁜 일이냐

뼈에 저리도록 '생활'은 슬퍼도 좋다
저문 들길에 서서 푸른 별을 바라보자……

푸른 별을 바라보는 것은 하늘 아래 사는 거룩한 나의 일과이거니……

- 신석정, 「들길에 서서」 -

(다)
북한산(北漢山)이
다시 그 높이를 회복하려면
다음 겨울까지는 기다려야만 한다.

밤사이 눈이 내린,
그것도 백운대(白雲臺)나 인수봉(仁壽峰) 같은
높은 봉우리만이 **엷은 화장**을 하듯
가볍게 눈을 쓰고

왼 산은 **차가운 수묵**으로 젖어 있는,
어느 겨울날 이른 아침까지는 기다려야만 한다.

신록이나 **단풍**,
골짜기를 피어오르는 **안개**로는,
눈이라도 **왼 산을 뒤덮는 적설(積雪)**로는 드러나지 않는,

심지어는 **장밋빛 햇살**이 와 닿기만 해도 **변질**하는,
그 고고(孤高)한 높이를 회복하려면

백운대와 인수봉만이 가볍게 눈을 쓰는
어느 겨울날 이른 아침까지는
기다려야만 한다.

- 김종길, 「고고(孤高)」 -

01. (가)~(다)에 대한 설명으로 가장 적절한 것은?

① (가)와 (나)에는 현재 처한 상황을 긍정적으로 인식하는 화자의 태도가 드러나 있다.
② (가)와 (다)에는 이상과 현실의 괴리가 해소된 조화로운 상태가 구현되어 있다.
③ (나)와 (다)에는 일상생활의 소중함에 대한 자각이 나타나 있다.
④ (가), (나), (다)에는 자연의 섭리에 대한 깨달음이 바탕에 깔려 있다.
⑤ (가), (나), (다)에는 화자가 바람직하게 생각하는 삶의 자세가 담겨 있다.

02. (가)와 (나)에 공통적으로 드러나는 표현상의 특징으로 가장 적절한 것은?

① 비유와 상징을 통해 시상을 구체화하고 있다.
② 어조의 변화를 통해 시적 긴장을 높이고 있다.
③ 동일한 색채어를 반복하여 정서를 고조시키고 있다.
④ 공감각적 표현으로 이미지를 선명하게 드러내고 있다.
⑤ 화자의 시선이 가까운 곳에서 먼 곳으로 이동하고 있다.

03. 〈보기〉는 (가)에 대한 심화 학습을 위하여 수집한 자료이다. 이를 참고하여 토의한 내용으로 적절하지 않은 것은?

<보기>

[백과사전]
이육사 : 시인. 1904년 경상북도 안동 출생. 항일 독립 투쟁으로 20여 차례의 투옥 끝에 베이징 감옥에서 옥사함.
- 작품 경향 : 저항 의식, 실향 의식과 비애, 초인 의지와 조국 광복에 대한 열망 등을 주제로 삼고 있음. 정제된 형식미와 안정된 운율감을 보임.
- 「교목」 : 1940년 『인문평론』 7월호에 발표.

[국어사전]
교목 : 줄기가 곧고 굵으며 높게 자라는 큰 나무.

[인터넷 자료]
- 『맹자』에 따르면, '교목'은 오랜 세월 덕을 닦아 임금을 도(道)로써 보필하여 나라를 떠받치는 신하를 의미한다.
- 시인은 빈궁과 투옥과 유랑의 사십 평생에 거의 하루도 평온한 날이 없었다. 문학청년은 아니었으나 삼십 고개를 넘어 시를 쓰기 시작했고, 혁명적 열정과 의욕을 시에 의탁해 꿈도 그려 보고 불평도 터뜨렸던 것이다. (『육사 시집』 발문)

① 이 시의 제목은 나라를 위한 시인의 절개와 기상을 표상한 것이다.
② 이 시의 행 배열과 연 구성에서도 이육사 시의 형식적 특성을 찾을 수 있다.
③ '낡은 거미집'은 시인의 고난에 찬 삶의 모습을 형상화한 것이다.
④ '끝없는 꿈길'은 시인의 혁명적 열정과 의욕을 함축하고 있다.
⑤ '바람'은 이국을 떠돌던 시인의 실향 의식과 저항 의지를 표현한 것이다.

04. 〈보기〉는 (나)와 (다)를 자료로 한 수업의 일부이다. 학생들의 의견 가운데 적절하지 않은 것은?

<보기>

선생님 : (나)와 (다)의 기본적인 짜임새는 다음과 같이 나타낼 수 있어요.

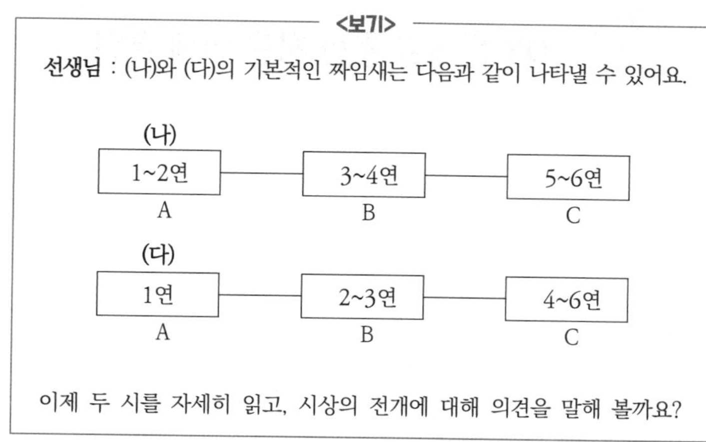

이제 두 시를 자세히 읽고, 시상의 전개에 대해 의견을 말해 볼까요?

① (나)에서 A의 두 연은 '하늘', B의 두 연은 '지구', C의 두 연은 '푸른 별'이라는 시어를 통해 각각 결합되고 있어요.
② (나)는 A에서 '하늘로 팔을 드러내는' 숭고함을, B에서 '땅을 디디고 선' 기쁨을 그리는데, 이것들이 C의 '저문 들길에 서서 푸른 별을 보는' 거룩함으로 연결되고 있어요.
③ (나)는 (다)와 달리 A의 내용이 B에서 응축되고, B의 내용이 C에서 더 응축되고 있어요. A에서 C로 갈수록 묘사의 범위가 좁아지면서 의미가 심화되는 것이 특징이에요.
④ (다)의 A, B, C는 모두 '기다려야만 한다'는 말로 끝나고, '겨울'이라는 말도 공통적으로 나타나지요. 반복이 이 시의 특징이에요.
⑤ (다)는 (나)와 달리 A는 한 연, B는 두 연, C는 세 연으로 늘어나요. 그러면서 B와 C는 A의 시상을 상세화하고 있어요.

05. (다)에 대한 감상으로 적절하지 않은 것은?

① '엷은 화장'은 산봉우리에 눈이 살짝 쌓인 모습을 나타낸 것이야. 산의 미묘한 변화에 주목한 표현이라고 할 수 있어.
② '차가운 수묵'은 겨울 산의 모습을 그림에 비유한 거야. 대상의 속성이 드러날 수 있는 정황을 묘사하고 있어.
③ '신록', '단풍', '안개'는 겨울이 아닐 때의 산의 모습을 나타내. 이들과의 대비를 통해 겨울 산의 의미를 부각하고 있어.
④ '흰 산을 뒤덮는 적설'은 가볍게 눈에 덮여 있는 상태와 호응하지. 세속적인 것에서 벗어나 홀로 존재하는 산봉우리의 모습을 형상화하고 있어.
⑤ '장밋빛 햇살'은 가볍게 눈 덮인 산봉우리의 속성을 '변질'시키지. 그럼으로써 화자가 형상화한 산봉우리의 의미를 생각해 보게 해.

2 김종길, 성탄제

STEP 01 OX 문제를 통한 지문 이해 훈련

어두운 방 안엔
빠알간 숯불이 피고,

외로이 늙으신 할머니가
애처로이 잦아드는 어린 목숨을 지키고 계시었다.

이윽고 눈 속을
아버지가 약을 가지고 돌아오시었다.

아 아버지가 눈을 헤치고 따 오신
그 붉은 산수유 열매—

나는 한 마리 어린 짐생,
젊은 아버지의 서느런 옷자락에
열로 상기한 볼을 말없이 부비는 것이었다.

이따금 뒷문을 눈이 치고 있었다.
그날 밤이 어쩌면 성탄제의 밤이었을지도 모른다.

어느새 나도
그때의 아버지만큼 나이를 먹었다.

옛것이라곤 찾아볼 길 없는
성탄제 가까운 도시에는
이제 **반가운 그 옛날의 것**이 내리는데,

서러운 서른 살 나의 이마에
불현듯 아버지의 서느런 옷자락을 느끼는 것은,

눈 속에 따 오신 산수유 붉은 알알이
아직도 내 혈액 속에 녹아 흐르는 까닭일까.

OX문제

01 색채어를 활용하여 사물의 역동성을 드러내고 있다. [2017학년도 9월] (O / X)
02 과거와 현재의 대비를 통해 그리움의 정서를 부각하고 있다. [2012학년도 수능] (O / X)
03 '붉은 산수유 열매'는 자식을 향한 아버지의 헌신적인 사랑과 정성을 상징한다. (O / X)
04 '반가운 그 옛날의 것'은 화자가 '그날 밤'을 떠올리게 만드는 대상이다. (O / X)
05 다양한 감각적 심상을 사용하여 대상을 예찬하고 있다. [2014학년도 9월AB] (O / X)

STEP

02 지문 분석

니BS 수능완성 | 현대문학

어두운 방 안엔

명암의 대비 ↕ : 어두움. / : 밝음.

빠알간 숯불이 피고,
빨간(시적 허용)

외로이 늙으신 할머니가 / 애처로이 잦아드는 어린 목숨을 지키고 계시었다.
병을 앓고 있는 어린 시절의 화자

이윽고 눈 속을 / 아버지가 약을 가지고 돌아오시었다.
과거의 눈 → 고난, 시련 / ↳ 산수유 열매

□ : 아버지의 헌신적인 사랑과 정성을 상징하는 소재

아 아버지가 눈을 헤치고 따 오신
영탄법

그 붉은 산수유 열매—
아버지가 추위를 뚫고 손수 구해옴.

나는 한 마리 어린 짐생,
짐승
은유법 → 연약하고 보호받아야 하는 존재였던 어린 화자

젊은 아버지의 서느런 옷자락에
어린 화자를 위해 눈 속을 헤치고 온 상황

촉각적 심상의 대비 ↕ : 서늘한 옷자락 / : 열로 따뜻한 볼

열로 상기한 볼을 말없이 부비는 것이었다.
아버지의 사랑을 확인하고 신뢰하는 모습

이따금 뒷문을 눈이 치고 있었다.
과거 회상의 매개체

그날 밤이 어쩌면 성탄제의 밤이었을지도 모른다.
의미 확대(아버지의 사랑 → 인류에 대한 보편적이고 숭고한 사랑)

1~6연 : 어린 시절 아버지의 헌신적인 사랑과 정성을 회상함.(과거)

시어 시구 풀이

이윽고 눈 속을~그 붉은 산수유 열매— → 아버지가 아픈 화자를 위해 추운 겨울 눈 속을 헤매며 산수유 열매(약)를 구해 온 상황을 그리고 있다. 8월~10월에 붉게 익는 산수유는 겨울에 보기 힘든 열매이므로 자식을 향한 아버지의 희생적인 사랑과 정성을 의미하며, 과거의 '눈'은 혹독한 추위라는 고난과 시련을 의미한다.

나는 한 마리 어린 짐생,~열로 상기한 볼을 말없이 부비는 것이었다. → 화자는 한기가 가시지 않은 아버지의 서늘한 옷자락에 강아지처럼 열로 상기된 뜨거운 볼을 부비는 모습을 보인다. 차가운 것과 뜨거운 것이 만나는 촉각 이미지의 대조를 통해 아버지에게 의존하는 순수한 사랑을 형상화하고 있다.

그날 밤이 어쩌면 성탄제의 밤이었을지도 모른다. → '그날 밤'은 어린 화자에 대한 아버지의 헌신적인 사랑이 나타난 날이며, '성탄제의 밤'은 인류에 대해 헌신적이고 희생적인 사랑을 베풀었던 예수를 기리는 날(크리스마스)이다. 화자는 이 두 밤을 연결지어 '아버지의 사랑'을 '인류 보편적인 숭고한 사랑'으로 확대하여 표현하고 있다.

「어느새 나도
어른이 된 현재의 화자
「 」: 시상 전환(과거 → 현재)

그때의 아버지만큼 나이를 먹었다.」

옛것이라곤 찾아볼 길 없는
아버지의 헌신적이고 숭고한 사랑과 같은 것

성탄제 가까운 도시에는

이제 반가운 그 옛날의 것이 내리는데,
현재의 눈 → 과거 회상의 매개체

서러운 서른 살 나의 이마에
성인으로서, 사랑이 없는 각박한 현실을 스스로 감당하며 살아나가야 하는 서러움

불현듯 아버지의 서느런 옷자락을 느끼는 것은,

눈 속에 따 오신 산수유 붉은 알알이

아직도 내 혈액 속에 녹아 흐르는 까닭일까.
생명, 마음 설의법

7~10연 : 도시에서 아버지의 사랑을 그리워함.(현재)

어느새 나도 / 그때의 아버지처럼 나이를 먹었다. → 열병을 앓던 과거 어린 시절의 화자에서 성인이 된 현재의 화자로 시상이 전환되고 있다.

옛것이라곤 찾아볼 길 없는~서러운 서른 살 → 화자는 아버지에게 받은 사랑 같은 것을 찾아볼 수 없는 현재 도시의 각박함에 대한 안타까움과, 그러한 현실을 스스로 감당하며 살아나가야 하는 서러움을 드러내고 있다.

반가운 그 옛날의 것 → 과거 회상의 매개체인 '눈'을 가리킨다. 과거의 '눈'은 시련과 고난을 상징하였으나, 현재에는 아버지의 사랑이 있었던 그리운 과거를 떠올리게 하는 매개체이므로 화자는 내리는 눈을 보고 반가움을 느낀다.

눈 속에 따 오신 산수유 붉은 알알이 / 아직도 내 혈액 속에 녹아 흐르는 까닭일까. → 시간이 흘러 화자는 성인이 되었지만, 어린 시절 느꼈던 아버지의 사랑과 정성은 여전히 화자의 몸 안에 남아 있음을 보여 준다. 즉, 아버지의 헌신적인 사랑과 정성이 시간을 초월해 계속 화자의 마음속에 살아있음을 의미한다.

STEP 03 작품 해제

나BS 수능완성 | 현대문학

01 | 주제

삭막한 도시 현실에서 느끼는 아버지의 사랑에 대한 그리움

02 | 특징

① 아버지의 헌신적인 사랑에 대한 그리움을 노래하는 화자 중심의 시
② 전반부와 후반부의 배경이 대칭 구조를 이룸.(과거, 고향 ↔ 현재, 도시)
③ 촉각적 심상의 대비를 통해 선명한 이미지를 제시하고 주제를 부각함.

03 | 작품 해제

이 작품은 어른이 된 화자가 자신에게 헌신적인 사랑을 주었던 아버지를 그리워하고, 이러한 사랑을 찾아볼 수 없는 도시 현실에 대해 안타까워하는 내용을 담고 있다. 작품의 전반부인 1~6연은 어린 시절 앓던 화자를 낫게 하기 위해 아버지가 눈 속을 헤치고 산수유 열매를 구해 온 과거 상황이, 후반부인 7~10연은 과거 '그때의 아버지만큼 나이를 먹'은 현재 화자의 모습이 나타난다. 과거에 대한 회상은 현재의 '눈'을 매개로 이루어지며, 이 '눈'은 '헌신적인 사랑과 정성이 있었던 과거의 시골'과 '헌신적인 사랑을 찾을 수 없는 현재의 도시'의 대비를 부각하여 화자의 정서를 심화시킨다. 또 화자는 아버지가 어린 자신을 위해 손수 산수유 열매를 따 오신 '그날 밤'을, 연약한 인간들의 죄를 대신 지고 인류를 구원한 예수의 탄생일인 '성탄제'와 연관 지어 아버지의 희생적이고 헌신적인 사랑을 인류에 대한 보편적으로 숭고한 사랑으로 확장하고 있다.

STEP 04 논문으로 만나는 출제자의 시선

나BS 수능완성 | 현대문학

「성탄제」에 드러난 가족주의와 전통주의

김종길의 시에는 가족이나 혈연에 관한 관념이 빈번하게 등장한다. 일상적인 것들을 주요 소재로 삼고 있는 그의 시에서 가족이나 혈연에 관한 사유는 지극히 자연스러워 보인다. 시인에게 가족은 인간관계를 상상하는 핵심이라고 할 수 있으며, 특히 조부나 조모 등에 대한 시적 상상은 그의 시가 '부모-자식'을 중심으로 하는 가족을 넘어 전통적인 대가족주의에 기초하고 있음을 시사한다.
김종길의 첫 시집의 표제작이자 그의 대표작 중에 하나인 「성탄제」는 부성에 대한 깊은 혈연적 유대와 그리움을 형상화한 작품이다. 「성탄제」는 회고의 시점을 유지하면서도 바로 눈앞에 있는 일인 듯한 선명함이 극대화된 작품이라 할 수 있다. '어두운 방 안'은 어린 화자가 몹시 앓고 있는 공간이다. 이 공간은 어둠과 '빠알간 숯불'의 극명한 대비로 채워져 있다. 또한 뜨거움과 차가움이라는 감각의 선명한 대비를 통해 이 시는 매우 생생한 감각으로 몸에 각인된 부성애를 그려낸다.
김종길 시의 특징인 절제된 감정과 시어, 명징한(깨끗하고 맑은) 이미지와 고전적 품격 등은 모두 유가적 덕목을 이루는 요소들이다. 이 시에서 화자가 보여 주고 있는 아버지에 대한 그리움도 결국 이런 근본에서 자라난 것임을 알 수 있다. 서른 살의 나이에 이른 화자가 '눈'을 매개로 하여, 어린 시절 병든 자신을 위해 눈 속을 헤쳐 산수유 열매를 따 오시던 아버지를 회상하는 것은, 아버지가 부모의 은덕을 효로 보답해야 한다는 효제(孝悌)의 원리를 절로 떠오르게 하는 대상임을 의미한다.
여기에 화자가 '그날 밤'을 '성탄제의 밤'으로 추정하는 것은 단순히 시기상의 겹침에 관한 것이라기보다 '그날 밤'에 경험한 내용을 '성탄제의 밤'에 내재된 성스러움으로 승화시키고 있음을 뜻하는 것이라고 할 수 있다. 이는 '잦아드는 어린 목숨'을 구하기 위해 보여 주었던 부성애와 인류 구원을 위해 지상에 온 신(神)의 사랑을 같은 자리에 올려놓는 셈이다. '내 혈액 속에 녹아 흐르는', '산수유 붉은 알알이'를 감안하면 이는 '부성애'를 구원으로서 일종의 신앙의 수준으로 여기는 것이다.

STEP

05 나BS 실전 문제

다음 글을 읽고 물음에 답하시오.

(가)

조금 전까지는 거기 있었는데
어디로 갔나,
㉠ 밥상은 차려놓고 어디로 갔나,
넙치지지미 맵싸한 냄새가
코를 맵싸하게 하는데
어디로 갔나,
이 사람이 갑자기 왜 말이 없나,
내 목소리는 ㉡ 메아리가 되어
되돌아온다.
내 목소리만 내 귀에 들린다.
이 사람이 어디 가서 잠시 누웠나,
옆구리 담괴가 다시 도졌나, 아니 아니
㉢ 이번에는 그게 아닌가 보다.
한 뼘 두 뼘 어둠을 적시며 비가 온다.
혹시나 하고 나는 밖을 기웃거린다.
나는 ㉣ 풀이 죽는다.
빗발은 한 치 앞을 못 보게 한다.
왠지 느닷없이 그렇게 퍼붓는다.
㉤ 지금은 어쩔 수가 없다고,

- 김춘수, 「강우(降雨)」 -

(나)

어두운 방안엔
빠알간 숯불이 피고,

외로이 늙으신 할머니가
애처로이 잦아드는 어린 목숨을 지키고 계시었다.

이윽고 눈 속을
아버지가 약을 가지고 돌아오시었다.

아 아버지가 눈을 헤치고 따오신
그 붉은 산수유 열매—

나는 한 마리 어린 짐생,
젊은 아버지의 서느런 옷자락에
열로 상기한 볼을 말없이 부비는 것이었다.

이따금 뒷문을 눈이 치고 있었다.
그날 밤이 어쩌면 성탄제의 밤이었을지도 모른다.

어느새 나도
그때의 아버지만큼 나이를 먹었다.

옛것이라곤 찾아볼 길 없는
성탄제 가까운 도시에는
이제 반가운 그 옛날의 것이 내리는데,

서러운 서른 살 나의 이마에
불현듯 아버지의 서느런 옷자락을 느끼는 것은,

눈 속에 따오신 산수유 붉은 알알이
아직도 내 혈액 속에 녹아흐르는 까닭일까.

- 김종길, 「성탄제(聖誕祭)」 -

(다)

아직 서해엔 가보지 않았습니다
어쩌면 당신이 거기 계실지 모르겠기에

그곳 바다인들 여느 바다와 다를까요
검은 개펄에 작은 게들이 구멍 속을 들락거리고
언제나 바다는 멀리서 진펄에 몸을 뒤척이겠지요

당신이 계실 자리를 위해
가보지 않은 곳을 남겨두어야 할까봅니다
내 다 가보면 당신 계실 곳이 남지 않을 것이기에

내 가보지 않은 한쪽 바다는
늘 마음속에서나 파도치고 있습니다

- 이성복, 「서해」 -

01. (가)~(다)의 공통점으로 적절한 것은?

① 대구의 방식을 활용하여 리듬감을 주고 있다.
② 사물에 인격을 부여해 시적 정서를 드러내고 있다.
③ 도치의 방식을 활용하여 대상과의 거리를 좁히고 있다.
④ 감각적 심상을 통해 화자의 현재 상황을 나타내고 있다.
⑤ 감탄사를 사용하여 화자의 고조된 감정을 나타내고 있다.

02. (가)와 (나)에 대한 설명으로 적절하지 않은 것은?

① (가)에서는 독백적 어조로 화자의 내면을 드러내고 있다.
② (나)에는 과거와 현재를 연결하는 매개체가 있다.
③ (가)와 달리 (나)에는 과거 장면에 대한 묘사가 나타나 있다.
④ (나)와 달리 (가)에는 그리움의 정서가 나타나 있다.
⑤ (가)와 (나)에는 모두 시상을 집약하는 소재가 나타나 있다.

03. (가)의 ㉠~㉤에 대한 설명으로 가장 적절한 것은?

① ㉠은 화자의 마음이 '이 사람'과 함께했던 때와 마찬가지로 평온함을 나타낸다.
② ㉡은 화자와 '이 사람' 사이의 소통을 나타낸 것으로, 화자가 '이 사람'과 공감하고 있음을 나타낸다.
③ ㉢에서 화자는 스스로 던진 질문에 대한 대답을 통해 '이 사람'과 관련된 상황이 그 이전과는 다름을 스스로 인식하고 있다.
④ ㉣에는 존재를 드러내지 않는 '이 사람'에 대한 배신감이 드러나 있다.
⑤ ㉤에는 '이 사람'의 부재를 인정하지 않겠다는 화자의 다짐이 나타난다.

04. <보기>를 참고하여 (다)를 이해한 내용으로 적절하지 않은 것은?

<보기>

「서해」에서 화자는 바다에 다양한 의미를 부여하면서 '당신'에 대한 역설적 태도를 드러낸다.

① 제1연에서 화자가 '서해'에 가보지 않은 것은 '당신' 때문이야. 화자는 '당신' 때문에 '서해'를 특별한 공간으로 여기는 것이지.
② 제2연에서 '그곳 바다'는 화자가 아직 알지 못하는 바다이고, '여느 바다'는 화자가 알고 있는 바다야. 그런데도 화자는 두 바다가 다르지 않을 것이라고 추측하고 있어.
③ 제2연의 제2~3행에서 화자는 '여느 바다'의 심상을 통해 '그곳 바다'를 추측하고 있어. 그런데 '멀리서'로 보아, 화자와 '당신' 사이에는 어떤 거리감이 있음을 알 수 있어.
④ 제3연에서 '계실 자리'와 '가보지 않은 곳'은 바다를 가리켜. '남겨두어야 할까봅니다'에는 지금은 '당신'에게 갈 수 없지만 나중에라도 가야겠다는 화자의 의지가 담겨 있어.
⑤ 제4연의 '한쪽 바다'는 화자가 '당신'이 계실 것으로 추측하는 곳이야. 그곳은 항상 화자의 마음속에 존재해.

다음 글을 읽고 물음에 답하시오.

(가)

어두운 방 안엔
바알간 숯불이 피고,

외로이 늙으신 할머니가
애처로이 잦아드는 어린 목숨을 지키고 계시었다.

이윽고 눈 속을
아버지가 약(藥)을 가지고 돌아오시었다.

아, 아버지가 눈을 헤치고 따 오신
그 붉은 산수유 열매—.

나는 한 마리 ㉠ 어린 짐승,
젊은 아버지의 서느런 옷자락에
열(熱)로 상기한 볼을 말없이 부비는 것이었다.

이따금 뒷문을 눈이 치고 있었다.
그날 밤이 어쩌면 성탄제의 밤이었을지도 모른다.

어느새 나도
그때의 아버지만큼 나이를 먹었다.

옛 것이란 거의 찾아볼 길 없는
성탄제 가까운 도시에는
이제 반가운 그 옛날의 것이 내리는데,

서러운 서른 살, 나의 이마에
불현듯 아버지의 서느런 옷자락을 느끼는 것은,

눈 속에 따 오신 산수유 붉은 알알이
아직도 내 혈액(血液) 속에 녹아 흐르는 까닭일까.

- 김종길, 「성탄제(聖誕祭)」 -

(나)

바닷물이 넘쳐서 개울을 타고 올라와서 삼대 울타리 틈으로 새어 옥수수밭 속을 지나서 마당에 흥건히 고이는 날이 우리 외할머니네 집에는 있었습니다. 이런 날 나는 망둥이 새우 새끼를 거기서 찾노라고 이빨 속까지 너무나 기쁜 ㉡ 종달새 새끼 소리가 다 되어 알발*로 낄낄거리며 쫓아다녔습니다만, 항시 누에가 실을 뽑듯이 나만 보면 옛날이야기만 무진장 하시던 외할머니는, 이때에는 웬일인지 한 마디도 말을 않고 벌써 많이 늙은 얼굴이 엷은 노을빛처럼 불그레해져 바다 쪽만 멍하니 넘어다보고 서 있었습니다.

그때에는 왜 그러시는지 나는 아직 미처 몰랐습니다만, 그분이 돌아가신 인제는 그 이유를 간신히 알긴 알 것 같습니다. 우리 외할아버지는 배를 타고 먼 바다로 고기잡이 다니시던 어부(漁夫)로, 내가 생겨나기 전 어느 해 겨울의 모진 바람에 어느 바다에선지 휘말려 빠져 버리곤 영영 돌아오지 못한 채로 있는 것이라 하니, 아마 외할머니는 그 남편의 바닷물이 자기집 마당에 몰려 들어오는 것을 보고 그렇게 말도 못하고 얼굴만 붉어져 있었던 것이겠지요.

- 서정주, 「해일(海溢)」 -

*알발 : 맨발.

(다)

눈을 감으면

어린 시절 선생님이 걸어오신다.
회초리를 들고서

선생님은 낙타처럼 늙으셨다.
늦은 봄 햇살을 등에 지고
낙타는 항시 추억한다.
— 옛날에 옛날에 —

낙타는 어린 시절 선생님처럼 늙었다.
나도 따뜻한 봄볕을 등에 지고
금잔디 위에서 낙타를 본다.

내가 여읜 동심(童心)의 옛 이야기가
여기저기 떨어져 있음직한 동물원의 오후.

- 이한직, 「낙타」 -

05. (가)~(다)의 공통점으로 적절한 것은?

① 경어체를 사용하여 대상을 예찬하고 있다.
② 명사로 시상을 마무리하여 여운을 자아내고 있다.
③ 특정 인물을 대상으로 삼아 정서를 구체화하고 있다.
④ 영탄적 표현을 사용하여 고조된 감정을 드러내고 있다.
⑤ 의인법을 사용하여 대상에 대한 친근감을 드러내고 있다.

06. (가)를 영상물로 만들기 위한 계획으로 적절하지 않은 것은?

* 전체적인 구성 방향
- 과거 장면과 현재 장면으로 나누어 구성한다.

* 과거 장면
- 앓고 있는 어린 손자를 향한 할머니의 안타까운 시선이 잘 드러나도록 한다. ······ ①
- 어두운 방과 빨간 숯불이 대비가 되도록 화면을 구성한다. ······ ②

* 장면 전환
- 눈을 회상의 매개체로 설정하여 과거 장면과 현재 장면을 연결한다. ······ ③

* 현재 장면
- 성탄절 분위기가 느껴지는 도시의 거리 모습을 배경으로 설정한다. ······ ④
- 주인공의 감정과 어울리는 경쾌한 배경 음악을 활용한다. ······ ⑤

07. (다)를 읽으면서 떠오른 의문에 대해 답을 찾아본 것으로 적절하지 않은 것은?

	떠오른 의문	의문에 대한 답
①	화자는 지금 어디서 무엇을 하고 있을까?	동물원 잔디밭에서 낙타를 보고 있군.
②	'눈을 감으면'은 어떤 의미를 지닌 행동일까?	화자가 과거를 회상하고 있음을 보여 주는 것이겠군.
③	화자는 왜 선생님과 낙타를 연관 짓고 있을까?	둘 사이에 '늙은 외모'라는 유사점이 있기 때문이겠군.
④	'낙타는 항시 추억한다'는 말은 대체 무슨 뜻일까?	자신에게 가해진 삶의 무게를 떠올린다는 뜻이겠군.
⑤	'여읜 동심'이란 표현에는 화자의 어떤 심정이 담겨 있을까?	돌아갈 수 없는 어린 시절에 대한 안타까움과 그리움이 담겨 있겠군.

08. ㉠과 ㉡에 대한 설명으로 가장 적절한 것은?

① ㉠과 ㉡은 모두 명랑한 이미지이다.
② ㉠과 ㉡은 모두 창백한 이미지이다.
③ ㉠은 거친 이미지이고, ㉡은 왜소한 이미지이다.
④ ㉠은 순수한 이미지이고, ㉡은 투박한 이미지이다.
⑤ ㉠은 연약한 이미지이고, ㉡은 천진난만한 이미지이다.

▸▸ 수능완성 144page

3 김광규, 빨셈

STEP 01 OX 문제를 통한 지문 이해 훈련

나BS 수능완성 | **현대문학**

덧셈은 끝났다
밥과 잠을 줄이고
뺄셈을 시작해야 한다
남은 것이라곤
때 묻은 문패와 해어진 옷가지
이것이 나의 모든 재산일까
돋보기안경을 코에 걸치고
아직도 **옛날 서류**를 뒤적거리고
낡은 사전을 들추어 보는 것은
품위 없는 짓
찾았다가 잃어버리고
만났다가 헤어지는 것 또한
부질없는 일
이제는 정물처럼 창가에 앉아
바깥의 저녁을 바라보면서
뺄셈을 한다
혹시 모자라지 않을까
그래도 무엇인가 남을까

OX문제

01 화자는 '뺄셈'의 삶을 살아왔던 과거를 돌아보며 '덧셈'의 삶을 살고자 한다. (O / X)
02 의문형 어미를 활용하여 화자의 정서를 강조하고 있다. [2019학년도 9월] (O / X)
03 화자는 '옛날 서류'와 '낡은 사전'에 대한 미련을 버리지 못하고 있다. (O / X)
04 일상적 소재를 위주로 하여 삶에 대한 성찰을 보여 주고 있다. [2007학년도 수능] (O / X)
05 동일한 시행의 반복을 통해 운율감을 자아내고 있다. [2013학년도 9월] (O / X)

STEP 02 지문 분석

덧셈은 끝났다
욕망, 욕심, 채움의 삶

■ ↔ ■ : 대립적 시어(채움 ↔ 비움)

밥과 잠을 줄이고 / 뺄셈을 시작해야 한다
비우는 삶을 살고자 하는 의지

1~3행 : 줄이고 비우는 뺄셈 같은 삶에 대한 다짐

남은 것이라곤

주소, 이름 따위를 적어서 대문 위나 옆에 붙이는 작은 패

때 묻은 문패와 해어진 옷가지
화자에게 남은 현재의 재산

이것이 나의 모든 재산일까

■ : 의문형 종결 어미의 반복
→ 자문을 통해 지금 내 모습에 대한 성찰을 드러냄.

4~6행 : 가진 것이 별로 없는 현재의 재산

「돋보기안경을 코에 걸치고

아직도 옛날 서류를 뒤적거리고

「 」: 덧셈과 관련된 일상적 행동 나열

낡은 사전을 들추어 보는 것」은 / 품위 없는 짓

찾았다가 잃어버리고

만났다가 헤어지는 것 또한 / 부질없는 일

7~13행 : 삶의 허망함에 대한 깨달음

이제는 정물처럼 창가에 앉아
정지하여 움직이지 아니하는 무정물
→ 화자가 지향하는 삶의 자세

□ : 덧셈에서 뺄셈으로 바뀌는 시점

바깥의 저녁을 바라보면서 / 뺄셈을 한다

혹시 모자라지 않을까

그래도 무엇인가 남을까

14~18행 : 조용한 마음으로 비우며 사는 삶

시어 시구 풀이

덧셈은 끝났다~뺄셈을 시작해야 한다 → 화자는 '덧셈'과 '뺄셈'이라는 셈법에 자신의 삶의 자세를 빗대고 있다. 그동안 욕심과 욕망으로 채우는 삶을 살았던 모습에 대한 반성을 바탕으로 비우는 삶을 살고자 하는 다짐을 드러내고 있다.

남은 것이라곤~이것이 나의 모든 재산일까 → '문패'와 '옷가지'는 화자가 덧셈의 삶을 살며 얻게 된 '재산'에 해당한다. 화자는 이를 '때 묻은'과 '해어진' 같은 부정적인 수식어로 표현함으로써 욕망과 욕심으로 채워진 삶이 얼마나 허망한 것인지를 드러내고 있다.

돋보기안경을 코에 걸치고~품위 없는 짓 → '돋보기안경'을 걸치고 '옛날 서류를 뒤적거리고', '낡은 사전을 들추어 보는 것'과 같은 일상적 행동들이 나열되고 있다. 이는 욕심을 버리지 못하는 덧셈의 삶을 살아가는 화자의 모습이라 할 수 있다. 하지만 화자는 이를 '품위 없는 짓'이라고 평가하며 덧셈의 삶에 대한 부정적 인식을 드러내고 있다.

찾았다가 잃어버리고~부질없는 일 → 화자는 물건을 '찾았다가 잃어버리고' 사람을 '만났다가 헤어지는 것'을 '부질없는 일'이라고 표현하고 있다. 이는 물건을 소유하고 인간관계를 유지하려는 욕망이 얼마나 부질없는 것인지에 대한 화자의 인식을 드러낸 것이라 할 수 있다.

이제는 정물처럼 창가에 앉아~뺄셈을 한다 → 화자는 '정물처럼 창가에 앉아' 욕심을 비운 채 자신의 삶을 돌아보며 덧셈의 삶에 대한 깨달음을 드러내고 있다. 이를 통해 자신의 삶을 성찰하며 묵묵하게 비워내는 삶을 실천하고자 하는 화자의 모습을 살펴볼 수 있다.

STEP 03 작품 해제

01 | 주제

욕망과 욕심을 버리고 마음을 비우며 사는 삶

02 | 특징

① 채우는 삶에 대한 성찰과 비우는 삶에 대한 지향을 드러내는 화자 중심의 시
② 의문형 종결 어미를 반복하여 사색의 과정을 보여 줌.
③ 일상적 시어를 사용하여 삶에 대한 깨달음을 보여 줌.

03 | 작품 해제

이 작품은 평이한 시어를 통해 일상에서 발견한 삶의 의미를 그려 내고 있다. 덧셈과 뺄셈이라는 셈법에 삶의 자세를 빗대어 채우는 삶을 살았던 지난날에 대한 반성과 비우는 삶에 대한 다짐을 드러내고 있다. 또한 일상적인 행동을 구체적으로 나열하거나 의문형 종결 어미를 사용하여 산다는 것의 의미를 되새기고 있다.

STEP 04 논문으로 만나는 출제자의 시선

김광규의 일상시

김광규의 시는 일상의 평범한 순간을 평범한 언어로 담아내 '일상시'라고도 불린다. 여기서 '일상'은 습관적으로 살아가는 그런 삶이 아니라, 현실 생활에서 부딪히는 체험으로서의 삶이다. 그의 일상시는 끊임없는 비판 의식을 가짐으로써 그 의미를 발견할 수 있고, 시인은 독자와 진정한 소통을 하고자 노력해 왔다.

김광규는 일상적 체험을 시로 형상화하는 과정을 통해 세계의 실체와 부조리함을 드러낸다. 그의 초기 시는 일상성을 중심으로 하여 현대시의 길을 개척하고 있으며, 일상이라는 반복적 현상을 활용한다는 점에서 읽기가 쉽다. 그만큼 많은 독자를 확보하고 있으며 보편적인 정서를 대변하고 있는 시인임이 틀림없다. 그의 시가 읽기 쉬운 것은 그만큼 상징적이거나 다의적인 특성을 지닌 서정시와 다른 측면이 있기 때문이다. 그렇다고 쉬운 시의 가치를 평이하게 판단하는 것은 옳지 않다. 김광규의 시가 쉽고 보편적인 이유는 일상의 모습을 있는 그대로 그려 내는 것과 동시에 문제적으로 일상을 바라보기 때문이다.

김광규의 시의 일상성은 작고 구체적인 것들에 대한 관심에서 비롯되었다. 김광규의 시에서는 다양하고 구체적이며 미시적인 사물들이 존재하고 그것들이 새로운 방식으로 접속되는 방식이 두드러지게 나타난다. 세부적인 현실의 모습을 포착한다는 점에서 일상 바라보기는 의미 있는 시도이다. 일상성을 담보로 하고 있는 김광규의 시들은 1960-70년대 한국 사회의 변화 양상을 담아내는 데 있어서 효과적인 그릇이었다.

4 최승호, 북어

STEP 01 OX 문제를 통한 지문 이해 훈련

밤의 식료품 가게
케케묵은 먼지 속에
죽어서 하루 더 손때 묻고
터무니없이 하루 더 기다리는
북어들,
북어들의 일 개 분대가
나란히 꼬챙이에 꿰어져 있었다.
나는 죽음이 꿰뚫은 대가리를 말한 셈이다.
한 쾌의 혀가
자갈처럼 죄다 딱딱했다.
나는 말의 변비증을 앓는 사람들과
무덤 속의 벙어리를 말한 셈이다.
말라붙고 짜부라진 눈,
북어들의 **빳빳한 지느러미**.
막대기 같은 생각
빛나지 않는 **막대기 같은 사람들**이
가슴에 **싱싱한 지느러미**를 달고
헤엄쳐 갈 데 없는 사람들이
불쌍하다고 생각하는 순간,
느닷없이
북어들이 커다랗게 입을 벌리고
거봐, 너도 북어지 너도 북어지 너도 북어지
귀가 먹먹하도록 부르짖고 있었다.

OX문제

01 대상의 속성을 분석하여 미래에 대한 긍정적인 전망을 제시하고 있다. [2017학년도 9월] (O / X)

02 '싱싱한 지느러미'는 '빳빳한 지느러미'와 다르게 '막대기 같은 사람들'이 이상향에 다다를 수 있게 한 대상이다. (O / X)

03 청각적 이미지를 통해 대상에 대한 두려움을 표현하고 있다. [2021학년도 6월] (O / X)

04 동일한 시어를 반복하여 중심 대상으로 초점을 모으고 있다. [2015학년도 6월A] (O / X)

05 '북어'는 화자가 현재의 삶을 반성하는 계기가 되는 대상이다. (O / X)

STEP
02 지문 분석

LIBS 수능완성 | 현대문학

밤의 식료품 가게 / 케케묵은 먼지 속에
시·공간적 배경 / 부정적인 현실

죽어서 하루 더 손때 묻고 / 터무니없이 하루 더 기다리는
습관화된 삶

북어들,
□ : 화자가 부정적으로 인식한 대상 → 비판적 의식 없이 무기력하게 살아가는 현대인 상징

북어들의 일 개 분대가 / 나란히 꼬챙이에 꿰어져 있었다.
군사 용어 → 억압된 상황 암시

1~7행 : 식료품 가게에 진열된 북어의 모습

나는 죽음이 꿰뚫은 대가리를 말한 셈이다.
죽어 있는 상태 → 생명력, 주체성 상실

한 쾌의 혀가 / 자갈처럼 죄다 딱딱했다.
북어를 묶어 세는 단위로, 한 쾌는 북어 스무 마리

■ : 동일한 문장 구조 반복

나는 말의 변비증을 앓는 사람들과
현실의 문제점을 시원하게 말하지 못함.

무덤 속의 벙어리를 말한 셈이다.
현실의 부조리에 침묵하는 사람들의 모습

말라붙고 짜부라진 눈,
현실을 제대로 보지 못하는 눈

북어들의 빳빳한 지느러미.
굳어 버린 삶의 의지, 미래에 대한 희망 상실

막대기 같은 생각 / 빛나지 않는 막대기 같은 사람들이
경직된 생각

가슴에 싱싱한 지느러미를 달고 / 헤엄쳐 갈 데 없는 사람들이
넘치는 생명력, 사회에 대한 비판 의식 / 삶의 방향을 상실한 사람들

불쌍하다고 생각하는 순간,
현대인에 대한 화자의 연민

8~19행 : 북어의 모습에서 떠올린 무기력한 현대인의 삶 비판

느닷없이
■ : 시상의 전환
초점 변화(북어→화자)

북어들이 커다랗게 입을 벌리고

「거봐, 너도 북어지 너도 북어지 너도 북어지」
화자

「 」: 북어의 말 → 시구를 반복하여 비판 의식 심화

귀가 먹먹하도록 부르짖고 있었다.
청각적 이미지

20~23행 : 무기력한 삶에 대한 자기반성

시어 시구 풀이

북어들의 일 개 분대가 / 나란히 꼬챙이에 꿰어져 있었다. → 화자는 식료품 가게에 진열된 북어의 모습을 보고 획일화된 현대인의 모습을 떠올리고 있다. 꼬챙이에 나란히 꿰어진 북어는 생명력을 잃은 채 무기력하게 살아가는 현대인을 의미한다.

나는 죽음이 꿰뚫은~자갈처럼 죄다 딱딱했다. → 화자는 생명력을 잃고 딱딱하게 굳은 북어의 모습을 통해 부조리한 현실에 저항하지 못하고 침묵하는 사람들의 모습을 떠올리고 이에 대해 비판하고 있다. 이때 '무덤 속의 벙어리'는 현실을 외면하고 침묵하는 현대인들은 죽은 것이나 다름없다는 화자의 인식을 드러낸 표현이라 할 수 있다.

막대기 같은 생각 / 빛나지 않는 막대기 같은 사람들이 → 경직되고 획일화된 사고로 문제의식을 상실한 채 무기력하게 살아가는 현대인들의 모습을 의미한다.

가슴에 싱싱한 지느러미를 달고~불쌍하다고 생각하는 순간, → 마음속에 살고자 하는 의지, 사회에 대한 비판 의식을 가지고 있으나 삶의 지향점(꿈과 이상)을 상실하여 갈 곳을 잃은 사람들을 의미한다. 화자는 이러한 사람들에 대해 '불쌍하다'며 연민의 태도를 드러내고 있다.

북어들이 커다랗게 입을 벌리고~귀가 먹먹하도록 부르짖고 있었다. → 비판의 주체였던 화자가 비판의 대상이 됨으로써 무비판적이고 무기력한 자신의 삶에 대해 스스로 반성하고 있다. 북어의 말은 화자에게 환청으로 들리는 소리지만, 이는 나약하고 무기력한 삶을 살아가는 자신에 대한 비판이자 자기 고백을 드러낸 것이라 할 수 있다.

STEP

03 작품 해제

01 | 주제

무기력하게 살아가고 있는 현대인에 대한 비판과 자기반성

02 | 특징

① 북어의 모습을 통해 현대인에 대한 비판과 성찰을 드러낸 대상 중심의 시
② 감각적 이미지를 통해 시적 대상인 '북어'를 구체적으로 묘사함.
③ 비판의 주체가 비판의 대상으로 반전되는 상황적 아이러니가 나타남.

03 | 작품 해제

이 시는 밤에 식료품 가게에 진열된 '북어'라는 소재를 통해 비판 의식과 저항 정신을 상실한 채 무기력한 삶을 사는 현대인들을 비판하고 있는 작품으로, 화자의 진지한 모색이 독특한 발상을 통해 드러난다. 시의 전반부에서 북어를 관찰하던 화자는 어느 순간 북어의 모습에서 현대인의 모습을 발견하고 연민을 느끼게 된다. 후반부에서는 북어들이 화자를 향해 '거봐, 너도 북어지 너도 북어지 너도 북어지'라고 외치는 환청을 듣고 자신의 삶을 반성하게 된다. 비판의 주체였던 화자를 비판의 대상으로 반전시킴으로써, 자신의 삶이 죽어 있는 북어와 다를 바 없다는 것을 깨달은 화자의 내면을 생생하게 보여 주고 있다.

STEP 04

논문으로 만나는 출제자의 시선

나BS 수능완성 | 현대문학

'북어'를 통한 비판과 성찰

「북어」에 제시된 마르고 굳어 있는 북어의 모습은 표현의 자유가 억압되어 현실을 파악하지 못한 채, 관습적이고 수동적인 생각에 사로잡힌 존재들에 대한 알레고리*이다. 시적 화자인 '나'는 이들에 대해 우월적 시선으로 동정과 연민을 가지려 하지만, 후반부의 '거봐, 너도 북어지'라는 강제적인 동조가 인식 전환의 계기가 된다. 화자 자신 또한 소시민적 삶을 살고 있음을 반성하게 된 것이다. 최승호의 시에서는 북어의 특징이 무기력하고 의지가 박약한 상태로 현실에 안주하려는 소시민적 삶에 대한 알레고리로 나타나며, 이를 통해 비판과 성찰의 의미를 전한다.

동물의 의인화는 우의(다른 사물에 빗대어 비유적인 뜻을 나타낸 의미)를 싣기에 편리한 수단을 제공한다는 점에서 주목할 필요가 있다. 별도의 서술을 줄이고 주제를 선명하게 부각시키면서, 사실적이면서도 환상적인 묘사가 가능하기 때문이다. 또한 수많은 소시민들의 삶을 불러내어 각각의 존재에 대한 가치와 존엄성을 억압하는 시대의 문제와 거기에 비관하거나 익명으로 안주하는 허위의식을 자조적으로 일깨우기도 한다.

*알레고리 : 어떤 주제를 말하기 위하여 다른 주제를 사용하여 그 유사성을 적절히 암시하면서 주제를 나타내는 수사법.

최승호의 시적 세계

최승호의 시는 진지한 명상을 바탕으로 하며, 무겁고 절제된 운율을 가지고 있다. 그의 시는 노래하거나 읊거나 하는 것과는 거리가 멀다. 그의 시는 들여다보는 것이며, 독자는 명상하는 시인의 곁에서 함께 명상하도록 권유받는다. 첫 시집 『대설주의보』에서부터 일관되게 명상하는 대상은 죽음과 도시화 현상에 겪는 일상적 경험들이다. 이러한 일상적 경험에서 최승호는 비정하고 절망적인 관찰자가 되어 현대인의 본질적 모순을 정확히 읽어 낸다. 죽음에 관한 명상의 매개로 사용하는 소재들은 지하철, 자동판매기, 자동차, 변기, 똥, 기계, 공해 등 다양한 도시적 소재들로, 그가 가진 비판적 세계관이 문명화 또는 산업화와 관련이 있음을 알 수 있다.

최승호는 종교적 초월이나 내면세계로의 도피를 꿈꾸지 않고 반드시 속된 인물을 통해서만 속된 세계를 비판할 수 있다는 주제 의식을 펼쳐 보인다. 즉 그의 시는 현대인들의 본질을 모순으로 인식한 결과이며, 「북어」 역시 '북어'라는 흔한 일상적 소재를 통해 현실에 입을 다물고 사는 '북어'와 같은 우리 자신들을 비판하고 있는 작품으로 볼 수 있다.

STEP 05 나BS 실전 문제

다음 글을 읽고 물음에 답하시오.

(가)
아무도 그에게 수심(水深)을 일러 준 일이 없기에
흰나비는 도무지 **바다**가 무섭지 않다.

청(青)무우밭인가 해서 내려갔다가는
어린 날개가 **물결**에 절어서
공주(公主)처럼 지쳐서 돌아온다.

삼월(三月)달 바다가 **꽃이 피지 않아서** 서글픈
나비 허리에 새파란 초생달이 시리다.

- 김기림, 「바다와 나비」 -

(나)
밤의 식료품 가게
케케묵은 먼지 속에
죽어서 하루 더 손때 묻고
터무니 없이 하루 더 기다리는
북어들,
북어들의 일 개 분대가
나란히 꼬챙이에 꿰어져 있었다.
나는 죽음이 꿰뚫은 ㉠ 대가리를 말한 셈이다.
한 쾌의 ㉡ 혀가
자갈처럼 죄다 딱딱했다.
나는 말의 변비증을 앓는 사람들과
무덤 속의 벙어리를 말한 셈이다.
말라붙고 짜부라진 ㉢ 눈,
북어들의 뻣뻣한 ㉣ 지느러미.
막대기 같은 생각
빛나지 않는 막대기 같은 사람들이
가슴에 싱싱한 지느러미를 달고
헤엄쳐 갈 데 없는 사람들이
불쌍하다고 생각하는 순간,
느닷없이
북어들이 커다랗게 ㉤ 입을 벌리고
거봐, 너도 북어지 너도 북어지 너도 북어지
귀가 먹먹하도록 부르짖고 있었다.

- 최승호, 「북어(北魚)」 -

(다)
흙이 풀리는 내음새
강바람은
산짐승의 우는 소릴 불러
다 녹지 않은 얼음장 울멍울멍 떠내려간다.

진종일
나룻가에 서성거리다
행인의 손을 쥐면 따듯하리라.

고향 가까운 **주막**에 들러
누구와 함께 지난날의 꿈을 이야기하랴.
양구비 끓여다 놓고
주인집 늙은이는 **공연히** 눈물지운다

간간이 잔나비 우는 **산기슭**에는
아직도 무덤 속에 조상이 잠자고
설레는 바람이 가랑잎을 휩쓸어간다.

예 제로 떠도는 **장꾼들**이여!
상고(商賈)하며 오가는 길에
혹여나 보셨나이까.

전나무 우거진 마을
집집마다 누룩을 디디는 소리, 누룩이 뜨는 **내음새**……

- 오장환, 「고향 앞에서」 -

01. (가)~(다)의 공통점에 대한 설명으로 가장 적절한 것은?

① 현재 시제를 사용하여 생생한 현장감을 자아내고 있다.
② 대상과 일정한 거리를 두어 일상적 삶을 반성하고 있다.
③ 자연에서 발견한 가치를 통해 인생의 소중함을 노래하고 있다.
④ 시적 화자를 시의 표면에 직접 내세워 시인의 생각을 드러내고 있다.
⑤ 감각적 심상을 활용하여 시상을 마무리함으로써 시적 여운을 남기고 있다.

02. 시인이 시를 창작하면서 시상을 떠올린 과정을 중심으로 (가)를 감상한다고 할 때, 감상한 내용으로 적절한 것을 〈보기〉에서 골라 바르게 묶은 것은?

<보기>

ㄱ. '청무우밭'은 '바다'의 색채와 형태에서 연상된 걸 거야.
ㄴ. '물결'과 맞서고 있는 '나비'의 모습에서 '공주'의 속성을 떠올렸을 거야.
ㄷ. '꽃이 피지 않아서'는 '물결'이 일지 않는 '바다'의 모습에서 연상되었을 거야.
ㄹ. '새파란 초생달이 시리다'는 '나비 허리'와 '물결'을 연관지어 연상한 공감각적 심상일 거야.

① ㄱ, ㄴ ② ㄱ, ㄹ ③ ㄴ, ㄷ
④ ㄴ, ㄹ ⑤ ㄷ, ㄹ

03. (나)의 주제 의식과 관련지어 볼 때, 성격이 다른 하나는?

① ㉠ ② ㉡ ③ ㉢ ④ ㉣ ⑤ ㉤

04. (다)에 사용된 시어에 대한 설명으로 적절하지 않은 것은?

① '나룻가', '주막', '산기슭' 등의 공간을 활용해서 시상을 전개하고 있다.
② '행인', '주인집 늙은이', '장꾼들'과 시적 화자가 처해 있는 상황은 동일하다.
③ '강바람'과 '설레는 바람'은 고향에 대한 시적 화자의 심리를 담아내는 매개체이다.
④ '공연히', '아직도', '혹여나' 등 부사어를 통해 시적 화자의 내면을 효과적으로 드러내고 있다.
⑤ 첫 행과 마지막 행의 '내음새'는 고향에 대한 기억을 그리움으로 확장시키는 역할을 하고 있다.

5 오규원, 물증

STEP 01 OX 문제를 통한 지문 이해 훈련

아프리카 탕가니카호(湖)에 산다는
폐어(肺魚)는 학명이 프로톱테루스 에티오피쿠스
그들은 폐를 몸에 지니고도
3억만 년 동안 양서류로 진화하지 않고
살고 있다 네 발 대신
가느다란 지느러미를 질질 끌며
물이 있으면 아가미로 숨 쉬고
물이 마르면 폐로 숨을 쉬며
고생대(古生代) 말기부터 오늘까지 살아
어느 날 우리나라의 수족관에
그 모습을 불쑥 드러냈다
뻘 속에서 4년쯤 너끈히 살아 견딘다는
프로톱테루스 에티오피쿠스여 **뻘 속**에서
수십 년 견디는 우리는
그렇다면 30억만 년쯤 **진화하지 않**겠구나
깨끗하게 썩지도 못하겠구나

OX문제

01 화자는 물이 말라도 숨을 쉴 수 있는 '폐어'의 적응력에 주목하고 있다. (O / X)
02 인격화된 자연물을 청자로 하여 화자의 소망을 전달하고 있다. [2021학년도 6월] (O / X)
03 영탄적 표현을 통해 대상에 대한 경외감을 드러내고 있다. [2024학년도 수능] (O / X)
04 자연물을 소재로 하여 상반된 두 대상이 타협에 이른 모습을 제시하고 있다. [2016학년도 9월AB] (O / X)
05 화자는 '뻘 속'에서 '수십 년'을 '견디'며 '진화하지 않'을 '우리'를 부정적으로 생각하고 있다. (O / X)

STEP
02 지문 분석

나BS 수능완성 | 현대문학

아프리카 탕가니카호(湖)에 산다는

학술적 편의를 위하여 붙인 이름
폐어(肺魚)는 학명이 프로톱테루스 에티오피쿠스
폐로 공기 호흡을 하는 물고기 → 화자가 주목하는 대상

▨ : 유사한 관계(부정적)

그들은 폐를 몸에 지니고도

3억만 년 동안 양서류로 진화하지 않고
어류와 파충류의 중간(개구리, 도롱뇽 따위)

살고 있다 『네 발 대신

『 』: 행간 걸침

가느다란 지느러미를 질질 끌며』
음성 상징어

물이 있으면 아가미로 숨 쉬고

물이 마르면 폐로 숨을 쉬며

고생대(古生代) 말기부터 오늘까지 살아
지금부터 약 5억 7000만 년 전부터 2억 4000만 년 전까지의 시기

폐어의 생태적 특징 및 내력 구체화

어느 날 「우리나라의 수족관에
「 」: 시적 상황 → 화자는 수족관의 폐어를 바라보고 있음.

그 모습을 불쑥 드러냈다」

1~11행 : 수족관에 모습을 드러낸 폐어의 특징과 내력

뻘 속에서 4년쯤 너끈히 살아 견딘다는
'펄', '개흙'의 방언(거무스름하고 미끈미끈한 흙)

프로톱테루스 에티오피쿠스여 『뻘 속에서
청자 명시(의인화)
↳ 살기 힘든 곳으로, 인간 사회에 대한 부정적 시선을 내포함.

수십 년 견디는 우리는』
화자의 관심사 변화(외부→내면)

그렇다면 30억만 년쯤 진화하지 않겠구나

□ : 영탄적 어조 → 주제 의식(도시 문물 속에서 살아가는 우리 인간의 모습 비판) 강조

깨끗하게 썩지도 못하겠구나

12~16행 : 폐어와 견주어 본 우리 인간의 모습

시어 시구 풀이

물증 → 물적 증거의 준말이다. 작품 전체로 볼 때 화자는 시적 대상인 '폐어'와 '우리'의 모습 간의 유사성에 근거해, 즉 폐어를 물증 삼아 현대인의 삶에 대한 인식을 드러내고 있다.

그들은 폐를 몸에 지니고도~고생대 말기부터 오늘까지 살아 → 폐를 몸에 지니고 있음에도 양서류로 진화하지 않고 물속에서는 아가미로 숨을 쉬는 폐어의 특징과 내력을 구체적으로 제시하고 있다. 폐어는 아가미와 폐를 사용해 물이 있든 없든 숨을 쉬는 모습을 보인다. 이는 폐어의 상당한 생존력과 적응력을 보여 주며, 이로 인해 진화를 하지 않는다는 점에서 폐어의 부정적 속성을 나타낸 것으로 볼 수 있다.

어느 날 우리나라의 수족관에 / 그 모습을 불쑥 드러냈다 → 화자는 수족관에서 폐어를 바라보고 있다. 이러한 경험은 화자가 인간과 폐어의 유사성을 인지하고 우리들(인간)의 삶에 대해 부정적으로 인식하게 되는 계기가 된다.

뻘 속에서~깨끗하게 썩지도 못하겠구나 → 화자는 우리가 살아가는 세상을 '뻘 속'이라고 표현하며 현실을 부정적으로 인식하고 있다. 우리는 현대 물질 문명 사회에서 살고 있으며, 이러한 도시화는 인간에게 편의성을 주지만 동시에 인간을 병들게 한다. 화자는 바로 그런 도시 환경을 '뻘'이라고 인식하며, 뻘 같은 도시 문물을 더럽다고 인식조차 하지 못하고 수십 년 간 살고 있는 인간들을 지적하고 있는 것이다. 더러운 뻘 속에서 견디는 생존력 때문에 우리 인간은 마치 폐어와 같이 진화하지 않을 것이며, 죽은 후에도 깨끗한 환경에 놓일 수 없을 것임을 영탄적 어조를 사용하여 비판하고 있다.

STEP 03 작품 해제

01 | 주제

현대 문명 속에서 살아가는 현대인의 삶에 대한 성찰

02 | 특징

① 수족관에 있는 폐어를 본 체험을 바탕으로 현실에 대한 부정적 인식을 드러낸 대상 중심의 시
② 화자의 관심사가 외부에서 내면으로 전환됨.
③ 영탄적 어조를 통해 현실에 대한 자조적 인식을 드러내고 있음.

03 | 작품 해제

이 시는 화자가 수족관에서 본 폐어의 모습을 통해 현대인의 삶을 성찰하고 있는 작품이다. 폐어의 서식처, 학명, 생물학적 특징 등에 대해 먼저 서술한 후 이러한 폐어의 모습을 현대인의 삶에 적용하고 있다. 화자는 뻘 속에서 4년쯤 견딜 수 있다는 폐어를 보면서 뻘과 같은 세상에서 진화하지 않고 깨끗하게 썩지도 못할 현대인들의 모습을 떠올리고 있다. 결국 화자는 폐어의 생태적 특성과 현대인의 삶을 견주어 봄으로써 현대인과 현대 문명에 대한 비판적 시각을 드러내고 있는 것이다.

STEP 04 논문으로 만나는 출제자의 시선

유추의 발상을 통한 비판과 반성

「물증」은 물신화된 현대의 위기를 극복하려는 의지를 담고 있다는 평가를 받는 오규원의 시집 『사랑과 감옥』에 수록된 작품으로, 현대 문명 속에서 살아가는 인간의 삶을 비판하고 반성하는 내용을 담고 있다.
「물증」은 수족관에 모습을 드러낸 폐어를 소재로 시상을 전개하며, 유추의 방식으로 주제 의식을 드러내고 있다. 1~11행에서는 폐를 가지고도 진화하지 않고 살아가는 폐어의 모습이 나타나며, 12행~16행에서는 진화하지 않고 뻘 속에서 수십 년을 견디며 살아가는 현대인의 모습이 제시된다. 오규원은 타락한 현대 문명과 그 속에서 살아가는 인간을 비판하기 위해 폐어의 생태를 이야기한 것이다. 인간이 극도로 오염된 문명의 뻘 속에서 수십 년을 견뎌 왔으니 3억만 년 동안 진화하지 않은 폐어보다 더 오랫동안 진화하지 않고 지낼 것이라며, 폐어보다 더 열악한 환경에서 살아가는 인간의 모습을 자조적으로 표현하고 있다. 여기에서 극도의 오염 속에서도 그 모순을 개선하지 않고 진화를 포기해 버린 인간 군상에 대한 풍자가 드러난다. 즉, '폐어'는 유추적 발상을 통해 인간의 삶에 대한 인식을 드러내게 한다는 점에서 이 시의 제목에 해당하는 물증(物證)이라 할 수 있다.

6 신동집, 오렌지

STEP 01 OX 문제를 통한 지문 이해 훈련

나BS 수능완성 | 현대문학

오렌지에 아무도 손을 댈 순 없다
오렌지는 여기 있는 이대로의 오렌지다
더도 덜도 안 되는 오렌지다
내가 보는 오렌지가 나를 보고 있다

마음만 낸다면 나도
오렌지의 포들한 껍질을 벗길 수 있다
마땅히 그런 오렌지
만이 문제가 된다

마음만 낸다면 나도
오렌지의 **찹잘한 속살**을 깔 수 있다
마땅히 그런 오렌지
만이 문제가 된다

그러나 오렌지에 아무도 손을 댈 순 없다
대면 순간
오렌지는 오렌지가 아니 되고 만다
내가 보는 오렌지가 나를 보고 있다

나는 지금 **위험한 상태**다
오렌지도 마찬가지 위험한 상태다
시간이 똘똘
배암의 **또아리**를 틀고 있다

그러나 다음 순간
오렌지의 포들한 껍질에
한없이 어진 그림자가 비치고 있다
누구인지 잘은 아직 몰라도.

OX문제

01 동일한 시행의 반복을 통해 운율감을 자아내고 있다. [2013학년도 9월] (O / X)

02 화자는 제대로 마음먹지 못하여 '오렌지의 포들한 껍질'과 '찹잘한 속살'을 보지 못하는 자신을 반성하고 있다. (O / X)

03 반복적 호명을 통해 중심 대상으로 초점을 모으고 있다. [2018학년도 9월] (O / X)

04 '나'와 '오렌지'는 '또아리를' 튼 '배암'과 대치하고 있는 '위험한 상태'에 처해 있다. (O / X)

05 음성 상징어의 사용으로 생동감을 부각하고 있다. [2020학년도 9월] (O / X)

STEP
02 지문 분석

오렌지에 아무도 손을 댈 순 없다

: '나'가 존재의 본질을 탐구하고자 하는 대상

: 존재의 본질을 끊임없이 탐구하는 인식의 주체

오렌지는 여기 있는 이대로의 오렌지다
오렌지의 참모습

더도 덜도 안 되는 오렌지다

내가 보는 오렌지가 나를 보고 있다
'나'와 오렌지의 대등한 관계

1연 : 있는 그대로의 오렌지(인식의 대상으로서의 오렌지)

마음만 낸다면 나도

오렌지의 포들한 껍질을 벗길 수 있다
부드럽고 도톰한

마땅히 그런 오렌지

만이 문제가 된다

: 본질을 도외시(상관하지 아니하거나 무시함)하는 그릇된 인식 태도

마음만 낸다면 나도

오렌지의 찹잘한 속살을 깔 수 있다
차갑고 달착지근한

마땅히 그런 오렌지

만이 문제가 된다

2~3연 : 일방적으로 오렌지에 접근하려는 태도

: 시상의 전환

그러나 오렌지에 아무도 손을 댈 순 없다
인간이 일방적으로 본질을 규정할 수는 없음.

대면 순간

오렌지는 오렌지가 아닌 되고 만다
본질에 대해 정의하는 순간 오렌지의 본질은 변질됨.

시어 시구 풀이

오렌지에 아무도~안 되는 오렌지다 → '나'는 '오렌지'의 본질을 파악하고자 하는 존재이다. 존재의 본질을 인식하기 위해 오렌지에 손을 대면 그 본질이 변질되어 '있는 이대로의 오렌지'를 파악할 수 없으므로 '오렌지에 아무도 손을 댈' 수 없다고 이야기하고 있다.

마음만 낸다면 나도~오렌지의 찹잘한 속살을 깔 수 있다 → 화자는 마음만 먹는다면 오렌지의 '포들한 껍질을 벗'기고 '찹잘한 속살을 깔 수 있다'라고 말하고 있다. 하지만 이는 오렌지의 본질을 파악할 수 있는 방법이 아니며, 사물의 겉모습에만 관심을 갖는 그릇된 태도임을 동일한 시행을 반복·변형하여 강조하고 있다.

그러나~오렌지가 아니 되고 만다 → '그러나'를 통해 시상의 전환이 이루어지고 있다. 오렌지에 손을 대는 순간 오렌지는 더 이상 오렌지가 아니 된다는 것은 대상의 본질을 일방적으로 정의내리는 순간, 대상의 본질은 변질되어 그 의미에서 더 멀어진다는 것을 의미하는 것이다.

내가 보는 오렌지가 나를 보고 있다

4연 : 존재의 본질을 파악하는 것의 어려움

나는 지금 위험한 상태다
본질을 파악하지 못하는 무지의 상태

오렌지도 마찬가지 위험한 상태다

「시간이 뚤뚤
음성 상징어
「 」: 추상적 개념의 구체화

배암의 또아리를 틀고 있다」
뱀 똬리

5연 : 본질을 파악하지 못한 채로 무의미하게 흐르는 시간

그러나 다음 순간

오렌지의 포들한 껍질에

한없이 어진 그림자가 비치고 있다
실체를 완전히 드러내지 않은 존재 → 본질 파악의 가능성

누구인지 잘은 아직 몰라도.

6연 : 존재의 본질 파악에 대한 가능성

나는 지금~또아리를 틀고 있다 → '위험한 상태'는 대상의 본질을 파악하지 못하여 무지하고도 혼란스러운 상태를 의미한다. 즉, '나'와 '오렌지' 모두 상대의 본질을 인식하지 못하는 미지의 어둠에 처해 있음을 나타낸 것이다. 이런 '위험한 상태'로 무의미하게 흘러가는 시간을 뱀이 똬리를 트는 시각적 이미지로 형상화하여 긴장감을 부각하고 있다.

그러나~잘은 아직 몰라도. → 본질 인식의 어려움에 좌절하고 있는 그 순간, '오렌지'의 껍질에 '그림자'가 비친다. 완전한 실체를 드러내지 않아 막연하면서도, 존재의 본질을 파악할 수 있을 것이라는 희망을 주는 존재라 할 수 있다.

STEP 03 작품 해제

나BS 수능완성 | **현대문학**

01 | 주제

존재의 본질을 파악하고자 하는 염원

02 | 특징

① 존재의 본질을 파악하고자 하는 소망을 드러내는 화자 중심의 시
② 관념적이고 추상적인 내용을 상징적인 시어를 통해 구상함.
③ 다양한 감각적 심상을 활용하여 대상을 표현함.

03 | 작품 해제

「오렌지」는 '오렌지'를 소재로 하여 존재론적 입장에서 사물의 본질을 추구하고자 하는 작품이다. 이 시에서 '오렌지'는 '나'가 본질을 인식하고자 하는 대상이며, '위험한 상태'는 이러한 존재의 본질을 파악하지 못하는 무지한 상태를 의미한다. 화자는 오렌지의 본질을 파악한다는 이유로 오렌지의 껍질을 벗기거나 속살을 까서는 안 된다고 이야기한다. 오렌지는 어느 하나로 분해될 수 없는, 그 자체로서 하나의 전체이며 오렌지에 손을 대는 순간 본래의 오렌지는 사라지기 때문이다. 이렇듯 존재의 참모습을 파악하는 것이 얼마나 어려운지를 보여 주는 이 시는 마지막 연에서 사물의 본질 파악에 대한 막연한 가능성을 암시하며 시상을 마무리하고 있다.

STEP 04 논문으로 만나는 출제자의 시선

신동집의 존재론적 탐구

한국 전쟁에서 살아남은 "잔존자"로서의 정체성을 갖고 있는 신동집의 시적 주체는 전쟁 이전에 함께 '살아 있던 것'에 속해있던 대상이 더 이상 '보이지 않게' 되었다는 비극적 인식으로 말미암아 '어떻게 보이지 않는 너를 만날 수 있을까?'라는 문제의식을 바탕으로 존재론적 탐구를 실천했다.

이때 '보이지 않는 너'에 도달하기 위한 시적 주체의 노력은 결국 '나'의 존재를 모색하는 행위를 동반하기에, '나와 너'의 관계성을 사유하며 존재 양식을 모색해 나가는 신동집의 고유한 시작(시를 지음) 태도를 이끌어낸다고 할 수 있다. 다음은 전후(전쟁이 끝난 뒤) 존재론적 탐구가 잘 나타난 신동집의 시이다.

많은 사람이 / 여러 모양으로 죽어갔고
죽지 않은 사람은 / 여러 모양으로 살아왔고
그리하여 서로들끼리 / 말 못할 악수를 한다
죽은 사람과 / 죽지 않고 남은 사람과

악수란, 오늘 / 무엇을 말하는 것이냐
나의 한편 팔은 / 땅속 깊이 꽂히어 있고
다른 한 편 팔은 / 짙은 밀도의 공간을 저항한다
죽은 사람이 살았을 때를 / 그리워하며
살은 사람이 죽어 갈 때를 / 그리워하며……

- 신동집, 「악수」 -

신동집의 시론

시인은 시론을 남길 수도, 남기지 않을 수도 있다. 또한 시론이 시와 일치하는 경우도 있고, 일치하지 않는 경우도 있다. 신동집은 시론이 있는 시인이자, 시론과 시가 어느 정도 일치하는, 흔치 않은 시인이다. 이런 점을 고려했을 때, 신동집은 늘 자신의 생각을 체계화 또는 객관화하려 했던 시인임을 알 수 있다. 그의 시론은 다음과 같다.

첫째, 시인은 언어에 대한 사랑을 지녀야 한다. 여기에서 언어란 일반적인 언어의 총칭이 아니라, 모국어를 의미한다. 신동집은 어린 나이에 일본에 건너가 모국어보다 일본어에 더 능숙하였다. 따라서 정작 조국에 돌아와 창작 활동을 하고자 했을 때, 모국어가 미숙하여 많은 고생을 한 바 있다. 이와 같은 시인의 현실은 모국어 사랑을 형성하게 했다. 둘째, 시인은 보는 사람이 되어야 한다. 신동집에 의하면, 보는 사람이란 보이지 않는 것도 볼 줄 아는 사람을 일컫는다. 이는 신동집이 존재의 본질 탐구에 집중하는 계기가 된다. 셋째, 시인은 삶과 자연에 대한 깊은 애정을 가져야 한다. 신동집은 지상의 모든 존재에 대한 사랑의 마음이 시의 마음이라고 하였다. 이와 같은 생각은 그가 시에서 자연과의 융합을 통해 존재 탐구의 지침을 얻고자 하는 바탕이 된다. 신동집은 특히 '존재와 세계 인식'의 문제에 집중하여 시는 끊임없이 존재를 지향하지만, 존재에 도달할 수는 없다고 강조하였다. 이러한 시론들은 그의 시에 많은 영향을 끼쳤다.

7 이상, 거울

STEP 01 OX 문제를 통한 지문 이해 훈련

거울속에는소리가없소
저렇게까지**조용한**세상은참없을것이오

거울속에도내게귀가있소
내말을못알아듣는딱한귀가두개나있소

거울속의나는왼손잡이오
내악수(握手)를받을줄모르는—악수를모르는왼손잡이오

거울때문에나는거울속의나를만져보지를못하는구료마는
거울이아니었던들내가어찌거울속의나를만나보기만이라도했겠소

나는지금(至今)거울을안가졌소마는거울속에는늘거울속의내가있소
잘은모르지만외로된사업(事業)에골몰할게요

거울속의나는참나와는반대(反對)요마는
또꽤닮았소
나는**거울속의나를근심하고진찰(診察)할수없**으니퍽**섭섭**하오

OX문제

01 해소하기 어려운 문제적 상황에 당면하여 고뇌하는 태도가 드러나 있다. [2018학년도 수능] (O / X)
02 화자는 현실에 대한 부정적 인식을 바탕으로 '조용한' '거울속' 세계를 동경하고 있다. (O / X)
03 역설적 표현을 사용하여 모순적인 상황에 대한 반성적인 자세를 보여 주고 있다. [2016학년도 6월AB] (O / X)
04 대상과 소통하며 문제 해결 과정을 연쇄적으로 제시하고 있다. [2024학년도 수능] (O / X)
05 화자와 '거울속의나'는 서로를 '근심하고진찰할수없'는 것에 대해 '섭섭'함을 드러내고 있다. (O / X)

거울속에는소리가없소

□ : 자아 분열의 매개체
→ 차단 및 만남의 기능을 동시에 하는 이중성을 띰.

저렇게까지조용한세상은참없을것이오
현실과 단절된 거울 속 세상

1연 : 현실과 단절된 거울 속의 세계

거울속에도내게귀가있소
의사소통의 수단

내말을못알아듣는딱한귀가두개나있소

: 거울 속의 '나'(내면적 자아)
↕
: 거울 밖의 '나'(현실적 자아)

2연 : 분열된 두 자아의 의사소통 단절

거울속의나는왼손잡이오

내악수(握手)를받을줄모르는—악수를모르는왼손잡이오
두 자아의 화해 시도

3연 : 분열된 두 자아의 화해 시도의 실패

거울때문에나는거울속의나를만져보지를못하는구료마는
단절·차단의 기능

거울이아니었던들내가어찌거울속의나를만나보기만이라도했겠소
만남·연결의 기능

4연 : 거울의 이중성

「나는지금(至今)거울을안가졌소마는거울속에는늘거울속의내가있소」

잘은모르지만외로된사업(事業)에골몰할게요
바르지 않고 한쪽으로 치우친 일 → 자아 간의 단절감 심화

5연 : 자아 분열의 심화

「 」: 역설법

「거울속의나는참나와는반대(反對)요마는 / 또꽤닮았소」

나는거울속의나를근심하고진찰(診察)할수없으니퍽섭섭하오
정서 직접 제시

6연 : 자아 분열에 대한 안타까움

시어 시구 풀이

거울속에도~두개나있소 → 거울 속에 비친 '나'를 대상화함으로써 화자의 내면적 자아(본질적 자아)와 현실적 자아(현상적 자아)가 분리되고 있다. 거울 속 '나'에게도 귀가 있지만 거울 밖에 있는 '나'의 말을 못 알아듣는다는 점을 통해 두 자아가 단절되어 소통할 수 없는 상황임을 드러내고 있다.

거울속의나는왼손잡이오~악수를모르는왼손잡이오 → 거울 밖의 '나'는 화해의 시도로써 거울 속 '나'에게 '악수'를 건네지만 대상을 반대로 비추는 거울의 특성상 당연하게도 거울 속 '나'는 악수를 받을 수 없다. 이를 통해 분열된 두 자아가 서로 화해할 수 없음을 표현하고 있다.

거울때문에나는~만나보기만이라도했겠소 → 자아 성찰의 매개체인 거울이 가진 이중적인 성격을 보여 주는 부분이다. 거울 밖의 '나'는 거울을 매개로 분열된 자아, 즉 거울 속의 '나'와 만나게 되지만, 동시에 거울은 두 자아 사이에 놓여 화자와 거울 속의 '나'를 단절시키고 있기도 하다.

나는지금거울을~외로된사업에골몰할게요 → 거울이 없어도 거울 속의 '나'는 존재한다는 역설적 인식을 통해 내면적 자아(본질적 자아)는 의식하지 않아도 항상 존재함을 드러내고 있다. 한편, 거울 속의 '나'가 외로된 사업, 즉 현실의 '나'와는 다른 방향의 일에 골몰한다고 표현함으로써 자아 분열이 심화되었음을 보여 준다.

거울속의나는참나와는반대요마는~퍽섭섭하오 → 자아 분열에 대한 화자의 고뇌와 갈등을 알 수 있는 부분으로, 거울 속의 '나'와 거울 밖의 '나'가 지니는 동질성과 이질성에 대해 이야기하고 있다. 또한 '섭섭하오'를 통해 거울 속의 '나'를 근심하고 진찰할 수 없는 것에 대한 정서를 직접적으로 제시하여 자아 분열에 대한 안타까움을 드러낸다.

STEP 03

작품 해제

01 | 주제

자아의 분열에 대한 자의식

02 | 특징

① 분열된 자아에 대한 안타까움을 드러내는 화자 중심의 시
② 의도적으로 띄어쓰기를 하지 않음으로써 분열된 내면 의식을 효과적으로 드러냄.
③ 역설적 표현을 사용하여 시적 상황을 강조함.
④ 거울의 기능에 착안하여 현대인이 겪는 자아 분열 현상을 형상화함.

03 | 작품 해제

「거울」은 거울 밖의 나(현실적 자아)와 거울 속의 나(내면적 자아)를 통해 자아의 분열 및 단절을 보여 주는 작품이다. 중심 제재인 '거울'은 화자로 하여금 또 하나의 자아를 보게 해주는 매개체인 동시에, 두 자아를 단절시켜 화자에게 정신적 고통을 주는 모순적인 속성을 가지고 있다. 화자는 이러한 두 자아의 대립을 냉소적이고 자조적인 어조로 전달하여 자아가 분열된 채 이중적인 삶을 살아가는 비극적인 자아상을 그려내고 있다.

STEP 04 논문으로 만나는 출제자의 시선

이상의 시 세계

이상은 자유로운 상상과 파격적인 방식으로 기존 시들과는 다른 시 작법의 형식을 보여 줬다. 그로 인해 문단에 큰 영향을 미쳤고 그러한 반향(어떤 사건이나 발표 따위가 세상에 영향을 미치어 일어나는 반응)은 오늘날까지 이어져 난해 시의 상징처럼 여겨지고 있다. 이상의 시를 이해하기 위한 방식은 인문학에 국한되지 않고 수학, 과학, 미술, 건축 등 여러 분야에서 다양하게 시도되었으며 그에 따라 풍부한 성과를 거두었다. 제1차 세계 대전 이후 이성적인 사상과 사조(한 시대의 일반적인 사상의 흐름)에 반대하는 예술 사조의 형태는 다채로운 형태로 진행되었으며 이상의 시는 이 시기에 창작되었다. 무엇보다 거침없는 시도가 자유롭게 반영된 이상의 시는 예술 사조의 다양성만큼이나 다채로운 형태 변화를 반영한 텍스트로 평가된다.

20세기 초에 발달했던 많은 예술 사조의 목표는 이성에 대한 도전이었다. 기존 창작물에 대한 반항의 기조가 창작의 형태에 지대한 영향을 미쳤다. 그 결과 텍스트의 형식을 파괴한 새로운 예술 형식이 시도되었다. 이상의 시는 이렇게 예술 창작 기법의 변화를 모색하던 시대의 영향을 받아 창작되었다. 또한, 이상의 시를 이해하는 데 있어서 기법의 측면 못지않게 중요한 부분이 상상의 경계이다. 당시 예술 사조의 특성상 정신적인 공간은 중요한 부분을 차지했다. 예술에 있어 정신 분석이나 동시적 시·공간의 반영은 예술의 범위를 넓히는 계기가 되었으며 다양한 예술 장르에 적용되었다.

한편, 1930년대 식민 치하에서 살아가는 한국 지식인의 정신적 불안감과 존재에 대한 회의는 실재와 혼재된 상상의 공간을 창출해 냈을 것이라 판단된다. 이러한 경향은 이상의 시 「거울」에서 뚜렷하게 나타난다. 거울은 이상의 시에서 경계에 선 인간의 전형적인 심리적 양상을 보여 주는 매개체로, 이를 통해 이상의 시에 나타난 자아 분열적인 내면 의식의 양상과 자기 성찰에 대한 핵심 모티프를 파악할 수 있다.

이상 시에 나타나는 거울의 역할

이상 시에는 거울에 대한 묘사가 자주 등장하며, 거울은 여러 역할을 한다. 첫째, 거울은 현실과 상상의 경계에 놓여 있는 매개체이다. 거울 앞에서 서 있는 자아는 현실과 환상 사이의 모호한 경계를 왕래한다. 그것은 현실에 대한 갈등을 표현하는 것이며, 현실과 비현실이 혼재된 공간은 자아의 내면을 대변한다. 거울은 스스로를 들여다 볼 수 있는 근원적인 장소이며 거울에 비친 자아의 형상을 인격화하는 심리적 양상은 도피와 침잠(마음을 가라앉혀서 깊이 생각하거나 몰입함)이라는 분열적인 요소를 만들어 낸다. 둘째, 거울은 현실과 분리된 다른 시·공간을 연출한다. 거울이 형성하는 시·공간은 환상을 불러일으키며 존재를 인식하는 내면의 미로를 형상화시킨다. 셋째, 거울은 자아를 관찰하는 도구이자 자아의 형상을 영원에 가두는 역할을 한다. 이상 시는 인간으로서 가장 고통스러운 문제인 유한한 생명에 대해 끊임없는 질문을 던진다.

「거울」의 표현 기법과 초현실주의

「거울」은 기존의 전통적인 시 창작 방법에서 많이 벗어나 있다. 형태상 띄어쓰기를 무시하고 단어나 구절을 붙여 쓰고 있으며, 소재 면에서도 자연적인 것이 아닌 분열된 자아의 내면 심리라는 현대적인 소재를 다루고 있다. 이처럼 작가는 실험적인 기법으로 현대인의 의식 세계를 표현하고 있는데 이러한 작가의 표현 기법이나 드러내고자 하는 의식은 초현실주의와 연결된다.

초현실주의는 인간의 무의식을 주된 재료로 삼으며, 현실 세계를 인위적 조작과 합리화의 과정을 통해 꾸며진 거짓으로 보고 표현 방식에서도 전통적인 질서를 거부한다. 이러한 초현실주의에서 많이 사용되는 수법에는 '자동기술법(의식의 흐름 기법)'이 있는데, 이것은 인간 내면의 무의식 세계를 연상 작용에 의해 서술하는 방식이다.

STEP

05 나BS 실전 문제

나BS 수능완성 | 현대문학

다음 글을 읽고 물음에 답하시오.

(가)

[A]
거울속에는소리가없소
저렇게까지조용한세상은참없을것이오

[B]
거울속에도내게**귀**가있소
내말을못알아듣는딱한귀가두개나있소

[C]
거울속의나는왼손잡이오
내악수(握手)를받을줄모르는-악수(握手)를모르는왼손잡이오

[D]
거울때문에나는**거울속의나**를**만져보지를못하**는구료마는
거울이아니었던들내가어찌거울속의나를**만나보**기만이라도했겠소

나는지금(至今)거울을안가졌소마는거울속에는늘거울속의내가있소
잘은모르지만외로된사업(事業)에골몰할게요

[E]
거울속의나는참**나**와는반대(反對)요마는
또꽤닮았소
나는거울속의나를근심하고진찰(診察)할수없으니퍽섭섭하오

\- 이상, 「거울」 -

(나)

누가 내 속에 **가시나무**를 심어놓았다
그 위를 **말벌**이 날아다닌다
몸 어딘가, 쏘인 듯 아프다
생(生)이 벌겋게 부어오른다 잉잉거린다
이건 **지독한 노역(勞役)***이다
나는 놀라서 멈칫거린다
지상에서 생긴 일을 나는 많이 몰랐다
모르다니! 이젠 **가시밭길**이 끔찍해졌다
이 길, 지나가면 다시는 안 돌아오리라
돌아가지 않으리라
가시나무에 기대 다짐하는 나여
이게 오늘 나의 희망이니
가시나무는 얼마나 **많은 가시**를
감추고 있어서 가시나무인가
나는 또 얼마나 **많은 나**를
감추고 있어서 나인가
가시나무는 가시가 있고
나에게는 가시나무가 있다

\- 천양희, 「가시나무」 -

*노역 : 괴롭고 힘든 노동.

01. (가)와 (나)에 대한 설명으로 가장 적절한 것은?

① (가)는 명사형으로 시상을 마무리하여 시적 여운을 주고 있다.
② (나)는 유사한 통사 구조를 반복하여 시적 의미를 강조하고 있다.
③ (가)는 (나)와 달리 공간의 이동에 따라 화자의 태도 변화를 드러내고 있다.
④ (나)는 (가)와 달리 수미상관 방식을 통해 구조적 안정감을 드러내고 있다.
⑤ (가)는 음성 상징어를 활용하여, (나)는 청각적 이미지를 활용하여 대상의 속성을 나타내고 있다.

02. (가)의 [A]~[E]를 이해한 내용으로 적절하지 <u>않은</u> 것은?

① [A]에서 화자는 거울 밖과 구분되는 '거울속' 세상이 존재함을 인식하고 있다.
② [B]에서 화자는 '거울속'의 '귀'에 대한 정서적 반응을 표출하고 있다.
③ [C]에서 화자는 '거울속의나'와 소통하고 있지만 지속적일 수 없음을 인식하고 있다.
④ [D]에서 화자는 '거울속의나'를 '만져보지를못하'게 하지만 '만나보'게 해준 거울의 이중적 속성을 파악하고 있다.
⑤ [E]에서 화자는 '거울속의나'와 '나'가 반대이면서도 닮았다는 모순적 상황을 파악하고 있다.

03. 〈보기〉를 바탕으로 (나)를 감상한 내용으로 적절하지 <u>않은</u> 것은?

<보기>

이 작품은 고통을 상징하는 '가시'의 이미지를 바탕으로 화자의 내면 풍경과 삶의 과정을 보여 주고 있다. 고통에서 벗어나고자 하는 다짐을 '가시나무에 기대어' 하는 화자의 모습을 통해 화자가 결국 고통을 인정하고 있음이 드러난다. 이로써 화자는 고통이 존재의 본질임을 깨닫고 고통과 함께하는 삶을 수용하게 된다.

① 고통 받는 화자의 내면 풍경을 '가시나무'와 '말벌'을 이용하여 드러냈다고 할 수 있군.
② 화자의 순탄하지 않았던 삶의 과정을 '가시밭길'이라는 표현으로 드러냈다고 할 수 있군.
③ 고통에서 벗어나려는 화자의 행위를 '지독한 노역'에서 확인할 수 있군.
④ '가시나무'와 '많은 가시', '나'와 '많은 나'의 대응 관계를 통해 존재의 본질을 인식했다고 볼 수 있군.
⑤ 고통과 함께하는 삶을 수용하는 화자의 인식을 '나에게는 가시나무가 있다'로 표현했다고 할 수 있군.

8 오세영, 그릇·1

STEP 01 OX 문제를 통한 지문 이해 훈련

깨진 그릇은
칼날이 된다.

절제(節制)와 균형(均衡)의 중심에서
빗나간 힘,
부서진 원은 **모를 세**우고
이성(理性)의 차가운
눈을 뜨게 한다.

맹목(盲目)의 사랑을 노리는
사금파리여,
지금 나는 **맨발**이다.
베어지기를 기다리는
살이다.
상처 깊숙이서 성숙하는 **혼(魂)**

깨진 그릇은
칼날이 된다.
무엇이나 깨진 것은
칼이 된다.

OX문제

01 수미상관의 구조를 통해 주제를 강조하고 있다. [2015학년도 9월B] (O / X)
02 반복적 호명을 통해 중심 대상으로 초점을 모으고 있다. [2018학년도 9월] (O / X)
03 '모를 세'운 '깨진 그릇'은 화자가 '이성'의 '눈을 뜨게' 하는 계기가 된다. (O / X)
04 '사금파리'는 '맨발'의 상태인 화자에게 '상처'를 내어 '혼'이 성숙하도록 돕는 대상이다. (O / X)
05 유사한 문장 형태를 변주하여 시간의 흐름을 드러내고 있다. [2020학년도 6월] (O / X)

STEP

02 지문 분석

나BS 수능완성 | **현대문학**

깨진 그릇은

칼날이 된다.
절제와 균형의 상태에서 벗어난 결과물

■ : 의식의 각성과 성숙의 계기(긍정)
↕
■ : 나태하고 안일한 상태(부정)

1연 : 칼날이 되는 깨진 그릇

절제(節制)와 균형(均衡)의 중심에서

빗나간 힘,

부서진 원은 모를 세우고
'깨진 그릇'

이성(理性)의 차가운

눈을 뜨게 한다.
의식의 각성

2연 : 차가운 이성의 눈을 뜨게 하는 깨진 그릇

맹목(盲目)의 사랑을 노리는
이성을 잃어 적절한 분별이나 판단을 못하는 일

사금파리여,
사기그릇의 깨어진 작은 조각 → 성숙한 존재로 거듭나게 하는 힘

지금 나는 맨발이다.

베어지기를 기다리는 / 살이다.
성숙을 기다리는 모습

상처 깊숙이서 성숙하는 혼(魂)
정신적 고통을 겪는 과정에서 얻게 되는 성숙한 내면적 자아

3연 : 깨진 그릇에 의한 상처와 그로 인한 영혼의 성숙

깨진 그릇은 / 칼날이 된다.

무엇이나 깨진 것은 / 칼이 된다.
'깨진 그릇' → '무엇이나 깨진 것'으로 시상 확장

4연 : 칼날이 되는 깨진 그릇에 대한 통찰

시어 시구 풀이

깨진 그릇은~눈을 뜨게 한다. → 이 시는 '깨진 그릇'에 대한 관점에 따라 시 전체의 해석이 달라지므로 이를 염두에 두고 작품을 감상하는 것이 중요하다. 본 '시어 시구 풀이'에서는 '깨진 그릇'을 긍정적 관점으로 보고 이를 토대로 설명을 하도록 하겠다.

'깨진 그릇'은 '절제와 균형의 중심에서 / 빗나간 힘'에 의해 '부서진 원'을 말한다. 이는 '이성의 차가운 / 눈을 뜨'는 계기가 된다는 점에서 의식이 각성하고 성숙하는 계기로 볼 수 있다. 한편, '깨진 그릇'이 모를 세워 날카로운 '칼날'이 되고, 그 날카로움이 '이성의 차가운 / 눈을 뜨게 한다'는 점에서 '칼날'은 의식을 각성시키는 긍정적인 역할을 한다고 해석할 수 있다.

맹목의 사랑을 노리는 / 사금파리여, → '사금파리'는 '깨진 그릇'을 의미한다. '맹목의 사랑'을 쏘아보며, 화자의 '혼'을 성숙하게 만든다는 점에서 '사금파리'는 대상이 맹목의 상태에서 벗어나 성숙한 존재로 거듭날 수 있게 하는 힘을 상징한다고 볼 수 있다.

지금 나는 맨발이다.~성숙하는 혼 → 화자는 '맨발'의 상태로 '사금파리'에 의해 '베어지기를 기다'린다. 이 영혼의 성숙을 추구하는 화자의 모습을 형상화한 것으로 볼 수 있다.

깨진 그릇은~칼이 된다. → 수미상관 구조가 변주되어 나타나고 있다. 영혼의 성숙을 이끄는 힘인 '그릇'의 본질에 대한 통찰을 바탕으로 '깨진 그릇'에서 '무엇이나 깨진 것'으로 의미를 확장하고, 고통과 인내를 거쳐 성숙에 이를 수 있다는 깨달음을 강조하여 드러내고 있다.

STEP 03 작품 해제

01 | 주제

사물의 인식을 통한 존재론적 의미와 인간의 실존적 고뇌 탐구 / 영혼의 성숙을 위한 깨짐의 필요성

02 | 특징

① 그릇이라는 사물을 인간의 삶과 관련지어 사물의 본질과 삶의 진리를 통찰하는 대상 중심의 시
② 일상적 사물인 '그릇'에 상징적인 의미를 담아 관념적인 세계를 형상화함.
③ '깨진 그릇'에 대한 관점에 따라 시 전체의 해석이 달라짐.
④ 변형된 수미상관 구조를 통해 주제 의식을 강조함.

03 | 작품 해제

이 시는 '그릇'이라는 사물에 대한 인식을 통해 존재론적 의미를 탐구하고 인간의 실존적 고뇌를 노래하고 있는 작품이다. 화자는 깨짐으로써 나태와 안일의 세계를 벗어난 그릇에서 인간 영혼의 성숙을 이끄는 힘을 발견한다. 깨진 그릇에 의해 베어져 상처입기를 기다리는 화자의 모습을 통해 고통과 인내를 거쳐야 성숙에 이를 수 있다는 존재론적 인식이 드러나고 있다.

STEP 04

논문으로 만나는 출제자의 시선

나BS 수능완성 | **현대문학**

오세영 시의 역설의 어법

오세영의 시에 구현되어 있는 역설의 어법은 사물을 우주적 지평 속에서 존재론적으로 바라보고자 하는 오세영 특유의 시적 가치관을 잘 드러내 주고 있다. 예컨대 '지금 나는 맨발이다. / 베어지기를 기다리는 / 살이다. / 상처 깊숙이서 성숙하는 혼(「그릇·1」)'이나 '부르르 떠는 칼날 앞에서 / 서 있는 목각인형(木刻人形) / 너는 지금 목으로 칼을 받지만 / 너에겐 죽음이 곧 완성이다(「칼」)'라고 했을 때 이는 과학적이고 논리적인 사유와 시적 진실 사이의 거리를 고스란히 드러내고 있다. 시간의 전후, 원인과 결과, 목적을 위한 행위라는 합리적인 관점에서 본다면 이들 시에서 형상화되고 있는 '베어지기를 기다'린다라든가 '죽음이 곧 완성'이라는 것은 어불성설(말이 조금도 사리에 맞지 아니함)에 해당되기 때문이다. 그러나 이러한 오세영의 시는 역설적 진실을 제시함으로써 더욱 깊은 깨달음의 시적 의미를 구현한다.
오세영의 시에서도 확인할 수 있듯 모순과 역설의 어법은 사물을 단일한 차원이 아닌 중층적인, 나아가 우주적 차원에서 통찰한 결과에 속한다. 시인의 직관에 의한 시선을 받음으로써 사물은 고정된 논리의 틀에 갇히거나 개체로 머물지 않고 그 자체로 경계가 없는 넓은 세계로 통하게 된다. 그곳은 과거와 현재, 미래가 부단히 이어지며 사물과 인간이 하나로 어우러지는 세계다. 이곳에서 길어 올려진 시의 언어가 총체적이고 본질적인 진실을 함의하게 되는 것도 이 때문이다.

관점에 따라 달라지는 시어·시구의 의미

「그릇·1」은 '깨진 그릇'을 부정적으로 볼 경우 '절제와 균형'을 잃은 '깨진 그릇'을 통해, 조화롭고 안정된 삶에 대한 소망을 노래한 작품으로 볼 수 있다. 반면 '깨진 그릇'을 긍정적으로 볼 경우 나태와 안일을 거부하는 의식의 각성을 형상화한 작품으로 해석할 수도 있다. 이처럼 '깨진 그릇'을 보는 관점에 따라 시 전체의 해석이 달라지므로 이를 염두에 두고 시를 감상하는 것이 중요하다.

시어·시구	부정적인 관점에서의 의미	긍정적인 관점에서의 의미
깨진 그릇	절제와 균형이 깨진 불안정한 상태	나태와 안일을 거부하는 의식의 각성과 성숙의 계기
칼날	안정을 깨뜨리는 위협적인 존재	성숙한 존재로 거듭나게 하는 힘
절제와 균형	깨지기 전의 그릇 - 조화롭고 안정된 세계	나태하고 안일한 상태
빗나간 힘	파괴적인 힘	안일한 상태를 거부하는 힘
이성의 차가운 눈	감성은 사라지고 이성만 남은 상태 - 획일적인 사고만 가능한 상태로 균형이 깨진 상태	의식의 각성
맹목의 사랑을 노리는	맹목의 상태를 추구하는	맹목의 상태에서 벗어나게 하는
베어지기를 기다리는	수동적으로 살아가는 인간이 마주한 한계 상황	베어짐을 통해 이성의 눈을 뜨고자 하는 화자
사금파리	맹목을 강요하는 위협적인 존재	성숙한 존재로 거듭나게 하는 힘 - 성숙의 계기

9 이성복, 꽃 피는 시절

STEP 01 OX 문제를 통한 지문 이해 훈련

멀리 있어도 나는 당신을 압니다
귀먹고 눈먼 **당신은 추운 땅속**을 헤매다
누군가의 입가에서 잔잔한 웃음이 되려 하셨지요

부르지 않아도 당신은 옵니다
생각지 않아도, 꿈꾸지 않아도 당신은 옵니다
당신이 올 때면 먼발치 마른 흙더미도 고개를 듭니다

당신은 지금 내 안에 있습니다
당신은 나를 알지 못하고
나를 벗고 싶어 몸부림하지만

내게서 당신이 떠나갈 때면
내 목은 갈라지고 실핏줄 터지고
내 눈, 내 귀, 거덜 난 몸뚱이 갈가리 찢어지고

나는 울고 싶고, 웃고 싶고, 토하고 싶고
벌컥벌컥 물 사발 들이켜고 싶고 길길이 날뛰며
절편보다 **희고 고운** 당신을 잎잎이, 뱉아 낼 테지만

부서지고 무너지며 당신을 보낼 일 아득합니다
굳은 살가죽에 불 댕길 일 막막합니다
불탄 살가죽 뚫고 다시 태어날 일 꿈 같습니다

지금 당신은 내 안에 있지만
나는 당신을 어떻게 보내 드려야 할지 모르겠습니다
조막만 한 손으로 뱃센 내 가슴 쥐어뜯으며 발 구르는 당신

OX문제

01	표면에 드러난 청자에게 말을 건네는 방식으로 화자의 정서를 드러내고 있다. [2022학년도 6월]	(O / X)
02	동일한 색채어를 반복적으로 제시하며 시상을 전개한다. [2024학년도 수능]	(O / X)
03	'추운 땅속'은 '당신'이 '희고 고운' 잎을 틔우기 전 겪게 되는 고난을 의미한다.	(O / X)
04	자연과 인간의 관계를 살펴 자연을 바라보는 인간의 태도에 대한 성찰을 드러내고 있다. [2022학년도 수능]	(O / X)
05	'조막만 한 손으로' '내 가슴'을 '쥐어뜯으며' '나'에게서 벗어나고자 하는 '당신'에 대한 연민이 드러난다.	(O / X)

STEP
02 지문 분석

나BS 수능완성 | 현대문학

멀리 있어도 나는 당신을 **압니다**
꽃의 외피(줄기) ↳ 꽃
■ : 종결 어미 '-ㅂ니다'의 반복 → 대상에 대한 존중, 애정

귀먹고 눈먼 당신은 추운 땅속을 헤매다
개화를 위해 '당신'이 겪어야 하는 고난, 시련

누군가의 입가에서 잔잔한 웃음이 되려 하셨지요
꽃이 주는 기쁨과 행복

1연 : 사람들에게 기쁨을 주는 존재인 '당신'

「부르지 않아도 당신은 **옵니다**
「 」: 자연의 섭리, 개화의 필연성

생각지 않아도, 꿈꾸지 않아도 당신은 **옵니다**」

당신이 올 때면 먼발치 마른 흙더미도 고개를 **듭니다**
꽃 피는 시절(봄) 의인법 → 싹이 트는 상황을 묘사

2연 : '당신'과 '나'의 만남의 필연성

당신은 지금 내 안에 **있습니다**
꽃이 피기 전의 상태

당신은 나를 알지 못하고

나를 벗고 싶어 몸부림하지만
개화를 향한 '당신'의 강한 열망과 의지 ①

3연 : '나'를 벗어나려는 '당신'의 강한 의지

내게서 당신이 떠나갈 때면
개화의 순간을 이별의 상황으로 인식 ①

내 목은 갈라지고 실핏줄 터지고

내 눈, 내 귀, 거덜 난 몸뚱이 **갈가리** 찢어지고
개화의 과정에 수반되는 '나'의 고통과 희생 ①
■ : 음성 상징어 → 생동감

4연 : '당신'과 이별할 때 '나'가 겪게 될 고통

나는 울고 싶고, 웃고 싶고, 토하고 싶고

시어 시구 풀이

멀리 있어도 나는 당신을~흙더미도 고개를 듭니다 → 시적 화자인 '나'가 '당신'에게 말을 건네는 방식으로 시상이 전개되고 있다. '당신'이 '추운 땅속'을 헤맨 적이 있고, '당신'이 올 때면 '마른 흙더미'도 고개를 든다는 것을 통해 '당신'은 식물과 관련된 존재임을 유추할 수 있다.

부르지 않아도~꿈꾸지 않아도 당신은 옵니다 → 부르거나 생각하거나 꿈꾸지 않아도 '당신'이 온다는 것은 어떠한 상황에서도 '당신'은 반드시 올 것임을 의미한다. '당신'이 식물임을 고려해 볼 때, '당신'이 오는 것은 사계절이 순환하는 것과 같은 자연의 섭리(자연계를 지배하고 있는 원리와 법칙)임을 드러낸 것이라 할 수 있다.

당신은 지금 내 안에 있습니다~나를 벗고 싶어 몸부림하지만 → 식물인 '당신'이 '내 안에 있'다는 것은 '나'가 식물을 둘러싸고 있는 외피임을 짐작할 수 있게 한다. 한편, 식물이 외피를 뚫고 나오려는 것을 '당신'이 '나'에게서 벗어나기 위해 몸부림하는 것으로 묘사하여 개화를 향한 '당신'의 열망과 의지를 강조하여 표현하고 있다.

내게서 당신이 떠나갈 때면~몸뚱이 갈가리 찢어지고 → 화자는 개화의 순간을 '당신'이 떠나가는 이별의 상황으로 인식하고 있다. 즉, 개화의 과정을 이별의 과정에 비유하여 '나'가 겪게 될 고통을 드러내고 있는 것이다. 화자는 이러한 고통을 나열하여 생명의 탄생을 위해서는 누군가의 고통과 희생이 불가피함을 드러내고 있다.

나는 울고 싶고,~길길이 날뛰며 → 유사한 통사 구조를 반복하고 감정을 나열하여 '당신'을 떠나보낼 때 '나'가 느끼게 될 슬픔과 기쁨 등의 복잡한 심경을 강조하여 표현하고 있다.

벌컥벌컥 물 사발 들이켜고 싶고 길길이 날뛰며

떡살로 눌러 모나거나 둥글게 만든 떡

절편보다 희고 고운 당신을 잎잎이, 뱉아 낼 테지만

하얀 꽃으로 피어난 '당신'의 모습 묘사

5연 : '당신'을 떠나보낼 때 '나'의 복잡 미묘한 심경

부서지고 무너지며 당신을 보낼 일 아득합니다

개화의 순간을 이별의 상황으로 인식 ②

굳은 살가죽에 불 댕길 일 막막합니다

개화의 과정에 수반되는 '나'의 고통과 희생 ②

불탄 살가죽 뚫고 다시 태어날 일 꿈 같습니다

6연 : '당신'을 보내는 일에 대한 '나'의 아득함과 막막함

지금 당신은 내 안에 있지만

나는 당신을 어떻게 보내 드려야 할지 모르겠습니다

'나'를 떠나가게 될 '당신'에 대한 아쉬움과 막막함

조막만 한 손으로 뻣센 내 가슴 쥐어뜯으며 발 구르는 당신

개화를 향한 '당신'의 강한 열망과 의지 ②

7연 : '나'를 벗어나려는 '당신'의 의지와 열망

절편보다 희고 고운 당신을 잎잎이, 뱉아 낼 테지만 → 색채어를 사용하여 하얀 꽃이 피어나는 순간을 묘사하고 있다. 이를 통해 '당신'은 꽃을 의인화한 것이며, '나'는 꽃의 외피, 즉 줄기를 의인화한 것임을 알 수 있다.

부서지고 무너지며~불 댕길 일 막막합니다 → 꽃을 피우기 위해 '나'가 겪어야 할 고통을 다시 한번 묘사하며 '당신'을 보내는 일에 대한 '나'의 아득함과 막막함을 표현하고 있다. 이는 '나'가 '당신'을 위해 부서지고 살갗이 찢기듯이, 꽃을 피우기 위해서는 반드시 누군가의 희생이 필요함을 강조하여 표현한 것으로 이해할 수 있다.

조막만 한 손으로 뻣센 내 가슴 쥐어뜯으며 발 구르는 당신 → '당신'을 보내기 위해서는 '나'의 아픔과 희생이 수반되어야 함에도 불구하고 '나'에게서 벗어나 꽃으로 피어나고자 하는 '당신'의 강한 열망과 의지를 시각적으로 형상화하여 표현하고 있다.

STEP 03 작품 해제

나BS 수능완성 | 현대문학

01 | 주제

개화(생명의 탄생)를 위한 고통과 희생

02 | 특징

① 생명의 탄생 과정에 수반되는 고통과 희생에 대해 노래하는 대상 중심의 시
② 꽃이 피기 전의 상태에서 꽃이 피어나는 상황을 가정하여 시상을 전개함.
③ 의인화된 청자에게 말을 건네는 방식을 활용함.
④ 경어체를 통해 대상에 대한 애정을 드러냄.

03 | 작품 해제

이 작품은 꽃의 외피를 화자인 '나'로, 꽃을 청자인 '당신'으로 의인화하여 꽃이 피는 과정을 비유적으로 형상화하고 있다. 개화의 과정을 '당신'이 '내 안'으로 들어왔다가 떠나가면서 완성되는 것으로 표현하여 '당신'을 떠나보내는 과정에서 수반되는 '나'의 아픔과 희생을 표현하였으며, 그럼에도 불구하고 필연적으로 꽃으로 피어나고야 마는 '당신'의 의지를 구체화하였다. 또한 개화의 과정을 이별의 과정으로 비유하여 화자의 심리를 나타내고 경어체를 사용하여 '나'와 '당신'의 관계, 사랑과 이별의 정서를 형상화하고 있다는 점이 이 작품의 특징이다.

STEP 04 논문으로 만나는 출제자의 시선

나BS 수능완성 | 현대문학

「꽃 피는 시절」 속 '나'와 '당신'의 의미

「꽃 피는 시절」은 화자인 '나'가 '당신'이라는 대상에게 말하는 방식으로 시상이 전개된다. 그런데 이 둘이 어떤 존재인지는 구체적으로 드러나지 않기에, 둘의 관계에 대한 서술을 통해 그 의미를 미루어 짐작해 볼 수밖에 없다. '멀리 있어도 나는 당신을 압니다 / 귀먹고 눈먼 당신은 추운 땅속을 헤매다 / 누군가의 입가에서 잔잔한 웃음이 되려 하셨지요'에서 화자는 '당신'을 알고 있고, '당신'은 고난을 이기고 사람들에게 기쁨을 주는 존재임이 드러난다. '부르지 않아도 당신은 옵니다 / 생각지 않아도, 꿈꾸지 않아도 당신은 옵니다'는 내가 부르거나 생각하거나 꿈꾸지 않아도 '당신'은 오고, '당신'이 올 때면 땅도 '당신'을 반긴다는 당위성을 제시한다.

이 과정에서 시적 의미와 함께 그것이 상징하는 바가 드러난다. 먼저 '당신'은 추운 땅속을 헤맸던 적이 있고, '흙더미'와 관련된다는 내용을 통해 그것의 속성이 식물과 관련되어 있음을 짐작할 수 있다. 그리고 '당신은 지금 내 안에 있습니다', '절편보다 희고 고운 당신을 잎잎이, 뱉아 낼' 것이라는 표현은 '당신'과 '나'의 속성에 대한 결정적인 단서를 준다. 즉, '당신'은 꽃이고, '나'는 피어날 '꽃'을 품고 있는 외피임이 드러나는 것이다.

이렇게 '나'와 '당신'의 속성을 확인해 나가는 과정이 이 시를 이해하는 데 가장 큰 몫을 한다.

'나'는 '당신'이 반드시 올 것을 알고 있다. 계절의 변화에 따라, 자연의 섭리에 따라 꽃은 피어나기 때문이다. 하지만 꽃이 피어날 때 '나'는 몸뚱이가 갈가리 찢어지게 된다는 것을 알기에 '나'는 '당신'을 보낼 일이 아득하다고 말한다. 이는 생명이 탄생하는 경이로운 순간에 누군가의 희생이 필요함을 드러내는 것으로, 생명의 탄생과 그를 위한 희생의 필요성에 대한 상징적인 의미를 전해 준다.

10 장석남, 배를 밀며

STEP 01 OX 문제를 통한 지문 이해 훈련

배를 민다
배를 밀어 보는 것은 아주 드문 경험
희번덕이는 잔잔한 가을 바닷물 위에
배를 밀어 넣고는
온몸이 아주 추락하지 않을 순간의 한 허공에서
밀던 힘을 한껏 더해 밀어 주고는
아슬아슬히 배에서 떨어진 **손**, 순간 환해진 손을
허공으로부터 거둔다

사랑은 참 부드럽게도 떠나지
뵈지도 않는 길을 부드럽게도

배를 **한껏 세게 밀어**내듯이 슬픔도
그렇게 밀어내는 것이지

배가 나가고 남은 빈 물 위의 **흉터**
잠시 머물다 가라앉고

그런데 오, 내 안으로 들어오는 배여
아무 소리 없이 밀려 들어오는 배여

OX문제

01 유사한 문장 형태를 변주하여 시간의 흐름을 드러내고 있다. [2020학년도 6월] (O / X)
02 화자는 '온몸이 아주 추락하지 않을 순간'까지 '아슬아슬히 배에서' '손'을 떼지 않으며 대상과의 이별을 거부하고 있다. (O / X)
03 화자는 '흉터'가 남지 않도록 대상을 '한껏 세게 밀어'내고 있다. (O / X)
04 영탄법을 사용하여 화자의 고조된 감정을 나타낸다. [2013학년도 수능] (O / X)
05 도치된 표현을 활용하여 화자가 처한 부정적 현실에 대한 극복 의지를 강조하고 있다. [2021학년도 6월] (O / X)

STEP
02 지문 분석

나BS 수능완성 | **현대문학**

배를 민다
이별의 행위

▒ : 사랑하는 대상

배를 밀어 보는 것은 아주 드문 경험

희번덕이는 잔잔한 가을 바닷물 위에 / 배를 밀어 넣고는
시·공간적 배경 / 이별의 상황

온몸이 아주 추락하지 않을 순간의 한 허공에서

밀던 힘을 한껏 더해 밀어 주고는
온 힘을 다해 사랑을 떠나보냄. → 사랑을 떠나보내는 것의 어려움

아슬아슬히 배에서 떨어진 손, 순간 환해진 손을
허전함, 공허함

허공으로부터 거둔다

1연 : 배를 밀어내는 경험에 대한 묘사

사랑은 참 부드럽게도 떠나지 / 뵈지도 않는 길을 부드럽게도
추상적 관념의 구체화

2연 : 배가 물 위를 떠나듯이 부드럽게 떠나는 사랑

배를 한껏 세게 밀어내듯이 「슬픔도

「 」: 행간 걸침 → 의미 강조

그렇게 밀어내는 것이지」
슬픔을 세게 밀어냄. → 슬픔을 극복하려는 화자의 의지

3연 : 이별의 슬픔을 극복하려는 의지

이별의 상처가 회복됨.
배가 나가고 남은 빈 물 위의 흉터 / 잠시 머물다 가라앉고
배가 지나가며 만든 물결 → 이별의 상처와 아픔

4연 : 이별로 인한 상처와 슬픔

□ : 시상의 전환

그런데 오, 내 안으로 들어오는 배여
영탄법

아무 소리 없이 밀려 들어오는 배여
① 떠난 사랑에 대한 그리움 ② 새로운 사랑이 찾아옴.

5연 : 이별 후의 그리움

시어 시구 풀이

배를 민다~배를 밀어 넣고는 → 화자는 사랑하는 사람을 떠나보내는 이별의 행위를 바다에 배를 띄우고 먼 곳으로 밀어내는 행위에 비유하여 표현하고 있다. 즉 화자는 이별과 배를 미는 일의 유사성을 바탕으로 이별의 의미를 유추하여 시상을 전개하고자 함을 알 수 있다.

온몸이 아주 추락하지 않을~밀어 주고는 → 사랑하는 대상과의 추억이 퇴색되지 않을 순간에 이별하려는 화자의 모습을 온 힘을 다해 배를 밀어 내는 모습으로 형상화하고 있다.

아슬아슬히 배에서 떨어진 손,~허공으로부터 거둔다 → 배가 손에서 떠나는 순간 대상의 부재를 인식한 화자가 공허함과 허전함을 느끼고 있음을 드러내고 있다.

사랑은 참 부드럽게도 떠나지 / 뵈지도 않는 길을 부드럽게도 → 사랑이 떠나갈 때의 느낌을 촉각적 이미지를 통해 구체적으로 형상화하고 있다.

배를 한껏 세게 밀어내듯이 슬픔도 / 그렇게 밀어내는 것이지 → 배를 밀어내듯이 이별의 슬픔 역시 세게 밀어내고자 하는 화자의 모습이 드러난다. '행간 걸침'을 사용하여 이별의 슬픔을 극복하고자 하는 화자의 의지를 강조하여 표현한 것으로 볼 수 있다. '행간 걸침'이란 의미상 한 행으로 배열되어야 할 시 구절을 의도적으로 다음 행에 걸쳐 놓아 의미를 강조하는 기법이다.

그런데 오,~밀려 들어오는 배여 → 시상의 전환이 나타난 부분으로, 이별한 대상에 대한 그리움이 남은 화자가 아직 그를 떠나보내지 못하고 있음을 영탄적 어조를 통해 드러낸 것으로 볼 수 있다. But 화자의 안으로 '아무 소리 없이 밀려 들어오는 배'의 모습을 이별의 상처를 극복한 화자에게 새로운 사랑이 찾아온 것으로 해석할 수도 있다.

STEP 03 작품 해제

01 | 주제

이별로 인한 아픔과 그리움

02 | 특징

① 배를 미는 구체적인 행위를 통해 사랑과 이별의 의미를 드러내는 화자 중심의 시
② 유추를 사용하여 시상을 전개함.
③ 영탄적 표현을 통해 화자의 감정을 효과적으로 드러냄.
④ '사랑'이라는 인간의 보편적 감정에 대한 깨달음이 제시됨.

03 | 작품 해제

이 작품은 배를 미는 행위를 통해 사랑하는 사람을 떠나보낸 후의 슬픔과 그리움을 노래하고 있다. 1연에서는 사랑하는 누군가를 떠나보내는 이별의 순간을 배를 밀어내는 경험에 빗대어 묘사하였고, 2~4연에서는 그로 인한 허탈한 감정과 슬픔, 5연에서는 영탄적 표현을 통해 이별 후의 상처와 마음속에서 어쩔 수 없이 일어나는 그리움을 강조하고 있다.

STEP
04 논문으로 만나는 출제자의 시선

『배를 밀며』와 『배를 매며』의 의미적 연관성

아무 소리도 없이 말도 없이
등뒤로 털썩 / 밧줄이 날아와 나는
뛰어가 밧줄을 잡아다 배를 맨다
아주 천천히 그리고 조용히
배는 멀리서부터 닿는다

사랑은, / 호젓한 부둣가에서 우연히,
별 그럴 일도 없으면서 넋 놓고 앉았다가
배가 들어와 / 던져지는 밧줄을 받는 것
그래서 어찌할 수 없이
배를 매게 되는 것

잔잔한 바닷물 위에
구름과 빛과 시간과 함께
떠 있는 배

배를 매면 구름과 빛과 시간이 함께
매어진다는 것도 처음 알았다
사랑이란 그런 것을 처음 아는 것

빛 가운데 배는 울렁이며
온종일 떠 있다

- 장석남, 「배를 매며」 -

장석남 시인은 「배를 밀며」와 「배를 매며」 두 편의 시에서 배를 밀고 매는 행위를 사랑과 이별의 경험에 밀착하여 풀어쓰고 있다. 「배를 매며」가 사랑의 이루어짐을 노래하고 있다면, 「배를 밀며」는 사랑의 상실 또는 이별에 대해 노래하고 있는 것으로 해석할 수 있다. 「배를 밀며」에서 바다로 배를 민다는 것은 단순히 부두를 떠나는 출항이 아니라, 순간의 허공 속으로 '온몸이 아주 추락하지 않을' 정도로 힘껏 배를 밀고 얼른 배로부터 손을 거두는 '아주 드문 경험'이다. 여기엔 아슬아슬한 긴장감이 스며 있는데, 이렇게 온몸으로 배를 밀고 순간 환해진 손을 거두는 행위는 '사랑'의 경험과 직결되면서 이별은 슬픔과 흉터를 남기기도 하지만 진정한 사랑이란 그럼에도 불구하고 사랑하는 상대가 다시 돌아오기를 기다리는 것이라고 일러주고 있다.

한편 「배를 매며」는 「배를 밀며」의 마지막 행을 첫 행에 반복하면서 바로 연결되고 있는 시임을 알 수 있다. 떠났던 배가 조용히 돌아오는 것, 돌아온 배의 밧줄을 얼떨결에 매는 것, 거기에 구름과 빛과 시간도 함께 매임을 처음 아는 것 등이 바로 '사랑'이라고 구체적으로 풀어 말하고 있다. 인간의 삶과 사랑은 끊임없이 배를 밀고 매고 풀면서, 내면의 고향과 같은 겹겹의 추억을 만들어가며 진행되는 것임을 보여 준다.

『배를 밀며』 속 비유

이 시 전체를 통괄하는 비유는 '배를 민다'는 문장이다. 사랑하는 이를 떠나보내는 일, 그 이별의 슬픔을 감당하는 일을 '배를 민다'는 비유로 표현하고 있기 때문이다. 배를 미는 일에 관한 공들인 묘사(1연)가 사랑의 떠나감(2연)과 슬픔의 극복(3연)과 연계되면서 시 전체를 관통하는 비유가 된다. 1연과 2~3연이 비유되면서 다음과 같은 의미가 형성된다. ① 처음 배를 밀 때에는 힘을 주어 밀어야 한다. 이처럼 이별의 처음을 감당하는 일은 힘들다. ② '온몸이 아주 추락하지 않을 순간의 한 허공에서' 배를 놓아주어야 한다. 이별의 아픔이 최고조에 이르렀을 바로 그때가 그 사람을 놓아주어야 할 때다. ③ 그때 손은 허공을 잡게 될 것이다. 그를 마음에서 놓아 보내는 그 순간 허탈함이 가득 찰 것이다. ④ 그런데 이 허탈한 순간은 손이 '환해'지는 순간이기도 하다. 이 아픈 순간이 역설적으로 가장 아름다운 추억을 갖게 되는 순간이기도 하다는 뜻이다.

4~5연은 이별 후의 상황이다. 이별의 아픔이 극복되고 나면(4연) 또 다른 사랑이 내게 당도할 것이다(5연). 여기서는 또 다른 비유가 출현한다. 물 위에 남은 '흉터'가 그것이다. 배가 지나가며 만든 물결이 이별이 야기한 상처에 빗대어진 셈이다. 물결이 잔잔해지듯 흉터도 치유될 것이며, 그 뒤에 새로운 사랑이 나를 찾아올 것이다.

따라서 「배를 밀며」에는 두 개의 핵심적인 비유가 있다. '배를 밀다(사랑하는 이를 떠나보내다)'가 하나요, '흉터(이별이 내게 야기한 고통)'가 다른 하나다. 전자가 시 전체를 관통하는 비유라면 후자는 시의 곳곳에서 모습을 드러내는 아픔의 비유다. 전자가 지배적인 리듬을 이루고 있으므로 이 시는 슬픔마저도 아름답게 추억되는 사랑의 한때를 그린 헌사(다른 사람에게 바치는 글)가 된다.

다음 글을 읽고 물음에 답하시오.

(가)

집도 많은 집도 많은 남대문턱 움 속에서 두 손 오구려 혹혹 입김 불며 이따금씩 쳐다보는 하늘이사 아마 하늘이기 혼자만 곱구나

거북네는 만주서 왔단다 두터운 얼음장과 거센 바람 속을 세월은 흘러 거북이는 만주서 나고 할배는 만주에 묻히고 세월이 무심찮아 봄을 본다고 쫓겨서 울면서 가던 길 돌아 왔단다

띠팡*을 떠날 때 강을 건늘 때 조선으로 돌아가면 빼앗겼던 땅에서 농사지으며 가 갸 거 겨 배운다더니 조선으로 돌아와도 집도 고향도 없고

[A]
거북이는 배추꼬리를 씹으며 달디달구나 배추꼬리를 씹으며 꺼무테테한 아배의 얼굴을 바라보면서 배추꼬리를 씹으며 거북이는 무엇을 **생각**하누

첫눈 이미 내리고 이윽고 새해가 온다는데 집도 많은 집도 많은 남대문턱 **움** 속에서 이따금씩 쳐다보는 **하늘**이사 아마 하늘이기 혼자만 곱구나

- 이용악, 「하늘만 곱구나」 -

*띠팡 : '장소'의 중국말. 여기서는 만주를 의미함.

(나)

배를 민다
배를 밀어보는 것은 아주 드문 경험
희번덕이는 잔잔한 가을 바닷물 위에
배를 밀어넣고는
온몸이 아주 추락하지 않을 순간의 한 허공에서
밀던 힘을 한껏 더해 밀어주고는
아슬아슬히 배에서 떨어진 손, ㉠ 순간 환해진 손을
허공으로부터 거둔다

㉡ 사랑은 참 부드럽게도 떠나지
뵈지도 않는 길을 부드럽게도

㉢ 배를 한껏 세게 밀어내듯이 슬픔도
그렇게 밀어내는 것이지

㉣ 배가 나가고 남은 빈 물 위의 흉터
잠시 머물다 가라앉고

㉤ 그런데 오, 내 안으로 들어오는 배여
아무 소리 없이 밀려들어오는 배여

- 장석남, 「배를 밀며」 -

(다)

상(常)해런가* 꿈이런가 백옥경에 올라가니
옥황(玉皇)은 반기시나 군선(群仙)*이 꺼리는구나.
두어라, 오호연월(五湖烟月)* 이 내 분(分)에 알맞구나.

[B]
풋잠에 **꿈**을 꾸어 십이루에 들어가니
옥황은 웃으시되 군선이 꾸짖는구나.
어즈버, **백만억창생***을 어느 결에 물으리.

하늘이 이저신 제* 무슨 술(術)로 기워 내었는고.
백옥루 중수(重修)할 제 어떤 **바치*** 이루어 내었는고.
옥황께 사뢰어 보자 하더니 다 못하고 왔구나.

- 윤선도, 「몽천요(夢天謠)」 -

*상해런가 : 일상이던가.
*군선 : 여러 신선(神仙).
*오호연월 : 아름다운 풍경을 말함.
*백만억창생 : 수많은 백성.
*이저신 제 : 이지러졌을 때.
*바치 : 장인(匠人).

01. (가)~(다)의 공통점으로 가장 적절한 것은?

① 화자로서는 어찌할 수 없는 상황이 나타나 있다.
② 일상의 경험에서 대상의 의미를 새롭게 끌어내고 있다.
③ 대상의 존재를 부정하려는 화자의 의도가 드러나 있다.
④ 이상과 현실 사이에서 고뇌하는 화자의 모습이 나타나 있다.
⑤ 자연을 통해 현재의 삶에 대한 부정적 인식을 보여 주고 있다.

02. 다음 신문 기사를 읽고 (가)를 쓴 것이라 할 때, 작가가 구상 했을 내용으로 적절하지 않은 것은?

한성일보 1946년 12월 12일

추위에 떠는 전재(戰災) 동포를 구하자

해방의 기쁨을 맞이하여 일본 또는 멀리 남북 중국으로부터 자유 독립을 간절히 염원하여 그리운 고국에 돌아와 각기 인척 관계를 찾아 방 한 칸, 또는 공동숙박소, 전재민 수용소, 이나마도 차례에 가지 않아 왜놈들이 파놓은 방공호에서, 또는 한강철교 밑에서, 이것도 차지하지 못하고 거리에서 오늘은 이 집 문전에서 거적을 깔고 살을 에는 열한풍(烈寒風)을 바라보며 한하는 이들 수천 명을 이 참경 앞에 놓고서, 우리는 무엇이라고 변명하며 무엇이라고 위로를 하여야 할까?

① 전재민의 현재 처지를 부각하기 위해 대비의 방법을 사용하자.
② 전재민의 삶을 사실적으로 제시하기 위해 다른 사람의 말을 인용하는 방법을 쓰자.
③ 귀국한 전재민이 희망을 가질 수 있도록 그들의 마음을 위로해 주는 대상을 설정하자.
④ 고국으로 돌아온 전재민의 삶을 잘 드러낼 수 있는 구체적 공간과 계절적 배경을 설정하자.
⑤ 해방 이후에도 전재민의 고난이 지속되고 있음을 보여 주기 위해 가족 3대의 이야기로 구성하자.

03. (가)와 (나)의 표현상 특징에 대한 설명으로 가장 적절한 것은?

① (가), (나) 모두 색채의 대비를 통해 감정의 변화를 보여 주고 있다.
② (가)는 (나)와 달리 영탄적 표현을 통해 시적 긴장감을 고조 시키고 있다.
③ (가)는 (나)와 달리 첫 연의 내용을 끝 연에서 변주하여 시상을 심화하고 있다.
④ (나)는 (가)와 달리 의성어를 사용하여 생생한 현장감을 드러내고 있다.
⑤ (나)는 (가)와 달리 반어적 표현을 통해 현실에 대한 화자의 태도를 드러내고 있다.

04. (나)의 ㉠~㉤에 대한 설명으로 적절하지 않은 것은?

① ㉠ : 배에서 손을 뗀 순간의 상황을 표현하고 있다.
② ㉡ : 배가 밀려가는 모습을 통해 사랑이 떠나갈 때의 느낌을 표현하고 있다.
③ ㉢ : 이별의 슬픔을 잊기 위한 화자의 의지를 표현하고 있다.
④ ㉣ : 사랑이 떠나가고 남은 화자 마음속의 상처를 표현하고 있다.
⑤ ㉤ : 화자가 기대하던 새로운 사랑이 시작됨을 표현하고 있다.

05. [A]와 [B]의 시어를 비교하여 이해한 내용으로 가장 적절한 것은?

① [A]의 '거북이'와 [B]의 '백만억창생'은 화자가 애정을 가지고 있는 대상이다.
② [A]의 '생각'과 [B]의 '꿈'은 화자와 대상 간의 갈등을 보여 준다.
③ [A]의 '첫눈'과 [B]의 '바치'는 화자가 기다리는 긍정적 대상을 의미한다.
④ [A]의 '움'과 [B]의 '백옥루'는 화자가 살고 있는 공간적 배경을 나타낸다.
⑤ [A]의 '하늘'과 [B]의 '하늘'은 이상적 세계를 나타낸다.

나 없이 EBS 풀지마라

수능완성

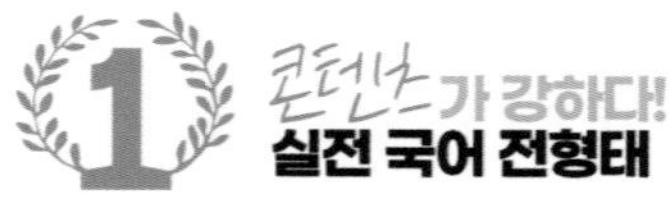

PART 02 고전시가

1 남도진, 낙은별곡

STEP 01 OX 문제를 통한 지문 이해 훈련

나BS 수능완성 | 고전문학

헌사한 조화옹이 산천을 빚어낼 때
낙은암(樂隱岩) 깊은 골을 날 위하여 삼겨시니
산봉우리도 빼어나고 경치도 뛰어나다
어와 주인옹이 명리(名利)에 뜻이 없어
진세를 하직하고 암혈에 깃들이니
내 생애 담백한들 분수이니 상관하랴
농환재(弄丸齋) 밝은 창에 주역을 점검하니
소장진퇴*는 성훈*이 밝아 있고
낙천지명*은 경계도 깊어셰라
달을 희롱하고 말 잊고 앉았으니
천지를 몇 번이나 왕래한고
장금을 빗기 안아 슬상*에 놓아두고
평우조(平羽調) 한 소리를 보허사(步虛詞)에 섞어 타며
긴 가사 짧은 노래 천천히 불러 낼 때
유연이 흥이 나니 세상 걱정 전혀 없다
남촌의 늙은 벗님 북린의 젊은이들
송단에 섞여 앉아 차례 없이 술을 부어
두세 잔 기울이고 무슨 말을 하옵나니
앞 논에 벼가 좋고 뒷내에 고기 많데
춘산에 비 온 후에 미궐*도 살졌다네
한중의 이런 말씀 소일이 족하거니
분분한 한 시비(是非)야 귓결엔들 들릴쏘냐
해당화 깊은 곳에 낚싯대 메고 내려가며
어부사(漁父詞) 한 곡조를 바람결에 흘려 불러
목동의 피리 소리에 넌지시 화답하니
석양 방초(芳草) 길에 걸음마다 더디구나
동풍이 건듯 불어 세우를 재촉하니
도롱이 걸치고서 바위에 앉으니
용면*을 불러내어 이 형상 그리고쟈
영욕을 불관하니 세사를 내 알더냐
주육(酒肉)에 빠진 분들 부귀를 자랑 마오
여름날 더운 길의 홍진* 간에 분주하며
겨울밤 추운 새벽 대루원*에 서성이니
자네는 좋다 하나 내 보기엔 괴로워라
어와 내 신세를 내 말하니 자네 듣소
삼복에 날 더우면 백우선(白羽扇) 높이 들고
풍령*에 기대 다리 펴고 누웠으니
편안한 이 거동을 그 누가 겨룰쏘냐
동지 밤 눈 온 후에 더운 방에 이불 덮고
목침을 돋워 베고 해 돋도록 잠을 자니
편함도 편할시고 고단함 있을쏘냐
삼공이 귀타 하나 나는 아니 바꾸리라
값으로 따진다면 만금인들 당할쏜가
보리밥 맛 들이니 팔진미 부럽잖고
헌 베옷이 알맞으니 비단 가져 무엇 할까
(중략)
옥류폭(玉流瀑) 노한 물살 돌을 박차 떨어지니
합포의 명월주를 옥반에 굴리는 듯
은고리 수정렴을 난간에 걸었는 듯
티끌 묻은 긴 갓끈을 탁영호(濯纓湖)에 씻어 내니
귀 씻던 옛 할아비* 자네 혼자 높을쏘냐
반곡천(盤谷川) 긴긴 굽이 초당을 둘렀으니
드넓은 저 강물아 세상으로 가지 마라
연사*에 막대 짚어 무릉계(武陵溪) 내려가니
양안의 나는 도화(桃花) 붉은 안개 자욱하다
물 위에 뜬 꽃을 손으로 건진 뜻은
춘광을 누설하여 세간에 전할셰라
단구(丹丘)를 넘어 들어 자연뢰(紫煙瀨) 지나가니
향로봉 남은 안개 햇빛에 비치었다
구변담(鷗邊潭) 고인 물이 거울처럼 맑구나
속세 잊은 저 백구(白鷗)야 너와 나와 벗이 되어
물가에 노닐면서 세상을 잊자꾸나
청학동(靑鶴洞) 좁은 길로 **선부연(仙釜淵)** 찾아가니
반고씨 적 생긴 **가마** 제작도 공교하다
형산에 만든 솥을 뉘라셔 옮겨 왔나
석간에 걸린 폭포 상하연에 떨어지니
공연한 벼락 소리 대낮에 들리는고
계산*에 취한 흥이 해 지는 줄 잊었는데
쌍계암(雙溪庵) 먼 북소리 갈 길을 재촉하네
통소에 봄을 담아 유교(柳橋)로 돌아드니
서산(西山)의 상쾌한 기운 사의당*에 이어졌네
어와 우리 형님 환정*이 전혀 없어
공명을 사양하고 삼족와*로 돌아오니
재앙의 남은 물결 신변에 미칠쏘냐
긴 베개 높이 베고 두 노인이 나란히 누워
슬하의 모든 자손 차례로 늘어서니
먹으나 못 먹으나 이 아니 즐거운가
아마도 수석에 소요하여 남은 세월 마치리라

*소장진퇴 : 세상사가 변화하는 이치. 음양의 이치.
*성훈 : 성현의 교훈.

*낙천지명 : 천명을 깨달아 즐기면서 이에 순응함.
*슬상 : 무릎 위.
*미궐 : 고비와 고사리.
*용면 : 송나라 때 화가 이공린.
*홍진 : 번거롭고 속된 세상을 비유적으로 이르는 말.
*대루원 : 이른 아침에 대궐로 들어가려는 사람이 대궐 문이 열리기를 기다리던 곳.
*풍령 : 바람이 시원한 창가.
*귀 씻던 옛 할아비 : 중국 요임금 시절의 은사인 허유.
*연사 : 안개가 낀 모래사장 또는 물가.
*계산 : 시내와 산.
*사의당 : 남도진의 형인 남도규의 서재 당호(堂號).
*환정 : 벼슬을 하고 싶어 하는 마음.
*삼족와 : 남도진의 형인 남도규의 서재 당호.

OX문제

01 인물의 행위를 대비하여 대상에 대한 평가를 드러내고 있다. [2024학년도 수능] (O / X)
02 영탄적인 어조로 대상에서 촉발된 인상을 표현하고 있다. [2023학년도 9월] (O / X)
03 화자는 '석양 방초 길'에서 '동풍'을 만끽하는 자신의 모습을 '용면'에게 그려 달라고 부탁했다. (O / X)
04 명시적 청자에게 말을 건네는 방식으로 화자의 감정을 드러낸다. [2024학년도 수능] (O / X)
05 화자는 '선부연'으로 공간을 이동하여 '반고씨'가 만든 '가마'를 감상하고 있다. (O / X)

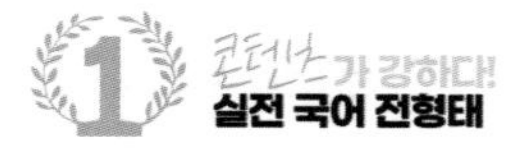

STEP 02 지문 분석

[EBS에 나오지 않은 파트까지 모두 넣은 전문 분석]

헌사한 조화옹이 산천을 빚어낼 때 (조화옹: 만물을 창조하는 노인 → '조물주'를 이르는 말)	⇒ 야단스러운(대단한) 조물주가 자연을 빚어낼 때
낙은암(樂隱岩) 깊은 골을 날 위하여 삼겨시니 (낙은암: 화자가 은거하는 공간)	⇒ 낙은암 깊은 골짜기를 날 위해 만들었으니
산봉우리도 빼어나고 경치도 뛰어나다	⇒ 산봉우리도 빼어나고 경치도 뛰어나다
어와 주인옹이 명리(名利)에 뜻이 없어 (어와: 감탄사 / 주인옹: 화자 자신을 가리킴. / 명리: 명예와 이익) (■ : 속세와 관련한 시어)	⇒ 어와 주인 늙은이 명예와 이익에 뜻이 없어
진세를 하직하고 암혈에 깃들이니 (진세: 정신에 고통을 주는 복잡하고 어수선한 세상 / 암혈: 바위에 뚫린 굴(자연))	⇒ 속세를 떠나서 굴속(깊은 산속)에 자리 잡으니
내 생애 담백한들 분수이니 상관하랴 (담백: 욕심이 없고 마음이 깨끗함.)	⇒ 내 생애 욕심이 없음은 분수이니 상관하랴
농환재(弄丸齋) 맑은 창에 주역을 점검하니 (농환재: 작가의 호이자, 용문산에 지은 집의 이름 / 주역: 유학 경전)	⇒ 농환재 맑은 창가에서 주역을 살펴보니
소장진퇴는 성훈이 밝아 있고 (성훈: 성현(성인과 현인)의 교훈)	⇒ 쇠퇴하고 성장하는 것과 나아가고 물러나는 것은 성현의 교훈이요
낙천지명은 경계도 깊어셰라 (-셰라: 감탄형 종결 어미)	⇒ 천명을 깨달아 즐기면서 이에 순응하는 것은 성현의 깊은 경계로구나
달을 희롱하고 말 잊고 앉았으니	⇒ 달을 희롱하고 말을 잊고 앉았으니
천지를 몇 번이나 왕래한고 (자신의 삶에 대한 자부심)	⇒ 천지를 몇 번이나 왕래했던가
장금을 빗기 안아 슬상에 놓아두고 (슬상: 무릎 위)	⇒ 거문고를 비껴 안아 무릎 위에 놓아두고
평우조(平羽調) 한 소리를 보허사(步虛詞)에 섞어 타며 (평우조: 거문고의 악곡 ① / 보허사: 거문고의 악곡 ②)	⇒ 평우조 한 곡조를 보허사에 섞어 타며
긴 가사 짧은 노래 천천히 불러 낼 때	⇒ 긴 가사 짧은 노래 천천히 불러 낼 때
유연이 흥이 나니 세상 걱정 전혀 없다 (세상 걱정 전혀 없다: 속세에 대한 생각 X)	⇒ 여유가 있고 흥이 나니 세상 걱정이 전혀 없다
남촌의 늙은 벗님 북린의 젊은이들 (남촌의 늙은 벗님: 화자가 어울리는 사람 ① / 북린의 젊은이들: 화자가 어울리는 사람 ②)	⇒ 남쪽 마을 늙은 벗님 북쪽 마을 젊은이들과
송단에 섞여 앉아 차례 없이 술을 부어 (차례 없이 술을 부어: 서로 격을 차리지 않고 교류하는 모습)	⇒ 소나무 언덕에 섞여 앉아 차례 없이 술을 부어

시어 시구 풀이

낙은암 깊은 골을 날 위하여 삼겨시니 / 산봉우리도 빼어나고 경치도 뛰어나다 → 화자는 낙은암에서 자연을 완상하며 뛰어난 경관을 예찬하고 있다. 낙은암은 용문산 북쪽 계곡에 자리잡은 곳으로 작가가 머물러 살던 공간이며, 작품의 제목과 관련이 있다.

어와 주인옹이 명리에 뜻이 없어~분수이니 상관하랴 → '주인옹'은 화자를 가리키는 표현이다. 부귀공명과 같은 세속적 가치에 관심이 없는 화자가 속세를 떠나 깊은 산속에 은거하여 지내고 있음을 알 수 있다. 화자는 욕심 없이 깨끗하게 사는 자신의 생애를 분수로 여기며 안분지족(편안한 마음으로 제 분수를 지키며 만족한 줄을 앎)의 태도를 보이고 있다.

농환재 맑은 창에~경계도 깊어셰라 → 주역을 읽고 세상사의 이치와 천명을 깨달은 화자가 성인의 가르침에 감탄하고 있음이 드러나 있다.

천지를 몇 번이나 왕래한고 → 송나라 시인 소옹이 주역을 읊은 시구로, 음양이 한가로이 왕래하니 육체가 모두 봄이 되어 완전하게 된다는 뜻이다. 즉, 화자는 주역의 이치에 통달한 식견을 통해 자신이 음양의 조화를 이루고 완벽한 삶을 살고 있다는 자부심을 드러내고 있다.

장금을 빗기 안아~세상 걱정 전혀 없다 → 거문고를 연주하며 풍류를 즐기고 자연에서의 여유로운 마음을 노래하는 화자의 모습이 나타난다. 이를 통해 속세에 대한 미련 없이 강호 생활의 흥취를 마음껏 누리는 삶에 대한 화자의 만족감을 알 수 있다.

두세 잔 기울이고 무슨 말을 하옵나니
『 』: 화자가 어울리는 사람들에게 들은 내용을 인용함.
⇒ 두세 잔 기울이고 무슨 말씀 하는가

『앞 논에 벼가 좋고 뒷내에 고기 많데
⇒ "앞 논에 벼가 좋고 뒷내에 고기 많데

(음영): 계절적 배경(봄)을 알려 주는 시어

춘산에 비 온 후에 미궐도 살졌다네』
고사리가 잘 자람. → 풍족한 먹거리
⇒ 봄 산에 비 온 후에 고사리도 살졌다네"

한중의 이런 말씀 소일이 족하거니
재미를 붙여 심심하지 아니하게 세월을 보냄.
⇒ 한가하게 이런 이야기로 소일하기 충분하니

분분한 한 시비(是非)야 귓결엔들 들릴쏘냐
옳고 그름 / 관심이 없음.
⇒ 떠들썩한 시비야 귓결엔들 들릴쏘냐

해당화 깊은 곳에 낚싯대 메고 내려가며
바닷가에 피는 꽃 → 물가로 가고 있음을 의미함.
⇒ 해당화 핀 깊은 곳에 낚싯대 메고 내려가며

어부사(漁父詞) 한 곡조를 바람결에 흘려 불러
십이 가사 중 한 곡
⇒ 어부사 한 곡조를 바람결에 흘려 불러

목동의 피리 소리에 넌지시 화답하니
⇒ 목동의 피리 소리에 넌지시 화답하니

석양 방초(芳草) 길에 걸음마다 더디구나
시간적 배경(저녁) / 향기로운 풀 / 한가한 태도
⇒ 저물녘 향기로운 풀이 있는 길에 걸음마다 더디구나

동풍이 건듯 불어 세우를 재촉하니
봄에 부는 바람 / 가늘게 내리는 비
⇒ 동풍이 슬쩍 불어 가랑비를 재촉하니

도롱이 걸치고서 바위에 앉으니
비옷
⇒ 도롱이 걸치고서 바위 위에 앉으니

용면을 불러내어 이 형상 그리고쟈
송나라 때 화가 이공린 / ~고 싶다(소망)
⇒ 용면을 불러내어 이 모습 그리고 싶네

영욕을 불관하니 세사를 내 알더냐
영예와 치욕 / 알지 못한다.(설의법) → 세상일에 대한 거리감
⇒ 영예와 치욕을 상관치 않으니 세상일 내 알겠는가

주육(酒肉)에 빠진 분들 부귀를 자랑 마오
술과 고기 / 명령형 어조 → 부귀에 대한 부정적 생각
⇒ 술과 고기에 빠진 분들 부귀를 자랑 마오

여름날 더운 길의 홍진 간에 분주하며
번거롭고 속된 세상
⇒ 여름날 더운 길의 속세에서 분주하며

겨울밤 추운 새벽 대루원에 서성이니
관원들이 입조하기 위해 이른 아침에 대궐 문이 열리기를 기다리던 곳
⇒ 겨울밤 추운 새벽에 대루원에서 서성이니

자네는 좋다 하나 내 보기엔 괴로워라
⇒ 자네는 좋다 하나 내 보기에 괴로워라

(음영): 특정한 청자에게 말을 건네는 방식

어와 내 신세를 내 말하니 자네 듣소
⇒ 어와 내 신세를 내가 말하니 자네는 들어 보소

삼복에 날 더우면 백우선(白羽扇) 높이 들고
여름철 / 새의 흰 깃으로 만든 부채
⇒ 삼복에 날 더우면 백우선 높이 들고

풍령에 기대 다리 펴고 누웠으니
⇒ 바람이 시원한 창가에 기대 다리 펴고 누웠으니

두세 잔 기울이고 무슨 말을 하옵나니~귓결엔들 들릴쏘냐 → '무슨 말'과 '이런 말씀'은 자연과 관련된 사람들의 소박한 이야기이며, '분분한 한 시비'는 옳고 그름을 따지는 세속적 다툼을 의미한다. 즉, 화자는 같은 삶을 지향하는 사람들과의 교류에 대한 만족감을 드러내면서 속세에 대한 거리감을 표현하고 있다.

해당화 깊은 곳에 낚싯대 메고 내려가며~걸음마다 더디구나 → 화자는 낚시를 할 수 있는 물가로 이동하며 노래를 부르고, 저녁이 다 되도록 자연을 즐기는 여유롭고 한가한 태도를 보이고 있다.

주육에 빠진 분들 부귀를 자랑 마오~자네는 좋다 하나 내 보기엔 괴로워라 → 여름에는 흙먼지가 이는 더운 길을 분주하게 뛰어다니고 겨울에는 캄캄하고 추운 새벽부터 조정에 나아가기 위해 서성이는 관료들의 고달픈 삶이 감각적으로 묘사되어 있다. 세속적 가치를 추구하는 사람들에 대한 화자의 부정적 인식을 엿볼 수 있다.

자네는 좋다 하나 내 보기엔 괴로워라~값으로 따진다면 만금인들 당할쏜가 → 속세에서 벼슬을 하는 '자네'에게 말을 건네며 자신이 추구하는 삶의 태도를 직접적으로 드러내고 있다. 화자는 분주하고 고달픈 삶을 살아가는 '자네'와 달리, 자연에 은거하면서 여름에는 시원한 그늘에서 부채질로 더위를 쫓고 겨울에는 따뜻한 이불을 덮은 채 늦잠을 자는 한가하고 여유로운 삶을 살고 있음을 부각하고 있다. 즉 화자는 관료를 대변하는 '자네'와 자신의 삶을 대비하여 자신의 삶에 대한 만족감과 자부심을 강조하고 있다.

편안한 이 거동을 그 누가 겨룰쏘냐	⇒ 편안한 이 거동을 그 누가 겨룰쏘냐
동지 밤 눈 온 후에 더운 방에 이불 덮고 (동지: 겨울)	⇒ 동지 밤 눈 온 후에 더운 방에서 이불 덮고
목침을 돋워 베고 해 돋도록 잠을 자니 (해 돋도록 잠을 자니: 늦잠을 자며 여유롭게 일상을 만끽함.)	⇒ 나무토막으로 만든 베개를 돋워 베고 해 돋도록 잠을 자니
편함도 편할시고 고단함 있을쏘냐	⇒ 편안하기도 편안하니 고단함이 있을쏘냐
삼공이 귀타 하나 나는 아니 바꾸리라 (삼공: 영의정, 좌의정, 우의정(높은 벼슬) / 아니 바꾸리라: 의지적 태도)	⇒ 삼정승 귀하다 하나 나는 (내 생활과) 아니 바꾸리라
값으로 따진다면 만금인들 당할쏜가	⇒ 값으로 따진다면 아주 많은 돈인들 당하겠는가
보리밥 맛 들이니 팔진미 부럽잖고 (보리밥: 화자의 현재 생활 상징 ① / 팔진미: 맛있는 음식)	⇒ 보리밥 맛 들이니 아주 맛있는 음식 부럽지 않고
헌 베옷이 알맞으니 비단 가져 무엇 할까 (헌 베옷: 화자의 현재 생활 상징 ②)	⇒ 헌 베옷이 알맞으니 비단을 가져 무엇 할까
내 신세 한가하구나 경치도 맑고 깨끗하다	⇒ 내 신세 여유롭구나 경치도 맑고 깨끗하다
녹문산 달빛 아래 나뭇가지에 안개 끼니	⇒ 녹문산 (밝은) 달빛 아래에 있는 나뭇가지에 안개가 끼니
방덕공(龐德公)의 맑은 절개 산처럼 높고 물처럼 기네 (방덕공: 중국 한나라 말의 유명한 은사(벼슬하지 아니하고 숨어 살던 선비))	⇒ 방덕공의 맑은 절개는 산처럼 높고 물처럼 기네
율리의 높은 바람 소유산을 불어 넘어 (율리: 중국 시인 도연명이 살았던 마을)	⇒ 율리의 높은 바람 소유산을 넘어 불어
낙천당(樂天堂) 베개 위에서 이내 꿈을 맑게 하네	⇒ 낙천당 베개 위에서 이내 꿈을 맑게 하네
천마봉 씩씩한 형세 구름에 닿았으니 (형세: 기운차게 뻗치는 모양이나 상태)	⇒ 천마봉 씩씩한 형세 구름까지 닿았으니
동쪽 하늘 돌아갈 때 몇 겁 동안 갈았는고 (겁: 어떤 시간의 단위로도 계산할 수 없는 무한히 긴 시간)	⇒ 동쪽 하늘로 돌아갈 때 몇 겁이나 바꾸었나
천만년 지나도록 낮아질 줄 모르도다 (천만년: 아주 오랜 세월)	⇒ 천만년이 지나도록 낮아질 줄 모르도다
중산의 아침 안개 절벽 가운데 덮여 있고	⇒ 중산의 아침 안개가 산허리에 덮여 있고
곡령(鵠嶺)의 어두운 구름 처마에 비꼈구나	⇒ 곡령에 어두운 구름이 처마에 놓였구나
용문산 그림자가 팔절탄(八節灘)에 잠겼으니 (팔절탄: 낙은암 주변의 아름다운 경치를 지닌 장소 8곳(일곡팔경))	⇒ 용문산 그림자가 팔절탄에 잠겼으니
입협(立峽)서 내려온 물 와룡추(臥龍湫) 되었구나 (입협: 골짜기)	⇒ 골짜기에서 내려온 물이 와룡추가 되었구나

□ : 팔절탄 → 화자가 이동하는 공간

삼공이 귀타 하나~만금인들 당할쏜가 → '삼공'과 같은 높은 벼슬이 귀하다고 하지만 자신은 자연에서의 삶과 바꾸지 않을 것이며, 자신의 생활은 '만금'으로도 모자를 정도로 가치가 있음을 밝히고 있다. 자연에 은거하며 사는 삶에 대한 강한 만족감이 드러나 있다.

보리밥 맛 들이니 팔진미 부럽잖고 / 헌 베옷이 알맞으니 비단 가져 무엇 할까 → '보리밥'과 '헌 베옷'은 화자의 소박한 생활을 의미하며, '팔진미'와 '비단'는 화려한 세속적 삶을 의미한다. 이를 대조하여 소박한 생활에 대한 만족감과 세속적 가치에 대한 거부감을 드러내고 있다. 화자는 세속적 가치를 가진 음식, 물건과 현재 생활을 바꾸지 않을 정도로 자신의 삶에 만족하고 있다.

방덕공의 맑은 절개 산처럼 높고 물처럼 기네 → 방덕공은 중국 고사 속 인물로, 후대에 편안함을 물려주고자 한다며 벼슬을 거절하였다. 화자는 이러한 방덕공의 절개를 예찬하며 벼슬을 하지 않는 스스로의 삶에 만족감을 드러내고 있다.

율리의 높은 바람 소유산을 불어 넘어 / 낙천당 베개 위에서 이내 꿈을 맑게 하네 → '율리'는 도연명이 살았던 마을 이름으로, 도연명은 속세를 떠나서 자연 속에서 산 중국의 유명한 시인이다. 화자는 도연명이 살았던 마을에서 불어온 바람이 자신의 꿈을 맑게 한다며 긍정적인 반응을 보이고 있다.

천마봉 씩씩한 형세 구름에 닿았으니~천만년 지나도록 낮아질 줄 모르도다 → 오랜 시간에 걸쳐 갈고 닦여 천마봉이 만들어졌다는 의미로, 화자는 천마봉의 높이에 감탄하고 있다.

물결을 잔잔히 다스려 만곡의 물 담았으니
만곡이나 되는 아주 많은 물
⇒ 물결을 잔잔히 다스려 많은 물을 담았으니

노룡(老龍)이 서린 자취 굴곡이 되어 있다
남긴 표시나 자리
⇒ 늙은 용이 누워 있던 자리는 굴곡이 되어 있다

풍운을 언제 좇아 굴택(窟宅)을 옮겨 갔는고
바람과 구름
⇒ 바람과 구름을 언제 쫓아 굴을 옮겨 갔는가

옥류폭(玉流瀑) 노한 물살 돌을 박차 떨어지니
⇒ 옥류폭 노한 물살 돌을 박차며 떨어지니

『합포의 명월주를 옥반에 굴리는 듯
밤에 빛나는 구슬
⇒ 합포의 빛나는 구슬을 옥쟁반에 굴리는 듯

『 』: 동일한 통사 구조, 비유

은고리 수정렴을 난간에 걸었는 듯』
수정 구슬을 꿰어서 만든 아름다운 발
⇒ 은고리로 수정 발을 난간에 걸었는 듯

티끌 묻은 긴 갓끈을 탁영호(濯纓湖)에 씻어 내니
⇒ 티끌 묻은 긴 갓끈을 탁영호에 씻어 내니

귀 씻던 옛 할아비 자네 혼자 높을쏘냐
중국 요임금 시절의 은사인 허유
⇒ 귀 씻던 옛 할아비 자네 혼자 높을쏘냐

반곡천(盤谷川) 긴긴 굽이 초당을 둘렀으니
조그마한 집채
⇒ 반곡천 긴 물굽이 초당을 둘렀으니

드넓은 저 강물아 세상으로 가지 마라
⇒ 드넓은 저 강물아 속세로 가지 마라

연사에 막대 짚어 무릉계(武陵溪) 내려가니
안개 낀 모래사장 또는 물가
⇒ 안개 낀 물가에 막대를 짚어 무릉계로 내려가니

양안의 나는 도화(桃花) 붉은 안개 자욱하다
복숭아꽃
⇒ 양 언덕에 복숭아꽃 날려 붉은 안개가 자욱하다

물 위에 뜬 꽃을 손으로 건진 뜻은
⇒ 물 위에 뜬 꽃을 손으로 건진 뜻은

춘광을 누설하여 세간에 전할셰라
봄철의 경치
⇒ 봄 경치를 누설하여 세상에 전할까 해서라네

단구(丹丘)를 넘어 들어 자연뢰(紫煙瀨) 지나가니
신선이 산다는 곳 / '자주빛 안개 여울'이라는 의미
⇒ 단구를 넘어 들어 자연뢰를 지나가니

향로봉 남은 안개 햇빛에 비치었다
⇒ 향로봉에 남은 안개 햇빛에 비치었다

구변담(鷗邊潭) 고인 물이 거울처럼 맑구나
⇒ 구변담에 고인 물이 거울처럼 맑구나

속세 잊은 저 백구(白鷗)야 너와 나와 벗이 되어
흰 갈매기
⇒ 속세를 잊은 저 백구야 너와 나와 벗이 되어

물가에 노닐면서 세상을 잊자꾸나
⇒ 물가에 노닐면서 세상을 잊자꾸나

물결을 잔잔히 다스려~굴택을 옮겨 갔는고 → 늙은 용이 바람과 구름을 쫓아 굴을 옮겨 가면서 늙은 용이 누워 있던 공간에 자취가 남아 '와룡추'의 형상을 갖추게 되었다는 화자의 생각이 드러나 있다.

옥류폭 노한 물살 돌을 박차 떨어지니~은고리 수정렴을 난간에 걸었는 듯 → 힘센 물살이 떨어지는 '옥류폭'의 아름다운 모습을 옥쟁반에 구슬이 굴러가는 모습과 수정렴이 난간에 걸린 모습에 비유하였다.

티끌 묻은 긴 갓끈을 탁영호에 씻어 내니 / 귀 씻던 옛 할아비 자네 혼자 높을쏘냐 → 벼슬을 버리고 한가하게 강호에 묻혀 사는 선비의 모습을 어부에 빗대어 노래한 굴원의 「어부사」 중 '창랑의 물이 깨끗하면 내 갓끈을 씻을 것이고, 창랑의 물이 혼탁하면 내 발을 씻을 수 있다.'를 참고한 부분이다. 또한 임금이 되어 달라는 속세의 더러운 말을 듣고 귀를 씻었다는 허유에게 '자네'라며 말을 건네는 방식을 사용하여, 자신의 기상이 허유에 비교할 만하다는 자부심을 드러내고 있다.

연사에 막대 짚어 무릉계 내려가니~춘광을 누설하여 세간에 전할셰라 → '무릉계'와 '도화'를 함께 제시하여 화자가 완상하는 공간이 도연명의 「도화원기」에 나오는 무릉도원과 같이 아름다운 장소임을 드러내고 있다. 또한 화자는 시냇물에 떠서 흘러 내려오는 복숭아꽃을 손으로 건지며 자연의 봄 경치를 속세에 알리고 싶지 않다고 말한다. 이는 속세와 떨어진 아름다운 공간을 혼자 마음껏 즐기고 싶은 심정을 드러낸 것이다.

속세 잊은 저 백구야 너와 나와 벗이 되어 / 물가에 노닐면서 세상을 잊자꾸나 → 화자는 '백구'에게 친구가 되자며 말을 건네고 있다. 속세를 잊고 자연과 물아일체 되고자 하는 화자의 태도가 드러난다.

콘텐츠가 강하다! 실전 국어 전형태

청학동(靑鶴洞) 좁은 길로 선부연(仙釜淵) 찾아가니	⇒ 청학동 좁은 길로 선부연을 찾아가니
반고씨 적 생긴 가마 제작도 공교하다 (반고씨: 천지개벽 후에 처음으로 세상에 나왔다는 전설상의 천자)	⇒ 반고씨 적에 생긴 가마솥 공교히 만들었네
형산에 만든 솥을 뉘라셔 옮겨 왔나	⇒ 형산에서 만든 솥을 누가 옮겨 왔나
석간에 걸린 폭포 상하연에 떨어지니 (석간: 돌이 많은 산골짜기에 흐르는 시내)	⇒ 바위 사이 걸린 폭포가 위아래 연못에 떨어지니
공연한 벼락 소리 대낮에 들리는고 (벼락 소리: 폭포가 연못에 떨어지는 소리(은유))	⇒ 까닭 없이 벼락 소리 대낮에 들리는구나
계산에 취한 흥이 해 지는 줄 잊었는데 (계산: 시내와 산 / 해 지는 줄 잊었는데: 완상을 즐기느라 시간 가는 줄 모름.)	⇒ 자연에 취한 흥으로 해 지는 줄 잊었는데
쌍계암(雙溪庵) 먼 북소리 갈 길을 재촉하네 (쌍계암: 인근에 있는 절)	⇒ 쌍계암 먼 북소리 갈 길을 재촉하네
퉁소에 봄을 담아 유교(柳橋)로 돌아드니 (퉁소: 관악기 / 유교: 버드나무가 있는 다리)	⇒ 퉁소 소리에 봄을 담아 유교로 돌아드니
서산(西山)의 상쾌한 기운 사의당에 이어졌네 (사의당: 남도진의 형인 남도규의 서재 당호)	⇒ 서산의 상쾌한 기운이 사의당에 이어졌네
어와 우리 형님 환정이 전혀 없어 (우리 형님: 남도규 / 환정: 벼슬을 하고 싶어 하는 마음)	⇒ 어와 우리 형님 벼슬할 뜻이 전혀 없어
공명을 사양하고 삼족와로 돌아오니 (삼족와: 남도진의 형인 남도규의 서재 당호)	⇒ 공명을 사양하고 삼족와로 돌아오니
재앙의 남은 물결 신변에 미칠쏘냐	⇒ 재앙의 여파가 신변에 미칠쏘냐
긴 베개 높이 베고 두 노인이 나란히 누워 (두 노인: 남도진과 남도규)	⇒ 긴 베개 높이 베고 두 늙은이 나란히 누웠는데
슬하의 모든 자손 차례로 늘어서니 (슬하: 무릎의 아래라는 뜻으로, 어버이나 조부모의 보살핌 아래)	⇒ 슬하의 모든 자손 차례로 늘어서니
먹으나 못 먹으나 이 아니 즐거운가	⇒ 먹으나 못 먹으나 이 아니 즐거운가
아마도 수석에 소요하여 남은 세월 마치리라 (수석: 물과 돌로 이루어진 자연의 경치 / 소요: 자유롭게 이리저리 슬슬 거닐며 돌아다님.)	⇒ 아마도 자연에서 노닐며 남은 세월 마치리라

청학동 좁은 길로 선부연 찾아가니~형산에 만든 솥을 뉘라셔 옮겨 왔나 → 화자는 '선부연'이라는 연못이 반고씨가 천지를 개벽할 때 만든 가마솥 모양과 같다고 평하며 경치를 감상하고 있다.

계산에 취한 흥이 해 지는 줄 잊었는데~퉁소에 봄을 담아 유교로 돌아드니 → 자연을 완상하고 노느라 시간이 가는 줄 몰랐던 화자의 모습이 나타난다. 또한 화자는 퉁소에 봄을 담아 왔다며 봄 경치에 대한 애정을 드러내고 있다.

어와 우리 형님 환정이 전혀 없어 / 공명을 사양하고 삼족와로 돌아오니 → 화자의 형이 화자와 같이 벼슬에 뜻이 없어 공명을 사양하고 자연으로 돌아왔다는 것을 통해, 화자와 화자의 형은 가치관과 삶의 자세가 유사함을 알 수 있다.

긴 베개 높이 베고 두 노인이 나란히 누워~먹으나 못 먹으나 이 아니 즐거운가 → 화자는 형과 나란히 누워 가족과 함께 자연에서 지내는 것이 제일 즐거운 일이라고 생각한다. 가족의 행복과 가문의 화목과 같은 가치를 지향하는 화자의 태도를 확인할 수 있다.

STEP

03 작품 해제

나BS 수능완성 | 고전문학

01 | 주제

자연 속에서 한가롭게 사는 삶에 대한 만족감과 세속적 삶에 대한 경계

02 | 특징

① 속세에서 벗어나 자신의 은거지인 낙은암 주변의 경치를 완상하며 느낀 즐거움을 드러낸 화자 중심의 시
② 특정한 대상에게 말을 건네는 형식으로 시상을 전개함.
③ 세속의 삶과 자연의 삶을 대비하여 자연에서 지내는 생활에 대한 자부심을 드러냄.
④ 영탄적 어조를 통해 시적 상황에 대한 만족감을 드러냄.

03 | 작품 해제

「낙은별곡」은 1722년에 남도진이 지은 강호 가사로, 경기도 용문산 북쪽 계곡에 자리 잡은 낙은암 주변을 배경으로 하고 있으며 낙은암 주변의 경치인 일곡팔경(逸谷八景)을 혼자 즐기며 노래하는 내용을 담고 있다. 작품에서 화자는 정계에 있는 관리의 분주한 생활과 대비되는 자신의 평온하고 한가로운 삶을 긍정적으로 표현하며, 가족과 함께 자연 속에서 살아가는 삶을 만족스럽게 여긴다. 이는 조선 후기의 강호 가사가 자연과 정신적 합일을 추구하며 연군 의식을 드러내던 성리학적 가치관에서 벗어나, 개인의 풍류 의식과 자족감에 초점을 맞추는 경향성이 반영된 것이다.

04 논문으로 만나는 출제자의 시선

나BS 수능완성 | 고전문학

작가의 삶이 담긴 강호 가사 「낙은별곡」

작가 남도진(1674~1735)은 서울에서 태어나서 평생을 벼슬길에 나가지 않고, 경기도 용문산에 은거하다가 1735년(영조 11)에 62세로 병사했다. 그가 24세가 되던 해, 그의 아버지가 강원도 고성군에서 벼슬을 하게 되자 그는 아버지를 따라 금강산을 유람하며 당시에 유행하였던 탐승(경치 좋은 곳을 찾아다님) 문화를 두루 경험하고 즐겼다. 이러한 그의 삶과 당시의 예술사적 맥락은 그의 작품 「낙은별곡」에서 살펴볼 수 있다.

「낙은별곡」은 필사본 『농환재가사집』에 실려 있는 작품으로, 작가가 49세 때(1722년)에 지은 것이다. 작품은 「성산별곡」의 영향을 받았으며, 용문산 북쪽 일대에 자리 잡은 낙은암 주변의 경치를 즐기면서 한가로이 살아가는 은일 군자의 안빈낙도하는 심정을 노래하고 있다. 작품의 도입부에는 명예와 이익을 잊고 자신의 은거지로 찾아든 선비의 모습이 잘 드러나고 있다. '진세'나 '암혈'과 같은 표현은 강호 가사에서 선비의 은일을 나타낼 때 흔히 쓰이는 관습적 표현이다. 또한 가악(노래나 풍악) 행위에 대한 표현으로 은거지에서 보내는 삶의 모습을 구체적으로 서술하고 있어, 이 시기 예술적 교류가 빈번하게 일어났던 정황을 생생하게 그려볼 수 있다. '장금', '평우조', '보허사' 등과 같은 시어로부터 가악에 상당한 관심과 취미가 있었던 작가의 삶을 엿볼 수 있다. 화자는 다양한 곡조를 느긋하게 부르고 있노라면 자신도 모르게 흥이 나고 세상에 대한 근심은 없어진다는 들뜬 모습을 보여 준다.

작가는 한 번도 벼슬길에 나아간 적이 없지만, 벼슬살이의 피로감을 누구보다도 잘 알고 있는 듯하다. 그는 여름에는 흙먼지가 이는 불볕더위의 길을 분주하게 뛰어다니고, 추운 겨울에는 캄캄한 새벽부터 조정에 나아가 대기해야 하는 것이 관료들의 삶이라고 말한다. 이에 비하면 자신의 삶은 더없이 여유롭고 흥취가 넘친다. 여름에는 시원한 그늘에서 다리를 쭉 펴고 부채질로 더위를 쫓으며, 겨울에는 따뜻한 이불을 덮은 채 해가 다 뜰 때까지 잠을 잔다. 관료의 생활과는 매우 대조적인 조용하고 편안한 작가의 삶은, 관료들의 생활을 더없이 찌들어 보이게 만든다. 작가는 관료들의 일상과 은일하는 자신의 일상을 대비시켜 자신의 삶에 대한 상당한 만족감을 나타내고 있으며, 무엇보다 주체적으로 선택한 삶이라는 인식을 강하게 드러낸다. 이와 같은 인식은 이전의 강호 가사와 변별되는 지점인데, 벼슬에서 물러나거나 벼슬길에 나아갈 수 없는 사대부들이 그들에게 남은 최종의 선택지로서 강호 은거를 선택한 모습과는 다르기 때문이다. 조선 전기의 강호 가사는 주로 귀향한 작가가 자연과 정신적 합일을 추구하며 연군(임금을 그리워함) 의식을 드러내는 경향을 보였다면, 조선 후기의 강호 가사는 성리학적 가치관보다는 개인의 풍류 의식과 자족감에 초점을 맞추는 경향을 보였다.

조선 후기에는 인간과 자연을 하나로 보는 일원론적 세계관을 벗어나, 자연 내에 모든 생물이 조화롭게 공존하는 세계관을 지향하는 시선이 들어서게 되었다. 이와 같은 새로운 자연관은 이 시기 문화·예술사의 갈래가 많아진 양상과도 무관하지 않다. 따라서 이 시기에 향유되었던 작품 속에서 강호의 모습은 이와 같은 예술 환경과 자연 인식 속에서 살펴볼 수 있다.

다음 글을 읽고 물음에 답하시오.

(가)
헌사한 조화옹이 산천을 빚어낼 때
낙은암 깊은 골을 날 위하여 만드시니
봉우리도 빼어나고 경치도 뛰어나다
어와 **주인옹이 명리(名利)에 뜻이 없어**
진세(塵世)를 하직하고 **산속에 깃들**이니
내 생애 담백한들 내 분수이니 관계하랴
농환재 맑은 창가에서 주역(周易)을 점검하니
소장진퇴(消長進退)*는 성인의 밝은 가르침이요
낙천지명(樂天知命)*은 성인의 깊은 경계로다
(중략)
주육(酒肉)에 빠진 분들 부귀를 자랑 마오
여름날 더운 길의 홍진간(紅塵間)에 분주하며
겨울밤 추운 새벽에 **대루원*에 서성**이니
자네는 좋다하나 내 보기엔 괴롭구나
어저 **내 신세**를 내 이르니 자네 듣소
삼복에 날 더우면 백우선* 높이 들고
바람 부는 창가에 기대 다리 펴고 누웠으니
편안한 이 거동을 그 누가 겨룰쏘냐
동지 밤 눈 온 후에 더운 방에 이불 덮고
목침을 돋워 베고 ㉠ <u>해 돋도록 잠을 자니</u>
편함도 편할시고 고단함이 있을쏘냐
삼공(三公)이 귀하다 하나 나는 아니 바꾸리라
값을 쳐 비기려면 만금인들 당할쏜가
보리밥 맛들이니 팔진미를 부러워하며
헌 베옷 알맞으니 비단 가져 무엇 할꼬

- 남도진, 「낙은별곡」 -

*소장진퇴 : 세상사가 변화하는 이치를 가리키는 말.
*낙천지명 : 천명을 깨달아 즐기면서 자연의 섭리를 따름.
*대루원 : 이른 아침에 대궐로 들어갈 사람이 대궐 문이 열리기를 기다리던 곳.
*백우선 : 새의 흰 깃으로 만든 부채.

(나)
허천강* 건너편에 나날 뵈는 저 **봉화(烽火)**야
차차 전하여 **목멱산***에 닿았나니
내 집이 그 아래 있으니 편한 소식 전할쏘냐 〈1수〉

가시울 에운* 곳에 고향 멀기 잘 하였데
만일 **가깝**던들 **생각이 더**할러니
차라리 바라도 못 보니 잊을 날이 있어라 〈4수〉

백옥 난간 둘렀는 데 오색 선화 피었어라
옛 신하 모두 모셔 일당어수* 즐기던고
매일에 이런 꿈 꿀적이면 ㉡ <u>밤낮 자려 하노라</u> 〈9수〉

두렷한 밝은 달이 천지에 가득하여
밤이 낮이 되어 어두운 곳 없었는데
어디서 **떠가는 구름**은 가리우려 하나니 〈11수〉

- 윤양래, 「갑극만영」 -

*허천강 : 개마고원을 지나 압록강으로 흘러드는 강.
*목멱산 : 서울 남산의 옛 이름.
*가시울 에운 : 가시울타리 둘러싼.
*일당어수 : 물고기와 물이 한데 모임. 임금과 신하가 화합함을 이르는 말.

01. (가)와 (나)에 대한 설명으로 가장 적절한 것은?

① (가)는 (나)와 달리 음성 상징어를 사용하여 대상의 역동성을 강조하고 있다.
② (나)는 (가)와 달리 유사한 문장 구조를 반복하여 리듬감을 부여하고 있다.
③ (가)와 (나)는 모두 말을 건네는 방식을 활용하여 화자의 내면을 드러내고 있다.
④ (가)와 (나)는 모두 역설적 표현을 활용하여 주제 의식을 선명하게 표현하고 있다.
⑤ (가)와 (나)는 모두 청유형 어미를 사용하여 대상에 대한 친근감을 나타내고 있다.

02. ㉠과 ㉡에 대한 이해로 가장 적절한 것은?

① ㉠에는 자신의 잘못에 대한 변명이, ㉡에는 자신의 행동으로 인한 후회가 드러나 있다.
② ㉠에는 일상을 만끽하고 있는 여유로움이, ㉡에는 바라는 바에 대한 간절함이 드러나 있다.
③ ㉠에는 목표를 달성할 수 없다는 체념이, ㉡에는 결핍을 충족시키기 위한 시도가 드러나 있다.
④ ㉠에는 시간의 속박에서 벗어난 자유로움이, ㉡에는 지시에 따라 행동하겠다는 의지가 드러나 있다.
⑤ ㉠에는 어려움에 신속하게 대응하지 못하는 무력감이, ㉡에는 경험이 지속되지 못하는 것에 대한 안타까움이 드러나 있다.

03. 〈보기〉를 바탕으로 (가), (나)를 감상한 내용으로 적절하지 않은 것은?

<보기>

(가)와 (나)에는 이전과 다르게 변화된 자신의 삶에 대한 작가의 인식과 정서가 드러나 있다. (가)에서는 속세를 떠나 자연에서의 은거를 선택한 작가가 자신의 삶에 대한 정서를 드러내고 있다. (나)에서는 변방에 유배를 간 작가가 고향에 대한 정서를 드러내면서 임금을 달에 비유하여 연군의 정을 표현하고 있다.

① (가)에서 '봉우리도 빼어나고 경치도 뛰어'난 '산속에 깃들'었다는 것을 통해 자연에 은거하는 작가의 모습을 엿볼 수 있군.
② (가)에서 '주인옹이 명리에 뜻이 없어'서 '진세를 하직'했다는 것을 통해 세속적 가치에 욕심이 없어 스스로 속세를 떠난 작가의 모습을 확인할 수 있군.
③ (나)의 〈11수〉에서 '두렷한 밝은 달'을 '떠가는 구름'이 가리려 한다는 것을 통해 작가가 자연물을 활용하여 임금에 대한 마음을 드러내고 있음을 짐작할 수 있군.
④ (가)에서 '대루원에 서성이'는 사람에게 '내 신세'를 이르는 것을 통해 이전의 삶에 대한 미련을 버리지 못한, (나)의 〈1수〉에서 '허천강 건너편'의 '봉화'를 보며 '목멱산'을 떠올리는 것을 통해 이전의 삶과는 단절된 작가의 현재 상황을 짐작할 수 있군.
⑤ (가)에서 '삼공이 귀하다 하나 나는 아니 바꾸'겠다는 것을 통해 자신의 편안한 삶에 대한 작가의 만족감을, (나)의 〈4수〉에서 '가시울 에운 곳'에서 고향이 '가깝'다면 '생각이 더'했으리라는 것을 통해 고향을 떠나온 작가의 그리움을 확인할 수 있군.

▸▸ 수능완성 148page

2 작자 미상, 삼가 뜻하는 바를 아뢰오니~

STEP 01 OX 문제를 통한 지문 이해 훈련

삼가 뜻하는 바를 아뢰오니 **상제**께서 처분하오소서

주천(酒泉)*이 주인 없어 오래도록 **황폐**하였으니 그 이유 살피신 후에 제가 바라는 일을 처결하여 허락함을 **공증문서**로 발급하옵소서

상제께서 소장 안에 호소하는 바를 다 살펴보았거니와 **유령*** **이백***도 **토지나 전결세**를 나눠 받지 못했거든* 하물며 세상의 공적 물건이라 제 마음대로 못 할 일이라

*주천 : 중국 감숙성의 지명으로 술맛 나는 물이 샘솟는 곳이라 하여 붙여진 이름. 풍류와 취락의 이상적 공간으로 널리 이름난 곳.
*유령 : 중국 진나라 때의 죽림칠현 중의 한 사람으로, 술을 몹시 즐기던 시인.
*이백 : 당나라 현종 때의 시인. 술을 친구로 삼은 시선(詩仙)으로 불림.
*토지나 전결세를 나눠 받지 못했거든 : 주천에 대한 소유의 권리를 받지 못했다는 의미.

OX문제

01	구체적인 대상을 설정하여 화자의 바람을 표출하고 있다. [2017학년도 6월]	(O / X)
02	화자와 달리 '유령'과 '이백'은 '주천'의 '토지나 전결세'를 이미 나눠 받은 상태이다.	(O / X)
03	역사적 인물의 말을 인용함으로써 화자가 지닌 궁금증을 드러내고 있다. [2024학년도 6월]	(O / X)
04	'상제'는 소장 안의 내용을 모두 검토하고 '공증문서'를 화자에게 발급해 주기로 했다.	(O / X)
05	삶의 태도에 대한 경계의 의도를 드러내고 있다. [2018학년도 6월]	(O / X)

STEP
02 지문 분석

나BS 수능완성 | 고전문학

삼가 뜻하는 바를 아뢰오니 상제께서 처분하오소서
화자가 자신의 소망을 요청하는 대상

초장 : 화자가 상제께 청원함.

주천(酒泉)이 주인 없어 오래도록 황폐하였으니 그 이유 살피신 후에 제가 바라는 일을 처결하여 허락함을 공증문서로 발급하옵소서
▒ : 풍류와 취락이 있는 이상적 공간 → 화자가 소유하려는 대상
주천을 자신에게 줄 것 / 결정하고 처리하여
공식적 문서의 효력으로 소망이 이루어지기를 바람.

중장 : 화자가 주천을 자신에게 줄 것을 요청함.

상제께서 소장 안에 호소하는 바를 다 살펴보았거니와 유령 이백도 토지나 전결세를 나눠 받지 못했거든 하물며 세상의 공적 물건이라 제 마음대로 못 할 일이라
상소하는 글 / 역사적 인물 차용 / ↳ 주천에 대한 소유 권리
주천은 개인의 소유지가 아니라 모두의 공간임. → 화자의 청원이 거부된 이유

종장 : 상제가 청원을 거부함.

시어 시구 풀이

삼가 뜻하는 바를 아뢰오니 상제께서 처분하오소서 → 상제가 자신의 요청을 들어주기를 바라는 화자의 모습이 드러난다. 화자는 상제께 뜻하는 바를 청원하며 상제의 합리적인 처분을 바라고 있다.

주천이 주인 없어~발급하옵소서 → 풍류와 취락이 있는 이상적 공간으로 널리 이름난 곳인 '주천'은 중국 지명으로, 역대 풍류객들의 상징적인 장소로 유명하다. 화자는 '주천'이 오랫동안 주인이 없어 황폐하였다는 것을 이유로 자신에게 '공증문서'를 발급하여 소유가 인정되도록 상제께 청원하고 있다. 이를 통해 모두의 공간을 개인의 공간으로 차지하고자 하는 화자의 욕망을 확인할 수 있다.

상제께서 소장 안에~제 마음대로 못 할 일이라 → 상제는 '유령', '이백'과 같이 술을 몹시 즐겼던 역사적 인물들도 주천에 대한 권리를 받지 못하였음을 근거로 화자의 청원을 수용하지 않고 있다. 이는 화자의 과도한 욕망을 경계하려는 의도로 볼 수 있다.

STEP
03 작품 해제

나BS 수능완성 | 고전문학

01 | 주제

세속적 욕망 추구에 대한 경계

02 | 특징

① 과도한 욕망을 경계하고 있는 전달 중심의 시
② 화자가 권한자에게 청원하는 형식으로 이루어짐.
③ 역사적 인물을 차용하여 주장을 강화함.

03 | 작품 해제

이 시조는 풍류와 취락 같은 개인적 욕망을 표현하면서도 과도한 욕망을 경계해야 한다는 작가의 의식을 보여 주는 작품이다. 오랫동안 방치된 주천의 소유권을 요청하는 화자의 모습에서 풍류와 취락의 즐거움을 독점하려는 개인의 욕망을 드러내고 있으며, 종장에서 이러한 화자의 요청이 상제에 의해 거부됨으로써 과도한 욕망을 경계하고자 하는 주제 의식이 나타나고 있다.

3 이운영, 순창가

STEP 01 OX 문제를 통한 지문 이해 훈련

순창 서리(胥吏) **최윤재**는 사또님께 소지(所志) 올려
원통함을 아뢰오니 올바르게 처결해 주소서
구월 십사일은 담양 부사 생신이라
소인의 사또가 사흘 전에 달려갈 때
소인이 사령의 우두머리로 행차를 따라갔는데
광주 고을 목사와 화순 창평 남평 원님
십사일 조식 후에 일제히 모이셨네
바야흐로 큰상에 성찬을 벌여 놓고
관악기 현악기는 누각에 늘어놓고
구름 같은 묘한 곡에 씩씩한 몸 상좌에 앉아 있고
도내의 제일 명창 담양 순창 명기들이
가무를 대령하여 이날을 보낸 후에
십오야 밝은 달의 후약이 어디인가
호남 소금강의 경치를 보시려고
화려한 육각 양산 청산에 나부끼고
오마(五馬) 쌍전은 단풍 숲으로 들어갈 제
옥패는 쟁그랑쟁그랑 걸음마다 울리고
낭랑한 말소리는 말 위에서 오갈 제
동산의 고상한 놀이* 용문의 눈 구경*에
기생이 따르기는 자고로 있는지라
아리따운 기생들이 의기양양 무리 지어
말 타고 군졸들과 수레를 뒤따르니
창안백발 화순 원님 기생에게 다정하사
굽이진 곳에서 자주 돌아보시기에
소인은 하인이라 말에 앉아 있기 황송하와
올랐다가 내렸다가 내렸다가 올랐다가
오르락내리락 몇 번인 줄 모르겠네
망망히 내렸다가 다시 올라타노라니
석양에 큰길 아래서 **실족하야 넘어**지니
돌들이 흩어진 곳에 콩 태 자로 자빠지니
팔다리도 부러지고 옆구리도 삐어서
어혈(瘀血)이 마구 흘러 흉격이 펴지지 않고
금령이 지엄하와 개똥도 못 먹고
병세가 기괴하와 날로 위중하니
푸닥거리 경 읽기는 다 해 봐야 헛되도다
이제는 하릴없이 죽을 줄로 알았더니
곰곰 앉아 생각하니 이것이 뉘 탓인고
강천에서 배행하던 **기생들의 탓**이로다
네 쇠뿔이 아니런들 내 담이 무너지랴
속담에 이른 말씀 예부터 이러하니
소인의 죽는 목숨 그 아니 불쌍한가
소인이 죽거든 저년들을 죽이시어
불쌍히 죽는 넋을 위로하여 주옵실까
실낱같이 남은 목숨 살려 주시길 바라나이다
(중략)
죄범이 중타 하시어 저리 행하옵시니
수화(水火)에 들라 하신들 감히 **거역**하리까
죽이시거나 살리시거나 **처분**대로 하려니와
의녀 등도 **원통**하와 소회를 아뢸 것이니
일월같이 밝으신 순찰 사또님께
한 말씀만 아뢰옵고 매를 맞고 죽겠나이다
의녀 등은 기생이요 최윤재는 아전이라
기생이 아전에게 간섭할 일 없사옵고
화순 사또 뒤돌아보시기는 구태여 의녀들을 보시려 하셨던 건지
산 좋고 물 좋은데 단풍이 우거지니
경물을 구경하려다 우연히 보셨던 건지
아전이 제 인사로 제 말에서 내리다가
우연히 낙마하여 만일에 죽는다 한들
어찌 의녀들이 살인이 되리이까

*동산의 고상한 놀이 : 진(晉)나라 사안(謝安)이 화계 땅 동산에서 은거하면서 한가로이 노닐 적에 항상 가무에 능한 기녀를 대동했다는 고사를 이름.
*용문의 눈 구경 : 서도(西都)의 태수 전유연이 송나라 사희심과 구양수가 눈이 내린 용문의 향산(香山)에 이르자 용문의 눈경치를 구경할 것을 권유한 고사를 이름.

OX문제

01 대구적 표현을 사용하여 새로운 계책을 마련한 기쁨을 드러내고 있다. [2017학년도 수능] (O / X)
02 '최윤재'는 자신이 '실족하'여 '넘어'진 것을 '기생들의 탓'으로 돌리고 있다. (O / X)
03 시적 공간의 탈속성이 시상을 형성하는 데 기여하고 있다. [2019학년도 9월] (O / X)
04 '의녀'들은 '수화에 들라'는 '처분'을 '거역'하더라도 자신들의 '원통'함을 밝히고자 한다. (O / X)
05 의문형 어미를 활용하여 화자의 정서를 강조하고 있다. [2019학년도 9월] (O / X)

STEP
02 지문 분석

나BS 수능완성 | **고전문학**

순창 서리(胥吏) 최윤재는 사또님께 소지(所志) 올려 (서리: 문서의 기록·관리를 맡아보던 하급 관리 / 소지: 청원이 있을 때에 관아에 내던 서면)	⇒ 순창의 (하급) 서리 최윤재는 사또님께 소지 올려
원통함을 아뢰오니 올바르게 처결해 주소서 (처결해: 결정하여 조처함.)	⇒ 원통함을 아뢰오니 올바르게 밝히시어 처결해 주옵소서
1~2행 : 사또에게 소지를 올림.	
구월 십사일은 담양 부사 생신이라 (■ : 시간적 배경)	⇒ 구월 십사일은 담양 부사 생신이라
소인의 사또가 사흘 전에 달려 갈 때 (소인: 신분이 낮은 사람이 신분이 높은 사람에게 자기를 낮추어 이르던 일인칭 대명사)	⇒ 소인의 사또께서 사흘 전에 (말을 타고) 달려 갈 때
소인이 사령의 우두머리로 행차를 따라갔는데 (사령: 조선 시대에, 각 관아에서 심부름을 하던 사람 / 행차: 웃어른이 차리고 나서서 길을 감.)	⇒ 소인이 사령들의 우두머리로 행차를 따라갔는데
광주 고을 목사와 화순 창평 남평 원님 (목사: 지방관 / 주변 고을의 수령들이 잔치에 참석함.)	⇒ 광주 고을 사또님과 화순 창평 남평 원님
십사일 조식 후에 일제히 모이셨네 (담양 부사의 생일을 축하하기 위해 모임.)	⇒ 십사일 아침 드시고 일제히 모이셨나이다
바야흐로 큰상에 성찬을 벌여 놓고 (성찬: 풍성하게 잘 차린 음식)	⇒ 바야흐로 큰상에 풍족하게 잘 차린 음식을 벌여 놓고
관악기 현악기는 누각에 늘어놓고	⇒ 관악기, 현악기는 누각에 늘어놓고
구름 같은 묘한 곳에 씩씩한 몸 상좌에 앉아 있고 (상좌: 윗사람이 앉는 자리)	⇒ 구름 같은 묘한 곳에 씩씩한 분들은 윗자리에 앉아 있고
도내의 제일 명창 담양 순창 명기들이 (명기: 이름난 기생)	⇒ 도내의 제일 명창인 담양 순창 명기들이
가무를 대령하여 이날을 보낸 후에 (가무: 노래와 춤 / 이날: 담양 부사의 생일날)	⇒ 가무를 대령하여 이날을 보낸 후에
십오야 밝은 달의 후약이 어디인가 (■ : 의문형 표현 / 십오야: 음력 보름날 밤 / 후약: 뒷날에 하기로 한 약속 → 호남 소금강의 경치를 유람하는 것)	⇒ 보름날 밝은 달에 뒷날에 하기로 한 약속 어디인가
3~13행 : 사또를 배행하며 모심.	
호남 소금강의 경치를 보시려고	⇒ 호남 소금강의 경치를 보시려고
「화려한 육각 양산 청산에 나부끼고	⇒ 화려한 육각인 양산 청산에 나부끼고
(「 」: 호남 소금강의 경치를 보기 위해 떠나는 행렬의 모습을 묘사함.)	
오마(五馬) 쌍전은 단풍 숲으로 들어갈 제	⇒ 다섯 열의 사령들이 단풍 숲으로 들어갈 제
옥패는 쟁그랑쟁그랑 걸음마다 울리고 (옥패: 옥으로 만든 패물)	⇒ 옥패는 쟁그랑쟁그랑 걸음마다 울리고

시어 시구 풀이

순창 서리 최윤재는 사또님께 소지 올려 / 원통함을 아뢰오니 올바르게 처결해 주소서 → 서리 최윤재가 사또님(청원을 처리할 수 있는 관찰사)께 소지를 올려 자신의 원통함을 풀어줄 것을 청원하고 있는 상황이다.

구월 십사일은 담양 부사 생신이라~십사일 조식 후에 일제히 모이셨네 → 화자는 담양 부사의 생신 잔치에 참석하려는 순창 사또를 모시고 잔치 사흘 전에 행차를 따라갔음을 밝히고 있다. 또한 순창 사또 외에 잔치에 참석한 주변 고을의 수령들을 열거하여 제시하고 있다.

바야흐로 큰상에 성찬을 벌여 놓고~달의 후약이 어디인가 → 담양 부사의 생신 잔치 모습을 구체적으로 그리고 있다. '십오야 밝은 달의 후약'이란 잔치가 끝난 후 맺어진 기약으로, 다음 내용을 고려할 때 호남 소금강을 유람하는 것임을 알 수 있다.

낭랑한 말소리는 말 위에서 오갈 제	⇒ 낭랑한 말소리는 말 위에서 오갈 때
동산의 고상한 놀이 용문의 눈 구경에	⇒ 동산의 고상한 놀이 용문의 눈 구경에
기생이 따르기는 자고로 있는지라 (각 지방관들이 기생을 대동하여 산수 유람을 즐김.)	⇒ 기생들이 따르는 것은 옛적부터 있는지라
아리따운 기생들이 의기양양 무리 지어	⇒ 아리따운 기생들이 의기양양 무리 지어
말 타고 군졸들과 수레를 뒤따르니」	⇒ 말 타고 군졸들과 수레를 뒤따르니
14~18행 : 산수를 유람하는 행렬의 모습	
창안백발 (늙은이의 쇠한 얼굴빛과 센 머리털) 화순 원님 기생에게 다정하사	⇒ 창백한 얼굴에 흰 머리인 화순 원님 기생에게 다정하셔
굽이진 곳에서 자주 돌아보시기에	⇒ 굽이진 곳에서 자주 (기생을) 돌아보시기에
『 』: 소송을 제기하게 된 원인 『소인은 하인이라 말에 앉아 있기 황송하와	⇒ 소인은 하인이라 말에 앉아 있기 송구하여
올랐다가 내렸다가 내렸다가 올랐다가 (대구, 반복 → 화자의 모습 희화화)	⇒ 올랐다가 내렸다가 내렸다가 올랐다가
오르락내리락 몇 번인 줄 모르겠네	⇒ 오르락내리락 몇 번인 줄 모르겠네
망망히 (매우 빠르게) 내렸다가 다시 올라타노라니	⇒ 빠르게 내렸다가 다시 올라 타노라니
석양에 큰길 아래서 실족하야 (발을 헛디딤.) 넘어지니』	⇒ 해 질 무렵 큰길 아래서 발을 헛디뎌 넘어지니
돌들이 흩어진 곳에 콩 태 (클 태(太)) 자로 자빠지니 (과장 → 화자의 모습 희화화)	⇒ 돌들이 흩어진 곳에 콩 태 자로 자빠지니
「팔다리도 부러지고 옆구리도 삐어서 「 」: 실족한 화자의 위중한 상태를 묘사함.	⇒ 팔다리도 부러지고 옆구리도 삐어서
어혈(瘀血) (타박상 따위로 살 속에 피가 맺힘 또는 그 피)이 마구 흘러 흉격 (가슴 부분)이 펴지지 않고」	⇒ 어혈이 마구 흐르고 흉격이 펴지지 않고
금령이 지엄하와 개똥도 못 먹고 (조선 시대, 개똥을 약으로 쓰던 민간요법을 금한 명이 있었던 것으로 추측)	⇒ 관아 명령이 지엄하여 개똥도 못 먹고
병세가 기괴하와 날로 위중하니	⇒ 병세가 기괴하여 날로 위중하니
푸닥거리 (굿의 하나. 간단하게 음식을 차려 놓고 부정이나 살 따위를 풂.) 경 읽기 (질병이 발병하였을 때 점쟁이가 경을 읽어 잡귀를 물리치는 행위)는 다 해 봐야 헛되도다	⇒ 푸닥거리 경 읽기도 다 해 봐야 헛되도다
이제는 하릴없이 죽을 줄로 알았더니	⇒ 이제는 어쩔 수 없이 죽을 줄로 알았더니

창안백발 화순 원님 기생에게 다정하사 / 굽이진 곳에서 자주 돌아보시기에 → 화자는 산수 유람을 뒤따르던 중, 한 기생을 다정하게 대하는 '화순 원님'의 모습을 보았으며, 굽이진 곳에서 원님이 그 기생을 자주 돌아보았다고 말하고 있다.

소인은 하인이라~실족하야 넘어지니 → 최윤재는 말을 타고 가다가 자주 뒤돌아보는 '화순 원님'을 보고 지위가 높으신 분 앞에서 하인이 말을 타고 있는 모습이 예의가 없어 보일까봐 말에서 계속 오르락내리락 하고 있다. 이때 화자는 말에서 빠르게 내렸다가 다시 올라타는 과정에서 발을 헛디디면서 넘어져 크게 다치게 된다.

올랐다가 내렸다가~콩 태 자로 자빠지니 → 화자는 말에서 오르고 내리는 반복된 행위를 대구와 반복을 통해, 실족하여 넘어진 모습을 과장을 통해 표현함으로써 자신의 모습을 희화화하고 있다.

돌들이 흩어진 곳에~다 해 봐야 헛되도다 → 실족한 화자의 위중한 상태를 보여 주고 있다. 화자는 발을 헛디뎌 '돌들이 흩어진 곳'으로 넘어지게 되어 팔다리가 부러진 것은 기본이고 전신이 심하게 다치게 된다. 조선 시대 금지령으로 인해 약재로 쓰이던 '개똥'도 먹지 못하고, '푸닥거리', '경 읽기'와 같이 온갖 방법을 써보지만 날로 상태는 위독해졌음을 드러내고 있다.

「곰곰 앉아 생각하니 이것이 **뉘 탓인고**
「 」: 자문자답
⇒ 곰곰 앉아 생각하니 이것이 뉘 탓인가

강천에서 배행하던 기생들의 탓이로다」
배행: 윗사람을 모시고 따라가던
⇒ 강천에서 배행하던 기생들의 탓이로다

네 쇠뿔이 아니런들 내 담이 **무너지랴**
⇒ 네 쇠뿔이 아니런들 내 담이 무너지랴

속담에 이른 말씀 예부터 이러하니
⇒ 속담에 이른 말씀 예부터 이러하니

소인의 죽는 목숨 그 아니 **불쌍한가**
소인의 죽는 목숨 그 아니 불쌍한가: 자신의 억울함을 드러냄.
⇒ 소인의 죽는 목숨 그 아니 불쌍한가

소인이 죽거든 저년들을 죽이시어
저년들: 기생들
⇒ 소인이 죽거든 저년들을 죽이시어

불쌍히 죽는 넋을 위로하여 **주옵실까**
불쌍히 죽는 넋: 최윤재
⇒ 불쌍하게 죽는 넋을 위로하여 주옵실까

실낱같이 남은 목숨 살려 주시길 바라나이다
⇒ 실낱같이 남은 목숨 살려 주시길 바라나이다

19~44행 : 낙마로 인한 억울함을 하소연함.
(중략)

죄범이 중타 하시어 저리 행하옵시니
죄범: 처벌을 면하지 못하는 불법 행위
⇒ 죄가 무겁다 하시어 저리 행하시니

수화(水火)에 들라 하신들 감히 **거역하리까**
수화(水火): 물과 불
⇒ 물불 속에 들라 하신들 감히 거역하리까

죽이시거나 살리시거나 처분대로 하려니와
⇒ 죽이시거나 살리시거나 처분대로 하려니와

의녀 등도 원통하와 소회를 아뢸 것이니
의녀: 관기(기생) / 소회: 마음에 품고 있는 회포
⇒ 의녀 등도 원통하여 품은 뜻을 아뢸 것이니

일월같이 밝으신 순찰 사또님께
⇒ 해와 달같이 밝으신 순찰 사또님께

한 말씀만 아뢰옵고 매를 맞고 죽겠나이다
한 말씀만 아뢰옵고: 자신들의 억울함을 호소하고자 함.
⇒ 한 말씀만 아뢰옵고 매를 맞고 죽겠나이다

의녀 등은 기생이요 최윤재는 아전이라
아전: 중앙과 지방의 관아에 속한 구실아치
⇒ 의녀 등은 기생이요 최윤재는 아전이라

기생이 아전에게 간섭할 일 없사옵고
⇒ 기생이 아전에게 간섭할 일 없사옵고

화순 사또 뒤돌아보시기는 구태여 의녀들을 보시려 하셨던 건지
⇒ 화순 사또 뒤돌아보신 것은 구태여 의녀들을 보시려 하셨던 건지

산 좋고 물 좋은데 단풍이 우거지니
⇒ 산 좋고 물 좋은데 단풍이 우거지니

곰곰 앉아 생각하니 이것이 뉘 탓인고 / 강천에서 배행하던 기생들의 탓이로다 → 화자는 자신이 낙마하여 위중한 상태가 된 사건의 가해자로 '기생들'을 지목하고 있다. 자신보다 지위가 높은 '화순 원님'에게는 아무 말도 하지 못하면서 자신보다 신분이 낮은 기생들에게는 죄를 떠넘기는 비겁한 모습이 부각되고 있다.

네 쇠뿔이 아니런들~예부터 이러하니 → 자신의 잘못으로 생긴 손해를 남에게 넘겨씌우려고 트집을 잡는다는 속담인 '네 쇠뿔이 아니면 내 담이 무너지랴'를 인용하여 현재 상황이 자신의 잘못이 아닌, 기생의 탓임을 강조하여 표현하고 있다.

불쌍히 죽는 넋을~목숨 살려 주시길 바라나이다 → '불쌍히 죽는 넋'은 최윤재 자신을 의미한다. 최윤재는 실족하게 된 자신의 억울하고 원통한 심정을 사또에게 하소연함으로써 처결해주기를 간절하게 청원하고 있다.

죄범이 중타 하시어 저리 행하옵시니 → 최윤재의 소지로 인해 죄인으로 불려 오게 된 기생의 변론 부분이다.

수화에 들라 하신들 감히 거역하리까~매를 맞고 죽겠나이다 → 의녀들은 처분을 거역하지 않을 것임을 밝히는 동시에 자신들의 억울함을 아뢰고자 한다.

화순 사또 뒤돌아보시기는 구태여~우연히 낙마하여 → 기생은 화순 사또가 뒤를 돌아본 행위가 자신들을 보기 위한 것인지, 경치를 구경하려다가 우연히 보신 것인지가 분명하지 않음을 밝히고 있다. 또한 '제 말에서 내리다가 우연히 낙마'한 것이므로 낙마는 최윤재 본인의 잘못임을 강조하고 있다.

경물을 구경하려다 우연히 보셨던 건지 계절에 따라 달라지는 경치	⇒ 경치를 구경하려다 우연히 보셨던 건지
아전이 제 인사로 제 말에서 내리다가 사람의 일	⇒ 아전이 제 실수로 제 말에서 내리다가
우연히 낙마하여 만일에 죽는다 한들	⇒ 우연히 낙마하여 만일에 죽는다 한들
어찌 의녀들이 살인이 되리이까 자신들의 억울함을 부각함.	⇒ 어찌 의녀들이 살인이 되리이까

45~58행 : 억울함을 하소연하는 기생의 모습

STEP

03 작품 해제

01 | 주제

부도덕한 지배층의 횡포

02 | 특징

① 화자가 교체되면서 각각 자신들의 억울함과 원통함을 드러낸 화자 중심의 시
② 대구, 반복, 과장을 활용하여 화자의 모습을 희화화하여 제시함.
③ 의문형 어미를 통해 화자의 정서를 부각함.

03 | 작품 해제

이 작품은 전라도 순창현의 서리 최윤재가 담양 부사를 배행하여 강천사를 유람하다가 실족해 다친 후, 기생들을 가해자로 지목하여 전라도 관찰사에게 올린 소장을 중심으로 전개된다. 자신보다 지위가 높은 양반에게는 아무 말도 못 하면서 자신보다 신분이 낮은 기생들에게는 죄를 떠넘기는 비겁한 아전의 모습과, 부도덕한 지배층에 의해 고통을 받는 힘없는 기녀들의 모습을 확인할 수 있다. 이를 통해 당시 관리들의 잘못을 꼬집고 억울하게 죄를 입게 된 의녀들의 참담한 생활상을 폭로한다.

STEP

04 논문으로 만나는 출제자의 시선

나BS 수능완성 | 고전문학

「순창가」의 전체 구조

「순창가」의 송사 서사는 순창 관아의 서리 최윤재가 담양 부사를 모시고 강천사를 유람하다가 실족하여 중병에 들자 기녀를 가해자로 지목해 송사를 걸었다가 기녀가 무죄 판결을 받는다는 내용이다. 작품의 전체 구조를 보면 다음과 같다.

[1] 서술자 - 사건의 제시와 주제 제기	
[2] 최윤재의 소지 - 문서의 내용으로 자신에게 일어난 억울한 사연을 하소연한다.	- 담양 아전 생신에 소인이 행차를 배행함.
	- 여러 원님과 잔치를 열고 후에 호남 소금강으로 산책을 나감.
	- 원님이 의녀들을 자주 돌아봄에 하인으로서 말에서 올랐다 내렸다 함.
	- 실족하여 다쳐 병세가 심해져 죽을 것을 예상함.
	- 억울함에 의녀들의 탓이라고 생각하여 처벌하고자 함.
[3] 사또 - 의녀들을 잡아오라 하고 최윤재를 상하게 한 죄를 묻는다.	
[4] 의녀들의 변론 - 자신들의 억울한 사정을 말하고자 한다.	- 죄가 중하다 하니 거역하지 않겠다며 원통함을 하소연 함.
	- 의녀들은 아전에게 간섭할 일이 없다고 말함.
	- 아전의 실수로 죽게 되는 것이 살인이 되는지 되물음.
	- 의녀들은 가련한 인생임을 설명함.
	- 운수가 괴이하여 할 일이 없어지게 됨에 죽을 것이라 생각함.
	- 헤아릴 수 없을 정도로 원통함에 정신이 아득하여 두려움.
[5] 사또 - 순창 서리의 사연을 모함이라 한다.	
[6] 서술자 - 감병사 수령님들에게 충고한다.	

작품을 살펴보면, 두 가지의 이야기로 나눌 수 있다. 첫 번째 이야기는 '최윤재의 소지-사또'의 이야기로, 최윤재의 실족 사건에 관한 원통함을 독백체 형식으로 나타낸 소지의 내용이다. 두 번째 이야기는 '의녀들의 변론-사또'의 이야기로, 관아에 잡혀온 의녀들이 억울함을 토로하고 있는 부분이다. 즉, 이 작품에서는 최윤재가 실족한 사건에 대한 이야기와 잡혀 온 의녀들의 변론이라는 두 이야기를 결합하여 하나의 이야기로 묶어 나열하고 있다.

작가의 서술 방식

「순창가」는 최윤재, 관찰사, 기녀들의 목소리와 서술자의 목소리를 서로 교대하는 방식으로 이루어진다. 작가가 작품에 제시된 사건의 전 과정을 잘 알고 있기는 하지만 그 사건은 자신과 직접 관련된 일이 아니기 때문에 자신의 내면을 대변하는 서술자의 목소리로 모든 과정을 재구하기(여러 자료를 바탕으로 다시 구성함)보다는 관련 인물들의 발화를 있는 그대로 작품에 직접 제시하였다. 즉 작가는 각각 신분이 다른 이들의 이야기를 거리를 두면서 사실을 있는 그대로 제시하기 위해 작중 인물의 발화를 집중적으로 제시하는 서술 방식을 선택했다.
작자가 자기의 일이 아닌 작중 사건과 거리를 두기 위해 인물의 발화를 직접 제시하는 방식을 선택하기는 했지만 가사라는 장르의 관습적 서술 방식을 완전히 배제할 수는 없었다. 가사는 전통적으로 1인칭 독백적 표현의 형태를 취하는데, 인물의 대화를 중심으로 작품을 서술하면서도 가사의 관습적인 서술 방식의 영향을 받아 서술자로 하여금 인물의 목소리에 개입하여 자문자답의 독백적 표현을 하게 하거나 인물의 발언 취지에 어울리지 않는 진술을 하게 하기도 하고, 발화의 주체가 구체적으로 드러나지 않게 하기도 하였던 것이다.
이러한 이유로 인해 각 인물의 발화 속에는 그 인물의 목소리에 어울리지 않는 표현이 사용되고 있다. 최윤재의 말 가운데에는 어울리지 않는 독백적 표현들이 사용되고 발화의 의도에 어울리지 않아 최윤재의 목소리로 보기 힘든 진술들이 있다. 또한 기녀들의 진술은 구체적으로 발화의 주체가 불분명할 뿐만 아니라 말을 건네는 화법에 어울리지 않는 독백적 표현이 사용되고 있다. 이처럼 인물의 목소리로 보기 힘든 표현이 사용된다거나 발화의 주체가 밝혀져 있지 않은 것은 인물의 목소리에 서술자의 목소리가 간섭했기 때문에 일어난 현상이다. 즉 서술자가 인물의 발화를 제시하면서 간혹 자기가 인물의 입장이 되어 독백적 표현을 하기도 하고, 인물의 발언 취지를 벗어난 서술자 나름의 진술을 개입시키기도 한 것이다. 곧 작자는 작품의 대상과 거리를 두면서도 한편으로는 가사의 장르적 관습에 이끌려 서술자의 목소리를 인물의 발화에 개입시키기도 했던 것이다.

4 작자 미상, 갑민가

STEP 01 OX 문제를 통한 지문 이해 훈련

어져 어져 저기 가는 저 사람아
네 행색을 보아하니 **군사 도망** 네로고나
요상(腰上)으로 볼작시면 베적삼이 깃만 남고
허리 아래 굽어보니 헌 잠방이 노닥노닥
곱장 할미* 앞에 가고 전태발이* 뒤에 간다
십 리 길을 하루 가니 몇 리 가서 엎어지리
내 고을의 양반 사람 타도타관 옮겨 살면 천(賤)히 되기 상사이거늘
본토 군정(軍丁) 싫다 하고 자네 또한 도망하면
일국 일토(一國一土) 한 인심에 근본 숨겨 살려 한들 어데 간들 면할손가
차라리 네 살던 곳에 아무렇게나 뿌리박아
칠팔월에 삼을 캐고 구시월에 돈피(獤皮)* 잡아
공채(公債) 신역(身役)* 갚은 후에 그 나머지 두었다가
함흥 북청 홍원 장사꾼 돌아가며 잠매(潛賣)*할 때
후한 값에 팔아 내어 살기 좋은 넓은 곳에
가사 전토(家舍田土) 다시 사고 살림살이 장만하여
부모처자 보전하고 새 즐거움 누리려무나
어와 **생원**인지 초관(哨官)인지
그대 말씀 그만두고 이내 말씀 들어 보소
이내 또한 **갑민(甲民)**이라 이 땅에서 생장하니 이때 일을 모를소냐
우리 조상 남쪽 양반 진사 급제 계속하여
금장 옥패 빗기 차고 시종신*을 다니다가
시기인의 참소 입어 전가사변(全家徙邊)* 하온 후에
국내 변방 이 땅에서 칠팔 대를 살아오니
조상 덕에 하는 일이 읍중 구실 첫째로다
들어가면 좌수 별감 나가서는 풍헌 감관
유사 장의 채지* 나면 체면 보아 사양터니
애슬프다 내 시절에 원수인의 모함으로 군사 강등 되단 말가
내 한 몸이 헐어 나니 좌우 전후 많은 일가 차차 충군(充軍)* 되었구나
누대봉사(累代奉祀)* 이내 몸은 하릴없이 매여 있고
시름없는 친족들은 자취 없이 도망하고
여러 사람 모든 신역 내 한 몸에 모두 무니
한 몸 신역 삼 냥 오 전 돈피 두 장 의법(依法)이라
열두 사람 없는 구실 합쳐 보면 사십육 냥
해마다 맞춰 무니 석숭*인들 당할소냐
(중략)
그대 또한 내 말 듣소 타관 소식 들어 보게
북청부사 뉘실런고 성명은 잠깐 잊어 있네
많은 군정 안보(安保)하고 백골 도망(白骨逃亡) 원한 풀어 주네
부대 초관(各隊哨官) 모든 신역 대소 민호(大小民戶) 나누니
많으면 닷 돈 푼수 적으면 서 돈이라
인읍(隣邑) 백성 이 말 듣고 남부여대(男負女戴) 모여드니
군정 허오(軍丁虛伍)* 없어지고 민호(民戶) 점점 늘어 간다
나도 또한 이 말 듣고 우리 고을 **군정 신역**
북청같이 하여지라 **감영에 의송(議送)*** 보냈더니
본읍(本邑) 맡겨 제사(題辭)* 맡은 본 관아(本官衙)에 부치온즉
불문 시비 올려 매고 **곤장** 한 번 맞단 말인가
천신만고 놓여나서 고향 생애 다 떨치고
인근 친구 하직 없이 부로휴유(扶老攜幼)* 한밤중에
후치령 길 비켜 두고 금창령을 허위 넘어
단천 땅을 바로 지나 성대산을 넘어서면 북청 땅이 그 아닌가
좋은 거처 다 떨치고 모든 가속 보전하고 신역 없는 군사 되세
내곧 신역 이러하면 이친 기묘(離親棄墓)* 하올소냐
비나이다 비나이다 하나님께 비나이다
충군애민 북청 원님 우리 고을 들르시면
군정 도탄(塗炭) 그려다가 임금님께 올리리라
그대 또한 내년 이때 처자 동생 거느리고
이 고갯길 접어들 때 그때 내 말 깨치리라
내 심중에 있는 말씀 횡설수설하려 하면
내일 이때 다 지나도 반 정도도 모자라리
날 저물고 갈 길 머니 하직하고 가노매라

*곱장 할미 : 등이 굽은 노인. / *전태발이 : 다리를 저는 사람.
*돈피 : 담비 종류 동물의 모피. / *신역 : 나라에서 부과하는 군역과 부역.
*잠매 : 물건을 몰래 거래함. / *시종신 : 임금 곁에서 문학으로 보필하던 벼슬아치.
*전가사변 : 죄인을 그 가족과 함께 변방으로 옮겨 살게 하던 일.
*채지 : 유사나 장의 같은 하급 관리를 채용할 때의 사령서.
*충군 : 군대에 편입시킴. / *누대봉사 : 여러 대의 조상의 제사를 받듦.
*석숭 : 중국 진나라 때의 부자 이름. / *허오 : 군적에 등록만 되어 있고 실제로는 없던 군정.
*의송 : 고을 원의 판결에 불복하여 관찰사에게 올리던 민원서류.
*제사 : 백성이 제출한 소송이나 민원에 쓰던 관부의 판결이나 지령.
*부로휴유 : 늙은 부모는 업고 어린 자식은 손을 잡음. / *이친 기묘 : 친족들과 이별하고 조상의 묘는 버림.

OX문제

01 특정 대상과 대화하는 방식으로 주제를 부각하고 있다. [2019학년도 9월] (O / X)

02 역설적 표현을 사용하여 모순적인 상황에 대한 반성적인 자세를 보여 주고 있다. [2016학년도 6월AB] (O / X)

03 '생원'은 '군사 도망'하려는 '갑민'에게 고향을 버리고 이주할 것을 권유하고 있다. (O / X)

04 '갑민'은 '북청같'은 '군정 신역'이 이루어지기를 바라며 '감영에 의송'을 보냈으나 '곤장'만 맞고 돌아왔다. (O / X)

05 설의적 표현으로 현실에 대한 화자의 안타까움을 드러내고 있다. [2019학년도 6월] (O / X)

STEP

02 지문 분석

[EBS에 나오지 않은 파트까지 모두 넣은 전문 분석]

어져 어져 저기 가는 저 사람아 (어져: 감탄사 / 저 사람: 갑민(갑산에 사는 사람))	⇒ 아아, 저기 가는 저 사람아
네 행색을 보아하니 군사 도망 네로고나 (군사 도망: 군역을 기피한 도망자)	⇒ 네 행색을 보아하니 군사 도망(하는 이가) 너로구나
「요상(腰上)으로 볼작시면 베적삼이 깃만 남고 (요상: 허리 위 / 베적삼: 베로 지은 여름에 입는 홑저고리)	⇒ 허리 위를 보면 베적삼이 깃만 남아 있고
허리 아래 굽어보니 헌 잠방이 노닥노닥 (잠방이: 가랑이가 무릎까지 내려오도록 짧게 만든 홑바지)	⇒ 허리 아래를 굽어보니 헌 잠방이가 노닥노닥하구나
곱장 할미 앞에 가고 전태발이 뒤에 간다」 (곱장 할미: 등이 굽은 노인(갑민의 어머니) / 전태발이: 다리를 저는 사람) 「 」: 외양 묘사 → 갑민과 그의 가족들의 초라한 행색 묘사	⇒ 허리 굽은 노모는 앞에 가고 다리를 절뚝거리는 사람이 뒤에 간다
십 리 길을 하루 가니 몇 리 가서 엎어지리	⇒ 십 리 길을 하루에 가니 몇 리나 가서 엎어지리
내 고을의 양반 사람 타도타관 옮겨 살면 천(賤)히 되기 상사이거늘 (타도타관: 자신이 속한 곳이 아닌 다른 도·다른 고을)	⇒ 내 고을의 양반인 사람도 다른 지역으로 옮겨 가서 살면 천하게 되기 마련인데
본토 군정(軍丁) 싫다 하고 자네 또한 도망하면 (본토: 본디의 고향 / 군정: 군적에 있는 지방의 장정)	⇒ 고향의 군역이 싫다고 자네 또한 도망가면
일국 일토(一國一土) 한 인심에 근본 숨겨 살려 한들 어데 간들 **면할손가** (▒: 설의법)	⇒ 한 나라의 한 인심에 근본을 숨기고 살려 한들 어디로 간들 (천한 신세를) 면할 수 있을 것인가
차라리 네 살던 곳에 아무렇게나 뿌리박아 (네 살던 곳: 고향)	⇒ 차라리 네 살던 곳에 아무렇게나 뿌리박아
『칠팔월에 삼을 캐고 구시월에 돈피(㹠皮) 잡아 (돈피: 담비 종류 동물의 모피)	⇒ 칠팔월에는 삼을 캐고 구시월에는 돈피를 잡아
공채(公債) 신역(身役) 갚은 후에 그 나머지 두었다가 (공채: 국가나 지방 자치 단체가 수지의 균형을 꾀하기 위해 임시로 지는 빚 / 신역: 나라에서 부과하는 군역과 부역)	⇒ 공채 신역을 갚은 후에 남은 삼과 돈피를 두었다가
함흥 북청 홍원 장사꾼 돌아가며 잠매(潛賣)할 때 (잠매: 물건을 몰래 거래함.)	⇒ 함흥, 북청, 홍원에 장사를 돌아가며 몰래 팔되
후한 값에 팔아 내어 살기 좋은 넓은 곳에	⇒ 후한 값을 받고 팔아 살기 좋은 넓은 곳에
가사 전토(家舍田土) 다시 사고 살림살이 장만하여 (가사 전토: 사람이 사는 집과 논과 밭) 『 』: 도망가는 갑민에게 제시한 해결책	⇒ 집과 논밭을 다시 사고 살림 도구를 장만하여
부모처자 보전하고 새 즐거움 누리려무나』 **서사 : 생원의 말 - 도망가는 갑민을 보고 사정을 물음.**	⇒ 부모와 처자식을 보전하고 새 즐거움을 누리려무나
어와 생원인지 초관(哨官)인지 (초관: 한 초를 거느리던 종구품 무관 벼슬)	⇒ 아, 생원인지 초관인지

시어 시구 풀이

어져 어져 저기~전태발이 뒤에 간다 → 화자(생원 : 소과에 합격하여 대과에 응시할 자격이 주어진 사람)가 '저 사람(갑민)'에게 말을 건네는 방식이 사용되고 있다. 화자는 '저 사람'의 누추한 행색을 사실적으로 묘사하며 그가 군역을 피해 도망하고 있는 상황임을 밝히고 있다. 갑민의 모습만 보고도 그가 군역을 피해 도망하는 것이라고 판단했다는 점에서 당시 학정(포학하고 가혹한 정치)에 시달려 도망치는 백성이 많았음을 알 수 있다.

십 리 길을 하루 가니 몇 리 가서 엎어지리 → 군역을 피해 살던 곳을 떠나는 갑민과 가족들의 모습이 제시되고 있다. 온전치 못한 모습으로 하루에 십 리 정도밖에 이동하지 못하는 상황을 통해 앞으로의 여정이 쉽지 않을 것임을 알 수 있다.

내 고을의 양반 사람 타도타관 옮겨 살면~어데 간들 면할손가 → 군역을 피해 도망할 경우 벌어질 부정적 상황을 예견하여 이를 만류하는 화자의 모습이 드러난다. 화자는 다른 곳으로 이주할 경우 천한 신세를 면하기 어려우며 군역을 피해 다른 곳으로 도망할 경우 더더욱 천한 신세를 면할 수 없다며 도망 시 예상되는 어려움을 강조하고 있다.

차라리 네 살던 곳에~새 즐거움 누리려무나 → 생원은 갑민에게 이주하지 않고 계속해서 고향에서 살아갈 수 있는 해결 방안을 제시하여 충고하고 있다. 또한 '칠팔월에 삼을 캐고 구시월에 돈피 잡아'는 당시 백성에게 주어진 신역을 의미한다.

어와 생원인지 초관인지 / 그대 말씀 그만두고 이내 말씀 들어 보소 → 화자가 생원에서 갑민으로 바뀌는 것을 통해 대화의 형식으로 시상이 전개되고 있음을 알 수 있다. 갑산의 사정에 대해 잘 모르는 생원의 제안을 반박하는 갑민의 모습이 그려지고 있다.

그대 말씀 그만두고 이내 말씀 들어 보소
생원

⇒ 그대 말씀을 그만두고 이내 말씀을 들어 보오

나서 자람.
이내 또한 갑민(甲民)이라 이 땅에서 생장하니 이때 일을 모를소냐
갑산의 사정을 누구보다 잘 알고 있음.

⇒ 나도 또한 갑민이라 이 땅에서 나고 자랐으니 이때 일을 모를쏘냐

우리 조상 남쪽 양반 진사 급제 계속하여
양반 집안임을 자부함.

⇒ 우리 조상이 남중 양반이라 진사 급제를 계속하여

임금의 곁에서 문학으로 보필하던 벼슬아치
금장 옥패 빗기 차고 시종신을 다니다가
금으로 장식한 옥패 → 높은 벼슬 상징

⇒ 금장 옥패를 비스듬히 차고 시종신으로 다니다가

죄인의 가족 모두를 변경에 옮겨 살게 하던 일
시기인의 참소 입어 전가사변(全家徙邊) 하온 후에
남을 헐뜯어서 죄가 있는 것처럼 꾸며 윗사람에게 고하여 바침.

⇒ 남의 시기와 참소를 입어 전가사변을 당한 후에

국내 변방 이 땅에서 칠팔 대를 살아오니
갑산의 지리적 특성

⇒ 나라의 가장 변방인 이 땅에서 칠팔 대를 살아오니

조상 덕에 하는 일이 읍중 구실 첫째로다
마을의 벼슬이나 맡은 일

⇒ 조상 덕에 하는 일이 읍중 구실 첫째로다

본사 1 : 갑민의 말 - 조상의 내력을 설명함.

좌수는 우두머리, 별감은 좌수에 버금가는 향청 벼슬의 하나
들어가면 좌수 별감 나가서는 풍헌 감관
풍헌은 조선 시대 감찰직의 하나, 감관은 관아와 관가에서 출납을 맡아보던 벼슬아치

⇒ 들어가면 좌수 별감, 나가서는 풍헌 감관

나라의 여러 가지 예식에 관한 일을 맡아보던 벼슬
유사 장의 채지 나면 체면 보아 사양터니
단체의 사무를 맡아보는 직무
↳ 체면 때문에 하급 직무를 사양함.

⇒ 유사 장의에 처하면 체면을 보아 사양했더니

□ : 정서 직접 표출
애슬프다 내 시절에 원수인의 모함으로 군사 강등 되단 말가
꾀를 써서 남을 해침.

⇒ 애슬프다 내 시절에 원수의 모함을 받아서 군사 강등이 되었단 말인가

내 한 몸이 헐어 나니 좌우 전후 많은 일가 차차 충군(充軍) 되었구나

⇒ 내 한 몸이 헐어 나니 좌우 전후 많은 가족들이 군역을 지는 신세로 전락하고 말았구나.

누대봉사(累代奉祀) 이내 몸은 하릴없이 매어 있고
여러 대의 조상의 제사를 받듦.
→ 조선 시대의 제사는 양반 문화임.

⇒ 여러 대에 걸친 조상의 제사를 받들어야 할 내 몸은 어쩔 수 없이 매어 있고

시름없는 친족들은 자취 없이 도망하고

⇒ 시름없는 친족들은 자취 없이 도망가고

여러 사람 모든 신역 내 한 몸에 모두 무니

⇒ 여러 사람의 모든 신역을 내 한 몸에 모두 물리니

한 몸 신역 삼 냥 오 전 돈피 두 장 의법(依法)이라
정해진 법에 따름.

⇒ 한 사람당 신역으로 삼 냥 오전, 돈피 두 장을 내야 하는 것이 정해진 법이라

열두 사람 없는 구실 합쳐 보면 사십육 냥

⇒ 열두 사람 없는 구실을 합쳐 보면 사십육 냥

해마다 맞춰 무니 석숭인들 당할소냐
중국 진나라 때의 부자

⇒ 해마다 맞춰 물어내니 석숭인들 당해낼 수 있겠느냐

본사 2 : 갑민의 말 - 서민으로 전락한 후 군역을 지게 된 사정

약간농사 전폐하고 삼 캐러 입산하여
신역 감당을 위한 노력 ①

⇒ 약간 있는 농사 그만두고 인삼을 캐러 산에 들어가

우리 조상 남쪽 양반~차차 충군 되었구나 → 화자는 조상의 내력을 밝히고 자신을 포함한 일가친척들이 군역을 지는 신세로 전락한 사연을 제시하고 있다. 갑민의 조상은 대대로 임금의 곁을 보필하는 높은 벼슬을 지녔으나 시기인의 참소로 인해 집안이 몰락하며 변방으로 귀양을 가게 되었음을 알 수 있다. 또한 조상의 덕으로 변방에서 양반으로서의 역할을 담당할 수 있었으나 원수의 모함으로 결국 군역을 지는 군사로 강등되게 되었음을 밝히며 화자는 자신의 처지를 슬퍼하고 있다.

여러 사람 모든 신역~해마다 맞춰 무니 석숭인들 당할소냐 → 도망간 친족들로 인해 화자가 친족들의 신역까지 모두 물어야 하는 상황이 제시되고 있다. 이를 통해 없는 사람의 노역까지 남아 있는 사람에게 부과하던 당시의 가혹한 시대상을 확인할 수 있다. 또한 화자는 '석숭인들 당할소냐'에서 설의법을 통해 부자인 석숭이도 당해낼 수 없을 정도로 신역의 부담이 큼을 드러내고 있다.

허항령 보태산을 돌고 돌아 찾아보니
백두산 근처의 지명
⇒ 허항령과 보태산을 돌고 돌아 찾아보니

인삼 싹은 전혀 없고 오가피 잎이 날 속인다
⇒ 인삼 싹은 전혀 없고 오가피 잎이 날 속인다

할 수 없이 빈손으로 되돌아와 팔구월 고추바람
살을 에는 듯한 바람
⇒ 할 수 없이 빈손으로 돌아와 팔구월에 매서운 바람

안고 돌아 입산하여 돈피 산행하려 하고
신역 감당을 위한 노력 ②
⇒ 안고 돌아 산에 들어가 담비 사냥하려 하고

백두산 등에 지고 경계의 강 아래로 내려가서
⇒ 백두산 등에 지고 강 아래로 내려가서

싸리 꺾어 누대 치고 이깔나무 우등 놓고
누대를 만들고 / 모닥불
⇒ 싸리 꺾어 누대를 치고 잎갈나무로 모닥불을 피우고

하나님께 축수하며 산신님께 발원하여
두 손바닥을 마주 대고 빎. / 신이나 부처에게 소원을 빎.
■ : 기원의 대상 - 초월적 존재
⇒ 하나님께 손 모아 빌며 산신님께 소원 빌어

물채줄을 갖추어 꽂아 놓고 사망하기 원하고 바라되
담비를 사냥하기 위한 물과 채, 줄 / ↳ 장사에서 이익을 많이 얻는 운수
⇒ 물채줄 갖추어 꽂고 이익이 많이 남기를 바라오되

내 정성이 미치지 못하는지 사망함이 붙지 않네
담비 사냥의 뜻을 이루지 못함.
⇒ 내 정성이 부족한지 운이 붙지 않네

빈손으로 돌아서니 삼지연이 잘 참이라
산에 들어온 후 시간이 경과되었음을 드러냄.
⇒ 빈손으로 돌아서니 삼지연에서 자야 하네

입동 지난 삼 일 후에 일야설이 사뭇 오니
시간적 배경 - 겨울 / 밤에 오는 첫눈
⇒ 입동 지난 삼 일 후에 밤새도록 눈이 오니

다섯 자 깊이 이미 넘어 네다섯 보를 못 옮기네
⇒ 눈 깊이가 다섯 자를 이미 넘어 네다섯 걸음 못 옮기겠네

식량이 다하고 의복이 얇으니 앞에 근심을 다 떨치고
신역으로 내야 할 돈피를 아직 구하지 못함.
⇒ 식량은 떨어지고 옷은 얇으니 앞의 근심 다 떨치고

목숨을 살려 욕심 내어 지사위한 길을 헤아려
죽을 때까지 자기의 의견을 굽히지 아니하고 뻗대어 나감.
⇒ 목숨 살려는 욕심에 죽을 각오로 길을 헤쳐

인가가 있는 곳을 찾아오니 검천거리 첫눈에 보인다
검천은 두만강 너머의 지역
⇒ 인가를 찾아오니 검천거리가 보인다

첫닭 울음소리 이윽하고 인가가 적적한 것이 아직 잠들어 있는 것 같네
⇒ 첫닭 울음소리 밤은 깊은데 인가는 적적한 것이 아직 한잠이네

집을 찾아 들어가니 혼비백산 반주검이
몹시 놀라 넋을 잃음을 이르는 말
⇒ 집을 찾아 들어가니 혼비백산 반주검이 되어

아무 말 못하고 넘어지니 더운 구들 아랫목에
⇒ 아무 말 못하고 넘어지니 더운 구들 아랫목에

송장같이 누웠다가 산란한 정신을 가라앉힌 후에
어지러운
⇒ 송장같이 누웠다가 어지러운 정신을 차린 후에

인삼 싹은 전혀 없고 오가피 잎이 날 속인다 → 주객전도의 표현을 사용하여 오가피 잎을 인삼 싹으로 오해한 화자의 모습을 해학적으로 드러내고 있다.

할 수 없이 빈손으로~사망함이 원하고 바라되 → 신역을 감당해 보고자 산에 들어가 삼을 캐려던 화자는 이에 실패하자 이번에는 돈피를 구하기 위해 매서운 바람을 무릅쓰고 담비 사냥에 나선다. 하나님과 산신님께 간절히 빌기도 했으나 결국 담비 사냥에도 실패한 화자의 모습이 드러난다.

입동 지난 삼 일 후에~네다섯 보를 못 옮기네 → 신역을 감당하기 위해 산에 들어간 화자는 시간이 꽤 흘러 밤이 되자 백두산 기슭에 있는 호수인 '삼지연'에서 잘 수밖에 없는 상황에 처한다. 설상가상으로 첫눈이 네다섯 걸음도 걸을 수 없을 정도로 많이 내려 화자는 산에 고립되고 만다.

식량이 다하고 의복이 얇으니~열 개의 발가락이 간 곳 없네 → 신역을 부담하려다 산에 고립된 갑민은 추위와 눈 속에서 살아남아야 하는 상황에 처한다. 이러한 상황에서 살아남기 위해 온 힘을 다해 빠져나오지만 이 과정에서 동상으로 인해 발가락을 모두 잃게 된다. 이를 통해 가혹한 수탈에 시달리는 백성들의 비극적이고 참담한 생활상을 보여 주고 있다.

두 발 끝을 굽어보니 열 개의 발가락이 간 곳 없네 (동상으로 인해 열 개의 발가락을 모두 잃게 됨.)	⇒ 두 발끝을 굽어보니 열 발가락 없어졌네
간신이 몸조리로 목숨을 부지하여 소에게 실려 돌아오니	⇒ 간신히 조리하여 목숨을 부지하여 소에게 실려 돌아오니
팔십 되신 우리 노모 마중 나와 하시던 말씀	⇒ 팔십 되신 우리 노모 마중 나와 하시던 말씀
살아왔다 내 자식아 사망 없이 돌아온들	⇒ 살아왔다 내 자식아 죽지 않고 돌아오니
모든 신역 걱정할소냐 논밭과 세간 살림 모두 팔아	⇒ 모든 신역 걱정할소냐 논밭과 세간 살림 모두 팔아
사십육 냥 돈 가지고 파기소 찾아가니 ('파기'는 특정 인물의 신체상의 특징을 기록한 문서로, '파기소'는 이 문서들의 보관소를 말하는 것임.)	⇒ 사십육 냥 돈 가지고 파기소를 찾아가니
중군파총 호령하되 우리 사또 분부 내에	⇒ 중군파총 호령하되 우리 사또 분부하시길
각 초군의 모든 신역을 돈피 외에는 받지 마라 (사또의 횡포)	⇒ 각 초군의 모든 신역을 담비 가죽 외에는 받지 마라
관가의 명령이 이와 같이 매우 엄하니 할 수 없이 물러나는구나	⇒ 관가의 명령이 이와 같이 매우 엄하니 할 수 없이 물러나는구나
돈 가지고 물러나와 원정 지어 하소연하니 (억울한 사연을 하소연하는 글)	⇒ 돈을 들고 억울한 사정을 글로 지어 아뢰려니
번잡한 소송이나 판결에 이르지 말라 하고 군노 장교 파견하여	⇒ 번거로이 소송이나 판결에 이르지 말라 하고 군노 장교 파견하여
다급히 재촉하니 노부모의 원행치장 (먼 길을 가기 위해 행장을 차림.)	⇒ 다급히 재촉하니 노부모의 장례 준비로
팔 승 네 필 두었더니 팔 냥 돈을 빌어서 받고 (승: 말이나 소를 세는 단위 / 냥: 곡식 등의 분량을 헤아리는 단위)	⇒ 팔 승 네 필 두었던 것을 여덟 냥 받고
팔아다가 채워 내니 오십여 냥 되겠구나	⇒ 팔아다가 채워 내니 오십여 냥 되겠구나
삼수각진 두루 돌아 이십육 장 돈피 사니 (여러 군데)	⇒ 삼수각진을 두루 돌아 이십육 장 담비 가죽 사니
십여 일이 가까이 왔네 성화 같은 관가 분부에 (여러 방법으로 돈피를 겨우 모았지만 십여일이 지체됨.)	⇒ 십여 일이 지난 지라 성화같은 관가 분부에
아내를 잡아 가두었네 불쌍하다 병든 아내는	⇒ 아내를 잡아 가두었네 불쌍하다 병든 아내는
감옥 안에 갇히어서 목을 매어 죽었단 말인가	⇒ 감옥 안에 갇혀서 목을 매어 죽었단 말인가
내 집 문 앞 돌아드니 어미 불러 우는소리 (청각적 심상 → 비극성 극대화)	⇒ 내 집 문 앞 돌아드니 어미 불러 우는 소리

살아왔다 내 자식아~모든 신역 걱정할소냐 → 갑민의 노모의 말이 인용되어 있다. 노모는 죽지 않고 살아 돌아온 아들을 반기며 신역은 걱정할 거 없다는 태도를 보인다. 과도한 신역으로 인한 고통보다 자식의 안위를 우선시하는 노모의 모습을 확인할 수 있다.

논밭과 세간 살림 모두 팔아~할 수 없이 물러나는구나 → 신역을 대신하기 위해 논밭과 세간 살림을 모두 팔아 돈을 겨우 마련했지만, 사또는 '돈피' 외에는 받지 않겠다며 거절하는 모습을 보여 주고 있다.

번잡한 소송이나 판결에 이르지 말라~다급히 재촉하니 → 자신의 억울한 사정을 글로 하소연하자, 번거롭게 만들지 말라며 군노 장교로부터 위협을 당하는 화자의 모습이 그려지고 있다. 자신들의 이익에만 관심을 가지고 백성의 사정에는 무관심한 부패한 지배층들의 모습이 드러난다.

노부모의 원행치장~이십육 장 돈피 사니 → 화자가 전 재산과 토지, 부모의 장례 때 사용할 옷감까지 팔아 신역으로 낼 돈피를 마련한 모습을 보여 준다. 이를 통해 화자에게 과도한 신역이 주어졌음을 알 수 있다.

불쌍하다 병든 아내는~기절한 탓이로다 → 관가에서 화자 대신 병든 아내를 잡아 가두자 아내가 자살을 하고 결국 집안은 풍비박산이 되었음을 묘사하고 있다. 신역의 부담이 야기한 한 가정의 파탄을 통해 당시 부역의 부당함과 가혹한 학정의 실상을 폭로하고 있다.

구천에 사무치고 의지 없는 노부모는
땅속 깊은 밑바닥이란 뜻으로, 죽은 뒤에 넋이 돌아가는 곳

⇒ 구천에 사무치고 의지 없는 노부모는

인사불성 누웠으니 기절한 탓이로다
정신을 잃은 상태

⇒ 인사불성 누웠으니 기절한 탓이로다

여러 신역 바친 후에 시체 찾아 장사 지내고
아내의 시체

⇒ 여러 신역 바친 후에 시체 찾아 장사 지내고

사묘 모셔 땅에 묻고 애끓도록 통곡하니

⇒ 사당에 모셔 땅에 묻고 애끓도록 통곡하니

무지미물 뭇 참새가 저도 또한 슬피 운다
: 감정 이입의 대상(객관적 상관물)

⇒ 무지한 미물인 참새가 저 또한 슬피 운다

변방 가운데 있는 우리 인생 나라의 백성 되어서

⇒ 변방에 사는 우리 (같은) 인생 나라의 백성이 되어서

군사 되기 싫다고 도망하면 화외민이 되려니와
임금의 교화가 미치지 못하는 백성

⇒ 군사 되기 싫다고 도망가면 화외민이 되려니와

한 몸의 여러 신역 물다가 할 새 없어

⇒ 한 몸이 여러 신역 물려 하니 할 새 없어

또 금년이 돌아오니 정할 곳 없이 떠돌아다니는 것이라

⇒ 또 금년이 돌아오니 정처 없이 떠도노라

나라님께 아뢰자니 아홉 겹의 대궐 문은 멀어 있고

⇒ 나라님께 아뢰자니 아홉 겹의 대궐 문은 멀리 있고

중국의 태평성대를 이룬 요임금과 순임금
요순 임금 같은 우리 성군 해와 달같이 밝으신들
선정을 베푸는 임금의 모습을 비유함.

⇒ 요순 임금 같은 우리 성군 해와 달같이 밝으신들

임금의 교화가 더하지 못하는 이 극한 변방의 엎은 동이 아래에 있으니 비칠소냐
엎어 둔 동이는 속이 어둡다는 뜻

⇒ 임금의 교화가 더하지 못하는 이 극한 변방의 엎은 동이 아래 같은 곳에도 비칠소냐

본사 3 : 갑민의 말 – 문제 해결을 위한 노력과 좌절

그대 또한 내 말 듣소 타관 소식 들어 보게
생원 / '북청'을 가리킴.

⇒ 그대 또한 내 말을 들어보소 다른 마을의 소식을 들어 보게

북청부사 뉘실런고 성명은 잠깐 잊어 있네
갑산의 사또와 달리 선정을 베푸는 관리 → 화자가 찬양하는 대상

⇒ 북청 부사가 누구라 하는지 성명은 잠깐 잊었네

많은 군정 안보(安保)하고 백골 도망(白骨逃亡) 원한 풀어 주네
공정한 군정으로 백성들의 한을 풀어 줌.

⇒ 많은 군정을 안정되게 만들고 죽은 사람들의 원통함을 풀어 주네

부대 초관(各隊哨官) 모든 신역 대소 민호(大小民戶) 나누니
종구품 무관 벼슬

⇒ 각 부대 초관이 모든 신역을 여러 집에 나누어서 걷으니

많으면 닷 돈 푼수 적으면 서 돈이라
신역에 대한 부담이 적은 북청

⇒ 많으면 다섯 돈, 푼수 적으면 세 돈이라

인읍(隣邑) 백성 이 말 듣고 남부여대(男負女戴) 모여드니
남자는 짐을 지고 여자는 짐을 인다는 뜻.

⇒ 인근 고을의 백성들이 이 말을 듣고 남부여대하는 모양으로 (북청에) 모여드니

군정에 등록만 되어 있고 실제로는 없던 지방의 장정
군정 허오(軍丁虛伍) 없어지고 민호(民戶) 점점 늘어 간다

⇒ 군정 허오가 없어지고 백성들이 사는 집이 점점 늘어간다

여러 신역 바친 후에~뭇 참새가 저도 또한 슬피 운다 → 아내가 죽은 비극적인 상황에도 신역을 마친 후에야 장사를 치를 수 있었던 갑민의 처지가 드러난다. '뭇 참새'에 감정을 이입하여 갑민의 원통함을 부각하여 제시하고 있다.

변방 가운데 있는 우리 인생~떠돌아다니는 것이라 → 갑민이 자신 같은 변방의 백성들이 겪는 비참한 상황에 대해 자조적 인식을 드러내고 있는 부분이다. 혼자서 감당할 수 없는 신역의 부담으로 인해 삶의 기반을 잃고 떠돌 수밖에 없는 운명을 제시하고 있다.

한 몸의 여러 신역 물다가~정할 곳 없이 떠돌아다니는 것이라 → 당대에는 도망친 사람의 신역을 친척이나 이웃 등에게 부담하게 했으며, 이로 인해 오로지 신역 납부에 얽매인 채 살아가는 갑민의 처지가 드러나고 있다.

나라님께 아뢰자니 아홉 겹의 대궐 문은 멀어 있고 → 갑민이 있는 '갑산'이 '극변방'에 있다는 점에서 갑산과 한양 사이의 실제 거리가 멀다고 이해할 수도 있으나, '나라님'이 갑민에게 닥친 부조리한 상황을 타개할 도움을 줄 수 없다는 회의적 인식에 기반한 표현으로 볼 수도 있다.

요순 임금 같은~엎은 동이 아래에 있으니 비칠소냐 → 임금의 교화가 해와 달같이 밝게 빛난다고 하여도 갑민이 사는 극한 변방의 항아리 속까지는 비치기 어렵다는 의미이다. 임금의 교화가 미치지 못하는 소외된 지역에 살고 있는 화자의 탄식을 설의법을 통해 드러내고 있다.

북청부사 뉘실런고~민호 점점 늘어 간다 → 화자는 자신이 살고 있는 갑산과 달리 북청은 북청 부사의 어진 정치로 인해 그곳으로 이주하는 백성들이 증가하고 있음을 밝히고 있다. 죽은 백성들의 원한을 풀어 주고 세금을 적절하게 징수하는 것은 모두 북청 부사가 보여 준 선정에 해당한다.

『나도 또한 이 말 듣고 우리 고을 군정 신역	⇒ 나도 또한 이 말을 듣고 우리 고을 군정의 신역을
북청같이 하여지라 감영에 의송(議送) 보냈더니 (의송: 조선 시대, 백성이 고을 원님의 판결에 불복하여 관찰사에게 올리던 민원서류)	⇒ 북청같이 하자고 관찰사에게 민원을 올렸는데
본읍(本邑) 맡겨 제사(題辭) 말아 본 관아(本官衙)에 부치온즉 (제사: 백성이 제출한 소송이나 민원에 쓰던 관부의 판결이나 지령)	⇒ 본 고을에 맡겨 제사를 맡은 본 관아에 부치게 된즉
불문 시비 올려 매고 곤장 한 번 맞단 말인가』 (불문 시비: 옳고 그름을 따지지 아니함.) 『 』: 북청과 같이 군정을 개선하고자 건의했지만 곤장만 맞고 돌아옴.	⇒ 옳고 그름을 따지지 않고 올려 매어 곤장을 한 번 맞았단 말인가
천신만고 놓여나서 고향 생애 다 떨치고 (고향 생애: 고향과 삶의 터전)	⇒ 천신만고 끝에 풀려나서 고향에서의 삶을 다 떨치고
인근 친구 하직 없이 부로휴유(扶老携幼) 한밤중에 (부로휴유: 늙은 부모는 업고 어린 자신을 손을 잡는다는 의미로, 노인을 도와 보호하고 어린이를 보살펴 주는 것을 이르는 말)	⇒ 이웃 친구에게 작별 인사도 없이 노인을 부축하고 어린아이는 보살피며 한밤중에
후치령 길 비켜 두고 금창령을 허위 넘어 (허위 넘어: 허우적거리며 애를 써서 넘음.)	⇒ 후치령 길을 비켜 두고 금창령을 힘들게 넘어
단천 땅을 바로 지나 성대산을 넘어서면 북청 땅이 그 아닌가	⇒ 단천 땅을 바로 지나 성대산을 넘어서면 북청 땅이 거기 아닌가
좋은 거처 다 떨치고 모든 가속 보전하고 신역 없는 군사 되세 (신역 없는 군사: 화자가 바라는 삶)	⇒ 좋은 거처 다 떨치고 모든 가족들을 편하게 지키고 신역 없는 군사 되세
본사 4 : 갑민의 말 – 새로운 문제 해결 방안 모색	
내곧 신역 이러하면 이친 기묘(離親棄墓) 하올소냐 (이친기묘(친족들과 이별하고 조상의 묘는 버림)할 만큼 부담이 극심함.)	⇒ 네(생원)가 사는 곳의 신역이 이러하면 친족들과 이별하고 조상의 묘를 버리겠느냐
비나이다 비나이다 하나님께 비나이다	⇒ 비나이다 비나이다 하나님께 비나이다
충군애민 북청 원님 우리 고을 들르시면 (충군애민: 임금에게 충성을 다하고 백성을 사랑함.)	⇒ 충군애민 북청 원님이 우리 고을 들르시면
군정 도탄(塗炭) 그려다가 임금님께 올리리라 (도탄: 몹시 곤궁하여 고통스러운 지경)	⇒ 군정의 고통을 그려다가 임금님께 올리리라
그대 또한 내년 이때 처자 동생 거느리고	⇒ 그대 또한 내년 이때 처자 동생 거느리고
이 고갯길 접어들 때 그때 내 말 깨치리라	⇒ 이 고갯길에 접어들 때에야 비로소 내 말을 깨우치리라
「내 심중에 있는 말씀 횡설수설하려 하면	⇒ 내 마음속에 있는 말을 횡설수설하려 하면
내일 이때 다 지나도 반 정도도 모자라리」 「 」: 마음속에 설움이 많이 쌓여 있음을 부각한 표현	⇒ 내일 이때가 다 지나도 반 남짓 모자랄 것이다
날 저물고 갈 길 머니 하직하고 가노매라	⇒ 해가 저물어 갈 길이 머니 이만 하직하고 가노라
결사 : 갑민의 소원과 인사	

나도 또한 이 말 듣고~곤장 한 번 맞단 말인가 → 갑민은 북청 마을의 예를 들어 신역에 대한 안건을 사또에게 제소(소송을 제기함)하였다. 그러나 자신에게 불리한 내용을 담고 있는 소장을 본 후 소장을 올린 갑민을 잡아 형벌을 내린 상황이다.

후치령 길 비켜 두고~북청 땅이 그 아닌가 → 북청을 향하는 길을 열거하여 녹록하지 않은 과정임에도 북청으로 이주하고자 하는 의지를 강하게 드러내고 있다.

내곧 신역 이러하면 이친 기묘 하올소냐 → 갑산에는 북청 부사와 같이 선정을 베푸는 관리가 없어서 불가피하게 고향을 떠난 것임을 밝히고 있다. 갑민은 만약 신역에 대한 부담이 없었더라면 고향을 떠나는 일은 일어나지 않았을 것임을 드러내고 있다.

충군애민 북청 원님~임금님께 올리리라 → 자신의 소장을 거들떠보지 않은 갑산의 사또와 달리, 북청 부사와 같은 관리는 백성의 호소에 귀 기울일 것이라는 갑민의 인식이 드러난다. 이를 통해 갑민은 갑산 지역의 군정 문제가 개선되기를 희망하여 임금께 알리고자 함을 알 수 있다.

그대 또한 내년 이때~내 말 깨치리라 → 갑민은 갑산에 직접 살아보면 자신의 말을 이해할 수 있을 것이라고 말하며, 갑산에 남을 것을 권유하던 생원도 결국 떠나려는 자신의 생각에 동조하게 될 것이라고 짐작한다. 이를 통해 갑민은 생원이 갑산의 현실을 제대로 파악하고 있지 못한다고 여기고 있음을 알 수 있다.

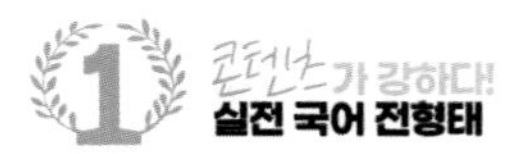

STEP 03 작품 해제

01 | 주제

조선 후기 민중이 처한 부조리한 현실 비판

02 | 특징

① 가혹한 정치로 인한 고통과 괴로움을 토로하는 화자 중심의 시
② 생원과 갑민의 대화 형식을 통해 내용이 전개됨.
③ 설의적 표현을 활용하여 화자의 처지를 보여 줌.
④ 자연물에 감정을 이입하여 화자의 정서를 강조함.

03 | 작품 해제

이 작품은 작품 속 사회상이나 선정(백성을 바르고 어질게 잘 다스리는 정치)을 베푸는 북청 부사에 대한 언급을 고려할 때 조선 영·정조(18세기) 때 갑산 지역에 살던 사람이 지은 것으로 추정된다. 당시에는 신역(나라에서 성인 장정에게 부과하던 군역과 부역)에 대한 부담이 커서 경제적 기반이 없는 몰락 양반이나 민중들은 그 부담을 견디다 못해 고향을 떠나기도 하였다. 갑산은 함경남도 북동부에 위치한 곳으로, 조선 시대에 귀양지로 이름 높던 곳이었다. 이곳은 산악 지대에 근접하여 경작지가 적었으므로 이곳의 사람들은 신역으로 인한 부담을 더욱 크게 느낄 수밖에 없었다. 이 작품에서는 갑민의 삶의 내력과 신역을 마련하기 위한 고생을 통해 민중들의 삶을 더욱 가혹하게 만드는 당대 사회의 모순을 고발하고 있다. 그리고 갑민과 생원의 대화를 통해 부조리한 현실을 드러냄으로써 당대 민중들이 겪었던 삶의 고통을 더욱 생생하게 전달하고 있다.

STEP

04 논문으로 만나는 출제자의 시선

나BS 수능완성 | 고전문학

현실 비판 가사로서의 갑민가

조선 후기에는 당대 현실을 비판하는 일련의 작품군이 등장하는데, 이를 일컬어 '현실 비판 가사'라 부른다. 「갑민가(甲民歌)」는 대표적인 현실 비판 가사로, 군정(軍丁)의 폐단이 심했던 18세기 말엽 함경도 갑산(甲山) 지역에 살았던 사람들의 열악한 현실을 배경으로 창작되었다. 이 작품은 두 인물이 대화를 나누는 방식으로 시상이 전개되는데, 고향을 떠나지 말기를 권하는 '화자 1(생원)'의 질문에 떠날 수밖에 없는 사정을 구구절절 설명하는 '화자 2(갑민)'의 답변으로 구성되어 있다. 특히 갑산과 북청이 대조적으로 제시됨으로써 정든 고향을 떠나 유리(遊離 : 따로 떨어짐)의 길로 나설 수밖에 없었던 '갑민'의 사정이 정당화되고 있다. 갑민의 답변을 통해 북쪽의 변방에 사는 이들의 생활상과 수령의 가렴주구(苛斂誅求 : 세금을 가혹하게 거두어들이고, 무리하게 재물을 빼앗음)로 고통 받는 당대 하층민들의 비참한 현실이 구체적으로 형상화되고 있다. 군역의 부담에서 벗어나고자 하는 바람으로 인해 갑민은 선치(善治 : 백성을 잘 다스림)가 행해지는 다른 고장으로의 이주를 선택한다. 즉 「갑민가(甲民歌)」에 제시된 갑민의 형상은 부조리한 수취 제도로 생존의 위협을 받고, 선정을 베푸는 관리의 부재로 억울함을 호소하지도 못하여 고향을 떠나야만 했던 조선 후기 유리민(流離民)의 전형을 보여 주고 있다. 이를 통해 작가는 지역민의 입장에서 지역민의 삶의 모순과 그러한 문제를 야기한 사회에 대한 비판 의식을 드러낸다.

조선 후기 사회의 폐단과 관북민의 삶

조선 후기는 봉건적 질서의 혼란으로 인해 신분제의 동요, 상공업의 발달과 화폐 경제의 활성화, 실학의 등장, 민중 문화의 발달 등의 변화를 맞이하던 시기였다. 농업 생산력과 사회적 분업의 발달로 계층 분화와 빈부 격차가 더욱 심해졌고, 세도 정치의 폐단과 삼정의 문란 등으로 농민들은 각종 조세 부담에 시달리게 되었다. 구조적 모순과 집권층의 수탈 행위는 민중의 생활을 고통과 궁핍 속에 빠뜨렸다. 관북 지방은 이러한 폐단이 가장 심한 곳이었다. 관북 지방은 국경 지역이고 지리적으로 거친 땅이어서 중앙으로부터 늘 소외되어 있었다. 그리고 중앙 정부의 감시가 소홀하여 이 지역에 부임한 지방관들은 백성들을 가혹하게 수탈하곤 했다. 관북민들은 척박한 지리적 환경으로 인한 불리한 생산 조건에도 불구하고 수취 제도의 모순으로 고통받으며 최소한의 생존 여건마저 위협받았다. 이러한 현실에 대응하기 위해 이 지역 민중들은 유망(流亡 : 일정한 거처 없이 떠돌아다님)을 선택할 수밖에 없었다. 조세 제도의 모순으로 인해 유망한 사람의 조세가 지역에 남아 있는 친족과 이웃에게 전가되면서, 더 많은 사람들이 유망하게 되는 악순환이 발생하였다.

이 작품에서도 수취 제도의 모순으로 인해 유망하려는 화자(갑민)가 등장한다. 갑민은 본래 남중 양반이던 조상이 '참소'로 극변방인 갑산으로 밀려나온 이래 대대로 읍중 구실아치(조선 시대에, 각 관아의 벼슬아치 밑에서 일을 보던 사람)를 맡을 정도로 세력이 있었다고 말한다. 하지만 자신의 대에 이르러 '원수인의 모함으로 군사 강등'되어 많은 가족들이 차차 '충군(조선 시대에, 죄를 범한 자를 벌로서 군역에 복무하게 하던 제도. 대개 수군이나 국경을 수비하는 군졸에 충당함)'되었다고 탄식한다. 갑민의 내력으로 보아 당대 몰락 양반은 향촌 사회의 지배 세력에서 소외되면서 군역을 부담해야 하는 양민으로 전락했음을 알 수 있다. 작품에서 갑민은 친족들의 도망으로 총 13인의 군역을 홀로 감당하게 된다. 처음에는 '해마다 맞춰' 물 수 있을 정도의 경제력을 갖추었던 갑민조차도 13인의 신역을 매해 떠맡기 어려웠던 까닭에 결국 그는 삶의 근거지였던 고향으로부터 유망할 것을 결심하게 된다. 이처럼 민중에 대한 국가의 가혹한 수탈과 이로 인한 민중의 암담한 현실은 민중들이 고향으로부터 이탈하게 만들었다.

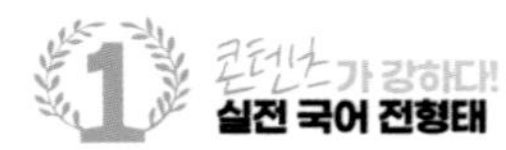

STEP 05 나BS 실전 문제

다음 글을 읽고 물음에 답하시오.

(가)

가사(歌辭)는 두 마디씩 짝을 이루는 율문의 구조만 갖추면 내용은 무엇이든지 노래할 수 있었던 양식이다. 시조의 형식이 간결한 것에 비해 가사는 복잡한 체험을 두루 표현할 수 있을만큼 길어질 수 있었다. 그래서 시조를 길이가 짧다는 의미에서 '단가(短歌)'라고 부르던 것과 구별하여 가사는 '장가(長歌)'라고도 불렀다. 조선 시대의 가사는 보통 15세기부터 16세기까지의 전기 가사와 17세기부터 19세기 전반까지의 후기 가사로 구분된다.

전기 가사는 대체로 사대부들에 의해 지어졌다. 관직에 있지 않은 사대부들은 자연에 묻혀 지내면서 자연에 대한 흥취나 자신들이 중요시 여기던 가치관을 가사를 통해 드러냈다. 그 구체적인 모습으로 안빈낙도(安貧樂道)를 표방하기도 했으며, 이러한 경향이 '강호시가(江湖詩歌)'라는 한 유형을 형성하기도 하였다. 강호시가는 강호의 삶을 표방하기 위해 자연의 아름다움을 강조하고, 자연에서 느끼는 일체감을 드러냈다. 여기서 자연이라는 공간은 속세와의 대비에서 그 의미가 구체화된다.

그런데 임진왜란을 경계로 하는 17세기 무렵부터의 후기 가사에 오면 몇 가지 변화가 생긴다. 작자층의 확대, 제재의 변화, 대상을 보는 시각의 다변화, 표현 방식의 다양화 등이 그것인데 이런 변화는 서로 밀접한 관계 속에서 형성된 것들이었다. 사대부로 제한되었던 가사의 작자층이 확대되자 다양한 관심사가 가사 작품으로 형상화되었고, 각각의 삶이 다른 만큼 대상을 바라보는 시각도 변화하게 되었다. 이러한 현상은 경건한 태도로 사물을 바라보고 형상화하던 데에서 나아가 풍자적이고 희화적인 방식으로 사물을 바라보고 표현하는 작품을 등장하게 하였고, 서민의 삶의 어려움이나 그들의 바람을 드러내는 작품을 등장하게 하기도 하였다. 또한 후기 가사는 체험한 일을 구체적으로 형상화하는 것을 중시하고, 이념적인 삶보다 현실의 문제를 가사의 제재로 전면에 내세우게 되었는데, 이러한 변화는 조선 전기와 후기의 사회를 구분해 주는 특징이기도 하다.

(나)

엇그제 겨울 지나 새봄이 도라오니
도화행화(桃花杏花)ᄂᆞᆫ 석양리(夕陽裏)예 퓌여 잇고
녹양방초(綠楊芳草)ᄂᆞᆫ **세우 중(細雨中)**에 프르도다
칼로 ᄆᆞᆯ아 낸가 붓으로 그려 낸가
조화신공(造化神功)이 물물(物物)마다 헌ᄉᆞᄅᆞᆸ다
수풀에 우ᄂᆞᆫ 새ᄂᆞᆫ 춘기(春氣)ᄅᆞᆯ 몯내 계워
소ᄅᆡ마다 교태(嬌態)로다
물아일체(物我一體)어니 흥(興)이ᄋᆡ 다ᄅᆞᆯ소냐
시비(柴扉)예 거러 보고 정자(亭子)애 안자 보니
소요음영(逍遙吟詠)*ᄒᆞ야 산일(山日)이 적적(寂寂)ᄒᆞᆫᄃᆡ
한중진미(閑中眞味)ᄅᆞᆯ 알 니 업시 호재로다
(중략)
송간 세로(松間細路)에 두견화(杜鵑花)ᄅᆞᆯ 부치 들고
봉두(峰頭)에 급피 올나 구름 소긔 안자 보니
천촌만락(千村萬落)이 곳곳이 버러 잇ᄂᆡ
연하일휘(煙霞日輝)*ᄂᆞᆫ 금수(錦繡)ᄅᆞᆯ 재폇ᄂᆞᆫ ᄃᆞᆺ
엇그제 검은 들이 봄빗도 유여(有餘)ᄒᆞᆯ샤
공명(功名)도 날 씌우고 부귀(富貴)도 날 씌우니
청풍명월(淸風明月) 외(外)예 엇던 벗이 잇ᄉᆞ올고
단표누항(簞瓢陋巷)에 흣튼 혜음 아니 ᄒᆞᄂᆡ
아모타 백년행락(百年行樂)이 이만ᄒᆞᆫᄃᆞᆯ 엇지ᄒᆞ리

\- 정극인, 「상춘곡」 -

*소요음영 : 자유롭게 이리저리 슬슬 거닐며 나지막이 시를 읊조림.
*연하일휘 : 안개와 노을과 빛나는 햇살이라는 뜻으로, 아름다운 자연 경치를 비유적으로 이르는 말.

(다)

조상 덕에 ᄒᆞᄂᆞᆫ 일이 읍중(邑中) 구실 첫째로다
드러ᄀᆞ면 **좌수별감(座首別監)*** 나ᄀᆞ셔ᄂᆞᆫ 풍헌감관(風憲感官)
[A] 유ᄉᆞ장의(有司掌儀)*에 그치면 체면 보와 사양터니
애슬프다 내 시절의 원수인(怨讐人)의 모해(謀害)로서
군ᄉᆞ 강졍(降定)* 되단 말ᄀᆞ 내 ᄒᆞᆫ 몸이 허러 나니
좌우전후 일ᄀᆞ 친척 ᄎᆞᄎᆞ 츙군(充軍)* 되거고야
제사 받들 이ᄂᆡ 몸은 ᄒᆞᆯ일업시 ᄆᆡ와 잇고
[B] 시름 업슨 친족들은 자취업시 도망하고
여러 ᄉᆞᄅᆞᆷ 모든 신역(身役)* 내 ᄒᆞᆫ 몸의 모두 무니
ᄒᆞᆫ 몸 신역 삼냥오전(三兩五錢) 돈피(獤皮)* 두 장 의법이라
열두 ᄉᆞᄅᆞᆷ 업ᄂᆞᆫ 구실 합쳐 보면 사십육냥(四十六兩)
해마다 맞춰 무니 석숭(石崇)*인들 당ᄒᆞᆯ소냐
약간 농ᄉᆞ 전폐ᄒᆞ고 ᄎᆡ삼(採蔘)*ᄒᆞ려 입ᄉᆞᆫ(入山)ᄒᆞ여
[C] 허항영(虛項嶺)* 보ᄐᆡᄉᆞᆫ(寶泰山)을 돌고 돌아 ᄎᆞᄌᆞ보니
인ᄉᆞᆷ싹은 전혀 업고 오갈피잎 날 속인다
ᄒᆞᆯ일업시 공반(空返)ᄒᆞ여 팔구월 고추바람
안고 도라 **입ᄉᆞᆫ(入山)**ᄒᆞ여 돈피 사냥 하려 ᄒᆞ고
ᄇᆡᆨ두ᄉᆞᆫ(白頭山) 등의 지고 강 아래로 나려 가셔
[D] 싸리 껏거 누ᄃᆡ 치고 잎갈나무 모닥불 놓고
ᄒᆞᄂᆞᆯ님게 축수ᄒᆞ며 ᄉᆞᆫ신(山神)님게 발원ᄒᆞ여
물ᄎᆡ츌*을 갖춰 꽂고 ᄉᆞ망*일기 원ᄒᆞ되
ᄂᆡ 정성이 부족ᄒᆞᆫ지 ᄉᆞ망실이 아니 붓ᄂᆡ
뷘손으로 도라서니 삼지연(三池淵)이 잘 츰이라
입동(立冬) 지난 삼일(三日) 후에 밤새 **눈**이 사뭇 오니
다섯 자 깊이 벌써 너머 사오보(四五步)를 못 옴길ᄂᆡ

[E] 식량 다하고 옷 얇으니 압희 근심 다 떨치고
목숨 슬려 욕심ᄒᆞ여 죽기 살기 길을 허여
인가처를 ᄎᆞᄌᆞ오니 검천(劒川) 거리 첫목이라
첫닭 소리 이윽ᄒᆞ고 인가 적적 ᄒᆞ잠일네
집을 ᄎᆞᄌᆞ 드러가니 흔비빅ᄉᆞ 반주검이
말 못하고 너머지니 더운 구들 아랫목의
송장갓치 누엇다가 정신을 차리고
두 발 끗흘 구버보니 열 ᄀᆞ락이 간 ᄃᆡ 업ᄂᆡ

- 작자 미상, 「갑민가」 -

*좌수별감 : 향청의 우두머리와 그에 버금가는 자리에 있는 사람.
*유ᄉᆞ장의 : 사무를 맡아보는 사람과 예식에 관한 일을 하는 사람.
*군ᄉᆞ 강정 : 군사의 계급으로 강등됨.
*츙군 : 모자란 군역을 채움.
*신역 : 몸으로 치르는 노역.
*돈피 : 담비 종류 동물의 모피를 통틀어 이르는 말.
*석숭 : 중국 진나라 때의 부자 이름.
*칙삼 : 인삼을 캠.
*허항영 : 함남 혜산군과 함북 무산군 사이에 있는 고개.
*물치츌 : 물과 채와 줄.
*ᄉᆞ망 : 장사에서 이익을 많이 얻는 운수.

01. (가)를 이해한 내용으로 적절하지 않은 것은?

① 가사는 복잡한 내용을 두루 표현할 수 있는 양식이다.
② 가사는 길이가 늘어나는 것이 자유로운 시가 갈래이다.
③ 전기 가사와 후기 가사는 임진왜란을 기준으로 구분된다.
④ 가사는 두 마디씩 짝을 이룬다는 의미에서 장가라고도 불린다.
⑤ 가사의 작자층이 확대된 것과 표현 방식이 다양해진 것은 서로 관련이 있다.

02. (가)를 바탕으로 (나)와 (다)를 이해한 것으로 적절하지 않은 것은?

① (나)의 화자는 자연 속에서 지내면서 '도화행화'를 감상의 대상으로 여기지만, (다)의 화자는 경제적 어려움에 처한 가운데 '인ᄉᆞᆷ싹'을 생존을 위한 대상으로 여기고 있군.
② (나)의 '세우'는 봄을 맞이한 화자의 흥취를 돋우어 주는 역할을 하지만, (다)의 '눈'은 서민으로서 화자가 겪는 삶의 고통을 심화하는 역할을 하는군.
③ (나)는 화자가 '봉두'에 올라서 바라본 자연의 아름다움을 형상화하고 있지만, (다)는 화자가 '입ᄉᆞᆫ'하여 체험한 일을 구체적으로 형상화하고 있군.
④ (나)의 '공명'은 자연과 대비되는 속세에 대한 화자의 부정적 태도를 드러내지만, (다)의 '좌수별감'은 사대부들의 경건한 삶의 자세에 대한 화자의 풍자적 태도를 드러내는군.
⑤ (나)는 '단표누항'에 만족하는 화자의 모습을 통해 그의 가치관을 보여 주지만, (다)는 화자가 '빈손'의 상황에서 겪는 고난을 통해 화자에게 닥친 현실의 문제를 보여 주는군.

03. (나), (다)의 표현상의 공통점으로 가장 적절한 것은?

① 설의적 표현을 통해 화자의 정서를 강조하고 있다.
② 계절적 배경을 통해 애상적 분위기를 환기하고 있다.
③ 대화의 형식을 통해 대상과의 친밀감을 드러내고 있다.
④ 대상을 의인화하여 대상의 긍정적 속성을 부각하고 있다.
⑤ 의성어를 사용하여 시적 상황을 생생하게 묘사하고 있다.

04. <보기>를 바탕으로 (다)의 [A]~[E]에 대해 이해한 내용으로 적절하지 않은 것은

<보기>

「갑민가」의 '갑민'은 함경도 갑산의 백성이라는 뜻인데, 갑산은 변방이자 오지라는 특성 때문에 유배지로 유명한 지역이다. 이 작품처럼 특정 지역을 배경으로 하는 작품은 독자에게 사실감을 부여하는데, 그 지역에서 행하는 민속을 드러내어 사실감을 높이기도 한다. 한편 이 작품이 창작된 시기에는 신분의 이동이 많이 발생하였고, 세금을 내지 못하는 사람이 있으면 그 친족에게 세금을 대신 물리는 족징(族徵)의 폐해가 심각했는데, 이 작품에는 이러한 시대상이 잘 반영되어 있다.

① [A] : 갑민의 처지가 바뀌게 된 원인이 제시되어 있군.
② [B] : 갑민이 족징을 당하게 되는 과정이 드러나 있군.
③ [C] : 실제 지명을 언급하여 작품의 사실성을 높이고 있군.
④ [D] : 갑산 지역에서 돈피 사냥에 앞서 행하던 민속을 짐작할 수 있군.
⑤ [E] : 갑민이 유배를 가는 길에서 겪은 시련을 엿볼 수 있군.

5 정철, 관동별곡

STEP 01 OX 문제를 통한 지문 이해 훈련

산중을 매양 보랴 동해로 가쟈스라
남여(藍輿) 완보(緩步)하야* 산영누의 올나하니
녕농(玲瓏) 벽계(碧溪)와 수셩(數聲) 뎨됴(啼鳥)는 니별을 원(怨)하는 둣
정긔(旌旗)를 떨치니 오색이 넘노는 듯
고각(鼓角)을 섯부니 해운(海雲)이 다 것는 듯
명사 길 니근 말이 취션(醉仙)을 빗기 시러
바다를 겻태 두고 해당화로 드러가니
백구야 나디 마라 네 버딘 줄 엇디 아난
금난굴 도라드러 총셕명 올라하니
백옥누 남은 기동* 다만 네히 셔 잇고야
공슈(工倕)*의 셩녕*인가 귀부(鬼斧)로 다드믄가
구태야 뉵면은 므어슬 샹(象)톳던고
고셩을란 뎌만 두고 삼일포를 차자가니
단셔(丹書)는 완연하되 사션(四仙)*은 어디 가니
예 사흘 머믄 후의 어디 가 또 머믈고
션유담 영낭호 거긔나 가 잇는가
청간명 만경대 몃 고대 안돗던고

(중략)

텬근(天根)을 못내 보와 **망양뎡**의 올은말이
바다 밧근 하늘이니 하늘 밧근 므서신고
갓득 노한 **고래** 뉘라셔 놀내관대
블거니 뿜거니 어즈러이 구는디고
은산(銀山)을 것거 내여 뉵합(六合)의 나리는 듯
오월 댱텬(長天)의 백셜(白雪)은 므사 일고
져근덧 밤이 드러 풍낭이 명(定)하거늘
부상(扶桑) 지쳑(咫尺)의 명월을 기다리니
셔광(瑞光) 쳔댱(千丈)이 뵈는 듯 숨는고야
쥬렴을 고텨 것고 옥계를 다시 쓸며
계명셩* 돗도록 곳초 안자 바라보니
백년화(白蓮花) 한 가지를 뉘라셔 보내신고
일이 됴흔 셰계 남대되 다 뵈고져
뉴하쥬(流霞酒)* 가득 부어 달다려 무론 말이
영웅은 어디 가며 사션(四仙)은 긔 뉘러니
아매나 맛나 보아 녯 긔별 뭇쟈 하니
션산(仙山) 동해(東海)예 갈 길히 머도 멀샤
숑근(松根)을 볘여 누어 픗잠을 얼픗 드니
꿈애 **한 사람**이 날다려 닐온 말이
그대를 내 모르랴 **샹계(上界)예 진션(眞仙)**이라
황뎡경(黃庭經)* 일자(一字)를 엇디 그릇 닐거 두고
인간의 내려와셔 우리를 딸오는다
져근덧 가디 마오 이 술 한 잔 머거 보오
븍두셩(北斗星) 기우려 챵해슈(滄海水) 부어 내여
저 먹고 날 머겨늘 서너 잔 거후로니
화풍(和風)이 습습(習習)하야* 냥액(兩腋)*을 추혀 드니
구만리 댱공(長空)애 져기면 날리로다
이 술 가져다가 사해(四海)예 고로 난화
억만 창생을 다 취케 맹근 후의
그제야 고텨 맛나 또 한 잔 하쟛고야
말 디쟈 학을 타고 구공(九空)의 올나가니
공듕 옥쇼(玉簫) 소래 어제런가 그제런가
나도 잠을 깨여 바다할 구버보니
기픠를 모르거니 가인들 엇디 알리
명월이 쳔산 만낙(千山萬落)*의 아니 비췬 대 업다

*남여 완보하야 : 남여(가마)가 천천히 나아가. / *백옥누 남은 기동 : 총석정 앞의 돌기둥. / *공슈 : 중국 고대의 솜씨 좋은 장인의 이름.
*셩녕 : 솜씨. / *사션 : 신라 때의 선도(仙徒) 네 사람. / *계명셩 : 샛별. / *뉴하쥬 : 신선이 먹는다는 술.
*황뎡경 : 도가의 경서로, 이 경서의 한 글자만 잘못 읽어도 이 세상에 내쳐진다는 말이 있음.
*화풍이 습습하야 : 바람이 부드럽게 부는 모양. / *냥액 : 양 겨드랑이. / *쳔산 만낙 : 온 세상.

OX문제

01 계절적 배경을 활용하여 향토적 분위기를 조성하고 있다. [2025학년도 6월] (O / X)

02 대구를 사용하여 대조적 대상의 속성을 드러내고 있다. [2024학년도 9월] (O / X)

03 '망양뎡'에 오른 화자는 누군가에 의해 놀란 '고래'가 물을 '블거니 뿜거니 어즈러이 구는' 것을 바라보고 있다. (O / X)

04 화자는 꿈에 나타난 '한 사람'으로부터 자신이 본래 '샹계예 진션'이었음을 알게 된다. (O / X)

05 여정에 따른 공간의 이동을 통해 풍경을 묘사하고 있다. [2020학년도 9월] (O / X)

STEP 02 지문 분석

산중을 매양 보랴 동해로 가쟈스라
⇒ 산중의 경치만 항상 보겠는가, 이제는 동해로 가자꾸나

□ : 공간의 이동

남여(藍輿) 완보(緩步)하야 산영누의 올나하니
앞뒤 각각 두 사람이 어깨에 메게 된 가마
⇒ 남여(가마)를 타고 천천히 걸어서 산영루에 오르니

시냇물 / 우는 새

녕농(玲瓏) 벽계(碧溪)와 수셩(數聲) 뎨됴(啼鳥)는 니별을 원(怨)하는 듯
감정 이입, 주객전도 → 금강산을 떠나야 하는 아쉬움을 시냇물과 새에 투영함.
⇒ 눈부시게 반짝이는 시냇물과 갖가지 소리로 우는 산새는 나와의 이별을 원망하는 듯하고

정긔(旌旗)를 떨치니 오색이 넘노는 듯
⇒ 깃발을 휘날리니 갖가지 색깔의 깃발이 서로 넘나들며 노는 듯하고

고각(鼓角)을 섯부니 해운(海雲)이 다 것는 듯
바다 위에 뜬 구름
⇒ 북을 치고 나발을 부니 그 소리에 바다 위의 구름이 다 걷히는 듯하다

대구법 · 비유법

명사 길 니근 말이 취션(醉仙)을 빗기 시러
■ : 화자(정철)
⇒ 모래밭 길에 익숙한 말이 취한 신선을 비스듬히 실어

바다를 겻태 두고 해당화로 드러가니
⇒ 바다를 곁에 두고 해당화 핀 곳으로 들어가니

백구야 나디 마라 네 버딘 줄 엇디 아난
자연 친화적 태도
⇒ 갈매기야 날지 마라. (내가) 네 벗인 줄 어찌 알겠느냐?

<본사 2-①> 동해로 가는 감회

금난굴 도라드러 총셕뎡 올라하니
⇒ 금난굴을 돌아들어 총석정에 올라가니

총석정의 사선봉(네 개의 돌기둥)

백옥누 남은 기동 다만 네히 셔 잇고야
옥황상제가 사는 누각
⇒ 백옥루 남은 돌기둥이 다만 넷이 서 있구나

고대 중국의 전설적인 장인

공슈(工倕)의 셩녕인가 귀부(鬼斧)로 다드믄가
대구법 · 설의법 → 사선봉의 아름다움 예찬
⇒ 공수의 솜씨인가 귀신의 도끼로 다듬었는가

구태야 뉵면은 므어슬 샹(象)톳던고
⇒ 구태여 여섯 면은 무엇을 본떴는고?

고셩을란 뎌만 두고 삼일포를 차자가니
신라 때에 네 화랑이 머물렀다는 호수
⇒ 고성은 저만큼 두고 삼일포를 찾아가니

네 화랑이 바위에 남긴 붉은 글씨 → '영랑도 남석행'

단셔(丹書)는 완연하되 사션(四仙)은 어디 가니
신라 때의 네 화랑(술랑, 남랑, 영랑, 안상)
⇒ (바위에) 붉은 글씨는 뚜렷하되 네 명의 신선은 어디 갔는가?

예 사흘 머믄 후의 어디 가 또 머믈고
⇒ 여기서 사흘 머문 후에 어디 가서 또 머물렀던고?

션유담 영낭호 거긔나 가 잇는가
⇒ 선유담, 영랑호 거기에나 가 있는가?

시어 시구 풀이

산중을 매양 보랴~니별을 원하는 듯 → 산의 경치를 구경하던 화자가 동해를 보기 위해 '남여'를 타고 '산영누'에 올랐음을 알 수 있다. 떠나는 것에 대한 자신의 아쉬움을 '벽계(시냇물)'와 '뎨됴(우는 새)'에 의탁하여 표현하고 있다.

명사 길 니근 말이~네 버딘 줄 엇디 아난 → 자신을 '취션' 즉, 술에 취한 신선에 빗대어 풍경에 도취된 모습을 표현하고 있다. 또한 갈매기를 벗으로 삼으려는 모습에서 자연 친화적 태도를 확인할 수 있다.

금난굴 도라드러~귀부로 다드믄가 → 산영루에서 금난굴, 총석정으로의 공간 이동이 나타나고 있으며, 설의적 표현을 통해 총석정에 있는 네 개의 돌기둥의 아름다움을 예찬하고 있다. 또한 총석정을 옥황상제가 거처하는 누각으로 표현하고 있다는 점에서 작가의 기발함을 엿볼 수 있다.

고셩을란 뎌만 두고~고대 안돗던고 → 화자는 신라 때 네 화랑이 아름다운 경치에 매료되어 사흘 동안 머물렀다는 삼일포로 이동하였다. 화자는 붉은 글씨로 '영랑 무리가 남석으로 가다'라고 적혀 있는 삼일포의 바위를 보며, 글자는 뚜렷하게 남아 있는데 이를 쓴 화랑들은 어디로 갔냐며 그들을 회고하고 있다.

청간뎡 만경대 몃 고대 안돗던고 ⇒ 청간정, 만경대 등 몇 군데서 앉아 놀았던고?

<본사 2-②> 총석정의 장관과 삼일포에서의 회고

(중략)

텬근(天根)을 못내 보와 망양뎡의 올은말이 ⇒ 하늘의 끝을 보지 못해 망양정에 오르니
망양정에 오른 이유 → 하늘의 끝을 보기 위해

바다 밧근 하늘이니 하늘 밧근 므서신고 ⇒ 바다 밖은 하늘이니, 하늘 밖은 무엇인고?
연쇄법(바다 밖 → 하늘 → 하늘 밖)

갓득 노한 고래 뉘라셔 놀내관대 ⇒ 가뜩이나 성난 고래를 누가 놀라게 하기에
원관념 : 파도

블거니 뿜거니 어즈러이 구는디고 ⇒ (물을) 불거니 뿜거니 어지럽게 구는 것인고?

천지와 사방을 통틀어 이름. → 하늘, 땅, 동, 서, 남, 북
은산(銀山)을 것거 내여 뉵합(六合)의 나리는 듯 ⇒ 은산을 꺾어 내어 온 세상에 내리는 듯
원관념 : 흰 파도

오월 댱텬(長天)의 백셜(白雪)은 므사 일고 ⇒ 오월 넓은 하늘에 흰 눈은 무슨 일인고?
원관념 : 물보라

<본사 2-③> 망양정에서 파도를 조망함.

져근덧 밤이 드러 풍낭이 뎡(定)하거늘 ⇒ 잠깐 사이에 밤이 되어 바람과 물결이 잔잔하거늘

부상(扶桑) 지쳑(咫尺)의 명월을 기다리니 ⇒ 해 뜨는 동쪽 바다 가까운 곳에서 밝은 달을 기다리니
해가 뜨는 동쪽 바다

셔광(瑞光) 쳔댱(千丈)이 뵈는 듯 숨는고야 ⇒ 천 길이나 뻗친 상서로운 빛이 보였다가 이내 숨는구나

쥬렴을 고텨 것고 옥계를 다시 쓸며 ⇒ 구슬을 꿰어 만든 발을 다시 걷고, 옥돌 같은 섬돌을 다시 쓸며

계명셩 돗도록 곳초 안자 바라보니 ⇒ 샛별이 돋도록 꼿꼿이 앉아 바라보니
샛별

백년화(白蓮花) 한 가지를 뉘라셔 보내신고 ⇒ 흰 연꽃 한 가지를 누가 보내셨는고?
원관념 : 달, 임금의 은혜 / 임금

백성
일이 됴흔 셰계 남대되 다 뵈고져 ⇒ 이렇게 좋은 세계를 다른 사람 모두에게도 보이고 싶구나
애민 정신 → 선정에 대한 포부

뉴하쥬(流霞酒) 가득 부어 달다려 무론 말이 ⇒ 신선주를 가득 부어 달에게 묻는 말이
신선이 먹는다는 술 → 자신을 신선에 비유함.

영웅은 어디 가며 사션(四仙)은 긔 뉘러니 ⇒ 영웅은 어디 갔으며 네 신선은 그 누구던가?

아매나 맛나 보아 녯 긔별 뭇쟈 하니 ⇒ 아무나 만나 보아 옛 소식 물으려 하니

신선이 산다는 산 → 신선 세계에 대한 동경
션산(仙山) 동해(東海)예 갈 길히 머도 멀샤 ⇒ 선산이 있다는 동해에 갈 길이 멀기도 멀구나

<결사-①> 망양정에서의 월출과 신선에 대한 동경

텬근을 못내 보와~백셜은 므사 일고 → 화자는 하늘의 끝을 보지 못한 아쉬움에 망양정에 올랐으며, 하늘 밖이라는 더 넓은 세상에 대한 호기심을 내비치고 있다. 또한 망양정에서 보게 된 파도의 모습을 '노한 고래', '은산', '백셜'에 비유하여 역동적이고 생생하게 표현하고 있다.

져근덧 밤이 드러~뉘라셔 보내신고 → 밤이 되어 달이 뜨기를 경건하게 기다리는 화자의 모습이 나타난다. 달을 '백년화 한 가지'에 비유하여 그 아름다움을 강조하는 한편, 뉘(임금)가 보냈냐는 설의적 표현을 통해 임금의 은혜를 떠올리고 있다.

일이 됴흔 셰계 남대되 다 뵈고져 → 화자의 애민 정신이 잘 나타나는 구절이다. 화자는 밤의 경치를 바라보며 이렇게 좋은 세계를 모든 백성들에게도 보여 주고 싶다며, 선정(백성을 바르고 어질게 잘 다스리는 정치)에 대한 포부를 드러내고 있다.

뉴하쥬 가득 부어~갈 길히 머도 멀샤 → 달에게 신선 세계에 대해 질문하는 화자의 모습이 드러나 있다. '뉴하쥬', '사션', '션산'은 모두 신선과 관련된 시어들로, 이를 통해 화자가 신선 세계를 동경하고 있음을 알 수 있다.

숑근(松根)을 볘여 누어 픗잠을 얼픗 드니
입몽
: 화자의 내적 갈등(개인적 자아↔사회적 자아)이 해소되는 계기
⇒ 소나무 뿌리를 베고 누워 선잠에 잠깐 드니

꿈애 한 사람이 날다려 닐온 말이
신선
⇒ 꿈에 한 사람이 나에게 이른 말이

「 」: 신선의 말
「그대를 내 모르랴 샹계(上界)예 진션(眞仙)이라
⇒ 그대를 내가 모르랴? (그대는) 하늘나라의 신선이라

황뎡경(黃庭經) 일자(一字)를 엇디 그릇 닐거 두고
도가의 경서 → 한 글자만 잘못 읽어도 인간 세상에 내쳐진다는 말이 있음.
⇒ 황정경 한 글자를 어찌 잘못 읽어 두고

인간의 내려와셔 우리를 ᄯᆞ로ᄂᆞᆫ다
⇒ 인간이 사는 세계에 내려와서 우리를 따르는가

져근덧 가디 마오 이 술 한 잔 머거 보오」
⇒ 잠깐 가지 마오, 이 술 한 잔 먹어 보오

븍두셩(北斗星) 기우려 챵해슈(滄海水) 부어 내여
원관념 : 술을 푸는 국자 / 원관념 : 술
⇒ 북두칠성을 기울여 푸른 바닷물을 부어 내어

저 먹고 날 머겨ᄂᆞᆯ 서너 잔 거후로니
⇒ 저 먹고 나에게 먹이거늘 서너 잔 기울이니

화풍(和風)이 습습(習習)하야 냥액(兩腋)을 추혀 드니
⇒ 온화한 바람이 불어들어 양 겨드랑이를 추켜드니

구만리 댱공(長空)애 져기면 날리로다
⇒ 구만 리나 되는 높은 하늘에 잠깐이면 날아갈 것 같구나

『 』: 화자의 말
『이 술 가져다가 사해(四海)예 고로 난화
⇒ 이 술 가져다가 온 세상에 고루 나누어

세상의 모든 사람
억만 창생을 다 취케 ᄆᆡᆼ근 후의
애민 정신 → 선정에 대한 포부
⇒ 모든 백성들을 다 취하게 만든 후에

선우후락(선공후사) → 내적 갈등 해소

그제야 고텨 맛나 또 한 잔 하쟛고야』
⇒ 그때에야 다시 만나 또 한 잔 하자꾸나

말 디쟈 학을 타고 구공(九空)의 올나가니
⇒ 말이 끝나자 (신선이) 학을 타고 높은 하늘로 올라가니

옥으로 만든 퉁소
공듕 옥쇼(玉簫) 소래 어제런가 그제런가
비몽사몽한 상태 → 각몽
⇒ 공중의 옥통소 소리가 어제던가 그제던가

<결사-②> 꿈속에서 신선을 만남.

나도 잠을 ᄭᆡ여 바다할 구버보니
⇒ 나도 잠을 깨어 바다를 굽어보니

기픠를 모르거니 가인들 엇디 알리
'바다 밧근 하늘이니 하늘 밧근 므서신고'에 대한 답
⇒ 깊이를 모르는데 끝인들 어찌 알리

명월이 쳔산 만낙(千山萬落)의 아니 비췬 대 업다
밝은 달빛 → 임금의 은혜
⇒ 밝은 달빛이 온 세상에 비치지 않는 곳이 없다

<결사-③> 임금에 대한 충절

숑근을 볘여 누어~이 술 한 잔 머거 보오 → 소나무 뿌리를 베고 잠이 든 화자는 꿈속에서 한 신선을 만난다. 신선은 화자도 본래 하늘나라의 신선이었는데, 도교의 경서 한 글자를 잘못 읽어 인간 세상에 내려오게 된 것이라며, 화자에게 술 한 잔 먹을 것을 권하고 있다. 이를 통해 신선에 대한 동경을 품고 있는 화자의 마음을 확인할 수 있다.

이 술 가져다가~또 한 잔 하쟛고야 → 꿈속에서 신선과 풍류를 즐긴 화자는 선정을 베푼 후에 다시 만나 한잔하자며, 선공후사(공적인 일을 먼저 하고 사사로운 일은 뒤로 미룸)의 태도를 드러낸다. 이는 신선처럼 자연을 즐기고자 하는 마음과 관찰사로서의 임무가 대립하여 빚어지던 화자의 내적 갈등이 해소되었음을 보여 준다.

공듕 옥쇼 소래~가인들 엇디 알리 → 잠에서 깨어난 화자는 바다를 굽어보며 깊이를 모르는데 끝인들 어찌 알 수 있겠냐고 생각한다. 이는 처음 망양정에 올라 생각했던 '바다 밧근 하늘이니 하늘 밧근 므서신고'에 대한 답으로, 자연을 뒤로하고 관찰사로서의 책무에 집중하고자 하는 화자의 태도가 드러나고 있다.

명월이 쳔산 만낙의 아니 비췬 대 업다 → 내적 갈등이 완전히 해소된 화자의 눈에 온 세상을 밝게 비추는 달빛이 들어온다. 이때 밝은 달빛을 임금의 은혜로 해석하면 임금에 대한 충절을 다짐하는 화자의 모습을 나타낸다고 볼 수 있다.

STEP 03 작품 해제

01 | 주제

관동 지방의 절경 유람과 연군지정 및 애민 사상

02 | 특징

① 관동 팔경에 대한 감상과 선정에 대한 포부를 드러내는 화자 중심의 시
② 공간의 이동에 따라 시상을 전개함.
③ 비유법, 대구법 등 다양한 표현법을 사용하여 경치를 묘사함.
④ 3·4조(4·4조)의 4음보의 율격을 사용하여 리듬감을 형성함.

03 | 작품 해제

이 작품은 작가(정철)가 45세 때 강원도 관찰사로 임명된 후 금강산과 관동 팔경(강원도 동해안에 있는 여덟 명승지)을 유람하며 그 경치에 대한 감탄과 정감을 노래한 가사로, 관리로서의 현실 인식을 바탕으로 우국(나랏일을 근심하는 마음), 연군(임금을 그리워함), 애민(백성을 사랑함)의 정과 개인으로서의 풍류 사이에서의 갈등을 꿈을 통하여 해소하는 모습이 잘 드러나 있다. 감탄사, 대구법 등을 적절히 사용하여 금강산과 관동 팔경의 정경을 생동감 있게 묘사하였으며, 우리말의 아름다움을 효과적으로 드러내는 작가의 뛰어난 문장력이 잘 나타나 있다.

STEP 04

논문으로 만나는 출제자의 시선

「관동별곡」에 나타난 공간의 의미와 역할

「관동별곡」에는 다양한 공간이 등장하는데, 그 공간들은 나름의 의미를 가지며 역할을 수행한다.
첫째, 도입부에 나타난 공간이 강조되어 있다. 기행문은 여행의 순간부터 기술되는 것이 일반적인데, 「관동별곡」은 강호에서 출발하여 왕에게 하직을 고하는 것부터 시작하여 금강산으로 가는 길까지가 자세하고도 길게 기술되어 있다. 여기서 흥미로운 점은 강호에서 연추문에 이르기까지의 공간에 대한 기술은 없지만 연추문에서 영중으로 가기까지의 공간은 그려져 있다는 것이다. 작자는 이러한 도입부를 통하여 자신이 강호 출신임을 강조하고, 왕이 계신 연추문 안에 들어가 하직한 내용을 노래하여 스스로의 신분에 대한 자부심과 자긍심을 드러내고 있다.
둘째, 기행에서 제일 큰 비중을 둔 것은 금강산이며 그중에서도 내금강이다. 작자는 아름다운 금강산의 경치에 감탄하면서도, 임포·이백과 같은 시인의 기개와 바른 말을 아뢰는 간신(임금에게 옳은 말로 간하는 신하)을 떠올린다. 작자가 현실에서 바라본 것은 금강산의 기이한 봉우리와 힘찬 폭포, 맑은 물이지만 그것에서 느끼는 것은 이러한 풍류와 기개, 충성과 애민인 것이다. 이러한 심정이나 사상은 그 뒤 삼일포, 강릉, 진주관, 망양루를 거치면서도 변함이 없다.
셋째, 선계에 대한 동경이 드러난다. 작자는 삼일포를 지나 영랑호를 보면서 신선 세계에 대한 동경을 보여 주며, 이러한 생각은 꿈속에서 노골적으로 나타난다. 스스로를 황정경 한 글자를 잘못 읽어 하계에 내려온 적선(벌을 받아 인간 세계로 쫓겨 내려온 선인)으로 그린 것에서 신선의 세계에 대한 작자의 남다른 동경이 드러나고 있다.
이렇게 볼 때, 「관동별곡」은 한 편의 기행 가사이되 그 가운데 충성과 애민의 정신이 절실하게 나타나 있는가 하면 시인으로서의 고결한 풍취, 성현에 대한 존경, 선계로 묘사된 이상 세계에 대한 동경이 아로새겨져 있는 작품이라 볼 수 있다. 이것이 선인들이 「관동별곡」을 높이 평가한 이유라 할 수 있겠다.

정철의 신선 의식

정철의 「관동별곡」은 작자가 자신을 선인으로 여기는 신선 의식의 실현을 주제로 하며, 구성과 표현도 이를 구현함에 초점이 맞추어져 있다. 이는 작품이 신선 의식을 도출하여 실현하는 과정과 결과의 구현을 중심축으로 하고, 금강산과 망양정 등의 뛰어난 경치들에 대한 기술을 부차적인 요소로 하면서, 간간이 목민관(백성을 다스려 기르는 벼슬아치)으로서의 자세와 임금에 대한 마음 등에 관한 이야기들을 전하고 있는 것에서 알 수 있다.
「관동별곡」의 구성을 신선 의식 위주로 파악하면 다음과 같다.
① 도입부 : 신선 의식의 사전 배경
② 발단부 : 금강산의 경치 기술과 신선 의식의 도출
③ 발전부 : 신선 의식 실현으로서의 신라 사선 찾기와 동해안의 경치 기술
④ 위기부 : 신선 찾기 행로에 대한 갈등 및 망양정에서의 경치 기술과 신선 찾기의 성공 가능성에 대한 회의
⑤ 결말부 : 신선과의 만남 달성과 적선으로서의 자아 정체성 확인, 깨달음 이후의 신선의 경지
이와 같이 「관동별곡」은 통일성·긴밀성·강조성을 갖추면서도 예술적·정서적 효과를 더한 구성과 인상적이고도 효과적인 표현을 통하여 신선 의식 실현이라는 주제를 훌륭하게 구현한 작품이라 할 수 있다.

STEP 05 나BS 실전 문제

다음 글을 읽고 물음에 답하시오.

금강대 맨 우층의 선학(仙鶴)이 삿기 치니
춘풍 옥적성(玉笛聲)의 첫잠을 깨돗던디
호의현상*이 반공(半空)의 소소 뜨니
서호 녯 주인*을 반겨셔 넘노는 듯
소향로 대향로 눈 아래 구버보고
정양사 진헐대 고텨 올나 안즌마리
여산 진면목이 여긔야 다 뵈는구나
어와 조화옹이 헌사토 헌사할샤
날거든 뛰디 마나 섯거든 솟디 마나
[A] 부용(芙蓉)을 고잣는 듯 백옥(白玉)을 뭇것는 듯
동명(東溟)*을 박차는 듯 북극(北極)을 괴왓는 듯
놉흘시고 망고대 외로올샤 **혈망봉**이
하늘의 추미러 므스 일을 사로려
천만겁(千萬劫) 디나도록 구필 줄 모르느냐
어와 너여이고 너 가트니 또 잇는가
개심대 고텨 올나 **중향성** 바라보며
만이천봉을 넉넉(歷歷)히 혀여 하니
봉마다 맷쳐 잇고 긋마다 서린 긔운
맑거든 조티 마나 조커든 맑디 마나
뎌 긔운 흐터 내야 인걸을 만들고쟈
형용도 그지업고 톄세(體勢)도 하도 할샤
천지 삼기실 제 **자연이 되**연마는
이제 와 보게 되니 유경(有情)도 유경할샤
(중략)
그 알픠 너러바회 화룡소 되어셰라
천년 노룡(老龍)이 구비구비 서려 이셔
주야의 흘녀 내여 창해(滄海)예 니어시니
풍운을 언제 어더 삼일우(三日雨)를 디련느냐
음애예 이온 플*을 다 살와 내여스라
마하연 묘길상 안문재 너머 디여
외나모 써근 다리 불정대 올라 하니
천심(千尋) 절벽을 반공애 셰여 두고
은하수 한 구비를 촌촌이 버혀 내여
실가티 플텨 이셔 베가티 거러시니
도경(圖經) 열두 구비 내 보매는 여러히라
이적선 이제 이셔 고텨 의논하게 되면
여산*이 여긔도곤 낫단 말 못 하려니

- 정철, 「관동별곡」 -

*호의현상 : 흰 저고리에 검은 치마란 뜻으로 학을 가리킴.
*서호 녯 주인 : 송나라 때 서호에서 학을 자식으로 여기며 살았던 은사(隱士) 임포.
*동명 : 동해 바다.
*음애예 이온 플 : 그늘진 벼랑에 시든 풀.
*여산 : 당나라 시인 이백(이적선)의 시구에 나오는 중국의 명산.

01. 윗글에 대한 설명으로 가장 적절한 것은?

① '금강대'에서 '진헐대'로 이동하면서 자연에 대한 화자의 이중적 태도를 보여 주고 있다.
② '진헐대'와 '불정대'에서는 이미지의 대립을 통해 화자의 내적 갈등이 고조되고 있다.
③ '개심대'에서는 선경후정의 방식으로 화자가 바라본 풍경과 그에 대한 감흥이 서술되고 있다.
④ '화룡소'에서는 화자의 시선이 원경에서 근경으로 이동하며 대상의 특징을 묘사하고 있다.
⑤ '화룡소'에서 '불정대'까지의 이동 경로를 드러내지 않아 시상이 빠르게 전개되고 있다.

02. [A]를 이해한 내용으로 적절하지 않은 것은?

① 봉우리를 '부용'을 꽂고 '백옥'을 묶은 듯한 시각적 형상으로 묘사하여 대상의 아름다움을 표현하였다.
② 봉우리를 '백옥', '동명'과 같은 무생물에 빗대어 대상에서 느낄 수 있는 자연의 영속성을 표현하였다.
③ 봉우리를 '동명'을 박차고 '북극'을 받치는 듯한 모습에 빗대어 대상의 웅장한 느낌을 표현하였다.
④ '날거든 뛰디 마나 섯거든 솟디 마나'와 같이 행위를 부각하는 대구를 통해 봉우리의 역동적인 느낌을 표현하였다.
⑤ '고잣는 듯', '박차는 듯'과 같이 상태나 동작을 보여주는 유사한 통사 구조의 나열을 통해 봉우리의 다채로운 면모를 표현하였다.

03. 〈보기〉를 바탕으로 윗글을 감상한 내용으로 적절하지 않은 것은?

<보기>

조선의 사대부들은 자연을 하늘의 이치[天理]가 구현된 것으로 보았으며, 그들 중 대부분은 자연의 미를 관념적으로 형상화하였다. 한편 「관동별곡」의 작가는 자연의 미를 현실에서 발견하여 사실감 있게 묘사함으로써 그들과의 차별성을 드러내었다. 또한 그는 자연을 바라보며 사회적 책무를 떠올리고 자연에 투사된 이상적 인간상을 모색하기도 하였다.

① '혈망봉'을 '천만겁'이 지나도록 굽히지 않는 존재로 본 것은, 작가가 지향하는 이상적 인간상을 자연에 투사한 것이군.
② '개심대'에서 '뎌 긔운 흐터 내야 인걸을 만들'겠다는 의지를 드러낸 것은, 작가가 자연을 바라보며 자신의 사회적 책무를 인식하고 있음을 보여 주는군.
③ '중향성'을 바라보며 천지가 '자연이 되'었다고 본 것은, 자연의 미가 하늘의 이치가 구현된 인간 사회의 영향을 받는다고 생각하는 작가의 인식을 보여 주는군.
④ '불정대'에서 본 폭포의 아름다움을 '실'이나 '베'와 같은 구체적 사물을 활용하여 표현한 것은, 자연을 사실감 있게 나타내려는 작가의 태도를 반영한 것이군.
⑤ '불정대'에서 본 풍경을 중국의 '여산'과 비교하며 우리 자연의 아름다움을 강조한 것은, 관념이 아닌 현실에서 아름다움을 발견하는 작가의 차별성을 보여 주는군.

다음 글을 읽고 물음에 답하시오.

(가)

비로봉 상상두(上上頭)의 올라 보니 긔 뉘신고
동산(東山) 태산(泰山)이 어느야 놉돗던고
㉠ <u>노국(魯國) 조븐 줄도 우리는 모르거든</u>
넙거나 넙은 천하 엇찌후야 젹닷 말고
㉡ <u>어와 뎌 디위를 어이후면 알 거이고</u>
오르디 못후거니 누려가미 고이홀가
원통골 マ는 길로 사자봉을 추자가니
그 알픠 너러바회 **화룡(化龍)쇠** 되어셰라
천 년 노룡(老龍)이 구비구비 서려 이셔
주야의 흘녀내여 창해(滄海)예 니어시니
㉢ <u>풍운(風雲)을 언제 어더 삼일우(三日雨)를 디련는다</u>
음애(陰崖)예 이온 풀을 다 살와 내여스라
㉣ <u>마하연(摩訶衍) 묘길상(妙吉祥) 안문(雁門)재 너머 디여</u>
[A] 외나모 뻐근 드리 불정대(佛頂臺) 올라후니
천심(千尋) 절벽을 반공(半空)애 셰여 두고
은하수 한 구비를 촌촌이 버혀 내여
실マ티 플텨이셔 뵈マ티 거러시니
도경(圖經) 열두 구비 내 보매는 여러히라
이적선(李謫仙)이 이제 이셔 고텨 의논후게 되면
여산(廬山)이 여긔도곤 낫단 말 못후려니
산중을 미양 보랴 동해로 가쟈스라
㉤ <u>남여(籃輿) 완보(緩步)후야 산영루(山映樓)의 올나후니</u>
영롱벽계(玲瓏碧溪)와 수성제조(數聲啼鳥)는 이별을 원(怨)후는 듯

- 정철, 「관동별곡」 -

(나)

얼마 후 검은 안개가 몰려오더니 서쪽에서 동쪽으로 산등성이를 휘감았다. 나는 괴이하게 여겼지만, 이곳에까지 와서 한라산의 진면목을 보지 못한다면 이는 바로 산을 쌓는 데 아홉 길의 흙을 쌓고도 한 삼태기의 흙을 얻지 못해 완성하지 못하는 것이 되어, 섬사람들의 웃음거리가 되지 않을까 하는 생각이 들었다.

마음을 굳게 먹고 곧장 수백 보를 전진해 북쪽 가의 오목한 곳에 당도하여 굽어보니, 상봉이 여기에 이르러 갑자기 가운데가 터져 구덩이를 이루었는데 이것이 바로 **백록담**이었다. 주위가 1리 남짓하고 수면이 담담한데 반은 물이고 반은 얼음이었다. 홍수나 가뭄에도 물이 줄거나 불지 않는데, 얕은 곳은 무릎에, 깊은 곳은 허리에 찼으며 맑고 깨끗하여 조금의 먼지 기운도 없으니 은연히 신선이 사는 듯하였다. 사방을 둘러싼 봉우리들도 높고 낮음이 모두 균등하니 참으로 천부의 성곽이었다.

석벽에 매달려 백록담을 따라 남쪽으로 내려가다가 털썩 주저앉아 잠깐 휴식을 취했다. 일행은 모두 지쳐서 남은 힘이 없었지만 서쪽의 가장 높은 봉우리가 최고봉이었으므로 조심스럽게 조금씩 올라갔다. 그러나 따라오는 자는 겨우 세 명뿐이었다.

[B] 최고봉은 평평하게 퍼지고 넓어서 그리 아찔해 보이지는 않았으나, 위로는 별자리에 닿을 듯하고 아래로는 세상을 굽어보며, 좌로는 부상(扶桑)*을 돌아보고 우로는 서쪽 바다를 접했으며, 남으로는 소주와 항주를 가리키고 북으로는 내륙을 끌어당기고 있었다. 그리고 옹기종기 널려 있는 섬들이 큰 것은 구름 조각 같고 작은 것은 달걀 같아 놀랍고 괴이한 것들이 천태만상이었다.

『맹자』의 "바다를 본 자에게는 다른 물이 물로 보이지 않으며 태산에 오르면 천하가 작게 보인다."라는 말에 담긴 **성현**의 역량을 이로써 가히 상상할 수 있다. 또 **소동파**에게 당시에 이 산을 먼저 보게 하였다면 그의 이른바, "허공에 떠 바람을 다스리고 신선이 되어 하늘에 오른다."라는 시구가 적벽에서만 알맞지는 않았을 것이다.

이어서 "낭랑하게 읊조리며 축융봉을 내려온다."라는 주자의 시구를 읊으며 백록담 가로 되돌아오니, 하인들이 이미 정성스럽게 밥을 지어 놓았다.

- 최익현, 「유한라산기」 -

*부상 : 해가 뜨는 동쪽 바다.

04. ㉠~㉤에 대한 이해로 가장 적절한 것은?

① ㉠ : 여행에 대한 경륜과 많은 지식을 가지고 있음을 반어적으로 표현하고 있다.

② ㉡ : 정치적 포부를 펼칠 만큼 높은 지위에 이르지 못한 데 대한 불만을 우회적으로 드러내고 있다.

③ ㉢ : 자신에게 험난한 역경이 다가오고 있음을 자연 현상에 비유하여 표현하고 있다.

④ ㉣ : 거쳐 온 곳을 열거하면서 행위를 나타내는 서술어를 최소화하여 여정을 압축적으로 표현하고 있다.

⑤ ㉤ : 이동하는 모습을 과장되게 묘사하여 자신의 권위를 강조하고 있다.

05. (나)에 대한 설명으로 적절하지 않은 것은?

① 기상 상황이 좋지 않음에도 불구하고 등정을 계속하려는 이유를 제시하고 있다.

② 객관적인 사실에 자신의 소감을 추가하여 백록담의 모습을 나타내고 있다.

③ 일행 중 낙오한 이들이 있었음을 밝혀 등정 과정이 힘들었음을 드러내고 있다.

④ 최고봉에서 백록담으로 내려오는 과정을 등정 과정에 비해 간략하게 제시하고 있다.

⑤ 시구를 낭송하는 모습을 통해 등정 과정에서 있었던 일행들 사이의 갈등이 해소되었음을 함축적으로 표현하고 있다.

06. 〈보기〉는 (가) 작품의 다른 부분이다. 〈보기〉와 [A], [B]를 비교한 내용으로 가장 적절한 것은?

<보기>

천근(天根)을 못내 보와 망양정(望洋亭)의 올은말이
바다 밧근 하ᄂᆞᆯ이니 하ᄂᆞᆯ 밧근 므서신고
ᄀᆞᆺ득 노ᄒᆞᆫ 고래 뉘라셔 놀내관ᄃᆡ
블거니 ᄲᅮᆷ거니 어즈러이 구ᄂᆞᆫ디고
은산(銀山)을 것거 내여 육합(六合)의 ᄂᆞ리ᄂᆞᆫ ᄃᆞᆺ
오월(五月) 장천(長天)의 백설(白雪)은 므ᄉᆞ 일고

① [A]와 〈보기〉는 모두 자연이 시간의 흐름에 따라 변화하는 모습을 표현하고 있다.

② [A]는 지상의 자연물을 천문 현상에 비유하고, 〈보기〉는 천문 현상을 지상의 자연물에 비유하고 있다.

③ [B]와 〈보기〉는 모두 인간의 접근을 허용하지 않는 자연의 냉혹함을 드러내고 있다.

④ [B]는 자연물을 의인화하여 제시하고, 〈보기〉는 자연물의 움직임을 비유적으로 표현하고 있다.

⑤ [A]와 [B]에서는 자연의 모습을 관조하고 있고, 〈보기〉에서는 자연을 통해 자신을 반성하고 있다.

07. 〈보기〉를 참조하여 (가), (나)를 감상한 내용으로 적절하지 않은 것은?

<보기>

선비들의 산수 유람에는 와유(臥遊)와 원유(遠遊)가 있다. 와유는 일상에서 산수화나 산수 유람의 글 등을 감상하며 국내외의 여러 경치를 간접적인 방식으로 즐기는 것을 말한다. 이와 달리 원유는 이름난 경치를 직접 찾아가 실제의 자연을 즐기는 흔치 않은 체험으로, 유교에서 강조하는 호연지기를 기르는 기회가 되기도 하였다.

① (가)의 화자가 '화룡쇠'를 보고 감상한 부분은 다른 이들이 같은 장소를 와유할 때 활용될 수 있겠군.

② (가)의 화자는 와유를 통해 상상하던 '여산'의 모습과 원유를 통해 실제로 바라본 '여산'의 모습을 비교하며 와유의 가치를 확인하고 있군.

③ (나)의 글쓴이는 원유를 통해 '백록담'에서 실감한 자연의 형세를 묘사하고 있군.

④ (나)의 글쓴이가 정상에 올라 '성현'의 호연지기를 상상하는 데서 원유가 호연지기를 기르는 기회가 될 수 있음을 알 수 있군.

⑤ (나)의 글쓴이는 '소동파'의 시를 통해 와유했던 적벽의 모습과 원유를 통해 확인한 한라산의 모습을 비교하여 한라산의 아름다움을 강조하고 있군.

다음 글을 읽고 물음에 답하시오.

(가)

점심을 먹은 후, 다시 돌부리를 부여잡기도 하며 5, 6리쯤 나아가 **영랑재**에 올랐다. 천봉만학의 기괴한 형상을 굽어보았다. 주요 형상을 조금 들어 이름 붙여 말하면 이러하다.

사람 모습을 한 것, 새 모습을 한 것, 짐승 모습을 한 것이 있었다. 사람 모습을 한 것은 앉은 듯 일어선 듯, ㉠ <u>우러러보는 듯 굽어보는 듯</u>하여, 마치 장군이 군진(軍陣)을 정돈하자 백만 군졸이 창을 옆으로 비끼고 칼을 휘두르며 다투어 적진으로 내닫는 듯도 하고, 늙은 스님이 공(空)을 강론하자 수천의 중들이 가사를 어지러이 걸치고 급하게 참선에서 돌아오는 듯도 하다. 새 모습을 한 것은 나는 듯 쪼는 듯, 새끼 부르는 듯 꼬리 뒤채는 듯하여, 마치 ㉡ <u>기러기 무리가 날개를 가지런히 하여 행렬을 이루어 가을 하늘에 점을 찍듯 열을 지은 듯</u>도 하고, 짝 잃은 난(鸞)새가 외로운 그림자를 떨어뜨리면서 머뭇거리다가 거울 속으로 날아 들어가는 듯도 하다. 짐승 모습을 한 것은 웅크린 듯 엎드린 듯, 달리는 듯 누운 듯하여, ㉢ <u>양들이 흩어져 풀을 뜯다가 해가 저물어 내려오는 듯</u>도 하고, 사슴들이 험한 곳을 달리다가 발을 헛디뎌 놀라 추락하는 듯도 하다.

지금 생각하면, 망고대와 만폭동에서 본 것은 모두 아이들의 장난같이 여겨진다.

영랑재에서 절정까지 4, 5십 리를 에두르고 비스듬히 가는 길에, 해송과 측백나무는 모두 바람을 싫어하여 줄기가 한쪽으로 쏠리고, 서로 뒤얽혀 짙고 옅은 푸른빛을 띠었으며, 그 키가 서너 장(丈)쯤 되어 보였다. 사람이 그 위로 걸어가니 마치 ㉣ <u>풀로 엮은 다리 위를 걷는 듯</u>했다. 승려 지능이 발을 헛디뎌 4, 5십 보를 굴렀지만 떨어지지는 않았다.

[A]

또 4, 5백 보를 걸어 비로봉에 올랐다. 사방을 빙 돌며 둘러보니, 넓고도 아스라하여 그 끝을 알지 못할 정도였다. 마음이 가벼워지는 것이 마치 학을 타고 하늘 위로 오르는 듯하여, 나는 새라도 내 위로는 솟구치지 못할 것 같았다.

이날 천지가 맑고 개어 사방으로 작은 구름 한 점도 없었다. 나는 승려 성정에게 말하였다.

"물을 보면 반드시 원류(源流)까지 궁구해야 하고 산에 오르면 반드시 가장 높이 올라야 한다고 했으니, 요령(要領)*이 없을 수 없겠지요. 산천의 구분과 경계를 하나하나 가리킬 수 있겠습니까?"

성정이 손가락으로 가리키며 두루 보여 주었다.

- 홍인우, 「관동록」 -

*요령 : 가장 긴요하고 으뜸이 되는 골자나 줄거리.

(나)

쇼향노 대향노 눈 아래 구버보고,
경양ᄉᆞ **진헐**ᄃᆡ 고텨 올나 안ᄌᆞᆫ마리,
녀산(廬山) 진면목이 여긔야 다 뵈ᄂᆞ다.
어와 조화옹이 헌ᄉᆞ토 헌ᄉᆞᄒᆞᆯ샤.
ᄂᆞᆯ거든 뛰디 마나 셧거든 솟디 마나.
㉤ <u>부용(芙蓉)을 고잣ᄂᆞᆫ ᄃᆞᆺ ᄇᆡᆨ옥(白玉)을 뭇것ᄂᆞᆫ ᄃᆞᆺ</u>,
동명(東溟)을 박ᄎᆞᄂᆞᆫ ᄃᆞᆺ 북극(北極)을 괴왓ᄂᆞᆫ ᄃᆞᆺ.
놉흘시고 망고ᄃᆡ 외로올샤 혈망봉이
하ᄂᆞᆯ의 추미러 므ᄉᆞ 일을 ᄉᆞ로리라,
쳔만 겁 디나ᄃᆞ록 구필 줄 모ᄅᆞᄂᆞᆫ다.
어와 너여이고 너 ᄀᆞᄐᆞ니 또 잇ᄂᆞᆫ가.
ᄀᆡ심ᄃᆡ 고텨 올나 **듕향셩** ᄇᆞ라보며,
만 이쳔 봉을 녁녁히 혀여ᄒᆞ니,
봉마다 ᄆᆡᆺ쳐 잇고 긋마다 서린 긔운,
ᄆᆞᆰ거든 조티 마나 조커든 ᄆᆞᆰ디 마나.
뎌 긔운 흐터 내야 인걸을 ᄆᆞᆫᄃᆞᆯ고쟈.
형용도 그지업고 톄셰(體勢)도 하도 할샤.
텬디(天地) 삼기실 제 ᄌᆞ연이 되연마ᄂᆞᆫ,
이제 와 보게 되니 유졍도 유졍ᄒᆞᆯ샤.

[B]
비로봉 샹샹두의 올라 보니 긔 뉘신고.
동산 태산이 어ᄂᆞ야 놉돗던고.
노국(魯國) 조븐 줄도 우리ᄂᆞᆫ 모ᄅᆞ거든,
넙거나 넙은 텬하 엇씨ᄒᆞ야 젹닷 말고.
어와 뎌 디위ᄅᆞᆯ 어이ᄒᆞ면 알 거이고.
오ᄅᆞ디 못ᄒᆞ거니 ᄂᆞ려가미 고이ᄒᆞᆯ가.

- 정철, 「관동별곡」 -

(다)

금강 일만 이천 봉이 눈 아니면 옥이로다
헐성루 올라가니 천상인(天上人) 되었어라
아마도 서부진 화부득*은 금강인가 하노라

- 안민영 -

*서부진 화부득 : 글로 다 써 낼 수 없고 그림으로 다 그려 낼 수 없음.

08. (가)~(다)에 대한 설명으로 적절한 것은?

① (가)와 (나)는 감각적인 언어로 대상을 생동감 있게 그려 내고 있다.
② (가)와 (나)는 여행 도중의 감상과 글로 표현할 때의 감상을 구별하며 서술하고 있다.
③ (가)와 (다)는 물음을 통해 대상에 대한 관심을 확대하고 있다.
④ (나)와 (다)는 단정적 어조로 대상에 대한 주관적 정서를 강화하고 있다.
⑤ (나)와 (다)는 사물의 특징을 다양한 관점에서 분석하여 묘사하고 있다.

09. ㉠~㉤ 중, 표현하는 대상의 성격이 다른 하나는?

① ㉠ ② ㉡ ③ ㉢ ④ ㉣ ⑤ ㉤

10. (가)~(다)를 바탕으로 금강산 답사를 계획하였다. (가)~(다)의 내용을 잘못 이해한 것은?

① '영랑재'에서 산봉우리와 골짜기를 굽어보며 그것들이 이루는 다양한 형상을 확인해 본다.
② '영랑재에서 절정까지' 오르는 길에 해송과 측백나무의 모양새를 확인해 본다.
③ '진헐딕'에서 '녀산' 쪽을 바라보며 변화무쌍한 경치를 즐겨본다.
④ '기심딕'에서 '듕향셩' 쪽으로 조망하며 금강산 일만 이천 봉의 형상이 빚어내는 다양한 기운을 느껴 본다.
⑤ '헐성루'에서 금강산을 바라보며 신선이 되는 느낌을 가져본다.

11. [A], [B]에 나타난 서술자(화자)에 대한 설명으로 적절하지 않은 것은?

① [A] : 높은 곳에 오르는 행위를 사물의 근원을 탐색하는 과정으로 여기고 있다.
② [B] : '비로봉'에 오르는 행위의 의미를 성인의 체험에 빗대어 생각하고 있다.
③ [A]와 [B] : 현실에서 부딪힌 문제를 자연 속에서 해결하고 있다.
④ [A]와 [B] : 자신의 여행 체험에 대해 만족하는 마음을 가지고 있다.
⑤ [A]와 [B] : 자신의 시야를 넘어서는 세계에 대한 경외감을 가지고 있다.

12. (다)를 〈보기 2〉와 같이 읽는다고 할 때, 〈보기 1〉의 ⓐ와 같은 속성이 가장 잘 드러나는 곳은?

<보기 1>

기차를 타고 가다 보면 전봇대가 일정한 간격으로 지나가는 것을 보게 된다. 이러한 반복에 익숙해지면 우리는 거기에서 리듬감을 느끼고, 그 리듬의 틀이 계속되기를 기대한다. 그래서 간혹 전봇대 하나가 안 보이기라도 하면 허전한 느낌이 드는 것이다. 또 전봇대가 촘촘히 나타나면 급한 느낌이 든다. 그러다가 다시 ⓐ 원래의 간격을 회복하면 기대감이 충족되어 편안함을 느낀다.

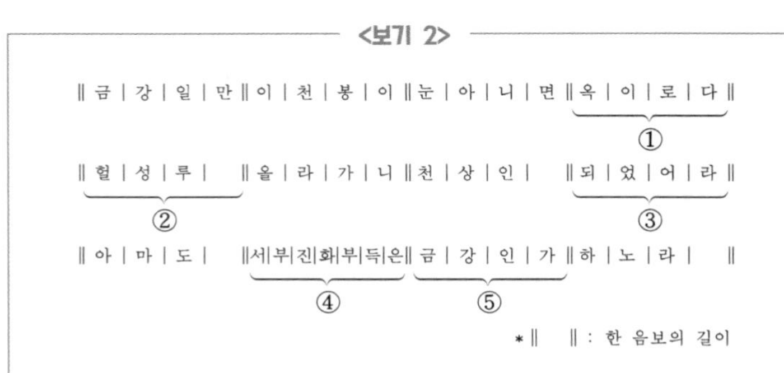

<보기 2>
‖금|강|일|만‖이|천|봉|이‖눈|아|니|면‖옥|이|로|다‖
①
‖헐|성|루| ‖올|라|가|니‖천|상|인| ‖되|었|어|라‖
②
③
‖아|마|도| ‖서|부|진|화|부|득|은‖금|강|인|가‖하|노|라| ‖
④
⑤
*‖ ‖ : 한 음보의 길이

▸▸ 수능완성 195page

6 구강, 총석곡

STEP 01 OX 문제를 통한 지문 이해 훈련

나BS 수능완성 | 고전문학

총석정 좋단 말을 일찍이 들었거니
바람 불면 못 보려니 몰아라 어서 보자
벽해 위의 높은 집이 저것이 총석정인가
올라 보니 후면이라 전면으로 보오리라
배 대어라 사공들아 **풍랑이 일지 않아**
층파로 돌아 저어 **총석 전면** 보게 하라
배 띄워라 굽이마다 따라 저어 볼 양이면
영소전 태을궁*을 지으려고 경영턴가
돌기둥 천백 개를 육각으로 깎아 내어
개개이 묶어 세워 몇만 년이 되었던지
황량한 데 벌였으니 배 없어 못 실린가

*태을궁 : 옥황상제가 사는 궁궐.

OX문제

01 풍경을 관조적으로 응시하는 시선으로 대상의 외적 아름다움을 표현하고 있다. [2023학년도 수능] (O / X)
02 동일한 종결 어미의 반복을 활용하여 리듬감을 형성하고 있다. [2020학년도 9월] (O / X)
03 화자는 '바람 불면' '총석정'을 제대로 보지 못할까봐 '총석정'으로 향하는 길을 서두르고 있다. (O / X)
04 화자는 '풍랑이 일지 않아' '배'를 띄우지 못하여 '총석 전면'을 보지 못하는 상황을 한스러워하고 있다. (O / X)
05 영탄적 표현을 통해 대상에 대한 경외감을 드러내고 있다. [2024학년도 수능] (O / X)

STEP 02 지문 분석

총석정 좋단 말을 일찍이 들었거니

바람 불면 못 보려니 몰아라 어서 보자
(총석정을 보기 위해 서두르는 모습)

벽해 위의 높은 집이 저것이 총석정인가
(벽해: 짙푸른 바다)

(■ : 명령형 어미 / ■ : 의문형 어미)

1~2행 : 총석정 탐방에 대한 기대

올라 보니 후면이라 전면으로 보오리라

배 대어라 사공들아 풍랑이 일지 않아
(풍랑: 바람과 물결)

층파로 돌아 저어 총석 전면 보게 하라
(층파: 배의 방향을 조종하는 장치 / 총석: 총총하게 서 있는 바윗돌)

배 띄워라 굽이마다 따라 저어 볼 양이면

영소전 태을궁을 지으려고 경영턴가
(태을궁: 옥황상제가 사는 궁궐 / 경영턴가: 마련하였던가)

돌기둥 천백 개를 육각으로 깎아 내어

개개이 묶어 세워 몇만 년이 되었던지
(개개이: 낱낱이)

황량한 데 벌였으니 배 없어 못 실린가

3~11행 : 배를 띄워 바라보는 총석정의 경관

시어 시구 풀이

총석정 → 강원도 통천군에 있는 정자. 관동 팔경의 하나로, 주위에 현무암으로 된 여러 개의 돌기둥이 바다 가운데에 솟아 있어 절경을 이룬다.

총석정 좋단 말을~몰아라 어서 보자 → 총석정 탐방에 대한 화자의 기대감이 드러나는 부분이다. 화자는 관동 팔경의 하나인 '총석정'의 경치가 좋다는 말을 일찍이 들었었다며 '바람'이 불기 전에 총석정을 보고자 서두르는 모습을 보인다.

올라 보니 후면이라~저어 볼 양이면 → 절벽 위에 있는 총석정에 오른 화자는 총석의 뒷면을 보게 되고, 총석의 앞면도 보겠다며 사공들에게 배를 띄우라고 명령한다. 다른 방향에서도 경치를 구경하고자 하는 화자의 모습이 드러나 있다.

영소전 태을궁을~배 없어 못 실린가 → 총석정 주위에 솟아 있는 수많은 돌기둥에 대한 화자의 감상이 드러난 부분이다. 화자는 돌기둥들이 서 있는 경관에 대해 옥황상제가 사는 궁궐을 지을 재료로 돌기둥을 준비하였다가 이를 실을 배가 없어서 넓은 동해 바다에 죽 늘어놓은 것 같다고 표현하며 감탄하고 있다.

STEP 03 작품 해제

나BS 수능완성 | 고전문학

01 | 주제

총석정 일대의 경치에 대한 감상과 예찬

02 | 특징

① 총석정 일대를 기행하며 느낀 감흥을 노래하는 화자 중심의 시
② 설의적 표현을 활용하여 정서를 강조함.
③ 3·4조(4·4조)의 4음보의 율격을 사용하여 리듬감을 형성함.

03 | 작품 해제

이 작품은 구강이 회양부사로 부임하였을 때 총석정 일대를 기행하고 창작한 기행 가사이다. 총석정으로 향하며 느끼는 기대감과 총석정 일대의 경치 기술 및 찬사, 인재를 찾겠다는 소회 등을 진술하고 있으며, 뛰어난 경치에 대한 감흥을 다양한 고사와 결부시켜 노래하였다. 사실적이면서도 개성이 넘치는 묘사가 특징적이다.

STEP 04 논문으로 만나는 출제자의 시선

나BS 수능완성 | 고전문학

휴휴 구강의 금강산 기행 가사

휴휴 구강의 작품 중 「교주별곡」과 「금강곡」, 「총석곡」은 같은 해에 지어진 것이며, 모두 금강산과 관계가 있다. 이 작품들은 휴휴가 64세 때에 회양부사로 부임되어 백성들을 다스리면서 금강산을 구경하고 관동 팔경 중의 한 곳인 총석정까지 여행한 후에 지은 것이다. 따라서 이 세 작품은 한데 묶어 금강산 기행 가사라고 해도 무방하다.

「총석곡」의 내용은 서사-본사-결사의 3단 구성으로 이루어져 있다. 서사에서는 아랫사람들에게 말이나 배를 빨리 몰아서 총석정을 빨리 볼 수 있게 하면서, 뱃사공에게는 총석정의 앞면을 구경할 수 있도록 배를 몰라고 명령하고 있다. 본사에서는 총석정을 중심으로 배를 타고 한 바퀴 돌면서 그 기묘한 모양을 감탄하였다. 마지막으로 결사에서는 관동 팔경을 열거하면서 총석정이 제일이라고 극찬한 뒤, 이처럼 빼어나게 뛰어난 인재가 있다면 결단코 찾아내겠다며 벼슬하는 사람으로서의 역할을 떠올리고 있다.

STEP 05 나BS 실전 문제

다음 글을 읽고 물음에 답하시오.

(가)

몰아라 어서 보자 총석정 어서 보자
총석정 좋단 말을 일찍이 들었거니
바람 불면 못 보려니 몰아라 어서 보자
벽해 위의 높은 집이 저것이 총석정인가
올라 보니 후면이라 전면으로 보오리라
배 대어라 사공들아 풍랑이 일지 않아
층파로 돌아 저어 총석 전면 보게 하라
배 띄워라 굽이마다 따라 저어 볼 양이면
영소전 태을궁*을 지으려고 경영턴가
돌기둥 천백 개를 육모로 깎아 내어
개개이 묶어 세워 몇 만 년이 되었던지
황량한 데 벌였으니 배 없어 못 실린가
(중략)
하우씨 도끼뿔이 용문을 뚫었으나
이 돌*을 만났으면 이같이 깎을세며
영장*이 신묘하여 코끝의 것 찍었으나
이 돌을 다듬는다고 이같이 곧을쏘냐
어떠한 도끼로 용이히 깎았으며
어떠한 승묵*으로 천연히 골랐는고
끈 없이 묶었으되 틈 없이 묶었으며
풀 없이 붙였으되 흔적 없이 붙였으니
공력을 이리 들여 무엇에 쓰려 하고
한 묶음씩 두 묶음씩 세운 듯 누인 듯
기괴히 꾸몄다가 세인의 노리개 되야
시 짓고 노래하여 기리기만 위한 것인가
통천의 총석정과 고성의 삼일포며
간성의 청간정과 양양의 낙산사며
강릉의 경포대와 삼척의 죽서루며
울진의 망양대와 평해의 월송정은
이 이른 관동팔경 자웅을 의논 말라
천하의 두 총석은 응당 다시 없으려니
물로는 동해수요 뫼로는 금강산과
폭포로는 구룡이오 돌로는 총석이라
장관을 다한 후의 다시금 혼자 말이
괴외기걸* 하온 사람 이같은 이 있다 하면
천 리를 멀다 말고 결단코 찾으리라

- 구강, 「총석곡」 -

*태을궁 : 옥황상제가 사는 궁궐. / *이 돌 : 총석정 주변의 기암괴석.
*영장 : 영험한 장인. / *승묵 : 먹통에 딸린 실줄.
*괴외기걸 : 빼어나게 뛰어난 인걸.

(나)

㉠ <u>청산은 에워싸고 녹수는 돌아가고</u>
석양이 거들 때에 **신월(新月)**이 솟아난다
안전(眼前)에 일존주* 가지고 **시름 풀자 하노라** 〈제1수〉

내 말도 **남**이 마소 남의 말도 내 않겠네
고산 불고정*이 좋아 늙는 몸이로되
어디서 망령 난 손이 **검다 희다 하나니** 〈제4수〉

엊그제 빚은 **술**이 다만 세 병뿐이로다
한 병은 물에 **놓고** 또 한 병 **뫼**에 놀며
이밖에 남은 병 가지고 **달에 논들 어떠리** 〈제6수〉

- 장복겸, 「고산별곡」 -

*일존주 : 한 통의 술. / *고산 불고정 : 전북 임실에 있는 정자.

(다)

이렇게 맥고모자를 쓰고 삐루*를 마시고 친구를 생각하기는 그대의 언제나 자랑하는 털게에 청포채를 무친 맛나는 안주 탓인데 나는 정말이지 그대도 잘 아는 함경도 함흥 만세교 다리 밑에 님이 오는 털게 맛에 헤가우손이를 치고 사는 사람입네. 하기야 또 내가 친하기로야 가재미가 빠질겝네. 회국수에 들어 일미이고 식해에 들어 절미지. 하기야 또 버들개통구이가 좀 좋은가. 횟대 생성 된장지짐이는 어떻고. 명태골국, 해삼탕, 도미회, 은어젓이 다 그대 자랑감이지. 그리고 한 가지 그대나 나밖에 모를 것이지만 공메리는 아래 주둥이가 길고 꽁치는 위 주둥이가 길지.

이것은 크게 할 말 아니지만 산뜻한 청삿자리 위에서 전복회를 놓고 함소주 잔을 거듭하는 맛은 신선 아니면 모를 일이지.

이렇게 맥고모자를 쓰고 삐루를 마시고 전복에 해삼을 생각하면 또 생각나는 것이 있습네. 칠팔월이면 으레이 오는 노랑 바탕에 꺼먼 등을 단 제주 배 말입네. 제주 배만 오면 그대네 물가엔 말이 많아지지. 제주 배 아즈맹이 몸집이 절구통 같다는 둥, 제주 배 아맹인 조밥에 소금만 먹는다는 둥, 제주 배 아즈맹이 언제 어느 모롱고지 이슥한 바위 뒤에서 혼자 해삼을 따다가 무슨 일이 있었다는 둥…… 참 말이 많지. 제주 배 들면 그대네 마을이 반갑고 제주 배 나면 서운하지. ㉡ <u>아이들은 제주 배를 물가를 돌아 따르고</u> 나귀는 산등성에서 눈을 들어 따르지. 이번 칠월 그대한테로 가선 제주 배에 올라 제주 색시하고 살렵네. 내가 이렇게 맥고모자를 쓰고 삐루를 마시고 제주 색시를 생각해도 미역 내음새에 내 마음이 가는 곳이 있습네. 조개껍질이 나이금*을 먹는 물살에 낱낱이 키가 자라는 **처녀 하나가 나를 무척 생각하는 일**과 그대 가까이 송진 내음새 나는 집에 아내를 잃고 슬피 사는 사람 하나가 있는 것과 그리고 **그 영어를 잘하는 총명한**

사년생 금이가 그대네 홍원군 홍원면 동상리에서 난 것도 생각하는 것입네.

- 백석, 「동해」 -

*삐루 : 맥주. / *나이금 : 나이를 나타내는 금.

01. (가)~(다)에 대한 설명으로 가장 적절한 것은?

① (가)와 (나)는 대구적 표현을 사용하여 리듬감을 부여하고 있다.
② (가)와 (다)는 직유적 표현을 사용하여 대상에 대해 성찰하고 있다.
③ (나)와 (다)는 명령적 어조를 통해 지향하는 가치를 강조하고 있다.
④ (가)~(다)는 모두 다른 사람을 부르는 방식으로 바라는 것을 전달하고 있다.
⑤ (가)~(다)는 모두 스스로 묻고 답하는 방식으로 주제 의식을 부각하고 있다.

02. 〈보기〉를 활용하여 (가)의 화자를 이해한 내용으로 적절하지 않은 것은?

<보기>

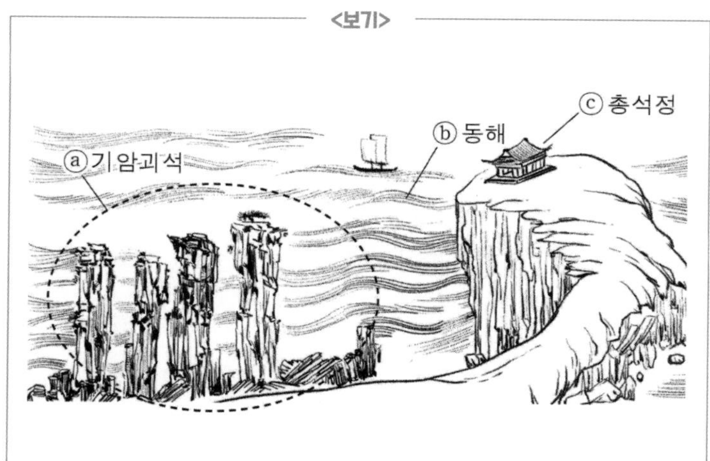

① 기상 상황이 좋을 때 ⓒ를 찾아가기 위해 서두르고 있군.
② 배를 타고 ⓑ의 한 곳으로 이동해 다른 방향에서 경치를 구경하고 싶다는 심정을 드러내고 있군.
③ 천상의 인물과 지상의 인물이 협력하여 만든 결과물이 ⓐ라고 인식하고 있군.
④ 뛰어난 풍경으로 인해 세상 사람들이 ⓐ를 소재로 삼아 시를 창작한다고 생각하고 있군.
⑤ 돌 중에서는 ⓐ가, 물 중에서는 ⓑ가 가장 뛰어나다고 평가하고 있군.

03. (나)에 대한 이해로 가장 적절한 것은?

① 〈제1수〉의 '신월'은 오래된 것보다는 새로운 것을 더 중시하는 삶의 자세를 강조하는 것으로 볼 수 있다.
② 〈제4수〉의 '남'은 화자의 삶을 지켜보며 그에 대해 정당한 판단을 내리는 인물로 볼 수 있다.
③ 〈제6수〉의 '술'은 자연과 어울리며 풍류를 즐기는 화자의 생활을 드러내는 것으로 볼 수 있다.
④ 〈제1수〉의 '석양'과 〈제6수〉의 '뫼'는 모두 학문 수양에 힘쓰도록 깨우침을 주는 존재를 상징하는 것으로 볼 수 있다.
⑤ 〈제4수〉의 '검다 희다 하나니'와 〈제6수〉의 '놀고'는 모두 미래에 대한 낙관적 전망을 보여 주는 것으로 볼 수 있다.

04. (다)에 대한 설명으로 가장 적절한 것은?

① 상황에 따라 의성어를 다채롭게 구사하여 현장감을 부각하고 있다.
② 연상을 통해 다양한 대상을 열거하며 공간에 대한 애정을 드러내고 있다.
③ 말줄임표를 통해 과거의 연인과의 재회에 대한 회의감을 표현하고 있다.
④ 다른 사람의 말을 직접 인용하여 소외된 사람들에 대한 관심을 드러내고 있다.
⑤ 지역의 독특한 조리법들을 비교하며 그중에서 가장 좋아하는 방법을 제시하고 있다.

05. ㉠, ㉡에 대한 설명으로 가장 적절한 것은?

① ㉠은 화자가 위치한 공간적 배경을 제시하고 있다.
② ㉡은 세상과 거리를 두려는 글쓴이의 태도와 관련이 있다.
③ ㉡은 아이들이 파도를 피해 움직이는 모습을 나타내고 있다.
④ ㉠은 농촌 생활의 즐거움을, ㉡은 어촌 생활의 어려움을 나타내고 있다.
⑤ ㉠과 ㉡은 모두 변화하는 자연의 모습에 주목하도록 하고 있다.

06. 〈보기〉를 참고하여 (가)~(다)를 감상한 내용으로 적절하지 않은 것은?

<보기>

문학 작품에서는 특정한 장소에 대한 체험을 다룰 때 주로 풍경이나 자연물과 관련한 정서적 반응을 드러내는 경우가 많다. 그리고 특정한 장소에 거주할 때 나타나는 삶의 자세나 자신이 알게 된 사람들에 대해 이야기하는 경우도 있다. (가)는 작가가 총석정 일대를 기행한 감흥을 노래하며 목민관으로서의 역할을 떠올린 것이고, (나)는 임실에 은거하던 작가가 한가롭게 지내는 생활이나 주변 자연물에 대한 친근감을 노래한 것이다. 그리고 (다)는 함흥에 체류하던 작가가 인접한 동해의 매력을 전하며 흥취를 드러낸 것이다.

① (가)에서 화자는 '천하의 두 총석은 응당 다시 없으려니'라며 자신이 기행한 총석정 일대의 경치에 대한 경탄을 드러내고 있군.
② (가)에서 화자는 '천 리를 멀다 말고 결단코 찾으리라'라며 총석정 일대의 장관과 관련지어 벼슬을 하는 사람으로서의 역할을 떠올리고 있군.
③ (나)에서 화자는 '시름 풀자 하노라', '고산 불고정이 좋아 늙는'이라며 불고정에서 주위 사람들과 어울리며 한가롭게 지내는 삶의 자세를 나타내고 있군.
④ (나)에서 화자는 '달에 논들 어떠리'라며 자신이 머무는 곳에서 바라볼 수 있는 자연물에 대한 친근감을 표현하고 있군.
⑤ (다)에서 글쓴이는 '처녀 하나가 나를 무척 생각하는 일', '그 영어를 잘하는 총명한 사년생 금이'라며 자신이 알게 된 사람들에 대해 이야기하고 있군.

▸▸ 수능완성 225page

7 나위소, 강호구가

STEP 01 OX 문제를 통한 지문 이해 훈련

연하(煙霞)의 깊이 든 병(病) 약이 효험 없어
강호(江湖)에 버려진 지 십 년 넘게 되어세라
그러나 **이제 다 못 죽음**도 긔 성은(聖恩)인가 하노라. 〈제3수〉

전나귀 바삐 몰아 다 저문 날 오신 손님
보리피 거친 밥에 찬물(饌物)*이 아주 없다
아희야 배 내어 띄워라 그물 놓아 보리라. 〈제4수〉

달 밝고 바람 자니 물결이 비단 같다
단정(短艇)*을 빗기 놓아 오락가락하는 흥을
백구(白鷗)야 하 즐겨 말고려 세상 알까 하노라. 〈제5수〉

식록(食祿)을 그친 후로 **어조(漁釣)를 생애(生涯)**하니
혬* 업슨 아이들은 괴롭다 하건마는
두어라 **강호한적(江湖閑適)**이 내 분(分)인가 하노라. 〈제9수〉

*찬물 : 반찬거리가 되는 것.
*단정 : 자그마한 배.
*혬 : 생각.

OX문제

01	특정 대상과 대화하는 방식으로 주제를 부각하고 있다. [2019학년도 9월]	(O / X)
02	화자는 '연하의 깊이 든 병'으로 고통스러워하며 '이제 다 못 죽음'을 한탄하고 있다.	(O / X)
03	빗대어 표현하는 방식으로 대상의 속성을 드러내고 있다. [2023학년도 9월]	(O / X)
04	동물의 역동성을 통해 공간의 분위기를 긍정적으로 바꾸고 있다. [2019학년도 수능]	(O / X)
05	화자는 '어조를 생애하'는 '강호한적'의 삶을 자신의 분수로 여기며 만족하고 있다.	(O / X)

STEP 02 지문 분석

나BS 수능완성 | 고전문학

[EBS에 나오지 않은 파트까지 모두 넣은 전문 분석]

어버이 나으셨거늘 임금이 먹이시니 ⇒ 부모님이 (나를) 낳으시고 임금님이 (나를) 먹여 기르시니

낳은 덕(德) 먹인 은(恩)을 다 갚으려 하였더니 ⇒ (나를) 낳은 (부모님의) 덕과 (나를) 기르신 (임금님의) 은혜를 다 갚고자 하였더니
(덕(德): 어버이의 덕 / 은(恩): 임금의 은혜 / 다 갚으려 하였더니: 효도와 충성 → 유교적 가치)

숙연히 칠십이 넘으니 할 일 없어 하노라. ⇒ 홀연히 70세가 넘으니 할 수 있는 일이 없어 하노라.
(■ : 감탄형 종결 어미의 반복)

제1수 : 낳아 주신 부모와 길러 주신 임금의 은혜 〈제1수〉

어와 성은(聖恩)이야 망극한 것은 성은이다 ⇒ 아아 임금님의 큰 은혜다 끝이 없는 것은 임금님의 큰 은혜다
(어와: 감탄사 / 성은(聖恩): 임금의 큰 은혜)

강호 안로(安老)도 분(分) 밖의 일이거든 ⇒ 자연 속에서 편안히 늙는 것도 분수에 넘치는 일이거든
(강호 안로(安老): 자연 속에서 편안히 늙는 것)

하물며 두 아들 전성영양(專誠榮養)은 또 어인고 하노라. ⇒ 하물며 두 아들이 (나를) 정성을 다해 봉양하니 이 또한 어찌된 일인가 하노라.
(전성영양(專誠榮養): 정성을 다해 봉양함.)

제2수 : 임금의 은혜로 인한 강호의 평안한 삶과 자식들의 정성스러운 봉양 〈제2수〉

연하(煙霞)의 깊이 든 병(病) 약이 효험 없어 ⇒ 자연을 좋아해서 깊이 든 병 약이 효과가 없어
(연하(煙霞): 안개와 노을 → 자연 / 연하의 깊이 든 병: 연하고질(자연의 아름다운 경치를 몹시 사랑하고 즐기는 성벽))

강호(江湖)에 버려진 지 십 년 넘게 되어세라 ⇒ 자연에 버려진 지 십 년이 넘게 되었구나
(강호(江湖)에 버려진 지: 은거(벼슬에서 물러나 한가로이 지내던 일)의 삶)

그러나 이제 다 못 죽음도 긔 성은(聖恩)인가 하노라. ⇒ 그러나 아직도 살아 있는 것은 임금님의 큰 은혜인가 하노라.
(긔: 그것이)

제3수 : 임금의 은혜를 생각하는 자연에서의 생활 〈제3수〉

전나귀 바삐 몰아 다 저문 날 오신 손님 ⇒ 다리를 절름거리는 나귀를 바삐 몰아서 해질 무렵에 오신 손님
(전나귀: 다리를 절름거리는 나귀)
(■ : 소박한 생활을 의미하는 시어)

보리피 거친 밥에 찬물(饌物)이 아주 없다 ⇒ 보리 껍질로 만든 거친 밥만 있고 반찬이 될 만한 것이 아주 없다
(찬물(饌物): 반찬거리가 되는 것)

아희야 배 내어 띄워라 그물 놓아 보리라. ⇒ 아이야 배를 내어서 띄워라 그물을 놓아 보리라.
(아희야: 시조 종장 처음에 나오는 상투적 표현, 말을 건네는 방식)

제4수 : 물고기를 잡아 손님을 대접하는 소박한 생활 〈제4수〉

달 밝고 바람 자니 물결이 비단 같다 ⇒ 달이 밝고 바람이 잔잔하니 물결이 비단 같다
(비단 같다: 비유법)

시어 시구 풀이

어버이 나으셨거늘~할 일 없어 하노라. → 화자는 자신을 낳아 주신 어버이의 덕과 자신을 먹여 길러 주신 임금의 은혜를 갚고자 하였으나 나이가 들어 할 수 있는 것이 없다며 안타까워하고 있다.

어와 성은이야~또 어인고 하노라. → 강호 즉, 자연에서 편안히 늙어가는 것과 두 아들이 가까이 지내며 정성을 다해 자신을 봉양하는 것 모두 임금의 큰 은혜라는 화자의 생각이 드러나 있다. 자연에 묻혀 살면서도 임금에 대한 변함없는 충심을 드러내고 있다는 점에서 연군지정(임금에 대한 그리움과 변함없는 사랑)의 태도를 엿볼 수 있다.

연하의 깊이 든 병 약이 효험 없어 → '연하의 깊이 든 병'은 연하고질(자연을 사랑하는 마음이 깊어져 생긴 병)을 의미한다. 이는 실제 병이 든 것이 아니라, 자연을 사랑하는 마음이 그만큼 깊다는 것을 강조한 표현이라 할 수 있다.

강호에 버려진 지~성은인가 하노라. → 화자가 벼슬에서 물러나 은거하며 지낸 지 10년이 넘었음을 알 수 있는 부분이다. 화자는 이렇게 나이가 들었음에도 죽지 않고 자연을 즐기며 살아갈 수 있는 것을 임금의 은혜로 돌리며 감사함을 표하고 있다.

전나귀 바삐 몰아~그물 놓아 보리라. → 화자는 늦은 시간에 자신을 찾아온 손님에게 변변찮은 보리밥 외에 대접할 음식이 없자 반찬을 마련하기 위해 배를 띄우고 직접 물고기를 잡으려 한다. 소박한 살림살이로 인해 궁핍한 생활을 하고 있음에도 자신을 찾아온 손님을 정성껏 맞이하려는 화자의 모습을 확인할 수 있다.

달 밝고 바람 자니 물결이 비단 같다 → 달밤을 배경으로 한 고요한 강변의 풍경을 감각적으로 묘사하고 있다.

단정(短艇)을 빗기 놓아 오락가락하는 흥을
자그마한 배

■ : 의인법

백구(白鷗)야 하 즐겨 말고려 세상 알까 하노라.
흰 갈매기

제5수 : 달밤에 배를 띄우고 즐기는 흥취 〈제5수〉

⇒ 자그마한 배를 비스듬히 놓아 오락가락하는 즐거움을

⇒ 흰 갈매기야 너무 즐겨 말거라 세상이 알까 두렵구나.

모래 위에 자는 백구 한가하기도 한가할샤

강호풍취(江湖風趣)를 네 지닐 때 내 지닐 때
자연의 풍경과 정취 / 물아일체

석양의 반범귀흥(半帆歸興)은 너도 날만 못하리라.
돛을 반쯤 올리고 돌아오는 멋 → 자연에서 즐기는 풍류 / '백구'

제6수 : 흰 갈매기와 함께 즐기는 자연의 풍경과 흥취 〈제6수〉

⇒ 모래 위에 자는 흰 갈매기 한가하기도 한가하구나

⇒ 자연의 풍경과 정취를 네가 지닐 때 내가 지닐 때

⇒ 석양에 작은 배로 돌아오는 흥이야 너도 나만 못하리라.

가는 비 빗긴 바람 낚대 멘 저 할아비
어옹(고기를 잡는 노인)

네 생애 얼마 치라 수고로움도 수고롭구나
'낚대 멘 저 할아비'

생애를 위함이 아니라 어흥(漁興) 계워 하노라.
생계를 위한 낚시가 아님. / 물고기를 잡는 흥취

제7수 : 가는 비바람 속 낚싯대를 멘 어옹의 흥취 〈제7수〉

⇒ 가는 비 빗긴 바람 낚싯대 멘 저 할아비

⇒ 네 생애 언제 마치랴 수고로움도 수고롭구나

⇒ 생애를 위함이 아니라 물고기를 잡는 흥에 겨워하노라.

피 소주(燒酒) 무절임 우습다 어른 대접
곡식 껍질로 만든 소주

남들은 하는 말이 초초(草草)타 하건마는
보잘것없다

두어라 이도 내 분이니 분내사(分內事)인가 하노라.
분수에 맞는 일

제8수 : 분수에 맞는 소박한 생활 〈제8수〉

⇒ 곡식 껍질로 만든 소주와 무절임 우습다 어른 대접

⇒ 남들이 이르기를 보잘것없다 하지만

⇒ 두어라 이도 내 분수이니 분수에 맞는 일인가 하노라.

식록(食祿)을 그친 후로 어조(漁釣)를 생애(生涯)하니
먹고 살기 위한 벼슬 / 낚시질

혬 업슨 아이들은 괴롭다 하건마는
생각 / 속세의 사람들

두어라 강호한적(江湖閑適)이 내 분(分)인가 하노라.
자연 속에서 한가로움을 즐기는 것

제9수 : 벼슬에서 물러나 낚시로 소일하는 삶에 대한 만족감 〈제9수〉

⇒ 벼슬을 마친 후로 물고기를 낚으며 지내니

⇒ 생각 없는 아이들은 괴롭겠다 하지만

⇒ 두어라 자연 속에서 한가로움을 즐기는 것이 나의 분수인가 하노라.

단정을 빗기 놓아~세상 알까 하노라. → 작은 배를 강물에 띄워 두고 그 속에서 자연의 흥취를 즐기고 있는 강호한정(자연을 예찬하며 한가로이 즐김)의 태도가 드러난다. 화자는 자신과 함께 자연의 즐거움을 누리고 있는 '백구'에게 세상이 알까 두려우니 너무 즐기지 말 것을 당부하고 있다. 이는 자연 속의 즐거움을 자신만 알고 싶을 정도로 자연에서의 삶이 만족스러움을 보여 주는 것이라 할 수 있다.

모래 위에 자는 백구~너도 날만 못하리라. → 한가롭게 모래 위에 잠든 백구와 교감하며 자연의 풍경을 즐기고 흥취를 느끼는 화자의 모습이 드러나 있다.

가는 비 빗긴 바람~어흥 계워 하노라. → 강호지락(자연에서의 즐거움)의 분위기 속에서 여유를 즐기는 어부의 모습이 드러난다는 점에서 '낚대 멘 저 할아비'는 생업을 위한 직업적인 어부가 아님을 알 수 있으며, 자연을 즐기고 있는 화자를 가리키는 표현이라 할 수 있다. 누군가는 내리는 가랑비에 낚싯대를 메고 지나가는 어부의 생애를 수고스럽다 할 수 있지만, 어부는 생계가 아닌 '어흥'을 즐기기 위해 낚시를 하는 것이므로 그에게 고기잡이는 수고스러운 일이 아님을 드러내고 있다.

피 소주 무절임 우습다~분내사인가 하노라. → '피 소주'와 '무절임'은 모두 소박하고 검소한 화자의 생활을 보여 주는 시어이다. 다른 사람들은 이를 두고 보잘것없다 평가할 수도 있지만, 화자는 이것이 자신의 분수에 맞는 일이라며 안분지족(평안한 마음으로 제 분수를 지키며 만족할 줄을 앎)의 태도를 보이고 있다.

식록을 그친 후로~내 분인가 하노라. → 생각 없는 아이들은 벼슬에서 물러난 이후 물고기를 낚으며 지내는 삶을 부정적으로 생각할 수 있지만 화자는 자연 속에서 한가로이 살아가는 삶이 자신의 분수라며 이에 대한 만족감을 드러내고 있다. 풍족하지 않은 소박한 삶이지만 그 속에서 안분지족을 느끼며 자연에서의 삶을 긍정적으로 받아들이는 화자의 모습을 확인할 수 있다.

STEP
03 작품 해제

01 | 주제

자연에서 즐기는 소박한 삶에 대한 만족과 연군지정

02 | 특징

① 아름다운 자연 속의 삶에서 느끼는 즐거움을 드러내고 있는 화자 중심의 시
② 전체 9수의 연시조로 자연 친화적인 삶의 모습과 연군지정의 태도가 드러남.
③ 표면에 드러난 청자에게 말을 건네는 방식으로 시상을 전개함.
④ 감탄형 종결 어미를 사용하여 화자의 정서를 강조함.

03 | 작품 해제

이 작품은 나위소가 지은 총 9수의 연시조로, 벼슬에서 물러나 유유자적하게 자연을 즐기는 작가의 모습을 형상화하고 있다. 자연 속에서 아무 속박을 받지 않고 마음껏 즐기는 모습을 '강호한적(자연에서의 한가로움을 즐김)'이라는 시어로 압축하여 드러내고 있다.

〈제1수〉는 낳아 주신 어버이와 길러 주신 임금의 은혜를, 〈제2수〉는 강호에서 편안한 생활을 하고 두 아들의 효성을 받으며 살아가게 하는 임금의 은혜를, 〈제3수〉는 연하고질에 빠져 임금의 은혜를 생각하는 강호 생활을, 〈제4수〉는 반찬 장만도 어려운 시골에서 손님을 맞는 소박한 생활을, 〈제5수〉는 달 밝은 밤에 조각배를 띄우고 즐기는 흥취를, 〈제6수〉는 석양에 돌아오는 배에서 갈매기와 물아일체를 느끼는 즐거움을, 〈제7수〉는 가는 비바람 속에 낚싯대를 멘 어옹의 흥취를, 〈제8수〉는 분수에 맞게 어른을 대접하는 소박한 생활을, 〈제9수〉는 벼슬길에서 물러나 한가롭게 낚시로 소일하는 삶에 대한 만족감을 노래하고 있다.

STEP 04 논문으로 만나는 출제자의 시선

「강호구가」의 성격

「강호구가」는 송암 나위소가 1623년(인조 1) 41세의 늦은 나이로 문과에 급제하여 30여 년의 벼슬살이를 하다가 1650년(효종 1) 69세의 나이에 종2품의 경주부윤을 끝으로 벼슬에서 물러난 후 고향에 내려와 영산강이 보이는 언덕에 수운정(岫雲亭)이라는 정자를 세우고 그곳에서 여생을 보내며 지은 연시조이다.

「강호구가」는 전체 9수로 이루어져 있으며 서두의 3수는 치사한객(벼슬에서 물러나 한가로이 자연을 즐기는 사람)으로서 강호에서 느끼는 즐거움과 임금의 은혜에 대한 감격을 노래한 사시가적 성격을, 후반부의 6수는 강호를 배경으로 그곳에서의 생활 체험과 흥취를 노래한 어부가적 성격이 강하게 드러난다.

제1수~3수에서 노래하고 있는 강호의 모습에는 자연과 온전히 합일된 서정적 세계가 아니라 자연에 묻혀 살면서도 저편, 즉 공직의 생활에 머물렀던 세계에 대한 변함없는 충직의 마음을 담고 있다. 여기에 나타난 강호의 삶은 공직에서 벗어난 작가가 완전한 자연인으로 돌아가 자연과 하나가 되어 살아가는 현재의 삶과 그 저편에 있는 벼슬살이의 생활에서 분리되지 못한 모습을 보여 준다. 이처럼 제3수까지는 조선 시대 유학 이념으로 가장 강조되었던 충·효의 개념이 자연의 뛰어난 경치와 조화 속에 작품으로 형상화되어 있다.

한편, 제4수~9수에서는 자연과 벗하며 가어옹으로서 무욕의 삶을 살아가는 강호 생활의 유유자적함을 잘 표현해 주고 있다. 즉 후반부에 나타난 강호는 시적 자아가 모든 세속적 욕망에서 벗어나 오직 삶의 소박함과 여유로움, 만족을 누리는 안분지족의 공간으로 형상화된 것이라 볼 수 있다.

「강호구가」와 「어부사시가」의 공통점

어부는 강호에서 한정을 즐기거나 조어지락(釣魚之樂 : 물고기를 낚는 즐거움)을 느끼는 자로, 강호에서 생계를 꾸려 가는 어부를 진어옹(眞漁翁) 또는 실어옹(實漁翁)이라 하고 일시적이거나 부득이한 상황 등에 의해서 강호 생활을 영위하는 어부를 가어옹(假漁翁)이라 한다. 이를 참고할 때 어부가의 주체는 결코 생업을 위한 직업적인 어부가 아니라 강호지락(江湖之樂)의 분위기에서 여유와 한정을 즐기는 가어옹이라 할 수 있다. 어부가 작가층의 사회적 위치가 사대부로서 양반에 속하였기 때문에 그 정서는 여유와 자족 또는 연군과 고뇌의 색채가 짙게 드러난다. 따라서 바다의 생업 현장에서 민중들에 의해 불린 뱃노래나 어부 노래 형태의 노동요와는 차별된다고 할 수 있다. 이는 구체적 어부의 삶을 노래하기보다는 현실 정치에서 물러난 사대부의 정신세계를 담아내고 물외한정(物外閑情 : 자연에서 느끼는 한가로운 심정)의 한적한 세계를 읊었기 때문이다.

이를 고려할 때 송암 나위소의 「강호구가」는 고산 윤선도의 「어부사시사」와 같은 계열의 어부가로 분류할 수 있으며, 두 작품의 공통점을 다음과 같이 찾아볼 수 있다.

먼저, 「어부사시사」에서 뱃노래임을 뜻하는 여음구의 반복을 제외하면 두 작품은 아름다운 강촌에서 어부의 은일(세상을 피하여 숨음)적 흥취를 표현한 어부가이자 연시조라는 공통점이 있다. 고산의 「어부사시사」는 춘하추동 사계절 각 1편을 취하며, 각 편은 또 10장씩 총 40장으로 구성된 연시조로 여음구를 갖는 어부가이며, 송암의 「강호구가」는 여음구는 없으나 유유자적한 강호의 생활을 노래한 9수의 연시조라는 점에서 형태상 공통점을 갖는다.

둘째, 작품이 창작된 공간적 배경이 명분과 이익을 앞세우는 세속과 거리를 둔 강과 바다라는 점이다. 「어부사시사」는 고산이 65세(효종 2) 때 창작한 작품으로 보길도의 자연 환경을 그 배경으로 삼고 있다. 송암 역시 영산강 강변에 수운정을 짓고 「강호구가」를 창작했다는 점에서 두 작품은 모두 현실을 벗어난 욕심 없는 강호를 배경으로 삼고 있음을 알 수 있다.

Memo

다음 글을 읽고 물음에 답하시오.

(가)

인간(人間)을 떠나 와도 내 몸이 겨를 업다
니것도 보려 하고 져것도 드르려코
바람도 혀려 하고 달도 마즈려코
봄으란 언제 줍고 고기란 언제 낙고
시비(柴扉)란 뉘 다드며 딘 곳츠란 뉘 쓸려뇨
아침이 낫브거니 나조히라 나을소냐
ⓐ 오늘리 부족(不足)거니 내일(來日)리라 유여(有餘)하랴
이 뫼히 안즈 보고 뎌 뫼히 거러 보니
번로(煩勞)한 마음의 바릴 일이 아조 업다
쉴 사이 업거든 길히나 젼하리야
다만 한 청려장(靑藜杖)이 다 므듸여 가노매라
술리 닉어거니 벗지라 업슬소냐
블니며 타이며 혀이며 이아며
온가짓 소리로 취흥(醉興)을 배야거니
근심이라 이시며 시름이라 브터시랴
누으락 안즈락 구부락 져츠락
을프락 파람하락 노혜로 노거니
천지(天地)도 넙고 넙고 일월(日月)도 한가(閑暇)하다
희황(羲皇)을 모을너니 니젹이야 긔로괴야
신선(神仙)이 엇더턴지 이 몸이야 긔로고야
강산풍월(江山風月) 거날리고 내 백년(百年)을 다 누리면
악양루상(岳陽樓上)의 이태백(李太白)이 사라 오다
ⓑ 호탕정회(浩蕩情懷)야 이예서 더할소냐
이 몸이 이렁굼도 역군은(亦君恩)이샷다

- 송순, 「면앙정가」 -

(나)

ⓒ 연하(煙霞)의 깁픠 든 병(病) 약(藥)이 효험(效驗) 업서
강호(江湖)에 바리연디* 십년(十年) 밧기 되어세라
그러나 이제 다 못 죽음도 긔 성은(聖恩)인가 하노라

〈제3수〉

달 붉고 바람 자니 믈결이 비단 일다
단정(短艇)*을 빗기 노하 오락가락 하난 흥(興)을
백구(白鷗)야 하 즐겨 말고려 세상(世上) 알가 하노라

〈제5수〉

식록(食祿)을 긋친 후(後)로 어조(漁釣)을 생애(生涯)하니
혬 업슨 아해들은 괴롭다 하건마는
두어라 강호한적(江湖閑適)이 내 분(分)인가 하노라

〈제9수〉

- 나위소, 「강호구가」 -

*바리연디 : 버려진 지.
*단정 : 자그마한 배.

(다)

나는 때때로 산수를 찾아 노니는 사람이나 떠돌아다니는 승려들을 만나 자연의 신비함에 대해 말하는 것을 특히 좋아한다. 가끔 그들과 토론을 하면 입에 침이 마르도록 떠들어댄다. 세상 사람들은 나의 이런 고집스런 취미를 비웃었다. 그런데 지금 나이가 많아 다리에 힘이 없어지니 어쩔 도리가 없다.

나는 부득이 편하게 노닐 수 있는 방법으로 고금에 이름난 화가들이 그린 산수화를 모아 벽에 걸어 놓고 감상을 하였다. 그러나 이것은 비록 조금은 위로가 되지만 역시 화가들의 훌륭한 기법과 특이한 풍경 외에는 별로 느껴지는 것이 없었다. 벽에 걸린 그림으로는 진실에 가깝게 생동하는 맛은 찾아볼 수가 없는 것이다. 그래서 늘 마음이 허전하였다.

[A] 나는 종남(終南)에 별장을 하나 가지고 있다. 별장의 남쪽 담 밖의 돌 틈에 우물이 솟아올랐는데 물맛이 좋고 차가웠다. 나는 대청 앞에 못을 파서 그 물을 가둔 뒤에 연꽃을 심고 연못 가운데에 괴이하게 생긴 돌을 쌓아서 산 모양을 만들었다. 다시 그 돌 틈 사이사이에 소나무, 회양목 등 작은 놈만 골라 심었다.

그런데 담 밖에서 우물이 솟아나는 곳은 땅보다 석 자가 더 높은 곳이어서 그 물을 대통으로 끌어다가 땅에 묻어 내가 만든 돌산 가운데로 솟아 나오게 하였다. 그러자 물이 폭포를 이루며 두 개의 계단을 흘러내렸다. 사람들은 담장 밖에서 끌어들인 물인 줄도 모르고 물이 돌산 위에서 펑펑 솟아나는 것을 보며 놀랍고 신기함에 감탄하였다.

산을 좋아했던 옛사람들 중에도 돌로 만든 가짜 산을 만든 이가 많았고 또 거기에 폭포를 끌어들인 이도 더러 있었는데, 집의 뒤쪽이나 옆에 있는 높은 산을 이용하여 산골짜기에서 흐르는 물을 끌어들인 경우가 많았다. 그러나 나처럼 연못의 한가운데 산을 만들고 사면이 물로 둘러싸인 곳에 물을 끌어들여 산 위에 폭포를 만든 사람은 없었다. ⓓ 작지만 큰 산을 본떴고 남이 하기 어려운 일이지만 손쉽게 만들었다.

이 연못은 겨우 너비가 두어 장(丈)이고 깊이도 두어 자밖에 안 되며, 산 높이는 다섯 자이고 둘레는 일곱 자이며, 폭포의 높이는 두 자인데 나무들의 크기는 서너 치쯤 되어 마치 높은 산을 축소하여 만든 것 같았다. 산골짜기는 그윽하고 폭포가 두어 장 되는 연못을 깊은 바다로 알고 떨어진다. ⓔ 이 축소된 자연의 경치는 아무리 산수화에 뛰어난 저 당나라의 정건이나 왕유 같은 이도 다 그리지 못할 것 같았다.

생각해 보면 어느 것이 가짜이고 어느 것이 진짜인지 구분하지 못하겠다. 필경 천지와 사람이 모두 임시로 합친 것인데 무엇 때문에 진가(眞假)를 논하겠는가? 다만 내가 좋아하는 것만 취하면 그만인 것이다. 게다가 이 세상 만물은 입맛에는 맞지만 눈으로 보는 데는 맞지 않는 것이 있고,

보기는 좋은데 듣기는 싫은 것이 있다.

[B] 그런데 이곳의 물은 차고 맛있기 때문에 우리 집안과 이웃들이 아침저녁으로 마시니 입맛에 맞다고 할 것이고, 괴이한 돌과 소나무, 잣나무 사이로 흘러서 두어 자의 절벽 밑으로 떨어지며 맑은 기운이 푸른 산봉우리에 비쳐 밤낮 없이 바라보아도 싫증나지 않으니 노는 데에도 즐거움을 준다고 할 수 있다. 또한 고요한 밤에 잠이 오지 않을 때, 베개를 베고 누워 있으면 쏴아 하고 쏟아지는 폭포 소리가 마치 요란한 관현악기 소리 같아서 귀를 즐겁게 한다.

나는 가난하고 벼슬도 한미하여 좋은 진주나 보배, 아름다운 것들로 눈을 즐겁게 하는 것도 없고, 기름진 음식으로 입맛을 즐겁게 하는 것도 없으며, 관현악기 같은 악기의 소리로써 귀를 즐겁게 하는 것도 없다. 그러나 다만 이 샘물로 이 세 가지의 즐거움을 맛볼 수 있으니 진실로 담박하면서도 멋이 있다. 세상의 호걸들은 모두 나의 이 취미를 비웃지만 나는 이것을 좋아하여 이것으로써 저들이 좋아하는 것과 바꾸지 않겠다.

- 채수, 「석가산폭포기」 -

01. (가)~(다)에 대한 설명으로 적절하지 않은 것은?

① (가)와 (나)는 음보를 규칙적으로 사용하여 리듬감을 형성하고 있다.
② (가)와 (다)는 청각적 심상을 활용하여 상황을 나타내고 있다.
③ (나)와 (다)는 비유적 표현을 통해 주관적 인식을 드러내고 있다.
④ (가)~(다) 모두 다른 대상과 비교하는 방식으로 의미를 강조하고 있다.
⑤ (가)~(다) 모두 원경에서 근경으로 시선을 이동하며 심리의 변화를 드러내고 있다.

02. 〈보기 1〉의 선생님의 질문에 대한 대답으로 적절한 내용만을 〈보기 2〉에서 있는 대로 고른 것은?

〈보기 1〉

선생님 : (가)와 (나)는 벼슬에서 물러난 작가들이 귀향한 후의 삶을 표현한 작품으로, 우리 문학사에 나타나는 시가의 특정한 경향을 보여 주고 있어요. 두 작품을 살펴보면 공통점을 찾을 수 있는데, 무엇인지 확인해 볼까요?

〈보기 2〉

ㄱ. 임금의 은혜를 떠올리며 감사하는 태도가 드러나 있습니다.
ㄴ. 속세와 거리를 두고 지내는 삶의 모습이 드러나 있습니다.
ㄷ. 자연에서 느끼는 흥취를 타인과 나누려는 마음가짐이 드러나 있습니다.
ㄹ. 궁핍한 생활상을 보여 주면서도 그것을 수용하는 자세가 드러나 있습니다.

① ㄱ, ㄴ ② ㄴ, ㄷ ③ ㄴ, ㄹ
④ ㄱ, ㄴ, ㄹ ⑤ ㄱ, ㄷ, ㄹ

03. ⓐ~ⓔ에 대한 이해로 적절하지 않은 것은?

① ⓐ: 주변에 즐길 것이 많다고 인식하고 있음이 드러나고 있다.
② ⓑ: 자신의 풍류 생활에 대한 자부심이 나타나고 있다.
③ ⓒ: 자연에 대한 깊은 애정이 드러나고 있다.
④ ⓓ: 옛사람들과 동일한 방식으로 석가산을 만든 것에 대한 보람이 나타나고 있다.
⑤ ⓔ: 자신이 만든 석가산과 폭포에 대한 만족감이 드러나고 있다.

04. 〈보기〉를 참고하여 (다)를 감상할 때 적절하지 않은 것은?

〈보기〉

조선 시대 사대부들은 요산요수(樂山樂水)를 통해 심미적 가치를 추구하며 심성을 수양하는 것을 이상으로 생각하였다. 그런데 아름다운 경치를 직접 찾기 어려운 사정이 있을 때에는 자기 집 정원에 산을 본뜬 조형물인 석가산을 만들어 완상하는 경우가 있었다. 이것은 하늘이 만들었든 사람이 만들었든 간에 본질은 같기 때문에 진가의 분별이 무의미하다는 인식과 관련이 있다. 이를 통해 사대부들은 석가산을 완상하면 산의 진경(眞景)을 찾는 것과 같은 즐거움을 느낄 수 있고, 삶에 대한 깨달음을 얻을 수 있다고 본 것이다.

① 글쓴이는 노쇠하여 산과 물을 직접 찾기 어렵게 되자 별장의 정원에 석가산을 만들어 완상하고 있군.
② 글쓴이는 요산요수를 위해 연못의 한가운데 석가산을 만들어 심미적 가치를 추구한 것으로 볼 수 있군.
③ 글쓴이는 산수화를 모아 감상하는 것만으로는 산의 진경을 찾는 것과 같은 즐거움을 느낄 수 없다고 생각하고 있군.
④ 글쓴이가 진가를 논하지 않고 자신이 좋아하는 것을 취하겠다고 강조한 것은 진가의 분별이 무의미하다는 인식과 관련이 있군.
⑤ 글쓴이가 석가산의 샘물에서 비롯된 세 가지 즐거움을 언급한 것은 석가산을 만드는 과정에서 느낀 고충과 깨달음을 통해 자신을 비웃는 사람들을 설득하려는 것이라 할 수 있군.

05. [A]와 [B]에 대한 설명으로 가장 적절한 것은?

① '나'는 [A]에서 발생한 내적 갈등을 [B]에서 해소하고 있다.
② '나'는 [A]에서 한 행위로 인해 [B]에서와 같은 즐거움을 얻게 되었다.
③ [A]의 '계단'은 관념적 소재에, [B]의 '절벽'은 실재적 소재에 해당한다.
④ [A]의 '사람들'은 '물'을 긍정적으로, [B]의 '이웃들'은 '물'을 부정적으로 평가하고 있다.
⑤ [A]에서는 '물'을 집 안으로 끌어들이는 과정을, [B]에서는 '물'을 집 밖으로 흘려보내는 과정을 제시하고 있다.

8 윤선도, 어부사시사

STEP 01 OX 문제를 통한 지문 이해 훈련

앞 개에 안개 걷고 뒤 뫼에 해 비친다
배 떠라 배 떠라
밤물은 거의 지고 낮물이 밀려온다
지국총(至匊悤) 지국총(至匊悤) 어사와(於思臥)
강촌 온갖 꽃이 먼 빛이 더욱 좋다 〈춘 1〉

마름 잎에 바람 나니 봉창(篷窓)*이 서늘코야
돛 달아라 돛 달아라
여름 바람 정할소냐 가는 대로 **배** 두어라
지국총 지국총 어사와
북포(北浦) **남강(南江)**이 어디 아니 좋을런가 〈하 3〉

수국에 가을이 드니 고기마다 살져 있다
닻 들어라 닻 들어라
만경징파(萬頃澄波)에 실컷 용여(容與)하자*
지국총 지국총 어사와
인간을 돌아보니 멀수록 더욱 좋다 〈추 2〉

기러기 떴는 밖에 못 보던 뫼 뵈는고야
이어라 이어라
낚시질도 하려니와 취한 것이 이 흥이라
지국총 지국총 어사와
석양(夕陽)이 비치니 천산(千山)이 금수(錦繡) ㅣ로다 〈추 4〉

물가의 외로운 솔 혼자 어이 씩씩한고
배 매어라 배 매어라
머흔* 구름 한(恨)치 마라 **세상**을 가리온다
지국총 지국총 어사와
파랑성(波浪聲)*을 염(厭)치 마라 진훤(塵喧)*을 막는도다 〈동 8〉

*봉창 : 배의 창문.
*용여하자 : 느긋한 마음으로 여유 있게 놀자.
*머흔 : 험하고 사나운.
*파랑성 : 파도 소리.
*진훤 : 속세의 시끄러움.

OX문제

01 자연물을 통하여 시간적 배경을 시각적으로 드러내고 있다. [2020학년도 9월] (O / X)
02 화자는 '배'를 타고 시원한 '여름 바람'을 즐기며 '남강'으로 향하고 있다. (O / X)
03 '머흔 구름'과 '파랑성'은 '세상'과의 소통을 단절시키는 부정적 존재이다. (O / X)
04 영탄적 표현을 통해 대상에 대한 경외감을 드러내고 있다. [2024학년도 수능] (O / X)
05 화자의 인식을 자연물에 투영하여 시적 정서를 환기하고 있다. [2019학년도 6월] (O / X)

STEP

02 지문 분석

나BS 수능완성 | 고전문학

앞 개에 안개 걷고 뒤 뫼에 해 비친다 ⇒ 앞 포구에 안개 걷히고 뒷산에 해 비친다

(개: 강이나 내에 바닷물이 드나드는 곳 / 뫼: 산)

(음영 표시: 여음구(후렴구) → 출항에서 귀항까지의 과정을 나타냄.)

배 떠라 배 떠라 ⇒ 배 띄워라 배 띄워라

밤물은 거의 지고 낮물이 밀려온다 ⇒ 썰물은 거의 빠지고 밀물이 밀려온다

(밤물: 썰물 / 낮물: 밀물)

지국총(至匊悤) 지국총(至匊悤) 어사와(於思臥) ⇒ 찌끄덩 찌끄덩 어여차

(지국총: 노 젓는 소리인 '찌끄덩'을 나타낸 의성어 / 어사와: 노를 저을 때 외치는 소리인 '어여차'를 나타낸 의성어)

(음영 표시: 계절적 배경)

강촌 온갖 꽃이 먼 빛이 더욱 좋다 ⇒ 강 마을의 온갖 꽃이 먼 빛으로 바라보니 더욱 좋다

(강촌: 강 마을 → 보길도(작가가 은거한 곳) / 온갖 꽃: 계절(봄))

춘 1 : 강촌의 봄 풍경

마름 잎에 바람 나니 봉창(篷窓)이 서늘코야 ⇒ 마름 잎 (위로) 바람 부니 배의 창문이 서늘하구나

(마름: 한해살이풀 / 봉창: 배의 창문)

돛 달아라 돛 달아라 ⇒ 돛 달아라 돛 달아라

(돛: 바람을 받아 배를 가게 하는 넓은 천)

여름 바람 정할소냐 가는 대로 배 두어라 ⇒ 여름 바람이 일정하게 불겠느냐 (바람이 흘러) 가는 대로 배를 두어라

(여름 바람: 계절(여름) / 정할소냐: 설의법)

지국총 지국총 어사와 ⇒ 찌끄덩 찌끄덩 어여차

북포(北浦) 남강(南江)이 어디 아니 좋을런가 ⇒ 북쪽 포구와 남쪽 강 어디든 좋지 않겠는가

(아니 좋을런가: 설의법)

하 3 : 배 위의 시원한 풍경과 여유로움

수국에 가을이 드니 고기마다 살져 있다 ⇒ 물이 많은 강촌에 가을이 되니 고기마다 살쪄 있다

(수국: 전남에 있는 섬 '보길도' / 가을: 계절(가을) / 고기마다 살져 있다: 가을의 풍성함과 여유로움)

닻 들어라 닻 들어라 ⇒ 닻 들어라 닻 들어라

(닻: 배가 움직이지 못하도록 줄에 매어 물 밑바닥으로 가라앉히는 기구)

만경징파(萬頃澄波)에 실컷 용여(容與)하자 ⇒ 끝없이 넓고 푸른 바다의 물결에서 실컷 여유 있게 놀아 보자

(만경징파: 끝없이 넓고 푸른 바다의 물결 / 용여하자: 느긋한 마음으로 여유 있게 놀자)

지국총 지국총 어사와 ⇒ 찌끄덩 찌끄덩 어여차

(음영 표시: 속세를 의미하는 시어)

인간을 돌아보니 멀수록 더욱 좋다 ⇒ 속세를 돌아보니 멀수록 더욱 좋구나

(인간: 사람이 사는 세상)

추 2 : 가을의 풍성함과 속세를 떠난 삶의 즐거움

시어 시구 풀이

앞 개에 안개 걷고~낮물이 밀려온다 → 출항(배가 항구를 떠나감)하기에 좋은 날씨와 조건을 갖추었음을 감각적으로 묘사하고 있다.

배 떠라 배 떠라 → 출항을 하기 위해 배를 띄우고자 함을 알 수 있다. 매 수마다 있는 초장과 중장 사이의 여음구는 출항에서 귀항(배가 출발하였던 항구로 다시 돌아가거나 돌아옴)까지의 어부의 하루 일과를 차례로 보여 주어 작품을 유기적으로 연결하며, 시구를 반복하여 운율감을 형성하는 역할을 한다.

지국총 지국총 어사와 → 노 젓는 소리인 '지국총(찌끄덩)'과 노를 저으며 외치는 소리인 '어사와(어여차)'를 사용하여 뱃놀이를 즐기는 화자의 모습을 사실적으로 드러내고 있으며, 동일한 여음구를 각 수마다 반복하여 강호에서 느끼는 흥취를 부각하고 있다.

돛 달아라 돛 달아라 → 배가 바람을 받아 앞으로 나아갈 수 있도록 돛을 달고자 하고 있다.

여름 바람 정할소냐~아니 좋을런가 → 배 위에서 여름 바람을 즐기며 뚜렷한 목적지 없이 유유자적하는 화자의 모습을 확인할 수 있다. 이를 통해 화자는 생업이 아닌 자연을 완상(즐겨 구경함)하기 위해 배를 탄 것임을 알 수 있다.

수국에 가을이 드니~실컷 용여하자 → 물이 많은 강촌이라는 뜻의 '수국'은 화자가 은거하고 있는 보길도를 의미하는 시어이다. 가을을 맞아 풍요로워진 보길도의 모습과 그곳에 은거하며 여유로운 삶을 즐기는 화자의 모습이 드러난다.

닻 들어라 닻 들어라 → 배를 움직이기 위해 배를 고정해 두었던 닻을 들어 올리고자 하고 있다.

인간을 돌아보니 멀수록 더욱 좋다 → 속세에 대한 화자의 부정적 인식을 드러냄과 동시에 속세를 떠나 자연에 은거하는 자신의 삶에 대한 만족감을 표출하고 있다.

기러기 떴는 밖에 못 보던 뫼 뵈는고야 (기러기: 계절(가을))	⇒ 기러기 떠 있는 밖에 못 보던 산이 보이는구나
이어라 이어라	⇒ (노) 저어라 (노) 저어라
낚시질도 하려니와 취한 것이 이 흥이라	⇒ 낚시질도 하겠지만 (내가) 취한 것은 바로 (자연을 즐기는) 흥이로다
지국총 지국총 어사와	⇒ 찌꺼덩 찌꺼덩 어여차
석양(夕陽)이 비치니 천산(千山)이 금수(錦繡) ㅣ로다 (천산: 이곳저곳에 있는 여러 산 / 금수: 수를 놓은 비단)	⇒ 석양이 비치니 온 산이 수놓은 비단같구나

추 4 : 자연을 대한 즐거움

물가의 외로운 솔 혼자 어이 씩씩한고 (물가의 외로운 솔: 겨울에도 변함없이 푸르른 소나무 / 씩씩한고: 설의법)	⇒ 물가에 외로운 소나무 혼자 어찌 씩씩한가?
배 매어라 배 매어라	⇒ 배 매어라 배 매어라
머흔 구름 한(恨)치 마라 세상을 가리온다 (머흔: 험하고 사나운 / ▒ : 속세를 차단해 주는 대상)	⇒ 험하고 사나운 구름 원망하지 마라 인간 세상을 가리운다
지국총 지국총 어사와	⇒ 찌꺼덩 찌꺼덩 어여차
파랑성(波浪聲)을 염(厭)치 마라 진훤(塵喧)을 막는도다 (파랑성: 파도 소리 / 염치: 싫어하지 / 진훤: 속세의 시끄러움)	⇒ 파도 소리 싫어하지 마라 속세의 시끄러움을 막는도다

동 8 : 속세와 단절된 자연 속에서의 삶

기러기 떴는 밖에~취한 것이 이 흥이라 → 높고 푸른 가을 하늘로 인해 평소에는 보지 못했던 산을 발견하게 되었음을 알 수 있다. 낚시를 하는 즐거움뿐만 아니라 자연을 감상하며 느끼는 즐거움으로 인해 흥에 한껏 취해 있는 화자의 모습이 드러난다.

이어라 이어라 → 배가 앞으로 나아갈 수 있도록 노를 젓고자 하고 있다.

석양이 비치니 천산이 금수ㅣ로다 → 화자는 석양이 질 무렵 단풍으로 물든 산의 모습이 마치 수를 놓은 비단처럼 아름답다며 감탄하고 있다.

물가의 외로운 솔 혼자 어이 씩씩한고 → 화자는 물가에 홀로 서 있는 소나무의 모습에 자신을 투영하여 세속에 물들지 않고 고고하고 청렴한 삶을 살아가려는 태도를 드러내고 있다.

배 매어라 배 매어라 → 배 위에서 여흥을 누리기 위해 배가 한곳에 머무를 수 있도록 준비하고 있다.

머흔 구름 한치 마라~진훤을 막는도다 → 세상과 단절된 채 자연에 은거하여 살아가고자 하는 화자의 모습이 드러나 있다. 속세를 가려 주는 '머흔 구름'과 속세의 시끄러움을 막아 주는 '파랑성'은 속세를 차단해 준다는 점에서 긍정적 의미로 사용되고 있다.

STEP 03 작품 해제

나BS 수능완성 | 고전문학

01 | 주제

자연 속에서 한가롭게 살아가는 어부 생활의 여유와 흥취

02 | 특징

① 아름다운 경치와 한가한 생활의 흥취를 읊은 화자 중심의 시
② 사계절 동안의 어부의 생활을 노래한 것으로, 춘하추동 각 계절마다 10수씩 총 40수로 이루어짐.
③ 초장과 중장, 중장과 종장 사이에 여음구(후렴구)가 있음.
④ 계절의 흐름에 따라 시상을 전개함.
⑤ 비유법, 설의법, 감정 이입 등 다양한 표현법을 통해 화자의 감상과 시적 상황을 효과적으로 전달함.

03 | 작품 해제

이 작품은 작가가 65세 때 전남 보길도에 은거하며 지은 총 40수의 연시조로, 계절마다 펼쳐지는 어촌의 아름다운 경치와 어부 생활의 흥취를 담아 춘하추동 각 계절을 10수씩 읊고 마지막에 '어부사시사여음'이라고 하여 '만흥' 1수를 덧붙였다. 각 계절의 10수는 출항에서 귀항까지 어부의 하루 일과를 시간 순서로 읊었는데 세속을 벗어나 자연과의 합일을 추구하는 삶의 경지를 아름답게 표현하였다. 또한 우리말의 아름다움을 잘 드러내었으며 대구법, 시간의 흐름에 따른 시상 전개 등 다양한 표현법을 뛰어나게 활용하여 시조 문학사에서 높은 평가를 받고 있다.

STEP 04

논문으로 만나는 출제자의 시선

나BS 수능완성 | 고전문학

「어부사시사」의 유기적 구조

「어부사시사」는 『악장가사』에 수록된 「어부가」의 말뜻이 대체로 불완전하다는 결함을 바로잡고자 그 뜻을 부연하여 지은 작품이다. 전체적인 구성이 비조직적이고 일관성이 없는 「어부가」와 달리, 「어부사시사」는 철저히 유기적인 구성을 보이고 있다. 전체를 춘하추동 사계절의 네 편으로 하고 있는 점과 각 편을 10수로 다듬은 점만 하더라도 그 정제성(정돈하여 가지런히 한 특성)을 알 수 있다.

각 편의 작품 구조에서 우선 눈에 띄는 것은 10수로 된 노래의 조직이 질서 정연하다는 점이다. 10수는 다시 하루 일과를 다음과 같이 각기 공통된 내용과 동일한 여음구의 반복으로 질서 있게 나타내고 있다.

	내용	여음
1수	기상 등 자연조건이 낚시와 뱃놀이를 하기에 알맞음	배 떠라 배 떠라(배 띄워라)
2수	간단한 출발 준비와 설렘	닻 들어라 닻 들어라(닻 올려라)
3수	방향 설정과 배 띄우기	돛 달아라 돛 달아라(돛 달아라)
4 · 5수	목적지를 향한 배의 진행	이어라 이어라(노 저어라)
6수	날이 저물 무렵의 정경과 회선(배를 돌려 돌아옴)	돛 디여라 돛 디여라(돛 내려라)
7수	귀착점(돌아가 도착한 곳)에서 보는 정경	배 셰여라 배 셰여라(배 세워라)
8수	배 위에서 잠시 여흥을 누림	배 매어라 배 매어라(배 매어라)
9수	배를 고정시키고 낚시 도구 손질	닻 디여라 닻 디여라(닻 내려라)
10수	강호 생활을 만족하며 귀가	배 븟텨라 배 븟텨라(배 대어라)

위와 같이 계절별 10수는 각 수마다 낚시와 뱃놀이의 과정에 따른 강호 생활 내용이 그와 상응하는 여음구와 함께 반복되면서 통일된 전체 구조를 보이고 있다. 즉 춘하추동 네 편의 노래는 각 편이 각각 완벽한 유기적 구성을 지니고 있으면서도 「어부사시사」 전편으로 볼 때는 다시 한 편의 질서를 이루고 있는 것이다.

한편, 사계절의 네 편은 일 년의 한 주기를 이룬다는 점에서도 그러하지만 노래에 있어서도 봄은 '강촌 온갖 꽃'을 드러냄으로써 아름다움을 나타내는 주변의 경관을 묘사하는 발단적인 출발을 보이는가 하면, 여름에는 '연강텹장(안개 낀 강과 첩첩이 싸인 봉우리)'의 원경을 그려 냄으로써 전개적인 시상을 확대하고 있고, 가을에서는 '추강(가을 강)이 으뜸이라'고 함으로써 절정에 달하는 정서의 고양을 보여 준 다음, 겨울에서 '천지폐색(천지가 눈과 구름으로 꽉 차있음)'의 대단원적인 구조를 보이고 있다. 이러한 점을 고려할 때 「어부사시사」는 아주 작은 구조부터 전체의 커다란 구조에 이르기까지 완벽에 가까운 유기적 질서를 보이고 있음을 알 수 있다.

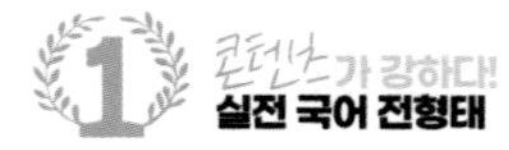

다음 글을 읽고 물음에 답하시오.

(가)

자연을 소재로 한 시조 작품들은 조선 시대 사대부들에 의해 창작된 시조 문학의 주류를 이루고 있다. 사대부들은 이들 시조를 통해 자연과 현실의 관계에 대한 인식을 드러내었다. 이들에게 있어 자연은 질서와 조화를 이룬 아름다움의 공간이자 완상의 대상이었다. 또한 자연은 영원불변한 우주 만물의 보편타당한 이치이자 인간이 지향해야 할 대상으로서의 천리(天理)가 구현된 관념적 공간이었다. 따라서 자연의 본성을 궁구하는 것은 이를 통해 자연에서 발견한 천리를 인간의 현실에서도 실현하기 위한 노력이었다. 자연을 소재로 한 사대부들의 시조는 이러한 노력을 형상화한 결과라 할 수 있다.

[A]
청산(靑山)ᄂᆞᆫ 엇뎨ᄒᆞ야 만고(萬古)애 프르르며
유수(流水)ᄂᆞᆫ 엇뎨ᄒᆞ야 주야(晝夜)애 긋디 아니ᄂᆞᆫ고
우리도 그치디 마라 만고상청(萬古常靑)호리라

- 이황, 「도산십이곡」 〈후 5〉 -

위 시조에는 자연에 구현된 천리가 곧 인간이 추구해야 할 보편타당한 이치라고 보는 시각과 함께, 자연을 닮고자 하는 노력을 통해 현실에서도 천리를 구현하는 것이 가능하다는 인식이 바탕에 깔려 있다. 현실의 변화 가능성에 대한 이러한 긍정적 인식은 자연을 소재로 한 16세기 사대부들의 시조에서 빈번히 드러나는데, 이는 무수한 좌절을 겪은 끝에 도덕적, 이념적 정당성을 내세워 현실 정치를 주도하게 되었던 당대 사대부들의 낙관적 전망에서 비롯된 것으로 볼 수 있다.

그러나 17세기에 들어 사대부들은 당쟁과 외적의 침략으로 혼란스러워진 현실에서 성리학적 이념과 도덕의 영향력이 점점 약해지는 것을 지켜보게 되었다. 이 시기 사대부들의 시조에서 자연은 여전히 천리가 구현되어 있으며 질서와 조화를 보여 주는 공간으로 간주되었지만, 현실은 이와는 거리가 먼 혼탁함과 부조리의 공간으로 여겨졌다. 이들 시조에서 화자는 자연의 아름다운 풍광에 몰입하고 그 흥취를 즐긴다. 그러는 가운데 이와는 동떨어진 현실에 대한 거리감과 안타까움을 표현하기도 한다. 윤선도의 「어부사시사」에서도 이러한 양상을 확인할 수 있다.

(나)

압개예 **안ᄀᆡ** 것고 뒫뫼희 **ᄒᆡ** 비췬다
ᄇᆡ떠라 ᄇᆡ떠라
밤믈은 거의 디고 **낟믈**이 미러 온다
지국총 지국총 어사와
강촌(江村) 온갓 고지 먼 빗치 더옥 됴타 〈춘 1〉

우ᄂᆞᆫ 거시 **벅구기**가 프른 거시 **버들숩**가
이어라 이어라
어촌 두어 집이 ᄂᆡᆺ 속의 나락 들락
지국총 지국총 어사와
말가ᄒᆞᆫ 기픈 소희 **온간 고기 뛰노**ᄂᆞ다 〈춘 4〉

긴 날이 져므ᄂᆞᆫ 줄 흥(興)에 미쳐 모ᄅᆞ도다
돋디여라 돋디여라
ᄇᆡᆺ대ᄅᆞᆯ 두드리고 수조가(水調歌)ᄅᆞᆯ 블러 보쟈
지국총 지국총 어사와
애내성 중에 **만고심(萬古心)***을 긔 뉘 알고 〈하 6〉

수국(水國)에 ᄀᆞ을히 드니 고기마다 ᄉᆞᆯ져 읻다
닫드러라 닫드러라
만경 징파(萬頃澄波)에 슬ᄏᆞ지 용여ᄒᆞ쟈
지국총 지국총 어사와
인간(人間)을 도라보니 **머도록 더욱 됴타** 〈추 2〉

- 윤선도, 「어부사시사」 -

*애내성 중에 만고심 : 주자의 '무이구곡가' 중 한 구절을 인용한 것으로, '사공의 뱃노래에 드러난 세상 만고의 근심'을 뜻함.

01. (가)에서 확인할 수 있는 내용으로 적절하지 <u>않은</u> 것은?

① 17세기 사대부들의 시조에서 나타나는 현실에 대한 부정적 인식은 이들이 당시 경험한 현실의 혼란이 반영된 것이다.
② 이전 시기의 시조와 달리 17세기 사대부들의 시조에서는 천리와 자연이 상호 대립적인 것으로 인식되었다.
③ 현실의 변화 가능성에 대한 16세기 사대부들의 낙관적 전망은 이들에 의해 창작된 시조의 내용에 영향을 주었다.
④ 16세기와 17세기 사대부들의 시조에는 자연을 관념적 공간으로 인식하는 경향이 나타나 있다.
⑤ 조선 시대 사대부들은 시조를 통해 자연과 현실의 관계에 대한 인식을 드러내었다.

02. (가)의 맥락에서 [A]에 대해 이해한 내용으로 적절하지 <u>않은</u> 것은?

① '청산', '유수'는 모두 인간이 지향해야 할 대상으로서의 천리를 연상시키는 소재라 할 수 있다.
② '만고애 프르르며', '주야애 긋디 아니ᄂᆞᆫ고'는 '청산'과 '유수'를 통해 드러난 보편타당한 이치의 속성을 표현한 것으로 볼 수 있다.
③ 초, 중장은 인간의 현실에서 천리를 구현하고자 하는 과정에서 겪을 수밖에 없는 어려움에 대한 한탄을 표현한 것으로 볼 수 있다.
④ 종장에서 '청산'과 '유수'의 속성을 '우리'와 관련된 것으로 재진술한 것은, 자연에 구현된 천리를 인간이 추구해야 할 이치로 보는 시각을 드러낸 것으로 볼 수 있다.
⑤ 종장은 자연을 닮고자 하는 노력을 통해 현실 속에서 천리를 구현하고자 하는 태도를 드러낸 것으로 볼 수 있다.

03. (가)를 바탕으로 하여 (나)를 감상한 내용으로 적절하지 않은 것은?

① 〈춘 1〉에서 시간의 흐름에 따라 교차하는 '안개'와 '히', '밤믈'과 '낟믈'은 자연의 질서와 조화를 드러내는 것으로 볼 수 있군.
② 〈춘 4〉에서 '어촌 두어 집'은 '벅구기'와 '버들숩'이 어우러진 가운데 '온간 고기 뛰노'는 자연의 모습과 대조를 이루면서 현실의 혼탁함을 드러내는 것으로 볼 수 있군.
③ 〈하 6〉에서 '만고심'이란 어부 생활의 풍류를 즐기면서도 한편으로는 현실을 떠올리고 안타까워하는 화자의 내면을 가리키는 것으로 볼 수 있군.
④ 〈추 2〉에서 '만경 징파에 슬ㅋ지 용여ᄒᆞ쟈'는 화자의 말은 자연에 몰입하여 흥취를 즐기고자 하는 태도를 드러낸 것으로 볼 수 있군.
⑤ 〈추 2〉에서 '머도록 더욱 됴타'는 것은 '인간'으로 제시된 현실의 부조리함에 대한 화자의 거리감을 반영한 표현으로 볼 수 있군.

다음 글을 읽고 물음에 답하시오.

방초(芳草)를 밟아 보며 난초 영지도 뜯어보자
배 세워라 배 세워라
일엽편주(一葉片舟)*에 실은 것이 무엇인가
지국총(至匊悤) 지국총(至匊悤) 어사와(於思臥)
㉠ 갈 때는 안개뿐이요 올 때는 달이로다

〈춘(春) 7〉

궂은 비 멎어 가고 시냇물이 맑아 온다
배 띄워라 배 띄워라
㉡ 낫대를 둘러메니 깊은 흥을 못 참겠다
지국총(至匊悤) 지국총(至匊悤) 어사와(於思臥)
㉢ 연강첩장(煙江疊嶂)*은 뉘라서 그려낸고

〈하(夏) 1〉

옷 위에 서리 오되 추운 줄을 모르겠다
닻 내려라 닻 내려라
㉣ 조선(釣船)*이 좁다 하나 부세(浮世)*와 어떠한가
지국총(至匊悤) 지국총(至匊悤) 어사와(於思臥)
㉤ 내일도 이리하고 모레도 이리하자

〈추(秋) 9〉

[A]
물가의 외로운 솔 혼자 어찌 씩씩한고
배 매어라 배 매어라
험한 구름 한(恨)치 마라 세상을 가리운다
지국총(至匊悤) 지국총(至匊悤) 어사와(於思臥)
파랑셩(波浪聲)* 염(厭)치* 마라 진훤(塵喧)*을 막는도다

〈동(冬) 8〉

- 윤선도, 「어부사시사(漁父四時詞)」 -

*일엽편주 : 한 척의 작은 배.
*연강첩장 : 안개 낀 강과 겹겹이 쌓인 산봉우리.
*조선 : 낚싯배. / *부세 : 헛되고 덧없는 세상. / *파랑셩 : 물결 소리.
*염치 : 싫어하지. / *진훤 : 속세의 시끄러움.

04. 윗글의 표현상 특징에 대한 설명으로 가장 적절한 것은?

① 의문형 어구를 반복하여 심리적 갈등을 드러내고 있다.
② 대상을 점층적으로 강조하여 시적 긴장감을 높이고 있다.
③ 통사 구조가 유사한 구절을 대응시켜 운율을 형성하고 있다.
④ 색채어를 활용하여 시의 분위기를 다채롭게 조성하고 있다.
⑤ 상승 이미지와 하강 이미지를 반복하여 심리 변화의 양상을 표현하고 있다.

05. ㉠~㉤을 중심으로 시적 상황을 추리했을 때, 적절하지 않은 것은?

① ㉠에서 화자가 친숙하게 대하는 소재인 '달'은 자연에 동화된 삶을 드러내는 군.
② ㉡에서 화자의 흥을 돋우는 '낫대'는 자연에서 느끼는 충만감을 고조시키는 군.
③ ㉢에서 '그려낸' 것으로 여기는 '연강첩장'은 자신을 둘러싼 자연에 대한 긍정적 인식을 나타내는군.
④ ㉣에서 '부세'와 대응하는 '조선'은 세속적 삶에 대한 화자의 미련을 반영하는군.
⑤ ㉤에서 화자가 기대하는 '내일'과 '모레'에는 현재의 삶이 지속되기를 바라는 심리가 내재되어 있군.

06. [A]와 〈보기〉를 비교하여 감상한 내용으로 가장 적절한 것은?

<보기>

강호 한 꿈을 꾼 지도 오래러니
입과 배가 누가 되어 어즈버 잊었도다
저 물을 바라보니 푸른 대도 하도 할샤
훌륭한 군자들아 낚대 하나 빌려스라
갈대꽃 깊은 곳에 명월 청풍 벗이 되어
임자 없는 풍월 강산에 절로절로 늙으리라
무심한 백구(白鷗)야 오라 하며 말라 하랴
다툴 이 없을 건 다만 이건가 여기노라

- 박인로, 「누항사(陋巷詞)」 -

① 〈보기〉는 [A]와 달리 현실 개혁에 대한 화자의 의지를 드러내고 있다.
② [A]는 〈보기〉와 달리 현재의 삶에 순응하려는 자세를 보이고 있다.
③ [A]의 '구름'은 〈보기〉의 '명월'과 달리 부정적 현실을 차단하는 자연물로 기능하고 있다.
④ [A]는 '물가'와 '세상'의 대비를 통해, 〈보기〉는 '강호'와 '풍월 강산'의 대비를 통해 주제를 부각하고 있다.
⑤ [A]와 〈보기〉 모두 화자 자신의 삶에 대해 반성하는 태도를 보이고 있다.

9 작자 미상, 서경별곡

STEP 01 OX 문제를 통한 지문 이해 훈련

나BS 수능완성 | 고전문학

서경(西京)이 아즐가 서경이 서울이지마는
　위 두어렁셩 두어렁셩 다링디리
닦은 곳 아즐가 닦은 곳 쇼셩경* 고외마른*
　위 두어렁셩 두어렁셩 다링디리
여히므론* 아즐가 여히므론 길쌈베 버리고
　위 두어렁셩 두어렁셩 다링디리
괴시란디* 아즐가 괴시란디 우러곰* 좇겠나이다
　위 두어렁셩 두어렁셩 다링디리

구스리 아즐가 구스리 바위에 떨어진들
　위 두어렁셩 두어렁셩 다링디리
끈이야 아즐가 끈이야 끊어지리까 나난*
　위 두어렁셩 두어렁셩 다링디리
천 년을 아즐가 천 년을 홀로 살아간들
　위 두어렁셩 두어렁셩 다링디리
신(信)이야 아즐가 신(信)이야 끊어지리까 나난
　위 두어렁셩 두어렁셩 다링디리

대동강 아즐가 대동강 넓은 줄 몰라서
　위 두어렁셩 두어렁셩 다링디리
배 내어 아즐가 배 내어놓느냐 사공아
　위 두어렁셩 두어렁셩 다링디리
네 각시 아즐가 네 각시 럼난디* 몰라서
　위 두어렁셩 두어렁셩 다링디리
가는 배에 아즐가 가는 배에 얹었느냐 사공아
　위 두어렁셩 두어렁셩 다링디리
대동강 아즐가 대동강 건너편 꽃을
　위 두어렁셩 두어렁셩 다링디리
배 타 들면 아즐가 배 타 들면 꺾으리이다 나난
　위 두어렁셩 두어렁셩 다링디리

*쇼셩경 : 작은 서울. 지금의 평양.
*고외마른 : 사랑하지마는.
*여히므론 : 이별할 바엔.
*괴시란디 : 사랑하신다면.
*우러곰 : 울면서.
*나난 : 의미 없이 흥을 일으키는 여음구.
*럼난디 : 음란한 줄.

OX문제

01 명시적 청자에게 말을 건네는 방식으로 화자의 감정을 드러내고 있다. [2024학년도 수능] (O / X)
02 여성의 생활에 밀접한 소재를 활용하여 흘러가는 세월에 대한 화자의 인식을 표현하였다. [2022학년도 9월] (O / X)
03 화자에게 '서경'은 사랑하는 공간이자, 임과의 사랑을 위해 기꺼이 떠날 수 있는 공간이다. (O / X)
04 화자는 '대동강 넓은 줄' 모르고 아직 '배'를 '내어놓'지 않은 '사공'을 원망하고 있다. (O / X)
05 설의적 표현을 사용하여 인물의 정서를 강조하고 있다. [2024학년도 9월] (O / X)

STEP
02 지문 분석

나BS 수능완성 | 고전문학

서경(西京)이 아즐가 서경이 서울이지마는 (서경: 평양) ▨ : 여음구 (운율을 맞추기 위해 인위적으로 사용하는 의미 없는 말)	⇒ 평양(서경)이 작은 수도(제2의 수도)이지만
위 두어렁셩 두어렁셩 다링디리	⇒ 위 두어렁셩 두어렁셩 다링디리
닷곤 곳 아즐가 닷곤 곳 쇼셩경 고외마른 (닷곤 곳: 손질하고 고친 곳 / 쇼셩경: 서경 / 고외마른: 사랑하지마는)	⇒ 새로 닦은 작은 수도인 서경을 사랑하지만
위 두어렁셩 두어렁셩 다링디리 □ : 화자가 여성임을 알 수 있는 소재	⇒ 위 두어렁셩 두어렁셩 다링디리
여히므론 아즐가 여히므론 길쌈뵈 버리고 (여히므론: 이별할 바엔 / 길쌈뵈: 실을 내어 옷감을 짜는 모든 일)	⇒ (사랑하는 임과) 이별할 바엔 길쌈하던 베를 버리고
위 두어렁셩 두어렁셩 다링디리	⇒ 위 두어렁셩 두어렁셩 다링디리
괴시란ᄃᆡ 아즐가 괴시란ᄃᆡ 우러곰 좃니노이다 (괴시란ᄃᆡ: 사랑하신다면 / 우러곰 좃니노이다: 이별을 적극적으로 거부함.)	⇒ (임이 나를) 사랑하신다면 울면서 (임을) 쫓겠습니다.
위 두어렁셩 두어렁셩 다링디리	⇒ 위 두어렁셩 두어렁셩 다링디리

1연 : 떠나는 임을 따라 가겠다는 의지

『 』: 「정석가」 6연과 유사한 부분 → 구전되는 과정에서 덧붙여진 것이라는 해석

▨ : 사랑, 믿음
▨ : 시련, 고난

『구스리 아즐가 구스리 바회에 디신ᄃᆞᆯ	⇒ 구슬이 바위에 떨어진들
위 두어렁셩 두어렁셩 다링디리	⇒ 위 두어렁셩 두어렁셩 다링디리
긴히ᄯᆞᆫ 아즐가 긴히ᄯᆞᆫ 그츠리잇가 나ᄂᆞᆫ (그츠리잇가: 설의법)	⇒ 끈이야 끊어지겠습니까?
위 두어렁셩 두어렁셩 다링디리	⇒ 위 두어렁셩 두어렁셩 다링디리
즈믄 ᄒᆡ를 아즐가 즈믄 ᄒᆡ를 외오곰 녀신ᄃᆞᆯ (즈믄 ᄒᆡ를: 매우 긴 세월)	⇒ 천 년을 홀로 살아간들
위 두어렁셩 두어렁셩 다링디리	⇒ 위 두어렁셩 두어렁셩 다링디리
신(信)잇ᄃᆞᆫ 아즐가 신(信)잇ᄃᆞᆫ 그츠리잇가 나ᄂᆞᆫ』 (그츠리잇가: 설의법)	⇒ (임에 대한) 믿음이야 끊어지겠습니까?
위 두어렁셩 두어렁셩 다링디리	⇒ 위 두어렁셩 두어렁셩 다링디리

2연 : 임에 대한 변치 않는 사랑과 믿음

시어 시구 풀이

서경이 아즐가 서경이 서울이지마는~우러곰 좃니노이다 → 화자는 임이 자신을 떠난다면 자신의 삶의 터전인 서경과 생계 수단인 '길쌈베'를 버리고서라도 임을 쫓아가겠다고 이야기하고 있다. 임과의 이별을 적극적으로 거부하는 화자의 태도가 드러난다.

위 두어렁셩 두어렁셩 다링디리 → 특별한 의미 없이 리듬감과 경쾌한 분위기를 형성하기 위해 형식적으로 붙여진 후렴구.

구스리 아즐가~신이야 끊어지리까 나난 → '구슬', '끈', '신'은 임에 대한 화자의 사랑과 믿음을, 구슬이 떨어지는 '바위'는 사랑의 방해물, 즉 시련을 상징한다. 화자는 이러한 상징적 시어들과 설의적 표현을 사용하여 임과 이별을 하더라도 임과의 인연과 임에 대한 자신의 사랑은 변하지 않을 것임을 강조하고 있다.

대동강 아즐가 대동강 넓은 줄 몰라서 이별의 공간 / 공간적·심리적 거리감	⇒ 대동강이 넓은 줄 몰라서
위 두어렁셩 두어렁셩 다링디리	⇒ 위 두어렁셩 두어렁셩 다링디리
배 내어 아즐가 배 내어놓느냐 사공아 임이 화자를 떠날 수 있게 하는 수단 / ↳ 원망 전가의 대상	⇒ 배를 내어 놓았느냐? 사공아
위 두어렁셩 두어렁셩 다링디리	⇒ 위 두어렁셩 두어렁셩 다링디리
네 각시 아즐가 네 각시 럼난디 몰라서 '사공'의 각시 / 음란한 줄	⇒ 네(사공) 각시가 음란한 줄 몰라서
위 두어렁셩 두어렁셩 다링디리	⇒ 위 두어렁셩 두어렁셩 다링디리
가는 배에 아즐가 가는 배에 얹었느냐 사공아 임에 대한 원망을 '사공'에게 돌림.	⇒ 가는 배에 (임을) 얹었느냐? 사공아
위 두어렁셩 두어렁셩 다링디리	⇒ 위 두어렁셩 두어렁셩 다링디리
대동강 아즐가 대동강 건너편 꽃을 다른 여인 → 질투의 대상	⇒ 대동강 건너편의 꽃을
위 두어렁셩 두어렁셩 다링디리	⇒ 위 두어렁셩 두어렁셩 다링디리
배 타 들면 아즐가 배 타 들면 꺾으리이다 나난 임의 변심에 대한 불안함	⇒ (임이) 배를 타고 건너가면 (대동강 건너편 꽃을) 꺾을 것이다.
위 두어렁셩 두어렁셩 다링디리	⇒ 위 두어렁셩 두어렁셩 다링디리

3연 : 사공에 대한 원망과 떠나는 임에 대한 불안감

대동강 아즐가 대동강 넓은 줄 몰라서~배 내어놓느냐 사공아 → '대동강'은 임이 화자를 떠나는 이별의 공간이며, '배'는 임이 화자를 떠날 수 있게 하는 수단이다. 떠나는 임에 대한 원망을 애꿎은 '사공'에게 전가하는 화자의 모습이 드러나고 있다.

네 각시 아즐가 네 각시 럼난디 몰라서~가는 배에 얹었느냐 사공아 → '사공'의 아내가 음란한 마음이 들었다는 것은 바람을 피운다는 의미로, 임이 탄 배가 떠나지 못하게 만들기 위해 꾸며 낸 화자의 거짓말이다.

대동강 아즐가 대동강 건너편 꽃을~꺾으리이다 나난 → '건너편 꽃'은 다른 여인을 뜻하는 말로, 화자가 질투하는 대상이다. 꽃을 꺾는다는 것은 여인의 정조를 앗는다는 비유로, '꺾으리이다'는 임이 다른 여인과 사랑을 맺을 것이라는 화자의 불안감이 나타나는 표현으로 볼 수 있다.

STEP

03 작품 해제

01 | 주제

임에 대한 사랑과 이별의 정한

02 | 특징

① 임과의 이별 상황에서 느끼는 정한을 노래한 화자 중심의 시
② 비유법, 설의법 등을 사용하여 정서를 강조함.
③ 후렴구와 여음구를 활용하여 운율감을 형성함.

03 | 작품 해제

이 작품은 임에 대한 사랑과 이별의 정한을 노래하는 고려 가요이다. 고려 가요인 「가시리」와 「서경별곡」에 드러나는 한(恨)의 정서는 고대 가요부터 고려 가요, 조선 시대의 시가, 김소월의 「진달래꽃」과 같은 현대시에 이르기까지 우리 민족의 문학에서 보편적으로 드러나는 정서에 해당한다. 1연에서 생계 수단인 '길쌈베'를 버리면서까지 임을 쫓으려 하는 화자는 「가시리」의 화자보다 더욱 적극적인 여성상을 보인다. 2연에서는 임에 대한 영원한 사랑과 신뢰를 '구슬', '끈'과 같은 상징적 소재를 통해 드러낸다. 3연에서 화자는 자신을 떠난 임에 대한 원망을 애꿎은 '사공'에게 돌려 표현하고 있다. 이는 임에 대한 신뢰가 끊어지지 않을 것이라던 2연의 태도와는 사뭇 다르다. 또한 2연의 구슬 노래를 고려 가요 「정석가」의 6연에서 찾을 수 있는 것으로 보아, 당시 유행하던 노래가 구전 과정에서 덧붙여진 것으로 보는 의견이 있다. 형식상 북소리를 흉내 낸 후렴구와 의미가 없는 여음구를 사용하여 운율감을 확보하고, 연이 구별되어 있는 분연체의 형식을 가지고 있다.

STEP 04

논문으로 만나는 출제자의 시선

'배'의 의미

「서경별곡」 3연에 나타나는 '배'는 '도강(강을 건넘)의 수단'이면서 동시에 '이별의 계기'가 되고 있다는 점에 주목할 필요가 있다. 「서경별곡」 3연에서 사공을 탓하는 표현인 '배 내어놓느냐 사공아'와 '가는 배에 얹었느냐 사공아'에 초점을 맞추어 작중의 상황을 이해해 보면, 이 구절에서 화자는 사공이 대동강에 배를 내어놓은 것이 첫 번째로 탓할 만한 일이지만 그가 배를 내어놓았더라도 임을 태우지 않았으면 별일이 없었을 터인데, 사공이 임을 그 배에 태우기까지 했기 때문에 자신에게 이별이 닥치게 되었다는 뜻을 나타내고자 한 것으로 읽을 수 있다. 곧 3연에서 **화자는 자신과 임 사이의 이별이 사공이 내어놓은 배와 임을 배에 태운 행위로 인해 발생한 것임을 나타내고 있는 것이다. 이러한 맥락에서 '배'는 '이별의 계기'가 되고 있는 것으로 볼 수 있다.**

「서경별곡」에 대한 또 다른 해석

「서경별곡」은 표면적으로는 남녀 사이의 애정과 이별로 인한 애상적 정서가 드러나지만, 이면적으로는 인종대 서경 천도*와 관련하여 서경 천도파의 정서를 대변한 노래라는 설이 있다. 이와 같은 입장에서는 「서경별곡」이 떠나려는 임을 붙잡으려는 애원과 호소, 변치 않는 충심의 강조, 질책과 원망이 드러난다는 데서, 1132년 인종대에 묘청 중심의 서경 천도파가 천도를 무리하게 추진하면서 생긴 여러 문제들로 인하여 인종의 신뢰를 잃었을 무렵에 지은 노래라고 본다.

이들은 「서경별곡」의 1연은 묘청 중심의 서경 천도파가 인종의 신뢰를 잃고 이별을 맞게 된 상황에서 우리 사랑을 닦은 곳인 '쇼셩경'을 부각시킨 내용이라고 본다. 2연은 서경 천도파의 무리한 천도 추진으로 많은 불미스러운 일들이 일어나자 신뢰를 회복하고자 그들의 변치 않는 충심과 신의를 강조한 부분이라고 본다. 따라서 노랫말에 사용된 '구스리'는 서경 천도에 대한 인종과의 믿음을, '바위'는 서경 천도에 대한 거센 반대 상황을, '끈'은 인종에 대한 서경 천도파의 변치 않는 충심을 비유한 것으로 여긴다. 3연은 사랑하는 임(인종)이 서경 천도의 의지를 철회하고 대동강을 건너 개경으로 돌아가도록 조력하는 천도 반대 세력을 '사공'에 비유하여 그들에 대한 질책과 원망을 담은 내용으로 본다.

*서경 천도(서경 천도 운동) : 고려 인종 때, 묘청을 중심으로 하여 도읍을 개경에서 서경으로 옮기려고 한 운동. 개경파인 문벌 귀족들의 반대로 실패하였다.

STEP

05 나BS 실전 문제

나BS 수능완성 | 고전문학

다음 글을 읽고 물음에 답하시오.

(가)

서경(西京)이 아즐가 서경(西京)이 셔울히마르는
위 두어렁셩 두어렁셩 다링디리
닷곤듸 아즐가 닷곤듸 쇼셩경 고외마른
위 두어렁셩 두어렁셩 다링디리
여히므론 아즐가 여히므는 질삼뵈 ᄇᆞ리시고
위 두어렁셩 두어렁셩 다링디리
괴시란듸 아즐가 괴시란듸 우러곰 좃니노이다
위 두어렁셩 두어렁셩 다링디리

〈제1연〉

[A]
구스리 아즐가 구스리 바회예 디신ᄃᆞᆯ
위 두어렁셩 두어렁셩 다링디리
긴히ᄯᆫ 아즐가 긴힛ᄯᆫ 그츠리잇가 나ᄂᆞᆫ
위 두어렁셩 두어렁셩 다링디리
즈믄 ᄒᆡ를 아즐가 즈믄 ᄒᆡ를 외오곰 녀신ᄃᆞᆯ
위 두어렁셩 두어렁셩 다링디리
신(信)잇ᄃᆞᆫ 아즐가 신(信)잇ᄃᆞᆫ 그츠리잇가 나ᄂᆞᆫ
위 두어렁셩 두어렁셩 다링디리

〈제2연〉

- 작자 미상, 「서경별곡」 -

(나)

이 몸이 녹아져도 옥황상제 처분이요
이 몸이 식여져도 옥황상제 처분이라
녹아지고 식여지어 혼백(魂魄)조차 흩어지고
공산(空山) 촉루(髑髏)*같이 임자 업시 구닐다가
곤륜산(崑崙山) 제일봉의 만장송(萬丈松)이 되어 이셔
바람비 뿌린 소리 님의 귀에 들리기나
윤회(輪廻) 만겁(萬劫)ᄒᆞ여 금강산(金剛山) 학(鶴)이 되어
일만 이천봉에 ᄆᆞ음껏 솟아올라
ᄀᆞ을 ᄃᆞᆯ ᄇᆞᆰ근 밤에 두어 소리 슬피 우러
님의 귀에 들리기도 옥황상제 처분이로다
ᄒᆞᆫ(恨)이 뿌리 되고 눈물로 가지 삼아
님의 집 창밧긔 외나모 매화(梅花) 되어
설중(雪中)에 혼자 피어 침변(枕邊)*에 시드는 듯
월중(月中) 소영(疎影)*이 님의 옷에 빗취어든
어엿븐 이 얼굴을 너로다 반기실가
동풍이 유정(有情)ᄒᆞ여 암향(暗香)을 불어 올려
고결(高潔)ᄒᆞᆫ 이내 생애 죽림(竹林)에나 부치고져
빈 낙대 빗기 들고 빈 ᄇᆡ를 혼자 띄워
백구(白溝) 건네 저어 건덕궁(乾德宮)에 가고지고

- 조위, 「만분가」 -

*공산 촉루 : 텅 빈 산의 해골.
*침변 : 베갯머리.
*월중 소영 : 달빛에 언뜻언뜻 비치는 그림자.

01. (가)와 (나)에 대한 설명으로 가장 적절한 것은?

① (가)의 '셔울'과 (나)의 '건덕궁'은 모두 화자가 현재 머무르고 있는 공간이다.
② (가)의 '질삼뵈'와 (나)의 '빈 낙대'는 모두 화자가 현재 회피하고 싶은 대상이다.
③ (가)의 '우러곰'과 (나)의 '슬피 우러'는 모두 임의 심정을 드러내고 있다.
④ (가)의 '좃니노이다'와 (나)의 '빗취어든'은 모두 임의 곁에 있고 싶은 화자의 소망을 드러내고 있다.
⑤ (가)의 '그츠리잇가'와 (나)의 '반기실가'는 모두 미래 상황에 대한 의혹을 드러내고 있다.

02. (나)에 대한 감상으로 적절하지 않은 것은?

① '임자 업시 구닐'던 '이 몸'이 '학'이 되어 솟아오르게 함으로써 상승의 이미지를 구현하고 있다.
② '만장송'과 '매화'라는 소재를 활용하여 임을 향한 화자의 마음을 표상하고 있다.
③ '바람비 뿌린 소리'와 '두어 소리'의 청각적 이미지를 활용하여 임에게 알리고 싶은 화자의 심정을 나타내고 있다.
④ '매화'의 '뿌리'와 '가지'를 활용하여 'ᄒᆞᆫ'의 정서를 형상화하고 있다.
⑤ 'ᄀᆞ을 ᄃᆞᆯ ᄇᆞᆰ근 밤'과 '월중'이라는 시간적 배경을 통해 임과 재회한 순간을 드러내고 있다.

03. <보기>를 참고할 때, (가)의 [A]와 <보기>의 [B]를 비교하여 이해한 내용으로 적절하지 않은 것은?

<보기>

「서경별곡」의 제2연에서 여음구를 제외한 부분은 당시 유행하던 민요의 모티프를 수용한 것으로, 「정석가」에도 동일한 모티프가 나타난다. 고려 시대의 문인 이제현도 당시에 유행하던 민요를 다음과 같이 한시로 옮긴 적이 있다.

[B]

비록 구슬이 바위에 떨어져도	縱然巖石落珠璣
끈은 진실로 끊어질 때 없으리.	纓縷固應無斷時
낭군과 천 년을 이별한다고 해도	與郎千載相離別
한 점 붉은 마음이야 어찌 바뀌리오?	一點丹心何改移

① [A]와 [B]에서 '구슬'은 변할 수 있는 것을, '긴'이나 '끈'은 변하지 않는 것을 비유하는 소재로 활용하였군.
② [A]에서는 '신'을, [B]에서는 '붉은 마음'을 굳건한 '바위'로 형상화하였군.
③ [A]와 [B] 모두에서 변하지 않는 마음을 소중한 가치로 여기는 화자의 태도가 나타나는군.
④ [A]와 [B]를 보니 동일한 모티프가 서로 다른 형식의 작품으로 수용되었군.
⑤ [A]와 [B]를 보니 여음구의 사용 여부에 차이가 있군.

다음 글을 읽고 물음에 답하시오.

(가)

서경(西京)이 아즐가 서경(西京)이 서울이지마는
위 두어렁셩 두어렁셩 다링디리
닦은 곳 아즐가 닦은 곳 작은 서울 사랑하지마는
위 두어렁셩 두어렁셩 다링디리
여의기보다는 아즐가 여의기보다는 **길쌈 베** 버리시고
위 두어렁셩 두어렁셩 다링디리
괴시란데 아즐가 괴시란데 **우러곰 좇아가겠습니다**.
위 두어렁셩 두어렁셩 다링디리 〈제1연〉

대동강(大同江) 아즐가 대동강(大同江) 넓은지 몰라서
위 두어렁셩 두어렁셩 다링디리
배 내어 아즐가 배 내어 놓았느냐 사공아
위 두어렁셩 두어렁셩 다링디리
네 아내 아즐가 **네 아내 바람난 줄 몰라서**
위 두어렁셩 두어렁셩 다링디리
떠날 배에 아즐가 떠날 배에 태웠느냐 **사공**아
위 두어렁셩 두어렁셩 다링디리
대동강(大同江) 아즐가 대동강(大同江) 건넌편 꽃을
위 두어렁셩 두어렁셩 다링디리
배를 타면 아즐가 **배를 타면 꺾으리이다** 나는
위 두어렁셩 두어렁셩 다링디리 〈제3연〉

- 작자 미상, 「서경별곡」 -

(나)

이 몸이 여자 되어 도로 백년 어려워라. 문 밖에를 아니 나고 안방에서 나서 자라 백년가약 정할 적에 연분(緣分)을 따라가서 불경이부(不更二夫) 굳은 언약 철석(鐵石) 같이 믿었더니 무심(無心)한 한 통의 ㉠ 편지 어디로 온단 말가. 편지 중의 여러 가지 사정(事情) 읽어 보니 아득하다. 회답(回答)을 쓰려 하고 붓을 들고 생각하니 심신(心身)이 황홀하여 말조차 그쳤도다. 어화 편지 내용 중에 군자(君子) 말씀 끝이 없다. 용렬(庸劣)한 이 내 거동(擧動) 무슨 태도 가졌기에 이대도록 눈에 들어 병(病)조차 들단 말가. 그런 마음 가졌으면 어찌 하여 잠잠한가. 다른 곳 가기 전에 무심(無心)이 있지 말고 우리 서로 어렸을 때 한 가지로 놀았으니 날과 언약한 일 없이 혼자 마음 무슨 일고. 삽삽한 이 내 마음 생각하니 후회로다. 일이 이미 이러하니 무슨 묘책 있을까. 광대(廣大)한 천지간에 절색가인(絶色佳人) 무수한데 나 같은 아녀자야 어느 곳에 없을손가. 사세(事勢)가 이러하니 이도 또한 하늘의 뜻이라. 병(病)이 실로 들었으면 마음을 마지못해 하오. 흐르는 이 세월에 아침 이슬 같은 우리 인생 한번 죽어 돌아가면 다시 오기 어려워라. 뼈는 썩어 황토 되고 살은 썩어 물이 된다. 죽은 나를 찾아와서 이런 사정 하오리까. 물로 이룬 마음이라 목석(木石)이 아니거든 이러한 이 인생은 설마 죽게 하리. 그대는 대장부로 천금 같은 귀한 몸을 이 내 일신 위하여서 병이 들어 누었으니 심정을 허비하다 가련이 죽게 되면 억울한 저 혼백이 내 탓을 삼으리라. 백년을 못살거든 남의 명(命)을 끊게 하랴. 이러나 저러나 그대 사정 바라리요. 연분이 있고 보면 자연히 만나리라.

상사(相思)로 깊이 든 병(病) 다 풀치고 기다리소. 금월 모일(某日) 명월야(明月夜)에 아무쪼록 뵈오리다.

- 작자 미상, 「상사회답곡(相思回答曲)」 -

(다)

임진년 왜적을 피하여 북으로 가던 참에 아내는 마침 임신 중이어서 몹시 지친 몸으로 단천에 이르러 아들을 낳으니, 그때가 칠월 초이렛날이었다. 이틀이 지나서 왜적이 갑자기 들이닥치자 순변사 이영은 후퇴하여 마천령을 지키려고 했다. 그래서 나는 어머님과 아내를 이끌고 밤을 새워 고개를 넘어 임명역에 이르렀는데, 아내는 기운이 다하여 말도 제대로 못할 형편이었다. 그때 같은 성씨인 허행이 우리를 맞이해 주어서 해도로 피난을 했으나 거기서도 오래 머물 수가 없었다. 있는 힘을 다하여 산성원에 사는 백성 박논억의 집에 도착했다.

그때가 초열흘날 저녁이었는데, 아내는 그날 밤을 넘기지 못하고 기어이 숨을 거두고 말았다.

…(중략)…

슬프다. 그때 태어난 아들은 젖이 없어 끝내 일찍 죽고 말았다. 처음에 난 딸아이는 자라서 진사 이사성에게 시집가서 아들 딸 하나씩을 낳았다.

기유년에 내가 당상관으로 진급하여 형조참의로 임명되니 법도에 따라 아내를 숙부인으로 추봉하게 되었다. 아내의 맑은 덕행으로도 오래 살지 못하고, 게다가 뒤를 이을 아들도 없으니, 하늘의 도리조차도 믿기 어려운 일이다.

우리가 가난할 때 아내와 마주앉아 짧은 등잔 심지를 돋우고 반짝거리는 불빛에 밤을 밝히며 책을 읽다가 내가 조금이라도 싫증을 내는 기색을 보이면 아내는 반드시 농담 삼아 "게으름 피우지 마세요. 저의 부인첩이 늦어집니다."라고 말했는데, 18년 뒤에야 다만 한 장의 ㉡ <u>빈 교지</u>*를 그녀의 영전에 바치게 되었을 뿐, 그 영화를 누릴 이는 나와 귀밑머리를 마주 푼 짝이 아닐 줄을 어찌 알았으랴. 만약 저승에서나마 이 사실을 안다면 반드시 슬픔을 이기지 못할 것이다.

- 허균, 「망처숙부인김씨행장(亡妻淑夫人金氏行狀)」 -

*교지 : 조선 시대에, 임금이 사품 이상의 벼슬아치에게 주던 인사에 관한 명령서.

04. (가)~(다)의 공통점으로 가장 적절한 것은?

① 상대방의 마음을 돌리려고 애절한 태도를 보이고 있다.
② 상황의 변화에 따라 상대방에 대한 태도가 바뀌고 있다.
③ 상황에 대한 화자의 반응이 구체적으로 제시되고 있다.
④ 영탄적 표현을 사용하여 상대에 대한 화자의 예찬이 나타나고 있다.
⑤ 자연물에 화자의 마음을 투영하여 심리를 간접적으로 드러내고 있다.

05. ㉠과 ㉡에 대한 설명으로 적절한 것은?

① ㉠ : 화자가 부정적으로 인식하는 것
㉡ : 글쓴이가 긍정적으로 인식하는 것
② ㉠ : 화자의 심리적 갈등을 초래하는 계기
㉡ : 글쓴이가 자부심을 느끼게 만드는 계기
③ ㉠ : 화자의 비극적인 사랑을 상징하는 것
㉡ : 아내의 비극적인 운명을 상징하는 것
④ ㉠ : 화자가 자신을 성찰하게 되는 원인
㉡ : 글쓴이가 아내의 사랑을 깨닫게 되는 원인
⑤ ㉠ : 화자의 심경에 변화를 일으키는 계기
㉡ : 글쓴이에게 안타까운 정서를 부각시키는 계기

06. (가)의 시어 및 시구에 대한 설명으로 적절하지 <u>않은</u> 것은?

① '길쌈 베'는 화자가 여성이란 사실을 단적으로 보여준다.
② '우러곰 좇아가겠습니다'는 화자가 이별을 거부하고 있음을 드러낸다.
③ '네 아내 바람난 줄 몰라서'는 음란한 세태를 비판하는 데서 비롯되었다.
④ '사공'은 화자와 임의 사랑을 방해하는 역할을 한다.
⑤ '배를 타면 꺾으리이다'에는 미래에 나타날 임의 행동을 경계하는 심리가 내재되어 있다.

07. (다)의 서술자가 〈보기〉와 같은 시를 창작했다고 할 때, 〈보기〉에 대한 이해로 적절하지 <u>않은</u> 것은?

〈보기〉

오호라 그대의 꽃다운 자태는
가시덤불 아래 누워 있고
그대는 부인첩을 받고도 웃을 줄을 모르누나.
내 마음이 물이라면 세상이 잠기겠네.
만삭의 몸으로 임진년 조총에 이리저리 내몰리다
기운이 다해 먼 길 떠난 그대여
아기에게 젖 한 번 제대로 못 물리고
울며울며 그대가 떠나갈 때,
나도 울었고 하늘도 울었소.
그대와 달을 보며 맺었던 첫날밤 약속은
먼지 마냥 날아가 버렸소.
보고 있어도 볼 수 없는 그대가
구름 낀 하늘 위의 별을 바라듯 진정으로 그립소.

① 〈보기〉는 (다)와 마찬가지로 사별(死別)의 원인을 제시하고 있다.
② 〈보기〉는 (다)와 마찬가지로 당대의 역사적 현실을 배경으로 하고 있다.
③ 〈보기〉는 (다)와 달리, 아내의 죽음에 대한 자식의 반응을 제시하고 있다.
④ 〈보기〉는 (다)에는 없는 새로운 내용을 추가하여 자신의 정서를 드러내고 있다.
⑤ 〈보기〉는 (다)와 달리, 역설적인 표현을 사용하여 그리움의 심정을 드러내고 있다.

나 없이 EBS 풀지마라

수능완성

PART 03 고전 산문

1 남영로, 옥루몽

STEP 01 지문 분석과 OX문제

홍랑이 다시 공중을 향해 두 손으로 쌍검을 받고 바람과 같이 몸을 돌려 말 위에서 춤추며 사방으로 내달리니, 휘날리는 흰 눈이 공중에 나부끼는 듯하고 조각조각 떨어진 꽃잎이 바람 앞에 날리는 듯하더니, 『갑자기 한 줄기 푸른 기운이 안개같이 일어나며 사람과 말이 점점 보이지 않더라. 소유경이 크게 놀라 방천극을 들고 동쪽으로 충돌하면 무수한 부용검이 공중에서 떨어져 내려오고, 서쪽으로 충돌해도 무수한 부용검이 공중에서 떨어져 내려오니, 소유경이 허둥지둥해 우러러보니 무수한 부용검이 하늘에 흩어져 있고, 굽어보니 무수한 부용검이 땅에 가득 차 있어 칼날 천지에서 벗어날 길이 없으매』, 정신이 혼미하고 진퇴할 길이 없어 마치 구름과 안개 사이에 있는 듯하더라.

(홍랑: 남만의 장수가 되어 출전한 강남홍 / 휘날리는 … 떨어진 꽃잎이 바람 앞에 날리는 듯하더니: 홍랑이 말을 타고 내달리는 모습을 감각적, 비유적으로 묘사함. / 『 』: 홍랑의 영웅적 면모가 드러남. / 소유경: 명나라 장수 / 방천극: 언월도나 창 모양으로 만든 옛날 중국 무기의 하나 / 부용검: 금빛, 은빛의 보검 / 진퇴: 앞으로 나아가고 뒤로 물러남. / 정신이 혼미하고 … 있는 듯하더라: 사방이 칼날로 가득 차 있어 이러지도 저러지도 못하는 처지에 놓인 소유경의 처지를 비유적으로 드러냄.)

소유경이 하늘을 우러러 탄식해, / "내가 어찌 이곳에서 죽을 줄 알았으리오?"

방천극을 들어 푸른 기운을 헤쳐 나가고자 하는데, 갑자기 공중에서 낭랑하게 외치는 소리가 들리더라.

"명나라의 이름난 장수를 내 손으로 죽임은 의리가 아니라. 살길을 마련해 주노니, 장군은 원수에게 돌아가 빨리 대군을 거두어 돌아가도록 아뢰어라."

(명나라의 이름난 … 주노니: 홍랑 역시 명나라의 사람이기에 소유경을 죽이지 않고 살려 줌. / 원수: 양창곡)

말을 마치매 푸른 기운이 점차 사라지고, 홍랑이 다시 부용검을 들고 웃으며 바람에 나부끼듯 본진으로 돌아가니, 소유경이 감히 쫓지 못하고 돌아와 양 원수를 뵙고 숨을 헐떡이며 망연자실하더라.

"제가 비록 용렬하나 병서를 여러 줄 읽고 무예를 약간 배워, 전쟁터에 나서면서 겁낸 적이 없고 적을 대해 용맹을 떨쳤나이다. 그런데 오늘 남만 장수는 사람이 아니요 분명 하늘 위의 신으로, 바람 같이 빠르고 번개같이 급해 어지럽고 황홀해 헤아리기 어려우니, 붙잡고자 하나 붙잡을 수 없고 도망가고자 하나 피하기 어렵더이다. 사마양저의 병법과 맹분·오획의 용맹이 있더라도 이 장수 앞에서는 소용없을까 하나이다."

(용렬하나: 사람이 변변하지 못하고 졸렬하나 / 남만 장수: 홍랑 / 바람 같이 … 어려우니: 신출귀몰(그 움직임을 쉽게 알 수 없을 만큼 자유자재로 나타나고 사라짐을 비유적으로 이르는 말)한 홍랑의 재주 / 사마양저의 … 하나이다: 아무리 뛰어난 병법과 용맹을 가지고 있더라도 홍랑을 이길 수는 없을 거라 확신함.)

양 원수가 이 말을 듣고 매우 근심해,

"오늘은 이미 해가 졌으니 내일 다시 싸우되, 만약 이 장수를 사로잡지 못하면 내가 맹세코 회군하지 않으리라."

(회군: 군사를 돌이켜 돌아가거나 돌아옴. / 이 장수를 … 않으리라: 전쟁에서 승리하지 않는다면 본국으로 돌아가지 않을 것임을 다짐함.)

(중략)

(▒ : 서술자의 개입)

양 원수가 귀 기울여 들으니 어찌 그 곡조를 모르리오? 여러 장수를 돌아보며,

(어찌 그 곡조를 모르리오: 연인이었던 강남홍이 자신에게 연주해 주었던 곡이기 때문)

"옛적에 장자방이 계명산에 올라 통소를 불어 초나라 병사들을 흩어지게 했는데, 알지 못하겠도다. 이곳에서 어떤 사람이 능히 이 곡조를 아는고? 내가 어렸을 때 옥피리를 배워 몇 곡조를 기억하니, 이제 마땅히 한 곡조를 시험해 삼군의 처량한 마음을 진정시키리라."

(장자방이 … 흩어지게 했는데: 한나라의 장자방이 옥퉁소로 초나라의 곡조를 불어 초나라 병사들의 사기를 저하시켰다는 고사 / 삼군: 군 전체 / 삼군의 … 진정시키리라: 사기가 저하된 군사들을 위해 옥피리로 연주를 하고자 함.)

상자에서 옥피리를 꺼내어 장막을 높이 걷고 책상에 기대어 한 곡을 부니, 그 소리가 화평하고 호방해, 마치 봄 물결이 천 리 장강에 흐르는 듯하고, 삼월의 화창한 바람이 아름다운 나무에 불어오는 듯해, 한 번 불매 처량한 마음이 기쁘게 풀어지고, 두 번 불매 호탕한 마음이 저절로 생겨나 군중이 자연히 평온해지더라. 양 원수가 또 음률을 바꾸어 한 곡을 부니, 그 소리가 웅장하고 너그러워 도문의 협객이 축에 맞춰 노래하는 듯하고, 변방에 출전하는 장군이 철기를 울리는 듯하더라. 막하 삼군이 기세가 늠름해져 북을 치고 칼춤을 추며 다시 한번 싸우길 원하니, 양 원수가 웃으며 옥피리 불

(▒ 옥피리: 홍랑과 양 원수의 만남을 암시하는 소재 / 한 번 불매 … 평온해지더라: 양 원수의 옥피리 연주로 인해 군사들이 평온해짐. / 막하 삼군이 … 원하니: 양 원수의 옥피리 연주로 인해 사기가 진작된 군사들의 모습 묘사)

기를 그치고 다시 군막으로 들어가 몸을 뒤척이며 생각하되,

'내가 천하를 두루 다니며 인재를 다 보지는 못했으나, 오랑캐 땅에 이렇게 뛰어난 인재가 있을 줄 어찌 알았으리오? 「남만 장수의 무예와 병법을 보니, 참으로 이 나라의 선비 가운데 그와 견줄 사람이 없고 천하의 기재이거늘, 이 밤 옥피리 역시 평범한 사람이 불 수 있는 바가 아니로다.」 이는 하늘이 우리 명나라를 돕지 않고 조물주가 나의 큰 공로를 시기해 인재를 내어 남만 왕을 도움이로다.'

(뛰어난 인재: 홍랑 / 기재: 아주 뛰어난 재주를 가진 사람 / 「 」: 홍랑의 능력을 높이 평가하는 양 원수의 모습이 드러남.)

잠을 이루지 못하다 군막으로 소사마를 다시 불러 묻기를, / "장군이 어제 진중에서 남만 장수의 용모를 자세히 보았는가?"

(소사마: 소유경 / 용모: 사람의 얼굴 모양)

소사마가 대답하길,

《"가시덤불 속 꽃다운 풀이 분명하고, 기와 조각 속 보석이 완연하니, 잠깐 보았으나 어찌 잊을 수 있으리이까? 당돌한 기상은 이 시대의 영웅이요, 아리따운 태도는 천고의 가인이라. 연약한 허리와 가느다란 눈썹은 남자의 풍모가 적으나, 빼어난 용모와 용맹한 기상 역시 여자의 자태가 아니니, 대개 남자로 논한다면 고금에 없는 인재요, 여자로 논한다면 나라와 성을 기울게 할 미인일까 하나이다."》

(《 》: 홍랑의 뛰어난 외모와 능력을 칭찬함. / 가인: 아름다운 사람 / 연약한 허리와 가느다란 눈썹은 남자의 풍모가 적으나: 홍랑이 남장을 하고 남만의 장수로 출전한 것임을 알 수 있음.)

양 원수가 듣고 묵묵히 말이 없더라. 이때 홍랑이 사부의 명으로 남만 왕을 도우러 왔으나 또한 부모의 나라를 저버리지 못해, 조용히 옥피리를 불어 장자방이 초나라 병사인 강동의 자제들을 흩어지게 한 술법을 본받고자 함이거늘, 뜻밖에 명나라 진영 안에서도 옥피리로 화답하니, 비록 곡조는 다르나 음률에 차이가 나지 않고, 기상은 현격하게 다르나 뜻에 다름이 없어, 마치 아침 햇살에 빛깔 고운 봉황 암수가 화답함과 같더라. 홍랑이 옥피리 불기를 멈추고 망연자실해 고개를 숙이고 오래 생각하길,

(사부: 홍랑에게 무예를 가르쳐 준 백운 도사를 가리킴. / 부모의 나라: 명나라 / 옥피리를 불어 장자방이 초나라 병사인 강동의 자제들을 흩어지게 한 술법을 본받고자 함이거늘: 홍랑이 명나라 병사들의 마음을 약하게 만들기 위해 옥피리로 연주를 함. → 명나라와의 전쟁을 피하고자 하는 의도 / 마치 아침 햇살에 빛깔 고운 봉황 암수가 화답함과 같더라: 양원수의 옥피리 소리가 홍랑의 옥피리 소리에 화답하는 듯이 아름다움.)

'백운 도사께서 말씀하시길, 이 옥피리가 본디 한 쌍으로 한 개는 문창성*에게 있으니 그대가 고국에 돌아갈 기회가 이 옥피리에 달려 있노라 하셨거늘, 명나라 원수가 어찌 문창성의 성정이 아니리오? 그러나 하늘이 옥피리를 만들되 어찌 한 쌍을 만들었으며, 이미 한 쌍이 있다면 어찌 남북에서 그 짝을 잃게 하여 서로 만남이 이같이 더딘고?'

(성정: 성질과 심정. 또는 타고난 본성 / 명나라 원수가 어찌 문창성의 성정이 아니리오?: 명나라의 원수가 문창성 즉, 양창곡일지도 모른다고 생각함.)

또 생각하길,

'이 옥피리가 짝이 있다면, 그것을 부는 사람이 분명 짝이 될지라. 하늘이 내려다보시고 밝은 달이 비추시니, 강남홍의 짝이 될 사람은 양 공자 한 분이라. 혹시 조물주가 도우시고 보살께서 자비를 베푸시어 우리 양 공자께서 이제 명나라 진영의 도원수가 되어 오신 것인가? 내가 어제 진영 앞에서 병법을 보았고 오늘 달빛 아래 다시 옥피리 소리를 들으니, 이 세상에 둘도 없는 인재라. 내가 마땅히 내일 도전해 원수의 용모를 자세히 보리라.'

(우리 양 공자께서 이제 명나라 진영의 도원수가 되어 오신 것인가?: 양창곡이 명나라의 도원수가 되어 온 것인가 추측함. / 내가 마땅히 내일 도전해 원수의 용모를 자세히 보리라: 명나라의 원수가 양창곡이 맞는지 직접 확인해 보고자 함.)

*문창성 : 양창곡이 인간 세계에 태어나기 전 선계에서 신선일 때의 이름.

OX문제

01	인물의 성격을 고사에 빗대어 사건을 새로운 국면으로 전환한다. [2024학년도 6월]	(O / X)
02	전기적 요소를 활용하여 비현실적 장면을 부각하고 있다. [2013학년도 6월]	(O / X)
03	소유경은 남만의 장수인 홍랑의 빼어난 용모와 아리따운 태도를 보고 그가 여인임을 눈치챘다.	(O / X)
04	홍랑은 옥피리로 곡조를 연주하여 부모의 나라인 명나라와의 전쟁을 피하고자 하였다.	(O / X)
05	서술자가 개입하여 인물에 대한 평가를 제시하고 있다. [2024학년도 수능]	(O / X)

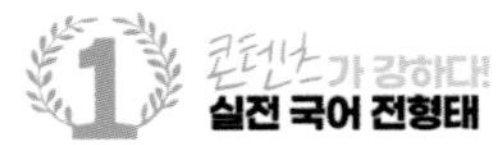

STEP 02 작품 해제

01 | 주제

양창곡의 영웅적 활약상과 부귀영화

02 | 특징

① 진취적이고 뛰어난 능력을 발휘하는 여성 인물이 등장함.
② 천상계와 지상계라는 이원적 공간 구조가 드러남.
③ 환몽 구조를 통해 서사를 전개함.

03 | 작품 해제

이 작품은 19세기 쓰인 장편 소설로, 환몽 구조(꿈과 현실을 오가는 이야기 전개 구조)를 바탕으로 하는 몽자류 소설의 특징과 영웅적 인물의 활약을 다루는 영웅 군담 소설의 특징을 모두 가지고 있다. 작품의 구성을 보면 이 작품이 「구운몽」을 바탕으로 하고 있음을 알 수 있다. 하지만 세속적 삶과 인간의 욕망을 긍정하는 주제 의식을 전달하고 있다는 점에서 「구운몽」과는 차이를 보인다. 한편, 작품의 초반과 마지막은 환몽 구조가 활용되어 인물의 정체를 밝히고 있는데 이를 통해 천상계와 지상계의 이원적 공간 구조가 드러난다. 이 작품에서 중요한 부분은 꿈속 서사로, 양창곡이라는 영웅적 인물과 그의 부인들이 활약하여 승리하는 과정이 그려 지고 있다.

「옥루몽」은 다양한 군담과 흥미 요소를 통해 당대에 많은 인기를 누렸으며, 치밀한 서사 전개와 섬세한 묘사를 통해 고전 소설의 완성을 보여 준다고 평가받는다.

04 | 등장인물

- 양 원수(양창곡) : 천상계 신선 문창성이 적강(신선이 인간 세상에 내려오거나 사람으로 태어남)한 인물로, 뛰어난 능력을 발휘하여 영웅으로서 부귀영화를 누린다.
- 홍랑(강남홍) : 천상계 선녀의 환생으로, 활달한 성격과 남성적 기질을 지녔다. 스승인 백운 도사의 명으로 남장을 한 채 남만의 장수로 출전하지만 명나라의 원수가 자신의 연인인 양창곡임을 알고 투항하여 명나라가 승전하도록 돕는다.
- 소유경 : 명나라의 장수로, 적국의 장수인 강남홍의 능력을 높이 평가한다.
- 백운 도사 : 탈탈국으로 피신한 강남홍에게 갖가지 무예와 병법을 알려 준다.

05 | 상세 줄거리

천상계의 신선인 문창성은 취중에 지상계를 그리워하는 시를 읊고 선녀들을 희롱한다. 이를 안 옥황상제는 크게 노하여 문창성과 선녀들을 지상으로 쫓아낸다. 문창성은 양창곡으로, 선녀들은 각각 윤 소저, 황 소저, 강남홍, 벽성선, 일지련으로 지상계에 환생하게 된다. 성장한 양창곡은 과거를 보러 가던 중 만난 기생 강남홍과 연분의 정을 맺고, 그녀의 추천으로 윤 소저를 부인으로 맞는다. 한편 소주 자사 황공은 강남홍을 겁탈하려 하고, 강남홍은 황공을 피해 강물에 투신한다. 강남홍의 위험을 짐작한 윤 소저가 강남홍을 구하고, 강남홍은 남쪽에 있는 탈탈국의 절에 몸을 의탁한다. 과거에서 장원 급제한 양창곡은 황제가 주선한 황 각로와 노 상서의 구혼을 거절하고, 황제의 명을 어긴 죄로 투옥된다. 이후 양창곡은 앙심을 품은 노 상서의 모함으로 인해 강주로 유배되는데, 이곳에서 기생 벽성선을 만나 인연을 맺게 된다. 유배에서 풀려난 양창곡은 예부 시랑에 임명되고 황 각로의 딸 황 소저와 혼례를 올린다. 남만이 명나라를 침입하자 양창곡은 대원수로 임명되어 남만을 정벌하러 나선다. 남장을 하고 남만의 장수로 전쟁에 출전한 강남홍은 명의 원수가 양창곡임을 알고 명의 진영에 투항하여 명나라의 부원수가 된다. 한편 포로로 잡힌 축융국의 공주 일지련은 양창곡에게 반하여 본국에 돌아가 부왕을 설득하여 명나라에 항복하게 한다. 양창곡이 전쟁에 나간 사이 그의 둘째 부인인 황 부인은 벽성선을 질투하여 그녀를 암살하려 하나 실패한다. 이에 벽성선은 한 암자로 도망하지만, 다시금 모함을 받아 고난을 겪는다. 남만에서 돌아온 양창곡과 강남홍은 각각 벼슬을 받고, 황 부인은 죄가 드러나 유배당한다. 그녀는 유배 생활을 통해 자신의 잘못을 뉘우치게 되고, 양창곡은 부인과 첩들을 거느리고 부귀영화를 누리다 천상계로 복귀한다.

STEP 03

논문으로 만나는 출제자의 시선

나BS 수능완성 | 고전문학

「옥루몽」과 「구운몽」의 비교 고찰

작가 남영로가 「옥루몽」을 창작하면서 가장 의식했던 작품은 김만중의 「구운몽」이었는데, 그는 「구운몽」의 서사적 요소들을 차용하면서도 작품의 흥미를 높이는 방식으로 내용을 구성하였다. 「옥루몽」이 「구운몽」에서 차용해 온 가장 중요한 요소는 바로 '꿈'이다. 「구운몽」에서 꿈은 작품의 주제 의식을 구현하는 데 가장 중요한 요소이다. 「구운몽」은 '환몽 구조'라는 서사 구조가 나타나는데, 인물이 잠에 들어 꿈을 꾸고, 꿈속에서 새로운 정체성으로 거듭나 서사를 주도해 나가다가, 꿈에서 깨게 되는 서사의 구조를 환몽 구조(입몽-몽중-각몽)라고 한다. 「구운몽」은 각몽을 통해 인간사의 무상함이라는 불교적 주제 의식을 효과적으로 전달한다. 「구운몽」처럼 환몽 구조를 활용하는 소설을 묶어 '몽자류'라고 정의하기도 하는데, 「옥루몽」은 「구운몽」을 계승하고 발전시킨 몽자류 소설에 해당한다.
「옥루몽」은 「구운몽」의 환몽 구조를 계승하면서도 나름의 변화를 주었다. 「옥루몽」에서는 「구운몽」과 마찬가지로 천상계의 인물이 꿈속에서 지상계의 인물로 환생하게 된다. 그런데 두 작품에서는 입몽 전에 그려지는 천상계의 모습을 다르게 형상화한다. 「구운몽」에서 입몽 전 인물이 위치하는 천상계는 탈속적 공간으로, 인간의 번뇌와 욕망에서 벗어나 깨달음을 추구하는 공간이다. 반면 「옥루몽」의 천상계는 옥황상제의 궁전인 '백옥루'를 중심으로 환상적이면서 아름다운 공간으로 형상화된다. 몽중의 서사는 두 작품 모두 인물이 뛰어난 성취를 통해 부귀영화를 누리는 것으로 설정되어 있다. 두 작품이 가장 달라지는 지점은 각몽의 장면인데, 「구운몽」에서는 '성진'이란 인물이 각몽을 통해 인간사의 무상함을 깨닫고 구도(진리나 종교적인 깨달음의 경지를 구함)의 길에 전념하게 된다. 반면 「옥루몽」에서는 각몽의 장면을 극적으로 제시하지 않고 생략해 버린다. 그렇기에 「옥루몽」에서는 각몽 장면이 생략되고 천상계와 지상계로의 반전이 이루어지지 않음으로써 작품의 서사가 지상계의 서사로 마무리되는 것처럼 보인다. 이러한 각몽 장면의 유무는 「구운몽」과 「옥루몽」의 주제 의식이 다름을 보여 준다.
이처럼 「구운몽」과 「옥루몽」의 결말이 달라진 까닭은 「옥루몽」이 「구운몽」의 주제 의식을 비틀고 있기 때문이다. 작가인 남영로는 19세기의 경화사족(한양 근교에 거주하는 문벌이 좋은 집안)이었다. 이들은 금욕적이고 윤리적인 성리학의 이념 체계를 상대화하고 인간의 감정과 욕망을 긍정하는 외래의 사상과 문물들을 접하였다. 이러한 문화적 분위기 속에서 남영로 또한 인간의 욕망과 감정을 긍정했을 것이라고 추측할 수 있다. 작가의 의식에 따라 「옥루몽」은 인간의 욕망과 감정을 거부하는 「구운몽」의 주제 의식을 부정하고 인간의 욕망과 감정을 긍정한다. 이는 몽중에서 「구운몽」의 주인공인 양소유가 인간사의 허무함을 느끼는 데 비해, 「옥루몽」의 주인공인 양창곡은 자신의 욕망을 드러내고 추구한다는 것에서 확인할 수 있다. 「옥루몽」의 결말에서 각몽 장면이 희미하게 그려지는 것 또한 욕망에 따라 즐거움을 누리는 삶이 끝나지 않고 계속 이어진다는 주제 의식을 내포한다고 해석할 수 있다. 이처럼 「옥루몽」은 「구운몽」이 가지고 있던 관념적이고 엄숙한 가치관을 부정하며 현실의 욕망과 즐거움을 긍정하고 있다.

「옥루몽」의 여성 인물과 그 관계

「옥루몽」에는 양창곡의 다섯 부인이 등장한다. 이들은 문창성인 양창곡과 함께 지상으로 적강한 선녀들이다. 이 인물들은 전형적인 여성상으로 그려 지는 대신, 개성적인 면모를 보여 준다. 그중에서도 '강남홍'과 '벽성선'은 작품의 서사를 이끌어가는 주요한 역할을 수행한다.
강남홍은 남성 주인공 양창곡과 함께 서사를 이끌어가는 인물이다. 그녀는 양창곡과 처음 인연을 맺는 인물이면서, 작품의 마지막에서 꿈을 통해 천상계의 존재를 확인하는 인물이다. 그녀가 서사에서 중요한 역할을 하는 부분은 전쟁 장면이다. 「옥루몽」에는 대중적 관심을 끌기 위해 다양한 군담(전쟁에 대한 이야기)이 등장하는데, 강남홍은 양창곡을 능가하는 능력으로 군담을 주도하며 작품의 흥미를 고조시킨다. 한편 벽성선은 주도적인 위치에서 서사를 이끌어가는 강남홍과 달리, 양창곡의 조력자 역할을 수행한다. 그녀는 유배를 간 양창곡을 남편으로 모시면서 중요한 순간에 꿈을 통해 양창곡을 돕는다. 또한 그녀를 질투하는 황 부인으로 인해 위기에 처하면서 서사적 긴장감을 고조하는 데 일조하기도 한다. 이처럼 두 여성 인물의 비중은 남성 주인공인 양창곡과 비교했을 때 적지 않다. 이를 통해 작가가 두 인물을 중심으로 서사를 구성했음을 알 수 있다.
서사적 비중을 두고 여성 인물 간에 발생하는 불균형은 여성 인물 간의 관계에도 영향을 미친다. 강남홍과 벽성선은 낮은 신분 때문에 양창곡의 첩이 된다. 반면 윤 부인과 황 부인은 소설에서 비중이 적음에도 신분 때문에 처로 인정받는다. 이처럼 소설적 비중과 가정 내 지위 간에 불균형이 발생하면서 여성 인물 간의 갈등이 유발되는데, 황 부인과 벽성선의 갈등이 이에 해당한다. 갈등의 원인은 황 부인의 질투이지만, 그 기저에는 벽성선에 대한 양창곡의 총애가 있다. 당시 처첩 간의 관계는 가부장제 질서에 따라 규정되었는데, 첩의 비중이 높아지면서 당대의 가족 질서와 작품 속 상황은 충돌을 일으키고 이러한 충돌이 황 부인의 질투로 형상화되었다. 작품은 첩들이 집안을 주도하는 상황과 이로 인해 발생하는 갈등을 통해 가부장제 하 처첩 제도가 가지고 있던 모순과 긴장을 우회적으로 묘사하고 있다.

STEP 04 나BS 실전 문제

다음 글을 읽고 물음에 답하시오.

[앞부분의 줄거리] 천상에서 벌을 받은 문창성은 꿈을 꾸어 인간 세상에 양창곡으로 다시 태어난다. 천상에 함께 있었던 제방옥녀, 천요성, 홍란성, 제천선녀, 도화성도 인간 세상에서 윤 소저, 황 소저, 강남홍, 벽성선, 일지련으로 다시 태어나 양창곡과 결연을 맺는다. 양창곡은 벼슬하고 공을 세워 연왕에 오른다. 그 뒤 부친 양현, 모친 허 부인, 다섯 아내, 자식들과 영화로운 삶을 살게 된다.

이날 밤에 강남홍이 취하여 취봉루에 가 의상을 풀지 아니하고 책상에 ㉠ 의지하여 잠이 들었더니 홀연 정신이 황홀하고 몸이 정처 없이 떠돌아 일처에 이르매 한 명산이라. 봉우리가 높고 험준하거늘 강남홍이 가운데 봉우리에 이르니 한 보살이 눈썹이 푸르며 얼굴이 백옥 같은데 비단 가사를 걸치고 석장(錫杖)을 짚고 있다가 웃으며 강남홍을 맞아 왈,

"강남홍은 인간지락(人間之樂)이 어떠한가?"

강남홍이 ㉡ 망연히 깨닫지 못하여 왈,

"도사는 누구시며 인간지락은 무엇을 이르시는 것입니까?"

보살이 웃고 석장을 공중에 던지니 한 줄기 무지개 되어 하늘에 닿았거늘 보살이 강남홍을 ㉢ 인도하여 무지개를 밟아 공중에 올라가더니 앞에 큰 문이 있고 오색구름이 어리었는지라. 강남홍이 문 왈,

"이는 무슨 문입니까?"

보살 왈,

"남천문이니 그대는 문 위에 올라가 보라."

강남홍이 보살을 따라 올라 한 곳을 바라보니 일월(日月) 광채 ㉣ 휘황한데 누각 하나가 허공에 솟았거늘 백옥 난간이며 유리 기둥이 영롱하여 눈이 부시고 누각 아래 푸른 난새와 붉은 봉황이 쌍쌍이 ㉤ 배회하며 몇몇 선동(仙童)과 서너 명의 시녀가 신선 차림으로 난간머리에 섰으며 누각 위를 바라보니 한 선관과 다섯 선녀가 난간에 의지하여 취하여 자는지라. 보살께 문 왈,

"이곳은 어느 곳이며 저 선관, 선녀는 어떠한 사람입니까?"

보살이 미소 지으며 왈,

"이곳은 백옥루요 제일 위에 누운 선관은 문창성(文昌星)이요. 차례로 누운 선녀는 제방옥녀(諸方玉女)와 천요성(天妖星)과 홍란성(紅鸞星)과 제천선녀(諸天仙女)와 도화성(桃花星)이니, 홍란성은 즉 그대의 전신(前身)이니라."

강남홍이 속으로 놀라 왈,

"저 다섯 선녀는 다 천상에서 입도(入道)한 선관이라. 어찌 저다지 취하여 잠을 잡니까?"

보살이 홀연 서쪽을 보며 합장하더니 시 한 구를 외워 왈,

정이 있으면 인연이 생기고
인연이 있으면 정이 생기도다.
정이 다하고 인연이 끊어지면
만 가지 생각이 함께 텅 비는구나.

강남홍이 듣고 정신이 상쾌하여 문득 깨달아 왈,

"나는 본디 천상의 별인데 인연을 맺어 잠깐 하계(下界)에 내려온 것이로다."

(중략)

강남홍 왈,

"그러하면 저도 또한 천상의 별이라, 이미 여기 왔으니 다시 인간 세상에 돌아갈 마음이 없나이다."

보살이 웃으며 왈,

"하늘이 정한 인연을 인력으로 할 바 아니다. 그대 인간 인연을 마치지 못하였으니 빨리 돌아가라. 사십 년 후에 다시 와 옥황상제께 조회하고 천상지락(天上之樂)을 누릴지어다."

강남홍이 문 왈,

"보살은 뉘십니까?"

보살이 웃으며 왈,

"빈도(貧道)는 남해 수월암 관세음보살이라. 부처의 명을 받아 그대를 지도하러 왔노라."

보살이 말을 마치고 석장을 공중에 던지니 오색 무지개 일어나며 홀연 우렛소리 울리거늘 강남홍이 놀라 깨어 보니 몸이 취봉루 책상 앞에 누웠는지라.

강남홍은 꿈속 일이 의아하여 연왕과 윤 부인, 황 부인, 벽성선, 일지련에게 낱낱이 말하니 그들 또한 같은 꿈을 꾸었는지라. 서로 탄식하며 의아해 하더니 허 부인이 듣고 강남홍더러 왈,

"내 고향에 있을 적 늦도록 무자(無子)하여 옥련봉 돌부처에게 기도하고 연왕을 낳았으니 그 돌부처가 곧 관세음보살이라. 그 한량없는 공덕을 갚지 못하였더니 이제 너의 꿈에 나타나 불사(佛事)를 권하는 것이 아니겠느냐? 듣자 하니 벽성선의 부친 보조국사께서 자개봉 대승사에 계신데 불법(佛法)에 정통하다 하니 청하여 옥련봉 돌부처를 위하여 일개 암자를 짓고 한편으로 대승사에 백일 동안 재(齋)를 올려 관세음보살의 자비로운 공덕을 갚고자 하노라."

벽성선이 크게 기뻐하며 즉시 보조국사를 청하여 재 올리기를 시작하고 재물을 후히 보내어 옥련봉에 암자를 창건하였더니, 과연 그 후 사십 년을 부귀를 누리다가 양현과 허 부인은 수(壽)를 팔십여 세 하고, 연왕은 다시 출장입상하여 또한 수를 팔십을 하고, 윤 부인 삼자 이녀(三子二女)에 수 칠십이요, 황 부인은 이자 일녀에 수 육십을 넘기고, 강남홍은 오자 삼녀에 수 칠십이요, 벽성선, 일지련은 각각 삼자 이녀에 수를 또한 칠십 세를 하니, 연왕의 자녀 합 이십육에 아들 십육 인은 각각 입신양명하여 부귀영화를 누리고 딸 십 인은 왕공 부인이 되어 다자 다복(多子多福)하더라.

- 남영로, 「옥루몽」 -

01. 윗글의 서술상 특징으로 가장 적절한 것은?

① 서술자가 개입하여 앞으로 일어날 사건을 예고하고 있다.
② 대립적인 두 인물을 배치하여 인물 간 갈등을 구체화하고 있다.
③ 순간적으로 장면을 전환하여 사건의 환상적 면모를 부각하고 있다.
④ 내적 독백을 활용하여 난관을 극복하고자 하는 의지를 표현하고 있다.
⑤ 인물의 외양을 묘사하여 인물의 혼란스러운 심리 상태를 드러내고 있다.

02. 윗글에 대한 이해로 적절하지 않은 것은?

① '강남홍'은 '명산'에서 '보살'을 처음 만났다.
② '보살'은 '석장'을 이용하여 '남천문'에 당도하였다.
③ '강남홍'은 선관, 선녀들과 '남천문'에서 재회하였다.
④ '보살'은 '강남홍'이 천상의 존재였음을 알려 주었다.
⑤ '허 부인'은 '옥련봉 돌부처'에게 기도하여 '양창곡'을 낳았다.

03. 〈보기〉를 참고하여 윗글을 감상한 내용으로 적절하지 않은 것은?

<보기>

「옥루몽」의 환몽(幻夢) 구조는 독특하다. 천상계에서 꿈을 통해 속세로 진입한 남녀 주인공들은 속세에서 다시 꿈을 꾸어 천상계를 경험하는데, 이때 신이한 존재에 의해 자신의 정체를 깨달으며 꿈에서 깨어나게 된다. 꿈에서 깨어난 남녀 주인공들은 속세로 돌아와 천수를 누린 뒤에야 천상계에 복귀한다.

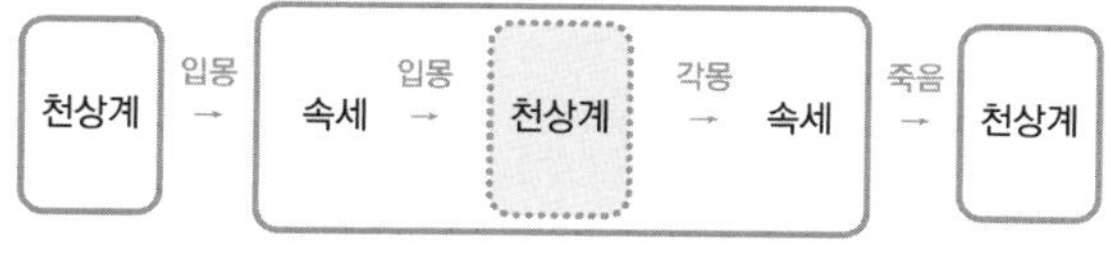

① '강남홍'이 '취봉루'에서 꿈에 드는 것으로 보아, '취봉루'는 천상계에서 속세로 입몽하는 공간이군.
② '강남홍'이 '백옥루'를 보며 자신의 정체를 깨닫는 것으로 보아, '백옥루'는 속세에서의 입몽을 통해 자신의 정체를 깨닫게 되는 천상계의 공간이군.
③ '보살'이 '강남홍'에게 인간 세상의 인연이 끝나지 않았다고 하는 것으로 보아, '보살'은 천상계에서 속세로의 각몽을 유도하는 신이한 존재이군.
④ '허 부인'이 '보살'을 '옥련봉 돌부처'와 연관 짓는 것으로 보아, '암자'를 창건한 것은 신이한 존재에 대한 속세에서의 보답이군.
⑤ '양창곡' 일가가 속세에서 천수를 누리고 일생을 마무리하는 것으로 보아, 이 작품은 주인공이 속세에서 연을 다한 후 천상계로 복귀하는 구조로 이루어졌군.

04. 문맥상 ㉠~㉤과 바꿔 쓰기에 적절하지 않은 것은?

① ㉠ : 기대어
② ㉡ : 멍하니
③ ㉢ : 이끌어
④ ㉣ : 눈부신데
⑤ ㉤ : 어울리며

다음 글을 읽고 물음에 답하시오.

하루는 양창곡이 벽성선을 찾아갔는데 마침 그녀는 관청에서 불러서 가고 없었다. 양창곡은 무료하게 집으로 돌아왔다. 그는 다시 이런 생각을 하였다.

'내가 밤에 벽성산을 보았기 때문에 그 진면목을 보지 못했다. 이제 올라가 보아야겠구나.'

그는 동자를 데리고 산으로 향했다. 기이한 꽃과 괴석이 곳곳에 널려 있고, 맑은 시내와 빼어난 봉우리는 골짜기마다 둘러싸여 있다. 양창곡은 경치를 따라서 그 근원을 찾아보고 싶었지만, 다리에 힘이 다 빠져서 피곤함을 이기지 못하여 바위 위에서 쉬고 있었다. 그런데 갑자기 어디선가 보살 한 분이 나타났다. 그는 비단 가사를 입고 석장을 손에 들었으며, 꽃 같은 얼굴에 가느다란 눈썹을 하고 단아한 기운이 서려 있었다. 보살은 양창곡을 보더니 길게 읍을 하며 말했다.

"문창성은 그동안 별고 없으셨소?"

양창곡이 당황하여 대답을 하지 못하니, 보살이 웃으며 말했다.

"홍란성은 어디 두고 제천선녀와 즐기시는 게요? 빈도(貧道)는 남해 수월암의 관음보살이외다. 옥황상제의 성지(聖旨)를 받들어 무곡성의 병서(兵書)를 그대에게 전하니, 그대는 널리 중생을 구제하고 빨리 천상 극락세계로 돌아오시오."

말이 끝나자 석장을 들어 바위를 후려치면서 높은 소리로 말했다.

"돌아갈 길이 매우 바쁘니 빨리 돌아가시오."

양창곡이 놀라서 깨니 한바탕 ㉠ 꿈이었다. 그런데 자신은 아까처럼 바위 위에 앉아 있었지만, 단서(丹書) 한 권이 눈앞에 놓여 있는 것이다. 양창곡이 놀라면서도 기뻐하며 소매 속에 잘 갈무리하고 내려왔다. 다시 별당에 들렀지만 벽성선은 아직 돌아오지 않았다. 양창곡은 즉시 객관으로 돌아와 단서를 꺼내 보았다. 과연 천상 무곡성의 천문 지리와 군대를 부리고 귀신을 항복시키는 비결이었다. 양창곡은 본래 총명한 재주를 가진 터라, 어찌 여러 번 보아서 깨닫겠는가.

상자 안에 넣어 두고 밤이 깊어 잠자리에 들려고 할 때였다. 갑자기 신발을 끄는 소리가 들리더니, 벽성선이 두 여종을 데리고 달빛을 띠고 이르렀다. 그 아리따운 자태는 달나라 항아가 광한전에서 내려온 듯, 은하수에 직녀가 견우를 찾아온 듯하였다. 양창곡은 정신이 흩날리고 마음이 황홀하여 자신이 속세의 인물이라는 사실을 깨닫지 못하였다.

(중략)

양창곡이 웃으며 말했다.

"내 정말 무료하여 그대를 찾아가는 중인데, 그대는 어디로 가고 있는 거요?"

벽성선 역시 웃으며 말했다.

"밤이 깊고 하늘은 개었으며, 달은 밝고 바람은 맑습니다. 객관 차가운 등불 아래 상공의 외로운 회포를 위로하려고 왔습니다."

양창곡이 흔쾌히 웃으며 함께 별당으로 갔다. 달을 마주하고 여러 잔을 마시는데, 벽성선이 술잔을 들고 갑자기 슬픈 빛을 띠는 것이었다.

양창곡이 이상하게 여겨 물었다.

"그대는 무슨 생각을 하는 게요?"

벽성선이 부끄러운 모습으로 한참을 있다가 대답을 했다.

"첩이 청루 생활 10년 동안 일편단심을 비출 수 있는 곳이 없었습니다. 그런데 뜻밖에 상공을 모시게 되어 울적한 심회를 위로할 수 있었지요. 물 위의 부평초 같은 인연으로는 만남과 이별이 무상한지라, 이제 밝은 달을 대하니 한번 둥글어졌다 한번 이지러졌다 하는 ⓐ 저 달을 한스러워합니다."

"그대는 내가 일찍 유배에서 돌아갈 것인지 늦게 돌아갈 것인지 어찌 알 수 있단 말이오?"

"정확하게 알 수는 없지만, 첩이 지난번 피곤하여 잠깐 잠이 들었다가 ㉡ 꿈을 꾸었습니다. 상공이 푸른 구름을 타고 북쪽으로 향해 가시더군요. 저를 보고 함께 가자고 하셨는데, 홀연 우렛소리가 크게 들리고 벼락이 제 머리를 때리는 바람에 놀라서 깨어났습니다. 이 꿈이 첩에게 불리하기는 하지만, 상공께선 조만간에 반드시 황상의 은혜를 입어 영광스럽게 돌아가실 것입니다."

양창곡이 머리를 숙이고 생각하다가 말했다.

"이번 달 20일은 황상의 생신이오. 황태후께서는 황상을 위하여 매번 이날을 맞으면 방생지에 물고기를 풀어서 살려 주고 천하에 죄인들을 크게 사면하지요. 그대의 꿈이 허황된 것은 아닌 듯싶소."

그러자 벽성선이 더욱 놀라며 말했다.

"은혜로운 명령으로 씻어 낸다면 이 어찌 상공의 영광이 아니겠습니까. 이렇게 한번 이별하면 아득히 뒷기약이 없을 것입니다만, 군자의 대범함으로 마음에 두실 필요는 없습니다. 제가 듣자오니, 남방에 어떤 새는 '난(鸞)'이라고 부르는데 자기 짝이 아니면 울지 않기 때문에 그 소리를 듣고 싶어 하는 사람들은 거울을 들어 비추어 준다고 합니다. 그러면 난새는 거울에 비친 자기 모습을 보면서 하루 종일 날아다니며 울다가 기운이 쇠진해져서 죽는다고 하더군요. 제가 비록 청루의 천한 인생이지만 제짝을 찾기가 어려우리라 생각하고 있습니다. 이제 상공을 모시니 마치 꿈인 듯, 거울 속 그림자인 듯 황홀합니다. 그런데 저는 오히려 한번 날면서 울었으니 오늘 죽는다 해도 여한이 없습니다. 이제부터는 산속에 종적을 감추고 스님이나 도사를 따라 자질구레한 모욕을 면해 볼까 합니다."

양창곡이 웃으며 말했다.

"나는 그대의 뜻을 알지만 그대는 내 뜻을 알지 못하는구려. 나는 이미 뜻을 정하였어요. 근심과 즐거움을 영원히 함께 할 거요. 벽성산 머리의 ⓑ <u>둥근 달</u>이 우리 두 사람의 마음을 비추도록 하여 평생토록 이지러지지 않겠소."

벽성선이 고마워하면서 말했다.

"군자의 말씀은 천금과 같습니다. 첩은 죽어도 여한이 없습니다."

- 남영로, 「옥루몽」 -

06. <보기>를 참고하여 ㉠, ㉡을 설명한 내용으로 적절하지 <u>않은</u> 것은?

<보기>

「옥루몽」은 천상계에서의 꿈을 통해 천상계 인물인 문창성, 제천선녀, 홍란성 등이 양창곡, 벽성선, 강남홍 등과 같은 지상계의 존재로 살아가는 이야기를 다루고 있다. 윗글에서 양창곡과 벽성선이 꾸는 꿈은 '꿈속의 꿈'이라는 성격을 지니고 있는데, '꿈속의 꿈'은 인물들의 정체 암시, 인물들의 행동 유도, 지상계에서 발생할 사건 예시 등의 서사적 기능을 한다.

① ㉠에서 보살은 양창곡이 천상계의 문창성이라는 사실을 드러내고 있다.
② ㉠에서 보살은 장차 양창곡이 지상계에서 수행해야 할 임무를 제시하고 있다.
③ ㉠에서 보살은 양창곡이 지상계에서 사랑하는 인물이 본래 천상계의 인물임을 알려 주고 있다.
④ ㉡에서 벽성선이 경험한 것은 양창곡이 조만간 사면될 것임을 예시하고 있다.
⑤ ㉡에서 양창곡이 벽성선에게 한 말은 벽성선이 천상계를 떠나 지상계로 되돌아오도록 유도하고 있다.

05. 윗글의 내용에 대한 이해로 적절하지 <u>않은</u> 것은?

① 양창곡은 벽성선을 만나기 위해 달밤에 벽성산을 올랐다.
② 양창곡은 밤에 자신을 찾아온 벽성선의 자태에 매료되었다.
③ 양창곡은 보살에게 받은 책을 여러 번 읽지 않고도 병법을 익혔다.
④ 벽성선은 양창곡에게 이별 후에는 자신을 마음에 두지 말라고 말하였다.
⑤ 벽성선은 난새를 언급하며 양창곡과 함께했기 때문에 여한이 없다고 말하였다.

07. ⓐ와 ⓑ에 대한 설명으로 가장 적절한 것은?

① ⓐ와 ⓑ 모두 재회를 기원하는 대상으로 인식되고 있다.
② ⓐ와 ⓑ 모두 과거와 현재의 사건이 대비됨을 부각하고 있다.
③ ⓐ와 ⓑ 모두 비극적 상황에 대해 체념하는 운명론적 세계관을 환기하고 있다.
④ ⓐ는 인물이 지향하는 가치가, ⓑ는 인물이 부정하는 가치가 함축되어 있다.
⑤ ⓐ는 인연의 단절에 대한 슬픔이, ⓑ는 인연의 지속에 대한 소망이 내포되어 있다.

2 작자 미상, 유씨삼대록

STEP 01 지문 분석과 OX문제

태우가 경사(京師)*에 다다라 먼저 대궐에 가서 천자의 은혜에 정중하게 사례하였다. 상이 크게 반기시어 불러 보시고 공적을 표창하시어 예부상서 영릉후에 임명하셨다. 태우가 천자의 성은에 감사를 드리고 집안에 돌아와 부모를 뵈었다. 기한을 어긴 지 석 달이 지났기에 식구들이 기다리는 근심이 끝이 없더니 온 집안에 반김이 무궁하였다. 승상과 부인이 태우가 더디게 온 것을 꾸짖었다. 태우가 사죄하고 설생을 데리고 왔음을 고하자 모두들 놀라고 괴이하게 여겼다.

승상 유우성의 셋째 아들 유세창 / 천제의 아들 → 임금을 의미함. / 부친인 유우성과 함께 풍양에서 발생한 반란을 제압한 공적을 높이 사 벼슬을 내림. / 사천 지방에서 남장을 한 설초벽과 만나게 되어 귀환이 늦어짐. / 유우성 / 설초벽

승상이 모든 자식들과 더불어 서헌에 나와 설생을 보았는데, 맑고 높은 기질이 표연히 선풍도골(仙風道骨)*이었으니, 수려하고 깨끗한 풍채가 눈을 놀라게 하였다. 승상 및 태우의 여러 형제들이 매우 놀라서 십분 공경하고 별채인 송죽헌에 거처하게 하면서 의식을 각별히 하여 후대하였다. 승상은 설생이 너무 청아하고 아름다움을 괴이하게 여기었고 이부상서 유세기는 한 번 설생을 보자 결단코 남자가 아닌 것을 알았지만 입을 열어 말하지 않고 아우들에게 당부하였다.

승상 유우성의 맏아들이자 유세창의 형 / 남자인 설생이 여인의 아름다움을 갖추고 있는 것을 의심스러워함. / 설생이 여인임을 바로 알아챘음에도 설생의 처지를 배려하여 이를 밝히지 않음. → 진중하고 사려 깊은 유세기의 성품이 드러남.

"설생이 타향 사람으로 우리를 서먹하게 여길 것이다. 너희들은 번잡하게 가서 보지 말고 설생을 편히 있게 하여라."

설생이 편히 쉴 수 있도록 배려해 줌.

이부상서 형제가 명을 받들어 구태여 설생을 찾지 않으나 유독 영릉후가 된 세창의 자취가 송죽헌을 떠나지 않았다. 이날 영릉후가 매화정에 나가 부인인 남 소저를 대하자 소저가 얼굴에 희색을 띠어 맞이하고 서너 명의 자녀가 겹겹이 반겼다. 영릉후가 다시금 애정이 새롭게 솟아오르면서 이별의 회포를 이르며 반가워하는 것이 끝이 없었다. 그러나 영릉후의 한 조각 마음에는 설생이 객수(客愁)*에 가득 차 있는 것을 잊지 못할 뿐만 아니라 남자인지 여자인지가 미심쩍어 마음이 갈리니 이 밤을 겨우 새워 아침 문안 인사를 끝낸 후 바로 송죽헌에 가 설생을 보았다. 영릉후가 설생과 종일토록 말하였는데, 말마다 의기투합하는 것을 신기하게 여겨 밥 먹고 잠자기를 다 잊을 정도였다.

설생에게 마음이 있는 세창은 그와 함께 있고자 송죽헌에 머무름. / 시름에 차 있는 설생이 마음에 걸려 가족들과 시간을 보내고 있음에도 계속 그를 떠올림. / 설생의 정체를 정확히 알지 못하는 유세창 / 마음이나 뜻이 서로 맞는

[중략 부분 줄거리] 설생은 세창에게 혼인을 구하는 것이 순탄치 않고 마땅하지 못할 것이라 생각하였다. 이에 과거 시험에 급제하여 천자께 세창과 자신의 혼사를 성사시켜 줄 것을 청해 명분을 얻고자 한다. 과거 시험에 응시하여 문무 장원에 뽑혀 천자로부터 큰 칭찬을 듣는다.

세창은 이미 혼인을 하여 자녀까지 두고 있기에 그와의 혼인이 쉽지 않을 것이라 생각함. / 세창과의 혼인을 위해 과거에 급제함. → 주도면밀한 설생의 면모

초벽이 머리를 조아리고 죄를 청하였다.

설생 / 성별을 속이고 과거 시험에 응시한 죄

"신이 일월을 속이고 음양(陰陽)을 바꾼 죄가 있으니 감히 조정에 아뢰지 못하겠으나, 신의 죄를 용서하시면 진정을 아뢰겠습니다."

자신이 남장을 하고 과거 시험에 응시하였음을 천자에게 밝힘.

차설(且說). 천자가 놀라시어 설초벽에게 마음속에 품은 것을 숨기지 말고 아뢰라 하시자, 초벽이 다시 머리를 조아리고 아뢰었다.

화제를 돌려 다른 이야기를 꺼낼 때, 앞서 이야기하던 내용을 그만둔다는 뜻으로 다음 이야기의 첫머리에 쓰는 말

"『신(臣)은 본래 설경화의 어린 딸입니다. 부모가 함께 돌아가시자 혈혈단신의 아녀자가 강포한 자로부터 욕을 볼까 두려워 남장(男裝)을 하고 무예를 배워 풍양의 진중에 들어갔다가 산으로 도망하여 은거하면서 천신만고를 겪었습니다. 그러다가 유세창을 만나게 되었습니다. 유세창이 비록 제가 여자인 줄을 알지 못하고 지기(知己)로 허락하였으나, 신이 여자의 몸으로 세창과 동행하여 먹고 자기를 한가지로 하였사오니 의리로 다른 사람을 좇지 못

자신이 여인임을 밝힘. / 우악스럽고 사나운 / 자기의 속마음을 참되게 알아주는 친구 / 온갖 어려운 고비를 다 겪으며 심하게 고생함을 이르는 말

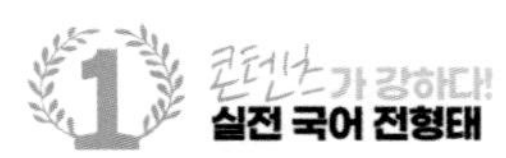

할 것이고 스스로 구하여 유세창에게 시집간다면 뽕나무밭과 달빛 아래에서 몰래 만나는 비루한 행실과 다를 것이 없습니다. 그렇기에 뜻을 결정하여 인륜을 폐하고 몸을 깨끗하게 마치는 것이 소원입니다.』

『 』: 남장을 하게 된 이유와 유세창과의 혼인을 소원함을 밝힘.

그러나 돌아보건대《부모의 혈맥이 다만 신첩(臣妾)의 한 몸에 있기에 차마 사사로운 염치와 의리 때문에 죽어 종족을 멸망시키고 후사(後嗣)를 끊게 하는 죄인이 되지는 못할 것입니다. 온갖 계책을 생각해도 방법이 없으나 그윽이 생각하건대 폐하께서는 만민의 부모가 되시니 반드시 신첩의 사정을 불쌍히 여기시고 윤리를 완전케 해 주실 것 같았습니다. 그런 까닭에 일만 번 죽기를 무릅쓰고 감히 방목(榜目)*에 이름을 걸어 성총을 어지럽게 함으로써 저의 진정한 회포를 아룁니다.》"

신첩: 여자가 임금을 상대하여 자기를 낮추어 이르던 일인칭 대명사

성총: 임금의 총명

《 》: 유세창과의 혼사가 이루어질 수 있도록 임금에게 도움을 요청함.
→ 욕망 실현을 위해 적극적으로 나서는 주체적인 여성상이 드러남.

상께서 매우 놀라고 기특하게 여기시어 영릉후인 유세창을 돌아보셨다. 영릉후 또한 매우 놀라 안색이 흙빛이었다. 상이 유승상에게 명령하여 말씀하셨다.

영릉후 또한 매우 놀라 안색이 흙빛이었다: 설생이 여인임을 알게 된 세창의 모습을 묘사함.

"설씨녀의 재주와 용모와 의협심이 옛사람보다 뛰어나고 사정이 불쌍하니 짐이 중매가 되어 세창과 혼인시킬 것이다. 경은 육례(六禮)를 갖추어 저 설씨녀를 맞이하고 평범한 며느리로 대접하지 마라. 저 사람이 타향에 떠도는 나그네가 되어 혼사를 말하기가 어려운 까닭에 과거에 급제하는 것을 계기로 뜻을 이루고자 하였으니 이 또한 묘책이다. 충성심이 세상을 덮을 만하고 문무 장원을 하였으니 삼백 칸 집과 가동(家僮)과 노비를 전례대로 사급하며 특별히 여학사(女學士) 여장군에 임명하여 영릉후 세창의 둘째 부인으로 정하나니 선생은 명심하라."

설씨녀: 설초벽

설씨녀의 ~ 혼인시킬 것이다: 설초벽의 인품과 사정을 고려하여 그녀가 세창과 결혼할 수 있도록 도와 줌.

경: 유우성

이 또한 묘책이다: 유세창과의 혼인을 위해 과거에 응시하여 급제한 설초벽의 노력을 가상히 여김.

가동: 종

삼백 칸 집과 ~ 임명: 여인임에도 초벽을 과거에 급제한 신하로서 대우해 줌.

선생: 유우성

*경사 : 한 나라의 중앙 정부가 있는 곳.

*선풍도골 : 신선의 풍채와 도인의 골격이라는 뜻으로, 남달리 뛰어나고 고아한 풍채를 이르는 말.

*객수 : 객지에서 느끼는 쓸쓸함이나 시름.

*방목 : 과거 급제자의 이름을 적은 책.

OX문제

01	대화의 내용을 통해 이전에 일어난 사건의 정황을 나타내고 있다. [2019학년도 수능]	(O / X)
02	세창은 설생이 여인임을 가족들에게 들키지 않기 위해 그녀가 머무는 송죽헌을 떠나지 않았다.	(O / X)
03	천자는 초벽의 재주와 의협심을 높이 평가하여 그녀가 세창과 혼인할 수 있도록 도움을 주었다.	(O / X)
04	배경 묘사를 통해 인물의 성격 변화를 암시하고 있다. [2023학년도 6월]	(O / X)
05	현재와 과거를 교차하여 장면의 전환을 보여 주고 있다. [2024학년도 수능]	(O / X)

STEP
02 작품 해제

01 | 주제

유씨 가문의 삼대 이야기 / 일부다처제 가정에서 일어나는 애정 갈등

02 | 특징

① 「소현성록」과 더불어 삼대록계 소설(삼대의 가족사가 중심이 되는 소설)의 대표적인 작품임.
② 충·효·열과 같은 유교적 윤리에 의한 지배를 정당화하려는 의도가 담김.
③ 적극적이고 주체적인 여성상을 제시하여 여성의 사회적 지위에 대한 새로운 인식을 보여 줌.

03 | 작품 해제

「유씨삼대록」은 18세기에 널리 향유된 국문 장편 소설로 삼대록계 소설의 전형적인 구조를 갖추고 있으며, 사대부 가문의 창달(거침없이 쑥쑥 뻗어 나감)과 번영, 인생살이의 다채로운 모습을 밀도 있게 보여 준다. 1대 유우성, 2대 유세형, 3대 유현이 각 세대의 중심인물로 설정되어 있으며, 유세형과 유현에 의해 야기되는 사건이 작품에서 가장 많은 비중을 차지한다. 지문에 실린 부분은 2대 유세창을 중심으로 한 부분이다.

이 작품은 세세한 대목에서 당대의 예법을 충실히 재현하기 위해 애쓰고 있어 당대 상층의 삶에 가장 밀착되어 있으면서도 이를 격조 높게 형상화한 작품으로 평가받고 있다.

04 | 등장인물

- 유세창 : 유우성의 셋째 아들. 부친과 함께 풍양에서 반란을 제압한 공적을 인정받아 예부상서 영릉후의 벼슬을 받게 된다. 사천을 유람하던 중 만나게 된 설생(설초벽)과 지기의 연을 맺게 되고 후에 그가 남장을 한 여인임을 알게 되며 그녀를 둘째 부인으로 맞는다.
- 설생(설초벽) : 설경화의 딸. 부모님이 돌아가시자 자신을 지키기 위해 남장을 하고 살아간다. 유세창과 부부의 연을 맺고자 과거에 급제를 한 후 천자의 도움을 받아 유세창과 혼인을 하게 된다. 여인임에도 자신의 욕망을 위해 주체적으로 움직이는 모습을 보인다.
- 천자 : 설초벽의 인품과 사정을 고려하여 그녀가 유세창과 혼인을 할 수 있도록 도움을 준다. 과거에 급제한 설초벽의 능력을 높이 사 여인임에도 신하로서 대우를 해 준다.
- 유우성 : 승상의 벼슬에 오른 유세창의 부친.
- 유세기 : 유우성의 맏아들이자, 유세창의 형. 초벽이 여인임을 한눈에 알아봤음에도 그녀의 처지를 배려하여 이를 가족들에게 알리지 않는 진중하고 사려 깊은 성품을 지녔다.

05 | 상세 줄거리

명나라 홍치 연간 북경 순천부에 사는 유우성은 12세에 이제현의 딸과 혼인하고 태자가 즉위하자 우성은 승상이 된다. 유 승상의 맏아들 세기는 소순의 딸과 혼인하고, 둘째 아들 세형은 장순의 딸과 약혼을 한다. 그런데 뜻밖에 둘째 아들 세형을 부마(임금의 사위)로 간택한다는 교서(왕이 신하나 백성 등에 내리던 문서)가 내려오고 세형은 이를 반대하는 상소를 올리지만 끝내 진양 공주와 혼인하게 된다. 이에 약혼한 장 소저는 병을 얻고 공주는 세형의 마음을 짐작하여 태후께 청을 올려 장 소저를 계비(둘째 부인)로 봉하도록 한다. 하지만 방자해진 장 소저는 공주를 모해하고 세형은 장 소저의 말만 믿고 공주를 학대한다. 이후 장 소저가 공주를 모해한 사실이 밝혀지게 되고 세형은 자신의 잘못을 뉘우치고 가정을 잘 다스리고자 노력한다. 왜적이 침입하자 천자의 명으로 적을 물리치고 돌아온 유 승상과 세형은 그 공을 인정받아 각각 초국공, 진왕에 봉해진다. 세형에게 버림받았던 공주는 세형의 진심을 시험해 보고 부부의 정을 나눈다. 장 소저는 공주를 더욱 미워하게 되고 약탕에 독약을 넣었다가 이 사실이 발각되어 하옥된다. 그러나 공주는 장 소저를 용서하고 그녀가 옥에서 풀려나도록 돕는다. 자신의 잘못을 반성한 장 소저는 공주와 세형과 함께 화목하게 지낸다.

한편, 유 승상의 셋째 아들 세창은 장원 급제하여 한림학사가 되고, 넷째 아들 세경과 다섯째 아들 세필도 각각 혼인을 한다. 유 승상이 평화롭게 만년(나이가 들어 늙어 가는 시기)을 보내려 할 때 반란이 일어나고 그는 천자의 명을 받고 세창, 세경과 함께 반군을 물리친다. 세창은 반군을 제압하고 돌아오는 도중 설생(설초벽)을 만나 그녀를 서울로 데려온다. 설생(설초벽)은 세창과 혼인을 하기 위해 천자의 도움을 받고자 과거에 응시하여 장원 급제한다. 천자는 설생(설초벽)을 세창의 계비로 봉한다.

태후가 죽자 진양 공주는 슬픔을 이기지 못해 병을 얻어 죽는다. 공주의 맏아들인 유관은 설현의 딸과, 둘째 아들 유현은 양성의 딸과 혼인하고 형제가 모두 장원 급제한다. 양 소저와 사이가 좋지 않은 유현은 장 소저의 친정 조카 장설혜의 미모에 끌려 상사병이 들고 유우성의 주선으로 결국 장설혜와 혼인하게 된다. 질투가 심한 장설혜는 양 소저를 해치고자 하지만 이후 모든 죄상이 드러나게 되어 쫓겨나고 유현은 자신의 잘못을 뉘우친다. 진양 공주의 딸인 유영주는 소경문과 혼인하지만 소경문은 호왕의 눈에 들고 호왕은 그를 자신의 딸 양성 공주의 부마로 삼고자 한다. 하지만 소경문은 이를 거부하고 호왕은 자신의 뜻을 거부하는 소경문을 가두고 난을 일으킨다. 이에 유세경과 유현이 출전하여 호왕의 항복을 받는다. 스스로 볼모가 된 양성 공주는 유세형의 상소로 소경문과 혼인을 하게 되나 30세의 나이에 요절한다.

논문으로 만나는 출제자의 시선

「유씨삼대록」과 「유효공선행록」의 비교 고찰

「유씨삼대록」은 「유효공선행록」의 끝 부분에 제시되는 후일담처럼 「유효공선행록」 이후 삼대에 걸친 유씨 가문의 창달 과정을 그린 작품이다. 「유효공선행록」에는 제1대 유정경과 제2대 유연, 유홍, 제3대 유우성, 유백경, 유백명이 등장한다. 그리고 「유씨삼대록」에는 제3대 유우성과 유백경 형제, 그리고 제4대 유세기, 유세창 형제 그리고 제5대 유현의 형제들이 등장한다. 이처럼 「유효공선행록」에서도 3대의 인물들이 등장하고, 「유씨삼대록」에서도 3대의 인물이 등장함으로써 「유씨삼대록」이 단순히 「유효공선행록」의 후속 세대 이야기를 서술한 작품처럼 보인다. 그러나 「유씨삼대록」에서는 유연의 후손 가운데 특정 인물군에 초점을 맞추어 유씨 가문사를 그림으로써 단순히 「유효공선행록」의 후속 세대 이야기를 그리는 것에서 나아가 독자적인 작품 세계를 구축하였다.

「유효공선행록」과 「유씨삼대록」에서 장자의 혈통은 '유정경-유연-유우성-유세기-유현'으로 이어진다. 그런데 「유효공선행록」에서는 이러한 혈통을 무시하고 제2대의 둘째 아들인 유홍이 적장자(정실이 낳은 맏아들)로 지정되기 위해 갈등을 야기함으로써 종통(종가 맏아들의 혈통) 계승 문제를 둘러싼 부자 및 형제 갈등이 작품의 핵심 내용으로 부각된다. 「유효공선행록」에 등장하는 이들 갈등은 유가 이념의 실현을 최고의 가치로 여기는 유연의 세계관과 수단과 방법을 가리지 않고 현실 세계에서 부와 권세를 확보하려는 유정경이나 유홍의 세계관 차이에서 비롯된 것이라 할 수 있다. 그렇기 때문에 「유효공선행록」에서 유연이 자신의 장자 유우성에게 종통을 넘겨주지 않고 도덕군자의 면모를 지닌 유백경을 계후(양자로 대를 잇게 함. 또는 그 양자)로 받아들여 종통을 잇게 하는 것이다. 그 결과 종통이 혈통과 다르게 계승되는 결과를 가져온다.

한편 「유씨삼대록」에서는 종통을 둘러싼 갈등이 문제되지 않거나 부차적인 문제로 그려지면서 종통을 잇는 유백경, 유세기, 유건 등은 작품의 전면에 등장하지 않고 보조적인 역할만을 담당하는 것으로 그려진다. 대신 둘째 아들인 유우성의 자식들 그리고 우성의 둘째 아들 유세형의 아들인 유현과 딸들이 갈등의 중심인물로 등장한다. 이렇듯 「유효공선행록」과 「유씨삼대록」은 표면적으로는 서사축을 공유하는 듯이 보이지만, 실제로는 서사축이 다름을 알 수 있다.

「유씨삼대록」의 문제적 인물 '설초벽'

「유씨삼대록」에서의 비중은 크지 않지만 문제적인 면모를 보이는 '설초벽'은 주목할 만하다. 작품이 창작된 조선 후기 현실을 고려해 보았을 때, 또 고전 소설에 등장하는 다양한 여성 인물들과 비교해 보았을 때 그녀는 매우 독특하면서도 문제적인 모습을 보이는 인물임을 알 수 있다.

첫째, 그녀는 남편과 지기 관계를 확립함으로써 가부장제 체제에서 쉽게 찾아볼 수 없는 이상적인 부부 관계를 보여 준다. 특히 결혼 전 남장을 하였을 때 맺은 지기로서의 관계가 결혼 후 부부가 되어서도 지속적으로 유지된다는 점에서 주목할 만하다. 둘째, 그녀는 남편과 적국의 화합을 도모하기 위해 시댁을 떠나 자기만의 공간으로 가서 평생을 지낸다는 점에서 여성의 공간에 관한 다양한 물음들을 함축하게 된다. 남편 유세창도 군자형 인물이며 적국 남씨도 선인형 인물임에도 불구하고 자신의 존재로 말미암아 그들 사이에 갈등이 벌어지자 그녀 스스로 자신만의 공간으로 떠나는 양상으로 서사가 전개된다는 점에서 더욱 문제적이다. 셋째, 그녀는 자기만의 공간에서 친정 부모의 제사를 지내며 자신의 아들로 친정의 혈통을 잇고자 한다는 점에서 남성 중심적인 가부장제에서 쉽게 찾아볼 수 없는 여성의 모습을 보여 준다. 무남독녀인 그녀는 친정의 혈통이 끊기는 것을 걱정하다가 스스로의 역량으로 친정 부모를 모실 수 있는 공간을 확보하고, 그곳에서 제사를 지낼 뿐 아니라 자신의 아들로 그 혈통을 잇게 하는, 당대로서는 매우 이례적인 모습을 보여 주고 있다.

이처럼 설초벽은 여성도 남성 못지않은 능력과 식견(사물을 분별할 수 있는 능력)을 지니고 남편과 대등한 지기 관계를 형성할 수 있으며, 시댁을 벗어나 자기만의 공간을 지향할 수 있고, 보편적인 효 의식에 기반하여 남성처럼 부모의 제사를 지내고 자식으로 혈통을 이을 수 있다는 점을 보여 준다는 점에서 매우 특징적인 인물임을 알 수 있다.

STEP 04

나BS 실전 문제

나BS 수능완성 | 고전문학

다음 글을 읽고 물음에 답하시오.

[앞부분의 줄거리] 아들 유세기가 부모의 허락 없이 백공과 혼사를 결정했다고 여긴 선생은 유세기를 집에서 내쫓는다.

백공이 왈,

"혼인은 좋은 일이라 서로 헤아려 잘 생각할 것이니 어찌 이같이 좋지 않은 일이 일어나는가? 내가 한림의 재모를 아껴 이같이 기별해 사위를 삼고자 하였더니 선생 형제는 도학군자라 예가 아닌 것을 문책하시는도다. 내가 마땅히 곡절을 말하리라."

이에 백공이 유씨 집안에 이르러 선생 형제를 보고 인사를 하고 나서 흔쾌히 웃으며 가로되,

"제가 두 형과 더불어 죽마고우로 절친하고 또 아드님의 특출함을 아껴 제 딸의 배필로 삼고자 하여, 어제 세기를 보고 여차여차하니 아드님이 단호하게 말하고 돌아가더이다. 제가 더욱 흠모하여 염치를 잊고 거짓말로 일을 꾸며 구혼하면서 '정약'이라는 글자 둘을 더했으니 이는 진실로 저의 희롱함이외다. 두 형께서 과도히 곧이듣고 아드님을 엄히 꾸짖으셨다 하니, 혼사에 도리어 훼방이 되었으므로 어찌 우습지 않으리까? 원컨대 두 형은 아드님을 용서하여 아드님이 저를 원망하게 하지 마오."

선생과 승상이 바야흐로 아들의 죄가 없는 줄을 알고 기뻐하면서 사례하여 왈,

"저희 자식이 분에 넘치게 공의 극진한 대우를 받으니 마땅히 그 후의를 받들 만하되, 이는 선조로부터 대대로 내려오는 가법이 아니기에 감히 재취를 허락하지 못하였소이다. 저희 자식이 방자함이 있나 통탄하였더니 그간 곡절이 이렇듯 있었소이다."

백공이 화답하고 이윽고 돌아가서 다시 혼삿말을 이르지 못하고 딸을 다른 데로 시집보냈다. 선생이 백공을 돌려보낸 후에 한림을 불러 앞으로 더욱 행실을 닦을 것을 훈계하자 한림이 절을 하면서 명령을 받들었다. 차후 더욱 예를 삼가고 배우기를 힘써 학문과 도덕이 날로 숙연하고, 소 소저와 더불어 백수해로하면서 여덟 아들, 두 딸을 두고, 집안에 한 명의 첩도 없이 부부 인생 희로를 요동함이 없더라.

승상의 둘째 아들 세형의 자는 문희이니, 형제 중 가장 빼어났으니 산천의 정기와 일월의 조화를 타고 태어나 아름다운 얼굴은 윤택한 옥과 빛나는 봄꽃 같고, 호탕하고 깨끗한 풍채는 용과 호랑이의 기상이 있으며, 성품이 호기롭고 의협심이 강하여 맑고 더러움의 분별을 조금도 잃지 않으니, 부모가 매우 사랑하여 며느리를 널리 구하더라.

(중략)

화설, 장 씨 ㉠ 이화정에 돌아와 긴 단장을 벗고 난간에 기대어 하늘가를 바라보며 평생 살아갈 계책을 골똘히 헤아리자, 한이 눈썹에 맺히고 슬픔이 마음속에 가득하여 생각하되,

[A] '내가 재상가의 귀한 몸으로 유생과 백년가약을 맺었으니 마음이 흡족하고 뜻이 즐거울 것이거늘, 천자의 귀함으로 한 부마를 뽑는데 어찌 구태여 나의 아름다운 낭군을 빼앗아 가 위세로써 나로 하여금 공주 저 사람의 아래가 되게 하셨는가? 도리어 저 사람의 덕을 찬송하고 은혜를 읊어 한없는 영광은 남에게 돌려보내고 구차한 자취는 내 일신에 모이게 되었도다. 우주 사이는 우러러 바라보기나 하려니와 나와 공주의 현격함은 하늘과 땅 같도다. 나의 재주와 용모가 저 사람보다 떨어지는 것이 없고 먼저 혼인 예물까지 받았는데 이처럼 남의 천대를 감심할 줄 어찌 알리오? 공주가 덕을 베풀수록 나의 몸엔 빛이 나지 않으리니 제 짐짓 능활하여 아버님, 어머님이나 시누이를 제 편으로 끌어들인다면 낭군의 마음은 이를 좇아 완전히 달라질지라. 슬프다, 나의 앞날은 어이 될고?'

생각이 이에 미치자 북받쳐 오르는 한이 마음속에 가득 쌓이기 시작하니 어찌 좋은 뜻이 나리오? 정히 눈물을 머금고 마음을 붙일 곳 없어하더니, 문득 세형이 보라색 두건과 녹색 도포를 가볍게 나부끼며 이르러 장 씨의 참담한 안색을 보고 옥수를 잡고 어깨를 비스듬히 기대게 하며 물어 왈,

"그대 무슨 일로 슬픈 빛이 있나뇨? 나를 좇음을 원망하는가?"

장 씨가 잠시 동안 탄식 왈,

[B] "낭군은 부질없는 말씀 마옵소서. 제가 낭군을 좇는 것을 원망했다면 어찌 깊은 규방에서 홀로 늙는 것을 감심하였사오리까? 다만 제가 귀댁에 들어온 지 오륙일이 지났으나 좌우에 친한 사람이 없고 오직 우러르는 바는 아버님, 어머님과 낭군뿐이라 어린 여자의 마음이 편안하지 못한 바이옵니다. 공주가 위에 계셔 온 집의 권세를 오로지 하시니 그 위의와 덕택이 저로 하여금 변변찮은 재주 가진 하졸이 머릿수나 채워 우물 속에서 하늘을 바라보는 것 같게 만드옵니다. 제가 감히 항거할 뜻이 있는 것이 아니나 평생의 신세가 구차하여 슬프고, 진양궁에 나아가면 궁비와 시녀들이 다 저를 손가락질하며 비웃어 한 가지 일도 자유롭게 하지 못하게 하옵고, 제 입에서 말이 나면 일천여 시녀가 다 제 입을 가리니, 공주의 은덕에 의지하여 겨우 실례를 면하고 돌아왔사옵니다."

부마가 바야흐로 장 씨의 외로움을 가련하게 여기고 공주의 위세가 장 씨를 억누르는 것을 좋지 않게 여기고 있다가 장 씨의 이렇듯 애원한 모습을 보자 크게 불쾌하여 장 씨를 위한 애정이 샘솟는 듯하였다. 은근하고 간곡하게 장 씨를 위로하고 그 절개와 외로움에 감동하여 이날부터 발자취가 ㉡ 이화정을 떠나지 않았다. 연리지와 같은 신혼의 정은 양왕의 꿈에 빠진 듯 어지럽고, 낙천의 마음이 취한 듯 기쁘고 즐거워 바라던 바를 다 얻은 듯한 마음은 세상에 비할 데가 없더라.

- 작자 미상, 「유씨삼대록」 -

01. 이같이 좋지 않은 일에 대한 이해로 적절하지 않은 것은?

① 백공의 거짓말 때문에 일어난 일이다.
② 백공이 한림을 곤경에 처하게 한 일이다.
③ 선생과 승상 사이에서 의견 대립이 심화된 일이다.
④ 한림이 선생과 승상으로부터 꾸지람을 당한 일이다.
⑤ 백공이 한림을 자신의 딸과 혼인시키려다 일어난 일이다.

02. [A]와 [B]에 대한 설명으로 적절하지 않은 것은?

① [A]와 [B]는 모두 과거 사건에 대한 정보를 제공하고 있다.
② [A]와 [B]는 모두 비유적 진술을 통해 자신이 처한 상황을 부각하고 있다.
③ [A]는 [B]와 달리 타인에 대한 자신의 원망을 의문형 표현을 활용하여 드러내고 있다.
④ [B]는 [A]와 달리 대화 상대의 환심을 사기 위해 자신의 우월한 지위를 드러내고 있다.
⑤ [A]는 앞으로의 일을 추정하는, [B]는 지난 일을 토로하는 방식으로 자신의 우려를 제시하고 있다.

03. '장 씨'를 중심으로 ㉠과 ㉡을 이해한 내용으로 가장 적절한 것은?

① ㉠은 학문을 연마하는 공간이고, ㉡은 덕행을 닦는 공간이다.
② ㉠은 불신을 드러내는 공간이고, ㉡은 조소를 당하는 공간이다.
③ ㉠은 한탄을 드러내는 공간이고, ㉡은 애정을 확인하는 공간이다.
④ ㉠은 계책을 꾸미는 공간이고, ㉡은 외로움을 인내하는 공간이다.
⑤ ㉠은 선후 시비를 따지는 공간이고, ㉡은 오해를 해소하는 공간이다.

04. 〈보기〉를 참고하여 윗글을 감상한 내용으로 적절하지 않은 것은?

<보기>

「유씨삼대록」은 유씨 3대 인물들의 이야기들을 연결한 국문 장편 가문 소설이다. 각 이야기는 그 자체로 완결성을 갖추고 있어 독립적이지만, 혼사나 그로부터 파생된 각각의 갈등이 동일한 가문 내에서 전개된다는 점에서 연결된다. 이러한 갈등은 가법이나 인물의 성격에서 유발된다. 가문의 구성원들은 혼사를 둘러싼 갈등이 가문의 안정과 번영을 저해한다고 여겼기에, 가문 차원에서 이를 해결해 간다.

① 유세기 이야기와 유세형 이야기를 보니, 각각의 갈등이 한 가문의 혼사를 중심으로 발생한다는 점에서 두 이야기가 서로 연결되어 있음을 알 수 있군.
② 유세기의 혼사 문제에 선생과 승상이 관여한 것을 보니, 혼사를 둘러싼 갈등 해결이 가문 구성원들의 문제로 다루어짐을 알 수 있군.
③ 유세기가 혼사와 관련한 곤욕을 치른 것과 유세형이 공주를 멀리한 것을 보니, 가법과 인물의 성격 간의 대립이 갈등의 원인임을 알 수 있군.
④ 백공이 유세기를 사위 삼으려는 것과 천자가 유세형을 부마 삼은 것을 보니, 혼사가 혼인 당사자 개인의 문제에 그치지 않음을 알 수 있군.
⑤ 유세기가 평생 첩을 두지 않고 소 소저와 해로했다는 것을 보니, 유세기를 둘러싼 혼사 갈등이 해소되며 이야기 하나가 마무리됨을 알 수 있군.

3 작자 미상, 낙성비룡

STEP 01 지문 분석과 OX문제

"네 아까 읊던 글을 들으니 큰 뜻을 품었음이 분명한데, 나를 속이지 마라."
경작

"잠결에 읊는 것이 무슨 뜻이 있겠소? 말하기 싫으니 가겠소."

일어나 소를 끌고 가려 하자, 양자윤이 잡아 앉혔다.

"네 비록 어린아이나 예의를 모르는구나. 나는 나이 든 사람이고 너는 나이 어린 아이인데 어찌 그리 버릇없이 구느냐?"
어른을 어려워하지 않고 무례하고 건방진 태도를 보이는 경작을 꾸짖음.

"목동이 무슨 예를 알겠소?"
풀을 뜯기며 가축을 치는 아이

"너는 내 얼굴을 자세히 봐라."

갈포로 만든 두건
경작이 머리를 헤쳐 쓸고 보니, 「흰옷을 입은 어른이 머리에 갈건을 쓰고 오른손에는 보석으로 장식된 채를 잡고 왼손에는 명아줏대로 만든 지팡이를 짚고 있었다. 흰 수염이 가슴에 늘어졌는데 골격이 맑아 마치 신선 같았다.」 경작은 마음속으로 '사람을 많이 보았지만 이러한 사람 없었으니 이 사람은 뭔가 있는 늙은이로구나.'라고 생각하였다.
「 」: 외양 묘사 → 양자윤이 범상치 않은 인물임을 강조함.

말과 행실이 바르고 점잖으며 덕이 높은 사람
"제가 대인의 기상을 보니 봉황이 그려진 궁궐의 전각 위에 홀을 받들 기질이요, 구중궁궐의 신하로 나라를 다스리고 백성을 편안하게 할 재주와 덕이 있어 보이는데 무슨 이유로 갈건과 평복 차림으로 이리저리 다니십니까?" / 양자윤이 웃으며 말하였다.
사람의 타고난 기개가 겉으로 드러난 모양

"네 말이 우습구나. 뒤늦게 공경하는 것은 무슨 이유냐? 네 승상 양자윤을 아느냐?"

아주 가까운 거리
"가장 어진 재상이라 들었습니다. 지척에서 만나 뵙게 되었습니다."
양 승상에 대해 이전에 들은 적이 있음.

"알아보다니, 얼굴 보기를 좀 하는구나."

"아까 그 말씀에 깨달았습니다."

"내가 비록 보는 눈이 없지만 평생 사람을 눈여겨보았다. 너를 보니 결코 천한 신분의 사람이 아니고, 지은 글이 틀림없이 뜻이 있는 듯하니, 나를 속이지 마라."
양 승상은 경작의 영웅적인 면모를 알아봄.

"그렇게 물어보시니 마음속에 담은 일을 말씀드리겠습니다."

이어서 경작은 세 살에 부모를 잃고 유모에게 맡겨졌다가 일곱 살에 유모가 죽자 의지할 데 없어 장우의 집 머슴이 된 사연을 이르고 동쪽 산을 가리키며 말하였다.
경작의 과거 행적을 요약적으로 제시함.

"저 분묘가 제 부모의 분묘입니다." / 경작이 말을 끝내고 눈물을 흘리니, 양자윤이 슬퍼 탄식하며 말하였다.
송장이나 유골을 땅에 묻어 놓은 곳

"예로부터 어려운 처지에 놓인 영웅호걸이 많다 하나, 어찌 너 같은 사람이 있겠느냐? 네 나이 얼마나 되었느냐?"

"속절없이 열네 봄을 지내었습니다."

"내가 너에게 청할 말이 있는데 받아들이겠느냐?"

"들을 말씀이면 듣고 못 들을 말씀이면 못 듣는 것이지 미리 정할 수 있겠습니까?"

"다른 일이 아니다. 내가 두 아들과 두 딸을 두었는데 위로 셋은 결혼을 하고 막내만 남았다. 〈막내딸의 나이가 열넷인데, 결혼할 때가 되어 제법 아름다우나 현명한 군자를 만나지 못하였다. 이제 너와 내 딸이 쌍을 이루게 하려고 하는데 허락할 수 있느냐?〉"

〈 〉: 양 승상은 경작의 자질을 알아보고 자신의 사위가 되어 줄 것을 요청함.

경작이 하늘을 보며 크게 웃었다.

"어르신의 따님은 재상의 천금과 같은 소저로 존귀하기가 끝이 없습니다. 저는 상민 집의 종인데 어르신의 말씀이 사실인가 의심이 갑니다. 하지만 정말로 숙녀라면 어찌 사양하겠습니까?"

양 승상의 요청을 받아들여 사위가 되고자 하는 뜻을 밝힘.

[중략 부분 줄거리] 경작은 양자윤의 사위가 되지만, 그가 죽자 처가에서 쫓겨난다. 거리를 떠돌다 어려운 처지에 놓인 사람을 만나 자신이 가진 전부인 은자 삼백 냥을 준 후 하룻밤 신세를 질 집을 찾게 된다.

양 승상이 죽자 경작은 처가의 박대(인정 없이 모질게 대함)를 받음.

서당에 촛불이 휘황하고 누각이 기이하여 세상 같지 않았다. 백의 노인이 당상에 앉아 있는데, 맑고 기이하여 평범한 사람 같지 않았다. 경작이 다가가 계단 가운데에서 예를 취하였다. 노인이 팔을 들어 인사하며 말하였다.

공간이 비현실적임을 알 수 있음.

"귀한 손님이 저녁을 못 하셨을 것이니 밥 한 그릇 내오는 것이 어떻겠느냐?" / 경작이 감사히 여겨 말하였다.

"궁한 선비가 길을 잘못 들어 귀댁에 이르렀습니다. 이렇게 과하게 대접하시니 몸 둘 바를 모르겠습니다."

"대인은 작은 인사를 하지 않는다고 합니다. 어찌 작은 일에 감사하려 합니까?" / 그러고 나서 동자를 불러 말하였다.

"귀한 손님의 양이 매우 많아 보이니 밥을 한 말을 짓고 반찬을 갖추어 내어 오라."

백의 노인은 경작이 대식가라는 사실을 알고 있음.

경작이 '처음 보는데도 내 양이 많은 줄을 아니 슬기로운 어른이구나.' 하고 생각하였다. 이윽고 동자가 식반을 가져오는데 과연 말밥이 푸짐하고 산채가 정결하면서도 많았다. 경작이 저물도록 주렸던 까닭에 밥술을 크게 떠서 먹었다. 노인이 말하였다.

내적 독백 → 상대의 비범함을 직감함. / 식반: 음식을 차려 놓는 상 / 말밥: 한 말가량의 쌀로 지은 밥 / 어려운 처지에 놓인 사람에게 가진 돈을 모두 주어 굶주릴 수밖에 없었음.

"양에 차지 못할 터인데 더 가져오라고 하는 것이 어떠합니까?" / 경작이 사양하여 말하였다.

"주신 밥이 많아서 소생의 넓은 배를 채웠으니 그만하십시오."

소생: 말하는 이가 자기를 낮추어 이르던 일인칭 대명사

"그대는 양이 적군요! 나는 젊어서는 이렇게 두 그릇을 먹었습니다. 그대가 오늘 큰 적선을 하여 깊이 감동하였소."

적선: 착한 일 → 어려운 처지에 놓인 사람에게 자신의 전 재산을 줌.

경작이 노인장이 이렇듯 신기한 것을 보고 평범한 사람은 아닐 것이라 생각하며 의아해 마지않았다.

"어르신이 무엇을 말씀하시는 것입니까? 저는 가난하여 적선한 일이 없습니다."

자신이 한 일을 숨기는 경작의 겸손한 태도

"대인은 사람 속이는 일을 하지 않소. 그런데 그대 그렇게 많이 먹으면서 양식 없이 어찌 다니려 하는 것이오?"

"이처럼 얻어먹으면 못 살겠습니까?"

앞날을 걱정하지 않는 모습에서 경작의 낙천적 성격을 확인할 수 있음.

"젊은 사람의 말이 사정에 어둡구료. 나는 마침 그대 먹는 양을 알아 대접하였지만, 누가 그대의 먹는 양을 알겠소? 나는 그대의 성명을 알거니와 그대는 나의 성명을 알아도 부질없으니 말하지 않겠소. 《그대는 이렇게 떠도느니 평안히 거처하며 학문을 하는 것이 어떻겠소? 길거리에 떠돌아다니는 것은 무익하오. 낙양 땅 청운사가 평안하고 조용한데, 그 절의 중이 의롭고 부유하여 어려운 선비를 많이 대접하였다오. 그리로 가서 몸을 편안히 하고

《 》: 경작에게 청운사에 머무르며 학문을 할 것을 제안함.

공부를 착실히 하시오.》 노자가 없으니 노부가 간단하게나마 차려주겠소."
먼 길을 떠나 오가는 데 드는 비용 ↳ 늙은 남자 → 백의 노인을 가리킴.

말을 마치고 문득 베개 밑에서 돈 네 꾸러미를 내어 주었다.

"이 정도면 가는 길에 풍족하게 먹을 것이오. 청운사로 가면 좋은 일이 많을 것이외다." / 경작이 사례하는데 노인이 웃으며 말하였다.
언행이나 선물 따위로 상대에게 고마운 뜻을 나타냄.

"삼백여 냥 은자는 통째로 주고도 사례하는 것에 대해 기뻐하지 않더니 도리어 네 냥 화폐를 사례하시오?" / 그리고 이어서 말하였다.
경작이 어려운 처지에 놓인 사람에게 준 돈 / 노인이 경작에게 노잣돈으로 준 돈

"여행의 피로로 노곤할 것이고, 본래 잠이 많으니 어서 자고 내일 떠나시오. 그리고 다시 나를 찾지 마시오. 내일 부어 놓은 차를 마시고 가시오. 후일 영화를 이루고 부귀할 것이니 미리 축하하오."
백의 노인이 경작의 앞날을 예고함.

경작이 깜짝 놀라 물었다.

"어르신의 말씀이 예사롭지 않으니 무슨 뜻입니까?"

"내 말이 그르지 않을 것이니 의심치 마시오."

▒ : 비현실적 세계와 현실을 이어주는 소재

경작이 의심스러웠지만 여러 날 고생한 탓에 졸음이 몰려와 잠이 들었다. 동방이 밝은 줄을 깨닫지 못하다가 막 일어나 보니 곁에 돈과 차 한 종지와 글이 쓰인 종이 한 장이 있을 따름이었다. 웅장한 누각은 없어지고 편한 바위 위에 누워 있었다. 노인의 자취가 없어 신선인가 의심하고 스스로 탄식하면서 종이를 펼쳐 보았다.
백의 노인과의 만남이 비현실적 경험이었음이 드러남.

『 』: 백의 노인의 정체가 양 승상이었음이 밝혀짐.

『"장인 양 공이 사랑스러운 이 서방에게 부친다. 노부가 세상을 버린 뒤 너의 몸이 항상 괴롭구나. 떠나가는 길에 행낭마저 사람에게 적선하고 밤늦도록 숙소를 찾지 못하여 배가 고픈데도 행낭을 아쉬워 않는구나. 마음이 크고 덕이 넓어 사람을 감동케 하니 푸른 하늘이 어찌 감동하지 않겠는가? 내 너를 위하여 하늘에 하루 말미를 급하게 구하였다. 가르친 말을 어기지 말고 차를 마시고 빨리 떠나라."』
자신이 죽은 후 경작이 박대를 받았음을 알고 있음. / 큰 주머니

경작이 편지를 다 읽고 크게 놀라고 슬퍼 눈물을 흘렸다. 차를 마시니 정신이 상쾌하였다. 차 종지를 거두고 돈을 허리에 찼다. 옛일을 생각하며 어젯밤을 떠올리고는 슬픔을 금치 못하여 돌 위에 어린 듯이 앉아 있었다. 한바탕 부는 바람에 종이와 차 종지가 간데없고 다만 공중에서 어서 가라는 소리만 들렸다. 경작이 공중을 향해 두 번 절하고 떠났다.

OX문제

01	대화와 독백적 발화를 통해 인물의 심리를 생생하게 드러내고 있다. [2012학년도 9월]	(O / X)
02	사건을 요약적으로 제시하여 서사를 빠르게 전개하고 있다. [2015학년도 6월A]	(O / X)
03	경작은 자신의 막내딸과 혼인해 달라는 양자윤의 제안을 의심하며 거절하였다.	(O / X)
04	인물의 외양 묘사를 통해 인물 간의 갈등을 형상화하고 있다. [2013학년도 5월A]	(O / X)
05	백의 노인은 경작에게 청운사로 가서 학문에 힘쓸 것을 제안하며 '삼백여 냥 은자'를 주었다.	(O / X)

STEP 02 작품 해제

01 | 주제

영웅 이경모(이경작)의 고난 극복과 승리

02 | 특징

① 대화와 요약적 서술을 통해 인물에 대한 정보를 제시함.
② 주인공의 비범함을 드러내어 영웅으로서의 면모를 보여 줌.
③ 시간의 흐름에 따라 사건을 전개함.

03 | 작품 해제

'낙성비룡'이라는 제목은 '인간이 구렁에 떨어졌다 승천하는 이야기'라는 뜻을 담고 있다. 이 작품은 제목에서 알 수 있듯이 비범한 인물이 몰락한 후 그를 알아주는 인물을 만나 그 능력을 발휘하게 된다는 내용을 담고 있는 영웅 소설이다. 다른 영웅 소설과는 달리 주인공이 잠꾸러기에 먹보로 설정된 것이 특징이다.

04 | 등장인물

- 이경작(이경모) : 잠꾸러기에 엄청난 대식가. 자신의 비범한 능력을 알아본 양자윤의 도움으로 위기를 모면하여 그의 사위가 된다. 후에 다시 한번 양자윤의 도움으로 장원 급제하고, 병부 상서 대원수가 되어 적을 물리치는 영웅으로 활약한다.
- 양자윤 : 승상으로, 경작이 비범한 인물임을 알아보고 그를 막내딸과 혼인시켜 사위로 삼는다.

05 | 상세 줄거리

명나라 때 이주현이라는 선비가 하늘에서 광채 찬란한 큰 별이 떨어졌다가 용으로 변하여 하늘로 오르는 꿈을 꾸고 아들을 낳아 아이의 이름을 이경모(아명 : 이경작)라 지었다. 그런데 경작은 세 살 되던 해에 부모를 모두 잃고 유모와 함께 자라다 일곱 살 때에는 유모마저 죽어 장우라는 사람의 집에서 소 먹이는 일을 하게 된다. 한편 유명한 승상인 양자윤에게는 아들 둘과 딸 둘이 있었는데, 두 아들과 큰딸은 훌륭한 배필을 골라 혼인을 올렸으나 막내딸 경주는 배필을 찾지 못했다. 어느 날 양 승상은 산천을 구경하다가 소 두 마리를 허리띠에 매고 누워 자는 소년(경작)을 보고는 딸과 혼인을 시킨다. 혼인을 올리고서도 경작은 잠만 자고 음식만 많이 먹고 글공부는 하지 않아 장모인 한 씨의 미움을 받는다. 경작은 결국 양 승상이 죽고 얼마 지나지 않아 집에서 쫓겨난다. 길을 나선 경작은 백의 노인이 되어 나타난 장인의 도움을 받아 청운사라는 절에서 6년 동안 과거 공부를 마치고 4년 동안 산천경개(자연의 경치)를 구경하고 난 후 과거에 응하여 장원 급제한다. 바로 이때 남곽의 번왕이 쳐들어와 경작은 병부 상서 대원수가 되어 적을 크게 무찌르고 고향에 돌아온다. 이 경작은 병들어 누운 자신의 아내를 지극히 간호하여 살려 내고 오랫동안 행복하게 산다.

STEP 03 논문으로 만나는 출제자의 시선

나BS 수능완성 | 고전문학

「소대성전」과의 비교

「낙성비룡」이라는 제목은 별이 떨어졌다가 다시 용이 되어 올라가는 태몽을 꾼 후 주인공 이경모(아명 : 이경작)를 낳은 것에서 비롯되었다. 「낙성비룡」과 「소대성전」은 거의 이본 관계에 있다고 해도 과언이 아닐 정도로 유사하다. 무엇보다 '초년의 고난 → 조력자의 지인지감(사람을 잘 알아보는 능력) → 장모의 박해 → 집을 나옴. → 군담에서의 활약 → 장모와의 화해' 등으로 전개되는 서사 단락에서 명확하게 드러난다.
그런데 실제로 작품을 읽어 보면 두 작품은 그러한 공통점에도 불구하고 차이를 보인다는 것을 알 수 있다. 처가의 박해는 간소화하고 군담의 양상이 길게 펼쳐지는 「소대성전」에 비해, 「낙성비룡」에서는 처가에 의한 고난이 상세하게 묘사되고 군담은 짧게 끝나기 때문이다. 「낙성비룡」의 전반부는 '부모의 죽음(고난) → 유모의 양육(구원) → 유모의 죽음(고난) → 장우의 도움(구원) → 장우 처의 박해(고난) → 양 승상의 지인지감(구원) → 장모의 박해(고난) → 백의 노인(양 승상)의 도움(구원)'의 과정으로 진행된다. 즉 고난과 구원이 연쇄·반복된다고 할 수 있다. 이러한 연쇄·반복을 통해 이경모의 고난은 점차적으로 심화된다.
「소대성전」의 고난은 「낙성비룡」에 비해 분량은 적지만 보다 심각한 상황으로 치닫는다. 소대성은 부모의 죽음과 적선을 통해 그야말로 집도 절도 없이 유랑하는 신세가 되며, 이 승상의 지인지감으로 구원을 받은 후에도 장모에게 살해당할 처지에 놓인다. 그에 비하면 이경모는 유모의 양육과 장우의 도움으로 적어도 유랑의 위기를 벗어날 뿐만 아니라, 장모 한 씨의 박해 역시 생사의 문제로까지는 연결되지 않는다. 즉 고난의 양상이 다양하고 상세하되 극단적이지는 않다는 것이 차이점이라 할 수 있다.

「낙성비룡」에 나타난 인물상

일반적으로 '영웅'이라고 한다면 보통 사람보다 초인적인 탁월한 능력을 가진 사람으로서 개인의 가치나 이익보다는 자신이 속한 집단의 가치와 행복을 우선해서 위대한 일을 수행하고 그 결과 집단의 존경을 받게 되는 인물을 말한다. 그런데 이런 영웅이 하루 종일 잠만 자는 게으름뱅이라면 어떨까? 더욱이 그런 게으름뱅이가 오로지 먹는 것에만 관심이 있고 종일 먹기만 한다면 어떨까? 일반적인 기대와 사뭇 다른 형상을 가진 영웅은 바로 「낙성비룡」의 주인공 이경모(아명 : 이경작)이다.
「낙성비룡」은 일반적인 영웅 소설의 성격과 조금 다른 특징을 가지고 있다. 계속해서 비범성을 드러내며 초현실적인 능력을 뽐내는 여타 작품의 영웅들과 달리 「낙성비룡」의 주인공 이경모는 게으르고 밥만 축내는 인물로 그려 지기 때문이다. 주인공 이경모는 하루 종일 잠만 자는 게으른 성격에 오로지 많이 먹는 것에만 모든 관심이 집중되어 있다는 점에서 일반적으로 생각하는 영웅상과는 거리가 멀어 보인다.
또한 게으른 성격으로 늦도록 잠만 자는 이경모가 또 하나 골몰하는 것이 있었으니 그것은 바로 먹는 것에 대한 집착이다. 이경모는 잠에서 깨어나면 항상 먹는 것에 몰두하였고 식사량도 대단히 많았다. 너무 많은 식사량 때문에 처가 식구들에게 미움을 사면서도 그는 먹는 것에 끊임없이 집착한다. 대식가의 면모는 이경모의 독특한 특성이라 할 수 있다. 「낙성비룡」의 주인공인 이경모의 성격은 장면(영원히 잠든다는 뜻으로, 여기서는 잠꾸러기를 의미함)과 대식(음식을 많이 먹음)으로 요약할 수 있다. 뛰어난 능력과 지혜, 용기를 가진 인물이기에 이경모는 영웅 소설의 주인공으로 손색이 없지만 장면과 대식의 성격 때문에 다른 인물들과 달리 이질성이 느껴지는 것은 사실이다. 이처럼 「낙성비룡」은 다른 영웅 소설과 차별적인 주인공을 탄생시켜 새로운 영웅상을 창조했다는 점에서 의의가 있다.

STEP 04 나BS 실전 문제

다음 글을 읽고 물음에 답하시오.

이때 태수 설인수는 원수(元帥)를 가까이에서 모셨으되, 원수는 설인수인 줄 아나 인수는 경작이 원수가 되었음을 생각지 못하더라. 원수가 아는 체하고자 하되, 군영(軍營)이 요란하여 사사로운 정을 펴지 못하였더니, 이제 번왕 남곽을 평정하고 군영이 고요한데 인수 홀로 모셨더라. 원수가 저의 물러가지 않았음을 보고 시동을 불러 당상으로 청한대, 태수 사양하여 오르지 않거늘 원수가 친히 이끌고 가로되,

"인수 형이 능히 경모를 모르오?"

"소관(小官)이 정신이 밝지 못하고, 일찍 면식이 없으니 알지 못하겠사옵니다."

원수가 잠소(潛笑) 왈,

"형이 과연 눈이 무디다 하리로다. 옛날 금주에서 소 먹이던 목동이었다가 양 승상의 둘째 사위가 된 이경작을 모르오?"

태수가 생각 밖이라. 깨닫지 못하여 가로되,

"그 사람은 소관의 동서러니, 금주를 떠난 지 벌써 십일 년이옵니다."

"십일 년 못 보던 경작이 곧 나이니 형은 모름지기 의아치 마오."

설 태수가 어지러운 듯, 취한 듯하여 오래 말을 못 하더니 이에 자세히 보니 완연한 경작이라. 놀라고 반가움을 이기지 못하여 지위를 잊고 손을 잡아 급히 이르되,

"경작 형! 꿈이오? 생시오?"

원수가 웃으며 왈,

"형은 놀라지 마오."

하고 인하여 서로 잔을 들어 유쾌히 술을 마시며 정을 펼새, 태수가 매양 원수의 대덕과 넓은 도량, 기이한 풍도를 우러렀더니 이날 자리를 나란히 하여 잔을 날리며 별회를 베푸니, 마음에 세상일을 가히 헤아리기 어려움을 탄하더라.

원수가 문왈,

"외방에 있은 지 벌써 십일 년이라. 처형은 평안하시오?"

설 태수가 답소(答笑) 왈,

[A] "나는 비록 약한 남자이나 조강지처를 무단히 버리지 아니하니 몸이 편하여 자녀를 갖추어 두었거니와, 형은 약한 부인을 무단히 버리고 십일 년에 이르도록 한 번 편지를 부치는 일이 없었소. 이제 몸이 으뜸 벼슬로 부귀영광이 비길 곳이 없고, 어진 덕과 넓은 덕을 추앙하지 않는 사람이 없으되, 오직 빈 방의 약한 부인을 생각하지 아니하니 박덕함이 심하여 장차 약한 부인이 몸을 보존치 못하게 되었으니 가장 어둡고 무심한 장부라. 나는 비록 벼슬이 낮아 형을 모시고는 있으나 처자를 편히 거느리니 가히 형보다 낫다고 이르리로다."

하고 대소한대, 원수가 또한 웃고 왈,

"형이 어찌 괴이한 말로써 나를 조롱하오? 가장 가소롭도다. 그러하나 금주의 처가는 평안하시오?"

태수 왈,

"집안은 평안하나 형의 부인이 병이 위중하여 속수무책 조석으로 목숨을 빈다 하니 형이 비록 몸이 영귀하나 무엇이 즐거우리오?"

원수가 듣고 놀라 얼굴을 붉히며 왈,

"과연 형의 말이 옳소?"

"비록 농담이라도 어이 큰 말에 허언을 하리오?"

"목숨의 길고 짧음과 부귀빈천은 하늘에 달렸으니 인력으로 어찌 하리오?"

"형이 곧 경사(京師)*로 가리니, 길이 금주로 지날 것이니 들러 감이 어떠하오?"

"부모 묘소가 게 있으니 들르지 아니리오?"

"어느 때에 경사로 향할 것이오?"

"백성이 어지러웠으니 서너 달 더 머물러 위로하고 가려 하오."

"내 관아가 비록 작으나 수일 후 형을 전송하리니 벼슬이 높다고 사양하지 마오."

원수가 소왈,

"본디 음식을 즐기는 사람이라. 주는 것을 사양할 리 있으리오? 먹는 양을 알아서 큼직이 준비하오. 내 당당히 가겠소."

태수가 소왈,

"벼슬이 높으니 이제 그 숱하게 자던 잠과 둔하게 많이 먹던 양을 줄이는 것이 좋을까 하오."

원수가 대소 왈,

"급제한 후는 더 많이 먹히더이다."

태수가 소왈,

"내가 양식이 부족하여 풍성하지 못하니 형의 양에 차게 하려면 필연 죄를 면치 못하리니 올 적에 말총으로 창자를 졸라매고 오오."

"늘릴 수 있을 만큼 늘리고 가겠소."

"그럴진대 아예 오지 말라 할 것이오."

"국법이 본래 나 같은 사람을 각 도에서 영접하고 잔치하고 공경하고 관대하라 하였으니 적게 못할 것이오."

두 사람이 대소하고 설 태수 돌아와 부인 난주를 대하여 이 원수의 전후 일을 일일이 전하고 기특히 여김을 마지않으며, 돌아가신 장인의 사람 보는 눈이 뛰어남에 못내 감복하더라.

- 작자 미상, 「낙성비룡(洛城飛龍)」 -

*경사 : 나라의 수도.

01. 윗글의 표현상의 특징과 효과로 적절한 것은?

① 설의적 표현을 통해 사건의 결말을 암시하고 있다.
② 독백을 통해 인물의 내면적 성찰을 드러내고 있다.
③ 상징적 소재를 통해 인물 간의 관계를 암시하고 있다.
④ 심리 묘사를 통해 인물의 고조된 감정을 드러내고 있다.
⑤ 격의 없는 대화를 통해 인물 간의 친밀감을 드러내고 있다.

02. 〈보기〉의 ㉠~㉣ 중, 윗글에서 확인할 수 있는 내용만을 모두 고른 것은?

<보기>

「낙성비룡」은 조선 왕실에서 향유되었던 낙선재본 소설이다. 이 작품은 영웅소설인 「소대성전」과 내용이 유사하다고 평가되고 있다. 이 두 작품의 주인공은 모두 다음과 같은 공통점을 지니고 있다.

- 신이한 태몽을 가지고 탄생한다.
- 어려서 부모를 여의고 고생한다.
- 인물됨을 알아보는 장인 될 사람을 만난다. ㉠
- 한때 잠을 많이 자는 모습을 보인다. ㉡
- 장모의 구박으로 처가를 나온다. ㉢
- 수련을 거쳐 전쟁에서 공을 세운다. ㉣
- 아내와 해후하여 행복하게 산다.

① ㉠, ㉡　② ㉡, ㉢　③ ㉢, ㉣
④ ㉠, ㉡, ㉣　⑤ ㉡, ㉢, ㉣

03. [A]에 대한 이해로 적절하지 않은 것은?

① 처자식을 중시하는 태도가 나타나 있다.
② 어질고 넓은 상대방의 인품을 칭송하고 있다.
③ 처제를 안타깝게 생각하는 마음이 드러나 있다.
④ 손윗사람으로서 상대방의 잘못된 처신을 지적하고 있다.
⑤ 벼슬이 낮은데도 불구하고 자기 생각을 당당히 말하고 있다.

4 작자 미상, 흥부전

STEP 01 지문 분석과 OX문제

흥부는 집도 없어, 집을 지으려고 집 재목을 내려가려고 만첩청산에 들어가서 소부등·대부등을 와드렁 통탕 베어다가 안방·대청·행랑·몸채·내외 분합 물림퇴에 살미살창 가로닫이 입 구자로 지은 것이 아니라, 이놈은 집 재목을 내려 하고 수수밭 틈으로 들어가서 수수깡 한 뭇을 베어다가 안방·대청·행랑·몸채 두루 짚어 아주 작은 말집을 꽉 짓고 돌아보니, 수숫대 반 뭇이 그저 남았다. 「방 안이 넓든지 말든지 양주* 드러누워 기지개를 켜면, 발은 마당으로 가고 대가리는 뒤꼍으로 맹자 아래 대문하고 엉덩이는 울타리 밖으로 나가니」, 동리 사람이 출입하다가,

(집도 없어: 가난한 처지 / 소부등·대부등: 나무의 종류 중 하나 / 살미살창: 촛가지를 짜서 살을 박아 만든 창문 / 뭇: 작은 묶음을 세는 단위 / 수수깡: 수수의 줄기 / 「 」: 몸을 완전히 누일 수 없을 정도로 집이 작음을 해학적으로 표현함. / 동리: 마을)

"이 엉덩이 불러들이소." / 하는 소리를 흥부 듣고 깜짝 놀라 대성통곡 우는 것이었다.

"애고 답답 서럽구나. 〈어떤 사람은 팔자 좋아 대광보국숭록대부 삼정승과 육조 판서로 태어나서 고대광실 좋은 집에 부귀공명 누리면서 호의호식 지내는가. 내 팔자는 무슨 일로 말만 한 오막집에 별빛이 빈 틈에 가득하니 지붕 아래 별이 뵈고, 청천한운세우시에 우대량이 방중이라.〉 『문밖에 가랑비 오면 방 안에 큰비 오고, 해어진 자리와 허름한 베잠방이, 찬 방 안에 헌 자리 벼룩 빈대 등이 피를 빨아먹고, 앞문에는 살만 남고 뒷벽에는 외만 남아 동지섣달 한풍이 살 쏘듯 들어오고, 어린 자식 젖 달라 하고 자란 자식 밥 달라니』 차마 서러워 못 살겠네."

(답답 서럽구나 / 서러워: 감정을 직접적으로 표출함. / 〈 〉: 좋은 벼슬을 가진 사람과 자신의 처지를 비교함. / 고대광실: 매우 크고 좋은 집 / 청천한운세우시에 우대량이 방중이라: 맑은 하늘에 구름이 끼어 가랑비가 내리는데 방 안에는 많은 비가 내리듯 샌다. / 베잠방이: 베로 지은 짧은 남자용 홑바지 / 『 』: 가난한 자신의 처지를 구체적으로 드러냄. / 외: 나뭇가지)

가난한 중에 웬 자식은 풀마다 낳아서 한 서른남은 되니, 입힐 길이 전혀 없어, 한방에 몰아넣고 멍석으로 씌우고 대강이만 내어놓으니, 한 녀석이 똥이 마려우면 뭇 녀석이 시배*로 따라간다. 그중에 값진 것을 다 찾는구나. 한 녀석이 나오면서,

(가난한 중에 웬 자식은 풀마다 낳아서 한 서른남은 되니: 가난한 처지임에도 자식들을 많이 낳음. / 멍석: 짚으로 새끼 날을 만들어 네모지게 결어 만든 큰 깔개 / 대강이: '머리'를 속되게 이르는 말)

「"애고 어머니, 우리 열구자탕에 국수 말아 먹었으면." / 또 한 녀석이 나앉으며,

"애고 어머니, 우리 벙거지전골 먹었으면." / 또 한 녀석이 내달으며,

"애고 어머니, 우리 개장국에 흰밥 조금 먹었으면." / 또 한 녀석이 나오며,

"애고 어머니, 대추찰떡 먹었으면."」 (「 」: 자식들이 먹고 싶은 음식을 말함. → 흥부의 가족이 굶주린 상황임이 강조됨.)

"애고 이 녀석들아, 호박국도 못 얻어먹는데, 보채지나 말려무나."

또 한 녀석이 나오며,

"애고 어머니, 왜 올부터 불두덩이 가려우니 날 장가들여 주오."

(날 장가들여 주오: 가난한 상황임에도 장가를 보내달라는 아들의 요구)

이렇듯 보챈들 무엇 먹여 살려 낼까. 《집 안에 먹을 것이 있든지 없든지 소반이 네 발로 하늘에 축수하고, 솥이 목을 매어 달렸고, 조리가 턱걸이를 하고, 밥을 지어 먹으려면 책력을 보아 갑자일이면 한 때씩 먹고, 생쥐가 쌀알을 얻으려고 밤낮 보름을 다니다가 다리에 가래톳이 서서 종기를 침으로 따고 앓는 소리에 동리 사람이 잠을 못 자니》, 어찌 아니 서러울 건가.

(소반: 자그마한 밥상 / 축수: 두 손바닥을 마주 대고 빎. / 조리: 쌀을 이는 데에 쓰는 기구 / 책력: 달력 / 갑자일: 육십갑자의 첫째 / 가래톳: 넙다리 윗부분의 림프샘이 부어 생긴 멍울 / 어찌 아니 서러울 건가: 서술자의 개입 / 《 》: 끼니조차 제대로 챙기지 못하는 가난한 흥부네의 상황과 처지를 과장하여 표현함.)

[중략 부분 줄거리] 흥부는 다리를 다친 제비를 치료해 주고, 이듬해 봄 그 제비가 물어온 박씨를 심자 박 네 통이 열린다.

그달 저 달 다 지나가고 8, 9월이 다다라서 아주 견실하였으니, 박 한 통을 따 놓고 양주가 켰다.
제비가 다리를 고쳐준 대가로 흥부에게 준 박씨가 자람. ↳ 톱질하여 쪼개다.

"슬근슬근 톱질이야, 당기어 주소 톱질이야. 북창한월성미파에 동자박도 좋도다. 당하자손만세평에 세간박도 좋도다. 슬근슬근 톱질이야."
어떠한 용도의 바가지가 나와도 좋다는 것을 의미함.

툭 타 놓으니, 오운이 일어나며 청의동자 한 쌍이 나오는데, 저 동자 거동 보소. 만일 봉래에서 학을 부르던 동자가 아니면 틀림없이 천태채약동이라. 왼손에 유리반 오른손에 대모반을 눈 위에 높이 들어 재배하고 하는 말이,
(여러 가지 빛깔로 빛나는 구름 / 신선의 시중을 든다는 푸른 옷을 입은 사내아이 / 중국 전설에서 나타나는 산 / 천태산 약초 캐는 동자 / 유리 그릇 / 나무 그릇 / 두 번 절함.)

"천은병에 넣은 것은 죽은 사람을 살려 내는 환혼주요, 백옥병에 넣은 것은 소경 눈을 뜨이는 개안주요, 금잔지로 봉한 것은 벙어리 말하게 하는 개언초요, 대모 접시에는 불로초요, 유리 접시에는 불사약이니, 값으로 의논하면 억만 냥이 넘사오니 매매하여 쓰옵소서."
(죽은 사람을 되살아나게 한다는 술 / 눈을 뜨게 하는 술 / 말을 하게 하는 풀 / 늙지 않는다고 하는 풀 / ↳ 죽지 아니하고 오래 살 수 있다는 약 / 물건을 팔고 사는 일)

하고 간데없는지라, 흥부 거동 보소.

"얼씨고절씨고 즐겁도다. 세상에 부자 많다 한들 사람 살리는 약이 있을소냐."

흥부의 아내가 하는 말이, / "우리 집 약국을 연 줄 알고 약 사러 올 사람이 없고, 아직 효험 빠르기는 밥만 못하외."
일의 좋은 보람. 또는 어떤 작용의 결과

흥부 말이, / "그러하면 저 통에 밥이 들었나 타 봅세." / 하고 또 한 통을 탔다.

"슬근슬근 톱질이야, 우리 가난하기 일읍에 유명하매 주야 설워하더니, 부지허명 고대하던 천 냥을 일조에 얻었으니 어찌 좋지 않을 건가. 슬근슬근 톱질이야. 어서 타세 톱질이야."
(온 마을 / 밤낮 / 갑작스러울 정도의 짧은 시간)

툭 타 놓으니, 온갖 세간이 들었는데, 『자개함롱·반닫이·용장·봉방·제두주·쇄금들미 삼층장·게자다리 옷걸이·쌍룡 그린 빗접고비·용두머리·장목비·놋촛대·광명두리·요강·타구 벌여 놓고, 선단이불 비단요며 원앙금침 잣베개를 쌓아 놓고, 사랑 기물로 보자면 용목쾌상·벼룻집·화류책장·각게수리·용연벼루·앵무 연적 벌여 놓고, 『천자』·『유합』·『동몽선습』·『사략』·『통감』·『논어』·『맹자』·『시전』·『서전』·『소학』·『대학』 등 책을 쌓았고, 그 곁에 안경·석경·화경·육칠경·각색 필묵 퇴침에 들어 있고, 부엌 기물을 의논하자면 노구새옹·곱돌솥·왜솥·전솥·통노구·무쇠두멍 다리쇠 받쳐 있고, 왜화기·당화기·동래 반상·안성 유기 등물이 찬장에 들어 있고, 함박·쪽박·이남박·항아리·옹박이·동체·깁체·어레미·김칫독·장독·가마·승교 등물이 꾸역꾸역 나오니』, 어찌 좋지 않을쏜가.
(집안 살림에 쓰는 온갖 물건)
『 』: 박에서 쏟아져 나오는 귀한 물건들을 나열하여 제시함. → 장면의 극대화(판소리 문학의 특징)

*양주 : 부부를 이르는 말.
*시배 : 따라다니며 시중을 드는 일. 또는 그 하인.

OX문제

01 흥부는 다른 사람과 자신의 처지를 비교하며 서러움을 느낀다. (O / X)
02 서술자가 개입하여 주관적 판단이나 감정을 노출하고 있다. [2013학년도 5월A] (O / X)
03 박에서 나온 '청의동자 한 쌍'은 살림에 쓸 수 있는 물건을 흥부에게 주었다. (O / X)
04 인물의 행위가 연속적으로 나열된 장면을 통해 신분의 변화 과정을 드러내고 있다. [2023학년도 수능] (O / X)
05 공간 이동에 따라 일어나는 사건을 통해 인물들의 외적 갈등을 심화하고 있다. [2021학년도 수능] (O / X)

STEP 02 작품 해제

01 | 주제

형제간의 우애와 권선징악 / 조선 후기 빈부 격차로 인한 갈등

02 | 특징

① 열거와 과장의 방식을 통해 독자들의 흥미를 유발함.
② 서술자의 개입이 드러남.
③ 장면의 극대화 부분에서 판소리계 소설의 특징이 드러남.

03 | 작품 해제

이 작품은 판소리 「흥보가」를 기반으로 한 조선 후기 판소리계 소설로 「박흥보전」, 「놀부전」, 「박타령」 등 다양한 이름의 이본이 전해지고 있다. 가난하고 마음씨가 착한 흥부와 부자이면서 욕심이 많은 놀부를 등장시켜 표면적으로는 형제간의 우애를 말하고 있으나 이면적으로는 조선 후기 빈부 격차로 인한 경제적 갈등을 다루고 있다. 「흥부전」에 영향을 끼친 설화로는 착하고 나쁜 형제가 각각 등장하는 선악 형제담, 동물이 사람에게 은혜를 갚는다는 내용의 동물 보은담, 어떤 물건에서 재물이 쏟아져 나온다는 무한 재보담 등이 있다. 또한 가난한 현실이나 갈등 상황을 비극적으로 그리기보다 웃음을 유발하는 해학적 상황으로 형상화함으로써 '웃음으로 눈물 닦기'라는 한국 문학의 전통을 잘 보여 주고 있다.

04 | 등장인물

- 흥부 : 가난하지만 마음씨가 착한 인물. 다리가 부러진 제비를 정성껏 보살펴 제비에게 온갖 재물이 든 박이 나오는 박씨를 받은 후 부자가 됨. 부자가 된 이후에도 벌을 받은 놀부에게 선행을 베푼다.
- 놀부 : 부자이면서 욕심이 많은 악한 인물. 부자가 된 흥부를 보고, 자신도 재물이 든 박씨를 얻고자 일부러 제비 다리를 부러뜨리는 악행을 저질러 벌을 받게 된다.

05 | 상세 줄거리

충청도, 전라도, 경상도의 경계가 맞닿은 곳에 악하고 사나운 형 놀부와 착하고 순한 동생 흥부 형제가 살았는데, 부친이 세상을 떠나자 놀부는 유산을 독차지하고 흥부를 쫓아낸다. 아내, 많은 자식과 함께 쫓겨난 흥부는 언덕에 움집을 짓고 굶주린 채 온갖 고생을 하면서 묵묵히 살아간다. 흥부는 놀부의 집에 쌀을 구하러 갔다가 매만 맞고 돌아오기도 하고, 돈을 벌기 위해 매품팔이(관가에 가서 남의 매를 대신 맞아 주고 삯을 받던 일)라도 하려 하지만 이마저 실패하고 만다. 어느 날 흥부는 자신의 집에 둥지를 틀고 살던 제비 새끼가 구렁이를 피하다가 땅에 떨어져 다리가 부러지자, 제비 새끼를 정성껏 돌본다. 제비는 은혜를 갚기 위해 이듬해 봄에 흥부에게 박씨를 물어다 주었고, 흥부는 그 박씨를 심어 박 속에서 나온 수많은 재물로 인해 부자가 된다. 이 소식을 들은 놀부는 제비 새끼 한 마리를 잡아다가 일부러 다리를 부러뜨려 자신도 금은보화가 든 박씨를 받길 기대한다. 이듬해 봄, 제비는 놀부에게 박씨를 물어다 주지만, 그 박씨가 자란 박에서는 온갖 몹쓸 것들이 나와 놀부의 집은 아수라장이 되고 결국 놀부는 패가망신(집안의 재산을 다 써 없애고 몸을 망침)한다. 마음씨 고운 흥부는 놀부에게 자신의 재산을 나누어 주고 놀부도 개과천선하여 형제는 행복하게 산다.

STEP 03

논문으로 만나는 출제자의 시선

나BS 수능완성 | 고전문학

표현 차원의 구술성

경판 25장본 「흥부전」의 흥부와 흥부의 아내가 박을 타며 노래하는 대목에서는 "슬근슬근 톱질이야"라는 어구가 반복되며, 박에서 나오는 물건들이 무한하게 나열된다. 여기서 하나의 박을 탈 때마다 등장하는 "슬근슬근 톱질이야"라는 어구는 무한히 나열되는 사물들 사이에 부부가 새로운 박을 타는 것을 나타내는 한편 또 다른 시작을 의미하며, 장황함에 규칙을 부여하는 담화 표지로서 기능하기도 한다.

놀부의 박타기 마당에서는 놀부가 징계 받는 대목이 매우 부각되어 나타난다. 이는 흥부와 놀부의 박의 개수에서부터 알 수 있는데 흥부의 박은 4개인 반면 놀부의 박은 13개로 차이가 난다. 놀부의 박에서는 가얏고쟁이, 무당, 등짐꾼 등이 나오며 이들은 각각 놀부의 재산을 순차적으로 빼앗아 가 놀부를 패가망신하게 만든다. 하나의 박이 열릴 때마다 놀부는 점점 큰 액수의 돈을 빼앗기게 되며, 이렇게 돈을 빼앗기는 행위들이 나열됨에 따라 놀부의 패가망신은 희극화된다. 이렇게 무한한 나열과 확장이라는 구술성의 방식을 통해 생성되는 놀부의 재산 탕진과 마당을 가득 채운 난장판의 장면은 '장면의 극대화'라는 판소리계 소설의 장르적 특징을 부각한다.

같은 맥락에서의 특정 어휘나 어구의 반복은 그 자체가 어휘의 뜻을 전달하는 것은 아니지만, 사물이나 사건이 나열되는 모습을 보여 줌으로써 놀부의 패가망신이라는 메시지를 전달할 수 있다. 같은 맥락에서 특정 어구 및 구조가 반복된다는 것은 나열되는 어휘 및 어구들이 모두 동일한 의미망을 형성하고 있음을 보여 준다. 비록 어휘 하나하나의 뜻을 파악하는 데에는 어려움이 있으나, 어휘의 의미들을 포괄하는 하나의 동일한 맥락이 형성되어 해당 어휘들이 어떤 맥락에서 사용되는 단어인지를 독자가 유추할 수 있도록 한다는 점에서 특정 어구 및 구조의 반복은 독자의 능동성을 유발한다. 또한 이를 통해 독자는 공동체의 담화 관습에 익숙한 모습을 보이는 '관습적 문식성(글을 읽고 쓸 줄 아는 능력. 글을 읽고 이해하는 능력)'을 기를 수 있다.

한편, 특정 어휘나 어구의 반복은 단순히 어휘가 제시되는 맥락에 대한 정보뿐만 아니라, 인물이 처한 상황 및 인물의 성격, 인물에 대한 서술자의 인식 등을 함께 드러내어 강조의 효과를 낳는다.

재담의 존재 양상을 통해 본 「흥부전」의 전승과 변모

재담은 보통 재치 있고 재미있는 이야기로 지칭된다. 언어의 묘미를 살린 이야기에서 재미를 느끼거나 웃을 수 있는 경우를 생각하면 될 것이다. 재담은 흔히 가벼운 언어유희로 다뤄지기도 하지만, 날카로운 풍자나 기발한 착상(어떤 일이나 창작의 실마리가 되는 생각이나 구상 따위를 잡음. 또는 그 생각이나 구상)을 통해 반성적 사유를 가능하게 하는 경우도 적지 않다. 「흥부전」에 나타난 재담은 가난한 자의 참상(비참하고 끔찍한 상태나 상황)과 고통을 지켜보는 것과 탐욕스러운 자에 대한 단호한 징계를 바라보는 데에 도움을 준다. 웃음으로 눈물을 씻어내기도 하고 웃음 속에서 새로운 의미를 생각하게 하기 때문이다. 다시 말해, 웃음을 통해 불편한 내용을 순화함으로써 거부감을 줄이는 한편 그 과정에서 현실적 의미를 각성하게끔 하는 것이다.

「흥부전」의 사설은 전승의 과정에서 적지 않은 변모를 보인다. 물질 위주의 자본주의적 가치관이 팽배하게 되면서 인간에 대한 시각, 세계에 대한 시각이 심각한 굴곡을 겪게 된 것이 시대의 저변을 흐르던 변화 요인이라면, 판소리의 향유층이 확장되고 변동되면서 사설과 음악의 고급화를 지향하게 된 것은 표면적 변화 요인이라고 할 수 있다. 이 과정에서 흥부의 인물상에 무능함과 뻔뻔함이라는 성격이 덧입혀지기도 하고, 놀부의 박 대목의 사설이 대폭 줄어들거나 육체적 징계가 소거된 채 경제적 몰락 위주로 바뀌게 되었다고 판단된다. 재담의 경우에도, 흥부 가족이 겪는 가난함을 희화화의 대상으로 다루거나 단순히 상업적 웃음을 유발하는 데 그치는 등 변모를 겪었음이 확인된다.

STEP

04 나BS 실전 문제

다음 글을 읽고 물음에 답하시오.

[A]
흥부 마음 인후하여 청산유수와 곤륜옥결이라. 성덕을 본받고 악인을 저어하며 물욕에 탐이 없고 주색에 무심하니 마음이 이러하매 부귀를 바랄쏘냐? 흥부 아내 하는 말이,
"애고 여봅소. 부질없는 청렴 맙소. 안자의 가난함은 주린 염치로 서른에 일찍 죽고, 백이숙제는 주린 염치로 청루 소년이 웃었으니, 부질없는 청렴 말고 저 자식들 굶겨 죽이겠으니, 아주버님네 집에 가서 쌀이 되나 벼가 되나 얻어 옵소."
흥부가 하는 말이,
"형님이 음식 끝을 보면 사촌을 몰라보고 똥 싸도록 때리는데, 그 매를 뉘 아들놈이 맞는단 말이오?"
"애고 동냥은 못 준들 쪽박조차 깨칠쏜가. 맞으나 아니 맞으나 쏘아나 본다고 건너가 봅소."

흥부 이 말을 듣고 형의 집에 건너갈 제, 치장을 볼작시면, ㉠ <u>편자 없는 헌 망건에 박쪼가리 관자 달고 물렛줄로 당끈 달아 대가리 터지게 동이고, 깃만 남은 중치막, 동강 이은 헌 술 띠를 흉복통에 눌러 띠고, 떨어진 헌 고의에 칡 노끈 대님 매고, 헌 짚신 감발하고, 세살 부채 손에 쥐고, 서홉들이 오망자루 꽁무니에 비슥 차고, 바람맞은 병인 같이, 잘 쓰는 대비 같이, 어슥비슥 건너 달아</u> 형의 집에 들어가서 전후좌우 바라보니, 앞노적, 뒷노적, 멍에 노적 담불담불 쌓였으니, 흥부 마음 즐거우나 놀부 심사 무거하여 형제끼리 내외하여 구박이 태심하니 흥부가 하릴없어 뜰아래서 문안하니 놀부가 묻는 말이,

[B]
"네가 뉜고?"
"내가 흥부요."
"흥부가 뉘 아들인가?"
"애고 형님, 이것이 웬 말이오? 비옵니다. 형님 전에 비옵니다. 세 끼 굶어 누운 자식 살려 낼 길 전혀 없으니 쌀이 되나 벼가 되나 양단간에 주시면 품을 판들 못 갚으며 일을 한들 못 갚을까. 부디 옛일을 생각하여 사람을 살려 주오."
애걸하니, 놀부 놈의 거동 보소. 성난 눈을 부릅뜨고 볼을 치며 호령하되,
"너도 염치없다. 내 말을 들어 보아라. '하늘은 녹 없는 사람을 내지 않으며, 땅은 이름 없는 풀을 내지 않는다.' 네 복을 누굴 주고 나를 이리 보채느냐? 쌀이 있다 한들 너 주자고 노적 헐며, 벼가 많이 있다 한들 너 주자고 섬을 헐며, 돈이 많이 있다 한들 궤에 가득 든 것을 문을 열랴."

[중간 줄거리] 어렵게 살던 흥부는 어느 날 구렁이의 습격을 받아 다리가 부러진 제비 새끼를 구해 주고 박씨를 얻어 큰 부자가 된다.

놀부 놈의 거동 보소. **동지섣달**부터 제비를 기다린다. 그물 막대 둘러메고 제비를 몰러 갈 제, 한 곳을 바라보니 한 짐승이 떠서 들어오니 놀부 놈이 보고,
"제비 인제 온다."
하고 보니, 태백산 **갈가마귀** 차돌도 못 얻어먹고 주려 청천에 높이 떠 갈곡갈곡 울고 가니, 놀부 눈을 멀겋게 뜨고 보다가 하릴없어 동네 집으로 다니면서 제비를 제 집으로 몰아들이되 제비가 아니 온다.

그달 저 달 다 지내고 **삼월 삼일** 다다르니 강남서 나온 제비 옛 집을 찾으려 하고 오락가락 넘놀 적에 놀부 사면에 제비 집을 지어 놓고 제비를 들이모니, 그중 팔자 사나운 제비 하나가 놀부 집에 흙을 물어 집을 짓고 알을 낳아 안으려 할 제, 놀부 놈이 주야로 제비 집 앞에 대령하여 가끔가끔 만져 보니 알이 다 곯고 다만 하나 깨었는지라. 날기 공부 힘쓸 제 구렁 배암 아니 오니 놀부 민망 답답하여 제 손으로 제비 새끼를 잡아 내려 두 발목을 자끈 부러뜨리고 제가 깜짝 놀라 이른 말이, "가련하다, 이 제비야." 하고 조기 껍질을 얻어 찬찬 동여 뱃놈의 닻줄 감듯 삼층 얼레 연줄 감듯 하여 제 집에 얹어 두었더니, 십여 일 뒤에 그 제비가 **구월 구일**을 당하여 두 날개를 펼쳐 강남으로 들어가니 강남 황제 각 처 제비를 점고할 제, 이 제비가 다리 절고 들어와 복지하니, 황제 제신으로 하여금,

[C]
"그 연고를 사실하여 아뢰라."
하시니, 제비 아뢰되,
"작년에 웬 박씨를 내어 보내어 흥부가 부자 되었다 하여 그 형 놀부 놈이 나를 여차여차하여 절뚝발이가 되게 하였사오니, 이 원수를 어찌하여 갚고자 하나이다."
황제가 이 말을 들으시고 대경하사 가라사대,
"이놈 이제 전답 재물이 여유롭되 동기를 모르고 오륜에 벗어난 놈을 그저 두지 못할 것이요, 또한 네 원수를 갚아 주리라."

하고 박씨 하나를 '**보수표(報讐瓢)***'라 금자로 새겨 주더라.

- 작자 미상, 「흥부전」 -

*보수표 : 원수를 갚는 박.

01. ㉠에 대한 설명으로 가장 적절한 것은?

① 운문체를 사용하여 인물 사이의 갈등을 부각하고 있다.
② 현재와 과거를 교차하여 장면의 전환을 시도하고 있다.
③ 열거의 방식으로 인물의 외양을 해학적으로 표현하고 있다.
④ 배경 묘사를 통해 밝고 역동적인 분위기를 조성하고 있다.
⑤ 사건을 요약적으로 제시하여 서사를 빠르게 전개하고 있다.

02. [A]~[C]에 대한 이해로 적절하지 않은 것은?

① [A]에서는 서술자의 서술과 등장인물의 대화를 통해 흥부의 처지와 성품을 드러내고 있다.
② [B]에서 놀부를 '놀부 놈'으로 서술하는 부분에는 인물에 대한 서술자의 평가가 드러나 있다.
③ [C]에서 동물들이 대화하는 장면은 우화적 공간에서 서사가 진행되고 있음을 보여 주고 있다.
④ [A]에서 흥부와 흥부 아내의 대화는 [B]에서 일어나는 흥부와 놀부의 갈등 상황을 예고하고 있다.
⑤ [B]에 나타난 놀부의 언행은 [C]에서 제비가 황제에게 놀부를 고발하는 근거가 되고 있다.

03. 〈보기〉를 참고하여 윗글을 감상한 내용으로 적절하지 않은 것은?

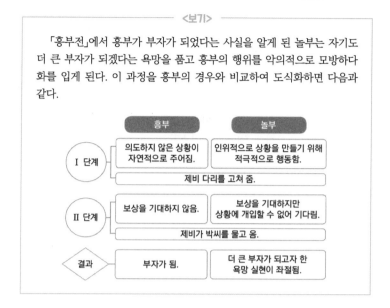

<보기>

「흥부전」에서 흥부가 부자가 되었다는 사실을 알게 된 놀부는 자기도 더 큰 부자가 되겠다는 욕망을 품고 흥부의 행위를 악의적으로 모방하다 화를 입게 된다. 이 과정을 흥부의 경우와 비교하여 도식화하면 다음과 같다.

	흥부	놀부
I 단계	의도하지 않은 상황이 자연적으로 주어짐.	인위적으로 상황을 만들기 위해 적극적으로 행동함.
	제비 다리를 고쳐 줌.	
II 단계	보상을 기대하지 않음.	보상을 기대하지만 상황에 개입할 수 없어 기다림.
	제비가 박씨를 물고 옴.	
결과	부자가 됨.	더 큰 부자가 되고자 한 욕망 실현이 좌절됨.

① '동지섣달'부터 올 리 없는 제비를 찾는 놀부의 행동은 〈보기〉의 'I 단계'에 속하는 것으로, 욕망 실현을 위한 놀부의 조급성을 보여 주는군.
② '갈가마귀'를 제비로 착각하는 놀부의 모습은 〈보기〉의 'I 단계'에 속하는 것으로, 제비가 아닌 다른 새들을 몰아내는 놀부의 적극적 행동을 보여 주는군.
③ '삼월 삼일'에 제비를 들이모는 놀부의 행위는 〈보기〉의 'I 단계'에 속하는 것으로, 인위적으로 상황을 만들어 가는 악의적인 모방자의 모습을 보여 주는군.
④ '구월 구일'에 제비가 강남으로 들어가는 상황은 〈보기〉의 'II 단계'에 속하는 것으로, 상황에 개입할 수 없는 놀부가 욕망 실현을 위해서 기다릴 수밖에 없음을 보여 주는군.
⑤ '보수표'가 제비에게 주어지는 상황은 〈보기〉의 'II 단계'에 속하는 것으로, 놀부의 기대와는 달리 그의 욕망 실현이 좌절될 것임을 보여 주는군.

다음 글을 읽고 물음에 답하시오.

흥부는 마음이 인후하여 청산유수와 곤륜산의 옥결(玉玦)과 같았다. 성덕을 본받고 악인을 저어하며, 물욕에 탐이 없고 주색에 무심하니, 마음이 이러하니 부귀를 바랄 것인가.

흥부 아내가 하는 말이,

"애고 여봅소, 부질없는 청렴 맙소. 안자(顏子) 단표(簞瓢)는 주린 염치로 삼십 조사(早死)하였고, 백이숙제(伯夷叔齊)는 주린 염치로 청루* 소년이 웃었으니, 부질없는 청렴 말고 저 자식들 굶겨 죽이겠으니, 아주버님네 집에 가서 쌀이 되나 벼가 되나 얻어 옵소."

흥부가 하는 말이,

"낮을 쇠우에 슬흔고. 형님이 음식 끝을 보면 사촌을 몰라보고 똥 싸도록 때리는데, 그 매를 뉘 아들놈이 맞는단 말이요?"

"애고 동냥은 못 준들 쪽박조차 깨칠손가. 맞으나 아니 맞으나 쏘아나 본다고 건너가 봅소."

흥부 이 말을 듣고 형의 집에 건너갈 때, 치장을 볼 것 같으면 편자 없는 헌 망건에 박쪼가리 관자 달고, 물렛줄로 당끈 달아 대가리 터지게 동이고, 깃만 남은 중치막 동강 이은 헌 술띠를 흉복통에 눌러 띠고, 떨어진 헌 고의(袴衣)에 청올치로 대님 매고, 헌 짚신 감발하고 세 살 부채 손에 쥐고, 서홉들이 오망자루 꽁무니에 비슥 차고, 바람 맞은 병인같이 잘 쓰는 쇄소(灑掃)같이 어슥비슥 건너달아 형의 집에 들어가서, 전후좌우 바라보니, 앞노적, 뒷노적, 멍에노적 담불담불 쌓였으니, 흥부 마음은 즐거우나 놀부 심사는 무거하여 형제끼리 내외하여 구박이 태심하니, 흥부는 할 일 없어 뜰아래서 문안하니, 놀부가 묻는 말이,

"네가 뉜고?"

"내가 흥부요."

"흥부가 뉘 아들인가?"

"애고 형님 이것이 웬 말이요? 비옵니다. 형님전에 비옵니다. 세 끼 굶어 누운 자식 살려낼 길 전혀 없으니, 쌀이 되나 벼가 되나 양단간에 주시면, 품을 판들 못 갚으며 일을 한들 공할손가. 부디 옛일을 생각하여 사람을 살려 주시오."

애걸하니, 놀부놈의 거동 보소. 성낸 눈을 부릅뜨고 볼을 치며 호령하기를,

"너도 염치없다. 내 말을 들어 보아라. 천불생무록지인(天不生無祿之人)이요, 지불생무명지초(地不生無名之草)*라. 네 복을 누굴 주고 나를 이리 보채느냐? 쌀이 많이 있다 한들 너 주자고 노적을 헐며, 벼가 많이 있다고 한들 너 주자고 섬을 헐며, 돈이 많이 있다 한들 괴목궤에 가득 든 것을 문을 열며, 가룻 되나 주자 한들 북고왕 염소독에 가득 넣은 것을 독을 열며, 의복이나 주자 한들 집안이 고루 벗었거든 너를 어찌 주며, 찬밥이나 주자 한들 새끼 낳은 거먹 암캐 부엌에 누웠거늘 너 주자고 개를 굶기며, 지게미나 주자 한들 구중방(九重房) 우리 안에 새끼 낳은 돝이 누웠으니 너 주자고 돝을 굶기며, 겻섬이나 주자 한들 큰 농우가 네 필이니 너 주자고 소를 굶기랴. 염치없다, 흥부놈아."

하고, 주먹을 불끈 쥐어 뒤꼭지를 꽉 잡으며, 몽둥이를 지끈 꺾어 손잰 스님의 매질하듯 원화상의 법고 치듯 아주 쾅쾅 두드리니, 흥부 울며 하는 말이,

"아이고 형님 이것이 웬 일이요. 방약무인 도척(盜跖)이도 이보다는 성현이요, 무거불측(無據不測) 관숙(管叔)이도 이보다는 군자로다. 우리 형제 어찌 이다지도 극악한가."

(중략)

놀부 마음에 흐뭇하여 매통에 열 냥씩을 정하고 박을 켠다.

"슬근슬근 톱질이야."

힘써 켜고 보니 한 떼 거문고쟁이가 나오며 하는 말이,

"우리 놀부 인심이 좋고 풍류를 좋아한다 하기에 놀고 가옵네."

'둥덩둥덩 둥덩둥덩' 하기에, 놀부가 이것을 보고 째보를 원망하는 말이,

"톱도 잘 못 당기고, 네 콧소리에 보화가 변하였는가 싶으니 소리를 모두 하지 말라."

하니, 째보 삯받아야겠기에 한 말도 못하고 그리하라 하니, 놀부 일변 돈 백 냥을 주어 보내고, 또 한 통을 타고 보니 무수한 노승이 목탁을 두드리며 나와 하는 말이,

"우리는 강남황제 원당시주승(願堂施主僧)이라."

하니, 놀부놈이 어이없이 돈 5백 냥을 주어 보내니, 째보 하는 말이,

"지금도 내 탓이냐?"

하고 이죽거리니, 놀부 이 형상을 보고 통분하여 성결에 또 한 통을 따오니, 놀부 아내가 말리며 하는 말이,

"제발 덕분에 켜지 마오. 그 박을 켜다가는 패가망신할 것이니, 덕분에 켜지 마오."

놀부놈이 하는 말이,

"좀스러운 계집년이 무슨 일을 아는 체하여 방정맞게 날뛰는가." 하며

또 한 통을 타고 보니 천여 명 초라니*가 일시에 내달으며 달려들어 놀부를 덜미잡이하여 가로 떨어치니, 놀부가 거꾸로 떨어지며,

"아이고 아이고 초라니 형님, 이것이 웬일이요. 생사람을 병신 만들지 말고 분부하면 하라는 대로 하겠습니다."

하고 손이 발이 되도록 빌었다.

- 작자 미상, 「흥부전(경판 25장본)」 -

*청루 : 기생집.

*천불생무록지인이요, 지불생무명지초 : '하늘은 녹이 없는 사람을 내지 않고, 땅은 이름 없는 풀을 내지 않는다.'는 의미.

*초라니 : 나례(儺禮)를 거행하는 사람 중의 하나로 기괴한 계집 형상의 탈을 쓰고 있음.

04. 윗글에 대한 설명으로 적절하지 않은 것은?

① 서술자가 직접 개입하여 생각을 드러내고 있다.
② 운율감이 느껴지는 어투가 빈번하게 사용되었다.
③ 현실에서는 일어나기 어려운 일이 벌어지고 있다.
④ 평민 계층의 언어와 양반 계층의 언어가 혼재되어 있다.
⑤ 전체적으로 상황을 요약적으로 제시하여 사건이 빠르게 전개되고 있다.

05. 윗글의 등장인물에 대한 독자의 반응으로 적절하지 않은 것은?

① 놀부는 남존여비적인 사고로 놀부 처를 꾸짖고 있군.
② 째보는 놀부의 책망에 대해 자신의 잘못을 시인하고 있군.
③ 흥부는 흥부 처의 말을 듣고 놀부에게 도움을 간청하고 있군.
④ 놀부는 흥부를 일면식도 없는 사람으로 취급하며 박대하고 있군.
⑤ 흥부는 놀부의 평소 성품을 들어 흥부 처의 요구에 난감해 하고 있군.

5 작자 미상, 오유란전

STEP 01 지문 분석과 OX문제

나BS 수능완성 | 고전문학

■ : 김생
■ : 이생

하루는 감사가 이생을 위하여 주연을 베풀고 방자를 보내어 이생을 초대했다.
김생은 장원 급제를 하여 평안 감사가 됨. ↳ 잔치 ↳ 김생의 시종

〈"오늘은 바로 형이 급제하고 처음 맞는 날이니 시인으로서의 시상을 어찌 능히 폐할 수 있겠나. 날씨가 따뜻하고 바람도 화창하여 친구에 대한 생각이 간절하니 형은 금옥 같은 귀한 몸을 아끼지 말고 한번 찾아와서 성긴 우정을 펴 봄이 어떠한가."〉
이생은 진사 급제를 함.
〈 〉: 김생은 이생을 위한 잔치를 마련하고 그에게 참석할 것을 요청, 설득하고 있음.

이생은 마음속으로는 비록 뜻에 맞지 않았으나 거절할 만한 이유가 없어서 책을 덮고 읽기를 그만두고 바로 통인을 따라 선화당으로 오니, 차려 놓은 음식은 처음 보는 이생의 귀와 눈을 놀라게 하였다.「여러 고을의 원님들이 좌우로 늘어앉았고, 수많은 기녀들이 앞뒤로 모시고 앉아서 금슬관현 등의 오음을 방 안에서 연주하고 있으며, 뜰에서는 금석포토 등의 팔음을 번갈아 연주하고 있었다. 술잔과 쟁반은 헝클어졌고, 안주 그릇은 얽혀 있었다.」
잔치를 원하지 않으나 마지못해 김생의 초청에 응함. / 심부름꾼(방자) / 공간적 배경
「 」: 호화로운 잔치를 벌이는 모습을 구체적으로 묘사, 나열함. / 온갖 악기
쇠, 돌, 바가지, 흙 / ↳ 악기를 재료에 따라 8가지로 구분한 것

이생을 맞이하여 좌석을 정하고 인사를 겨우 마치고 나니, 좌우에 앉아 있던 기생들이 다투어 이생에게 술잔을 권하며 노래를 부르기 시작했다. 이에 『이생은 불끈 화를 내며 소매를 뿌리치고 갑자기 일어나,
『 』: 이생은 유흥과 여색을 부정적으로 생각함.

"오늘의 이 잔치는 실로 인간의 도리를 위한 것이 아니오."

하며 물러가겠다고 했다.』

감사가 소매를 붙잡고 웃으며,

"형은 일찍부터 독서하는 사람이 아닌가. 정백자*를 본받고자 아니 하고, 또 내 진심으로 거리낌 없이 일러 주는 말을 들으려고도 하지 않으니, 무엇 때문에 이렇듯이 상을 찡그리고 지나친 행동을 하는가."
얼굴
이생과 달리 김생은 유흥과 여색을 부정적으로 생각하지 않음.

하며 누누이 타일렀으나 끝내 만류하지 못했다.
이생은 결국 잔치를 즐기지 않고 자리를 떠남.

이날 잔치하는 자리에서 이생의 행동을 보고 그 지나친 고집에 대하여 눈살 찌푸리고 비웃지 않은 사람이 없었다. 잔치가 파하자 감사는 수노에게 분부하였다.
유흥과 여색을 멀리하는 이생의 태도를 고집으로 여기며 이해하지 못하는 사람들 / 관가에 소속된 노비의 우두머리

"기녀 가운데서 지혜롭고 쓸 만한 자가 누구냐."

"오유란이란 애가 있습니다. 나이 십구 세로서 가르쳐 주지 아니하여도 잘할 것입니다."

감사는 즉시 오유란을 불러 분부하였다.

"너는 별당의 이랑을 알고 있느냐."

"네, 알고 있습니다."

"그러면 네가 한번 이랑을 모실 수 있겠느냐."
김생은 이생이 오유란의 유혹에 넘어가 망신을 당하는 상황을 만들고자 함. → 절개나 지조를 깨뜨려 양반의 위선적인 면모를 폭로하는 훼절담의 성격이 드러남.

"하룻저녁으로는 할 수 없거니와 한 달 동안의 말미만 주신다면 반드시 할 수 있겠습니다."
이생을 유혹하라는 김생의 요구를 받아들임.

[중략 부분 줄거리] 오유란은 이생을 유혹한 뒤 속여 이생이 사람들 앞에서 큰 망신을 당하도록 한다. 그길로 이생은 공부에 매진하고, 어사가 되어 감사가 있는 곳으로 간다.
장원 급제하여 암행어사가 된 이생

"고인은 평안하셨는가."
오래전부터 사귀어 온 친구

어사가 보고도 못 본 체하고 듣고도 못 들은 체하니 감사는 앞으로 나아가서 손목을 잡으며 말했다.

"형은 정말로 남아로서 뜻있는 사람이라고 말할 수 있으니, 자네 일은 드디어 이루어졌네. 오늘 동생이 경악하고 황급하고 곤경에 빠졌던 것으로 말하면 오히려 형이 옛날에 속임을 당한 것보다 못하지는 않을 것일세. 한번 깊이 생각해 보게. 『형이 별안간 영화의 길에 올랐음은 어찌 나의 한 정성의 소치로 말미암은 것이 아닌가.』 이로써 말할진댄 형이 안 졌다고 말할 수 있으나 진 사람은 어사 자네일세."
중략 부분에서, 김생은 출두한 암행어사가 이생임을 깨닫고 기뻐하며 뛰어난 기녀를 올리려 했지만, 이생은 이를 벌했음.
오유란에게 속은 이생이 사람들 앞에서 큰 망신을 당한 것
몸이 귀하게 되어 이름이 세상에 빛남.
어떤 까닭으로 생긴 일
『 』: 이생이 어사가 된 것을 자신의 공으로 돌리는 김생

이 말을 들은 어사가 되풀이해서 생각해 보고 또 생각해 보니, 「마음은 스스로 시원히 열리고 입에서는 절로 웃음이 나와서,

"때도 이미 지났고 일도 오래되어 할 수 없군."

하고는, 곧 술을 가져오게 해서 감사와 즐겁게 마셨다.」
「 」: 이생은 김생의 말을 듣고 그를 용서함.

감사가 너무 지나치게 속인 장난을 책망하고 용서를 입은 영광을 사례하니, 어사는 얼굴을 붉히고 웃으며 말했다.
오유란과 꾸민 계략 → 기생의 유혹에 넘어가 망신을 당하게 한 일

"오늘은 소유문이 되어 친구와 더불어 술을 마시고, 내일은 기주자사가 되어 일을 살핌이 마치 나를 두고 이름일세."
소유문이 친구를 불러 술을 대접하자 그 친구가 기뻐하며 "다른 사람은 다 하늘이 하나지만 나는 하늘이 둘이다."라고 하였음.

이튿날 날이 밝자 어사는 공청에 나아가 앉고 여러 형장을 갖추어 놓고 오유란이란 여인을 묶어 오게 해서 거적자리에 앉혀 섬돌 아래에 엎드리게 하고는 문을 닫고 날카로운 목소리로 문초를 했다.
관가의 건물
죄나 잘못을 따져 묻거나 심문함.

"너의 죄를 네가 스스로 알고 있으니 매로써 죽이리라."

오유란은 나지막한 소리로 간곡히 아뢰었다.

"소녀가 어리석어서 무슨 죄인지 알지 못하겠나이다."

어사가 크게 노하여 문지방을 두드리며 꾸짖었다.

"관청에 매여 있는 여자로서 장부를 속여 희롱하기를, 산 사람을 죽었다고 하고 사람을 가리켜 귀신이라 하였으니, 어찌 죄없다고 하느냐. 빨리 처치하고 늦추지 말라."
과거에 김생과 공모한 속임수 → 오유란이 이생에게 죽는 방법을 알려 주고 이생 자신이 죽은 사람이라고 믿게끔 속였음.

오유란은 다시 빌면서 말했다.

"원하옵건대 어사께서는 잠시 문을 열고 한 번만 보아 주시어 소녀가 다만 한 말씀만 드린다면 회초리 아래 귀신이 된다 할지라도 다시는 원통함이 없겠사옵니다."

어사는 일찍이 인정이 없는 사람이 아닌지라, 그 말을 듣고 낯익은 얼굴을 한 번 보니, 오유란이 몸을 나타내고 살짝 쳐다보고 생긋 웃으며 말했다.

"산 것을 보고 죽었다고 한 것은 산 사람이 스스로 죽지 아니한 것을 판단 못 함이요, 사람을 가리켜 귀신이라고 한 것은 스스로 귀신이 아님을 깨닫지 못한 것이니, 속인 사람이 나쁩니까, 속임을 당한 사람이 나쁩니까. 너무 지나치게 속인 사람은 혹 있다고 할지라도 속임을 당한 사람으로서는 차마 말할 수 없을 것입니다. 또한 저는 사졸이 되어 오직 장군의 명령을 받들 따름입니다. 일을 주장한 사람에게 책임이 돌아가야 할 것이어늘, 어찌 사
오유란이 자신의 무죄를 주장하는 이유 ①
오유란이 자신의 무죄를 주장하는 이유 ②

졸을 베려 하십니까."

『 』: 이생은 문초하던 오유란의 말을 듣고 그녀를 용서함.

어사 듣기를 마치고 보니 『사정이 또한 없을 수 없고 사실이 또한 그러하였으므로, 즉시 풀어 주도록 명하고 당상으로 오르게 하여 한번 웃어 얼굴을 보여 주며,

"너는 묘기가 되고 나는 소년이 되어 일이 조금도 괴이함이 없으며, 가운데서 일을 꾸민 사람이 매우 나쁘고 또 괴이하였으나 지금에 와서 생각한들 어찌 말할 수 있겠는가."

일을 주도한 김생이 오유란보다 더 나쁘다고 생각하나, 이내 이미 지난 일이라며 용서함.

하고는, 술을 가져오게 해서 잔치를 베풀고 그 옛날의 정회를 다 털어놓고 이야기했다.』

정과 회포

*정백자 : 중국 송대의 철학자.

OX문제

01 인물의 행위가 나열된 장면을 통해 신분의 변화 과정을 드러내고 있다. [2023학년도 수능] (O / X)

02 시간의 역전을 통해 사건의 진상을 밝히고 있다. [2021학년도 수능] (O / X)

03 감사는 자신이 꾸민 일 덕분에 어사가 '영화'를 이룬 것이라 생각한다. (O / X)

04 오유란은 자신에게는 잘못이 없다며 어사에게 그에 대한 이유를 제시하였다. (O / X)

05 인물 간의 대화를 빈번히 제시하여 갈등을 해소시키고 있다. [2015학년도 9월A] (O / X)

STEP 02 작품 해제

01 | 주제

양반들의 위선적인 삶에 대한 비판

02 | 특징

① 해학과 풍자를 통해 주제 의식을 드러냄.
② 훼절담 구조로 이루어져 있으나 기존의 훼절담 작품 전개와 다른 양상을 보임.

03 | 작품 해제

「오유란전」은 조선 영조·정조 시대의 작품으로 추정되는 한문 소설이다. 이 작품은 해학적인 분위기로 양반이 훼절(절개나 지조를 깨뜨림)을 당하는 과정을 다루어 양반의 호색(여색을 몹시 좋아함)적이고 위선적인 생활을 풍자하고 있다. 한편, 망신을 당한 인물이 자신을 속인 친구를 용서함으로써 우정을 되찾는 것으로 이야기가 마무리된다는 점에서 훼절담을 다룬 다른 작품과는 차이를 보인다.

04 | 등장인물

- 김생 : 이생의 절친한 친구로, 장원 급제하여 평안 감사가 된다. 계략으로 이생을 속이지만 이후에 암행어사가 된 이생과 화해한다.
- 이생 : 김생의 절친한 친구로, 김생의 계략에 의해 망신을 당한 후 공부에 매진하여 장원 급제하고 암행어사가 된다. 이후 자신을 속인 김생과 오유란을 용서한다.
- 오유란 : 김생의 말을 듣고 이생을 유혹하고 속여 망신을 주는 기녀. 이후에 암행어사가 된 이생에게 용서를 받는다.

05 | 상세 줄거리

김생과 이생은 어릴 적부터 매우 친한 친구로, 함께 과거 시험을 준비하였다. 이생은 진사 급제를 하고, 김생은 장원 급제를 하여 평안 감사가 된다. 김생은 책만 읽으며 지내는 이생을 위해 성대한 잔치를 마련한다. 그러나 잔치에 참석한 이생은 그 자리에서 화를 내며 돌아갔고, 이에 김생은 기녀 오유란과 공모하여 이생에게 망신을 주려는 계략을 꾸민다. 오유란의 유혹과 속임수에 넘어간 이생은 자신이 죽었다고 믿게 되고 결국 오유란의 지시에 따라 벌거벗은 채 사람들 앞에 서는 망신을 당한다. 이생은 자신이 속았음을 깨닫고 공부에 전념하여 장원 급제한 후 암행어사가 된다. 그 이후 이생은 다시 김생과 오유란을 찾아가 그들에게 복수하고자 하지만, 그들의 말을 듣고는 그들을 용서하고 함께 술자리를 가진다.

STEP 03 논문으로 만나는 출제자의 시선

「오유란전」과 「배비장전」에 드러나는 훼절담

훼절이란 '절개나 지조를 깨뜨림'을 뜻하며, 훼절담은 절개와 지조를 가진 인물이 특정 인물이나 사건에 의해 그 절개와 지조가 깨지는 모습을 실감나게 드러내며 위선적인 면모를 폭로하는 구조를 가지고 있다. 이 과정에서 풍자와 해학이 나타나며, 대표작으로는 「오유란전」과 「배비장전」이 있다.

「오유란전」에서는 여색을 멀리하고 이를 부정적으로 여기던 이생이 기생 오유란의 유혹에 넘어가 그녀의 함정을 눈치채지 못할 만큼 여색을 밝히는 모습을 통해 이생의 위선적인 면모가 드러난다. 이때 오유란이 여색을 멀리하던 이생을 속여 그를 우스꽝스러운 꼴로 전락시키는 과정에서 그의 위선적 면모에 대한 풍자가 극대화된다. 「배비장전」은 제주로 떠나기 전에 여자를 멀리하겠다고 다짐한 배비장이 제주에서 기생 애랑에게 넘어가 여러 사람 앞에서 망신을 당하는 내용을 담고 있다. 구관 사또의 절개와 자신의 위선적인 행동이 드러나면서 배비장은 결국 풍자의 대상으로 전락한다.

「오유란전」과 「배비장전」의 공통점은 기생이 양반의 위선적인 모습을 폭로한다는 것이다. 두 작품 모두 여자를 멀리하겠다고 다짐한 인물이 기녀에게 속아 망신을 당하는 내용을 담고 있다. 하지만 「오유란전」은 양반의 위선적인 모습을 신랄하게 풍자하기보다는 해학적으로 그리는 반면, 「배비장전」은 관료 사회의 착취와 위선에 찬 지배층의 모습을 신랄하게 풍자한다. 또한, 결말에서 장원 급제한 이생이 오유란을 용서하고 잔치를 베푸는 것으로 마무리되는 「오유란전」과 달리, 「배비장전」은 배비장이 온갖 망신을 당하며 이야기가 끝난다는 점에서도 차이를 보인다.

6 작자 미상, 춘매전

STEP 01 지문 분석과 OX문제

[앞부분 줄거리] 한림학사였던 남편 춘매가 유배지에서 죽자 시신을 수습하러 떠난 유씨 부인은 도중에 회평 원이 밤에 자신의 방을 무단으로 침입하자 그의 팔을 베어 위기를 모면한다.
(남편 춘매가 유배지에서 죽자: 모함을 받아 유배를 가게 된 춘매는 병을 얻어 죽게 됨. / 회평 원: 회평관의 주인 / 밤에 자신의 방을 무단으로 침입하자: 회평 원은 유씨 부인을 강제로 취하고자 함.)

〈 〉: 회평 원이 자신에게 유리하도록 내용을 거짓으로 꾸며 이를 감사에게 보고함.

〈'어떠한 부인이 이곳에 와서 계시면서 머물렀는데 간밤에 이경에 무단이 앉은 사또님을 목을 벤 연유로 고하나이다.'〉
(어떠한 부인: 유씨 부인 / 이경: 밤 9시~11시)

▒ : 서술자의 개입

라고 하니 감사가 크게 놀라시면서 엄중하게 다스리라고 하시고 급히 와 형벌을 다스리면서 유씨 부인을 잡아 올 때, 저놈들 거동 보소. 「구름 같은 머리카락을 왼손으로 거두어 잡고 가늘고 연약한 몸이 큰칼을 견디지 못하여 휘어지는 듯하고 허리는 백공단을 자른 듯하고 눈 가운데 옥매화가 핀 듯하였다.」 고귀한 광채와 정결한 태도는 비할 데가 없었다. 연약한 허리를 형틀에 걸치고 여쭈기를,
(큰칼: 중죄인의 목에 씌우던 형구 / 백공단: 흰색 비단)

「 」: 죄인으로 끌려오는 유씨 부인의 모습을 비유적으로 묘사함.

《"소녀는 본래 양주 땅에 사는 유 판관의 여식이고 한림학사 이춘매의 아내였는데, 낭군이 애매한 누명을 입고 수만 리 땅에 귀양을 가서 죽었으므로 신체나 운구하였다가 조상의 산소가 있는 땅에 묻고자 하여 신첩이 분상을 차려 가는 중이었습니다. 마침 회평관에 들어왔을 때 날이 저물어 여기에서 하룻밤을 묵고 이튿날 아침에 가려 하는데 회평 원이 문안하되 그날 출행 길이 불행하다고 하면서 머물렀다가 가라고 하므로 가지 못할 뿐이었습니다. 종들도 발이 아파서 머무르자고 하므로 확실하게 알지 못하여 거기서 머물렀습니다. 그날 밤에 원이 내가 자는 방에 들어오므로 분명히 도적인 줄 알고 큰 칼을 잡고 목을 쳤는데 목은 맞지 않고 팔이 맞아 떨어졌거늘 목을 선참하지 못한 것이 지금도 한이로소이다."》
(여식: 딸 / 운구: 시신을 넣은 관을 운반함. / 회평 원이 문안하되 그날 출행 길이 불행하다고 하면서 머물렀다가 가라고 하므로: 회평 원은 유씨 부인을 취하고자 계략을 꾸밈. / 목을 선참하지 못한 것이 지금도 한이로소이다: 적극적이고 능동적인 성격임을 알 수 있음.)

《 》: 감사에게 사건의 내력을 요약하여 전달함.

감사가 이 말을 들으시고 크게 놀라 얼굴빛이 하얗게 질려 즉시 형틀에 매인 것을 풀고 세초*를 정하라고 한 후,
(크게 놀라 얼굴빛이 하얗게 질려 즉시 형틀에 매인 것을 풀고: 유씨 부인의 말을 믿고 오해를 풂.)

"이렇게 놀라운 일이 어찌 있으리오!"

라고 하면서 즉시 절도사와 원주 목사에게 보고하였다. 원주 목사가 그 연유를 들으시고 깜짝 놀라 와 계시면서 유 부인을 모시고는 보시기 위해 바닥에 내려와서,
(원주 목사가 그 연유를 들으시고 깜짝 놀라 와 계시면서: 유씨 부인의 가족과 인연이 깊고, 유배지로 향하던 춘매를 도와준 적이 있었기 때문)

"한림학사의 상사에 대한 말씀은 할 말이 없거니와 중도에서 이렇듯이 욕을 당하시오니 이런 참혹한 일이 어디에 있겠습니까!"
(상사: 사람이 죽은 사고 / 중도에서 이렇듯이 욕을 당하시오니: 춘매의 시신을 수습하기 위해 유배지로 떠나는 길에 회평 원에게 수모를 당한 것)

라고 하였다. 유 씨가 원통한 심정으로 사례하면서 말하기를,

"소녀의 끝이 없는 원통함은 일을 속히 결정을 짓고 급히 정사를 결단하옵소서. 빨리 낭군의 원통하신 우리 군자님의 신체를 찾아보고자 하나이다."
(일을 속히 결정을 짓고 급히 정사를 결단하옵소서: 회평 원을 빠르게 처벌해줄 것을 요청함.)

라고 하며 원통한 심정에도 말하는 모습이 흐트러짐이 없었으니, 조룡이 대강론*하시는 듯하였다. 급히 회평 원의 죄목을 나라에 보고하니 전하께서 들으신 후 별도로 교지를 보내어,
(교지: 왕명서)

『즉시 회평 원의 죄목을 엄중하게 다스려 죽이고, 유씨 부인을 가둔 하인을 모두 죽이고 자손을 다 잡아 죽이라. 또한 유씨 부인 부부의 설욕을 낱낱이 다 헤아려 주라.'』

『 』: 임금의 공정한 판결 내용 → 유씨 부인의 억울함이 해소됨.

라고 하셨다.

유씨 부인이

죽어서 백골이 되어도 잊을 수 없다는 뜻으로, 남에게 큰 은덕을 입었을 때 고마움의 뜻으로 이르는 말

"치욕스러운 일은 잊고자 하니, 소녀의 망극한 일을 갚아 주시니 하해 같으신 은혜를 백골난망이로소이다. 또한 〈옛글에 이른 것처럼, 머리를 깨어

큰 강의 바다

신을 삼고 이를 빼내어 총을 박아 갚아도, 백골이 진토가 되어도 잊지 못할 것입니다.〉"

〈 〉: 옛글을 인용하여 임금의 은혜에 대한 감사의 마음을 전함.

원주 목사가 말하기를,

"「한림학사가 귀양 가실 때 내 집에 머물렀다가 가셨고, 약간 노비를 딸려 보낸 후에 다시 연락할 길이 없어 매양 한탄하던 바였습니다. 또한 내 자

「 」: 춘매를 자식같이 각별히 여기는 원주 목사의 마음이 드러남.

식과 나이가 같은데 같이 벼슬을 하다 귀양을 갔고」, 유 판관께서도 우리 어머니와 친하시고 친자식과 같이 여기시는데, 수만 리 험한 길에 이러한 일

↳ 유씨 부인의 가족과 원주 목사의 가족은 인연이 깊음.

이 있을 수 있습니까?"

(중략)

유씨 부인이 삼 일 밤낮으로 울어 그치지 않으니 염라대왕이 들으시고 춘매를 불러 분부하기를,

춘매의 시신을 본 유씨 부인의 반응 ↳ 비현실적 요소가 나타남.

"너의 아내가 저기 왔으니 너 나가서 잠깐만 만나 보고 들어오너라!"

염라대왕은 유씨 부인과의 재회를 허락하여 춘매를 잠시 이승에 돌려보냄.

라고 하셨다. 춘매가 즉시 깨어나 보니 유 씨가 혼미한 가운데 잠깐 잠이 와 졸고 있거늘 춘매가 깨워서 말하기를,

저승에서 이승으로 오게 됨.

"어떠한 부인이 이리 와서 슬퍼하는가?"

라고 하므로 반갑게 붙들고 울면서 말하기를,

"어찌 이 땅에 오게 하며 늙으신 모친은 문에 기대어 비스듬히 서서 오늘 올까 내일 올까 바라는 것이 전부인데, 이렇도록 속이는고. 신첩은 수만

춘매의 어머니는 춘매가 고향으로 돌아오기를 기다림.

리 험한 길에 힘든 줄을 모르는 것처럼 이렇듯이 속이는고."

하면서 마음속에 품은 생각과 정을 다 풀지 못한 채 날이 새었다. 춘매가 말하기를,

"내 몸을 가져다가 고향에 묻고 어머님을 지극정성으로 섬기시니 내가 죽었다고 말씀드려 주시오."

유씨 부인은 시어머니를 지극히 모심.

라고 하니 유씨 부인이 울면서 말하였다.

"나를 버리고 어디로 가려 하는지요."

춘매가,

"밝은 달이 지기 전에 계수나무에 이슬이 마르기 전에 들어오라고 하시는데 인간 세상의 임금과 같으니 따라야 합니다."

염라대왕은 임금과 다름없음.

하고 자는 듯이 사라졌다. 유씨 부인이 함께 죽어 들어가므로 춘매가 부인을 데리고 염라대왕에게 가니 대왕이 말하기를,

유씨 부인이 춘매를 따라 죽음.

"너는 어떠한 계집을 데려왔느냐?"

하니 춘매가 여쭈었다.

"저의 아내로소이다."

유 씨가 여쭙기를,

"소녀는 유 판관의 여식이고 이 학사의 아내옵더니 낭군이 억울한 일로 수만 리 가서 죽었으므로 팔십 노모는 내내 문에 기대어 서서 오늘 올까 내

밤낮으로 쉬지 아니하고 연달아 춘매

일 올까 주야장천으로 바라는 것이 전부이옵니다."

《절하고 백배사죄하면서 말하였다.
《 》: 문제 상황을 해결하기 위한 유씨 부인의 적극적인 자세

"비나이다, 비나이다. 대왕님 앞에 비나이다. 대왕님이시어 적선하소서. 대왕님이시어 적선하소서. 소녀는 이십 세 전이로소이다. 대왕님께서는 적선하소서. 낭군과 원앙 녹수 되자마자 이별되었사오니 어찌 슬프지 않겠습니까!"
남녀가 서로 적합한 배필을 만났다는 의미
착한 일을 많이 함.
춘매와 유씨 부인이 혼인한지 얼마 안 되었음을 알 수 있음.

대왕이 말하기를,

"저 불행한 몰골은 안됐으나 이곳에 온 사람의 삶을 내 마음대로 출입하게 하기 쉽겠느냐!"
저승
저승의 법도가 있어 죽은 사람을 자신의 마음대로 살릴 수는 없음을 말해 줌.

라고 하니, 유 씨가 다시 당 아래에서 네 번 절하고 여쭙기를,

"대왕님요, 적선하소. 소녀는 청춘이 만 리 같고, 모친은 연세가 팔십이니 이곳을 매일 바라보는 것이 전부로소이다. 대왕님요, 적선하여 주소."

밤낮으로 칠 일로써 땅에 엎드려 애걸하니》, 대왕이 말하기를,

"너의 마음이 간절하니 너희 둘이 나갔다가 팔십 살이 되거든 같은 날 같은 시에 들어오너라."
간절한 유씨 부인의 청을 외면하지 못하고 유씨 부인과 춘매를 살려 줌.

라고 하시니 춘매가 유 씨를 데리고 나와서 「금강을 지나는데, 밧줄을 놓아서 건너가라고 하므로 다음 디딜 곳을 몰라 밧줄에 올라섰다가 발이 꺾어 자빠지니」 깨어나 생시가 되었다.
「 」: 저승에서 이승으로 가는 과정
유씨 부인과 춘매는 함께 이승으로 복귀함.

*세초 : 범죄의 사실을 기록한 글을 가리킴.

*조룡이 대강론 : 말이 규모가 크고 넓음을 비유적으로 이르는 말.

OX문제

01 유씨 부인은 회평 원이 자신의 방에 들어오자 도적인 줄 알고 큰 칼로 그의 목을 베었다. (O / X)
02 서술자의 개입을 통해 사건의 전모를 밝히고 있다. [2021학년도 수능] (O / X)
03 환상적 배경에서 벌어진 사건을 통해 허구성을 강화한다. [2012학년도 6월] (O / X)
04 대화를 통해 인물 간의 위계를 보여 주고 있다. [2024학년도 수능] (O / X)
05 유씨 부인은 염라대왕에게 여러 번 절하고 청하여 다시 살아날 기회를 얻었다. (O / X)

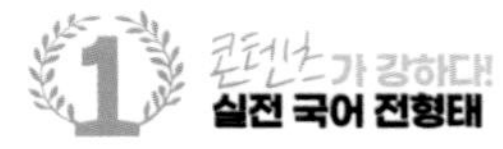

STEP 02 작품 해제

01 | 주제

절개가 굳은 유씨 부인의 고난과 열행(여자가 정절을 훌륭하게 지키는 행위)에 대한 보상

02 | 특징

① 유교적 이념을 강조하면서도 남녀 간의 순수한 사랑을 보여 줌.
② 적극적이고 능동적인 여인의 모습이 드러남.
③ 죽음과 재생 모티프가 사용됨.

03 | 작품 해제

「춘매전」은 작자, 연대 미상의 필사본 국문 소설이다. 이 작품은 민간에 널리 퍼져 있던 열녀 설화와 재생 설화 등을 제재로 사용한 고소설의 영향을 받은 것으로 추정되며, 「이춘매전」, 「유씨전」, 「유부인전」, 「유씨열행록」 등의 많은 이본이 존재하는 것으로 알려져 있다. 작품에는 현실 세계의 고난을 견뎌 내고, 죽음마저 불사하는 유씨 부인의 열행을 통해 주체적인 여인상이 드러난다. 여성에게 정절이 요구되던 시대를 살아가던 유씨 부인의 열행이 강조되며, 그에 대한 보상으로 죽음에서 재생하게 되는 행복한 결말로 이야기가 마무리된다.

04 | 등장인물

- 유씨 부인 : 문제 해결을 위해 적극적이고 진취적인 노력을 아끼지 않는 인물. 유배지에서 죽은 남편 춘매를 보고 따라 죽지만, 저승에서 염라대왕에게 적선을 빌어 춘매와 함께 살아난다.
- 이춘매 : 효심이 깊고 한림학사에 오를 정도로 뛰어난 인물. 모함으로 유배를 가서 죽게 되지만, 유씨 부인의 간절한 요청을 받은 염라대왕에 의해 다시 살아난다.
- 회평 원 : 유씨 부인과 갈등을 빚는 탐욕스럽고 속물적인 인물. 유씨 부인을 강제로 취하려다 한쪽 팔을 잃고도 자신의 무고함을 주장한다.
- 염라대왕 : 유씨 부인의 간절함에 응해 유씨 부인과 춘매를 이승으로 돌려보내 준다.
- 원주 목사 : 유씨 부인의 가족과 인연이 깊으며, 춘매가 귀양을 갈 때 잠시 자신의 집에서 머물 수 있게 도움을 준다.

05 | 상세 줄거리

옛날 양주에 유정낭이라는 사람이 있었다. 그는 늦게 얻은 딸이 있었는데, 그 딸이 열여덟 살이 되었을 때 춘매와 혼인을 약속하였다. 춘매는 인물과 재주가 뛰어나 결혼을 허락받았다. 초행(신랑이 초례를 지내기 위하여 처가로 감)날 고관들이 참석하여 신부의 아름다운 모습과 춘매의 당당한 모습을 칭찬하였다. 유정낭은 좋은 사위를 얻었다고 기뻐했다.

당시 나라는 태평하였으며 춘매는 과거 시험에서 장원 급제를 하여 18세에 한림학사가 된다. 하지만 만조백관들이 시기하여 그를 모함하였고, 결국 왕은 춘매를 호주 절강으로 유배를 보낸다. 춘매는 어머니와 부인에게 하직 인사를 하고 떠난다.

춘매는 길을 떠난 지 석 달 만에 병을 얻었지만 치료받지 못한 채 7개월 만에 귀양지에 도착한다. 그곳에서 친구 양옥을 만났으나 병세가 악화되어 죽음을 맞이한다. 양옥은 춘매의 부고를 전하고, 소식을 들은 유씨 부인과 춘매의 어머니는 충격으로 기절한다. 유씨 부인은 춘매의 시신을 찾으러 먼 길을 떠난다.

유씨 부인은 여정 중에 회평관에서 하루를 묵게 되고, 회평관 주인이 유씨 부인의 아름다움에 반해 흑심을 품고 밤에 그녀의 방에 몰래 들어간다. 유씨 부인은 잠을 자지 않고 있다가 방에 들어온 그를 칼로 공격하지만 빗나가 팔을 벤다. 유씨 부인은 회평관 주인의 거짓 송사로 감사에게 형벌을 받을 뻔하지만, 오해가 풀리고 회평관 주인과 그 하인들은 모두 죽임을 당한다.

유씨 부인은 마침내 춘매의 시신을 찾게 되고, 죽은 남편의 시신을 끌어안고 슬퍼하다가 남편을 따라 죽음을 맞이하여 함께 염라대왕 앞으로 가게 된다. 유씨 부인의 간절한 부탁으로 염라대왕은 두 사람을 이승으로 돌려 보낸다.

춘매와 유씨 부인은 모두 살아나고 이를 기뻐하던 양옥과 하인들에게 자초지종을 이야기하고 고향에 연락을 보낸다. 마침 나라에서는 대사령을 내려 귀양 간 사람들을 풀어 주고, 춘매와 유씨 부인도 고향으로 돌아가 부모님과 상봉한다. 왕은 춘매와 유씨 부인을 만나 어주(임금이 신하에게 내리는 술)를 하사하며 칭찬한다. 춘매는 벼슬이 점점 높아져 이부 상서가 되고, 유씨 부인은 정렬부인에 봉해진다. 두 사람은 부모께 지극한 효도를 다하고, 부모가 별세하자 삼년상을 마친다. 만년에 전원생활을 하며 시를 짓고 풍류를 즐기다가 춘매와 유씨 부인은 함께 세상을 떠나고, 자식들은 삼년상을 치른다. 그 후 집안이 번성하고 이름이 만세에 전하게 된다.

STEP 03

논문으로 만나는 출제자의 시선

나BS 수능완성 | 고전문학

열녀계 소설 「춘매전」의 비현실계 설정

「춘매전」은 17세기 이후 조선 사회에 두드러지게 나타난 열행과 관련된 사실 및 전승된 열녀 설화를 바탕으로 재구성된 열녀계 소설이다. 이 작품은 전통적 가치인 유교적 이념 속에서도 부부 간의 사랑과 같은 현실의 행복이 중요하다는 점을 강조한다. 또한 여성 주인공이 남성 주인공보다 더 주체적이고 당당하게 고난과 어려움을 해결해 나가는 모습을 보여 줌으로써 당대 사회가 추구하는 이상적인 인간상을 반영하고 있다.

이 작품은 열행의 중요성을 강조하기 위해 죽음과 재생이라는 모티프를 활용하였다. 비현실적인 공간인 '염라국'을 설정하였지만, 염라국은 오히려 현실적인 속성을 띠며 현실에서 지켜야 할 규범을 강조하는 공간의 의미를 지닌다. 염라대왕에 의한 심판과 보상, 재생 과정을 통해 현세적 욕망을 성취하는 부분은 불교적 우주관에 따라, 사람이 죽어서 생전에 저지른 선악 행위에 따라 염라대왕에게 심판받게 된다는 믿음을 반영하고 있다. 특히 염라대왕과의 만남이라는 비현실적인 결말은 죽음이 아니면 정절을 지킬 수 없는 현실의 모순과 갈등을 더욱 첨예하게 다루기 위한 것으로, 불교적 초월주의에 입각한 것이라 할 수 있다.

나 없이 EBS 풀지마라

수능완성

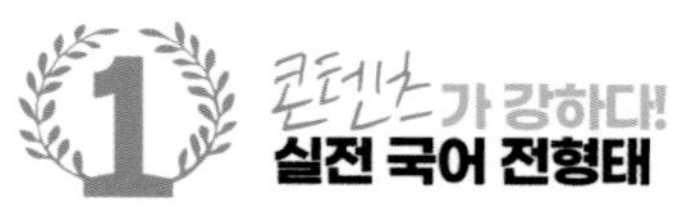

PART 04 현대 산문

1 강경애, 소금

2025 수능 국어 대비
실전 국어 전형태

STEP 01 지문 분석과 OX문제

나BS 수능완성 | 현대문학

그가 처음 이곳에 와서는 무엇보다도 방 안이 맘에 안 들고 도야지굴이나 쇠 외양간같이 생각되었다. 그리고 어쩌다 손님이 오면 피해 앉을 곳도
일제 강점기 우리 민족이 많이 이주했었던 간도 'ㄱ(봉염 어머니)'가 간도에 처음 도착하였을 때 느낀 점 → 거주 공간이 열악함.
없었다. 그러니 멍하니 낯선 손님과도 마주 앉지 않으면 안 되게 되었다. 그러나 시일이 차츰 지나니 낯선 남성 손님이 온다더라도 처음같이 그렇게 어
처음에는 낯설었으나 점차 간도 생활에 적응해 나감.
색하지는 않았다. 그저 그렁저렁 지낼 만하였다. 그리고 반드시 부뚜막 앞에는 비밀 토굴을 파 두는 것이다. 그랬다가 「어디서 총소리가 나든지 개 소
피란처를 마련해 둠. 적대적 존재가 있음을 알 수 있음.
리가 요란스레 나면 온 식구가 그 움 속에 들어가서 며칠이든지 있곤 하였다. 그리고 옷이나 곡식도 이 움에다 넣고서 시재 입는 옷이나 먹을 양식을
일제가 조직한 반민족적인 군사 조직 ↗ 말을 타고 떼를 지어 다는 도적 지금의 시간
조금씩 꺼내 놓고 먹곤 하였다. 말할 것도 없이 보위단이며 마적단 등이 무서워서 이렇게 하곤 하였다.」
▒ : 시대적 배경이 드러나는 어휘 피란처를 마련한 이유 「 」: 궁핍하고 불안한 간도에서의 생활이 드러남.

시렁을 손질한 그는 바구니에 담아 둔 팥을 고르기 시작하였다. 고요한 방 안에 팥알 소리만 재그럭 자르르 하고 났다. 팥알과 팥알로 시선이 옮아
선반
지는 그는 눈이 피곤해지며 참새 소리가 한층 더 뚜렷이 들린다. 동시에 저 참새 소리같이 여러 가지 생각이 순서 없이 생각났다. 『내일이라도 파종을
곡식이나 채소 따위를 키우기 위하여 논밭에 씨를 뿌림.
하게 되면 아침 점심 저녁에 몇 말의 쌀을 가져야 할 것, 오늘 봉식이가 팡둥을 만나지 못해서 쌀을 못 가져올 것, 그러나 나무를 팔아서 사라고 한
'그'의 아들 ↳ 중국인 지주
찬감은 사 오겠지……』 생각이 차츰 희미해지며 졸음이 꼬박꼬박 왔다. 그는 눈을 비비고 문밖으로 나오다가 무심히 눈에 뜨인 것은 벽에 매달아 둔
반찬거리 『 』: 봉식이 쌀은 가져오지 못해도 반찬거리는 사 올 것이라고 예상하고 있음.
메주였다. '참 메주를 내놓아야겠다.' 하며 바구니를 밖에 내놓고서 메주를 떼어서 문밖에 가지런히 내놓았다. 그리고 그는 비를 들고 메주의 먼지를 쓸

어 내었다. 그는 하나하나의 메줏덩이를 들어 보며, 간장이나 서너 동이 빼고 고추장이나 한 단지 담그고…… 그러자면 소금이나 두어 말은 가져야지
소금마저 부족한 간도의 생활에 대한 한탄 → ① 소금은 기본적인 생활 요건도 갖추지 못한 채 살아가는 궁핍한 삶을 체감하게 하는 소재
소금…… 하며 그는 무의식간 한숨을 푹 쉬었다. 그리고 또다시 「고향을 그리며 멍하니 앉아 있었다. 고향서는 소금으로 이를 다 닦았건만…… 다리는*
「 」: 상대적으로 소금이 풍족했던 고향에서의 삶을 떠올림. → ② 소금은 과거 고향의 삶을 그리워하게 만드는 소재
데도 소금 한 줌이면 후련하게 내려갔는데 하였다.」 그가 고향 있을 때는 하도 없는 것이 많으니까 소금 같은 데는 생각이 미치지 못하였는지는 모르
궁핍한 삶의 원인은 일제의 수탈임.
나 어쨌든 이곳 온 후로부터는 그는 소금 때문에 남몰래 운 적이 한두 번이 아니었다. 소금 한 말에 이 원 이십 전! 농가에서는 단번에 한 말을 사 보
소금도 사 먹을 수 없을 정도로 궁핍한 현실로 인한 서러움 → ③ 소금은 이주민으로 살아가는 서러움을 증폭시키는 소재
지 못한다. 그러니 한 근 두 근 극상 많이 산대야 사오 근에 지나지 못한다. 그러므로 장 같은 것도 단번에 담그지를 못하고 소금 생기는 대로 담그다

가도 어떤 때는 메주만 썩혀서 장이라고 먹곤 하였다. 장이 싱거우니 온갖 찬이 싱거웠다.
장을 담그려면 소금이 필요한데 소금을 구하기 어려워 제대로 된 장을 담그지 못함.

끼니때가 되면 그는 남편의 얼굴부터 살피게 되고 어쩐지 맘이 송구하였다. 『남편은 입 밖에 말은 내지 않으나 번번이 얼굴을 찡그리고 밥술이 차츰
싱거운 음식을 차릴 수밖에 없는 것에 대한 미안함.
느려지다가 맥없이 술을 놓곤 하는 때가 종종 있었다.』 이 모양을 바라보는 그는 입안의 밥알이 갑자기 돌로 변하는 것을 느끼며 슬며시 술을 놓고 돌
『 』: 남편의 행위와 표정에서 마땅찮은 식사임을 알 수 있음. 남편에 대한 미안한 감정이 촉각적으로 표현됨.
아앉았다.

[중략 부분 줄거리] 그는 공산당에 의해 남편을 잃고 가장으로서의 고된 삶을 살아가다가 봉염과 봉희 두 딸마저 병으로 잃고 혼자 남겨진다. 갖은 노

력에도 먹고살 일이 막막해진 그에게 평소 가깝게 지내던 한 이웃이 일본 순사의 눈을 피해 소금 밀수라도 하여 돈을 벌어 보라는 제안을 한다.
세관을 거치지 아니하고 몰래 물건을 사들여 오거나 내다 팖.

넷 소금 밀수를 하는 사람들
우레 같은 바람 소리가 대지를 뒤흔드는 어느 날 밤 봉염의 어머니는 소금 너 말을 자루에 넣어서 이고 일행의 뒤를 따랐다. 그들 일행은 모두가

여섯 사람인데 그중에 여인은 봉염의 어머니뿐이었다. 앞에서 걷는 길잡이는 십여 년을 이 소금 밀수로 늙었기 때문에 눈 감고도 용이하게 길을 찾아
소금 밀수는 여성이 하기 힘든 일임. → 생계유지를 위해 소금 밀수 일에 뛰어든 봉염 어머니의 생활력이 드러남. 소금 밀수에 익숙함을 의미
가는 것이다. 그러므로 그들은 이 길잡이에게 무조건 복종을 하였다. 그리고 며칠이든지 소금 짐을 지는 기간까지는 벙어리가 되어야 하며 그 대신 의
일제의 감시를 피하기 위함.
사 표시는 전부 행동으로 하곤 하였다.

그들은 열을 지어 나란히 걸었다. 바람은 여전히 불었다. 〈그들은 앞사람의 행동을 주의하며 이 바람 소리가 그들을 다그쳐 오는 어떤 신발 소리 같고 또 어찌 들으면 순사의 고함치는 소리 같아 숨을 죽이곤 하였다.〉 그리고 어제도 이 근방 어디서 소금 짐을 지다 총에 맞아 죽은 사람이 있다지 하
< > : 순사가 나타날까봐 심리적으로 큰 압박을 느끼는 소금 밀수 일행 순사에게 소금 밀수를 들켰을 때 일어날 수 있는 최악의 상황
며 발걸음 옮김을 따라 이러한 불안이 저 어둠과 같이 그렇게 답답하게 그들의 가슴을 캄캄케 하였다.
소금 밀수 일행의 심리가 직접적으로 제시됨.

남들은 솜옷을 입었는데 봉염의 어머니는 겹옷을 입고 발가락이 나오는 고무신을 신었다. 그러나 추운 것은 모르겠고 시간이 지날수록 머리에 인 소
다른 사람과 달리 옷을 든든하게 입지 못한 봉염 어머니 → 궁핍한 삶을 살아가고 있음을 단적으로 보여 줌.
금 자루가 무거워서 견딜 수 없다. 머리 복판을 쇠뭉치로 사정없이 뚫는 것 같고 때로는 불덩이를 이고 가는 것처럼 자꾸 따가웠다. 그가 처음에 소금
소금 밀수가 상당히 고된 일임을 비유적, 감각적으로 표현함.
자루를 일 때 사내들과 같이 엿 말을 이려 했으나 사내들이 극력 말리므로 아쉬운 것을 참고 너 말을 이게 된 것이다. 그런 것이 소금 자루를 이고 단
여섯 여성이므로 소금 자루를 많이 들지 못할 것이라 생각했기 때문임.
십 리도 오기 전에 이렇게 머리가 아팠다. 그는 얼굴을 잔뜩 찡그리고 두 손으로 소금 자루를 조금씩 쳐들어 아픈 것을 진정하렸으나 아무 쓸데도 없
소금 자루를 머리에 이고 있기 때문임.
고 팔까지 떨어지는 듯이 아프다. 「그는 맘대로 하면 이 소금 자루를 힘껏 쥐어뿌리고 그 자리에서 자신도 그만 넌떡 죽고 싶었다. 그러나 그것은 공연
머뭇거리지 않고 단번에 빨리 괜한
한 맘뿐이었다. 발길은 여전히 사내들의 뒤를 따라간다.」 사내들과 같이 저렇게 나도 등에 져 봤더라면…… 이제라도 질 수가 없을까. 그러려면 끈이
「 」: 신체적으로 매우 괴로우나 정신력으로 버티는 모습 사내들과 달리 소금 자루를 머리에 이는 것이 고되게 느껴짐.
있어야지 끈이…… 좀 쉬어 가지 않으려나. 쉬어 갑시다, 금시로 이러한 말이 입 밖에까지 나오다는 콱 막히고 만다. 그리고 여전히 손길은 소금 자루를 들어 아픈 것을 진정하려 하였다.

이마와 등허리에서는 땀이 낙수처럼 흘러서 발밑까지 내려왔다. 땀에 젖은 고무신은 왜 그리도 미끄러운지 걸핏하면 그는 쓰러지려 하였다. 그래서 그는 정신을 바짝 차리면 벌써 앞에 신발 소리는 퍽이나 멀어졌다. 그는 기가 나서 따라오면 숨이 콱콱 막히고 옆구리까지 결린다. 두 말이나 일 것
봉염 어머니와 일행의 간격이 점점 멀어짐.
을…… 그만 쏟아 버릴까? 어쩌누? 소금 자루를 어루만지면서도 그는 차마 그리하지는 못하였다.
네 말의 소금 자루를 이고 온 것을 후회하며 소금 자루에 든 소금을 버리고 싶은 충동을 느낌.

어느덧 강물 소리가 어렴풋이 들린다. 그들은 이 강물 소리만 들어도 한결 답답한 속이 좀 풀리는 듯하였다. 강가에 가면 이 소금 짐을 벗어 놓고 잠시라도 쉴 것이며 물이라도 실컷 마실 것 등을 생각하였던 것이다. 그러면서도 강 저편에 무엇들이 숨어 있지나 않을까 하는 불안이 강물 소리를 따
순사들이 숨어 있을까 하는 두려움
라 높아 간다. 봉염의 어머니는 시원한 강물 소리조차도 아픔으로 변하여 그의 고막을 바늘 끝으로 꼭꼭 찌르는 듯 이 모양대로 조금만 더 가면 기진
시원한 강물 소리가 아픔으로 느껴짐. → 고통과 불안이 원인임.
하여 죽을 것 같았다. 마침 앞의 사내가 우뚝 서므로 그도 따라 섰다. 바람이 무섭게 지나친 후에 어디선가 벌레 울음소리가 물결을 따라 들렸다. 낑 하고 앞의 사내가 앉는 모양이다. 그도 털썩하고 소금 자루를 내려놓으며 쓰러졌다. 그리고 얼른 머리를 두 손으로 움켜쥐며 바늘로 버티어 있는 듯한 눈을 억지로 감았다. 그러면서도 앞의 사내들이 참말로 다들 앉았는가 나만이 이렇게 쓰러졌는가 하여 주의를 게을리하지 않았다.
힘든 와중에도 일행에 뒤쳐지지 않으려 노력함.

아픈 것이 진정되니 온몸이 후들후들 떨린다. 그는 몸을 웅크릴 때 앞의 사내가 그를 꾹 찌른다. 그는 후닥닥 일어났다. 사내들의 옷 벗는 소리에
휴식이 끝남을 알림. 물을 건널 준비를 하는 사내들
그는 한층 더 정신이 바짝 들었다. 그는 잠깐 주저하다가 옷을 훌훌 벗어 돌돌 뭉쳐서 목에 달아매었다. 그때 그는 놀릴 수 없이 아픈 목을 어루만지
봉염 어머니가 머무는 곳
며 용정까지 이 목이 이 자리에 붙어 있을까 하는 의문이 들었다. 그리고 사내가 이어 주는 소금 자루를 이고 다시 걷기 시작하였다.
과장된 표현

벌써 철버덕철버덕하는 물소리가 나는 것을 보아 앞사람은 강물에 들어선 모양이다. 벌써 그의 발끝이 모래사장을 거쳐 물속에 들어간다. 그는 오스스 추우며 알 수 없는 겁이 버쩍 들어서 물결을 굽어보았다. 시커멓게 보이는 그 속으로 물결 소리만이 요란하였다. 그리고 뭉클뭉클 내리 밀치는 물결

이 그의 몸을 을러 주었다. 그때마다 머리끝이 쭈뼛해지며 오한을 느꼈다. 그리고 흑 하고 숨을 들이마셨다.

물이 깊어 갈수록 발밑에 깔린 돌이 굵어지며 걷기도 몹시 힘들었다. 그것은 돌이 께느른한 해감탕* 속에 묻히어 있기 때문이다. 그래서 걸핏하면 미끈하고 발끝이 줄달음을 치는 바람에 정신이 아득해지곤 하였다. 봉염의 어머니는 몇 번이나 발이 미끄러지고 또 곱디디었다. 물은 젖가슴을 확실히 지나쳤다. 『그때 그의 발끝은 어떤 바위를 디디다가 미끈하여 달음질쳐 내려간다. 그 순간 온몸이 화끈해지도록 그는 소금 자루를 버텨 이고 서서 넘어지려는 몸을 바로잡으려 하였다. 그러나 벌어지는 다리와 다리를 모으는 수가 없었다. 그리고 소리를 쳐서 앞의 사내들에게 구원을 청하려 하나 웬일인지 숨이 막히고 답답해지며 암만 소리를 질러도 나오지도 않거니와 약간 나오는 목소리도 물결과 바람결에 묻혀 버리곤 하였다. 그는 죽을힘을 다하여 왼발에 힘을 들이고 섰다. 그때 그는 죽는 것도 무서운 것도 아뜩하고 다만 소금 자루가 물에 젖으면 녹아 버린다는 생각만이 미끄러져 내려가는 발끝으로부터 머리털 끝까지 뻗치었다.』

걷기 힘든 이유 → 바닥의 돌이 미끄러운 진흙으로 덮여 있음.
발을 접질리게 디디다.
소금 자루가 물에 빠져 녹아 버리는 것을 막으려 함.
소금을 지키고자 하는 봉염 어머니의 의지
『 』: 봉염 어머니가 도움을 요청하지만 목소리가 일행에게 들리지 않아 물에 빠질 위기에 처함.

「앞서가는 사내들은 거의 강가까지 와서야 봉염의 어머니가 따르지 않는 것을 눈치채고 근방을 찾아보다가 하는 수 없이 길잡이가 오던 길로 와 보았다. 길잡이는 용이하게 그를 만났다. 그리고 자기가 조금만 더 지체하였더라면 봉염의 어머니는 죽었으리라 직각*되었다. 그는 봉염의 어머니의 손을 잡아 일으키며 일변 소금 자루를 내리어 자기의 어깨에 메었다. 그리고 그의 발끝에 밟히는 바위를 직각하자 봉염의 어머니가 이렇게 된 원인이 여기 있는 것을 곧 알았다. 그리고 자기는 이 바위 옆을 훨씬 지나쳐 길을 인도하였는데 어쩐 일인가 하며 봉염의 어머니의 손을 꼭 쥐고 걸었다.」

「 」: 동료를 챙기는 소금 밀수 일행들
봉염 어머니는 일행에 뒤처져서 길잡이의 인도대로 따르지 못하고 위험한 길로 걸어옴. → 봉염 어머니가 어려움을 겪은 원인임.

봉염의 어머니는 정신이 흐릿해졌다가 이렇게 걷는 사이에 정신이 조금 들었다. 그러나 몸을 건사하기 어렵게 어지러우며 입안에서 군물이 슬슬 돌아 헛구역질이 자꾸 나온다. 그러면서도 머리에는 아직도 소금 자루가 있거니 하고 마음대로 머리를 움직이지 못하였다. 「그들이 강가까지 왔을 때 맘을 졸이고 있던 나머지 사람들은 우 쓸어 일어났다. 그리고 저마큼* 두 사람을 어루만지며 어떤 사람은 눈물까지 흘리었다. 자기들의 신세도 신세려니와 이 부인의 신세가 한층 더 불쌍한 맘이 들었다.」

공연히 입안에 도는 침
길잡이가 소금 자루를 들어 주고 있는 사실을 인지하지 못할 정도로 정신이 없는 봉염 어머니
↳ 길잡이와 봉염 어머니
봉염 어머니가 혹여 잘못되었을까 걱정하고 있었음.
「 」: 봉염 어머니에게 연민을 느끼는 소금 밀수 일행 → 비슷한 처지에 있는 사람들 간에 내적 연대가 형성된 모습이 나타남.

*다리는 : 체한(경북 방언).
*해감탕 : 바닷물 따위에서 흙과 유기물이 썩어서 이루어진 진흙탕(북한어).
*직각 : 보거나 듣는 즉시 곧바로 깨달음.
*저마큼 : 저만큼(전라 방언).

OX문제

01	시대적 배경과 밀접한 어휘를 활용하여 주제 의식을 드러낸다. [2009학년도 수능]	(O / X)
02	‘소금’은 봉염의 어머니가 고향에서의 삶을 그리워하게 하는 소재이자 서러움을 느끼게 하는 소재이다.	(O / X)
03	길잡이가 구조한 봉염 어머니를 본 소금 밀수 일행은 안도하며 봉염 어머니를 향한 연민을 드러내고 있다.	(O / X)
04	특정 인물의 시선을 통해 다른 인물의 심리를 해석하여 보여 준다. [2016학년도 6월B]	(O / X)
05	다양한 인물들의 경험을 삽화 형식으로 나열하고 있다. [2007학년도 수능]	(O / X)

STEP
02 작품 해제

나BS 수능완성 | 현대문학

01 | 주제

간도 이주민들이 겪는 시련과 이를 극복하려는 삶의 의지

02 | 특징

① 일제 강점기 간도 이주민들의 참담한 생활상을 사실적으로 재현함.
② 소금을 중심 소재로 식민 치하의 궁핍한 삶을 형상화하고 비극성을 강조함.
③ 인물의 심리나 행위가 직접적으로 제시됨.

03 | 작품 해제

「소금」은 1930년대 간도 이주민들의 삶을 다룬 작품으로, 검열에 의해 마지막 10줄 정도가 먹칠로 지워졌지만 연구자들에 의해 복원이 시도되었다. 작품은 경제적 이유 때문에 간도로 이주한 봉염네 가족의 피폐한 삶과 봉염 어머니라는 이주민 여성의 수난사를 통해 1930년대 간도 이주민의 실상을 생생하게 형상화하였다.

04 | 등장인물

- 봉염의 어머니 : 일제의 탄압으로 재산을 빼앗기고 간주로 이주한 하층 여성. 궁핍하고 불안한 삶을 보내며, 과거 고향에서의 삶과 달리 소금을 구하지 못하는 처지에 서러움을 느낀다. 가족을 잃고 고된 삶을 살다가 생계를 위해 소금 밀수로 돈을 벌고자 한다.
- 길잡이 : 소금 밀수 일을 십여 년 동안 한 인물로, 위기에 처한 봉염의 어머니를 구조한다.
- 소금 밀수 일행 : 순사에게 발각될 수 있는 위험한 상황임에도 동행자인 봉염의 어머니를 챙기는 모습을 보여 준다.

05 | 상세 줄거리

빚에 쪼들리던 봉염네 가족은 결국 조선을 떠나 간도로 이주한다. 간도에서 중국인 지주 팡둥의 소작농으로 생계를 이어 가지만, 중국군의 위협과 횡포로 어려움을 겪으며 살아간다. 팡둥을 만나러 용정으로 간 봉염의 아버지는 중국 공산당에게 살해당하고, 이에 분노한 장남 봉식은 집을 떠난다. 봉식을 찾아 용정으로 간 봉염 모녀는 팡둥의 집에 머무르며 일을 거들게 되고, 봉염의 어머니는 팡둥에 의해 원하지 않는 임신을 하게 된다. 그러던 어느 날 팡둥은 봉식이 공산당에 들어갔다는 이유로 처형되는 모습을 봤다면서 봉염 모녀를 내쫓고, 만삭이었던 봉염의 어머니는 헛간에서 아이를 낳은 뒤 남의 집 유모로 들어가 생계를 유지한다. 유모로 일하는 동안 자신의 아이들을 제대로 돌보지 못하게 되면서 결국 봉염의 어머니는 자신의 두 딸을 모두 잃게 된다. 유모 자리도 잃고 혼자 남겨진 봉염의 어머니는 소금 밀수를 하다가 끝내 순사에게 잡혀가게 된다.

STEP 03

논문으로 만나는 출제자의 시선

강경애의 작품 세계

강경애는 빈곤에 시달리는 하층 여성에 대한 치열한 인식을 보여 줌으로써 1930년대 여성 문학의 새로운 지평을 열었다. 강경애 소설은 성적, 경제적으로 억압당하는 여성의 힘든 삶을 통해 모순에 얽혀 있는 계급과 식민지 질곡(속박하여 자유를 가질 수 없는 고통의 상태)을 보여 주고, 민중의 현실을 구체화하고 있다. 대표작 「인간문제」, 「소금」을 비롯하여 여러 편의 소설에서 여성 인물들은 성, 계급, 민족 문제가 중첩된 식민지의 비극적인 국면을 첨예하게 드러내고, 계급 해방에 대한 전망을 제시한다. 이러한 강경애 소설은 일상과 내면, 성적 정체성 등에 주목하였던 당대 여성 작가들과 사뭇 다를 뿐만 아니라, 여성 문제에 대한 진지한 통찰이 결여된 남성 작가들과도 구별된다는 점에서 각별한 관심을 받아 왔다.

이주 또는 이산(헤어져 흩어짐)은 강경애 소설의 핵심 주제로, 첫 작품 「파금」을 비롯하여 「채전」, 「소금」, 「모자」, 「마약」 등에서 강경애는 간도의 궁핍과 절망적인 상황을 특별히 문제 삼는다. 한편, 강경애 소설에서 여성 주인공들은 예외 없이 자기 집을 떠난다. 「채전」의 수방이는 왕서방의 양녀로 들어가고, 「소금」의 봉염 어머니와 「모자」의 승호 어머니는 남편을 잃고 집을 떠나며, 「어머니와 딸」의 옥이는 부모로부터 버림받고 양모의 도움으로 자라고, 「인간문제」의 선비는 부모를 잃고 정덕호 집에 들어가 살면서 갖은 고초를 겪는다. 이들 여성의 이주는 생존을 위한 불가피한 선택이며, 이를 통해 이전보다 훨씬 더 고립적이고 위협적인 처지에 놓이게 된다는 공통점이 있다. 특히 식민지 치하에서 고향을 떠나 간도로 살길을 찾아 이주한 조선인들은 고국에서보다 더 열악한 환경에 직면하고, 여성들은 성과 경제적 억압, 계급과 민족적 차별 등 고통이 중첩되는 냉혹한 현실로 내몰린다. 여성들은 안전한 공간에서 위험한 공간으로, 가족 공동체의 공간에서 가족 해체 후 홀로서기의 공간으로 이동한다. 끊임없이 이어지는 이주는 성적, 계급적 정체성을 자각하는 과정이자 힘겨운 주체화의 과정이기도 하다.

「소금」의 여성 서사는 봉염 어머니의 이주, 시련, 사회화가 순차적으로 심화되는 방향으로 전개된다. 고향을 떠나 간도 싼더거우(三頭溝)로 이주한 그녀는 돼지우리 같은 농가에서 적대적인 존재들을 피해 며칠씩 토굴에 숨어 있어야 하는가 하면, 소금조차 모자라 최소한의 생계유지도 힘겨운 상황에 직면한다. 또한 졸지에 공산당의 손에 남편을 잃고, 아들은 공산당에 입당하기 위해 집을 나간 뒤 생사조차 알 수 없다. 아들의 행방을 찾아 용정으로 온 그녀는 팡둥의 아이를 임신한 채 쫓겨나 해란강변 헛간에서 딸을 낳고, 명수네 집의 유모로 들어가 겨우겨우 살아가는 사이에 정작 자신의 두 딸은 열병으로 죽고, 명수네 집에서도 쫓겨난다. 혼자가 된 그녀는 먹고 살기 위해 소금 밀수에 손을 댔다가 검거되는데, 체포되는 순간에 자신의 원수는 공산당이 아니라 부르주아(자본가 계층)임을 깨닫고 그토록 증오했던 공산당이야말로 자신을 도와줄 유일한 협조자임을 확신한다. 이와 같이 '싼더거우-용정-해란강변-두만강'으로 이어지는 봉염 어머니의 이주와 시련은 성적, 경제적, 민족적 억압이 중첩된 피식민지 여성의 질곡과 사회적 각성 과정을 극명하게 보여 준다.

「소금」의 시대적 배경

「소금」은 만주 사변을 전후하여 일제와 중국 당국의 조선인 탄압이 한층 고조되고 간도 일대가 극도의 혼란에 휩싸였던 사회상을 배경으로 삼고 있다. 당시 간도는 일본과 중국, 우리나라의 정치적인 이해관계가 충돌하고, 제국주의와 식민주의, 민족주의와 공산주의 등 서로 다른 이데올로기가 교차하는 공간이었다. 특히 조선인 농민들은 중국 지주들에게 착취를 당하고, 자위단, 보위단, 공산당, 마적단들에게 번갈아가며 재물을 강탈당하면서 목숨이 경각에 달린 절박한 상황에 놓여 있었다. 「소금」은 봉염 아버지의 무고한 죽음과 그의 아들이 사형당하는 사건을 통해 이념 갈등이 증폭되고 무력과 폭력이 일상화된 간도의 암울한 상황을 집약적으로 그려 내고 있다.

윤조병, 농토

STEP 01 지문 분석과 OX문제

[앞부분 줄거리] 돌쇠는 지렁내 마을에서 지주 어른의 땅을 경작하는 소작농이다. 돌쇠의 할아버지 덤쇠와 아버지 한쇠는 지주 어른의 가문에 예속된 노비로, 위기가 올 때마다 주인을 대신해 헌신했지만 그 대가로 받기로 약속한 노비 문서와 땅문서를 번번이 빼앗겼다. 댐 건설로 인해 마을이 수몰 지구로 선정되자 다른 주민들은 걱정하지만, 돌쇠는 지주 어른에게 받기로 약속한 석산* 땅을 믿고 농사일에 매진하며, 며느리 점순네, 손녀 점순과 함께 틈틈이 석산 땅을 일군다.

돌쇠의 신분, 돌쇠와 지주 어른의 관계를 알 수 있음.
윗사람에게 매여 있는 아랫사람
노비들의 헌신을 유도하려는 지주 일가의 수단
산업화 · 근대화 시기에 이루어짐.

점순네 : 뭔 소리지유? / **돌쇠** : 글씨…….

점순네 : 공사장 남포* 소리룬 너무 가깐 디서 들리네유.

현재 들리는 소리가 댐을 건설할 때 들리는 남포 소리와는 다름을 눈치챔.

점순네, 돌쇠, 일수가 시선을 마주치며 불안해하는데, 또 한 차례 땅이 울린다.

일수 : 석산 쪽이유.

돌쇠 일가가 지주 어른에게 받기로 약속한 땅이 있는 곳

점순네 : 뭣이여? (벌떡 일어선다.)

점순네가 고샅*으로 달려가고, 일수는 연초 건조장 탑으로 뛰어 올라가고, 돌쇠는 뒷마당으로 간다.

점순네 : 워디여? / **일수** : (탑에서) 석산이 맞구먼유. 석산에서 먼지가 피어올라유.

점순네가 들었던 소리의 출처

점순네 : 워디……. 워디…….

일수 : 봐유, 땜 공사 허는 오봉산이믄 저쪽인디 바루 배암산 뒤에서 먼지가 오르잖유.

댐 공사가 이루어지는 곳 / 석산이 있는 곳

점순네 : 틀림없구먼. 이 일을 워치키 헌댜……. 아부님, 뭔 일이래유? 왜 우리 석산꺼정 깬대유? 야?

석산에서 나는 남포 소리에 놀란 점순네는 현재 상황을 의아해 함.

돌쇠 : (한번 시선을 줄 뿐 대답을 않는다.)

덤덤한 태도의 돌쇠 → 돌쇠가 이미 상황을 알고 있음을 암시함.

일수 : 석산두 바루 골채기*구먼유.

점순네 : 뭐여? 그럼 우리 봉답*은 워치키 된 거여……. 잘 봐.

일수 : 골채기 양지짝*이 틀림읎어유. 양지짝이유.

「 」: 논을 경작하는 데 필요한 물을 석산에 담아둔 것을 걱정하는 점순네

점순네 : 이 일을 워쩌? 「양지짝이믄 봇물을 파 논 딘디 거길 깨면 우리 엿 두럭*은 천둥지기두 못 허는디……. 아부님, 뭔 일이래유? 야? 아부님…….」

논에 물을 대기 위해 설치한 '보'에 고여 있는 물 / 빗물로만 벼를 재배하는 논

돌쇠 : 봇물은 그대루 남는구먼. 바로 그 윈께.

이미 석산에서 이루어지는 공사에 대해 알고 있는 돌쇠

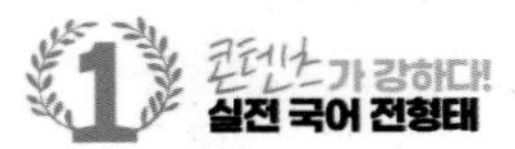

점순네 : 봉답허구 봇물은 그대루 남는다구유? / **돌쇠** : 그려……. 양지짝 위만 깨니께.
석산의 일부만 공사함.

점순네 : (다행이다 싶어) 야! 그러믄 살았어유! (가슴을 진정시키면서 가까스로 들마루로 다가와서 귀퉁이에 앉는다.)

돌쇠 : 점순이가 호미로 돌을 깨는 디여.
돌을 깨어 자신들이 받을 땅을 가꾸어 옴.

점순네 : 야? 그럼 우리가 점순이……. (달려가서 아랫방 윗방 문을 열어젖힌다.) 읎어유, 읎구먼유! (툇마루 밑을 본다.) 신발허구 호미가 읎어졌이유. 점순이가 산에 갔이유……. (들마루의 책을 보고) 책은 있는디……. 이 일을 워쩌……. 꼭 산에 갔구먼유, 산에 갔이유…….
남포 소리가 들리는 곳에 점순이 갔다고 생각하여 걱정함.

일수 : (탑에서 내려와) 야, 지가 산엔 가두 좋다구 했어유.

오토바이가 요란스럽게 달려온다.

점순네 : 워쩌……. 점순이가 석산엘 갔는디 남포가 터졌단 말여……. 워쩌……. 이 일을…….
점순이 남포로 인해 사고를 당할까봐 걱정함.

일수 : 가 봐야지 워쩌유……. 지가 가 봐야겠구먼유……. (달려간다.)

점순네 : 아부님, 지두 댕겨와야겠어유……. (허둥대며 달려간다.)

오토바이가 달려와서 급히 멎고, 헬멧 쓴 두 사나이가 어른네로 들어간다. 돌쇠가 불안한 듯 석산 쪽을 바라보다가 들마루에 널려진 뭉뭉의 돈을 물끄러미 바라본다. 석산 쪽에서 사람들의 외침이 들려온다.
손녀 점순이 석산에서 변을 당했을까봐 불안해 함.

소리들 : 사고다. 사고여!

돌쇠가 퍼뜩 그쪽을 본다.

소리들 : 점순이가 돌에 맞었다! 점순이가 돌에 맞었다!
사람들이 외치는 '사고'의 내용 → 점순이 남포로 인해 깨진 돌에 맞게 되었음을 알 수 있음.

「 」: 돌쇠가 받은 충격이 행동으로 제시됨.

「돌쇠가 휘청한다. 가까스로 오동나무에 기댄 그가 석산을 향해 뭔가 외치려고 한다. 그러나 소리가 나오지 않아 애를 쓴다. 결국 한마디도 내뱉지 못하고 무릎을 꿇듯 미끄러져 내린다.」 무대가 서서히 어두워진다.

▒ : 극 연출 → 장면 전환을 위해 조명을 사용함.

Ⅲ-2

무대가 밝아진다. 낡은 상복을 입은 점순네가 옥돌네 부축으로 툇마루에 걸터앉아서 허공을 바라본다. 돌쇠는 덕근, 진모, 갑석 등 마을 사람과 들마루에 앉아 있다. 점순을 묻고 돌아온 듯 삽, 괭이, 가래 따위가 옆에 놓였다.
□ : 점순이 사고를 당해 목숨을 잃었음을 알 수 있음.

(중략)

상만 : 내가 안 그러게 됐어? 안 그러게 됐느냐 말여?

덕근 : 이 사람아, 그늘루 들어오기나 혀. 들어와서 뭔 말인지 차분하게 혀야 알지.

상만 : (그대로) 내가 말여, 집으루 가다가 찬물 내를 건너는디 너무 뜨거워서 시수를 안 혔겄어. / **덕근** : 그려서?

세수

상만 : 시수를 허구 난께 시상이 야속허구나, 허는 맴이 들어……. 점순이가 누운 자리래두 한 번 더 볼까 허구 돌아보는디, 글씨…… 석산 골채기에 웬 사람들이 잔뜩 몰켜 있잖겄어. / **덕근** : 그려서?

세상 / 점순의 무덤

상만 : 올라갔지. 본께 글씨 읍내 사람들허구 서울 사람들이 스무남은 명은 되게 몰켜 있는디, 저 어르신허구 서울서 높은 디 있는 둘째가 보이드란 말여.

지주 어른 / 지주 어른의 둘째 아들

진모 : 그려서유?

상만 : 읍내 사람 붙잡구 물어본께…… 글씨…… 어르신네가 거기다가 별장을 짓는댜, 별장을 말여. / **모두** : 뭣이여?

지주 어른이 돌쇠 일가에게 주기로 한 석산 땅

점순네 : 아니…… 아저씨…… 우리 봉답 있는 디다가 별장을 짓는다구유? / **상만** : 그렇다니께.

진모 : 그럴 리가 있겄어유……. 아니것지유…….

상만 : 나두 기연가 미연가 혀서 달려왔는디, 지금 본께 참말이구먼그랴. 가서 보라구. 대문만 남은 거여. 문지방허구 머름*지방 다 뜯구 개와*꺼정 내려놨어.

'긴가민가'의 본말 / 사실과 조금도 틀림이 없는 말 / 지주의 집을 허물고 있음. → 마을에서 석산으로 이주하려는 동향

모두 : 뭣이여?

모두 우르르 달려가 담 너머로 혹은 문틈으로 안을 들여다본다. 돌쇠는 움직이지 않는다. 『그들은 엄청난 사실을 확인한 충격과 마을을 떠날 때가 눈앞에 닥쳤다는 절박한 현실감에 아무도 말을 꺼내지 못하고, 한 사람씩 두 사람씩 서서히 돌아온다.』

마을 사람들과 대비되는 덤덤한 태도 → 돌쇠가 이미 상황을 알고 있음을 암시함.

『 』: ① 지주 어른이 돌쇠에게 약속한 석산을 다시 빼앗아 간 사실에 대한 놀라움
② 댐 공사로 수몰 예정인 마을에서 지주 어른과 다르게 이주할 공간을 찾지 못한 마을 사람들의 충격과 절박감

상만 : 땜에 물이 차면 게가 전망이 젤루 좋다드만, 점순이가 돌에 맞은 것두 땜 공사 남포가 아니구 별장 짓는 남포에 맞은 것이여.

거기 → 석산 골짜기 양지짝 / 점순이의 죽음의 원인

점순네 : 몰랐구먼유……. 지두 까맣게 몰랐어유……. 지가 어르신네 간 게 엊그젠디 이럴 수가 있대유? 윤쥬?

점순네가 흩어진 보릿대 위에 무너지듯 주저앉고, 옥돌네가 다가가서 말없이 점순네를 끌어안는다. 침묵이 흐른다.

절망하는 점순네를 위로해 줌.

갑석 : 우리두 인전 떠나야 허는디 워디루 간대유…….

이주할 공간을 찾지 못한 마을 사람들의 막막함이 드러남.

돌쇠 : (비로소) 쌘 게 산천이구, 쌘 게 논밭인디, 워디 가믄 몸 둘 디 읎것어. (사이) 고향을 떠나는 게 쉰 일이 아니구, 산천마다 주인이 있구, 논밭마다 임자가 있어서 증이나 몸 둘 디 읎으믄……「내허구 석산 골채기루 가자구. 음지짝은 몸 둘 수 있으니께…….」

쌓일 만큼 퍽 흔하고 많이 있는 / 볕이 잘 들지 않는 그늘이 진 쪽

덕근 : 가만. 돌쇠 자넨 어른이 양지짝으루 간다는 걸 알구 있었구만?

「 」: 마을 사람들에게 먼저 석산 골짜기 음지짝에 함께 머물자고 제안함.
→ 약속된 땅을 뺏겼음에도 남들을 챙기는 인정 많고 배려심 있는 돌쇠의 성격이 드러남.

모두의 시선이 돌쇠에게 집중된다.

덕근 : 그렇지? / **돌쇠** : …….

상만 : 싸게 말을 혀! / **점순네** : 아부님…….
'빨리'의 방언

돌쇠 : 그려. / **모두** : 뭣이.

돌쇠 : 워쩌어……. 주인이 간다는디……. / **덕근** : 주인?
돌쇠의 순종적인 태도가 드러남.

돌쇠 : 우린 문서가 읎어. (사이) 땜에 수문이 꽂히구, 지렁내가 물에 잠기믄 떠나야 허는디, 우리나 어르신네나 마찬가지여.
석산 땅에 대한 소유권이 명시된 문서 / 농민의 처지를 배려하지 않는 국가의 근대화 정책

상만 : 예끼 망할 자석! 우리헌틴 말 한마디 읎이 어른네헌티 가세유 가세유 했어?
지주 어른의 계획을 알고 있으면서도 자신들에게 언질조차 하지 않은 돌쇠에게 분노함.

덕근 : 어른네가 양지짝에 별장을 세우믄 돌쇠 자네헌티 음지짝을 줄 것 같은감? 음지짝에 들어가 봉답 뙈기 부쳐 먹구살 것 같여?
경계를 지어 놓은 논밭의 구획

상만 : 속알갱이두 읎어? 달나라 댕겨오구 별나라꺼정 가는 시상이여. 선대가 당헌 원혼을 몰러?
신분제가 폐지되었음에도 불구하고 토지를 수탈하는 지주에게 저항도 하지 않는 돌쇠의 어리석음을 비난함.

점순네 : 아저씨들, 아부님을 너무 닦달허지 마세유. 밭을 살라믄 변두리를 보구, 논을 살라믄 두렁을 보라고 했는디…… 그걸 못 헌 게 한이구먼유.
마을 사람들

돌쇠 : 내헌티 궁성들 대는 건 괜찮은디, 조상꺼정 말칠렵*시키믄 못써.
다른 사람이 말하는 데 한몫 끼어들어 말을 거드는 일

상만 : 허, 효자 났구먼. 선대가 종살이해서 맹그러 준 땅두 뺏기믄서!
조상들이 노비 생활을 하며 얻은 땅

돌쇠 : 내두 그분들이 워치키 살아오셨는지 알구 있어. 아부지 한쇠 씨가 말짱 얘기허셨구, 내 눈으루다가 똑똑허게 보기두 했응께…….
지주 어른의 가문에 예속되어 노비로서 헌신했던 조상들의 안타까운 삶

*석산 : 돌이나 바위가 많은 산. / *남포 : 도화선 장치를 하여 폭발시킬 수 있게 만든 다이너마이트.
*고샅 : 시골 마을의 좁은 골목길. 또는 골목 사이. / *골채기 : '골짜기'의 방언.
*봉답 : 빗물에 의하여서만 벼를 심어 재배할 수 있는 논. ≒ 천둥지기, 천수답.
*양지짝 : 양지쪽. 볕이 잘 드는 쪽. / *두럭 : '두렁, 두둑'의 방언.
*머름 : 바람을 막거나 모양을 내기 위해 미닫이 문지방 아래나 벽 아래 중방에 대는 널조각.
*개와 : 기와로 지붕을 임. 또는 기와. / *말칠렵 : 말추렴.

OX문제

01 대사에 방언을 사용하여 생동감 있게 이야기를 풀어가고 있다. [2010학년도 수능] (O / X)

02 점순네와 다르게 돌쇠는 석산에서 이루어지는 공사로 '봉답'이 무너지지 않을 것을 이미 알고 있었다. (O / X)

03 인물들 간의 대화를 통해 인물들 사이의 갈등을 제시하고 있다. [2015학년도 수능A] (O / X)

04 현재와 과거를 교차하여 장면의 전환을 보여 주고 있다. [2024학년도 수능] (O / X)

05 상만은 지주 어른이 석산 땅에 별장을 짓는다는 정보를 점순네에게 전달하였다. (O / X)

STEP

02 작품 해제

01 | 주제

농촌의 구조적 모순과 근대화의 폐해

02 | 특징

① 산업화로 매몰된 농촌의 비극을 그려 낸 사회 비판적 성격을 지님.
② 방언을 구사하여 향토성과 사실성을 강화함.
③ 장면 전환을 위해 조명을 사용함.

03 | 작품 해제

「농토」는 윤조병 작가의 농민극 3부작 중 하나로, 농사꾼들의 삶과 우리나라 농촌 사회의 현실을 사실적으로 드러내고 있는 희곡이다. 작품은 삼대째 소작농을 이어 오고 있는 인물의 가족사를 통해 봉건적 지주의 횡포와 근대화의 명목 아래에 이루어진 국가적인 사업으로 인해 피폐한 삶을 감내하는 농민들의 삶을 보여 준다. 극중 돌쇠네는 동학 혁명, 일제 강점, 6·25 전쟁 등의 역사적 시련을 겪으면서 지주 어른의 횡포에도 농토에 정을 주며 농사일에 파묻혀 살아간다. 이때 지주 어른의 배신으로 농토를 빼앗겼음에도 그에 저항하지 못하는 돌쇠의 모습을 통해 당대 농민들의 비극적인 운명과 농촌의 사회 구조적인 모순을 드러내고 있다. 산업화와 정부의 개발 사업 등 민족사의 흐름 속에서 사회적 모순을 견디며 살아온 농민들의 비극적인 운명과 그들의 아픔을 형상화한다.

04 | 등장인물

- 돌쇠 : 65살의 농부. 노비 가문의 후손으로, 지주 어른의 횡포에도 소유권을 보장받을 문서가 없어 지주 어른의 뜻을 따르는 수동적 태도를 보인다.
- 점순네 : 돌쇠의 며느리로, 딸 점순에 대한 모성애가 강하다.
- 점순 : 점순네의 딸로, 일을 그만두고 귀향하였다가 석산에서 돌에 맞아 사망한다.
- 지주 어른 : 65살의 마을 어른. 돌쇠를 노비로 부리는 지주로, 돌쇠에게 석산 땅을 주기로 약속하지만 이내 약속을 어기고 마음대로 착취하며 별장을 짓는다.
- 일수, 상만, 진모, 덕근 : 마을 사람들.

05 | 상세 줄거리

소 한 마리에 덤으로 붙어와 양반집 노비 생활을 시작한 할아버지 덤쇠, 아들 한쇠, 손자 돌쇠의 소원은 자신의 땅을 한 뙈기라도 마련하는 것이다. 돌쇠 일가는 150년간 삼대에 걸쳐 지주 어른 집안의 노비 생활을 하며 위기 상황마다 지주 어른을 위해 헌신하였다. 지주 어른은 그때마다 노비 문서와 땅문서를 주기로 하며 그들을 회유하였지만, 위기 상황이 극복된 뒤에는 문서들을 다시 빼앗아 가곤 했다. 그러한 와중에 돌쇠의 아들이 죽고 손자 창열은 도시로 나가 실종된다. 돌쇠는 지주 어른에게서 석산 땅을 받기로 했으나 지주 어른은 그러한 약속을 무시하고 석산에 자신의 별장을 짓는 공사를 한다. 돌쇠의 손녀인 점순은 도시에서 술집을 전전하다가 실어증에 걸려 돌아오고, 혼자 석산에 올라갔다가 남포로 인한 돌에 맞아 죽게 된다. 점순의 죽음과 석산 땅을 빼앗긴 것으로 인해 마을 사람들은 분노하게 되고 지주 어른에게 복수를 하고자 한다. 그때 마을 사람들은 일수(지방 관아에서 잡무를 맡아보던 구실아치)로부터 댐에 수문이 건설되어 마을이 수몰될 것이라는 경고를 듣게 되고, 돌쇠는 다시 지주 어른의 밑에서 소작농 생활을 하려 한다.

STEP 03 논문으로 만나는 출제자의 시선

윤조병의 작품 세계

윤조병은 데뷔작인 「건널목 삽화」를 발표할 때부터 주목을 받은 극작가이다. 그의 작품은 기본적으로 사실주의의 입장을 취하면서도 그 형식과 표현 방법에 있어 비사실주의적인 특징을 자주 드러낸다. 극 중 장면의 사실적 묘사라든지, 사건의 논리적 전개와 합리적 결과를 추구하는 태도는 사실주의의 범주에 속한다고 할 수 있는데, 「농토」, 「농녀」 등은 이러한 사실주의 경향이 주로 부각된 대표적 작품들이다. 그는 진부한 산문적 묘사에서 벗어나 인간의 정감과 심리를 효과적으로 전달하고자, 시적이고 상징적인 기법상의 혁신을 모색하였다.

그에게 뛰어난 극작가로서의 위치와 명성을 공고히 해준 작품인 「농토」, 「농녀」는 일상적 삶에 내재한 과거의 시간이 오늘의 현실에 미치는 영향과 개인의 역사를 함께 서사적으로 다루고 있는 사실주의 극이다. 개인의 삶을 역사적 삶으로 그리는 시도는 소설의 경우엔 적지 않게 찾아볼 수 있지만 희곡의 경우는 매우 드물기 때문에 주목할 만하다. 물론 역사극이란 장르가 있지만 역사극의 경우는 역사적 인물이나 사건을 재창조하는 것이지, 현대인의 삶을 그리는 것이 아니라는 점에서 앞서 말한 경우에서 제외된다. 과거의 역사가 오늘의 현실을 사는 현대인에게 어떤 영향력을 행사하고, 어떤 도덕적 인식력을 요구하느냐 하는 문제를 윤조병은 그의 작품 세계에서 진지하게 그리고 있다.

윤조병은 「농토」를 발표하면서 개인의 역사적 삶을 휴머니즘의 바탕 위에 적절히 나타냄으로써 한국 농민의 전형을 현실적으로 창조하는 데 성공하였다. 초기에 주로 도시 소시민의 꿈과 좌절, 현실과 허구의 갈등을 그려 온 그는 특히 「농토」를 통해 소재 면에서 일대 전환을 이루었다. 개인의 역사적 삶에 대한 작가 의식은 다음 작품인 「농녀」에서 한결 더 성숙한 모습으로 나타난다.

3 이태준, 낙화의 적막

STEP 01 지문 분석과 OX문제

나BS 수능완성 | **현대문학**

'언제나 나무 있는 뜰 안을 거닐며 살아 보나' 하던 소원이 이루어지매, 그때는 나무마다 벌레 먹은 잎사귀 하나 가지에 남지 않은 쓸쓸한 겨울이었다. 그래서 어서 봄이 되었으면 하고 조석(朝夕)으로 아쉽던 그 봄, 요즘은 그 봄이어서 아침마다 훤하면 일어나 뜰을 거닌다.

글쓴이의 소원은 이루어졌으나 계절상의 이유(겨울)로 벌레 먹은 잎사귀조차 남지 않았던 상황에 아쉬움을 드러냄.
글쓴이의 소망 / 아침과 저녁 / 현재의 계절적 배경

《진달래나무 앞에 가서 한참, 개나리 나무 옆에 가서 한참, 살구나무 밑에 가서 한참》, 그러다가 거리에 나올 시간이 닥쳐 밥상을 대하면 『눈엔 아직 붉고 누른 꽃만 보이었다. 눈만 아니라 코에도 아직 꽃향기였다.』

《 》: 여러 가지 꽃들을 감상하는 글쓴이의 모습을 나열함.
『 』: 꽃이 핀 봄을 만끽하는 글쓴이의 모습을 보여 줌.

그러던 꽃이 다 졌다. 며칠 동안 그림 구경하듯 아침저녁으로 한참씩 돌아가며 바라보던 꽃이 간밤 비에 다 떨어져 흩어졌다. 살구꽃은 잎잎이 흩어졌고 진달래와 개나리는 송이째 떨어져 엎어도 지고 자빠도 졌다. 그중에도 엎어진 꽃이 더욱 마음을 찔렀다.

낙화의 가치를 깨닫게 된 계기
떨어진 꽃들을 보며 안타까워함.

가만히 보면 엎어진 꽃만 아니라 모두가 쓸쓸한 모양이었다. 가지에 달려서는 소곤거리지 않는 송이가 없는 것 같더니, 〈떨어진 걸 보니 모두 침묵이요, 적막이요, 슬픔이다.〉

떨어지기 전 꽃송이의 모습을 의인화하여 꽃의 생기를 표현함.
〈 〉: 열거법 → 낙화가 주는 분위기를 부각함.

그러나 거기에는 조그만큼도 죽음은 느껴지지 않았다. 오직 삶도 아니요, 죽음도 아닌 마음에 사무칠 따름이었다.

낙화(落花)의 적막! 다른 봄에도 낙화를 보았겠지만 이번처럼 마음을 찔려 본 적은 없었다.

영탄법
이전까지는 낙화에 관심을 가지지 않았었음.

나는 낙화는 생각도 하지 못했었다. 그래서 꽃이 열릴 나뭇가지는 자주 손질을 하였으나 꽃이 떨어질 자리는 한 번도 보살펴 주지 못했다. 이제 그들의 놓일 자리가 거칠음을 볼 때 적지 않은 죄송함과 '나도 꽃을 사랑하는 사람인가?' 하고 스스로 부끄러움을 누를 수 없다.

꽃을 아끼면서도 낙화에는 관심을 갖지 않았던 자신의 모습을 반성함.

낙화는 꽃이 아니냐 하는 옛 말씀도 있거니와 낙화야말로 더욱 볼 만한 꽃인가 싶다. 그는 의지할 데 없는 몸이라 가지에 달려서보다 더욱 박명(薄命)은 하리라. 그러나 떨어진 꽃의 그 적막함, 우리 동양인의 심기로 그 적멸*의 경지에서처럼 위대한 예술감이 어디서 일어날 것인가. 낙화는 한번 보되 그 자리에서 천고(千古)를 보는 양, 우리 심경에 영원한 감촉을 남기는 것인가 한다.

낙화의 가치를 깨닫게 됨. / 수명이 짧음.
낙화를 보며 느낀 아름다움

그런 낙화를 위해 나무 아래의 거칠음을 나는 한 번도 생각하지 못하였다. 다시금 부끄럽다.

낙화의 가치를 몰랐던 자신에 대한 성찰

*적멸 : 세계를 영원히 벗어남. 또는 그런 경지.

OX문제

01 독백적 서술을 통해 대상에 대한 정서적 반응이 제시되고 있다. [2021학년도 9월] (O / X)

02 인물의 행위를 연속적으로 나열하여 내적 갈등의 해결 과정을 드러내고 있다. [2023학년도 수능] (O / X)

03 글쓴이는 떨어진 꽃에서 '침묵'과 '적막', '슬픔'과 '죽음'을 느끼고 안타까워하였다. (O / X)

04 글쓴이는 '꽃이 떨어질 자리'를 '한 번도 보살펴 주지 못'한 것에 대해 '죄송함'을 느끼고 있다. (O / X)

05 관용 표현을 이용하여 주제를 효과적으로 전달하고 있다. [2009학년도 9월] (O / X)

STEP 02 작품 해제

나BS 수능완성 | 현대문학

01 | 주제

낙화를 보며 느낀 진정한 아름다움과 낙화의 가치

02 | 특징

① 글쓴이의 깨달음을 중심으로 내용이 전개됨.
② 영탄적 어조를 통해 정서를 강조함.
③ 자신의 체험을 독백체로 서술함.

03 | 작품 해제

이 작품은 낙화의 가치를 몰랐던 자신을 성찰하고 있는 수필이다. 글쓴이는 나무가 있는 뜰을 갖고 싶다는 소원이 이루어지자, 빨리 봄이 오기를 소망한다. 봄이 되자 글쓴이는 봄을 만끽하며 꽃을 감상하는데, 어느 날 간밤에 내린 비로 꽃이 모두 떨어진다. 이에 글쓴이는 새로운 시각으로 낙화를 바라보며 떨어진 꽃에서 침묵, 적막, 슬픔, 그리고 이것에서 비롯된 예술감을 뼈저리게 느끼게 된다. 글쓴이는 낙화의 가치를 알지 못했던 자신을 반성하며 이야기를 마무리한다.

04 | 등장인물

- 나 : 간밤에 내린 비로 떨어져 버린 꽃들을 보며 낙화의 진정한 가치를 깨닫게 된다. 일상의 사소한 순간에서 사색을 통해 낙화의 의미를 탐구하고, 자신의 삶을 성찰한다.

05 | 상세 줄거리

나무 있는 뜰 안을 거닐며 살고 싶어 했던 글쓴이는 이러한 소망이 이루어지자 어서 봄이 되길 바라고, 기다리던 봄이 오자 아침마다 뜰을 거닐며 만개한 꽃들을 만끽하며 시간을 보낸다. 그러던 어느 날 간밤에 내린 비로 인해 꽃들이 다 떨어져 버리고, 글쓴이는 떨어진 꽃을 보며 사색에 잠긴다. 엎어진 꽃을 보며 마음이 찔리던 글쓴이는 떨어진 꽃들이 모두 쓸쓸한 모양을 하고 있음을 알게 되고, 꽃들의 모습에서 침묵과 적막, 슬픔을 느낀다. 삶도 아니고 죽음도 아닌 모습이 마음에 사무친 글쓴이는 평소에 꽃이 열릴 나뭇가지는 손질했으면서도 꽃이 떨어질 자리는 한 번도 보살펴 주지 못한 것을 반성하고 부끄러워한다. 또한 낙화야말로 더욱 볼 만한 꽃이라고 생각하며 떨어진 꽃의 적막함에서 위대한 예술감을 느낀다. 글쓴이는 이러한 낙화를 위해 나무 아래의 거칠음을 한 번도 생각하지 못한 자신의 삶을 부끄러워하며 성찰한다.

STEP 03 논문으로 만나는 출제자의 시선

나BS 수능완성 | 현대문학

이태준 수필의 특징

이태준의 수필을 주제별로 분류하면 자연에 대한 사색, 일상에 대한 사색, 기행의 경험과 사유, 동방의 정취(깊은 정서를 자아내는 흥취), 문학적 사유로 나눌 수 있다.

자연을 제재로 사색을 표현한 수필은 대체로 자연물들을 관찰하거나 경험하면서 그 아름다움, 크고 오래됨, 성스러움, 소박함, 생명력 등을 예찬하고 작가 자신의 삶과 내면을 성찰한다. 일상의 삶과 사물을 제재로 사색을 표현한 수필은 대체로 일상의 사소한 생활 속에서 오래 살고 싶은 소망, 죽음에 대한 태도, 외로움 및 무서움과의 대면 등을 소박하고 진솔하게 표현하면서 작가 자신의 삶을 관조하고 사색하는 내면적 기품을 보여 준다. 기행의 경험과 사유를 표현한 수필은 대체로 타지를 여행하거나 방문하면서 경험한 바를 서술하거나 자신의 사유나 감정을 솔직하게 서술함으로써, 당대 사회적 현실에 대한 사유나 작가의 내면 의식을 직접적으로 엿볼 수 있는 기회를 제공한다. 동방의 정취를 표현한 수필은 대체로 옛사람들이 남긴 오래된 물건들에 대해 연모, 존경, 예찬 등의 마음을 가지고 무위, 허욕 등의 태도와 구별되는 덕에 대한 현대적 재해석을 보여 준다. 문학적 사유를 표현한 수필은 대체로 좋은 소설 작품의 기준, 현대 소설의 특성, 자신의 창작 경험 등을 직설적인 어법으로 표현한다.

이러한 수필들을 통해 우리는 작품의 미학적 완성도와 작가의 장인 정신을 중시하는 동시에 동양적 예술 세계 및 선비 정신을 숭상하는 이태준의 문학관의 내밀한 면면들을 쉽고 친근하게 살펴볼 수 있다.

4 이범선, 고장 난 문

STEP 01 지문 분석과 OX문제

나BS 수능완성 | **현대문학**

"야 <u>인마</u>, 너 정말 목수한테 가긴 갔었어?"
비속어를 사용하여 '나'(만덕)를 부르는 선생님

<u>선생님은 저녁 해가 떨어지자 역정을 내시더군요.</u>
화실에 갇힌 선생님은 문을 고쳐 줄 목수를 기다리고 있음. → 문제 상황이 지속되자 답답해 하는 선생님의 심리가 제시됨.

"아 그럼요. 제가 선생님한테 거짓말을 하겠어요."

"그럼 왜 아직 안 와!"

"글쎄 꼭 오라고 부탁을 했다니까요."

"그런데 아직 <u>안 오지 않아</u>."
부정 표현 반복적 사용 → 답답한 심정 표현

「"헤 참, 선생님도 급하시긴. 전에는 며칠씩도 문밖에 안 나오시곤 했으면서 뭘 그러셔요."

나는 화실 창문 밖 등나무 밑에 쭈그리고 앉아서 쇠창살 안의 선생님 말동무를 해 주며 그렇게 웃었죠.」 그랬더니 창턱에 걸터앉은 선생님은 <u>곰방대</u>를 뻐끔뻐끔 빨면서,
「 」: '나'는 이전의 경험을 근거로 현재 상황을 심각하게 여기고 있지 않음.
곰방대: 담뱃대

"이 녀석 봐라! <u>그거야 내가 나가고 싶지 않아서 안 나간 거구 지금은 내가 안 나가는 게 아니라 못 나가는 거 아냐</u>."
이전의 경험은 자의적인 선택이고, 현재는 외부적 요소에 의해 갇힌 상황임을 드러냄.

하며 웃더군요.

"<u>마찬가지죠 뭘. 안 나가나 못 나가나 화실 안에 있는 건 같지 않아요</u>. 뭘 심부름시킬 일 있으면 시키셔요. 제가 다 해 드릴게요."
선생님이 처한 상황을 진심으로 이해하지 못하고 걱정하지 않음.

"일은 무슨 일이 있어, 이 녀석아."

"그럼 됐죠 뭐."

"허 녀석. 정말 바보 같은 녀석이구나, 넌."

"어디 제 말이 틀렸어요. 뭐 불편하신 게 있어요, 서울 가실 일이라도 있다면 모르지만요."

"듣기 싫다, 이 녀석아. <u>너하고 이야길 하느니 차라리 우리 안의 돼지하고 하겠다</u>."
자신의 상황을 진심으로 이해해 주지 못하는 '나'에게 답답함을 느낌.

"헤 참, 선생님도. 이제 목수 아저씨가 올 겁니다. 조금만 더 기다려 보시죠. 그동안 선생님 저녁이나 드셔요. 전 식은 밥이라도 한술 먹어야겠어요."

난 일어나 별채로 나왔어요. 선생님은 화실에 전등을 켤 생각도 않고 그대로 창턱에 걸터앉아 있더군요.

그런데 기다려도 목수 아저씨는 오지 않았습니다.

(중략)

"야 인마! 가면 어떡해! 어서 목수 못 불러 와!"

<u>선생님은 창문으로 달려와 쇠창살을 두 손으로 꽉 쥐고 마구 흔들어 대며 소리소리 지르지 뭡니까</u>. 그건 언제나 인자하시던 그 선생님이 아니었어요. **무서웠어요**. 난 전엔 그런 선생님의 무서운 얼굴을 본 일이 없었거든요. 아마 창에 쇠창살이 없었더라면 뛰어넘어 나와서 날 박살을 냈을 겁니다. **정말 겁났어요**. 이마엔 핏줄이 서고 입은 꽉 다물고, 선생님은 자기 성질을 못 이겨서 두 손으로 그 긴 머리카락을 마구 쥐어뜯더군요.
고립된 상황으로 괴로움이 심화됨.
▒ : '나'의 심리 직접 제시

"야! 빨리 문 열어!"

갑자기 선생님이 미친 것이나 아닌가 했다니까요.

"예, 목수 아저씨한테 또 갔다 올게요, 선생님!"

나는 겁이 나서 그렇게 말하고는 돌아서서 읍내로 달렸습니다. 그땐 벌써 밤이 꽤 깊었죠. 캄캄한 길을 나는 거의 단숨에 읍내에까지 달렸어요. 그런데 뭡니까. 목수 아저씨는 잔뜩 술에 취해서 자고 있지 뭡니까.

저물녘 → 늦은 밤

"아저씨, 빨리 좀 일어나세요. 문을 좀 열어 주어야 해요."

목수에게 고장 난 화실의 문을 고쳐 달라고 부탁하는 '나'

"음, 문……? 문을 열면 되지 뭘 그래."

목수 아저씨는 눈도 안 뜨고 그렇게 중얼거릴 뿐이었습니다.

"아저씨, 좀 일어나요. 우리 선생님 지금 잔뜩 화났단 말예요!"

"화가 나……? 왜 화가 나……."

목수 아저씨는 여전히 눈을 감은 채였습니다. 그러니까 그건 취해서 아무렇게나 지껄이는 말이죠.

타인의 사정에 무관심함.

"문이 고장이 나서 안 열린단 말예요!"

"문이…… 고장이 났다!" / "예, 그래요."

"인마, 문이 무슨 고장이 나고 말고가 있어…… 열면 되지…… 문이란 인마, 열리게 돼 있는 거지, 인마."

문제 상황의 심각성을 느끼지 못함.

목수 아저씨는 그렇게 중얼거리며 쓱 몸을 돌려 벽을 향해 돌아누워 버렸어요.

"그게 아냐요. 아저씨가 달아 준 저의 선생님 화실 문 알잖아요."

"에이, 시끄럽다! 걷어차라 걷어차! 그럼 제가 열리지 안 열려! 열리지 않는 문이 어디 있어, 인마."

문을 열어 달라고 요청하는 '나'를 귀찮아 함. → 문제 해결을 위해 적극적으로 나서지 않음.

목수 아저씬 잔뜩 몸을 꼬부리며 좀처럼 깨어 일어날 것 같지도 않았아요.

"총각, 웬만하면 낼 아침 일찍 고치지. 저렇게 취했으니 뭐가 되겠어 어디."

'나'

목수네 아주머니가 말했어요.

"글쎄 그런데 그게 안 그렇단 말입니다. 우리 선생님 지금 미칠 지경이거든요."

「"미쳐? 아니 문이 안 열린다고 미칠 거야 뭐 있어?"

"글쎄나 말이죠. 내 생각도 그런데 우리 선생님은 안 그런 걸 어떡해요."」

「 」: 선생님의 상황을 이해하지 못하는 모습.

"왜, 뒷간에라도 가고 싶은가?"

변소

"뒷간엔요! 그런 건 다 안에 있죠."

"그럼 배가 고픈가?"

"허 참, 아주머니도. 먹을 건 얼마든지 안에 다 있다구요!"

"그런데 왜 그래. 먹을 것 있구 뒤볼 데 있으면 됐지, 그런데 미치긴 왜 미쳐? 오, 바람이 안 통해서 숨이 답답한가 보구먼 그래."

"허 참, 그런 게 아니라니까요. 바람이 왜 안 통해요. 스무 평 방의 사방이 창문인데!"

"그럼 뭐야, 알다가도 모를 일이네. 더구나 지금 밤인데, 열어놓았던 문도 걸어 잠그고 잘 시간인데 문이 열리지 않는다고 발광이야 그래! 원 참 별난 양반 다 보겠네."

선생님의 입장을 생각하지 않고 화실에 갇혀 괴로워하는 것을 오히려 이상하게 취급함.

OX문제

01 선생님은 과거에도 종종 문이 고장 나서 며칠씩 문밖에 나오지 못한 상황을 겪었다. (O / X)
02 사건에 대한 중심인물의 내적 반응을 중심인물 자신의 목소리를 통해 제시하고 있다. [2023학년도 9월] (O / X)
03 인물의 외양을 묘사하여 인물의 혼란스러운 심리 상태를 드러내고 있다. [2014학년도 수능B] (O / X)
04 목수네 아주머니는 바람이 통하지 않아 괴로워하는 선생님의 처지를 이해하였다. (O / X)
05 두 공간에서 동시에 일어나는 사건을 병렬적으로 배치하고 있다. [2023학년도 6월] (O / X)

STEP 02 작품 해제

01 | 주제

개인의 자유를 억압하는 사회와 소통이 이루어지지 않는 현실에 대한 비판

02 | 특징

① 상징적 의미를 지닌 소재('고장 난 문')를 통해 주제를 전달함.
② 주로 등장인물들 간의 대화로 서사가 진행됨.
③ 액자식 구조를 이룬 단편 소설임.

03 | 작품 해제

이범선의 「고장 난 문」은 어느 열정적인 화가의 죽음에 대해 수사관과 피의자 사이에 진술을 주고받는 방식으로 사건이 전개되는 단편 소설이다. 이 작품은 평소 그림 그리기에 열정을 쏟던 화가가 자신의 작업 공간에 갇혀 질식사에 이르는 과정을 그리고 있다. 화가는 문이 고장 나 자신의 작업 공간에 갇힌 채 밖으로 나갈 수 없는 상황에서 괴로워하다가 폐쇄 공포에 의해 죽음에 이르게 된다. 이러한 화가의 모습을 통해 외적 요소에 의해 개인의 자유가 억압당하는 절망적 현실을 그려 내고 있다. 또한 화가가 폐쇄된 공간에서 밖으로 나오기 위해 절규하는 모습을 진심으로 이해하지 못하는 인물들의 모습을 통해 진정한 소통이 이루어지지 않는 현실을 폭로하고 있다.

04 | 등장인물

- '나'(만덕) : 열여덟 살의 청년으로 화가(선생님)와 함께 산다. 화실에 갇힌 선생님의 처지와 답답한 심정을 이해하지 못한다.
- 선생님 : 작업에 충실하는 직업 화가이다. 작업에 몰입하면 자신의 의지로 화실에 며칠씩 머물기도 한다. 문이 고장 나 열리지 않으면서 방안에 갇힌다.
- 목수 : 타인의 사정에 무관심하며 게으른 성격을 지닌 인물이다. 화실의 문이 고장 난 것에 관심이 없고 문제 해결을 위한 노력도 하지 않는다.
- 목수네 아주머니 : 화실에 갇힌 선생님의 처지를 이해하지 못하고 선생님의 태도와 반응을 이상하게 여긴다.

05 | 상세 줄거리

열여덟 살 만덕은 자신이 선생님으로 모시던 화가가 질식사한 사건으로 인해 경찰서에 불려와 조사실에서 중년 수사관에게 진술을 강요당하고 있다. 만덕은 억울함을 주장하지만, 수사관은 끈질기게 만덕을 의심한다.

화가는 서울에 집이 있었지만, 강가 언덕에 있는 화실에서 지내며 작업에 몰두했다. 만덕은 화실 옆 별채에 살면서 화가의 심부름을 했다. 화가는 한 달에 열흘만 서울에 갔고, 나머지는 화실에서 혼자 지냈다. 화가는 남의 간섭을 싫어했고, 만덕도 화가의 생활에 간섭하지 않았다.

어느 날, 만덕은 화가의 방문이 잠겨 열리지 않자 목수를 데리러 갔다. 목수는 술에 취해 있었고, 만덕은 화가의 난폭해지는 모습을 보며 두려움을 느낀다. 결국 목수가 다음 날 와서 문을 뜯어냈을 때, 화가는 이미 사망한 상태였다. 경찰서에서 만덕의 진술을 들은 수사관은 그를 믿지 않고 수감시킨다. 의사의 검안서에는 질식사로 기록되었지만, 수사관은 이를 믿지 않는다.

STEP 03

논문으로 만나는 출제자의 시선

나BS 수능완성 | 현대문학

「고장 난 문」에 나타난 억압된 현실과 그에 대한 비판

「고장 난 문」은 그림에만 미쳐 사는 유명한 화가의 비극적인 죽음을 다룬 소설이다. 작품은 집단 속에서 살아가며 그 사회와 부조화를 겪고 자신의 정신세계를 억압하거나 외적 요소에 의해 억압당하는 인간들의 모습을 그리고 있다.

화실의 문이 안팎으로 모두 열리지 않아 그 안에서 질식사하게 된 화가를 처음 목격한 만덕이가 조사를 받는 것에서부터 이야기가 시작된다. 만덕이는 화가네 집에서 일을 돕고 있는 18살 소년이다. 전날 아침 방에 갇힌 화가는 만덕이한테 몇 번이고 다짜고짜 화를 내는데, 자신을 '죄수처럼 철창 안에 가두어 놓았다'는 화가의 표현은 타의에 의해 자신이 갇히게 되었다는 느낌이 다분하다. 하지만 사실 화가는 워낙 평소에도 며칠씩 문밖에 나가지 않고 화실에서 그림만 그린 적이 많았기에 만덕이는 크게 신경 쓰지 않고 그저 웃어넘기려 한다. 그런 만덕이의 무심함에 화가는 더 화를 내며 나가지 않는 것과 나가지 못하는 것은 분명히 다르다고 쐐기를 박는다.

다시 말해 '나가지 않은 것'은 자의적 선택으로 전혀 문제 될 것이 없지만 '나가지 못하는 것'은 타의에 의한 강압적인 요소가 들어 있으므로 그저 넘어갈 문제가 아니라는 뜻이다. 그런 화가의 성화에 못 이겨 만덕이가 목수를 데려오려 시도하였지만 그를 데려오지 못하고 돌아오자 화가의 태도는 처음에 단순히 화를 내던 것에서 더 나아가 난폭해지기 시작한다. 평소에 한없이 '인자'하던 화가가 갑자기 '미친' 사람으로 돌변한 모습에 놀란 만덕이는 다시 목수를 찾아가는데, 만취해 있는 목수가 세상 귀찮은 태도로 연신 내뱉는 말은 '문은 열리게 돼있고 안 열리면 발로 걷어차서라도 열 수 있다'는 것이다. '열리게 되어 있다'는 당위성의 표현으로 언젠가는 열릴 수 있다는 메시지를 전한다. 또한 그의 표현대로 열리지 않는다면 무력을 이용해서 강제적으로라도 열어야 한다. 이는 사회 속에서 인간의 정신세계를 억압하는 요소들은 언젠가는 소거될 것이고 만약 그렇게 되지 못한다면 강압적으로라도 조치를 해야 함을 제시하는 것이다.

결국 만덕이는 다음 날 목수를 찾아와 화실 문을 열었지만 화가는 이미 질식사한 상태였다. 하지만 수사관은 만덕이의 반복되는 해명에도 끝까지 만덕이를 죄인으로 몰아간다. 이유인즉 사방에 창문이 활짝 열려 있는 방에서 질식사했다는 것은 현실적으로 전혀 말이 안 되는 소리라는 것이다. 이는 확실히 현실적으로 이해할 수 없는 사실이긴 하지만 궁극적으로는 인간의 자유를 억압하는 보이지 않는 요소들을 제시하고 있다고 할 수 있다. 여기에서 한 가지 주목할 부분은 목수와 수사관의 태도이다. 술에 취한 채 만사 귀찮아하는 목수나 만덕이의 해명을 들으려고도 하지 않는 수사관은 모두 진지한 소통을 거부하는 인간들이다. 화가가 비극적인 죽음을 면치 못했던 것은 결국 사회와 또는 그 사회 속의 인간들과 부조화를 겪으면서 정신적으로 억압당하고 해방을 이룩하지 못하였기 때문이었다. 작품은 억압과 속박에서 벗어나면서 정신적으로 해방되기를 원하던 인물이 결국 그 속박에서 벗어나지 못하고 비극에 이르는 모습을 그림으로써 현실에 대한 비판 의식을 드러내고 있다.

액자식 구조의 「고장 난 문」

액자식 구조는 외부 이야기(외화) 속에 하나 이상의 내부 이야기(내화)가 포함된 형식을 말한다. 이러한 구조는 서술자의 시점을 다양화하여 여러 각도에서 이야기를 전개하는 데 효과적이다.

이범선의 「고장 난 문」은 액자식 구조의 소설이다. 이 작품의 외화는 경찰서에서 화가 선생님의 죽음과 관련해 수사관에게 심문을 받는 만덕의 이야기이다. 이 외화 안에는 화가 선생님과 '나'(만덕)가 겪은 상황에 대한 만덕의 진술이라는 내화가 포함되어 있다. 그리고 이 진술이 거짓이라고 단정 짓는 수사관의 이야기가 다시 외화로 연결된다. 수사관은 만덕을 범인으로 확신하며, 의사가 제출한 검안서에 기록된 '질식사'를 신뢰하지 않는다. 이는 화가의 죽음을 '질식사'로 받아들이지 않는 태도로, 진정한 이해와 소통이 부재하는 현실을 비판하는 작가의 의도를 반영한다. 이러한 구조를 통해 작품은 다양한 시각에서 사건을 조명하고, 독자에게 진실에 대한 의문을 던진다.

5 황순원, 목넘이 마을의 개

2025 수능 국어 대비
실전 국어 전형태

STEP 01 지문 분석과 OX문제

나BS 수능완성 | 현대문학

[앞부분 줄거리] 서북간도로 이주하기 위해 거쳐야 할 길목에 위치한 목넘이 마을(공간적 배경)에 떠돌이 개 신둥이가 나타난다. 동장 형제(한 동네의 우두머리)는 신둥이를 미친개로 몰아 동네 개 누렁이, 검둥이, 바둑이가 신둥이와 어울렸다는 이유로 잡아먹고, 신둥이도 잡으려 든다.

『 』: 내화(전지적 작가 시점)

『동네 사람들이 방앗간의 터진 두 면을 둘러쌌다. 그리고 방앗간 속을 들여다보았다.(동네 사람들은 신둥이를 잡기 위해 몰이를 시작함.) 과연 어둠 속에 움직이는 게 있었다. 그리고 그게 어둠 속에서도 흰 짐승(신둥이)이라는 걸 알 수 있었다. 분명히 그놈의 신둥이 개다. 동네 사람들은 한 걸음 한 걸음 죄어들었다(안으로 바싹 죄어 오그라들었다). 점점 뒤로 움직여 쫓기는 짐승의 어느 한 부분(신둥이의 눈)에 불이 켜졌다. 저게 산개의 눈이다. 동네 사람들은 몽둥이 잡은 손에 힘을 주었다(신둥이를 잡으려는 동네 사람들의 폭력성). 이 속에서 간난이 할아버지도 몽둥이 잡은 손에 힘을 주었다. 한 걸음 더 죄어들었다. 눈앞의 새파란 불이 빠져나갈 틈을 엿보듯이 휙 한 바퀴 돌았다. 별나게 새파란 불(위협 속에서 느끼는 공포와 생존하기 위한 신둥이의 본능)이었다. 문득 간난이 할아버지는 이런 새파란 불이란 눈앞에 있는 신둥이 개 한 마리의 몸에서 나오는 것이 아니고 여럿의 몸에서 나오는 것이 합쳐진 것이라는 생각이 들었다(간난이 할아버지는 신둥이가 새끼를 밴 상태임을 알아챔.). 말하자면 지금 이 신둥이 개의 뱃속에 든 새끼의 몫까지 합쳐진 것이라는. 그러자 간난이 할아버지의 가슴속을 흘러 지나가는 게 있었다. 짐승이라도 새끼 밴 것을 차마?(생명을 밴 신둥이에 대한 연민 → 생명의 소중함에 대해 인식하고 있음.)

이때에 누구의 입에선가, 때레라! 하는 고함 소리가 나왔다. 다음 순간 간난이 할아버지의 양옆 사람들이 욱 개를 향해 달려들며 몽둥이를 내리쳤다. 그와 동시에 간난이 할아버지는 푸른 불꽃(신둥이)이 자기 다리 곁을 빠져나가는 것을 느꼈다.(↳ 간난이 할아버지는 신둥이가 빠져나가는 것을 알고 있었지만 도망가도록 내버려 둠.)

뒤이어 누구의 입에선가, 누가 빈틈을 냈어? 하는 흥분에 찬 목소리가 들렸다. 그리고 저마다, 거 누구야? 거 누구야? 하고 못마땅해하는 말소리 속에 간난이 할아버지 턱 밑으로 디미는 얼굴이 있어,

"아즈반*(간난이 할아버지를 가리킴.)이웨다레." / 하는 것은 동장네 절가('머슴'의 방언)였다.

그러자 저편 어둠 속에서 궁금한 듯 큰동장의,

"어떻게들 됐노?" / 하는 소리가 들려왔다.

"파투*웨다.(신둥이를 놓쳐 일이 흐지부지되었음을 알림.)" / 절가의 말에 크고 작은 동장이 한꺼번에 지르는 목소리로,

"파투라니?" / 하는 소리에 이어 큰동장이 이리로 걸어오는 목소리로,

"틈새를 낸 놈이 누구야?(신둥이가 도망치는 데 결정적인 역할을 함.)" / 하는 결난(못마땅한 것을 참지 못하여 성이 난) 소리가 들려왔다.

간난이 할아버지는 옆의 자기 집으로 들어갔다.

좀 뒤에 역시 큰동장의 결난 목소리로,

"늙은 것은 뒈데야 해, 뒈데야 해." / 하는 소리가 집 안까지 들려왔다.

마을 사람들에게 잡힐 위기에 처한 신둥이를 간난이 할아버지가 구해 줌.

이런 일이 있은 지 한 달쯤 뒤, 가을도 다 끝나고 이제 곧 겨울 나무 준비로 바쁜 어느 날(시간적 배경), 간난이 할아버지는 서산 너머의 옛날부터 험한 곳이라고 해서 좀처럼 나무꾼들이 드나들지 않는, 따라서 거기만 가면 쉽게 나무 한 짐을 해 올 수 있는 여웃골로 나무를 하러 갔다. 손쉽게 나무 한 짐을 해

가지고 돌아오는 길에, 무심코 길 한옆에 눈을 준 간난이 할아버지는 거기 웬 짐승의 새끼가 뭉켜 있는 걸 보았다. 이게 범의 새끼나 아닌가 하고 놀라 자세히 보니, 그것은 다른 것 아닌 잠든 강아지들이었다. 그리고 저만큼에 바로 신둥이 개가 이쪽을 지키고 서 있는 것이었다. 앙상하니 뼈만 남아가지고.

신둥이가 낳은 새끼들

신둥이의 고단한 삶이 드러남.

간난이 할아버지가 강아지께로 가까이 갔다. 다섯 마린가 되는 강아지는 벌써 한 스무 날은 넉넉히 됐을 성싶었다. 그러자 간난이 할아버지는 다시 한번 속으로 놀라고 말았다. 잠이 들어 있는 다섯 마리 강아지 속에는 틀림없는 누렁이가, 검둥이가, 바둑이가 섞여 있는 게 아닌가. 그러나 다음 순간, 이건 놀랄 일이 아니라 응당 그럴 일이라고, 그 일견 험상궂어 뵈는 반백의 텁석부리 속에 저절로 미소가 지어지는 것이었다. 좀 만에 그곳을 떠나는 간난이 할아버지는 오늘 예서 본 일은 아무한테나, 집안사람한테도 이야기 말리라 마음먹었다.』

간난이 할아버지는 신둥이의 새끼들을 보고 놀람.

신둥이가 함께 어울렸던 동네 개들의 모습

수염이 많이 난 사람을 이르는 말 → 간난이 할아버지를 가리킴.

「 」: 외화(1인칭 시점)

간난이 할아버지가 산속에서 신둥이가 낳은 새끼들을 발견함.

「이것은 내 중학 이삼 년 시절 여름 방학 때 내 외가가 있는 목넘이 마을에 가서 들은 이야기로, 그때 간난이 할아버지와 김 선달과 차손이 아버지가 서산 앞 우물가 능수버들 아래에 일손을 쉬며 와 앉아 이런 이야기 저런 이야기 끝에 한 이야기다. 간난이 할아버지가 주가 되어 이야기를 해 나가는 도중 벌써 수삼 년 전 일이라 이야기의 앞뒤가 바뀐다든가 착오가 있으면 서로 바로잡고, 빠지는 대목은 서로 보태가며 하는 것이었다.

1인칭 시점으로 전환되었음을 알 수 있음.

'나'는 간난이 할아버지가 주가 되어 들려준 신둥이 일화를 독자에게 전해 줌. → 액자식 구성을 취하고 있음을 알 수 있음.

《간난이 할아버지는 여웃골에서 강아지를 본 뒤부터는 한층 조심해서 누가 눈치채지 못하게 나무하러 가서는 이 강아지들을 보는 게 한 재미였다. 사람이 먹기에도 부족한 보리범벅이었으나, 그 부스러기를 집안사람 몰래 가져다주기도 했다. 아주 강아지가 밥을 먹게쯤 됐을 때 간난이 할아버지는 집안사람들보고 아무 곳 아무개한테서 얻어 오는 것이라 하며 강아지 한 마리를 안고 내려왔다. 한동네 곱단이네도 어디서 얻어 준다고 하고 한 마리 안아다 주었다. 그리고 여웃골에서 그냥 갈 수 있는 절골 사는 아무개네도 한 마리, 서젯골 사는 아무개네도 한 마리, 이렇게 한 마리씩 다섯 마리를 다 안아다 주었다.》

보릿가루로 쑨 음식

《 》: 간난이 할아버지는 지속적으로 신둥이와 그 새끼들을 보살펴 주었으며, 신둥이 새끼들을 데려와 이웃에게 나누어 줌.

이런 이야기 끝에, 간난이 할아버지는 지금 자기네 집에 기르는 개가 그 신둥이의 증손녀라는 말과 원체 종자가 좋아서 지금 목넘이 마을에서 기르는 개란 개는 거의 다 이 신둥이의 증손이 아니면 고손이라고 했다. 크고 작은 동장네 두 집에서까지도 요새 자기네 개가 낳은 신둥이 개의 고손자를 얻어 갔다는 말도 했다.」

신둥이가 유전적으로 우수함을 의미함.

마을의 개들이 신둥이의 피를 이어 받게 됨.

↳ 신둥이를 잡으려는 데 앞장섰던 인물들

'나'가 중학 시절 외가가 있는 목넘이 마을에 갔을 때 전해들은 이야기임을 밝힘.

*아즈반 : '아저씨'의 방언.
*파투 : 일이 잘못되어 흐지부지됨을 비유적으로 이르는 말.

OX문제

01 공간적 배경에 대한 상세한 묘사를 통해 사건 전개를 지연시키고 있다. [2018학년도 6월] (O / X)
02 인물 간의 대화를 삽입하여 갈등 해소 과정을 보여 주고 있다. [2021학년도 수능] (O / X)
03 새끼를 밴 신둥이는 간난이 할아버지의 도움으로 '방앗간'을 벗어나게 된다. (O / X)
04 다른 사람의 체험을 듣고 독자에게 전해 주는 액자식 구성을 취하고 있다. [2016학년도 6월A] (O / X)
05 간난이 할아버지는 '여웃골'에 있는 강아지들을 보살피고 있던 사실을 아내에게 들켰다. (O / X)

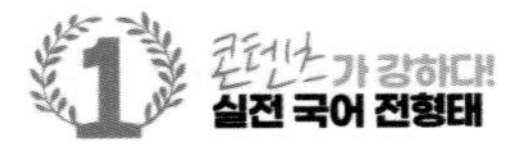

STEP 02 작품 해제

01 | 주제

① 생명의 강인함과 그에 대한 경외감
② 우리 민족의 강인한 생명력과 끈기

02 | 특징

① 액자식 구성을 통해 사건이 전개됨.
② 묘사와 대화의 사용을 절제하면서 서사를 진행함.

03 | 작품 해제

「목넘이 마을의 개」는 평안도 어느 목넘이 마을에 흘러 들어와 마을 사람들에 의해 죽을 위기에 처한 개 '신둥이'와 그 개를 도망치게 도와준 한 노인의 이야기다. '신둥이'를 통해 우리 민족의 수난을 암시하는 한편, 난관 속에서도 고난을 극복할 수 있음을 보여 준다.

생명의 존엄성 따위를 생각하지 않는 인물들의 무자비함 속에서 목숨을 부지하고 있는 '신둥이'의 애처로움을 이해해 주는 사람은 바로 '간난이 할아버지'이다. 그는 '신둥이'가 새끼를 밴 짐승이라는 것을 알고는 도망가도록 도와준다.

문체상으로는 묘사나 대화의 사용이 절제되어 나타나며, 구성상으로는 작품의 결말 부분에서 서술자가 '이것은 내 중학 이삼 년 시절 여름 방학 때 내 외가가 있는 목넘이 마을에 가서 들은 이야기'라고 하며 액자 소설의 형식을 취하고 있는 것이 특징적이다.

04 | 등장인물

- 신둥이 : 목넘이 마을에 들어와 많은 고난 속에서도 꿋꿋하게 살아가는 강인한 생명력을 가진 개.
- 간난이 할아버지 : 신둥이를 이해하고 우호적인 태도를 보이는 인물.
- 동장 형제 : 신둥이를 미친개로 몰아 죽이려 드는 인물들.

05 | 상세 줄거리

목넘이 마을이란, 어느 곳으로 가려 할 때 반드시 건너야 하는 마을의 이름이다. 서북간도로 유랑가는 이사꾼들이 들러 물도 마시고 발도 씻고 가는 목넘이 마을에 어느 날 황토에 물들어 누렇게 되다시피 한 신둥이 한 마리가 흘러 들어온다. 몸이 지저분하고 다리까지 절고 있는 신둥이는 유랑인들이 끌고 가다가 버린 것으로 보인다. 이 개는 마을 방앗간과 동장네 집을 돌아다니며 겨와 먹다 남긴 밥을 얻어먹으며 몸을 추스른다. 사람들에 의해 신둥이는 더 이상 마을에 있지 못하고 산에 숨었다가 밤에만 내려오게 된다. 새벽에 신둥이를 본 마을 사람들은 미친개라 하여 잡으려 하지만 신둥이는 사람들을 피해 도망친다.

신둥이가 마을에서 자취를 감춘 동시에 동장네 개 세 마리가 사라졌다가 며칠 뒤에 마을로 돌아온다. 후에 동장 형제들이 동네 개들을 그 신둥이 개와 같이 있었다는 이유로 잡아먹는다. 얼마 뒤 새끼를 밴 신둥이가 마을 방앗간에서 잤다는 소문이 퍼진다. 다시 신둥이가 나타나자 마을사람들이 신둥이를 잡으려 하나 간난이 할아버지는 신둥이가 굶기는 하였으나 미친개가 아니라며 살려 준다. 간난이 할아버지는 이 개가 새끼를 밴 것을 알고 차마 죽이지 못하고 종아리 사이로 빠져나가게 둔 것이다.

얼마 후, 간난이 할아버지는 산에 나무하러 갔다가 신둥이의 새끼들을 만나 보살펴 주고, 먹이도 갖다 주고 하면서 기른다. 어느 정도 자라게 되자 강아지들을 동네 사람들 모르게 하나하나 데려와 이웃에 나누어 준다. 그렇게 마을의 개들은 신둥이의 피를 이어받게 된다.

'나'는 중학 이삼 년 시절 여름 방학 때 외가가 있는 목넘이 마을에서 신둥이 일화를 간난이 할아버지와 김 선달, 차손이 아버지로부터 전해 듣게 된다.

STEP 03 논문으로 만나는 출제자의 시선

나BS 수능완성 | 현대문학

「목넘이 마을의 개」에 나타난 생명의 존엄성

「목넘이 마을의 개」는 마을 사람들의 위협 속에서 끈질기게 살아남은 신둥이라는 개의 생명력에 관한 이야기다. 목넘이 마을은 북간도로 이주하는 무리들이 거쳐 가는 평안도의 한 마을이다. 이주하는 사람들이 버리고 간 것인지 간난이네 집 옆 방앗간에 암캐 신둥이가 나타난다. 그 개는 먹을 것을 구하기 위해 마을의 지주인 동장 집에 드나들게 된다. 그것을 본 동장은 그 개를 미친개라 하여 잡으려 한다. 동네 개인 검둥이, 바둑이가 그 개와 함께 있었다 하여 동장은 동네 개들을 잡아먹기도 한다. 그리고 새끼를 밴 신둥이가 나타나자 동장은 마을 사람들을 선동하여 개 몰이에 나선다. 그러나 간난이 할아버지는 짐승이라도 차마 새끼 밴 것을 죽일 수 없어 신둥이를 잡지 못한다. 얼마 후에 간난이 할아버지는 신둥이가 낳은 새끼들을 발견하고 사람들 몰래 한 마리씩 마을로 들여온다.

이 작품은 생명에 관한 이야기를 담고 있는데, 생명을 중시하는 인물인 간난이 할아버지와 생명을 경시하는 인물인 동장이 대조적으로 나타난다. 평소 개를 잡아먹으며, 신둥이가 새끼를 뱄다는 것을 알고 난 후에는 보양제로 잡아먹으려 하는 동장은 생명을 경시하는 인물에 해당한다. 이와 달리 간난이 할아버지는 신둥이가 자기네 거름을 축내기 때문에 개 몰이에 참가하지만, 새끼 밴 짐승이라 차마 잡지 못하고 놓아주는 등 생명을 중시하는 인물이다. 이처럼 「목넘이 마을의 개」는 동물 이야기를 통해 생명의 존엄성을 다루는 작품으로 이해할 수 있다.

「목넘이 마을의 개」의 액자식 구조

「목넘이 마을의 개」는 작가가 중학 시절에 들은 이야기를 전달하는, 즉 소설 속에 이야기를 도입하는 방식인 액자 소설 형식을 취하고 있다. 액자 소설은 1차 서술 층위(외화)와 2차 서술 층위(내화)라는 두 개 이상의 이야기를 가지며 동시에 둘 이상의 화자가 나타나는 작품을 지칭하는 용어로 사용되어 왔다. 이때 내화의 인물은 1차 서술 층위인 외화의 작중 인물이 되는 경우가 대부분인데, 「목넘이 마을의 개」 역시 외화와 내화가 분명히 나뉘어 나타나고 있으며 각각의 인물이 서술 층위에서 제 역할을 충실히 해내고 있다.

「목넘이 마을의 개」에서 전 외화와 후 외화는 똑같은 위상으로서의 1차 서술 층위인데, 전 외화에서는 작가를 대신한 서술자('중학 이삼 년 시절의 나')를 전 외화와 내화가 하나의 서술 층위라는 착각이 들게 할 정도로 철저히 숨기고 있는데 반해, 후 외화에서는 오히려 이 서술자를 과감히 노출시키고 있다. 내화가 목넘이 마을에서 있을 수밖에 없었다는 근원 상황을 밝히는 데는 굳이 서술자를 노출시킬 필요가 없는데, 내화를 마무리 짓고 난 다음 외화에서는 작가를 대신한 권위 있는 서술자를 과감히 스토리상에 밀어 넣음으로써 내화의 사실성을 확보하고 있다. 처음부터 작가를 대신한 서술자가 직접 나서 스토리를 이끌 경우 독자들은 내화를 접함에 있어 간섭을 당하기 마련이다. 작가를 대신하는 서술자의 서술이 너무 강력하여 내내 독자의 의식을 지배하기 때문이다. 따라서 작가는 전 외화에서는 서술자를 숨겨 독자로 하여금 자연스럽게 허구의 장으로 발을 들여놓게 한다. 다만 그 개 이야기가 그곳에서 있을 수밖에 없었던 이유를 밝히면서, 그리고 서술 층위를 달리하여 그 해 여름 목넘이 마을에서 있었던 신둥이 이야기를 내화로 이끌어 낸 다음 곧바로 1차 서술 층위로 돌아와 '중학 이삼 년 시절의 나'를 끌어내 그에게 2차 서술 층위가 존재했었던 이유를 떠넘긴다. '중학 이삼 년 시절의 나'는 작가를 대신하여 2차 서술 층위가 지어진 것이 아니라 들은 그대로 중개할 뿐이라는 사명을 충실히 이행한다. '중학 이삼 년 시절의 나'는 여기서 한 발 더 나아가 신둥이 자손들의 유포 사실을 추가함으로써 사실성을 강화시킨다. 또한 내화의 주체였던 신둥이를 사냥꾼의 총에 의해 사라지게 함으로써 독자들로 하여금 더 이상 상상력이 뻗어 나가는 것을 막아 내화의 허구 흔적을 지운다. 이러한 서술자의 감춤과 노출의 차이는 언뜻 보면 미미한 것에 지나지 않을 수도 있다. 하지만 그 미미한 것이 전체를 바꿀만한 차이가 될 수도 있다는 점을 고려하여 눈여겨 볼 필요가 있다.

다음 글을 읽고 물음에 답하시오.

언덕 위 크고 작은 동장이 이 말을 듣고 서산 밑 ⓐ 동네로 내려왔다. 오늘밤에 그 산개 — 지금에 와서는 크고 작은 동장도 그 개를 미친개라고는 하지 않았다. 그것은 그 개가 정말 미친개였더라면, 벌써 아무것도 먹지 못하고 나중에 제가 제 다리를 물어뜯고 죽었을 것이라는 걸 알기 때문에 — 를 지켰다가 때려잡자는 것이었다. ㉠ 홑몸이 아니고 새끼를 뱄다면 그게 승냥이와 붙어 된 것일 테니 그렇다면 그 이상 없는 보양제라고 하며, 때려 잡아가지고는 새끼만 자기네가 차지하고 다른 고길랑 전부 동네에서 나눠 먹으라는 것이었다.

밤이 되기를 기다려 ㉡ 크고 작은 동장은 서쪽 산 밑 동네로 와, 차손이네 마당에 사람들을 모아 가지고 제각기 몽둥이 하나씩을 장만해 들게 했다. 그 속에 간난이 할아버지도 끼어 있었다. 간난이 할아버지는 물론 그 신둥이 개가 전과 달라졌다고는 생각지 않았으나 이 개가 그 동안도 자기네 집 옆 방앗간에 와 자곤 했으면 으레 자기네 귀한 뒷간의 거름을 축냈을 것만은 틀림없는 일이니, 그대로 내버려 둘 수는 없다는 생각으로 이 기회에 때려잡아 버리리라는 마음을 먹은 것이었다. 한편 동네 사람 누구나가 그렇듯이 이런 때 비린 것이라도 좀 입에 대어 보리라는 생각도 없지 않아서.

밤이 퍽이나 깊어 망을 보러 갔던 차손이 아버지가 지금 막 산개가 방앗간으로 들어갔다는 걸 알렸다. 동네 사람들은 벌써 제각기 입 안에 비린내 맛까지 느끼며 발소리를 죽여 방앗간으로 갔다. 크고 작은 동장은 이 동네 사람들과는 꽤 먼 사이를 두고 떨어져 서서 방앗간 쪽을 지켜보고 있었다.

동네 사람들이 방앗간의 터진 두 면을 둘러쌌다. 그리고 방앗간 속을 들여다보았다. 과연 어둠 속에 움직이는 게 있었다. 그리고 그게 어둠 속에서도 흰 짐승이라는 걸 알 수 있었다. 분명히 그놈의 신둥이 개다. 동네 사람들은 한 걸음 한 걸음 죄어들었다. 점점 뒤로 움직여 쫓기는 짐승의 어느 한 부분에 불이 켜졌다. 저게 산개의 눈이다. ㉢ 동네 사람들은 몽둥이 잡은 손에 힘을 주었다. 이 속에서 간난이 할아버지도 몽둥이 잡은 손에 힘을 주었다. 한 걸음 더 죄어들었다. 눈앞의 새파란 불이 빠져 나갈 틈을 엿보듯이 휙 한 바퀴 돌았다. 별나게 새파란 불이었다. 문득 간난이 할아버지는 이런 새파란 불이란 눈앞에 있는 신둥이 개 한 마리의 몸에서 나오는 것이 아니고 여럿의 몸에서 나오는 것이 합쳐진 것이라는 생각이 들었다. 말하자면 지금 이 신둥이 개의 뱃속에 든 새끼의 몫까지 합쳐진 것이라는. 그러자 간난이 할아버지의 가슴속을 흘러 지나가는 게 있었다. ㉣ 짐승이라도 새끼 밴 것을 차마?

이 때에 누구의 입에선가, 때레라! 하는 고함소리가 나왔다. 다음 순간 간난이 할아버지의 양 옆 사람들이 욱 개를 향해 달려들며 몽둥이를 내리쳤다. 그와 동시에 간난이 할아버지는 푸른 불꽃이 자기 다리 곁을 빠져나가는 것을 느꼈다.

(중략)

이런 일이 있은 지 한 달쯤 뒤, 가을도 다 끝나고 이제 곧 겨울 나무 준비로 바쁜 어느 날, 간난이 할아버지는 서산 너머의 옛날부터 험한 곳이라고 해서 좀처럼 나무꾼들이 드나들지 않는, 따라서 거기만 가면 쉽게 나무 한 짐을 해 올 수 있는 ⓑ 여웃골로 나무를 하러 갔다. 손쉽게 나무 한 짐을 해 가지고 돌아오는 길에, 무심코 길 한옆에 눈을 준 간난이 할아버지는 거기 웬 짐승의 새끼가 몽켜 있는 걸 보았다. 이게 범의 새끼나 아닌가 하고 놀라 자세히 보니, 그것은 다른 것 아닌 잠든 강아지들이었다. 그리고 저만큼에 바로 신둥이 개가 이쪽을 지키고 서 있는 것이었다. ㉤ 앙상하니 뼈만 남아 가지고. 간난이 할아버지가 강아지께로 가까이 갔다. 다섯 마린가 되는 강아지는 벌써 한 스무 날은 넉넉히 됐을 성싶었다. 그러자 간난이 할아버지는 다시 한 번 속으로 놀라고 말았다. 잠이 들어 있는 다섯 마리 강아지 속에는 틀림없는 누렁이가, 검둥이가, 바둑이가 섞여 있는 게 아닌가.

그러나 다음 순간, 이건 놀랄 일이 아니라 응당 그럴 일이라고, 그 일견 험상궂어 뵈는 반백의 텁석부리 속에 저절로 미소가 지어지는 것이었다. 좀만에 그 곳을 떠나는 간난이 할아버지는 오늘 예서 본 일은 아무한테나, 집안 사람한테도 이야길 말리라 마음 먹었다.

이것은 내 중학 이삼 년 시절, 여름방학 때 내 외가가 있는 목넘이 마을에 가서 들은 이야기로, 그 때 간난이 할아버지와 김 선달과 차손이 아버지가 서산 앞 우물가 능수버들 아래에 일손을 쉬며 와 앉아, 이런 이야기 저런 이야기 끝에 한 이야기다. 간난이 할아버지가 주가 되어 이야기를 해 나가는 도중 벌써 수삼 년 전 일이라, 이야기의 앞뒤가 바뀐다든가 착오가 있으면 서로 바로잡고 빠지는 대목은 서로 보태 가며 하는 것이었다.

간난이 할아버지는 여웃골에서 강아지를 본 뒤로부터는 한층 조심해서, 누가 눈치 채지 못하게 나무하러 가서는 이 강아지들을 보는 게 한 재미였다. 사람이 먹기에도 부족한 보리범벅이었으나, 그 부스러기를 집안 사람 몰래 가져다 주기도 했다. 아주 강아지가 밥을 먹게쯤 됐을 때, 간난이 할아버지는 집안 사람들 보고 아무 곳 아무개한테서 얻어 오는 것이라 하며 강아지 한 마리를 안고 내려왔다. 한동네 곱단이네도 어디서 얻어 준다고 하고 한 마리 안아다 주었다. 그리고 여웃골에서 그냥 갈 수 있는 절골 사는 아무개네도 한 마리, 서쟀골 사는 아무개네도 한 마리, 이렇게 한 마리씩 다섯 마리를 다 안아다 주었다.

이런 이야기 끝에, 간난이 할아버지는 지금 자기네 집에 기르는 개가 그 신둥이의 증손녀라는 말과 원체 종자가 좋아서 지금 목넘이 마을에서 기르는 개란 개는 거의 다 이 신둥이의 증손이 아니면 고손이라고 했다. 크고 작은 동장네 두 집에서까지도 요새 자기네 개가 낳은 신둥이 개의 고손자를 얻어 갔다는 말도 했다. 이런 말을 하는 간난이 할아버지는 이제는 아주 흰서릿발이 된 텁석부리 속에서 미소를 띠우는 것이었다.

- 황순원, 「목넘이 마을의 개」 -

01. 윗글의 '간난이 할아버지'에 대한 설명으로 적절하지 않은 것은?

① 신둥이의 번뜩이는 눈빛을 보고 무서움을 느꼈다.
② 신둥이가 자기에게 손해를 끼쳤을 것이라 여겼다.
③ 신둥이 새끼들을 발견한 후에 신중한 태도를 보였다.
④ 신둥이 새끼들에게 한 일에 대해 흡족하게 생각했다.
⑤ 신둥이를 잡아 개인적인 욕심을 채우려는 의도가 있었다.

02. 〈보기〉를 바탕으로 '신둥이'와 두 공간의 관계를 이해한 내용으로 적절하지 않은 것은?

<보기>

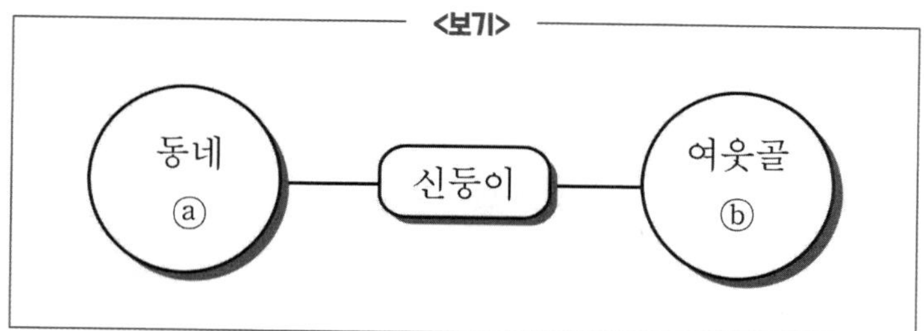

① ⓐ에서 핍박받는 신둥이의 모습은 인간의 비정함을 드러낸다.
② ⓐ에서 ⓑ로 신둥이가 이동한 것은 새로운 갈등을 예고하고 있다.
③ ⓑ에서 새끼를 지키는 신둥이의 모습은 진한 모성애를 보여 준다.
④ ⓑ에서 태어난 신둥이 새끼들의 모습은 ⓐ로부터 벗어난 결과이다.
⑤ ⓑ에서 ⓐ로 내려와 번성하는 신둥이 새끼들은 끈질긴 생명력을 느끼게 한다.

03. 〈보기〉를 통해 ㉠~㉤을 이해한 것으로 적절하지 않은 것은?

<보기>

알레고리는 표면적으로 어떤 것을 말하면서 이면적으로는 작가 자신이 표현하려는 바를 암시하는 것이라 할 수 있다. 결국 알레고리에서 중요한 것은 작품을 통해 제시하고자 하는 작가의 의도이다.

황순원은 이 소설을 통해 당대 현실에 대한 인식을 숨기면서도 동시에 드러내는 방법을 사용했다. 즉, 이념적 대립이 극한으로 치달았던 해방기의 현실과 그 해결의 실마리를 고도로 응축하여 넌지시 말했던 것이다.

① ㉠ : 이념 대립으로 인해 근거 없는 편견과 왜곡된 주장이 생산되기도 했음을 의미한다.
② ㉡ : 갈등과 대결의 원인 제공자이자 해결의 실마리를 쥐고 있는 세력이 있었음을 뜻한다.
③ ㉢ : 몰인정하고 잔혹한 시대 상황에 동조하는 사람들이 있었음을 드러낸다.
④ ㉣ : 극한으로 치닫는 대립을 생명의 존엄성에 대한 자각을 바탕으로 극복할 수 있음을 암시한다.
⑤ ㉤ : 대립과 갈등 속에 고통 받았던 당시 우리 민족의 모습을 상징한다.

6 목성균, 명태에 관한 추억

STEP 01 지문 분석과 OX문제

생선은 비린 만큼 교만하다. 비린 생선들은 비린 그의 개성을 우선 존중해 주지 않으면 우리가 의도하는 맛을 내주지 않는다. 그러나 명태는 맛에 대한 자기주장을 관철하려 들지 않는다. 줏대도 없는 놈이라고 할지 모르지만, 그건 줏대가 없는 것이 아니고 줏대 없는 그의 본성 자체가 그의 줏대인 것이다.

생선의 특징 → 비릿함.
어려움을 뚫고 나아가 목적을 기어이 이루려
명태의 특징 ① → 비리지 않고 담백함.
명태에 대한 글쓴이의 긍정적 인식이 드러남.

나는 여태껏 썩은 명태를 보지 못했다. 오늘날의 명태 말고, 냉동 산업과 운송 여건이 불비한 시절, 동해안에서 태산준령을 넘어 충청도 산읍 5일장의 어물전까지 실려 온 명태를 두고 하는 말이다. 당연하다. 명태는 썩지 않는 철에만 잡히기 때문이다. 명태는 바닷물이 섭씨 1도에서 5도가 되어야 산란을 하러 북태평양에서 동해로 떼 지어 내려오는데, 그때가 명태의 어획기다. 부패의 철을 비켜서 어획기를 설정한 주체는 어부가 아니라 명태이다. 가급적 주검을 부패시키지 않으려는 명태의 의지가 진화된 결과로 보고 싶다. 어차피 그물코에 걸릴 수밖에 없는 회유성(回游性)이 운명일 바에는 주검을 부패시켜 가지고 혐오스러워하는 사람의 손길에 뒤채이며 어물전의 천덕꾸러기가 될 필요는 없다는 게 명태의 결론이었을지 모른다. 얼마나 생선다운 고결한 결론인가.

명태의 특징 ② → 부패하지 않음.
제대로 다 갖추어져 있지 아니함.
↱ 명태가 부패하지 않는 이유를 명태의 의지에 의한 것으로 설명함. → 겨울철에만 잡히는 명태를 서술자의 관점에서 서술함.
물고기가 알을 낳거나 먹이를 찾기 위하여, 계절에 따라 떼를 지어 일정한 진로를 되돌아 헤엄쳐 가거나 오는 성질.
생선이 잡히고 난 뒤의 일반적인 모습
명태에 대한 글쓴이의 평가

명태의 개성과 썩은 명태를 보지 못하는 이유

'썩어도 준치'란 말이 있다. 참 가소롭기 그지없는 말이다. 명태가 들으면 "무슨 소리야, 썩으면 썩은 것이지—" 하고 실소를 금치 못할 것이다. 부패 직전의 살코기에서는 글리코겐이 분해되며 젖산을 발생시켜서 구수하고 단맛을 낸다는 요리학적 설명이 있긴 하지만, 그건 숙성을 뜻하는 것이지 부패를 이른 말이 아니다. 자연에서 생선의 숙성은 순식간에 지나가는 과정에 불과하다. 숙성을 보전하는 것은 기술이고 부가가치를 창출하는 것으로 요리사의 몫이지 준치의 몫이 아니다.

본래 좋고 훌륭한 것은 비록 상해도 그 본질에는 변함이 없음을 비유적으로 이르는 말
어처구니가 없어 저도 모르게 터져 나오는 웃음

'썩어도 준치'란 말은 꼭 청문회장에 나온 사람의 뻔뻔스러운 변명 같아서 부패한 냄새가 코를 찌른다. 준치는 4월에서 7월까지 부패가 촉진되는 철에 잡힌다. 제 주검의 선도(鮮度)에 대한 대책도 없는 주제에 '썩어도 준치'라니, 명태에 비하면 비천하기 이를 데 없는 본성이다.

준치와 명태의 차이점 ①
생선이나 야채 따위의 신선한 정도
준치와 명태의 차이점 ②

보릿고개가 준치의 어획기다. 배가 고픈 백성들은 준치의 어획을 고마워하며 먹었으리라. 어쩌다 숙성된 준치를 먹었을지 모르지만 대개 썩은 준치를 먹고 삶의 비애를 개탄하는 마음으로 짐짓 '썩어도 준치'라고 역설적인 감탄을 했을지 모른다. 얼마나 우리들의 슬픈 시대를 단적으로 대변하는 감탄구인가.

식량 사정이 가장 어려운 때를 비유적으로 이르는 말
부패된 생선을 먹을 수밖에 없었던 시대를 대변하는 속담임. → 궁핍한 처지에 놓여 있던 선조들에 대한 위로

'썩어도 준치'라는 말의 배경

명태는 무욕으로 일관한 제 생의 담백한 육질을 신선하게 보전해서 사람들에게 보시(布施)*했다. 《명태는 제 속을 비워 창난젓과 명란젓을 담게 주고 몸뚱이만 바닷가의 덕장에서 바닷바람에 말라 북어가 되고, 대관령 너머 눈벌판의 덕장에서 눈바람에 말라 더덕북어가 되었는데》, 알다시피 제상의 좌포(左脯)로 진설되거나, 고사상 떡시루 위에 실타래를 감고 누워 사람들의 국궁 재배*를 받는 귀물(貴物)로 받들어졌다.

《 》: 명태가 다양하게 활용되는 양상을 열거하여 제시함.
제사상을 차릴 때 왼편에 놓임.
귀중한 물건

명태의 다양한 쓰임

명태를 생각하면 언뜻 늦가을 텃밭의 황토 흙에 하반신을 묻고 상반신을 햇살에 파랗게 드러낸 채 서 있던 청정한 조선무가 떠오른다. 그 순박 무구하고 건강하기가 과년한 산골 큰아기 같은 조선무가 없으면 명태의 담백한 맛을 살려내기 힘들었을지 모른다. 산골 동네 텃밭에서 그 청정한 무가 가으내 담백한 맛의 진수를 보여 주려고 뼈 무르면서 명태를 기다렸다. 순박한 무와 담백한 생선의 만남, 그야말로 산해(山海)가 진미로 만나는 것이다.

조선무의 모습을 감각적으로 드러냄.
산(조선무)과 바다(명태)를 아울러 이르는 말
한가을 내내

명태의 맛을 끌어올리는 조선무

*보시 : 자비심으로 남에게 재물이나 불법을 베풂. / *국궁 재배 : 허리를 굽혀 두 번 절함.

OX문제

01 의인화된 대상을 통해 세태를 비판하고 있다. [2013학년도 9월] (O / X)
02 '명태'와 달리 '준치'는 부패가 촉진되는 시기에 잡힌다. (O / X)
03 '조선무'는 명태의 담백함을 한층 더해 주는 대상이다. (O / X)
04 대조적 소재를 통해 대상에 대한 글쓴이의 인식을 드러내고 있다. [2020학년도 6월] (O / X)
05 비유법과 열거법 등 다양한 표현법을 통해 주제 의식을 표출하고 있다. [2013학년도 5월B] (O / X)

STEP 02 작품 해제

01 | 주제

명태가 가진 속성에 대한 예찬 및 아버지에 대한 그리움

02 | 특징

① 대상을 의인화하여 제시함.
② 열거를 통해 대상의 속성을 드러냄.
③ 감각적 표현을 활용하여 대상에 대한 애정을 표현함.

03 | 작품 해제

이 작품은 명태에 관한 글쓴이의 경험과 추억을 바탕으로 명태가 가진 속성을 예찬하는 수필이다. 전반부는 취중에 명태를 사온 아버지의 모습을 떠올리는 내용으로, 후반부는 명태의 덕을 의인화하여 서술한 후 조선무와의 궁합에 대한 예찬을 하는 내용으로 이루어져 있다. 제시된 지문에서는 비릿함을 개성으로 내세우는 다른 생선들과는 다르게, 담백하며 부패하지 않는 명태의 특징을 명태의 개성으로 강조한다. 또한 명태의 다양한 쓰임과 어울리는 식재료 등을 소개한다.

04 | 등장인물

- 나 : 아버지가 사온 명태에 관한 추억을 회상하며 명태에 대한 예찬적 태도를 드러낸다.

05 | 상세 줄거리

글쓴이는 어느 날 취중에 명태 한 코를 사 들고 오신 아버지가 자신의 아내에게 "옛다" 하며 명태를 건네는 모습을 본 적이 있다. 글쓴이의 아내는 명태를 받아 저녁을 준비하려고 했지만 아버지는 저녁을 먹고 왔다며 두루마기를 벗고 방으로 들어간다. 아버지의 두루마기가 명태로 더럽혀져 있는 모습을 본 글쓴이의 아내는 언제든 두루마기를 입을 수 있게 빨아서 다려 놓는다. 다음 날 아침에 아내가 다림질한 두루마기를 아버지에게 내어 드리는 모습을 보고 글쓴이는 한집안 대주(한집안의 주장이 되는 사람)의 권위를 느낀다.

글쓴이는 어느 늦가을, 집으로 돌아오는 길에 막차에서 내려 건너편에 있는 가게에 발걸음을 멈춰 서서 가지런히 누워 있는 명태들을 보고 한 코를 산다. 글쓴이는 옷에 명태 비린내를 묻히지 않으려고 각별히 조심해서 명태를 들고 십 리를 걸어 집에 도착한다. 집에 도착한 글쓴이는 명태 한 코를 들고 십 리를 걸어오는 것이 결코 쉬운 일이 아님을 깨닫고 아버지를 이해하게 된다. 글쓴이는 아버지와 함께 명탯국으로 아침 식사를 하던 때를 회상하며 아버지에 대한 그리움을 느낀다.

글쓴이는 명태가 맛이 없다며 명태를 먹지 않는 친구를 비판한다. 명태는 다른 생선과는 다르게 담백한 맛을 가지고 있으며 겨울에 어획(수산물을 잡거나 채취함)되어 썩지 않는다. 또한 '썩어도 준치'라는 말이 생겨난 배경을 통해 준치와 명태를 비교하고 명태의 다양한 쓰임을 소개한다. 끝으로 집안의 대주이시던 아버지에 대한 그리움을 느끼면서 글을 마무리한다.

STEP 03 논문으로 만나는 출제자의 시선

목성균의 개성적인 문체

「명태에 관한 추억」에서 늦은 밤 명태 한 코를 들고 오는 시아버지와 그를 맞는 며느리의 모습은 유가적 전통 사회의 풍습을 여실히 보여 준다. 취기에 시아버지가 휘이휘이 내두르며 들고 온 명태는 시아버지의 두루마기 자락을 더럽혔고, 이를 받아 든 며느리는 명태보다도 시아버지의 두루마기 끝에 밴 비린내를 지우느라 밤새 다림질을 한다. 이런 장면을 다음과 같이 묘사하고 있다.

당당히 그 명태를 며느리에게 건네고, 며느리는 공손히 받아서 부엌 기둥에 걸었다. 한 집안 대주(大主)의 권위가 나를 감동시켰다. (중략) 아버지가 두루마기 자락에 명태 비린내를 묻혀가지고 왔다고 젊은 자식 놈도 그러면 불경(不敬)이다.

묘사도 묘사지만 대주와 불경이라는 어휘는 단순한 낱말 뜻 이상의 권위를 내포하고 있다. 이처럼 '아버지'에 대한 경험은 의식적이든 무의식적이든 목성균의 글쓰기를 일정한 방향으로 이끌고 있다. 그리고 그것을 재현하는 목성균만의 방법이 바로 언어 활용이다. 짧은 글 속에 자주 등장하는 한자어와 고유어는 묘사만으로 충분하지 못한 시대상이나 인물의 태도를 보완하기에 충분하다. 주관적인 정서를 드러내는 수필은 자아와 대주체(자아를 관장하는 이데올로기, 담론 등)의 영향 관계를 무시할 수 없다. 더구나 이 정서를 드러내는 수단인 언어는 더욱 그렇다.
언어는 작가를 포함한 모든 언중(같은 언어를 사용하면서 공동생활을 하는 언어 사회의 대중)들의 거대한 기억 덩어리이다. 즉 공동의 사회 문화적 생산물이기 때문에 한 작가의 언어는 그를 둘러싼 대주체의 영향 속에서 형성되기 마련이다. 따라서 디지털 시대에 글쓰기를 한 목성균이 유가적 질서 속에 있다는 것을 작품으로 표현하기에는 여러 가지 한계가 있었을 것이다. 그러나 그는 설명적 제시의 방법을 피하고 독특한 언어 사용을 통해서 그것을 자연스럽게 내보였다. 한자어와 고유어의 활용이 바로 그 독특한 언어 사용에 해당한다.

7 백석, 마포

STEP 01 지문 분석과 OX문제

「사장(沙場)은 물새가 없이 너무 너르고 그 건너 포플러의 행렬은 이 개포*의 돛대들보다 더 위엄이 있다. 오래 머물지 못하는 돛대들이 쫓겨 달아나 듯이 하구(河口)를 미끄러져 도망해 버린다. 나무 없는 건넌산들은 키가 돛대보다 낮다. 피부 빛은 사공들의 잔등보다 붉다. 물속에 들어간 닻이 얼마나 오래있나 보자고 산들은 물 위를 바라보고들 있는 듯하다.

넓고 큰 모래벌판 / 넓고 / 공간적 배경 / 위엄 있는 포플러의 행렬과 대비되는 돛대들의 특징 / 강물이 바다로 흘러 들어가는 어귀 / 등

「 」: 비유적 표현을 통해 개포의 풍경을 감각적으로 묘사함.

개포에는 낮닭이 운다. 기슭 핥는 물결 소리가 닭의 소리보다 낮게 들린다.」 저 아래 철교 아래 사는 모터보트가 돈 많은 집 서방님같이 은회색 양복을 잡숫고* 호기 뻗친 노라리* 걸음으로 내려오곤 한다. 빈 매생이*가 발길에 차이고 못나게 출렁거리며 운다.

(음영): 근대적 요소 ↕ (음영): 전근대적 요소

커다란 금 휘장의 모자를 쓴 운전수들이 빈손 들고 내려서는 동둑을 넘어서 무엇을 찾는 듯이 구차한 거리로 들어간다. 구멍 나간 고의를 입은 사공들을 돌아다보지 않는 것이 그들의 예의이다. 모두 머리를 모으고 몸을 비비대고 들어선 배들 앞에는 언제나 운송점의 빨간 트럭 한 대가 놓여 있다. 때때로 퐁퐁퐁퐁……거리는 것은 아마 시골 손들에게 서울의 연설을 하는지 모른다.

남자의 여름 홑바지 / 시골에서 올라온 뱃사람들 / 음성 상징어 → 트럭의 엔진 소리 / 트럭의 엔진 소리를 연설하는 모습으로 상상함.

여의도에 비행기가 뜨는 날 먼 시골 고장의 배가 들어서는 때가 있다. 돛대 꼭두마리의 팔랑개비를 바라보던 버릇으로 뱃사람들은 비행기를 쳐다본다. 그리고 돛대의 흰 깃발이 말하듯이 그렇게 하늘이 무서운 것이 아니라고 생각한다. 이럴 때에 영등포를 떠나오는 기차가 한강 철교를 건넌다. 시골 운송점과 정미소에서 내는 신년 괘력(掛曆)*의 그림이 정말이 되는 때다.

처음 본 비행기의 프로펠러를 늘 보던 팔랑개비와 유사하게 느낌. / 하늘을 가로지르는 비행기를 보고 하늘에 대한 두려움이 사라짐. / 신년 달력의 그림에서나 볼 법한 풍경을 실제로 마주하게 된 뱃사람들

"마포는 참 좋은 곳이여!" 뱃사람의 하나는 반드시 이렇게 감탄한다.

뱃사람의 말을 인용함.

『흰 수염 난 늙은이가 매생이에서 낚대를 드리우지 않는 날을 누가 보았나? 요단강의 영지(靈智)*가 물 위에 차 있을 듯한 곳이다. 강상(江上)에 흐늑이는* 나룻배를 보면 「비파행」*의 애끊는 노래가 들리지 않나 할 곳이다.』

『 』: 개포의 풍경에 대한 예찬
① '흰 수염 난 늙은이'가 낚시할 정도로 물고기가 많고 물결이 잔잔한 곳
② 신비한 분위기가 가득 찬 곳
③ 뛰어난 시가 들릴 정도로 마음을 움직이는 곳

뗏목이 먼저 강을 내려와서 강을 올라오는 배를 맞는 일이 많다. 배가 떠난 뒤에도 얼마를 지나서야 뗏목이 풀린다. 뗏목이 낯익은 배들을 보내고 나는 때에 개포의 작은 계집아이들이 빨래를 가지고 나와서 그 잔등에 올라앉는다. 기름 바른 머리 분칠한 얼굴이 예가 어덴가 하고 묻고 싶어 할 것이 뗏목의 마음인지 모른다.

뗏목을 의인화하여 표현함.

뱃지붕을 타고 먼산바라기를 하는 사람들은 저 산 그 너머 산 그 뒤로 보이는 하이얀 산만 넘으면 고향이 보인다고들 생각한다. 서울 가면 아무 데 산이 보인다고 마을에서 말하고 떠나온 그들이 서울의 개포에 있는 탓이다.

고향을 그리워하는 사람들

배들은 낯선 개포에서 본(本)과 성명을 말하기를 싫어한다. 그들은 머리에다 커다랗게 붉은 글자로 백천(百川), 해주(海州), 아산(牙山)…… 이렇게 뻐젓한 본을 달고 금파환(金波丸), 대양환(大洋丸), 순풍환(順風丸), 이렇게 아름답고 길상(吉祥)한 이름을 써 붙였다. 〈그들은 이 개포의 맑은 하늘 아래 뿔 사납게 서서 흰 구름과 눈빨기*를 하는 전기 공장의 시꺼먼 굴뚝이 미워서 이 강에 정을 못 들이겠다고 말없이 가 버린다.〉

시조가 난 곳(고향) / 길하고 복스러운

〈 〉: 뱃사람들이 산업화된 개포에 정을 들이지 못하고 떠나는 모습을 배들이 떠나는 것으로 비유하여 표현함.

*개포 : 마포의 포구. / *잡숫고 : 입고. / *노라리 : 건달처럼 빈둥거리는 짓. / *매생이 : 돛이 없는 작은 배.
*괘력 : 벽이나 기둥에 걸어 놓고 보는 일력(日曆)이나 달력. / *영지 : 신령스럽고 기묘한 지혜. / *흐늑이는 : 느리고 부드럽게 흔들리는.
*비파행 : 중국 당나라 시인 백거이가 지은 칠언 고시. / *눈빨기 : '눈 흘기기'의 평북 방언.

OX문제

01 인용을 통해 인물의 정서적 반응을 드러내고 있다. [2015학년도 수능A] (O / X)

02 인물의 외양을 묘사하여 인물을 희화화하고 있다. [2011학년도 수능] (O / X)

03 개포에는 '은회색 양복'을 입고 '모터보트'를 탄 채 내려오곤 하는 '돈 많은 집 서방님'이 있다. (O / X)

04 '개포의 작은 계집아이들'은 '전기 공장의 시꺼먼 굴뚝'이 밉다는 이유로 '말없이' 개포를 떠난다. (O / X)

05 비유법과 열거법 등 다양한 표현법을 통해 주제 의식을 표출하고 있다. [2013학년도 5월B] (O / X)

STEP 02 작품 해제

01 | 주제

1930년대 과도기적 모습을 한 개포의 풍경

02 | 특징

① 비유법, 의인법 등 다양한 표현 방법을 사용하여 개포의 풍경을 묘사함.
② 근대적 요소와 전근대적 요소를 대비적으로 나타냄.

03 | 작품 해제

이 작품은 1935년 11월 『조광』 창간호에 '자연의 전당 대경성의 풍광'이라는 제목 아래 수록된 글로, 경성의 수많은 장소 중에서 '마포'를 선택하여 경성의 모습을 그려낸 수필이다. '마포'를 채우고 있는 것들은 배들과 같은 인간 삶의 북적한 흔적들이지만 그 밑그림에 자리 잡은 자연의 풍경을 놓치지 않고 섬세하게 묘사하고 있다는 것이 특징이다.

04 | 등장인물

- 글쓴이 : 개포의 풍경을 관찰하며 개포와 그 주변의 모습을 섬세하게 그리고 있는 작품의 필자. 산업화가 진행되면서 근대적 요소와 전근대적 요소가 뒤섞여 변화무쌍했던 1930년대 개포의 풍경을 비유와 대조 등의 다양한 표현법을 사용해 생생하게 전하고 있다.

05 | 상세 줄거리

개포의 모래벌판은 물새 없이 넓고 그 건너 포플러 나무의 행렬은 개포에 모인 배들의 돛대들보다 위엄 있다. 배들은 하구를 미끄러져 도망가고 저 건너 산들의 키는 여기 돛대들보다 낮아 보인다. 산들의 모양이 마치 물속에 들어간 닻이 얼마나 오래있나 바라보고 있는 듯하다. 이러한 개포에는 낮닭이 울고, 종종 모터보트가 돈 많은 집 서방님처럼 내려오곤 한다. 돛 없는 작은 배는 발길에 차여 못나게 출렁거린다. 큰 모자를 쓴 운전수들이 구차한 거리로 들어서고, 그들이 사공들을 돌아보지 않는 것은 그들의 예의이다. 개포에 들어선 배들 앞에는 시골 손님들에게 연설하는 듯이 엔진 소리를 내는 운송점의 빨간 트럭 한 대가 놓여 있다. 여의도에 비행기가 뜨는 날에 뱃사람들은 돛대 꼭대기의 팔랑개비를 보는 양 비행기를 바라보고, 하늘이 그리 무서운 것이 아니라고 생각한다. 이때 영등포를 떠나오는 기차가 한강 철교를 지나면, 신년 달력 그림에서나 볼 법한 풍경이 눈앞에 펼쳐진다. 뱃사람 중 한 명은 꼭 마포가 참 좋은 곳이라며 감탄하는데, 개포는 흰 수염 난 늙은이가 낚대를 드리우지 않을 정도로 물고기가 많고, 신비한 분위기가 가득 찼으며, 「비파행」이 들려올 것만 같이 사람의 마음을 움직인다. 강을 내려온 뗏목이 배들을 보내고 나면 개포의 작은 계집아이들이 빨래를 가지고 나와 그 위에 올라앉는다. 뱃지붕을 타고 먼산을 바라보는 사람들은 저 산 그 너머 산 뒤로 보이는 하이얀 산만 넘으면 고향이 보인다고들 생각한다. 배들은 낯선 개포에서 본과 성명을 말하기 싫어하는데, 자랑스럽고도 아름다운 본과 이름을 붙이고서는 전기 공장의 시꺼먼 굴뚝이 미워서 정을 못 들이겠다며 말없이 떠나 버린다.

STEP
03 논문으로 만나는 출제자의 시선

나BS 수능완성 | **현대문학**

「마포」에 나타난 풍경의 서사화

1935년 『조광』 창간호에 실린 「마포」는 백석 문장의 진면목을 보여 주는 수필이다. 이 한 편의 수필은 1930년대 마포나루의 풍경을 사진으로 찍어 우리들 눈앞에 들이대는 듯하다. 한강의 넓은 백사장, 강 건너 포플러의 행렬, 와우산 혹은 노고산일지 모를 낮은 산들, 한낮의 닭 우는 소리, 마포 종점 전차 운전사들의 모습, 여의도에서 뜨고 내리는 비행기, 한강 상류에서 내려오는 뗏목, 기름 바른 머리와 분칠한 얼굴로 빨래를 하는 계집아이들이 담겨 있는 풍경이다. 그리고 사람들은 배 위에서 북쪽의 인왕산이나 북한산만 넘으면 고향이 보인다고 생각한다. 마포 포구에 와 닿는 여러 배들은 그 뱃머리에 자신의 출신 고장과 복을 가져다 줄 각기 다른 이름을 써 붙이고 있다. 그러나 나룻배에서 낚시를 드리운 낚시꾼들을 매일 만나고, 야훼(구약 성경에 나오는, 이스라엘 민족의 유일신)가 약속한 '요단강의 영지가 물 위에 차 있을 듯한 곳'이며, 뱃사람의 하나는 반드시 "마포는 참 좋은 곳이여!"하고 감탄하는 공간이라 하더라도 마치 흰 구름과 눈싸움을 하는 듯한 당인리 화력 발전소의 시꺼먼 굴뚝이 미워서 이 강에 정을 못 들이겠다며 말없이 가 버린다. 그 산 너머에 있을 고향을 그리는 백석 자신을 투영한 것이라고 볼 수 있다.

그리고 「마포」에는 무엇보다 당시 근대화의 문화 요소가 뚜렷하게 나타난다. '모터보트', '트럭', '비행기', '기차', '전기 공장' 등은 '시골 운송점과 정미소에서 내는 신년 괘력의 그림'으로나 보던 근대화의 문화 요소다. 특히 기차는 19세기 후반을 대표하는 산업 문명의 상징인 동시에 새로운 속도의 상징이었다. 그럼에도 불구하고 그의 시선에는 이 모두가 하나의 느린 풍경화로 포착될 따름이다. 이러한 편리한 근대적 요소들이 존재하는 마포는 나루의 흥성함(기운차게 일어나거나 대단히 번성함)과 더불어 편리한 교통으로 분명히 참 좋은 곳이었을 것이다. 백석의 고향 정주도 경의선의 요역(중요한 철도역)으로 교통상의 요지였기 때문에 수시로 경성과 오갈 수 있었을 테지만, 백석의 마음은 오로지 북방의 고향으로만 향해 있어 끝내 경성에 안주하지 못하고 말았다.

1930년대 중반은 서울의 문화와 풍속들이 근대로 한참 진입해 있던 시기다. 예를 들면 음력 위주의 생활이 양력을 중심으로 변환되던 때도 그때였다. 백석은 '이 개포의 맑은 하늘 아래 뿔 사납게 서서 흰구름과 눈빨기를 하는 전기 공장의 시꺼먼 굴뚝'에서 근대 문명에 잠식당하는 서울을 안쓰럽게 발견하는 것으로 글을 끝맺었다.

8 김소진, 갈매나무를 찾아서

STEP 01 지문 분석과 OX문제

나BS 수능완성 | 현대문학

어제 우연히 책 정리를 하다 보니 낯익은 배경을 두르고 윤정이의 어깨에 팔을 걸뜨린 채 다정스레 찍은 사진이 발등에 떨어졌다. 둘은 너무나도 환히 웃고 있었다. 특히 이마가 초가집 지붕 선처럼 푸근하고 서늘했던 그녀. 우리에게도 이렇게 환한 웃음이 깃들인 적이 있었던가. 그는 갑자기 콧마루가 시큰해져 왔다. 둘 뒤에 이파리 무성한 갈매나무가 눈에 띄었던 것이다. 그 갈매나무만 아니었다면 두현이 불현듯 출판사에 지독한 몸살이라는 전화를 넣고 이렇듯 '아름다운 지옥'을 향해 실성한 사내처럼 마음만 급해 허둥지둥 비바람 부는 들판을 가로질러 가고 있진 않았을 것이다.

'아름다운 지옥'이라는 찻집 / 이혼하기 전에 아내와 연애 시절 찍었던 사진을 우연히 발견함. / □ : 정겨운 추억과 아픈 기억을 동시에 불러일으키는 소재 / 이혼한 현재의 상황과 대비되어 슬퍼짐. / 역설적 의미를 지닌 가게 이름 → 슬픔과 기쁨이 공존하는 인생을 형상화

갈매나무는 두현의 기억이 미칠 수 있는 어린 시절부터 내면에 자리 잡아 온 움직일 수 없는 한 풍경이었다. 어릴 적 한때 할머니의 손에서 자란 두현이도 그 갈매나무와 더불어 컸다. 할머니 집 안마당에 어른 키의 갑절만큼 자라 있던 그 늙은 나무는 노년 들어 홀로 대청마루에 나앉는 일이 잦았던 할머니에게는 무언의 친구이기도 했을 터였다.

어떤 수나 양을 두 번 합한 만큼 / '아름다운 지옥'과 마찬가지로 두현의 할머니 집 안마당에도 갈매나무가 있었음.

가지 끝에 뾰족뾰족한 가시를 달고 있는 그 갈매나무는 두현에겐 지옥이자 천당이었다. 갈매나무 아래서 윤정이와 사진을 찍고 난 다음 그녀와 가진 첫 입맞춤이 천당에 대한 기억에 해당한다면 아내가 됐던 윤정이와 이 년이 채 안 돼 헤어지기로 동의한 다음 이혼 서류에 마지막으로 도장을 찍고 내려가 찾아뵌 할머니 집 앞의 갈매나무는 바로 캄캄한 지옥이었다.

갈매나무와 관련한 좋은 기억 → 전 아내와의 행복했던 시절 / 갈매나무와 관련한 고통스러운 기억 → 이혼의 상처

『현아 니 맴이 많이 아프제…….

『 』: 과거 장면 ① → 윤정과 이혼한 후 찾아갔던 할머니 집에서의 이야기

두현은 두렵고 송구스런 마음 때문에 엎드려 드린 큰절을 차마 일으키지 못하고 등짝을 들썩거리며 흐느꼈다. 그 격정의 잔등을 삭정이처럼 야윈 할머니의 손길이 잔잔히 더듬고 지나갔다.

삭정이: 살아 있는 나무에 붙어 있는, 말라 죽은 가지

할머니…… 이 매욱한* 손자가 세상에 다시없는 불효를 저지르고 이렇게 찾아뵈었으니 이 일을 어쩌면 좋습니까? 호되게 꾸짖어 주세요, 부디!

이혼한 것을 불효를 저지른 것이라 여김.

꾸짖긴 눌로? 어림도 없지러. 니가 아프면 낼로(나를) 찾아와야지 그럼 눌로(누구를) 찾아…… 옹냐 잘 왔네라. 에구 불쌍한 내 새끼야, 니 맴 할미가 알제 하모 하모…….

상처를 입었을 손자에 대한 걱정과 위로

부엌 문짝에 옆 이마를 기대어 집게손가락으로 눈가를 꼭꼭 찍어 누르고 섰던 작은숙모한테 더운밥을 지어 내오도록 한 할머니는 그가 물에 만 밥그릇을 앞에 두고 천근만근으로 무거워진 깔깔한 밥술을 놀리는 걸 지켜보다가 숙모의 부축을 받아 갈매나무 아래 평상에 나앉으셨다. 그러고는 등을 돌린 채 눈물을 지으셨다. 두현은 밥이 아니라 눈물을 떠 넣고 씹었다.

깔깔한: 감촉이 보드랍지 못하고 까칠까칠한

지집한테 찔리운 까시는 오래가는 벱인디…….

지집: '계집'의 방언

할머니가 갈매나무 우듬지께를 망연자실한 눈길로 쳐다보시며 중얼거렸다. 그러자 그도 어릴 적 겁도 없이 갈매나무에 오르려다 가시에 찔려 떨어졌던 기억이 났던 것이다. 아마 할머니도 그때 기억 때문에 더 북받치시는 것일지도 모를 일이었다. 눈물이 그렁그렁한 어린 손자의 손바닥에 깊숙이 박힌 가시를 입김을 몇 번이고 호호 불어 가면서 빼 주실 때 해 주던 할머니의 말씀이 새삼 엊그제 일인 양 생생할 뿐이었다.』

우듬지: 나무의 꼭대기 줄기

「 」: 과거 장면 ② → 어릴 적 갈매나무에 오르려다 가시에 찔려 떨어졌던 이야기

「까시 아프제? 앞으로두 세상의 숱해 많은 까시가 널 괴롭힐지도 모르제. 그래도 사내니깐 울지는 말그래이. 그럴수록 더 독한 까시를 가슴속에 품어야 하니라. 알긋제?

인생이 고통스러울지라도 마음을 독하게 먹고 살아갈 것을 당부함.

야아…… 할무이.」

세상의 독한 가시를 이기라는 그 말씀은 삼 년 전 늦깎이 시인으로 등단한 그가 여태껏 시의 화두로 삼아 온 것이었다.
관심을 두어 중요하게 생각하거나 이야기할 만한 것

[중략 부분 줄거리] 두현이 찾아간 '아름다운 지옥'은 이제 찻집이 아닌 오리탕 전문점으로 바뀌어 있었고, 두현은 그 식당의 여주인과 이야기를 나눈다.

아내가 가고 없는 그 신혼방에서 두현은 한사코 자신에게서 달아나려는 어떤 아이에 대한 꿈을 서너 번 꾸었다. 힐끗 뒤를 돌아다보는 꿈속의 작은 아이는 그를 닮아 보일 때도 있었고 얼굴이 하얗게 지워져서 나타날 때도 있었다. 아주 무서운 꿈이었다. 꿈자리에서 깨어날 때마다 그는 눈물이 핑 돌아 낯선 곳에서 잠이 설깬 아이처럼 훌쩍거리곤 했다.
낙태를 한 아내와 이혼한 후 두현의 꿈에 어떤 아이가 나타나기 시작함. → 아이를 지키지 못한 주인공의 죄책감을 보여 줌.

〈그래서요? / 그래서 그렇다는 말이죠.
〈 〉: 두현과 식당 여주인 간의 대화

에이, 시시해. 그럼 전 부인은 진짜 유학을 갔어요? / 아직까지 한 번도 못 만났으니 그럴 가능성도 있을 겝니다.

그럼 요즘도 아이 꿈을 꾸세요? / 아뇨. 요즘은 한 나무에 대한 꿈을 꾸는 편이죠.
갈매나무

나무요? / 나뭅니다. 아주 헌걸차고 씩씩한 녀석이죠. 바로 수칼매나무입니다. 갈매나무가 암수딴그루 나무인 건 아시죠?
매우 풍채가 좋고 의기가 당당한 듯하고 / 암꽃과 수꽃이 각각 다른 그루에 있어서 식물체의 암수가 구별되는 나무

암수딴그루라뇨?

왜, 은행나무처럼 암수가 따로 있다 이겁니다. 제가 여태껏 보아 온 건 모두 암그루였죠. 아직 수그루를 한 번도 보지 못했죠. 아마 어느 깊은 계곡 어디에선가 뿌리를 박고 홀로 눈보라와 찬비와 거친 바람을 맞으며 추운 계절을 꿋꿋이 견디며 힘차게 수액을 높은 우듬지 위로 뽑아 올리는 자태를 간직한 수그루를 알아보게 될 겁니다. 그런 날이 꼭 올 겁니다. 제 꿈이 그렇거든요. 그놈을 봤어요. 한 번도 아니고, 두 번도 아니고…… 몹시 앓을 땐 내가 직접 그 수칼매나무가 되는 꿈을 꿔요. 아주 편안한 나무가 되는 꿈을 꿔요.〉
고통을 감내하는 의지적 자세
고통스러운 시련 속에서도 꿋꿋이 살아가는 수칼매나무 같은 삶을 살고자 함.

*매욱한 : 하는 짓이나 됨됨이가 어리석고 둔한.

OX문제

01	인물 간의 대화를 통해 인물이 겪은 사건의 비현실적인 면모를 드러내고 있다. [2020학년도 9월]	(O / X)
02	과거 사건에 대한 회상을 통해 이야기를 전개하고 있다. [2015학년도 수능A]	(O / X)
03	두현은 과거에 '할머니 집 안마당에 어른 키의 갑절만큼 자라 있던' '갈매나무' 앞에서 윤정이와 사진을 찍었다.	(O / X)
04	'갈매나무'의 '암그루'만 봐왔던 두현은 '수그루'를 실제로 보게 되자 '수칼매나무가 되는 꿈'을 꾸게 되었다.	(O / X)
05	중심인물이 알지 못하는 사건을 제시해 긴장감을 조성하고 있다. [2022학년도 수능]	(O / X)

STEP 02 작품 해제

01 | 주제

강한 의지를 지닌 삶에 대한 지향

02 | 특징

① 상징적 소재를 활용하여 주제 의식을 형상화함.
② 인물의 발화에 따옴표를 사용하지 않음.
③ 백석의 시 「남신의주 유동 박시봉방」의 영향을 받음.

03 | 작품 해제

이 작품은 '갈매나무'라는 상징적 소재를 활용하여 주제 의식을 형상화하고 있는 소설이다. 이혼의 상처를 지닌 채 쓸쓸히 살아가고 있는 주인공의 처지를 백석의 시를 인용하여 드러내었다. '아름다운 지옥'이라는 가게 이름과 열매와 독한 가시를 동시에 지니고 있는 갈매나무를 통해 인생이란 기쁨과 슬픔이 공존하는 것이라는 의미를 전하고 있다. 또한 홀로 겨울의 추위를 꿋꿋하게 견디며 자신의 자리를 지키는 갈매나무를 떠올리는 주인공의 모습을 통해 의지적인 삶을 지향하는 태도를 엿볼 수 있다.

04 | 등장인물

- 두현 : 이혼의 상처를 가지고 쓸쓸하게 살아가는 주인공. 백석의 시 속 화자가 아내도 집도 없이 타향에서 쓸쓸히 지내는 것을 보고 백석이 쓰지 않았다면 자신이 이 시를 썼을 것이라 여긴다. 꿈 속에 등장하는 수칼매나무처럼 자신도 꿋꿋이 살아갈 것을 다짐한다.
- 윤정 : 결혼이 자신의 삶의 목표가 아니라는 생각에 두현과 이혼한 전 아내. 자식보다도 논문과 유학이 더 중요해 낙태를 하고 이혼하였다.
- 할머니 : 어린 주인공을 돌봐 주었던 인물. 집 앞 갈매나무의 가시가 박혀 우는 주인공을 위로하며 세상의 독한 가시를 이기라는 당부를 한다.

05 | 상세 줄거리

3년 전 늦깎이 시인으로 등단한 두현은 세상의 독한 가시를 이겨내라는 할머니의 당부를 화두로 삼아 시를 써왔지만, 결혼 2년 만에 윤정과 이혼하고 할머니마저 돌아가시자 시를 쓰지 못한 채 방황하며 살아간다. 우연히 책 정리를 하다가 '아름다운 지옥'이라는 찻집에서 찍은 사진을 발견하고, 윤정과 갈매나무를 보며 추억에 젖는다. 오 년 전에 붉게 타올랐던 그곳을 떠올리며 비가 내리는 날 그곳을 찾아간다. 그러나 찻집이었던 '아름다운 지옥'은 사라지고 그곳에는 오리탕 전문 식당이 생겼다. 식당의 여주인은 두현에게 다가와 카페가 있는 줄 알고 찾아온 것임을 짐작했다며 주인이 바뀐 지 3년이나 되었다고 알려 준다. 술을 마시며 여주인과 이야기를 나누게 된 두현은 여주인에게 자신의 얘기를 하게 된다. 술이 오른 두현은 백석의 시 「남신의주 유동 박시봉방」을 떠올리며, 이 시를 백석이 쓰지 않았다면 자신이 썼을 것이라며 눈물을 흘린다. 그리고 여주인에게 치매 걸린 어머니와 감옥살이하는 시동생 이야기를 한다. 이후 두현은 윤정과 헤어지게 된 일을 떠올리는데, 태아가 자신의 삶을 방해한다고 여긴 윤정이 낙태를 하자 두현의 꿈에 아이가 나타나기 시작한다. 주인이 요즘도 꿈에서 아이를 보느냐고 묻자 두현은 갈매나무의 꿈을 꾼다고 대답한다. 홀로 겨울의 추위를 꿋꿋하게 견디며 자신의 자리를 지키는 갈매나무를 보기도, 혹은 자신이 갈매나무가 되기도 하는 꿈을 꾸는 것이다. 식당 밖으로 나온 두현은 갈매나무를 짚은 채 오줌을 누고, 그동안 써지지 않던 시어들이 몰려와 갈매나무에 대한 시를 쓸 수 있게 된다.

STEP
03 논문으로 만나는 출제자의 시선

나BS 수능완성 | **현대문학**

「갈매나무를 찾아서」에 삽입된 텍스트

「갈매나무를 찾아서」에서 '두현'은 대학 시절 자본론을 공부하는 그룹에 속해 있었던 '윤정'과 결혼을 한다. 늦깎이 시인으로 등단한 그는 경제권을 가질 수 없는 상황이었다. 이러한 두현의 무능력을 비웃으며 아내 '윤정'은 아이를 지우고는 "시 쓴답시고 거의 룸펜(부랑자 또는 실업자)처럼 생활한 게 벌써 언제부턴데, 그럴 능력이나 제대로 있어서 하는 말이냐구?"라며 타박한다. 아내에게 '두현'은 자신의 아이조차도 지킬 수 없는 무력한 변두리 인물인 것이다. "경제적 무능력이 애를 못 키우는 온당한 이유가 된다고 믿니 넌?"이라며 반문하는 '두현'은 자신이 하고 있는 말이 얼마나 설득력이 없고 어리석은 것인지 잘 알고 있다. 결국 그들은 두현의 무능력으로 이혼을 하게 된다. 별거 직전, '윤정'에게 가장 중요한 것은 남편의 경제적 무능력으로 인한 자신의 고생을 더 이상 견딜 수 없다는 것이었다.

어느 사이에 아내도 없고, 또,
아내와 같이 살던 집도 없어지고,
그리고 살뜰한 부모며 동생들과도 멀리 떨어져서,
그 어느 바람 세인 쓸쓸한 거리 끝에 헤매이었다

위의 시는 백석의 시 「남신의주 유동 박시봉방」 중 일부이다. 이 시에서 화자는 남신의주 유동에 있는 박시봉이란 사람 집에 세를 들어 살면서 자신의 근황과 참담한 심정을 편지를 쓰듯 적어 내려가고 있다. 여기에는 식민지 시대에 정결한(정조가 굳고 행실이 깨끗한) 영혼을 지닌 한 지성인이 모진 운명을 받아들이는 모습이 잘 나타나고 있다. 이것은 늦깎이 시인으로 경제권을 가질 수 없는 '두현'의 심리를 잘 나타낸다. 이와 같이 이 작품에서는 백석의 시를 통해 현실에 무기력한 모습을 반성하는 당시 지식인의 전형을 보여 준다.

김소진 작가론

김소진(1963~1997)은 소설가로서 자신의 문학 세계를 펼쳐가던 중요한 시기에 타계한(세상을 뜬) 작가다. 이른 나이에 아쉽게 세상을 떠났지만 그가 남긴 문학적 자취와 작가적 개성은 많은 독자들뿐 아니라 연구자들에게 깊은 인상을 남겼다. 그가 등단하고 활약한 90년대는 문학의 주된 기조가 개인적 내면의 세계에 천착(어떤 내용을 따지고 파고들어 알려고 하거나 연구함)하거나 후기 산업 사회의 부조리한 징후를 그리는 등 다양한 양상으로 펼쳐지던 시기였다. 그러나 김소진은 90년대 여타의 작가와는 다르게 개인적 체험을 바탕으로 70, 80년대 한국 사회의 실향민(고향을 잃고 타향에서 지내는 백성)과 도시 하층민의 삶, 불온한(권력이나 체제에 순응하지 않고 맞서는) 지식인의 방황하는 모습 등을 사실적으로 그려 내었다. 비록 그들의 삶의 모습이 억척스럽고 부족해도 작가는 있는 그대로의 모습을 인정하며 그들을 따뜻한 시선으로 바라본다. 그의 소설 속에는 좌우 이념, 빈부 격차, 지식의 유무나 권력의 유무로 분화되어 투쟁하고 분노하는 인물들은 없다. 오히려 그런 것과는 무관하게 소박하게 살아가는 인물들의 삶이 묻어 나온다.

9 박영준, 모범 경작생

STEP

01 지문 분석과 OX문제

"오늘 온댔으니 꼭 올 텐데……."
농사 강습에 참여하기 위해 서울로 떠난 길서를 기다리고 있는 성두

성두가 못단을 왼손에 쥐며 말했다.
보통 서너 움큼씩 묶은 볏모나 모종의 단 / 지금 지나가고 있는 이해(=올해)

"글쎄…… 꼭 올 텐데…… 요새 모를 못 내면 금년에는 상을 못 탈 거 아냐."
길서가 모를 많이 수확하지 못해 올해에는 상을 받지 못할 것을 염려함.

기울어지는 햇살을 쳐다보며 진도 애비가 말했다.

"너 원통할 게 무어 있니? 길서가 상을 탄대두 너는 마꼬* 한 개 못 얻어먹어, 이 자식아!"

기억이가 툭 쏘았다.

"그래도 올랴고 한 날에는 올 텐데……."

은근히 기다리던 성두가 다시 말했다.
『 』: 길서에 대한 마을 사람들의 인식 → 소학교를 졸업한 인재이면서 근면성실하기까지 한 길서를 시기하기도 하지만 대부분은 그를 선망함.

『길서는 그 마을에서 가장 칭찬을 받는 사람이다. 물론 사촌 형벌이 되면서도 기억이 같은 몇 사람은 길서를 시기하고 속으로는 미워하기까지 했으나, 동네 전체로 보아 소학교 졸업을 혼자 했고, 군청과 면사무소에 혼자서 출입하고, 공부를 많이 한 사람에게도 지지 않으리만큼 동네 사람들을 가르치며 지도했다. 나이 젊은 사람으로 일을 부지런히 해서 돈도 해마다 벌며 저축을 하여 마을의 진흥회니 조기회니, 회마다 회장을 도맡고 있는 관계로 무식하고 착한 농부들은 길서를 잘난 위인이라고 생각하지 않을 수가 없었다.』
농촌 진흥을 핑계로 품종 개량 등 식민지 창고화를 실현하기 위한 일제의 제도

더욱이 서울서 모이는 농사 강습회에 군에서 보내는 세 사람 중에 한 사람으로, 한 주일 전에 그리로 떠난 뒤로 길서를 칭찬하는 소리는 더 커졌다.
길서가 마을의 모범 경작생으로 뽑혀 농사 강습회에 참여하기 위해 일주일 전에 서울로 떠났음을 알 수 있음.

(중략)

길서는 인사를 하고 서울 갔던 이야기를 보고했다.

보고를 듣고 수고했다는 말을 한 뒤는 곧장,

▒ : 시대적 배경을 짐작할 수 있는 어휘

"그런데 이번 호세(戶稅)*는 자네 동네에서도 조금 많이 부담해야겠네. 보통학교를 육 학급으로 증축해야겠으니까."
면장은 보통학교 증축을 위해 호세(지방세)를 올리려고 함.

하고, 길지도 않은 수염을 쓸며 호세 이야기를 했다.

"거야 제가 압니까!"
호세 문제는 자신의 능력 밖의 일임을 드러냄.

"아니야. 자네 동네서야 자네만 승낙하면 되는 게니까. 그렇다구 자네에게 해로운 것은 없을 게고……."
호세를 올리는 데 협조하면 길서에게 특혜를 줄 것임을 의미함.

"글쎄요."

길서는 면장의 말에 무엇이라고 대답할 수가 없었다. 만약 그에게 조금이라도 재미없는 말을 해서 비위에 거슬리게 하면, 자기도 끼니때를 굶고 지내는 동네 소작인들이나 다름이 없는 생활을 해야 할 것을 잘 알고 있다. 일본은 둘째로 하고라도 묘목*도 못 팔아먹을 것이며, 그런 말이 보통학교 교장 귀에 들어가면 돈도 빌려다 쓸 수 없게 된다.
면장의 심기를 거스르는 말 / 면장에게 잘못 보일 경우 길서가 입게 될 손해 ① / 면장에게 잘못 보일 경우 길서가 입게 될 손해 ②

그러면 묘목 심었던 밭에 조를 심게 되고, 면사무소 사무원들과 학교 선생들에게 팔던 감자와 파도 썩어 버리게 된다. 삼백 평밖에 안 되는 논에 비

료를 많이 내지 않으면 미곡 품평회(米穀品評會)에 출품도 못 해 볼 것이며, 그러면 상금을 못 탈 뿐 아니라 벼가 겨우 넉 섬밖에 소출* 못 날 것이다.
면장에게 잘못 보일 경우 길서가 입게 될 손해 ③ 면장에게 잘못 보일 경우 길서가 입게 될 손해 ④
그러면 동네 사람들과 똑같이 일 년 양식도 부족할 것이 아닌가.
자신의 이득만을 생각하는 이기적인 길서의 모습과 일제의 탄압을 받으며 살아가는 농민들의 궁핍한 현실이 드러남.

"자네 동네 사람들은 얌전하게 근심 없이 사는 모양이던데."
호세를 올려도 괜찮지 않겠냐는 의도가 담김.

면장이 다시 말을 꺼낼 때 길서는 곧 대답했다.
선뜻 대답할 수 없었던 처음과 달리 면장의 제안을 바로 수용하는 모습을 보임.

"그러문요. 근심이 조금도 없다고야 할 수 없지마는 무던한 편은 됩니다."

「벼는 누릇누릇해서 이삭들이 뭉친 것이 황금 덩이 같았다. 그러나 얼굴의 주름살을 편 사람이라고는 하나도 없었다.
「 」: 벼는 익어가고 있으나 해충 피해로 인해 흉작인 상태 → 길서의 답변과 달리 농민들은 근심에 싸여 있음.
강충이가 먹어 예년에 비해서 절반도 곡식을 거둘 수가 없었기 때문이었다.」
벼줄기를 깎아 먹어 벼를 마르게 하는 벌레

길서만이 평양 가서 북어 기름을 통으로 사다가 쳤기 때문에 그의 논만은 작년보다도 더 잘되었으나, 다른 논들은 털 빠진 황소 가죽같이 민숭민숭해졌다.
일제에 협조하여 빌린 돈으로 논에 기름을 사다 쳐서 흉작을 면할 수 있었음. 해충으로 인해 논에 벼가 없는 상태를 비유적으로 드러냄.

이[蝨] 새끼만 한 작은 벌레까지도 못 살게 하는 것이 원통했으나, 여름내 땀을 빼고도 제 입으로 들어올 것이 없을 것을 생각하니 눈물이 솟아오를 지경이었다.
힘들게 농사를 하였으나 수확이 없는 것에 대한 안타까움

그들은 할 수 없으므로 성두의 말대로 길서를 시켜 읍내 지주 서재당에게 가서 금년만 도지*를 조금 감해 달래 보자고 했다.

그러나 『길서는 자기와 관계가 없을 뿐 아니라 정해 놓은 도지를 곡식이 안 되었다고 감해 달라는 것은 흔히 일어나는 소작 쟁의와 같은 당치 않은 짓이라고 해서 거절했다.』 그러고는 며칠 있다가 일본 시찰단으로 뽑히어 떠나가 버렸다.
소작 문제로 빚어지는 지주와 소작인 사이의 다툼
『 』: 동네 사람들의 힘겨운 처지를 외면하는 길서의 이기적인 면모

동네 사람들은 어찌할 줄을 몰랐다. 더구나 금년 겨울에는 기어이 잔치를 하려고 하던 성두는 가끔 우는 얼굴을 하곤 했다. 그들은 할 수 없이 큰마음을 먹고 떼를 지어 읍내로 들어가 서재당에게 사정을 말해 보았으나, 물론 들어주지 않았다. 오히려 아들을 분가시킨 관계로 돈이 물린다는 근심까지를 들었다.
성두는 올해 겨울에 혼인을 하고자 했었음. 지주를 직접 찾아가 도지를 감해 줄 것을 사정함.

"너희들 마음대로 그렇게 하려거든 명년부터는 논을 내놓아라."
↱ 내년
도지를 제값에 내지 않으면 소작 준 땅을 뺏겠다며 협박을 함.

하는 말에는 더 할 말이 없어 갈 때보다도 더 기운 없이 돌아왔다. 그들은 돌아가는 길에 길서의 논 앞에 서서 '모범 경작'이라고 쓴 말뚝을 부럽게 내려다보았다.
길서의 부도덕성을 보여 주는 반어적 표현

볏대가 훨씬 큰데 이삭이 한 길만큼 늘어선 것이 여간 부럽지 않았다. 그러나 말도 잘하고 신망도 있다고 해서 대신 교섭을 해달라고 부탁했음에도 불구하고 못 들은 체 들어주지 않은 길서가 미웠다.
↱ 믿음과 덕망
어떤 일을 이루기 위하여 서로 의논하고 절충함.
길서에 대한 동네 사람들의 태도 변화(선망→미움)

"나도 내 땅이 있어 비료만 많이 하면 이삼 곱을 내겠다. 그까짓 것……."

기억이가 침을 탁 뱉으며 말했다. 며칠 뒤 그들이 다시 놀란 것은 값도 모르는 뽕나뭇값이 엄청나게 비싸진 것과, 십삼 등 하던 호세가 십일 등으로 올라간 것이다.
면장은 호세를 올리는 데 협조하는 조건으로 길서가 팔 뽕나무 묘목값을 올려 주기로 했었음.

그것보다도 십 등이던 길서네만은 그대로 십 등에 있는 것이 너무도 이상했다. 길서네는 그래도 작년에 돈을 모아 빚을 주었으나, 다른 사람들은 흉년까지 만나 먹고살 수도 없는데 호세만 올랐다는 것이 우스우면서도 기막힌 일이었다. 무엇을 보고 호세를 정하는지 알 수 없었다.
길서네만 호세가 오르지 않은 것에 대해 의문을 품음.
농민들의 막막한 현실

흉년, 그러면서도 도지를 그대로 바쳐야 하는 데다가 호세까지 오른 그들의 세상은 캄캄했다.

'아마 북간도나 만주로 바가지를 차고 떠나야 하는가 보다.'
일제의 수탈로 인해 북간도나 만주로 이주했었던 당대 농민들의 현실을 반영함.

성두는 혼자 생각했다. 그들은 마을에 대한 애착심도 잊었고, 제 고장이라는 것도 생각하기 싫었다. 다만 못살 놈의 땅만 같았다.

마을 사람들은 길서의 장난으로 호세까지 올랐다는 것을 다음에야 알고 누구 하나 그를 곱게 이야기하는 이가 없게 되었다. 길서 때문에 동네를 떠나야겠다는 오빠의 말을 들은 의숙이도 눈물을 흘리며 길서가 그렇지 않기를 속으로 바랐다.
일제와 지주보다 길서에 대한 배신감과 분노를 더 크게 느낌. → 농민들의 불만을 다른 곳으로 향하도록 하려는 일제의 계획
성두의 여동생이자 길서의 여자 친구

길서는 일본서 돌아올 때 우선 자기 논두렁에서 가슴이 서늘함을 느꼈다. 논에 박은 '김길서'라고 쓴 푯말은 간 곳도 없고, '모범 경작생'이라고 쓴 말뚝은 쪼개져서 흐트러져 있었다.
자신에게 좋지 않은 일이 생겼음을 직감하고 두려움을 느낌.
길서에 대한 마을 사람들의 분노가 드러남.

*마꼬 : 담배 이름.
*호세 : 살림살이를 하는 집을 표준으로 하여 집집마다 징수하던 지방세.
*묘목 : 옮겨 심는 어린나무. 여기서는 길서가 관청에 판매하는 뽕나무를 의미함.
*소출 : 논밭에서 나는 곡식. 또는 그 곡식의 양.
*도지 : 풍년이나 흉년에 관계없이 해마다 일정한 금액으로 정하여진 소작료.

OX문제

01 시대적 배경을 드러내는 소재를 통해 시간의 역전을 보여 주고 있다. [2013학년도 6월] (O / X)
02 사건에 대한 중심인물의 내적 반응을 중심인물 자신의 목소리를 통해 제시하고 있다. [2023학년도 9월] (O / X)
03 동네 사람들은 길서를 앞세워 금년만 도지를 감해 줄 것을 지주에게 사정하였다. (O / X)
04 면장의 계획에 협조한 길서는 동네 사람들과 달리 호세의 혜택을 받았다. (O / X)
05 중심인물의 반복적인 동작을 강조하여 내적 갈등을 표면화한다. [2024학년도 6월] (O / X)

STEP

02 작품 해제

01 | 주제

일제 강점기 농민 수탈 정책으로 인해 피폐해진 농촌의 현실 고발

02 | 특징

① 제목의 이중성을 통해 시대 상황을 풍자함.
② 일제의 농촌 진흥 운동의 실상을 사실적으로 서술함.
③ 전지적 작가 시점으로 인물의 내면과 인물 간의 갈등을 입체적으로 서술함.

03 | 작품 해제

이 작품은 일제 강점기인 1930년대 한국 농촌을 배경으로 하여 일제의 잔혹한 수탈 정책에 시달리는 농촌의 현실을 형상화한 소설이다. '모범 경작생'인 길서는 자신에게 주어지는 특혜를 누리면서 농촌 수탈을 목적으로 하는 총독부의 농촌 진흥 정책 선전에 앞장서는 기회주의적인 인물로, 마을 사람들의 어려운 처지를 외면한다. 길서는 일제에게는 '모범 경작생'이지만 같은 마을의 농민들에게는 배신자인 셈이다. 작가는 이러한 아이러니를 통해 1930년대 일제의 농업 진흥 정책의 허구성을 고발하고 가혹한 현실에 반발하는 당시 농민들의 의식 변화 과정을 구체적으로 그리고 있다.

04 | 등장인물

- 길서 : 당국의 인정을 받고 소학교까지 나온 모범 경작생. 자신의 이익을 위해 친일 관리들의 계략에 동조하며 마을 사람들을 배신하는 이기적인 모습을 보인다.
- 성두 : 길서와 같은 마을의 젊은 농부. 장가 밑천으로 키우던 돼지도 팔고 북간도 이주를 고려할 정도로 심각한 경제적 어려움에 처해 있으며, 일제의 농업 정책이 가져온 현실에 반감을 가지고 있다.
- 의숙 : 성두의 누이동생이자 길서의 애인. 길서가 어려운 처지의 마을 사람들을 외면하지 않길 바라면서도 뚜렷한 행동 없이 울음으로 일관하는 소극적 성격의 인물이다.
- 기억 : 길서를 시기하고 미워하는 인물이다.
- 면장 : 일제의 지배에 순응하면서 농민들 위에 군림하는 부정적 인물. 길서의 편의를 봐주며 협력을 얻어 내고, 마을 사람들을 착취하도록 지시하는 모습을 보인다.
- 지주 : 도지를 조금이라도 감해 달라는 마을 사람들에게 도리어 도지를 제값에 내지 않으면 소작 준 땅을 뺏겠다며 협박하는 몰인정한 모습을 보인다.
- 마을 사람들 : 처음에는 모범 경작생인 길서를 부러워하고 선망하지만, 일을 열심히 해도 궁핍한 생활에서 벗어나지 못하는 현실과 길서의 이중성에 분노와 배신감을 느끼고 적극적으로 지주에게 항의하기를 결심하는 인물들이다.

05 | 상세 줄거리

주인공 길서는 동네에서 유일하게 소학교를 졸업한 젊은이로, 성두의 여동생인 의숙과 만나고 있다. 그는 군의 농사 강습회 요원으로 선발되어 서울로 떠나고 동네 사람들은 이러한 길서를 부러워한다. 서울에서 돌아온 길서는 동네 사람들에게 농사에 대한 지식을 전하기보다는 시국(현재 당면한 국내 및 국제 정세나 대세)에 대한 일본의 입장을 대변하는 듯한 말을 하여 사람들의 의구심을 자아낸다. 길서는 자신의 이익을 위해 면장을 비롯한 친일 관리들과 한통속이 된다. 면장과 길서는 동네 사람들의 호세를 올리고 길서가 팔 뽕나무 묘목값을 올리는 데 합의한다. 면장의 제안을 수용한 덕분에 길서는 시찰단으로 뽑혀 일본으로 떠나고, 동네 사람들은 지주를 찾아가 소작료를 감해 달라고 사정하지만 거절당한다. 동네 사람들은 길서가 친일 관리들과 한패가 되어 과중한 호세 징수에 동참했다는 사실을 알고 분노한다. 일본에서 돌아온 길서는 자기 논의 '모범 경작생' 팻말이 쪼개져 길에 흩어져 있는 것을 보고 놀란다. 길서는 의숙을 찾아가지만 그녀는 그를 못 본 체하고, 화가 난 성두가 길서를 찾자 길서는 신변의 위협을 느껴 도망을 간다.

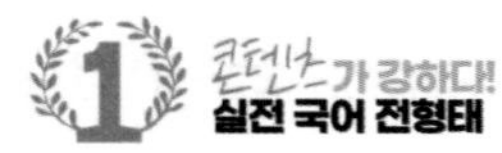

STEP 03 논문으로 만나는 출제자의 시선

「모범 경작생」 속 두 인물의 대비

「모범 경작생」은 조선 총독부의 농촌 진흥 운동(1932~1940년간 일제의 조선 총독부의 주도로 진행된 농촌 개편 및 농민 통제 정책)이 내세우던 '중견 인물(보통학교 졸업생 가운데서 일제에 의해 선택된 집단) 양성'과 '자작농 창설'을 비판한 작품이다. 소설의 배경은 1930년대 중반 평안도의 어느 가난한 농촌이다. 마을 사람들은 대부분 소작농으로 목숨을 잇기도 어려운 궁핍한 생활을 하지만 주인공인 길서는 자작농인데다가 마을에서 유일하게 소학교를 졸업한 사람이어서 형편이 비교적 여유롭다. 그리고 총독부의 농업 정책을 앞장서서 지지하고 세금 징수에도 적극 협조하여 '모범 경작생'이라는 이름을 얻었다. 그렇지만 길서에게 붙여진 '모범 경작생'이라는 호칭은 아이러니하다. 마을에서 유일하게 지식인 행세를 하는 그이지만 실상은 농민 편에 서서 현실의 구조적 모순을 개선하는 것이 아니라 오히려 식민 정책을 적극적으로 선전하고 정당화하는 역할을 담당하고 있기 때문이다. 따라서 '모범 경작생'은 일제의 요구에 맹목적으로 순응하는 꼭두각시와 다를 바 없다. 식민 지배에 대한 비판적 의식이 전제되지 않는 모범적인 생활이란 식민 지배자와 결탁(주로 나쁜 일을 꾸미려고 서로 한통속이 됨)한, 타락한 삶에 불과했던 것이다.

한편, 「모범 경작생」에서 일제의 식민 지배와 농촌의 궁핍화라는 문제 상황에 적극적으로 대응하는 인물은 성두이다. 그 역시 작품의 전반부에서는 성실하고 순박한 삶을 살아가는 존재였다. 소학교도 마치지 못했고 자기 땅을 가지고 있지도 못한 까닭에 가난을 운명처럼 받아들이며 살아가고 있었던 것이다. 그런데 장가 밑천으로 키우던 돼지를 팔아야 하는 처지가 되고 간도 이주를 생각해야 할 정도의 궁핍이 찾아오게 되면서 점차 현실의 모순에 눈뜨게 된다. 이러한 의식 변화는 길서와의 대비를 통해 더욱 선명해진다. 자신들과 같은 처지에 있으며 자신들을 도와주리라 믿었던 길서에게 배신당했을 때, 성두는 같은 처지에 있는 농민들과 함께 행동하는 길을 선택한 것이다.

박영준 농민 소설의 특징

1930년대 한국의 농민 소설은 크게 투쟁형, 계몽형, 보수형, 이농(농민이 농사일을 그만두고 농촌을 떠남)형으로 나눌 수 있다. 이 중 투쟁형은 지주 계급과 농민, 즉 계층 간의 갈등을 다루며, 프롤레타리아 소설(자본주의 사회에서, 노동력 이외에는 생산 수단을 가지지 못한 노동자의 실상을 다룬 소설)의 구조와 유사한 측면이 있다. 당대 작가 중 박영준은 특히 비판적 사실주의를 기반으로 투쟁형 작품을 창작하였다.

그의 대표작인 「모범 경작생」은 한 농촌의 피폐화 과정을 리얼리즘에 입각하여 그리고 있다. 마을 사람들은 '못 살 놈의 땅'만 같아 고향을 떠나려 하고, 길서로 인해 마을 전체가 고통에 빠졌음이 밝혀지는 순간 주인공인 길서와 그의 애인인 의숙의 사랑도 파탄에 이른다. 흉년이 들어 궁핍한 농민들은 호세까지 오르자 모범 경작생인 길서의 실체를 알게 되고, 결국 지주에 저항하기를 결심한다.

작가는 작품을 통해 식민지 농민들은 왜 노력하고 일한 만큼의 삶을 누릴 수 없는지, 일본은 왜 모범 경작생과 같은 제도를 두었는지에 대한 답을 담아내었다. 일제는 세계 대공황의 충격을 극복하고 전쟁을 준비하기 위해 조선을 일본의 산업 기지로 삼고자 했고, 이는 1932년부터 시행된 농촌 진흥 운동과 남면 북양 정책, 산업 장려 정책 등으로 나타났다. 이에 따라 관청은 개량 농축산물을 보급하고 감언이설로 농민들이 일하도록 만들었다. 이 과정에서 모범 경작생과 같은 인물들은 일제가 인정하는 지위를 유지하기 위해 다른 농민들을 배신하고 수탈에 일조하게 된 것이다.

박영준은 이러한 농촌의 현실을 문제 삼은 현실 비판적 농민 소설을 창작했고, 특히 농업 진흥 정책의 실상과 허위를 고발하고 비판하기에 힘썼다.

10 이근삼, 국물 있사옵니다

STEP

01 지문 분석과 OX문제

나BS 수능완성 | 현대문학

상범 : (체념하기에는 너무나 억울하다는 태도로) …… 이거…… 결혼 상대자를 빼앗긴 데다가 아버지 환갑잔치 비용도 내가 주선해야만 하는 팔자입니다. 이젠 할 말이 없습니다. 저의 나이는 서른한 살입니다. 앞으로 살아 봤자 한 이십 년……. 나머지 이십 년마저 밤낮 손해만 보는 세월일 것이라고 생각하니 앞이 캄캄해집니다. 저는 여태까지의 모든 생활을 제가 아는 상식의 테두리 안에서 해 왔습니다. 『인천서 근무할 때의 일입니다. 여름에 하도 무덥기에 해수욕장에 나갔죠. 갑자기 저 쪽 바위 밑에 옷을 입은 채 기어들어 가는 젊은 여자를 보았습니다. 틀림없는 자살입니다. 저는 밀짚모자를 내던지고 달려가 그 여자를 끌어냈습니다. 얼굴도 예쁜데 왜 자살을 하려고 했는지, 모래 위에 끌어내서 살렸더니 그 여자는 고맙다는 말 대신에 저의 뺨을 갈겼습니다. 그러니까 경찰은 저를 파출소로 연행하더군요.』 이 사회에선 저의 상식이 통용 안 되는 것 같습니다. 이제부터 물에 빠진 놈에겐 돌을 안겨 줘야겠습니다. 자리를 양보하느니 발로 걷어차 길을 터야겠습니다. 즉 기존 상식을 거부하는 겁니다.

'상범'의 심리 / 결혼 상대자를 친형인 상학에게 빼앗김. 상학은 결혼 준비를 핑계로 상범에게 아버지 환갑잔치 준비를 떠넘김. / 미래를 비관하고 있음. / 정직하고 성실한 삶의 태도 / 『 』: 기존의 상식이 통하지 않았던 구체적인 상황 제시 → 자살하려는 사람을 구해 주었으나 오히려 곤란에 처하게 됨. / 새 상식에 따른 행동 ① / 새 상식에 따른 행동 ② / ↳ 정직하고 성실했던 기존의 삶의 태도를 버리고 부정적인 방향으로 변모함.

(중략)

문 여사 : 아 글쎄, 이 아파트의 관리인이 저녁에 돌아가셨대요. / **상범** : 네? 관리인이요?

문 여사 : 본래 심장이 약하신 분이었는데……. / **상범** : 그럼 또 심장 마비로…….

문 여사 : 그래요, 심장 마비로 돌아가셨어요. 참 안됐어요. 식구도 많은데……. 그래서 우리 아파트에 들어 있는 사람들끼리 돈을 좀 모아서 조의금이라도 갖다 드릴까 해서요…….

조의금: 남의 죽음을 슬퍼하는 뜻으로 내는 돈

상범 : 그거 좋은 생각입니다.

문 여사 : 여유가 있는 대로 내일 아침 저희 방으로 갖다주셔요.

아파트 관리인의 조의금을 가져다 줄 것을 요청함.

상범 : 그러죠. (문 여사가 나가려고 한다.) 저…… 어떻게 돌아가셨다죠?

문 여사 : 식사를 하시다 그대로 쓰러졌다는걸요.

상범 : 마지막에 남긴 말도 없이…… 유언도 없으셨군요?

아파트 관리인은 죽기 전 상범에게 돈을 맡겼음. 이에 대해 아는 사람이 있는지 확인하고자 질문을 함.

문 여사 : 유언이 다 뭡니까. 그대로 푹 쓰러졌다는데.

상범 : 그대로 푹 쓰러졌군. 그럼 내일 아침 뵙겠습니다.

문 여사 : 네, 전 이 방 저 방을 좀 돌아다녀야 합니다.

(문 여사가 나간다. 상범은 소파 밑에서 관리인이 맡긴 돈 보따리를 꺼낸다.)

〔 〕: 서사극의 특징(극의 주인공인 상범이 해설자의 역할을 수행함. → 관객의 몰입을 방해, 이성적 판단 유도) ①

상범 : 〔(관객에게) 이 돈 5만 원! 관리인이 저한테 맡긴 귀중한 돈입니다. 자, 이 돈을 어떡하지? 밥 먹다 푹 쓰러졌다니 이 돈에 대해 말할 여유도 없었을 겁니다.〕 아니, 도대체 이 돈은 비밀로 해 달라고 했으니까. 이 돈에 대해 말을 했을 리가 없어……. 내 옛 상식에 따를 것 같으면 이 돈은

관리인의 미망인에게 돌려줘야 하겠지만…… 아니지, 이미 내 상식은 버리고 새 상식에 따라 생활을 하고 있는 이 마당에 돈을 돌려줄 필요가 없어.
남편을 여읜 여자
새 상식에 따라 상범은 목적 달성을 위해 수단과 방법을 가리지 않는 출세 지상주의이자 황금만능주의에 빠지게 됨.
본시 관리인은 자기의 아내를 싫어했으니까. 오히려 나를 좋아했어. 그러니 이 돈을 내가 쓰는 것을 더 좋아할 거야. 질서 정연한 논리야. [(또다시
관리인의 돈을 가지기 위해 합리화함.
관객에게) 그래서 이 돈을 제가 쓰기로 했습니다. 다음 날 내 동생, 그 이상한 이름의 회사에 들어갈 시험 준비에 골몰하는 내 동생을 시내 어떤 다
[ ] : 서사극의 특징 ②
상출
다른 생각을 할 여유도 없이 한 가지 일에만 파묻히는
방에서 만났습니다.]

(상출이 무대 전면 좌측에 의자를 들고 들어와 앉는다. 현소희가 조그만 티 테이블을 들고 들어온다.)

소희 : 무슨 차 드실까요?

상출 : …… 저…… 사람을 기다리는데…… 그 사람이 온 다음에 같이 들겠습니다.
상범

소희 : 좋도록 하세요.

(소희가 들어간다. 상출은 주머니에서 책을 꺼내 연필로 줄을 그으며 읽는다. 시험 준비다. 잠시 후 상범이 의자를 갖고 들어와 앉는다.)
회사에 취직하기 위해 열심히 시험 준비를 하고 있음.

상범 : 오래 기다렸니? / **상출** : 아니.

상범 : 다방에서도 시험공부야? / **상출** : 할 수 있나.

상범 : 차 들었니?

상출 : 형이 안 오면 혼날라고? 주머니엔 버스표 두 장밖에 없어. 근데 왜 나오라고 했어?

상범 : (뒤로 몸을 돌려 소리 지른다.) 여보시오! 파인주스 두 개만 부탁합니다.

상출 : 한 잔에 50원인데…….

상범 : 괜찮아. 나…… 경리과장 됐다. / **상출** : 뭐? 형이? 경리과장? 굉장한데! 어떻게 벌써?
상사인 경리과장이 공금을 유용한다고 모함하여 그 자리를 차지하게 됨.

상범 : 사장이 날 신임하지. 또…… 나도 잘살 수 있는 비결을 배웠고…….
출세를 하기 위해선 성실함이 아니라 비열함과 냉혹함, 처세술을 갖춰야 한다는 사실을 깨달음.

상출 : 봉급도 두 배쯤 오르겠네?

상범 : 봉급이 문제냐. 그런데…… 너도 그 입사 시험인가 하는데 합격되려면…… 운동이 좀 필요하지 않을까!

상출 : 무슨 운동?

상범 : 돈을 좀 써야 하지 않을까? 세상은 다 그런 거야. (안주머니에서 돈을 꺼내 상출에게 쥐여 준다.) 이거 5,000원인데…….
동생에게 뇌물을 통해 회사에 입사할 것을 제안함.

상출 : 5,000원?

목적 달성을 위해 수단과 방법을 가리지 않는 상범의 모습을 확인할 수 있음.
상범 : 돈을 좀 쓰란 말이야. 세상이 그렇게 단순하지 않단다. 문제는 방 안에 들어가야 하는데 앞문으로 들어가건 뒷문으로 들어가건 문제가 아냐. 어떻게 해서든지 그저 들어가면 돼.

OX문제

01 인물의 등퇴장을 통해 인물의 성격 변화를 드러내고 있다. [2018학년도 9월] (O / X)
02 인물 간의 대화를 통해 특정 인물의 생각과 행동을 희화화하고 있다. [2019학년도 수능] (O / X)
03 상범은 새 상식에 따라 아파트 관리인이 맡긴 돈을 자신이 쓰기로 결심한다. (O / X)
04 상범은 상출에게 정당한 방법이 아니더라도 회사에 들어가는 것이 더 중요함을 강조하였다. (O / X)
05 동시에 진행되는 사건을 병렬하여 이야기를 입체적으로 구성하고 있다. [2014학년도 6월B] (O / X)

STEP

02 작품 해제

나BS 수능완성 | 현대문학

01 | 주제

현대인의 속물적인 욕망에 대한 풍자

02 | 특징

① 실험적 방식을 활용하여 관객이 사건을 비판적으로 바라보도록 유도함.
② 인물의 심리를 밀도 있게 묘사함.

03 | 작품 해제

이 작품은 1960년대에 산업 사회의 대두와 더불어 고조된 출세주의와 물질 만능주의 풍조를 반영하고 있는 서사극이다. 소심하지만 정직하고 성실하던 주인공이 비정한 사회 현실에 눈을 뜨게 된 후 출세를 위해 비열하고 냉혹한 인간으로 변하는 모습을 그리고 있다. 이를 통해 몰인정한 우리 사회의 모습을 날카롭게 풍자하고 있다. 작품의 제목인 '국물 있사옵니다'는 당시 유행어인 '국물도 없다'를 활용한 표현으로, 당대 사회의 부정적인 가치관을 반어적 어법을 통해 드러낸 것으로 볼 수 있다.

04 | 등장인물

- 상범 : 처음에는 이해심이 많고 선량했으나 새 상식을 따르기로 결심한 후부터는 비열하고 냉혹한 인간으로 변한다. 자신의 목적을 달성하기 위해서 수단과 방법을 가리지 않는 출세 지향주의적 면모를 보인다.
- 문 여사 : 아파트 주민들에게 관리인의 부고를 알리고 조의금을 걷는다.
- 상출 : 상범의 동생. 성실하게 시험 준비를 하여 회사에 입사하고자 한다.

05 | 상세 줄거리

평범한 직장인으로 정직하게 살아오는 동안 늘 손해만 보았던 상범은 정직한 방법만으로는 사회에 적응할 수 없다고 생각하고 '기존 상식'이 아닌 '새 상식'에 따라 살아가기로 결심한다. 그러던 중 상범은 우연히 사장의 눈에 들어 정식 직원이 된다. 이후 상사인 경리과장이 공금을 유용(남의 것이나 다른 곳에 쓰기로 되어 있는 것을 다른 데로 돌려씀)한다고 모함하여 그 자리를 차지하고, 사장의 며느리이자 비서인 성아미와 박 전무와의 스캔들을 이용하여 임신 중인 그녀와 결혼한다. 또 암흑가의 건달을 포섭하여 회사 월급날 경리과를 털게 하고 사냥총으로 그를 살해한 뒤 자신이 큰 공을 세운 것처럼 조작한다. 결국 상범은 상무가 되고 사장까지 바라볼 수 있게 되지만 초등학교 교사가 된 형 상혁과 열심히 노력하여 입사 시험에 합격한 동생 상출이 오히려 행복하고 만족스러운 생활을 하고 있다고 생각한다.

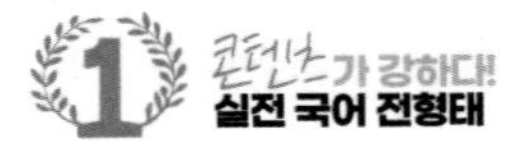

STEP 03 논문으로 만나는 출제자의 시선

「국물 있사옵니다」의 풍자적 의의

「국물 있사옵니다」의 제목은 당시의 유행어 '국물도 없다'를 활용한 것이다. 국물은 '어떤 일의 대가로 다소나마 생기는 이득이나 부수입을 속되게 이르는 말'을 의미한다. 작가는 주인공 상범을 당시 '국물을 찾는 인간'으로 부각시켰다. 매우 어리석고 소심하던 청년이 부조리하고 파렴치한 현실 속에서 살아남기 위해 처세의 요령을 배우게 되고, 요령에 숙달되면서 점차 교활해지며 나중에는 서슴지 않고 범죄를 저지르거나 악행을 일삼는 황폐한 인간으로 전락하는 과정을 속도감 있게 엮었다.

1960년대는 급격한 산업화와 더불어 현대 자본주의의 기반이 마련된 시기다. 수단과 방법을 가리지 않는 출세주의(자기 개인의 출세만을 목적으로 하는 이기주의적인 사상이나 태도), 날로 팽창하는 배금주의(돈을 최고의 가치로 여기고 숭배하여 삶의 목적을 돈 모으기에 두는 경향이나 태도)는 연령을 불문하고 만연하였다. 이른바 사회적 규범으로서 경제 윤리가 부재한 가운데서 무질서가 지속되었다. 이때부터 사회적인 양극화는 시작되었고, 상대적인 박탈감으로 인한 소외 현상이 일어났다. 이 작품의 주인공은 이런 무질서와 소외 가운데서 세속적인 출세를 위해 동분서주하는 청년인데, 그의 거침없는 비윤리적 행위는 동시대 인간형의 역설적인 본보기를 보이고 있다는 점에서 풍자적 의의를 확인할 수 있다.

서사극으로서의 「국물 있사옵니다」

서사극은 1920년대 독일의 극작가이자 연출가인 브레히트가 시작한 새로운 연극을 가리킨다. 기존의 연극이 플롯(문학 작품에서 형상화를 위한 여러 요소들을 유기적으로 배열하거나 서술하는 일)을 중심으로 인과 관계를 밝히는 논리적인 사건 전개를 중심으로 한 것과 달리, 서사극은 플롯을 거부하고 에피소드의 제시를 통해 관객 스스로가 극적 진실을 판단하도록 하는 변증법적인 양식이다. 브레히트는 친숙한 환경과 대상을 낯설게 보이게 함으로써 관객들이 객관적 세계와 거리를 두고 비판적인 의식을 가질 수 있도록 만들었는데, 이러한 서사 기법을 '소외 효과' 혹은 '생소화 효과'라고 한다. 소외 효과는 연극에서 현실의 친숙한 주변을 생소하게 보이도록 만듦으로써 등장인물과 관객의 감정적 교류를 막고 관객이 무대의 사건에 대해 거리감을 느껴 비판적인 태도를 갖게 하는 것이다. 이러한 장치 중 하나가 해설자의 등장이다. 극 중 등장인물이 해설자 역할을 맡아서 줄거리를 설명하거나 사태를 논평함으로써 표면적인 안내자이자 진행자로서 기능하면 관객들은 서사에 감정적으로 몰입하는 것을 방해받게 되고 냉철한 이성력과 비판력을 갖게 되는 효과를 거둔다.

서사극 「국물 있사옵니다」에서는 주인공 상범이 극중 인물과 해설자의 역할을 동시에 수행함으로써 관객이 극에 몰입하지 못하도록 한다. 또한 이 작품은 우측엔 상범의 아파트, 좌측엔 회사 사무실, 전면은 길거리, 복도, 공원 등으로 나누어진 동시 무대를 꾸며 상징적인 무대로 처리하는 장면이 많다. 이런 무대의 비사실성은 의도적으로 사실주의 연극의 시간 개념을 무너뜨린 것으로 볼 수 있다.

▸▸ 수능완성 252page

11 윤흥길, 빙청과 심홍

STEP 01 지문 분석과 OX문제

건의서 내용을 소상히 밝힐 만큼 우 하사의 동기생들은 친절하지 않았다. 다만 도장을 지참하고 일렬로 주욱 늘어서게 한 다음 이렇게 말하는 것이었다.
격납고 폭발 사고로 중화상을 입은 '우 하사'가 표창을 받을 수 있도록 그의 행적을 미화하고 조작한 내용이 담김.

■ : '우 하사'

"뒈지기 전에 불쌍헌 놈 호강이나 시키자구!"
반강제적인 방식으로 병사들의 동의를 구하고자 함.

그러나 우리는 우리가 찍는 도장이 장차 무엇에 소용될 것인지를 곧 알았고, 각자가 도장으로 확인해 준 내용의 엄청남에 경악을 금할 수 없었다.
이야기 내부의 서술자가 사건을 전달함.
불길 속에 쓰러져 있었던 '우 하사'는 전우를 구하는 등의 영웅적 활약을 한 인물로 둔갑됨.
우 하사의 동기생들은 술을 진탕 마시고는 비틀걸음으로 각 내무반을 돌면서 엉엉 소리 내어 울다가 우 하사의 이름을 부르다가 했다. 누구도 그들의 서슬을 꺾을 수는 없었다. 그들이 보이는 광란에 가까운 전우애는 누가 만약 입바른 소리라도 할라치면 당장에 때려죽일 것 같은 기세였으며, 그들의 눈물겨운 노력이 대대 분위기를 점점 최면시켜 진실과 허위의 구분을 애매하게 만들어 놓았다. 목석이 아닌 이상 그것은 감동하지 않고는 못 배기는 신들린 상태였다. 우리 주위에 그런 인물이 있었던가 새삼스레 돌아다보아질 정도였다. 심지어는 건의서 상으로 우 하사에 의해 구출된 것으로 지목된 세 명의 사병마저도 정말 자기를 구한 것이 우 하사 그 사람인 줄로 믿어 버릴 정도였다. 우리는 모두 합심해서 하나의 미담을 엮어 내었고, 그 미담 속에서 우 하사는 하루가 다르게 완벽한 영웅의 모습을 갖추어 나갔다.
서슬: 강하고 날카로운 기세
사고 당시 '우 하사'가 병사들을 구하고 공구함들을 건지는 영웅적 행동을 함.
대대: 공군 부대 편성 단위의 하나
'우 하사'는 돌발적인 격납고 폭발 사고로 불길 속에 쓰러져 있었음.
강요에 의한 왜곡된 진실이 사실로 둔갑함.
대대 내의 모든 사람들이 진실을 조작하는 데 동참함.

『 』: 개인적 이익을 위해 진실을 조작하는 데 힘을 실어 줌.

『대대장 또한 마찬가지였다. 전체 사병의 귀감이 될 영웅적인 하사관 한 명쯤 자기 휘하에 두었대서 조금도 손해날 일은 아니었다.』 대대장의 확인을 거쳐 단본부에 제출된 우리들의 진정 내용은 일차로 단장을 감동시켰다. 그는 자기 권한으로 할 수 있는 모든 조처를 취했다. 우선 빈사의 하사관을 장교 병동에 입실시킨 다음 민간인 연고자가 영내에 거주하면서 간호에 임하도록 했다. 훈장은 시간이 걸리는 거니까 먼저 비행단 이름으로 표창장을 수여함으로써 아쉬운 대로 성의를 표시했다. 그리고 각 언론 기관에 연락하여 일단의 기자들을 초청해서 취재를 하도록 했다.
휘하: 장군의 지휘 아래. 또는 그 지휘 아래에 딸린 군사
영내: 병영의 안
빈사: 거의 죽게 된 상태
연고자: 혈통, 정분, 법률 따위로 맺어진 관계나 인연이 있는 사람
격납고 사고, '우 하사'의 표창장 수여와 관련한 내용을 다룰 기자 회견 자리를 마련함.

(중략)

회견은 예정된 순서에 따라 톱니바퀴가 물리듯 한 치의 오차도 없이 정연하게 진행되었다. 육하원칙에 의해서 각자가 겪은 일들을 진술하는데, 누구를 막론하고 결정적인 순간에 가서는 한 개인의 경험을 떠나 우 하사의 행위와 교묘하게 결부시키는 화법들을 썼다. 기자들은 열심히들 기록을 하고 사진을 찍었다. 누가 봐도 결과는 만족할 만한 것임이 거의 확실해진 순간이었다.
'우 하사'를 영웅화하기 위해 마련된 자리임을 알 수 있음.

"혼자서 간호를 전담하다시피 해 오셨다죠?" / 태껏 한쪽 구석지에 우두커니 앉아만 있던 신 하사에게 일제히 시선이 집중되었다.
'우 하사'의 병간호를 기피하는 병사들을 대신하여 그의 간호를 전담하였음.

"연일 수고가 많으시겠군요. 어때요, 신 하사가 보는 우 하사의 인간 됨됨이랄까 병상에서 있었던 일화 같은 걸 소개해 주실까요?"

자리나 메우는 역할이라면 몰라도 직접 입을 열어 뭔가를 조리 있게 설명해야 할 사람치고는 분명히 자격 미달이었다. 신 하사를 그런 자리에 끌어들인 그 자체가 애당초 잘못된 배역임이 뒤늦게 드러나기 시작했다. 신 하사는 꿀 먹은 벙어리였다.
'신 하사'에 대한 '나(서술자)'의 평가 ①
'우 하사'의 영웅담을 말해 달라는 기자들의 요구에 아무런 대답을 하지 않음.

"어떻습니까, 평소의 그답게 투병 생활도 영웅적입니까?" / "……." / "사고 당시 격납고 안에서 우 하사를 본 적이 있습니까?"
격납고: 비행기나 비행선을 넣어 두거나 정비하는 건물

기자들은 쉽게 포기하지 않았다. 신 하사가 맡은 몫을 기어코 감당하게 만들 작정으로 그들은 번갈아 가며 질문을 던져 말문을 열게 하려 했다.
'신 하사'에게 원하는 답을 듣기 위해 계속 질문을 이어 감.

"예." / 하고 마침내 신 하사의 입에서 대답이 떨어졌다.

"그때 우 하사가 뭘 어떻게 하고 있던가요?" / "불에 타고 있었습니다."

'우 하사'의 영웅적 일화를 조작하는 데 가담하지 않고 자신이 본 사실 그대로를 말함.

신 하사가 입을 열었을 때 깜짝 반가워하는 표정이던 기자들은 이 예상 밖의 답변에 점잖지 못하게 웃음을 터뜨렸다. 이때부터 그들은 신 하사를 노골적으로 깔아 보기 시작했다.

"그가 불에 탔다는 건 우리도 압니다. 내가 묻고 싶은 건 그냥 불에 타기만 했냐는 겁니다." / "예."

회견장이 소란해졌다. 여기저기에서 웅성거리는 소리가 들렸다.

진실을 폭로한 '신 하사'로 인해 회견장이 소란스러워짐.

"좀 더 자세히 말씀해 주실까요? 불이 붙기 전에 우 하사는 무슨 일을 했습니까? 그리고 불이 붙은 다음에 어떻게 행동했습니까?"

아아, 가엾은 신 하사…….

'신 하사'에 대한 '나(서술자)'의 평가 ②

"작업이 거의 끝나 가던 참이었습니다. 우 하사는 작업복이 기름투성이였습니다. 펑 소리가 나더니 눈앞이 캄캄해졌다가 훤해졌습니다. 정신을 차리고 보니 우 하사가 불덩이가 되어서 훌쩍훌쩍 뛰고 있었습니다. 너무 갑자기 당한 일이라서 무슨 영문인지……."

『그날 오후에는 누구나 다 그렇게 당했다. 일과가 끝나 갈 무렵에 격납고 안에 있었던 사람들의 공통된 이야기가 그랬다. 펑 하고 터지는 폭발음이 울림과 동시에 졸지에 주위가 불바다로 변하더라는 것이었다. 때마침 운 좋게 격납고 밖에 있다가 사고를 목격하게 된 사람들의 얘기는 격납고 안에 있던 사람들이 얼이 빠져 가지고 불길 속을 우왕좌왕하는 것도 무리가 아니었음을 뒷받침해 주었다. 순간적이었다는 것이다. 훈련 비행기 한 대가 착륙 자세를 잡은 채 내려오고 있었는데 그간 뜨고 내리는 비행기를 숱하게 보아 왔지만 불길한 예감과 함께 유독 그것만은 눈길을 끌더라는 것이다. 똑바로 자기를 겨냥하듯이 눈 깜짝할 사이에 접근해 오는 걸 보니 조종사가 낙하산 탈출할 때 조종석 덮개가 벗겨져 나가면서 꼬리 날개를 자른 흔적이 얼핏 눈에 띄었고, 그것은 바람을 가르는 쇳소리를 거느리면서 활공 비행으로 내려오다가는 활주로를 멀리 벗어나 퍼런 스파크를 튀기면서 용하게 주기장(駐機場) 빈터에 접지한 다음 휑하게 개방된 격납고 문 안으로 마치 골인하듯이 곧장 뛰어들더라는 것이다.』

『 』: 격납고 사고가 일어난 당시의 상황을 묘사함. → '우 하사'의 영웅담이 조작된 것임을 알 수 있음.

접지: 땅에 닿음. 또는 땅에 댐.

주기장: 비행기, 중기 따위를 세워 두는 곳

"신 하사가 목격한 것은 아마 쓰러지기 직전의 마지막 광경이었을 겁니다. 자아, 그럼 이것으로 회견을 모두 마치겠습니다."

영웅담이 조작되었다는 사실이 들통날 것을 염려하여 급하게 회견을 마치고자 함.

사회를 보던 정훈 장교가 서둘러 질문을 마감해 버렸다. 이렇게 해서 모처럼 마련한 기자 회견의 자리는 더 이상의 불상사 없이 끝마칠 수 있었다.

회견이 끝난 그 직후부터 신 하사는 몹시 바쁜 몸이 되었다. 여기저기 오라는 데는 많은데 몸뚱이는 하나여서 그야말로 오줌 싸고 뒷 볼 틈조차 없어 보였다. 회견석상에서의 신 하사의 마지막 언급이 그만 단장과 대대장의 비위를 상하게 만들었던 것이다. 일단 그 양반들의 비위를 건드려 놓은 이상 신 하사가 온전치 못할 것임을 상상하기는 어렵지 않았다.

진실을 폭로한 '신 하사'가 상사들에게 불려 다니며 고초를 겪게 됨. → 조직의 폭력성이 드러남.

OX문제

01	서술의 초점을 다양한 인물로 옮겨 가며 갈등을 다각적으로 조명하고 있다. [2018학년도 9월]	(O / X)
02	비유적 표현을 활용하여 인물의 은밀한 행동 양상을 드러낸다. [2020학년도 6월]	(O / X)
03	대대장은 자신의 권한으로 우 하사를 장교 병동에 입실시키고 표창장을 수여하였다.	(O / X)
04	신 하사는 기자들에게 자신이 목격한 격납고 사고에 대해 말한 후 고초를 겪게 되었다.	(O / X)
05	인물의 행적을 요약적으로 진술하여 갈등의 해결 방향을 제시하고 있다. [2016학년도 9월B]	(O / X)

STEP
02 작품 해제

01 | 주제

개인의 이익을 위해 진실을 왜곡하는 폭력적 조직의 행태 고발

02 | 특징

① 이야기 내부의 서술자가 관찰자의 입장에서 인물에 대한 평가를 제시함.

② 거짓을 사실로 둔갑시키는 군 조직의 모습을 통해 진실을 조작하고 왜곡하는 집단의 폭력성을 비판함.

03 | 작품 해제

이 작품은 군대를 배경으로 조작된 거짓 영웅의 이야기를 통해 권위적이고 억압적인 군대 조직의 통치를 비판하고 있는 소설이다. 돌발적인 폭발 사고로 중화상을 입은 한 병사를 폭발 사고 때 자신의 몸을 돌보지 않고 동료를 구출해 낸 전우애가 넘치는 영웅으로 조작함으로써 영달(지위가 높고 귀하게 됨)을 누리려는 군 지휘관들, 그러한 음모에 냉철한 판단 없이 동조하는 다수의 병사들, 또 그에 결탁한 언론의 일탈적 행위 등이 이 작품의 풍자 대상이다.

작품의 제목에서 '빙청'은 얼음같이 차가운 파랑을, '심홍'은 뜨거운 열기 같은 짙은 빨강을 의미한다. 이는 차가운 진실과 광기 어린 열기를 의미하며 소설의 내용에서 나타나는 겉과 속이 다른 인간 사회를 상징적으로 표현한 것이라 할 수 있다.

04 | 등장인물

- 나 : 소설의 서술자이자 관찰자. 신 하사와 동기생이다.
- 신 하사 : 일반병으로 들어왔다가 장기 복무를 지원하여 하사가 된 인물. 우 하사의 사고와 관련하여 진실을 밝히려 하지만 권력에 의해 제지당하고 만다.
- 우 하사 : 격납고 폭발 사고로 전신 화상을 입은 채 병원에 입원하게 된다. 그의 동기생들과 지휘관에 의해 영웅적 인물로 추대되지만 결국 죽음을 맞이한다.

05 | 상세 줄거리

신 하사는 비밀이 많은 사람으로 그 신상에 대해서는 동기생들조차도 정확하게 아는 바가 없다. 어리숙한 모습을 자주 보이는 까닭에 주변 사람들의 조롱을 받으면서도 신 하사는 이를 묵묵히 참아 내고 장기 복무를 지원하기까지 한다. 그러던 어느 날, 격납고에 폭발 사고가 발생한다. 격렬한 폭발음과 함께 삽시간에 불바다가 되어 버린 격납고에서 신 하사는 우 하사가 폭발음과 함께 기절했고, 깨어나니 온몸에 화상을 입은 상태였다고 전한다. 우 하사의 상태가 호전될 기미가 보이지 않자 그의 동기생들과 지휘관은 그가 사고 당시 전우를 구하는 등의 영웅적 활약을 했다며 그의 부상을 미화하고 조작한다. 격납고 폭발 사건과 관련한 기자 회견 자리에서 신 하사는 자신이 본대로 우 하사가 불에 휩싸인 채 쓰러져 있었을 뿐이라고 말하지만 그의 말은 묵살되고, 이후 신 하사는 상사들에게 불려 다니며 고초를 겪는다. 우 하사는 결국 숨을 거두고 장례식을 치르게 된다. 장례식이 끝난 뒤에 신 하사는 사람들이 이미 죽은 사람이라고 할 수 있는 우 하사를 두고 즐긴 것이나 다름없다며 그를 죽이러 갔으나 이미 우 하사는 숨을 거둔 후였다고 고백하는 내용의 편지를 남긴다.

STEP

03 논문으로 만나는 출제자의 시선

「빙청과 심홍」 속에 드러난 작가 의식

「빙청과 심홍」은 한 공군 부대에서 발생한 사고를 둘러싼 집단 구성원의 책임 회피가 나타나는 작품이다. 공군 하사로 근무하는 '나'의 부대에 훈련기 한 대가 격납고 안으로 돌진하는 사고가 발생한다. 이 사고로 인하여 전신 화상을 입고 죽음을 눈앞에 둔 우 하사는 평소에 말보다 주먹이 앞서는, 평판이 좋지 못한 인물이었다. 그런 그가 사고 당시 사람들을 구하고 공구함들을 건진 영웅으로 포장됨으로써 허위는 진실로 둔갑한다. 병사들은 우 하사가 영웅화되는 것이 내키지 않았지만, 그럼에도 자신들의 안위를 위하여 대세에 동조한다.

소설에 등장하는 인물 중에서 대세에 동조하지 않고, 유일하게 실상을 알리고자 하는 인물은 '나'의 동기생인 신 하사이다. 우 하사의 미담을 언론에 알리기 위한 기자 회견에 참석한 신 하사는 모두가 그를 칭찬하는 분위기에 찬물을 끼얹는다. 그의 영웅적인 일화를 조작해 내는 대신 그가 본 사실 그대로 사고 당일 우 하사는 그저 불길 속에서 뒹굴고 있었다고 증언한 것이다. 이로 인하여 신 하사는 고위 장교들의 비위를 상하게 만들었고, 윗선으로부터 폭행을 당하게 된다.

작품의 마지막에 신 하사는 우 하사는 우 하사인 채로 죽어야 마땅하다는 생각으로 자신이 우 하사를 죽이려 하였음을 고백한다. 하지만 그가 손을 쓰기 전에 우 하사는 이미 죽어 있었다. 그는 이러한 자신의 행동이 양심의 가책 때문이 아니라 자기 믿음을 지키기 위함이라고 말한다. 그 믿음은 바로 우 하사는 우 하사 본래의 자격을 지켜야 한다는 것이다. 흐름을 모르는 어수룩한 인물로 여겨지던 신 하사가 이와 같은 용기어린 고백을 하였음이 소설 마지막에 부각되면서 집단의 의지와 소문도 결코 진실을 가릴 수 없다는 작가 의식이 드러난다.

진실이 왜곡되는 메커니즘

군대 내 격납고의 갑작스런 폭발 사고로 우 하사는 전신에 화상을 입고 사경을 헤매게 된다. 그러나 우 하사는 계급을 등에 업고 일반 사병들에게 폭력과 비리 행위를 일삼는 인물이었으며, 무엇보다 그의 처참한 상태와 악취 때문에 모든 병사들은 그의 간호 당번이 되는 것을 기피한다. 이 와중에 우 하사의 동기들은 우 하사를 영웅으로 만들겠다는 목표로 건의서를 돌리고 상황을 조작하여, 우 하사를 동료를 구하다 심각한 부상을 입은 인물로 둔갑시킨다. 그들은 전우애라는 명목으로 이에 반항하는 인물들을 죽일 기세로 자신들의 계획을 실현해 나간다. 흥미로운 점은 부대의 구성원들이 우 하사 동기들의 말을 듣고 조작된 서류에 도장을 찍으면서 실제로 우 하사를 영웅으로 여기기 시작한다는 점이다.

전우애와 건의서를 통해 드러나는 우 하사 동기들의 행동과 일반 병사들의 변화는 군대라는 상징적 질서가 구성원을 변화시키는 작동 방식을 잘 보여 준다. 우 하사는 병사들에게 폭력과 갈취를 일삼는 군인임에도 불구하고 전우애와 건의서라는 상징적인 기표를 통해 영웅적인 군인상으로 변모한다. 부대원들은 우 하사가 영웅적 군인이 아님을 알고 있음에도 불구하고, 군대의 이데올로기에 동의할 것인지 아니면 우 하사의 진실을 폭로하고 군대의 이데올로기에 편입되지 않을 것인지를 선택해야 하는 기로에 서게 된다. 이 강요된 선택은 대부분 획일화된 질서에 편입하는 것으로 귀결된다. 이러한 부대 구성원들은 정말로 우 하사가 자신들을 구했다고 믿게 되고, 결국 우 하사에게는 표창장까지 수여된다. 이들이 우 하사의 영웅화 속에 어떤 의미가 있다고 무의식적으로 믿고 있다는 점에서 이들은 전이의 메커니즘(작용 원리)을 잘 보여 준다고 할 수 있다.

12 김영현, 서동요

STEP 01 지문 분석과 OX문제

[앞부분 줄거리] 백제 위덕왕의 아들인 장은 왕권을 탈취하려는 세력의 음모를 피해 신라의 '하늘재 학사'라는 공방에서 자신의 정체를 숨기고 살아간다. 그러던 중 장은 우연히 신라 진평왕의 딸 선화 공주를 만나 사랑에 빠지게 된다. 한편, 신라 화랑 김도함은 선화 공주와의 결혼을 조건으로 '사택기루'라는 이름으로 '하늘재 학사'에 잠입한다. 그는 장과 선화 공주가 서로 사랑하는 사이라는 것을 알고 충격을 받게 되고, 자신의 집안이 몰락하게 된 것이 장 때문이라고 생각하며 장과 치열하게 대립한다.

서동 / 백제인임을 숨긴 채 신라에서 살게 됨. / 진평왕은 선화 공주와의 결혼을 조건으로 김도함에게 '하늘재 학사'에 첩자로 들어가 기술을 빼내올 것을 명함. / 선화 공주가 백제를 도왔다는 사실이 발각되어 공주 신분을 박탈당할 위기에 처하자, 진평왕은 김도함을 배신자로 몰아 그의 집안을 멸문시켰음.

S#7. 사당 안(밤)

두 사람의 힘겨루기가 있고, 어느 순간 칼이 바닥에 나뒹군다. 두 사람 모두 칼을 향해 돌진하는데…… 장이 먼저 칼을 집으려는데 뒤의 기루가 장을 때려눕힌다.

장과 사택기루(김도함)

둘의 육박전이 이어지다가 다시 칼을 잡는 기루, 장의 목에 또다시 칼을 들이대고…….

적과 직접 맞붙어서 총검으로 치고받는 싸움

기루 : 『너만 아니었으면 신라의 충신으로 살 수 있었어! 너만 아니었으면 선화 공주와 신라가 내 것이었어! 너만 아니었으면 존경하지 않는 부여선을 주군으로 받들지도 않았어!』

위덕왕과 그의 태자를 죽인 뒤 왕위에 오른 백제 29대 국왕 / 『 』: 자신의 뜻대로 되지 않은 모든 일을 '장'의 탓으로 돌림. / 신라에게서 버림받은 후 부여선의 수하로 들어감.

장 : …….

기루 : 니가 내 자릴 뺏어 간 순간, 내게 남은 건 배신자의 길밖에 없었어. 그게 벗어날 수 없는 내 운명이 되었어! (하며 절규하는데)

자신의 선택으로 배신자가 된 것을 벗어날 수 없는 운명이었다며 합리화함.

장 : (가련한 듯 보고)

기루 : 그러니 같이 가자! 나를 나락으로 빠뜨린 너를 데리고 가야 해!

장 : (자신의 지난날을 돌이켜 보듯) 벗어날 수 없는 게 운명이 아니라, 피할 수 있는데도 그 길로 가는 게 운명이야!

기루 : ……!

장 : 벗어날 수 없었다고? 넌 언제나 벗어날 수 있었어! 다만 처음부터 가고자 하는 네 길! 네 길이 틀렸을 뿐이야.

'기루'의 말에 대한 반박 → 벗어날 수 없는 운명이었던 것이 아니라 애초에 선택한 길이 틀렸다고 주장함.

기루 : …….

장 : 《소중한 것을 위해서, 꼭 지켜야 할 것을 위해서, 죽을지도 모르면서 악행에 맞서는 길이어야 하고, 죽기보다 힘들 줄 알면서 지키는 연모여야 해!》

《 》: '장'이 생각하는 올바른 길 / 어떤 사람이나 존재를 사랑하여 간절히 그리워함.

기루 : ……!

장 : 「네 자신의 영달을 위해 배신을, 악행을, 권력을 선택했으면서」, 이제 와서, 벗어날 수 없었다? 그렇게 쉬운 변명이 어딨어?

지위가 높고 귀하게 됨. / 「 」: '장'이 생각하는 잘못된 길이자 '기루'가 선택한 길

기루 : (바로 받아) 사람은 누구나 자신의 영달을 원해.
자신의 이기적인 욕망을 정당화하는 모습

장 : 너처럼? 누구나 너처럼?

(중략)

S#9. 사당 안(밤)

기루와 장, 서로 뚫어지듯 보고 있는데…….

장 : 넌 신라도, 공주님도, 하늘재 사람들도, 격물도, 니 인생도 진심으로 사랑하지 않았어.
학문

기루 : ……!

〈 〉: 자신을 진정으로 사랑하지 않고 자리만을 탐내 온 '기루'를 질책함.

장 : 〈필요에 따라 연모를 선택하고, 필요에 따라 나라를 선택하고, 필요에 따라 존경하지도 않는 주군을 따랐지! 니가 말하는 영달을 위해. 니가 가지고 싶은 자리를 위해. 마치 자리가 너인 것처럼……. 하지만 자리는 자리일 뿐 네가 아냐. 넌 자리만 흠모했지, 너를 진심으로 사랑한 적이 없어. 스스로를 존경하고 사랑했다면, 자리 따위를 위해 너를 그렇게 망가뜨리지 않아.〉
백제의 왕 부여선
흠모: 기쁜 마음으로 공경하며 사모함.

기루 : ……!

장, 이제는 칼을 의식하지 않는 듯 담담해지고, 기루, 고통스러운데…….
'장'의 말을 듣고 혼란스러워 하는 모습

▒ : 선화 공주를 사모하여 서동이 지은 4구체 향가이자 이 작품의 제목 → 실제 「서동요」가 수록된 '서동 설화'를 재구성함.

장 : 내가 공주님을 만나기 위해 연지를 만들고 「서동요」를 만들던 시각에 넌 뭘 했어?
여자가 화장할 때에 입술이나 뺨에 찍는 붉은 빛깔의 염료

기루 : (어린 기루가 진평왕에게 거래하는 장면이 회상으로 깔리면) …….

장 : 넌 신라 황제에게 공주님을 놓고 거래를 했어. 설레고 가슴 뛰며 사랑을 해야 할 시각에 넌 계산을 하고 있었다구!
진정한 사랑을 한 '장'과 달리 '기루'는 계산적으로 행동해 왔음.

기루 : …….

장 : 그러고도 벗어날 수 없었다고? 벗어날 수 없었던 게 아니라 피할 수 있는데도 언제나 피할 수 있었는데도 넌 니 운명의 길을 걸어왔어. 악행의 길인 줄 뻔히 알면서도 그런 운명의 길을 니가 선택해 여기까지 왔다고!

기루, 장을 노려보는데…….

장, 이제는 죽음도 각오한 듯 담담하게 앞을 본다.
목숨의 위협을 받으면서도 의연한 모습을 보임.

장 : 그러니 이제 마지막 선택을 해.

기루 : …….

장 : 죽이든지! 죽든지!

기루, 장을 내려칠 듯 손을 떨기 시작한다. 장은 그런 기루를 보고…….

기루는 떨고…… 장은 보고…… 기루는 떨고…… 장은 보고…….

갑자기 칼을 힘없이 놓아 버리는 기루.
자신의 삶이 잘못된 길이었다는 것을 깨닫고 허탈해짐.

장, 그런 기루를 보는데…….

기루, 장을 보더니…… 천천히 문을 향해 걸어가기 시작한다.
죽음을 결심한 '기루'의 모습

순간, 극단적 선택을 할 것임을 아는 장, 정신이 드는 듯 기루를 부른다.
'장'이 '기루'의 죽음을 원치 않는다는 것을 알 수 있음.

장 : 기루야! 기루야!

OX문제

01 대립적인 두 인물을 배치하여 인물 간 갈등을 구체화하고 있다. [2014학년도 수능B] (O / X)

02 인물의 반어적인 발화를 제시하여 다른 인물의 의견에 대한 부정적 태도를 드러내고 있다. [2016학년도 6월B] (O / X)

03 기루는 자신의 목에 칼을 겨눈 장에게 '너만 아니었으면 선화 공주와 신라가 내 것이었'다고 말하며 그를 원망했다. (O / X)

04 장은 선화 공주를 만나기 위해 연지를 만들고 「서동요」를 지었다. (O / X)

05 인물의 내면을 행위로 제시하여 상황을 받아들이기 어려워하는 심리를 보여 주고 있다. [2019학년도 수능] (O / X)

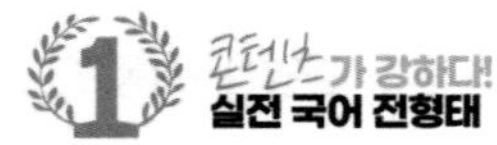

STEP

02 작품 해제

01 | 주제

백제 무왕이 되는 서동의 일대기와 선화 공주와의 사랑

02 | 특징

① 4구체 향가 「서동요」를 바탕으로 만들어진 드라마 극본임.
② 백제의 문화와 기술을 생생하게 보여 줌.
③ 연애담과 영웅담의 두 이야기를 중심으로 이야기가 전개됨.

03 | 작품 해제

이 작품은 4구체 향가 「서동요」를 바탕으로 만들어진 55부작의 드라마 극본이다. 드라마 사상 최초로 백제인이 주연으로 등장하고 있으며 신라의 선화 공주를 서동이 취한다는 스토리 구성은 향가와 같으나, 노래를 퍼뜨린 사람이 서동을 사랑한 선화 공주라는 점에서 차이가 있다. '연애담-영웅담-연애담'의 구조로 이야기가 전개된다는 특징을 지닌다.

04 | 등장인물

- 장(서동) : 백제 위덕왕의 숨겨진 넷째 아들. 선화 공주와 사랑에 빠지며 갖은 고초를 겪지만 이를 극복한 후 훗날 백제 30대 왕인 무왕이 된다.
- 기루 : 진평왕과 거래하여 하늘재 학사에 잠입한 신라 화랑으로, 본명은 김도함이다. 선화 공주를 차지하려는 꿈을 가지고, 장(서동)과 갈등하지만 결국 서동이 왕이 되는 데에 도움을 준다.
- 선화 공주 : 신라 진평왕의 셋째 공주. 우연히 서동을 만나 사랑에 빠지고 서동을 물심양면(물질적인 것과 정신적인 것의 두 방면)으로 돕는다. 결국 무왕이 된 서동과 결혼하지만, 남편과 아버지의 계속되는 전쟁에 마음의 병을 얻어 사망한다.
- 부여선 : 위덕왕의 조카. 위덕왕과 태자를 암살하고 백제 29대 법왕이 되나 서동에 의해 폐위되고 측근들에게 죽임을 당한다.

05 | 상세 줄거리

백제 위덕왕의 서자인 서동은 사촌 동생 부여선의 흉계로, 아버지가 누군지도 모른 채 어머니, 태학사 일행과 함께 백제를 떠나 신라에 숨어들어 하늘재 일원으로 살아간다. 서동은 신라에서 우연히 선화 공주를 만나 사랑에 빠지지만, 선화 공주에게 사랑의 증표로 주었던 신표(뒷날에 보고 증거가 되게 하기 위하여 서로 주고받는 물건)가 백제인의 것임이 발각되면서, 자신을 포함한 몇 명의 동료가 붙잡히게 된다. 심문 과정에서 서동이 친형처럼 따르던 범생이 죽게 되고, 발각된 신표의 주인이 서동임을 안 하늘재 일원들은 서동을 배척한다. 서동은 하늘재 일원들에게 심한 배척을 받으면서도 하늘재 학사에서 10년을 버틴다. 한편, 선화 공주는 아버지 진평왕에게 화랑들처럼 신라 전역을 유람하고 싶다고 말하며 궁을 나오고, 서동을 찾기 위해 서동이 10년 전 만들었던 서동요를 스스로 퍼뜨린다. 이러한 과정을 거쳐 둘은 재회하게 되고, 선화 공주는 서동에게 경학(사서오경을 연구하는 학문)을 가르쳐 주며 서동의 비상함을 서서히 알게 된다. 하지만 사랑이 깊어지며 서동은 선화 공주에게 자신이 백제인임을 밝히게 되고, 선화 공주는 자신을 속인 서동을 만나지 않을 것이라 다짐한다. 그러다 하늘재의 기술사였던 사택기루가 실은 신라의 화랑 김도함이자 아버지 진평왕이 보낸 첩자이며, 사택기루가 박사가 되면 하늘재 사람들을 모두 죽인 뒤 자신과 혼인할 것이라는 계획을 알게 되고, 선화 공주는 서동을 구하여 함께 야반도주한다. 하지만 사택기루가 보낸 추격자들에게 잡혀 선화 공주는 궁으로 돌아가게 되고, 서동은 백제 전의성으로 도망친다. 자신의 처지를 통감한 서동은 전의성 전투에서 공을 세우는 것을 시작으로 서서히 입지를 다진다. 궁에 돌아온 선화 공주는 백제인을 도왔다는 이유로 공주의 신분을 박탈당할 위기에 처하지만, 진평왕은 딸을 구하고자 사택기루가 신라를 배신하고 백제로 향한 것이라며 그를 배신자로 몰아 그의 가문을 멸문시킨다. 이를 알게 된 사택기루는 서동을 증오하게 되고, 부여선 일당에 가담하여 서동을 벼랑 끝으로 몰아간다. 서동은 스승 목라수와 함께 부여선의 계속되는 위협과 방해를 이겨 내며 성장해 나가고, 선화 공주 또한 공주의 신분을 버리고 물심양면으로 서동을 돕는다. 그러던 중 서동이 항상 지니고 있었던 보석이 백제 왕실에서만 쓰는 보석이라는 걸 알게 된 선화는 이 사실을 서동에게 전한다. 보필하고 있던 위덕왕의 아들 아좌태자가 자신의 형이라는 사실을 알게 된 서동은 태자와 형제의 의를 다진다. 하지만 사택기루가 보낸 암살자에 의해 형이 죽게 되고, 비밀스럽게 서동을 태자로 책봉한 아버지 위덕왕도 부여선 세력에게 시해(부모나 임금을 죽임) 당한다. 서동은 정체를 숨긴 채 부여선의 신하가 되어 와신상담(원수를 갚기 위해 온갖 어려움과 괴로움을 참고 견딤)하고, 서서히 힘과 세력을 키워 연등제 행사에서 부여선 세력을 습격하여 폐위시키고 왕으로 등극한다. 즉위 과정에서 어떤 귀족들의 힘도 빌리지 않고 오로지 백성들과 자신의 힘으로 왕위에 오른 무왕(서동)이었기에 이전과 달리 왕을 좌지우지할 수 없게 된 귀족들은 계략을 세우지만, 시행에 옮기기 전 사건의 진상이 폭로되어 이전보다 더 힘을 잃는다. 이후 무왕(서동)은 선화 공주를 왕후로 맞이하지만, 신라 진평왕은 이 결혼을 백제에 자객을 침투시킬 수 있는 기회로 여기는 바람에 백제와 신라는 끊임없이 전쟁을 벌이게 된다. 남편과 아버지의 계속되는 전쟁에 선화 공주는 마음의 병을 얻게 되고, 결국 세상을 떠난다. 세상을 떠나기 전 선화가 목라수에게 몰래 제작을 의뢰했던 백제금동대향로를 받게 된 무왕(서동)은 선화가 세상을 떠난 곳에 향로를 피워 놓고 그녀를 그리워한다.

STEP

03 논문으로 만나는 출제자의 시선

나BS 수능완성 | **현대문학**

서동 설화와 드라마 '서동요'의 차이점

드라마 '서동요'는 크게 두 개의 이야기로 분류할 수 있다. 하나는 서동과 선화 공주의 연애담이고, 다른 하나는 서동이 백제의 왕이 되는 영웅담이다. 이러한 드라마의 서술은 설화에서 연애담과 미륵사 창건담을 뚜렷하게 구분하여 수록한 것과는 다르다. 드라마 속에서 연애담과 영웅담은 복합적으로 얽히고 반복해서 풀린다. 물론 드라마의 흐름에 따라 어떤 이야기가 부각되는지의 차이는 있다. 드라마의 초반부-중반부에서는 서동과 선화 공주가 만남과 이별을 반복하는 연애담 위주로, 중반부-후반부에서는 서동이 왕이 되는 영웅담 위주로, 다시 후반부-결말에서는 서동과 선화 공주의 연애담으로 돌아온다. 드라마에서는 두 이야기의 양적인 차이도 크지 않다. 설화에서는 연애담이 앞에 나오고, 이야기의 끄트머리에 미륵사 창건담이 짧게 실려 있다. 그러나 드라마에서는 연애담과 영웅담을 비슷한 분량으로 다룰 뿐만 아니라, 한쪽 이야기가 중심이 될 때에도 다른 이야기를 보여 주는 장면을 삽입하여 이야기 간의 균형을 잃지 않도록 하고 있다.
또한, 설화에서 「서동요」를 창작하고 전파한 주체는 모두 서동이다. 선화 공주의 사랑을 얻기 위해 서동은 의도적으로 노래를 창작하고 백성들 사이에 전파했다. 그러나 드라마에서는 서동이 노래를 창작했으나 전파하지 못한 것으로 상황을 바꾸었으며, 이러한 「서동요」를 10년 후 서동을 찾아내기 위해 선화 공주가 퍼뜨린 것으로 나타내었다.

향가 「서동요」

선화 공주니믄	善化公主主隱
ᄂᆞᆷ 그ᅀᅳ지 얼어 두고	他密只嫁良置古
맛둥바ᅌᆞᆯ	薯童房乙
바ᄆᆡ 몰 안고 가다	夜矣卯乙抱遣 去如

향가(향찰로 기록한 신라 때의 노래) 「서동요」는 『삼국유사』의 「무왕조」 서사 중 '선화 공주와의 만남' 이야기 속에 제시되고 있으며, 선화 공주와의 만남을 위해 서동이 지어서 여러 아이들에게 부르게 한 가요이다. 신분이 낮은 서동이 고귀한 신분의 선화 공주를 만나기 위해 불렀다는 점에서 주술성을 띤 노래라고 할 수 있으며, 현전하는 가장 오래된 향가로 4구체로 되어 있다.

나 없이 EBS 풀지마라

수능완성

정답과 해설

Part 1. 현대시 | 01 | 이육사, 교목

O/X 정답

01. X	02. X	03. O	04. X	05. O

1. '낡은 거미집', '검은 그림자'에서 일제 강점기라는 암담한 현실에 대한 부정적 인식이 나타나지만, 이를 바탕으로 앞날에 대한 회의(의심을 품음. 또는 마음속에 품고 있는 의심)를 드러내고 있지는 않다.
2. 화자는 바람에 흔들리느니 차라리 호수 속으로 거꾸러지려 한다. 이는 흔들리느니 차라리 죽어 버리겠다는 단호한 의지를 드러내는 표현이니, '호수'를 궁극적인 이상향을 표상(상징)한다고 볼 수 없다.
3. '바람'은 화자의 단호한 의지를 굽히고자 하는 부정적인 대상으로, 화자는 이에 흔들리고 굴복하지 않겠다는 의지를 드러내고 있으므로 적절하다.
4. '푸른', '검은'의 색채어가 드러나지만, 동일한 색채어를 반복적으로 제시하고 있지는 않다.
5. '말아라', '아니라', '못해라'의 명령형 문장을 사용하여 부정적 현실에 굴복하지 않겠다는 주제 의식을 부각하고 있다.

나BS 실전 문제 정답

01. ⑤	02. ①	03. ⑤	04. ③	05. ④

01.

시 안에서 절대자는 화자이다. 긍정적 시어와 부정적 시어를 결정하는 기준은 수식어와 서술어가 아니라 바로 화자이다. 화자가 원하고 긍정하는 것은 '바람직한 것'으로 볼 수 있다. 만약 화자가 세상을 외면하고 도피하는 삶의 자세를 원한다면 그것이 바람직한 삶의 자세이고, 세상을 지배하고 왕이 되고자 한다면(물론 이런 비교육적인 시를 여러분이 시험장에서 만날 수 없겠지만…) 그것이 바로 화자가 바람직하게 생각하는 삶의 자세이다. 따라서 시에서 화자가 원하거나 긍정하는 삶의 자세가 나오면 무조건 허용을 할 수 있는 선지겠지. 굳이 살펴본다면 (가)~(다)의 화자가 바람직하게 생각하는 삶의 자세는 다음과 같다. (가) : 저항, 의지적 삶의 자세, (나) : 긍정적 삶의 자세, (다) : '높이, 고고함'에 대한 지향, 기다림의 삶의 자세

오답 풀이

① (가) X, (나) O / (가)의 화자는 현재 상황을 부정적으로 보고 있다. 3번 문제 〈보기〉의 외적 정보를 활용하면 시의 배경은 일제 강점기이니 당연히 부정적이겠지. 다만 (나)는 '생활'이 슬프더라도 '좋다'고 했으니 상황을 긍정적으로 인식하고 있다고 볼 수 있겠지. ② (가) X, (다) X / '이상과 현실의 괴리가 해소된 조화로운 상태가 구현되어 있다.'='부정적 상황이 해소된 긍정적 상황을 구체적으로 제시하였다.' (다)는 2, 3연에 화자가 원하는 '높이'가 있는 상황을 구체적으로 제시하였으나, 아직 이러한 상황이 온 것은 아니므로 이상과 현실의 괴리가 해소됐다고 보기 어렵다. ③ (나) O, (다) X / (나)의 화자는 그저 하늘을 향해 두 팔을 벌릴 수 있는 것, 그리고 지구 위에 발을 디디고 서 있는 것과 같은 지극히 사소한 것에 만족하면서 삶을 살아가고 있다. 따라서 뭔가 대단한 것이 아닌 일상생활(반복되는 평상시 생활)의 소중함에 만족하면서 긍정적으로 살아가는 자세가 드러났다고 볼 수 있다. 다만, (다)의 화자가 원하는 것은 '고고한 높이'가 있는 상황이다. 어느 겨울날 이른 아침의 '고고한 높이'를 '일상생활의 소중함'으로 보는 것은 무리가 있겠지? ④ (가) X, (나) O, (다) △ / (나)의 '푸른 산이 흰 구름을 지니고 살 듯 / 내 머리 위에는 항상 푸른 하늘이 있다'를 자연의 섭리에 대한 깨달음으로 볼 수 있다. '자연의 섭리'는 '자연계를 지배하는 원리나 법칙'으로 상당히 추상적인 말이다. 보통 문학에서는 '순환, 흐름'을 '자연의 섭리'로 많이 제시한다. 예를 들자면 '지금은 시련의 시기인 겨울이고 밤이지만, 당연히 오는 새벽처럼 긍정의 시기인 봄이 올 것이다.'라는 문장을 보면 '계절의 순환'을 전제로 깔고 있는 것이지. 말 자체의 범주가 상당히 넓으니 큰 고민하지 않아도 된다. 시험장에서는 애매한 (다) 같은 작품이 있더라도 확연히 틀린 (가) 같은 작품도 반드시 있을 것이므로 걱정할 필요가 없다.

02.

보통 시의 3요소라고 하면 음악적, 회화적, 의미적 요소를 제시한다. 그 중 음악적 요소가 '운율'이고, 회화적 요소가 '심상'이고, 의미적 요소가 '함축성'이다. 시라면 이 세 가지 요소가 있어야 한다는 것이다. 자, 그럼 ①번 선지에서 고민의 여지가 있는가? '추상적 정서'를 '구체적 심상'으로 보여주는 대표적 방법이 '비유와 상징' 아니니!! 물론 '비유와 상징'이 안 쓰인 시도 간혹 있겠지만, 그런 문학성이 떨어지는 작품은 교육적 가치가 떨어지기에 출제될 가능성도 낮겠지.

오답 풀이

② (가) X, (나) O / (나)에서는 다양한 어미를 사용해 시행을 종결하고 있으므로 어조의 변화를 허용할 수 있겠으나, (가)의 어조는 일관되게 유지되고 있어. ③ (가) X, (나) O / (가)에는 동일한 색채어가 반복되지 않지만, (나)에는 '푸른'이라는 동일한 색채어를 반복하여 화자가 지향하는 삶에 대한 정서를 고조시킨다. ④ (가) X, (나) X / (가)와 (나) 모두 어떤 하나의 감각을 다른 감각적 심상을 빌려 표현하는 공감각적 심상은 사용되지 않았어. ⑤ (가) X, (나) X / (가)와 (나) 모두 근경에서 원경으로의 시선 이동은 나타나지 않았다.

03.

'바람'은 어떻게 보더라도 '교목'을 흔드는 부정적인 존재 아니니. 정답에 대한 의문은 없어 보인다.

오답 풀이

① 〈보기〉에 제시된 시인 이육사의 생애를 통해 '교목'은 시인의 절개와 기상을 표상한 것임을 알 수 있다. ② 〈보기〉에서 이육사의 시는 '정제된 형식미와 안정된 운율감'을 보이는 경향이 있다고 하였다. 각 연이 3행으로 이루어진 「교목」에서도 앞서 말한 시의 형식적 특성이 드러남을 알 수 있다. ③ 〈보기〉에 의하면 이육사는 '평생에 거의 하루도 평온한 날이 없었다.'라고 하였으므로, '낡은 거미집'은 시인의 고난에 찬 모습을 형상화한 것으로 볼 수 있다. ④ 〈보기〉에 의하면 이육사는 '혁명적 열정과 의욕을 시에 의탁해' 꿈을 그려 냈다고 하였으므로, '끝없는 꿈길'은 시인의 혁명적 열정과 의욕을 함축한 것으로 볼 수 있다.

04.

(나)는 숭고한 삶, 기쁜 삶, 거룩한 삶을 나열하고 있을 뿐, A에서 C로 갈수록 내용이 응축되고 있지는 않다.

오답 풀이

① (나)의 1~2연에는 '하늘'이, 3~4연에는 '지구'가, 5~6연에는 '푸른 별'이 등장하고 있다. 따라서 A, B, C 각각에 공통적으로 등장하는 시어를 통해 두 연끼리 결합된다는 설명은 적절하다. ② (나)의 A에서는 두 팔을 드러내는 것을 '숭고'하다고 하였고, B에서는 땅을 디디고 선 것이 '기쁜 일'이라고 하였다. 이것들을 C에서 '거룩한' 나의 일과로 연결하고 있으므로 선지의 내용은 적절하다. ④ (다)의 A, B, C에서 모두 '기다려야만 한다.'라는 말과 '겨울'이라는 시어가 반복되는 것을 볼 수 있다. ⑤ (다)의 B는 A에서 제시한 '높이'가 드러난 상황을 구체적으로 제시하였고, C는 '높이'와 대조적인 시어를 나열함으로써 화자가 원하는 '높이'를 '상세화'했다고 볼 수 있겠다.

05.

'호응, 상응, 조응'이라는 단어는 두 대상이 '유사'할 때 쓰는 말이다. '왼 산을 뒤

덮는 적설'과 '가볍게 눈에 덮여 있는 상태'는 대조적이니 호응한다는 말은 감히 쓸 수 없겠지. '세속적인 것에서 벗어나 홀로 존재하는 산봉우리'는 애매하지? 그냥 버려라. 애매한 부분은 정답의 직접적 근거로 활용하지 않는 것이 평가원의 원칙임을 감안했을 때 그냥 버리는 것이 실전적 판단이다.

오답 풀이

① '높은 봉우리만이 엷은 화장을 하듯 / 가볍게 눈을 쓰고' 있다고 하였으므로 이는 산봉우리에만 눈이 조금 쌓인 것을 비유한 것이라 볼 수 있다. ② '수묵화'를 떠올려 본다면 '그림에 비유'했다는 것을 허용할 수 있겠지. 또한 전체가 '차가운 수묵(검정색)'이고 꼭대기만 '하얀색'이면 화자가 주목하는 대상(높이)이 더 잘 드러나겠지. ③ '신록(새로 나온 잎의 푸른빛)', '단풍', '안개'는 겨울에 볼 수 있는 산의 모습이라 할 수 없다. 따라서 이들과의 대비를 통해 겨울 산의 의미를 부각하고 있다는 선지는 허용 가능하다. ⑤ '장밋빛 햇살이 와 닿기만 해도 변질'하는 그 고고한 높이를 회복해야 한다고 하였으므로 화자가 형상화한 산봉우리가 어떠한지 그 의미를 생각해 보게 한다. 화자는 이러한 표현을 통해 산봉우리가 지향하는 '높이'가 쉽게 변질되는, 순수한 상태임을 드러낸다.

Part 1. 현대시 02 | 김종길, 성탄제

O/X 정답

01. X	02. O	03. O	04. O	05. X

1. '빠알간 숯불', '붉은 산수유 열매'에서 색채어가 나타나지만, 이를 통해 대상의 역동성(힘차고 활발하게 움직이는 성질)을 드러내고 있지는 않다.
2. 아버지의 헌신적인 사랑과 정성을 느꼈던 과거와 '옛것이라곤 거의 찾아볼 길 없는' 현재의 대비를 통해 아버지의 사랑에 대한 그리움의 정서를 부각하고 있다.
3. '붉은 산수유 열매'는 아버지가 아픈 화자를 위해 추운 겨울 눈 속을 헤매며 따온 '약'이므로, 자식을 향한 헌신적인 사랑과 정성을 상징한다고 볼 수 있다.
4. '반가운 그 옛날의 것'은 현재 내리는 '눈'으로, 화자는 이를 보고 '불현듯 아버지의 서느런 옷자락을 느끼'며 '눈 속에 따 오신 산수유 붉은 알알이 / 아직도 내 혈액 속에 녹아' 흐른다고 하였다. 즉, '반가운 그 옛날의 것'은 화자가 아버지의 사랑이 있었던 '그날 밤'을 떠올리게 하는 과거 회상의 매개체이므로 선지의 내용은 적절하다.
5. '어두운 방', '빠알간 숯불', '산수유 붉은 알알' 등에서 시각적 이미지가 사용되었으며 '서느런 옷자락', '열로 상기한 볼'에서 촉각적 이미지가 사용되었다. 하지만 이를 통해 대상을 예찬하고 있지는 않으므로 선지의 내용은 적절하지 않다.

나BS 실전 문제 정답

01. ④	02. ④	03. ③	04. ④	05. ③
06. ⑤	07. ④	08. ⑤		

01.

감각적 심상(오감으로 인지 가능한 시어)은 사실 대부분의 시에 있다고 볼 수 있다. 따라서 이런 선지가 나오면 가장 먼저 검토해야 한다. (가)에서는 '냄새'(후각), 메아리로 돌아오는 화자의 '목소리'(청각), 어둠 속에 내리는 '비'(시각) 등으로 '이 사람'(아내)의 부재라는 화자의 현실 상황을 나타내고 있다. (나)에서는 '눈', '붉은 산수유 열매'(시각), '서느런 옷자락'(촉각) 등으로 아버지의 사랑의 부재로 인한 서러움과 그리움이라는 현재 상황을 드러내고 있다. (다)에서는 '검은 개펄', '파도치고'(시각) 등으로 '당신'에 대한 사랑을 마음속에 간직하며 살아가는 화자의 현재 상황을 역동적으로 드러내고 있다.

오답 풀이

① (가) X, (나) X, (다) X / 대구를 쓰면 비슷한 구절이 반복되니 무조건 리듬감이 생긴다. 따라서 '대구' 여부만 고민하면 된다. (가)는 동일한 구절을 반복하고 유사한 종결 어미를 사용하여 운율을 드러내고 있지만, 대구는 나타나지 않는다. '대구'는 '비슷한 문장 구조가 대등하게 연결되는 표현 방식'이다. ② (가) O, (나) X, (다) △ / 시는 시인의 정서를 드러내는 '서정' 문학이기에, '시적 정서를 드러내고 있다.'라는 표현은 고민할 필요가 없다. 사물에 인격을 부여하는 의인법만 찾으면 된다. (가)에서 '빗발'은 화자에게 '지금은 어쩔 수가 없다고' 말하면서 '한 치 앞을 못 보'도록 퍼붓고 있다. '비'에게 인격을 부여하여 체념의 정서를 드러내고 있으므로 적절하다. (다)에서 '바다는 멀리서 진펄에 몸을 뒤척이겠지요'을 주목해 보자. 보통 동물이라면 '몸통'이라는 표현을 쓰지 '몸'이라는 표현은 잘 사용하지 않는다. 그리고 '뒤척이다'는 '물체나 몸을 이리저리 뒤집다.'의 의미로 사람의 행동을 설명할 때 흔하게 쓰인다. 이로써 '의인화'가 사용되었음을 확인할 수 있으나 확연하게 '사람'의 특성이 나타나는 것은 아니므로 언뜻 보기엔 '활유법'으로도 볼 수 있을 것이다. 결론은, 애매한 것을 가지고 고민하지 마라. 평가원에서는 애매한 '의인 or 활유'로 정답과 오답을 구별하지 않는다. ③ (가) X, (나) X, (다) △ / (가)의 마지막 부분 '왠지 느닷없이~어쩔 수가 없다고,'와 (다)의 1, 3연에서 도치가 나타난다. 그러나 (가)는 대상과의 거리를 좁히고 있지 않다. 대상과의 거리를 좁히려면 대상에 대한 심리적인 가까움, 즉 긍정적인 태도(친밀감)가 나타나야 하는데 (가)에서는 '이 사람'의 부재로 인한 '체념의 태도'가 주를 이루기 때문이다. 한편, (다)에서는 '대상에 대한 배려의 태도'가 드러나고 있으므로 '거리를 좁히고 있다'를 허용할 수 있다. 만약 (다)가 애매하게 느껴졌다면, 버려도 좋다. 다시 말하지만 평가원에선 애매하게 출제하지 않는다. 확연하게 오답인 (나)에서 확인할 수 있기 때문이다. ⑤ (가) O, (나) O, (다) X / 감탄사를 쓰면 당연히 감정이 고조된다. 따라서 '화자의 고조된 감정'은 신경 쓸 필요가 없다. (가)에서는 감탄사 '아니'를 반복하여 상황이 변함에 따라 고조된 감정을 나타내며, (나)에서는 감탄사 '아'를 사용하여 한겨울에 아들을 위해 '눈 속'을 헤치고 '붉은 산수유 열매'를 따오신 아버지에 대한 고조된 감정을 표현하고 있다.

02.

둘 다 그리움의 정서가 나타나 있다. (가)의 화자는 '어디로 갔나'를 반복하여 '이 사람'이 부재하고 있는 상태임을 드러내고 있다. 부재한 대상(고향, 부모님, 임금, 연인, 친구 등)을 언급한다는 것은 기본적으로 그 대상을 그리워하는 것이 전제로 깔린 것이다. 따라서 '그립다'라는 시어가 없더라도, '대상의 부재'라는 상황에서는 무조건 '그리움'을 허용해 줄 수 있어야 한다. (나)의 마지막 연에서는 아버지가 따오신 '산수유'가 '아직도 내 혈액 속에 녹아흐르'고 있다고 하였다. 당연히 화자가 아버지의 사랑을 그리워하고 있음을 알 수 있다.

오답 풀이

① '화자의 내면(=정서=감정=반응)'을 드러내는 것이 시 문학이다. 따라서 '독백적 어조'만 판단하면 된다. '밥상은 차려 놓고 어디로 갔나'와 '당신 지금 어디로 갔어?'를 비교해 보면 느낌이 올 것이다. (가)는 '독백적 어조'를 통해 화자가 혼잣말하는 느낌을 뚜렷하게 주고 있다. ② 이질적인 두 대상을 연결하기 위해선 공통적 요소가 필요하겠지. 과거와 현재에서 공통적으로 존재하는 대상은 바로 '눈'이다. 즉 (나)에서 '눈'이 과거와 현재를 연결하는 매개체 역할을 하고 있음을 알 수 있다. ③ (가)에는 아내의 부재를 느끼고 있는 현재의 장면만 제시되어 있지만, (나)에는 1연부터 6연까지 '서른 살'의 화자가 과거에 겪었던 어린 시절의 모습을 보여 주고 있다. ⑤ '시상'은 '시인의 생각'을 말한다. 그리고 '시상을 집약하는 소재'는 '제목이 시 안에 등장하는 경우'와 '반복되는 소재가 있는 경우'를 보면 된다. 중요한 제목을 아무거나 멋대로 짓지는 않을 것이고, 반복은 중요하니까 하는 것이겠지. (가)에서는 제목인 '강우'가 지문에서 '비'라는 대상으로 나타나고 있으며, (나)에서는 '눈'과 '산수유'라는 소

재가 반복되고 있다.

03.

화자는 아내가 곁에 있던 때 그랬던 것처럼 '옆구리 담괴가 다시 도졌나' 하고 스스로 질문을 던지지만, 이내 곧 그게 아니라는 것을 인식하고는 '이번에는 그게 아닌가 보다.'라고 말하고 있다. 즉, 화자는 '이 사람'을 찾으면서 이전의 '이 사람과 관련된 상황'을 떠올리지만, '아니 아니'라며 '이번에는' 이전의 상황과는 다르다는 것을 '인식'하고 있음을 알 수 있다.

오답 풀이

① 화자는 '이 사람'이 어디로 갔는지 찾고 있으므로 마음이 평온한 상태로 볼 수 없다. ② ㉡은 목소리를 들어주는 상대가 없기에 나타난 것이다. 화자는 '내 목소리만 내 귀에 들린다.'라고 하였으므로 '소통'으로도 '공감'으로도 볼 수 없다. ④ ㉣은 '이 사람'이 없다는 것을 다시금 확인하고 나서 느끼는 허전함과 쓸쓸함을 의미한다. '화자는 아마도 배신감을 느낄 거야.'라고 상상의 나래를 펼치면 안 된다. 화자는 '이 사람'을 찾으려고 밖을 기웃거리다가 풀이 죽을 뿐 어디에도 '이 사람'에 대한 '배신감'은 나타나 있지 않다. ⑤ ㉤에는 부재를 인정하지 않겠다는 '화자의 다짐'이 아니라, '이 사람'의 부재를 인식하고 난 뒤에 체념한 화자의 태도가 드러나 있다.

04.

3연의 '계실 자리'와 '가보지 않은 곳'은 바다를 가리키는 것이 맞지만, '남겨두어야 할까봅니다'는 '당신'에게 가야겠다는 화자의 의지가 담겨 있는 시구가 아니다. 그냥 있는 그대로 작품을 바라보면 된다. 화자는 분명 '내 다 가보면 당신 계실 곳이 남지 않을 것이기에'라고 말하고 있다. 있는 그대로 작품을 바라보지 않고, 멋대로 해석을 하려 들면 과도한 해석을 할 수도 있으니 주의하자.

오답 풀이

① '서해'는 화자가 지향하는 대상이 있다고 여겨지는 공간이다. 따라서 화자에게는 '특별한 공간'이라는 것을 허용할 수 있다. ② '바다인들 여느 바다와 다를까요'에서 확인할 수 있다. ③ 화자는 서해(바다)엔 당신이 있을 것 같아서 가보지 않았다고 했다. 따라서 '서해(바다)=당신이 있는 곳'이라고 정리할 수 있다. 바다가 멀리 있다는 것은, 그곳(바다)에 있는 당신 역시 멀리 있다는 의미로 화자와 당신 사이에 거리감이 있음을 허용할 수 있겠다. ⑤ '아직 서해엔 가보지 않았습니다 / 어쩌면 당신이 거기 계실지 모르겠기에'와 '내 가보지 않은 한쪽 바다는 / 늘 마음속에서나 파도치고 있습니다'에서 확인할 수 있다.

05.

(가)는 어린 시절에 산수유 열매를 따 오셨던 '아버지'를, (나)는 바다에 나가 돌아오지 않는 남편을 그리워하던 '외할머니'를, (다)는 어린 시절 '선생님'의 모습을 추억한 작품이다. 따라서 특정 인물을 대상으로 삼아서 정서를 구체적으로 드러내고 있다는 점이 (가)~(다)의 공통점이라고 할 수 있다.

오답 풀이

① (가) X, (나) X, (다) X / (나)에서 경어체를 사용하였지만, 대상을 예찬하고 있지는 않다. ② (가) X, (나) X, (다) O / (다)는 '동물원의 오후.'에서 명사로 시상을 마무리하여 여운을 준다. ④ (가) O, (나) X, (다) X / (가)의 '아', '녹아 흐르는 까닭일까.'에서 아버지의 사랑을 강조하는 영탄적 표현이 사용되었다. ⑤ (가) X, (나) X, (다) △ / (가)~(다) 모두 의인법을 사용하지 않았다. (다)의 '낙타는 항시 추억한다.'에서 '낙타'는 '선생님'을 비유한 표현이지만, 해당 문장 자체만 본다면 낙타를 의인화하였다고 볼 수도 있다.

06.

(가)의 화자는 자신이 그리워하는 아버지의 사랑 같은 것을 찾아볼 수 없는 오늘날 도시의 모습에 대해 안타까움을 느끼고 있으며, 자신의 현재를 '서러운 서른 살'이라고 표현하고 있으므로 영상물의 현재 장면에서 주인공의 감정은 경쾌한 배경 음악과 어울리지 않는다.

오답 풀이

① 2연의 내용을 통해 확인할 수 있다. ② 1연의 '어두운 방'과 '바알간 숯불'에서 어두움과 밝음의 명암 대비가 선명하게 드러나 있다. ③ 6연에서 7연으로 넘어오는 부분이 과거와 현재의 경계인데, 그 두 시간을 이어 주고 있는 것은 그날 밤도 내렸고 지금도 내리고 있는 '눈'이다. ④ 8연을 통해 현재 화자가 처해 있는 시공간적 배경인 '성탄제 가까운 도시'를 확인할 수 있다.

07.

'낙타는 항시 추억한다.'는 늙은 낙타를 보고 떠오른, 항상 지난날을 추억하시길 좋아하셨던 어린 시절의 선생님과 관련된 시구이기 때문에, 자신에게 가해진 삶의 무게를 떠올린다는 것과는 전혀 상관이 없다.

오답 풀이

① 4~5연에 의하면, 화자가 '동물원'의 '금잔디 위'에서 낙타를 보고 있다는 것을 알 수 있다. ② 2~3연에 의하면, 첫 연의 '눈을 감으면'은 회상으로 들어가는 동작을 의미한다고 볼 수 있다. ③ 3~4연에 드러나 있듯이, 화자가 낙타와 선생님을 머릿속에서 연결하는 것은 '늙은 외모' 때문이다. ⑤ 5연의 '여읜 동심'이 동물원 여기저기에 떨어져 있을 것 같다는 시구에는 되돌아올 수 없는 유년시절에 대한 안타까움과 그리움, 그리고 순수함을 잃은 자신의 오늘날에 대한 연민과 쓸쓸함이 담겨 있다.

08.

㉠(어린 짐승)은 자신이 몹시 앓고 있던 어리고 나약한 존재였음을 의미하고, ㉡(종달새 새끼 소리)은 할머니의 한스러운 그리움을 헤아리지 못한 채 마당에 넘쳐 들어온 바닷물이 마냥 반가워 뛰어다녔던 어린 시절을 의미한다. 따라서 ㉠은 연약한 이미지이고, ㉡은 천진난만한 이미지라고 할 수 있다.

오답 풀이

① 명랑한 이미지는 ㉡에만 해당한다. ② ㉠은 창백한 이미지라고 할 수 있으나, ㉡에는 전혀 해당하지 않는다. ③ ㉠의 '짐승'은 거친 이미지와는 상관이 없으며, ㉡은 '너무나 기쁜' 소리로, 낄낄거리며 쫓아다니는 속성을 가진다는 점에서 왜소한 이미지로 보긴 어렵다. ④ ㉠은 어리고 연약한 존재를 의미하므로 순수한 이미지와는 상관이 없다. ㉡은 투박한 이미지를 갖고 있지 않다.

Part 1. 현대시 | 03 | 김광규, 빨셈

O/X 정답

01. X	02. O	03. X	04. O	05. X

1. 화자는 '덧셈'과 같은 삶을 살아왔던 것에 대한 반성을 바탕으로, 줄이고 비우는 '뺄셈'과 같은 삶을 살고자 하는 다짐을 드러내고 있으므로 적절하지 않다.
2. '재산일까', '않을까', '남을까'의 의문형 어미를 활용하여 화자의 정서를 강조하고 있다.
3. 화자는 '옛날 서류를 뒤적거리고 / 낡은 사전을 들추어 보는 것'에 대해 '품위 없는 짓'이라고 표현하였으므로 적절하지 않다.
4. '덧셈', '뺄셈', '때 묻은 문패', '해어진 옷가지' 등 일상적 소재를 위주로 하여 지난날에 대한 성찰을 드러내고 있다.
5. '동일한 시행'은 말 그대로 글자 하나 빠지지 않고 한 줄이 동일해야 한다. 하지

만 이 시에서 동일한 시행의 반복은 나타나지 않으며, 이를 통해 운율감을 자아내고 있지도 않으므로 적절하지 않다.

Part 1. 현대시 04 | 최승호, 북어

O/X 정답

01. X	02. X	03. X	04. O	05. O

1. '한 쾌의 혀가 / 자갈처럼 죄다 딱딱했다.', '말라붙고 짜부라진 눈', '북어들의 빳빳한 지느러미.' 등에서 '북어'의 속성을 분석하고 있으나, 이를 통해 미래에 대한 긍정적인 전망을 제시하고 있지는 않다.
2. '싱싱한 지느러미'는 '빳빳한 지느러미'와 다르게 긍정적인 의미를 지니고 있다. 그러나 이를 지닌 '막대기 같은 사람들'은 '헤엄쳐 갈 데 없는 사람들'이라고 하였으므로 이들이 이상향에 다다랐다는 선지의 내용은 적절하지 않다.
3. '귀가 먹먹하도록 부르짖고 있었다.'에서 청각적 이미지를 확인할 수 있다. 그러나 이는 화자의 반성을 촉구하고 있을 뿐, 대상에 대한 두려움을 표현한 것이 아니다.
4. '북어'와 '너'를 반복하여 시의 중심 대상인 '북어'와 '너'로 초점을 모으고 있다.
5. '느닷없이~부르짖고 있었다.'에서 화자는 북어의 모습을 통해 무기력한 자신의 삶을 반성하고 있다.

나BS 실전 문제 정답

01. ⑤	02. ②	03. ⑤	04. ②

01.

(가) '새파란 초생달이 시리다.' → 공감각적 심상(시각의 촉각화), (나) '부르짖고 있었다.' → 청각적 심상, (다) '누룩을 디디는 소리, 누룩이 뜨는 내음새' → 청각적, 후각적 심상 / (가)~(다) 모두 마지막 부분에서 추상적 정서를 구체적 감각으로 제시하였으니, 독자에게는 선명한 느낌이 남으면서 당연히 '여운'을 줄 수 있겠지.

오답 풀이

① (가) O, (나) X, (다) O / (가)의 '돌아온다', (다)의 '떠내려간다, 눈물지운다, 휩쓸어간다'에서 현재 시제 선어말 어미 '-ㄴ-'을 확인할 수 있다. 그러나 (나)에서는 '있었다, 딱딱했다'와 같이 과거 시제 선어말 어미 '-었-'이 쓰였다. ② (가) X, (나) O, (다) X / (나)에서는 대상(북어)에게 심리적 거리를 두고 전개를 하다가 마지막에 시상의 전환을 하면서 자신의 삶에 대한 '반성'을 하니, 허용할 수 있다. 그러나 (가)와 (다)에는 대상과의 거리두기도, 일상적 삶에 대한 반성도 드러나지 않는다. ③ (가) X, (나) X, (다) X / 모두 자연에서 발견한 가치를 통해 인생의 소중함을 노래하고 있지 않다. ④ (가) X, (나) O, (다) X / 화자를 시의 표면에 직접 내세운다는 것은 시에 '나'를 표면적으로 제시하는 것을 가리킨다. (가)에서 '나비'를 시적 화자의 모습이 투영된 대상이라고 할 순 있지만, 시적 화자가 직접 표면적으로 드러난 것은 아니다. (다)에서도 시적 화자의 발화가 계속 등장하지만 '나'와 같이 표면적으로 화자를 드러내지 않으므로 적절하지 않다.

02.

ㄱ : '청무우밭인가 해서 내려갔다가는 / 어린 날개가 물결에 절어서'라는 부분에서 제시되고 있듯이, 나비는 '청무우밭'인 줄 알고 바다로 내려간 것이므로 '청무우밭'과 '바다'의 연결성을 알 수 있다. '바다'의 색깔과 파도를 고려한다면 '청무우밭'은 충분히 '바다'에서 연상된 것으로 볼 수 있다.

ㄹ : '새파란 초생달(시각)이 시리다(촉각).'는 나비가 물결에 젖는 모습을 공감각적 심상(시각의 촉각화)으로 표현한 것이다. 출렁이는 차가운 물결을 '초생달'에 비유하고, 이것이 나비 허리에 닿는 장면을 표현한 것이라고 할 수 있다.

오답 풀이

ㄴ : 지문에서 '나비'는 바다에 맞서고 있지 않다. '나비'가 '공주'로 묘사되는 것은 '지쳐서 돌아온' 때이다. ㄷ : 나비는 '바다'를 '청무우밭'으로 착각하고 간 것이고, '꽃'은 '청무우밭'에만 존재하는 대상이다. 나비가 원하는 '꽃'과 나비가 관심을 두지 않는 '물결'은 유사한 대상으로 볼 수 없다.

03.

성격이 다른 시어, 이질적인 시어는 일단 '긍정적인 시어'와 '부정적인 시어'로 구분을 해서 판단을 하면 된다. 이렇게 해서 답이 나오지 않으면, 유사한 의미와 이질적 의미로 구분을 하면 된다. 다른 시어들은 화자의 입장에서 북어를 비판하는 의미를 담은 부정적 시어인 것에 반해 '입을 벌려 말하는 구절은 오히려 화자를 비판하는 북어의 모습이 드러나므로 이질적 성격의 시어라고 할 수 있다.

오답 풀이

① '꼬챙이에 꿰어져 있'는 '대가리'는 생명력이 없는 북어의 부정적인 모습을 드러낸다. ② '딱딱'하게 굳은 '혀'는 말을 하지 못하는 부정적인 북어의 모습을 드러낸다. ③ '말라붙고 짜부라진 눈'은 생명력이 없는 부정적인 북어의 모습을 드러낸다. ④ '빳빳한 지느러미'는 생명력이 없는 부정적인 북어의 모습을 드러낸다.

04.

정말 중요한 문제이다. 냉정한 판단을 요구한 출제자의 시선이 느껴지는 문제라고 할 수 있다. 시 해석의 첫 번째 방법은 '확인할 수 없는 정보에 대해 판단해서는 안 된다.'라는 것이다. '행인'은 단순히 화자에게 위안을 주는 대상, '주인집 늙은이'는 감수성이 예민해서인지 이유 없이 눈물을 흘리는 대상, '장꾼들'은 직업상 여기저기 돌아다니는 사람들로 화자에게 고향에 대한 정보를 알려 줄 가능성이 있는 대상일 뿐이다. 그러니 모두 화자처럼 '고향 상실'을 겪고 있다고 판단할 근거는 없다. 하나 더 명심할 것은 '반응의 유사성이 상황의 유사성을 담보하지 않는다.'라는 것이다. 똑같은 눈물을 흘려도 기쁨의 눈물일 수도 있고, 서러움의 눈물일 수 있는 것이다. 주인집 늙은이는 분명 지문에서 '공연히(=이유 없이)' 눈물을 흘린다고 하였다. 고향 상실로 인한 눈물이 아니라는 것이다.

오답 풀이

① 고향에 대한 화자의 생각을 '나룻가', '주막', '산기슭' 등의 공간을 활용하여 전개하고 있다. ③ '강바람'은 '산짐승'의 우는 소리를 부른다는 점에서 (-) 이미지를 가진 대상이고, '설레는 바람'은 '설렘'이라는 정서를 담고 있지 않니. 따라서 '설렘'을 긍정적 정서로 보든 부정적 정서로 보든 간에 두 대상은 고향에 대한 화자의 심리와 연관이 있으니 허용할 수 있겠다. ④ 부사어는 '독자가 화자의 인식에 주목하게 하는 기능'을 가지고 있다. 따라서 '내면을 효과적으로' 혹은 '상황이나 정서를 강조' 등의 말은 충분히 허용 가능하겠다. ⑤ '흙이 풀리는 내음새', '누룩이 뜨는 내음새'는 화자가 기억 속 고향을 그리워하게 하는 냄새이므로, '기억을 그리움으로 확장'하는 역할을 하고 있음을 알 수 있다.

Part 1. 현대시 05 | 오규원, 물증

O/X 정답

01. O	02. X	03. X	04. X	05. O

1. 화자는 '폐어'가 '물이 있으면 아가미로 숨 쉬고 / 물이 마르면 폐로 숨을 쉬며' '오늘까지 살아'왔다는 점을 주목하고 있으므로 적절하다.
2. '프로톱테루스 에티오피쿠스여'에서 사람이 아닌 생물에게 말을 건넴으로써 의사소통의 대상으로 삼고 있으므로 인격화된 자연물을 청자로 설정한 것이 맞다. 하지만 이를 통해 화자의 소망을 전달하고 있지는 않으므로 적절하지 않다.
3. '그렇다면 30억만 년쯤 진화하지 않겠구나', '깨끗하게 썩지도 못하겠구나'에서 영탄적 표현을 통해 도시 문물 속에서 살아가는 우리 인간의 모습에 대한 비판이라는 주제 의식을 강조하고 있을 뿐, 경외감(공경하면서 두려워하는 감정)을 드러내고 있지는 않다.
4. '폐어'라는 자연물을 소재로 하고 있으나, 상반되는 두 대상이 제시되지는 않았다. '폐어'와 '우리'는 뻘 속에서 견딘다는 점에서 유사한 관계에 해당한다.
5. 화자는 '우리'가 '뻘 속에서 / 수십 년'을 견디기 때문에 '30억만 년쯤 진화하지 않'고 '깨끗하게 썩지도 못하겠'다고 하였으므로 적절하다.

Part 1. 현대시 | 06 | 신동집, 오렌지

O/X 정답

01. O 02. X 03. X 04. X 05. O

1. '내가 보는 오렌지가 나를 보고 있다', '마음만 낸다면 나도', '마땅히 그런 오렌지', '만이 문제가 된다'의 동일한 시행을 반복하여 운율감을 자아내고 있다.
2. '오렌지의 포들한 껍질'과 '찹잘한 속살'은 화자가 추구하는 대상의 본질이 아니라 대상의 겉모습에 불과하다. 화자는 마음만 먹으면 오렌지의 껍질을 벗기거나 속살을 깔 수 있지만 오렌지에 손을 대면 오렌지가 더 이상 '오렌지가 아니 되고 만다'라고 하였으므로 이는 화자가 추구하는 바가 아님을 알 수 있다.
3. '오렌지'라는 시어가 반복되고 있으나 이를 반복적으로 호명하고 있지는 않으므로 적절하지 않다.
4. '배암의 또아리'는 실제 똬리를 튼 뱀이 아니라 시간의 흐름을 비유적으로 나타낸 표현이다. '위험한 상태'란 대상의 본질을 파악하지 못한 무지의 상태를 의미하므로 적절하지 않다.
5. 음성 상징어를 사용하면 생동감은 자연스레 부각되므로 앞부분만 판단하면 된다. 5연에서 '뚤뚤'이라는 음성 상징어를 사용하고 있으므로 적절하다.

Part 1. 현대시 | 07 | 이상, 거울

O/X 정답

01. O 02. X 03. X 04. X 05. X

1. 화자는 '거울속의나'와 거울 밖의 '나'로 자아가 분열된 문제적 상황에 당면하여 두 자아가 화해하지 못하는 것에 대해 고뇌하는 태도를 드러내고 있으므로 적절하다.
2. 화자는 '거울속의나'와 만나 소통하고 싶어할 뿐, '조용한' '거울속' 세계를 동경하고 있지는 않다. 그리고 '거울속'이 '조용한세상'이라고 한 것은 현실과 단절된 거울 속 세상에 대한 이질감을 드러내는 표현이다.
3. '나는지금거울을안가졌소마는거울속에는늘거울속의나가있소', '거울속의나는참나와는반대요마는 / 또꽤닮았소'에서 역설적 표현을 사용하여 모순적인 상황을 드러내고 있으나 이에 대한 반성적인 자세가 나타나고 있지는 않으므로 적절하지 않다.
4. '거울속의나'는 '내말을못알아듣는딱한귀가' 있고, '나'의 '악수를받을줄'도 모르므로 화자가 대상인 '거울속의나'와 소통한다고 볼 수 없다. 또한 문제 해결 과정을 연쇄적으로 제시하고 있지도 않다.
5. 화자가 '거울속의나'를 '근심하고진찰할수없'는 것에 대해 '섭섭하'다고 표현한 것은 맞으나, 화자에 대한 '거울속의나'의 정서는 드러나고 있지 않으므로 적절하지 않다.

나BS 실전 문제 정답

01. ② 02. ③ 03. ③

01.

(나)는 '~는 얼마나 많은 ~를 / 감추고 있어서 ~인가'라는 유사한 통사 구조를 반복하여 고통이 존재의 본질이라는 화자의 깨달음을 강조하고 있다.

오답 풀이

① (가)는 명사형으로 시상을 마무리하고 있지 않다. ③ (가), (나) 모두 공간의 이동이 나타나지 않는다. ④ (가), (나) 모두 수미상관의 방식이 사용되지 않았다. ⑤ (가)는 음성 상징어를 활용하지 않았다. 한편 (나)는 '잉잉거린다'에서 청각적 이미지를 활용하여 삶의 고통을 나타내고 있다.

02.

[C]에서 화자는 '거울속의나'에게 악수를 건네며 소통을 시도하였다. 그러나 '거울속의나'는 '악수를받을줄모르는-악수를모르는왼손잡이'라고 하였으므로 화자가 '거울속의나'와의 소통에 실패하였음을 알 수 있다.

오답 풀이

① [A]에서 화자는 거울 밖과 구분되는 '거울속' 세상을 '저렇게까지조용한세상'으로 인식하고 있다. ② [B]에서 화자는 '거울속'의 '귀'에 대해 딱하다는 정서적 반응을 표출하고 있다. ④ [D]에서 화자는 '거울속의나'와 만날 수 있도록 하면서, 동시에 '거울속의나'와 단절시키기도 하는 거울의 이중적 속성을 파악하고 있다. ⑤ [E]에서 화자는 '거울속의나'와 '나'의 모습이 '반대요마는 / 또꽤닮았'다는 모순적 상황을 파악하고 있다.

03.

'지독한 노역'은 괴롭고 힘든 삶을 뜻하는 표현이다. 따라서 '지독한 노역'이 고통에서 벗어나려는 화자의 행위라고 보는 것은 적절하지 않다. 고통에서 벗어나려는 화자의 행위는 '가시나무에 기대 다짐하는' 모습에서 확인할 수 있다.

오답 풀이

① 〈보기〉에 따르면 이 작품은 고통을 상징하는 '가시'의 이미지를 바탕으로 화자의 내면 풍경을 보여 주고 있다. 따라서 '내 속에 가시나무를 심어놓았다 / 그 위를 말벌이 날아다닌다'라는 표현은 '가시나무'와 '말벌'을 이용하여 고통 받는 화자의 내면 풍경을 드러낸 것이라 볼 수 있다. ② 〈보기〉에 따르면 이 작품은 고통을 상징하는 '가시'의 이미지를 바탕으로 삶의 과정을 보여 주고 있다. 따라서 '가시밭길'이라는 표현은 화자의 순탄하지 않았던 삶의 과정을 드러낸 것이라 볼 수 있다. ④ 〈보기〉를 참고할 때, 고통을 상징하는 '가시나무'와 '많은 가시'를 각각 '나'와 '많은 나'에 대응한 것은 화자가 고통이 존재의 본질임을 인식하게 되었음을 나타낸 것이라 볼 수 있다. ⑤ 〈보기〉에 따르면 화자는 고통이 존재의 본질임을 깨닫고 고통과 함께하는 삶을 수용하게 된다. 따라서 '나에게는 가시나무가 있다'라는 표현은 가시나무, 즉 고통과 함께하는 삶을 수용하는 화자의 인식을 드러낸 것이라 할 수 있다.

Part 1. 현대시 08 | 오세영, 그릇1

O/X 정답

01. O	02. X	03. O	04. O	05. X

1. 수미상관은 시의 첫 부분과 마지막 부분을 유사하게 배치하는 것을 가리킨다. 1연과 4연이 수미상관 구조를 통해 대응되어 영혼의 성숙을 위한 깨짐의 필요성이라는 주제 의식을 강조하고 있다.
2. '사금파리여'에서 대상인 '사금파리'를 호명하고 있으나, 반복적으로 호명하여 대상으로 초점을 모으고 있지는 않다.
3. '부서진 원'은 '깨진 그릇'을 의미한다. 이때 '부서진 원'이 '모를 세우고 / 이성의 차가운 / 눈을 뜨게 한다'고 하였으므로 적절하다.
4. 화자는 '맨발'의 상태로 '사금파리'에 의해 베어져 '상처 깊숙이서' '혼'이 성숙하기를 바라고 있으므로 적절하다.
5. '깨진 그릇은 / 칼날이 된다.'를 '무엇이나 깨진 것은 / 칼이 된다.'로 유사하게 변주하여 나타내고 있으나, 이를 통해 시간의 흐름을 드러내고 있지는 않다.

Part 1. 현대시 09 | 이성복, 꽃 피는 시절

O/X 정답

01. O	02. X	03. O	04. X	05. X

1. 표면에 드러난 청자 '당신'에게 말을 건네는 방식을 사용하여 '당신'을 떠나보낼 때 느낄 화자의 아득하고 막막한 정서를 드러내고 있으므로 적절하다.
2. '절편보다 희고 고운 당신을 잎잎이, 뱉아 낼 테지만'에서 색채어 '희고'가 사용되었으나, 동일한 색채어를 반복적으로 제시하여 시상을 전개하고 있지는 않다.
3. '추운 땅속'은 개화를 위해 '당신'이 겪어야 하는 고난과 시련을 의미하므로 적절하다.
4. 시는 기본적으로 인간의 삶을 노래하기에 '꽃'을 통해 '새로운 생명을 잉태하는 인간'에 대한 성찰을 한다고 볼 여지는 있지만, 자연과 인간의 관계가 나타나지 않았고, 자연을 바라보는 인간의 태도에 대한 내용이 제시되지 않았으므로 적절하지 않다.
5. '조막만 한 손으로 뻣센 내 가슴'을 '쥐어뜯으며' '나'에게서 벗어나려 하는 '당신'에게 화자는 아쉬움과 막막함을 느끼고 있을 뿐, 연민을 느끼고 있지는 않다.

Part 1. 현대시 10 | 장석남, 배를 밀며

O/X 정답

01. X	02. X	03. X	04. O	05. X

1. '내 안으로 들어오는 배여', '아무 소리 없이 밀려 들어오는 배여'에서 유사한 문장 형태의 변주가 나타남을 확인할 수 있다. 하지만 이를 통해 시간의 흐름을 드러내고 있지는 않으므로 적절하지 않다.
2. 화자는 '온몸이 아주 추락하지 않을 순간의 한 허공에서 / 밀던 힘을 한껏 더해 밀어 주'면서 적극적으로 대상과 이별을 하고자 하므로 선지의 설명은 적절하지 않다.
3. 화자는 온 힘을 다해 대상과 이별한 후 그로 인한 상처와 아픔을 의미하는 '흉터'가 '잠시 머물다 가라앉'았다고 표현하고 있다. 하지만 '흉터'는 이별 후에 자연스럽게 나타나는 상처다. 화자는 '흉터'를 감안해서 대상을 세게 밀고 있는 것이 아니다.
4. '오, 내 안으로 들어오는 배여'에서 영탄법을 사용하여 화자의 고조된 감정을 나타내고 있으므로 적절하다.
5. '사랑은 참 부드럽게도 떠나지 / 뵈지도 않는 길을 부드럽게도'에서 도치된 표현이 활용되고 있다. 하지만 이를 통해 사랑이 떠나갈 때의 느낌을 드러낼 뿐, 화자가 처한 부정적 현실에 대한 극복 의지를 강조하고 있지는 않으므로 적절하지 않다.

나BS 실전 문제 정답

01. ①	02. ③	03. ③	04. ⑤	05. ①

01.

(가)에는 해방이 되어 고향으로 돌아왔으나 여전히 고통스럽기만 한 현실에서 이를 해결할 수 없는 참담한 상황이, (나)에는 이별의 슬픔을 밀어내 보지만 이별한 대상에 대한 그리움이 남아 그를 떠나보내지 못하는 상황이, (다)에는 정치적 이상을 펼쳐보고자 하나 이룰 수 없는 현실에 대한 실망과 좌절감이 나타나 있다. 따라서 (가), (나), (다) 모두 화자로서는 어찌할 수 없는 상황이 나타나 있음을 알 수 있다.

오답 풀이

② (가) X, (나) O, (다) X / (나)는 배를 미는 행위에서 이별의 의미를 유추하고 있다는 점에서 일상의 경험에서 대상의 의미를 새롭게 끌어내고 있다고 볼 여지가 있다. 하지만 (가)와 (다)는 일상의 경험에서 대상의 의미를 새롭게 끌어내고 있지 않다. ③ (가) X, (나) X, (다) X / (가), (나), (다) 모두 대상의 존재를 부정하려는 화자의 의도는 드러나 있지 않다. ④ (가) X, (나) X, (다) O / (다)에서는 '백만억창생'을 위한 선정의 포부와 좌절이 드러난다는 점에서 이상과 현실 사이에서 고뇌하는 화자의 모습이 나타난다고 볼 여지가 있다. 하지만 (가)와 (나)에는 이상과 현실 사이에서 고뇌하는 화자의 모습이 나타나 있지 않다. ⑤ (가) O, (나) X, (다) X / (가)는 '혼자만' 고운 '하늘'과의 대비를 통해 현재의 삶에 대한 비극성을 부각하고 있으므로 자연을 통해 현재의 삶에 대한 부정적 인식을 드러낸다고 볼 수 있다. 하지만 (나)와 (다)는 자연을 통해 현재의 삶에 대한 부정적 인식을 보여 주고 있지 않다.

02.

(가)는 귀국한 전재민(전쟁으로 재난을 입은 사람)의 고통스러운 현실과 심정을 나타낸 작품으로 그들에게 희망과 위로를 주는 대상은 설정되어 있지 않다. '하늘'은 '거북이'의 처지와 대조되는 것으로 '거북이'의 처지를 더욱 부각시키는 대상일 뿐, 희망을 가질 수 있도록 하는 대상으로 보기 어렵다. '배추꼬리' 역시 '거북이'의 참담한 상황을 나타내는 것이므로 위로를 주는 대상으로 볼 수 없다.

오답 풀이

① '혼자만' 고운 '하늘'과 '두 손을 오구려 혹혹 입김'을 부는 '움 속'의 상황을 대비하여 전재민의 부정적인 현재 처지를 부각하고 있으므로 적절하다. ② '거북이는 배추꼬리를 씹으며 달디달구나'에서 '거북이'의 말을 인용하여 가난에 시달리는 전재민의 삶을 사실적으로 제시하고 있다. ④ '조선'이라는 구체적 공간과 '첫눈'이 내리는 계절적 배경(겨울)을 설정하여 고국으로 돌아온 전재민의 삶을 드러내고 있다. ⑤ '거북네' 가족 3대의 이야기로 내용을 구성하여 해방 이후에도 전재민의 고난이 지속되고 있음을 보여 주고 있다.

03.

(가)는 수미상관의 방식으로 '거북이'의 참담한 처지를 반복, 변주하여 제시함으로

써 시상을 심화하고 있다.

오답 풀이

① (가) X, (나) X / (가)와 (나) 모두 색채의 대비는 드러나지 않으며, 이를 통해 감정의 변화를 보여 주고 있지도 않다. ② (가) O, (나) O / (가)는 '혼자만 곱구나'에서, (나)는 '오'에서 영탄적 표현을 통해 시적 긴장감을 고조시키고 있다. ④ (가) O, (나) X / (가)는 '훅훅'이라는 의성어가 사용되고 있으나, (나)에는 의성어가 사용되지 않았다. ⑤ (가) X, (나) X / (가)의 '달디달구나'에서 반어적 표현이 드러난다. 하지만 이는 가난에 시달리는 힘겨운 '거북이'의 현실을 드러낸 것일 뿐, 현실에 대한 화자의 태도를 드러낸 것으로 보기는 어렵다. 한편, (나)에는 반어적 표현이 사용되지 않았으며, 이를 통해 현실에 대한 화자의 태도를 드러내고 있지도 않다.

04.

ⓐ에서는 가라앉은 줄 알았던 사랑의 감정이 화자의 마음속으로 다시 밀려들어오고 있음을 보여 주고 있다. 이는 화자가 '기대하던' 새로운 사랑이 시작됨을 표현한 것이 아니라 이별한 대상에 대한 그리움을 표현한 것으로, 화자가 아직 사랑을 떠나보내지 못했음을 보여 주는 것이므로 선지의 설명은 적절하지 않다.

오답 풀이

① ㉠은 배에서 손을 뗀 순간 허전함과 공허함을 느끼는 화자의 상황을 표현하고 있다. ② ㉡은 배가 밀려가는 모습을 통해 사랑이 떠나갈 때의 느낌을 촉각적 이미지를 통해 표현하고 있다. ③ ㉢에는 배를 밀어내듯이 이별의 슬픔 역시 세게 밀어내고자 하는 화자의 모습이 드러나 있다. 이는 이별의 슬픔을 잊기 위한 화자의 의지를 표현한 것이라 할 수 있다. ④ '빈 물 위의 흉터'는 이별로 인한 상처와 아픔을 드러낸 것이므로, ㉣은 사랑이 떠나가고 남은 화자의 마음속의 상처를 표현한 것이라 할 수 있다.

05.

[A]의 '거북이'는 고통스럽게 살아가는 유이민(타지로부터 흘러 들어온 사람)을 상징하며, [B]의 '백만억창생'은 화자가 벼슬길에 올라 살피고자 하는 백성을 의미한다. 이때 [A]와 [B]의 화자는 각각 '거북이'와 '백만억창생'의 삶에 대해 관심을 가지고 이들을 바라보고 있으므로, '거북이'와 '백만억창생'은 모두 화자가 애정을 가지고 있는 대상에 해당한다고 할 수 있다.

오답 풀이

② [A]의 '생각'은 '배추꼬리를 씹으며' '거북이'가 하는 행위를, [B]의 '꿈'은 '백만억창생'에게 선정을 베풀고자 하는 화자의 바람을 드러낸다. 따라서 '생각'과 '꿈'은 화자와 대상 간의 갈등을 보여 주지 않는다. ③ [A]의 '첫눈'은 이미 내렸다고 했으므로 화자가 기다리는 대상으로 볼 수 없다. 한편, [B]의 '바치'는 화자 자신을 비롯한 충신을 가리키는 시어이므로 화자가 기다리는 긍정적 대상을 의미하지 않는다. ④ [A]의 '움'은 '거북네'가 살고 있는 공간적 배경을, [B]의 '백옥루(천상의 누각)'는 '옥황'이 살고 있는 공간적 배경을 나타낸다. 즉, '움'과 '백옥루'는 화자가 살고 있는 공간적 배경을 나타내는 것이 아니므로 선지의 설명은 적절하지 않다. ⑤ [A]의 '하늘'은 유이민의 처지와 대비를 이루는 자연물일 뿐, 이상적 세계를 나타낸다고 보기 어렵다. 한편, [B]의 '하늘'은 '이저신', 즉 한쪽 귀퉁이가 떨어져 없어진 불완전한 모습으로 그려지고 있으므로 이상적 세계를 나타낸다고 보기 어렵다.

Part 2. 고전시가 | 01 | 남도진, 낙은별곡

O/X 정답

01. O 02. O 03. X 04. O 05. X

1. '여름날 더운 길의 홍진 간에 분주하며 / 겨울밤 추운 새벽 대루원에 서성이니'와 '삼복에 날 더우면 백우선 높이 들고~목침을 돋워 베고 해 돋도록 잠을 자니'에서 속세에서 벼슬을 하는 관리들의 행위와 자연에서 여유를 즐기는 화자의 행위를 대비하였다. 이를 통해 화자는 관리들의 삶에 대해 부정적으로 평가를 하고 있으므로 적절하다.
2. '어와', '낙천지명은 경계도 깊어셰라', '석양 방초 길에 걸음마다 더디구나' 등 영탄적 어조를 통해 아름다운 자연에서 느끼는 즐거움을 드러내고 있다.
3. 화자가 '용면을 불러내어' '그리고자' 했던 '형상'은 자신의 모습이 아니라 '석양 방초 길'을 가다가 '바위에 앉'아 보게 된 풍경이다. 또한 화자는 이러한 소망을 드러내기만 했을 뿐, 실제로 '용면'에게 이를 그려 달라고 부탁하지 않았으므로 선지의 내용은 적절하지 않다.
4. '자네는 좋다 하나 내 보기엔 괴로워라 / 어와 내 신세를 내 말하니 자네 듣소', '귀 씻던 옛 할아비 자네 혼자 높을쏘냐', '드넓은 저 강물아 세상으로 가지 마라', '속세 잊은 저 백구야 너와 나와 벗이 되어 / 물가에 노닐면서 세상을 잊자꾸나'에서 확인할 수 있다.
5. 화자는 '선부연'이라는 연못이 반고씨 적에 만들어진 가마솥 모양과 같다고 평하며 경치를 감상하고 있는 것이지, '반고씨'가 만든 '가마'를 보고 있는 것은 아니다.

나BS 실전 문제 정답

01. ③ 02. ② 03. ④

01.

(가)에는 '어저 내 신세를 내 이르니 자네 듣소'에서 '자네'에게, (나)에는 '허천강 건너편에 나날 뵈는 저 봉화야'에서 '봉화'에게 말을 건네는 방식을 활용하여 화자의 내면을 드러내고 있으므로 적절하다.

오답 풀이

① (가) X, (나) X / (가)와 (나) 모두 음성 상징어가 사용되지 않았다. ② (가) O, (나) X / (가)의 '소장진퇴는 성인의 밝은 가르침이요 / 낙천지명은 성인의 깊은 경계로다' 등에서 유사한 문장 구조를 반복하고 있으나, (나)에서는 유사한 문장 구조의 반복이 사용되지 않았다. ④ (가) X, (나) X / (가)와 (나) 모두 역설적 표현이 사용되지 않았다. ⑤ (가) X, (나) X / (가)와 (나) 모두 청유형 어미가 사용되지 않았다.

02.

㉠에는 '동지 밤 눈 온 후에 더운 방에 이불 덮고' '해 돋도록' 늦잠을 자며 여유롭게 일상을 만끽하는 화자의 여유로움이 드러나 있다. ㉡에는 신하와 임금이 함께 즐기던 옛 시절을 꿈에서라도 볼 수 있다면 매일 '밤낮 자'고 싶다는 것에서 바라는 바에 대한 화자의 간절함이 드러나 있다.

오답 풀이

① ㉠ X, ㉡ X / ㉠에서 화자는 자신의 일상에 대한 만족감을 드러낼 뿐, 잘못에 대한 변명을 드러내지 않는다. 또한 ㉡에서 화자는 좋은 꿈을 계속 꾸고 싶은 소망을 드러낼 뿐, 자신의 행동으로 인한 후회를 드러내지 않는다. ③ ㉠ X, ㉡ O / ㉠에서 화자의 체념을 확인할 수 없다. 반면 ㉡에서 화자는 신하와 임금이 함께 즐기던 옛 시절을 꿈에서라도 매일 보고 싶다는 소망을 드러내고 있으므로, 매일 '밤낮 자'고 싶다는 것은 결핍을 충족시키기 위한 시도로 볼 수 있다. ④ ㉠ O, ㉡ X / ㉠에서 화자는 '해 돋도록' 늦잠을 자며 여유를 즐기고 있으므로 시간의 속박에서 벗어난 자유로움을 드러낸 것으로 볼 수 있다. 반면 ㉡에서 화자는 좋은 꿈을 계속 꾸고 싶은 소망을 드러낼 뿐, 지시에 따라 행동하겠다는 의지를 드러내지 않는다. ⑤ ㉠ X, ㉡ O / ㉠에서 화자의 무력감은 확인할 수 없다. 반면 ㉡에서 화자는 신하와 임금이 함께 즐기는 꿈을 매일 꿀 수 있다면 밤낮 자고 싶다는 소망을 드러내고 있

으므로, 꿈이 지속되지 못하는 것에 대한 안타까움이 담겨 있는 것으로 볼 수 있다.

03.

(나)의 〈1수〉에서 '허천강 건너편'의 '봉화'를 보며 '목멱산' 아래에 있는 '내 집'을 떠올리는 것은 변방으로 유배를 간 작가가 유배 전에 살던 집과 가족을 그리워하는 모습으로, 현재 작가가 이전의 삶과 단절된 상황임을 짐작할 수 있다. 그러나 (가)에서 '대루원에 서성이'는 사람에게 '내 신세'를 이르는 것은 속세에서 관직에 있는 사람들은 고단하고 괴로운 삶을 살지만, 자신은 속세를 떠나 자연에서 한가하고 여유롭게 살고 있어 현재의 삶에 만족감을 느끼고 있는 것일 뿐, 작가가 이전의 삶에 대한 미련을 버리지 못한 것이 아니므로 적절하지 않다.

오답 풀이

① (가)에서 '봉우리도 빼어나고 경치도 뛰어'난 '산속에 깃들'었다는 내용은 〈보기〉에서 말한 '자연에서의 은거를 선택한 작가'의 모습을 보여 준다. ② (가)에서 '주인옹이 명리에 뜻이 없어'서 '진세를 하직'했다는 것에서 부귀공명과 같은 세속적 가치에 욕심이 없어 속세를 떠난 것이 작가가 스스로 선택한 것임을 확인할 수 있다. ③ 〈보기〉에 의하면 (나)에서는 임금을 달에 비유하여 연군의 정을 표현하였다. (나)의 〈11수〉에서 '두렷한 밝은 달'을 '떠가는 구름'이 가리려 하는 것을 경계하는 것에서 임금을 '달'에 비유하여 임금에 대한 작가의 연군지정을 드러내고 있음을 짐작할 수 있다. ⑤ (가)에서 '삼공이 귀하다 하나 나는 아니 바꾸'겠다고 하는 것에서 작가가 삼공과 바꾸지 않을 정도로 자신의 편안한 삶에 만족하고 있음을 확인할 수 있으므로 적절하다. 또한 (나)의 〈4수〉에서 변방에 유배를 가 '가시울 에운 곳'에서 지내며 고향이 '가깝'다면 '생각이 더'했을 텐데 차라리 멀어서 잘되었다고 하는 것에서 고향을 떠나온 작가의 그리움을 확인할 수 있다.

Part 2. 고전시가 02 | 작자 미상, 삼가 뜻하는 바를 아뢰오니~

O/X 정답

01. O	02. X	03. X	04. X	05. O

1. 화자는 자신에게 주천을 소유할 수 있는 권리를 허락해 줄 것을 '상제'께 간청하고 있다.
2. 종장에서 상제는 '유령'과 '이백'도 주천에 대한 권리인 '토지나 전결세를 나눠 받지 못'하였음을 근거로 화자의 청원을 수용하지 않고 있으므로 선지의 내용은 적절하지 않다.
3. '유령'과 '이백'이라는 역사적 인물이 제시되고 있으나, 이들의 말을 인용하고 있지 않으며 화자가 지닌 궁금증을 드러내고 있지도 않다.
4. '상제'는 '소장 안에 호소하는 바를 다 살펴보았'으나 '주천'은 '세상의 공적 물건이라 제 마음대로 못 할 일'이라며 화자의 청원을 거절하였다. 따라서 '상제'가 '주천'의 권리가 적힌 '공증문서'를 화자에게 발급해 주기로 했다는 선지의 내용은 적절하지 않다.
5. 종장에서 '주천'은 개인의 욕망에 따라 소유할 수 있는 것이 아님을 제시하고 있다. 이를 통해 해당 작품은 과도한 욕망을 경계하려는 의도를 드러내고 있음을 알 수 있다.

Part 2. 고전시가 03 | 이운영, 순창가

O/X 정답

01. X	02. O	03. X	04. X	05. O

1. '올랐다가 내렸다가 내렸다가 올랐다가'에서 대구적 표현이 사용되었지만, 이는 말에서 오르락내리락하는 화자의 모습을 보여 주는 것일 뿐 새로운 계책을 마련한 기쁨을 드러낸 것은 아니다.
2. '최윤재'는 자신이 '실족하'여 크게 다친 이유를 사또가 뒤돌아보게 한 '기생들의 탓'으로 돌리고 있으므로 적절하다.
3. 시적 공간의 탈속성이 드러나지 않으며 이를 통해 시상을 형성하고 있지도 않다.
4. '수화에 들라 하신들 감히 거역하리까~의녀 등도 원통하와 소회를 아뢸 것이니'에서 '의녀'들은 자신들에게 내려지는 '처분'을 수용하고자 하고 있으므로 적절하지 않다.
5. '어디인가', '뉘 탓인고', '거역하리까' 등에서 의문형 어미를 활용하여 화자의 정서를 강조하고 있다.

Part 2. 고전시가 04 | 작자 미상, 갑민가

O/X 정답

01. O	02. X	03. X	04. O	05. O

1. 위 작품은 '생원'과 '갑민'이 대화하는 방식으로 내용이 전개되고 있으며, 이를 통해 조선 후기 민중이 처한 부조리한 현실에 대한 비판이라는 주제를 부각하고 있다.
2. 역설적 표현이 드러난 부분은 찾아볼 수 없으며, 이를 통해 모순적인 상황에 대한 반성적인 자세를 보여 주고 있지도 않으므로 적절하지 않다.
3. '일국 일토 한 인심에 근본 숨겨 살려 한들 어데 간들 면할손가'에서 '생원'은 '군사 도망'하려는 '갑민'을 만류하고 있으므로 적절하지 않다.
4. '갑민'은 신역의 부담을 여러 집에 나누는 '북청'의 모습을 보고 이를 본받자는 의미로 감영에 '의송'을 보냈지만, '불문 시비 올려 매고' '곤장'을 맞고 왔다고 하였으므로 적절하다.
5. 생원은 '면할손가' 등에서 이주할 수밖에 없는 '갑민'의 현실에 대한 안타까움을 드러내고 있으며, 갑민은 '이친 기묘 하올소냐' 등에서 신역의 부담이 큰 현실에 대한 안타까움을 드러내고 있으므로 적절하다.

나BS 실전 문제 정답

01. ④	02. ④	03. ①	04. ⑤

01.

1문단을 통해 가사는 '두 마디씩 짝을 이루는 율문의 구조'를 이루고 있음을 알 수 있다. 그러나 길이가 짧다는 의미에서 '단가'로 부르던 시조와 구별하여 가사는 '장가'라고 불렀다고 하였으므로 적절하지 않다.

오답 풀이

①, ② 1문단에서 시조의 형식이 간결한 것에 비해 가사는 복잡한 체험을 두루 표현할 수 있을 만큼 길어질 수 있었다고 하였으므로 적절하다. ③ 3문단에서 임진왜란을 경계로 하는 17세기 무렵부터 후기 가사가 시작됨을 알 수 있으므로 적절하다. ⑤ 3문단에서 가사의 작자층이 확대된 것과 표현 방식의 다양화는 서로 밀접한 관계

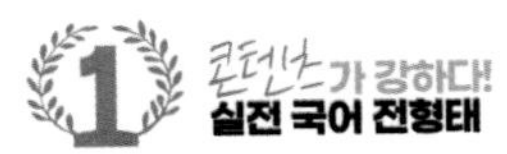

속에서 형성된 것임을 알 수 있으므로 적절하다.

02.

(나)의 '공명'은 자연과 대비되는 속세에 대한 화자의 부정적 태도를 드러낸다. 반면에 (다)의 화자는 조상 덕에 '좌수별감'과 같은 직을 수행하였으나 군사 계급으로 강등된 인물이다. 따라서 (다)에는 화자가 사대부들의 경건한 삶을 풍자하는 태도가 드러나지 않으므로 적절하지 않다.

오답 풀이

① (나)의 화자는 자연 속에서 '도화행화'를 감상하고 있지만, (다)의 화자는 세금을 물어야 하는 경제적 어려움 속에서 생존을 위해 '인ᄉᆞᆷ싹'을 찾고 있으므로 적절하다. ② (나)의 '세우'는 '녹양방초'와 어우러져 화자의 흥취를 돋우어 주는 역할을 하지만, (다)의 '눈'은 서민인 화자의 고통을 더욱 심화하는 역할을 하므로 적절하다. ③ (나)의 화자는 '봉두'에 올라 '연하일휘ᄂᆞᆫ 금수ᄅᆞᆯ 재폇ᄂᆞᆫ ᄃᆞᆺ'이라며 자연의 아름다움을 형상화하고 있지만, (다)는 화자가 '입ᄉᆞᆫ'하여 돈피를 사냥하는 모습, 하ᄂᆞ님께 축수하고 산신께 발원하는 등 화자의 체험을 구체적으로 형상화하고 있으므로 적절하다. ⑤ (나)는 화자가 '단표누항에 흣튼 혜음 아니 ᄒᆞ'며 만족하는 모습을 통해 안빈낙도를 중시하는 가치관을 보여 주지만, (다)는 화자가 '빈손'으로 표현된, 경제적으로 어려운 상황에서 겪는 고난을 통해 화자에게 닥친 현실의 문제를 보여 주므로 적절하다.

03.

(나)의 '물아일체어니 흥이ᄋᆡ 다ᄅᆞᆯ소냐', (다)의 '해마다 맞춰 무니 석숭인들 당ᄒᆞᆯ소냐'에서 설의적 표현을 통해 화자의 정서를 강조하고 있으므로 적절하다.

오답 풀이

② (나)의 '새봄', '봄빛'에서 봄, (다)의 '입동', '눈'에서 겨울의 계절적 배경이 드러난다. (다)의 화자가 산에 고립된 상황에서 추위와 눈 속에 살아남아야 한다는 점에서 겨울이라는 계절적 배경이 애상적(슬퍼하거나 가슴 아파하는 것) 분위기를 환기한다고 볼 수 있으나, (나)는 자연을 즐기고 있으므로 봄이라는 계절적 배경이 애상적 분위기를 환기하지 않는다. ③ (나)와 (다) 모두 대화의 형식이 사용되지 않으므로 적절하지 않다. ④ (나)의 '새'와 (다)의 '오갈피잎'은 의인화된 대상이다. (나)에게는 수풀에 우는 새가 봄의 흥취를 못내 이겨 교태를 부린다고 표현하였으므로 대상의 긍정적 속성을 부각한다고 볼 수 있으나, (다)는 대상의 긍정적 속성을 부각하지 않으므로 적절하지 않다. ⑤ (나)와 (다) 모두 의성어가 사용되지 않으므로 적절하지 않다.

04.

[E]는 갑민이 돈피 사냥에 실패한 후 겪은 시련을 보여 주는 것이지, 유배를 가는 길에서 겪은 시련을 보여 주는 것이 아니므로 적절하지 않다.

오답 풀이

① [A]에는 '원수인의 모해' 때문에 계급이 강등되어 갑민의 처지가 바뀌게 되었음이 제시되어 있으므로 적절하다. ② [B]에는 친척들이 충군이 된 후 모두 도망가 버리고, 여러 사람의 신역을 갑민 혼자서 물게 되는 과정이 드러나 있으므로 적절하다. ③ [C]는 '허항영'처럼 실제 지명을 언급하여 작품의 사실성을 높이고 있으므로 적절하다. ④ [D]에서 갑민이 싸리를 꺾어 누대를 치고 잎갈나무로 모닥불을 놓고 산신에게 발원하는 것을 통해 갑산 지역에서 돈피 사냥에 앞서 행하던 민속을 짐작할 수 있으므로 적절하다.

Part 2. 고전시가 05 | 정철, 관동별곡

O/X 정답

01. X	02. X	03. X	04. O	05. O

1. '오월'에서 계절적 배경이 나타난다고 볼 수 있으나, 이를 활용하여 향토적 분위기를 조성하고 있지는 않다.
2. '정긔를 떨치니 오색이 넘노는 듯 / 고각을 섯부니 해운이 다 것는 듯' 등에서 대구를 사용하고 있으나 이를 통해 대조적 대상의 속성을 드러내고 있지는 않다.
3. '갓득 노한 고래'는 '망양뎡'에 오른 화자가 바라 본 파도를 비유한 표현이므로, 누군가에 의해 놀란 '고래'가 물을 '블거니 뿜거니 어즈러이 구는' 것을 바라보고 있다는 선지의 설명은 적절하지 않다.
4. 화자의 꿈에 나타난 '한 사람'은 화자에게 '그대를 내 모르랴 샹계예 진션이라'고 말하였으므로 적절하다.
5. 화자는 여정에 따라 '산영누', '총셕뎡', '삼일포', '망양뎡'으로 공간을 이동하고 있으며 이에 따른 풍경을 묘사하고 있으므로 적절하다.

나BS 실전 문제 정답

01. ③	02. ②	03. ③	04. ④	05. ⑤
06. ④	07. ②	08. ①	09. ④	10. ③
11. ③	12. ⑤			

01.

선경후정의 방식이란, 경치가 먼저 제시된 다음 그에 대한 정서적 반응이 서술되는 것을 말한다. '개심대'에서는 화자가 바라본 풍경인 '중향성', '만이천봉'의 모습이 제시된 다음, 산의 정기를 이어받아 인재를 양성하고자 하는 포부를 드러내는 화자의 감흥이 서술되고 있다.

오답 풀이

① 화자는 '금강대'에서 '진헐대'로 이동하는 동안 자연에 대해 예찬적 태도만을 취하고 있다. 자연에 대한 화자의 이중적 태도는 나타나지 않는다. ② '진헐대'에서 역동적 이미지와 정적 이미지, '불정대'에서 원경과 근경의 이미지가 대립된다고 볼 수 있다. 그러나 화자의 내적 갈등은 드러나지 않는다. ④ '화룡소'에서 화자는 화룡소에서 창해로 이어지는 물을 '천년 노룡'에 비유하고 있다. 이러한 시적 전개가 화자의 시선에 이동에 따른 것이라 볼 경우, 화자가 위치한 연못 '화룡소'에서 먼 바다인 '창해'로의 전개는 원경에서 근경이 아니라 근경에서 원경으로 시선이 이동하고 있다고 봐야 한다. ⑤ '마하연 묘길상 안문재 너머 디여 / 외나모 써근 다리 불정대 올라 하니'에서 '화룡소'에서 '불정대'까지의 이동 경로를 드러내고 있다.

02.

평가원은 시문학에서 비유를 집요하게 물어본다. 특히 원관념과 보조 관념이 무엇인지 정확하게 체크를 하면서 가야 한다. '동해 바다 같은 봉우리'가 말이 되는가? [A]에서는 봉우리를 '백옥'과 '동명(동해 바다)' 자체에 비유한 것이 아니라, '백옥'으로 장식한 것처럼 아름다운 모습과 '동명을 박차는 듯'한 역동적인 모습으로 비유한 것이다.

오답 풀이

① '부용을 고잣는 듯 백옥을 뭇것는 듯'에서, 봉우리를 '부용'을 꽂고 '백옥'을 묶어 장식해 놓은 듯한 시각적 형상으로 묘사함으로써 아름다움을 표현하였다. ③ '동명을 박차는 듯 북극을 괴왓는 듯'에서 역동적이고 높게 솟아 있는 봉우리의 웅장한 느낌을 표현하였다. ④ '날거든 뛰디 마나 섯거든 솟디 마나'에서 '-거든 -디 마나'라는

문장의 구조를 반복(=대구)하여 봉우리의 역동적인 느낌을 표현하였다. ⑤ '부용을 고잣는 듯~북극을 괴왓는 듯'에서, '~을 ~는 듯'의 유사한 통사 구조를 나열하여 봉우리의 다채로운 면모를 표현하였다. 이때 '고잣는 듯'은 상태를, '박차는 듯'은 동작을 보여 주는 표현이다.

03.

〈보기〉에 따르면 하늘의 이치가 구현된 자연의 미를 관념적으로 형상화한 조선 사대부들과 달리, 작가는 자연의 미를 현실에서 발견하여 사실감 있게 묘사하였다. 따라서 작가가 '하늘의 이치가 구현된 인간 사회의 영향'을 받은 자연의 아름다움을 노래한 것이라 보기는 어렵다.

오답 풀이

① 〈보기〉에 따르면 작가는 자연에 투사된 이상적 인간상을 모색하였다. 따라서 '헐망봉'을 '천만겁'이 지나도록 굽히지 않는 존재로 본 것은, 작가가 지향하는 이상적 인간상인 오래도록 굽히지 않는 의지적인 존재의 모습을 '헐망봉'에 투사한 것이라 볼 수 있다. ② 〈보기〉에 따르면 작가는 자연을 바라보며 사회적 책무를 떠올렸다. 해당 구절은 봉우리의 기운을 훑어 내어 나라를 이끌 인재를 양성하고 싶다는 의미이므로, 작가가 자연을 바라보며 사회적 책무를 인식한 것이라 볼 수 있다. ④ 〈보기〉에 따르면 작가는 자연의 미를 현실에서 발견하여 사실감 있게 묘사하였다. 폭포를 '실', '베'와 같은 구체적이고 현실적인 사물에 비유한 것은, 자연을 사실감 있게 나타내려는 태도가 반영된 것이라 볼 수 있다. ⑤ 〈보기〉에 따르면 자연의 미를 관념적으로 형상화한 조선 사대부들과 달리, 작가는 현실에서 자연의 미를 발견하고자 하였다. 실제 현실의 공간인 '불정대'에서 본 풍경을 중국의 '여산'과 비교하여 우리 자연의 아름다움을 강조하는 부분에서 작가만의 차별적 인식을 파악할 수 있다.

04.

기본적인 해석 여부를 묻는 선지들이다. 작품 분석을 꼼꼼하게 읽어 보길 바란다. ㉣은 '마하연, 묘길상, 안문재'를 넘어 내려간다는 뜻이다. ㉣에서 행위를 나타내는 서술어는 '너머 디여'뿐이므로 서술어를 최소화하여 여정을 압축적으로 표현하고 있다고 볼 수 있다.

오답 풀이

① 앞뒤 구절의 맥락을 보면, 화자는 산에 올라 높은 곳에서 세상을 바라보면서 공자에 대해 감탄하고 있다. 공자는 '넙거나 넙은 천하'를 '좁다'고 표현하였는데, 화자에게는 드넓어 보이기만 하는 세상에 대해 공자는 좁다고 표현하였으므로 그 깨달음의 경지에 다다르지 못했다는 의미이다. 따라서 ㉠은 반어적 표현이 아니다. ② '디위'는 공자가 지닌 높은 정신적 경지를 표현하는 시어이다. 따라서 ㉡은 공자에 대한 경의와 존경심을 드러내는 것이지 화자가 지닌 불만을 표출하는 것이 아니다. ③ '음애'에 사는 '풀'을 살려내고 싶다는 것은 백성에게 선정을 풀고 싶은 관직자로서의 심정을 드러낸 것이다. 그러므로 ㉢은 자신의 역경을 표현한 것이 아니라 비가 내려서 백성들의 삶에 고난이 없기를 바라는 의도로 보아야 한다. ⑤ ㉤에서 '남여'는 '뚜껑이 없는 open 가마'를 지칭하고, '완보'는 '느린 걸음'을 의미한다. 우리 현대인의 기준으로는 가마를 타고 천천히 산에 오르는 모습이 상상되지 않지만, 당시는 철저한 신분 사회라는 것을 감안해야 한다. 따라서 가마를 타고 이동하는 모습은 과장된 묘사가 아니라 일상적인 모습이다.

05.

'주자의 시구를 읊으며 백록담 가로 되돌아오니'에서 시구를 낭송하는 모습은 확인할 수 있지만 일행들 사이의 갈등이나 갈등 해소는 어디에도 나오지 않았다.

오답 풀이

① '얼마 후 검은 안개가 몰려오더니~산등성이를 휘감았다.', '이곳에까지 와서 한라산의 진면목을 보지 못한다면~섬사람들의 웃음거리가 되지 않을까 하는 생각이 들었다.'에서 확인할 수 있다. ② 백록담의 크기나 수면 상태, 물의 맑고 깨끗함에 대한 내용은 보이는 대로 말한 것이므로 객관적인 사실이다. 이러한 모습을 '신선'이 사는 곳이나 '천부의 성곽'에 빗대어 자신의 소감을 추가하고 있으므로 적절하다. ③ '최고봉'에 오를 때 따라오는 사람이 '겨우 세 명뿐이었다'라고 하였다. 이를 통해 낙오한 이들이 있었을 정도로 매우 힘든 등정이었음을 추측할 수 있다. ④ 등정 과정은 '일행은 모두 지쳐서~최고봉이었으므로 조심스럽게 조금씩 올라갔다.'에서, 최고봉에서 백록담으로 내려오는 과정은 '주자의 시구를 읊으며 백록담 가로 되돌아오니'에서 확인할 수 있다. 따라서 내려오는 과정이 더 간략하게 제시되었음을 알 수 있다.

06.

[B]에서는 한라산의 최고봉이 '세상을 굽어보며~소주와 항주를 가리키고' 있다고 의인화하여 표현했다. 〈보기〉에서는 자연물인 바다의 움직임(파도)을 '노한 고래, 은산, 백설'에 비유하고 있다.

오답 풀이

① [A]와 〈보기〉 둘 다 자연이 시간의 흐름에 따라 변화하는 모습을 표현하고 있지 않다. ② [A]에서 '지상의 자연물'인 폭포의 모습을 '천문 현상'인 은하수에 비유하고 있는 것은 맞다. 그러나 〈보기〉는 '지상의 자연물'인 바다를 '지상의 자연물'인 고래, 은산, 백설에 비유하고 있다. ③ [B]와 〈보기〉 모두 자연의 광경에 대한 감탄을 드러내고 있으므로 자연의 냉혹함과는 거리가 멀다. ⑤ '관조'는 '고요한 마음으로 사물이나 현상을 관찰하거나 비추어 봄'을 의미한다. [A], [B]는 비유를 통해 화자의 주관적 인식을 드러내고 있으므로 관조의 태도를 허용하기 어렵다. 또한 〈보기〉는 화자의 관심이 자연의 모습에 있을 뿐, 자기 자신의 상황이나 지금까지의 삶에 대한 얘기는 나타나지 않는다. 따라서 '자연을 통해 자신을 반성'한다는 내용은 적절하지 않다.

07.

'와유'는 간접 감상, '원유'는 직접 감상. 이것만 확인하고 들어가자.
화자가 도경(그림책) 속의 십이폭포(열두 굽이 폭포)를 보면서 여산(중국의 높은 산)을 상상했는지 여부는 애매하다. 이 부분이 아니라 바로 뒷부분을 정답의 근거로 잡으면 된다. 화자가 현재 있는 곳은 중국이 아닌 '금강산'이다. 그리고 화자는 십이폭포를 보면서, "(중국의) 여산이 여기보다 낫다는 말을 못할 것이다."라고 감탄하였다. 따라서 '여산'을 실제로 바라보고 있다는 부분은 어떻게 보더라도 용납이 안 되는 구절이다.

오답 풀이

① (가)에서 화자가 '화룡소'를 직접 보고 감상한 부분은, 독자의 입장에서는 '화룡소'를 간접적인 방식으로 즐기는 것이므로 '와유'할 때 활용될 수 있다. ③ (나)의 글쓴이는 백록담에 직접 찾아가 실제로 본(원유) 경치를 묘사하고 있다. ④ 〈보기〉에 따르면 원유는 유교에서 강조하는 호연지기를 기르는 기회가 되기도 하였다. (나)에서 최고봉에 오른 글쓴이가 '성현의 역량을 이로써 가히 상상할 수' 있다고 말하는 부분에서 원유가 호연지기를 기르는 기회가 될 수 있음을 알 수 있다. ⑤ (나)의 글쓴이는 소동파의 시구를 읽고 중국 '적벽'의 아름다운 모습을 간접적으로 즐겼다(와유). 그런데 한라산의 아름다움을 직접 보니(원유) 한라산이 '적벽'만큼이나 아름답다는 것을 깨닫게 된다. 따라서 글쓴이는 '와유했던 적벽의 모습과 원유를 통해 확인한 한라산의 모습을 비교하여 한라산의 아름다움을 강조'하고 있다고 볼 수 있겠다.

08.

'감각적인 언어'는 '5감(시각, 청각, 미각, 후각, 촉각) 중의 하나 이상을 쓴 표현'을 의미하므로, '시각적 이미지'만 나와도 허용할 수 있다. (가)에서는 영랑재의 모습을 사람 모습, 새 모습, 짐승 모습에, (나)에서는 금강산의 모습을 부용을 꽂아 놓은 듯한 모습과 백옥을 묶어 놓은 듯한 모습 등에 빗대어 표현하고 있다. 따라서 (가)와 (나)가 감각적인 언어를 사용하여 대상을 생동감 있게 그려 내고 있다는 선지의 설명은 적절하다.

오답 풀이

② (가) O, (나) X / (가)는 '지금 생각하면'을 통해 여행 도중의 감상과 글로 표현할 때의 감상을 구별하고 있다. 그러나 (나)에서는 이러한 구별이 나타나지 않는다. ③ (가) O, (다) X / (가)의 "산천의 구분과 경계를 하나하나 가리킬 수 있겠습니까?"에서 물음을 통해 금강산에 대한 화자의 관심을 확대하고 있음을 확인할 수 있다. 그러나 (다)에서는 이러한 물음이 나타나지 않는다. ④ (나) X, (다) O / (나)에서는 '또 있는가', '긔 뉘신고', '고이ᄒᆞᆫ가' 등 단정적 어조가 아닌 의문형의 어조가 자주 보이고 있다. 반면에 (다)에서는 '옥이로다', '되었어라'의 단정적인 표현으로 대상에 대한 화자의 주관적 정서를 드러내고 있다. ⑤ (나) O, (다) X / (나)에는 금강산을 화자의 다양한 관점에서 묘사하고 있다. '조화옹'의 솜씨가 드러난 것으로 금강산을 바라보기도 하며, 인간 세상에서의 임금과 신하 사이의 모습으로 바라보기도 한다. 그러나 (다)에는 금강산이라는 대상을 바라보는 다양한 관점이 드러나지 않는다.

09.

ⓔ의 비유는 필자가 '해송과 측백나무'가 펼쳐진 위로 걸어가며 느낀 것을 표현한 것이다. 그렇기에 비유적 표현의 대상은 해송과 측백나무 위의 길이다. 반면에 나머지는 모두 금강산의 '천봉만학'의 다양한 형상들이 펼쳐진 풍경을 비유적으로 표현한 것이다.

10.

필수 고전 작품의 경우 평가원이 얼마나 잔인하게 해석을 요구하는지 확인할 수 있는 문제다. 기본적인 A급 작품들은 평소에 확실하게 학습을 해 두어야 한다. 또한 평가원은 비유에서 원관념과 보조 관념의 구분을 엄격하게 요구한다. (나)의 화자는 '진헐ᄃᆡ'에 올라 그 아래 펼쳐진 봉우리들을 구경하며 풍경에 감탄하고 있다. 그 풍경이 너무 아름답기에 마치 중국의 유명한 산인 '녀산'의 진면목을 본 듯하다고 한 것이다. 즉, '녀산'은 화자가 현재 바라보고 있는 풍경이 아니라, '진헐ᄃᆡ'에서 바라본 금강산의 풍경을 강조하기 위해 빗대어 표현한 것이다.

오답 풀이

① (가)의 필자는 '영랑재'에서 바라본 천봉만학의 기괴한 형상들을 다양한 비유들로 표현하고 있다. ② (가)의 필자는 '영랑재에서 절정까지' 가는 길에 본 해송과 측백나무가 바람을 싫어하여 줄기가 한쪽으로 쏠렸다고 하였다. ④ (나)의 화자는 개심대에서 중향성을 바라보며, 만 이천 봉을 헤아리며 기운을 느끼고 그 기운으로 인걸을 만들고 싶다고 하였다. ⑤ (다)의 화자는 '헐성루'에 올라가니 천상인이 되었다고 했는데, 이때 '천상인'은 '신선'으로 해석할 수 있다.

11.

[A]와 [B] 모두에서 서술자(화자)가 현실에서 부딪힌 문제가 무엇인지 드러나지 않았고, 이에 대한 해결 역시 드러나지 않았다.

오답 풀이

① [A]의 "물을 보면 반드시 원류까지 궁구해야 하고~높이 올라야 한다고 했으니"에서 필자는 물의 원류(본줄기)를 궁구(연구)하는 것과 산에 높이 올라가는 것을 같은 맥락으로 이해하고 있으므로, 높은 곳에 오르는 행위를 사물의 근원을 탐색하는 과정으로 여기고 있음을 알 수 있다. ② 역시 잔인한 해석을 요구한 선지다. [B]의 '넙거나 넙은~어이ᄒᆞ면 알 거이고.'에서 화자는 '비로봉'을 바라보며, '동산'과 '태산'에 올라가서 '노국(노나라)'과 '텬하(천하)'가 작다고 한 공자의 호연지기(거침없이 넓고 큰 기개)를 떠올리고 있다. 따라서 화자는 '비로봉'에 오르는 행위의 의미를 성인인 공자의 체험에 빗대어 생각하고 있음을 알 수 있다. ④ [A]에서 필자는 금강산의 모습을 극찬하고 있으며, [B]에서 화자는 산의 정상에 오르더라도 공자와 같은 지위에는 오르지 못한다고 생각하여 비로봉에 오르지 않고 내려가는 것에 만족하고 있다. ⑤ [A]에서 필자는 승려에게 산천의 구분과 경계에 대해 물으며 자신이 알지 못하는 자연의 세계에 대해 경외감을 드러내고 있으며, [B]의 화자는 천하를 작다고 한 공자의 일화를 들면서 자신의 시야를 넘어선 넓은 세계에 대해 경외감을 드러내고 있다.

12.

재밌는 문제다. 〈보기〉에서 설명한 전봇대의 간격은 운율을 효과적으로 설명하기 위해 예를 든 것이다. ⓐ에서의 '원래의 간격'이란 규칙적으로 반복되던 리듬감을 말한다. 이를 시조 읽기에 적용한다면 '일정한 간격'이란 ①과 같이 한 호흡에 4글자가 규칙적으로 배열되는 것을 말하며, 전봇대 하나가 안 보이는 허전한 느낌이 드는 상황은 바로 3글자로 표현된 ②를 말하는 것이다. 또한 전봇대가 촘촘히 나타나서 급한 느낌이 드는 상황은 ④를 말하는 것이기에 이러다가 다시 원래의 간격인 4글자를 회복하여 편안함을 느끼게 되는 부분은 바로 ⑤라 할 수 있다.

Part 2. 고전시가 06 | 구강, 총석곡

O/X 정답

01. X	02. O	03. O	04. X	05. X

1. '총석정'의 경관을 예찬하고 있으므로 대상의 외적 아름다움을 표현했다는 것은 적절하나, 풍경을 관조적으로 응시하고 있지는 않다. 직접적인 감정의 표출이 잘 드러나지 않고 있는 그대로의 사실을 담담하게 나타내고 있을 때 '관조적'을 허용할 수 있다.
2. '총석정인가', '경영턴가', '못 실린가'에서 의문형 종결 어미가, '몰아라', '대어라', '보게 하라', '띄워라'에서 명령형 종결 어미가 반복되어 리듬감을 형성하고 있으므로 적절하다.
3. '바람 불면' '총석정'을 제대로 못 볼까 염려한 화자는 '몰아라 어서 보자'라며 '총석정'으로 향하는 길을 서두르고 있으므로 적절하다.
4. 화자는 '풍랑이 일지 않'으니 '배'를 '저어 총석 전면'을 '보게 하라'며 '사공들'에게 명하고 있으므로 '풍랑이 일지 않아' '배'를 띄우지 못하여 한스러워하고 있다는 선지의 설명은 적절하지 않다.
5. '총석정인가', '경영턴가' 등에서 영탄적 표현이 나타나고 있으나 이를 통해 대상에 대한 경외감(공경하면서 두려워하는 감정)을 드러내고 있지는 않다.

나BS 실전 문제 정답

01. ①	02. ③	03. ③	04. ②	05. ①
06. ③				

01.

(가)는 '어떠한 도끼로 용이히 깎았으며 / 어떠한 승묵으로 천연히 골랐는고', '끈 없이 묶었으되 틈 없이 묶었으며 / 풀 없이 붙였으되 흔적 없이 붙였으니' 등에서, (나)는 〈제1수〉 '청산은 에워싸고 녹수는 돌아가고' 등에서 대구적 표현을 사용하여 리듬감을 부여하고 있다.

오답 풀이

② (가) X, (다) X / (가)는 '한 묶음씩 두 묶음씩 세운 듯 누인 듯'에서, (다)는 '제주 배 아즈맹이 몸집이 절구통 같다는 둥'에서 직유적 표현을 사용하고 있으나, (가)와 (다) 모두 이를 통해 대상에 대해 성찰하고 있지는 않다. ③ (나) O, (다) X /

(나)는 〈제4수〉 '내 말도 남이 마소'에서 명령적 어조를 사용하여 다른 사람의 말에 관해 시비를 따지는 것을 경계하는 화자의 태도가 드러나고 있다. 그러나 (다)는 명령적 어조를 사용하고 있지 않으며, 이를 통해 지향하는 가치를 강조하고 있지도 않다. ④ (가) O, (나) X, (다) X / (가)는 '사공들아~전면 보게 하라'에서 사공들을 부르는 방식으로 총석의 전면을 보고 싶다는 바람을 전달하고 있다. 그러나 (나)와 (다)에서는 다른 사람을 부르는 방식이 나타나지 않는다. ⑤ (가) X, (나) X, (다) X / (가)~(다) 모두 스스로 묻고 답하는 방식은 나타나지 않는다.

02.

(가)에 천상의 인물과 지상의 인물이 협력하여 총석정 주변의 ⓐ(기암괴석)을 만들었다는 내용은 나타나지 않는다. '하우씨(하나라 우임금)'나 '영장' 등을 언급한 것은 아무리 솜씨 좋게 돌을 다듬어도 총석정 주위에 자연스럽게 만들어진 기암괴석의 아름다움을 따라갈 수 없음을 강조하기 위한 것이다.

오답 풀이

① '바람 불면 못 보려니 몰아라 어서 보자'에서 알 수 있다. ② '올라 보니 후면이라 전면으로 보오리라 / 배 대어라 사공들아 풍랑이 일지 않아 / 층파로 돌아 저어 총석 전면 보게 하라'에서 알 수 있다. ④ '기괴히 꾸몄다가 세인(세상 사람)의 노리개 되야 / 시 짓고 노래하여 기리기만 위한 것인가'에서 알 수 있다. ⑤ '물로는 동해수요 뫼로는 금강산과 / 폭포로는 구룡이오 돌로는 총석이라'에서 알 수 있다.

03.

〈제6수〉에서 '술'은 '물', '뫼', '달'의 자연과 어울리며 풍류를 즐기는 수단으로 볼 수 있다.

오답 풀이

① '신월'은 '석양'이 저물 무렵 떠오르는 달을 의미한다. 〈제1수〉에서는 이러한 '신월'을 통해 시간의 흐름을 나타내고 있을 뿐, 새로운 것을 더 중시하는 삶의 자세를 강조하고 있지 않다. ② 〈제4수〉에서는 '내 말도 남이 마소 남의 말도 내 않겠네'를 통해 다른 사람의 말에 관해 시비를 따지지 말 것을 당부하고 있다. 따라서 '남'이 화자의 삶에 대한 정당한 판단을 내리는 인물이라는 선지의 설명은 적절하지 않다. ④ 〈제1수〉의 '석양'과 〈제6수〉의 '뫼'는 모두 화자가 은거지에서 마주하는 풍경일 뿐, 이를 화자로 하여금 학문 수양에 힘쓰도록 깨우침을 주는 존재라고 볼 수는 없다. ⑤ 〈제4수〉의 '검다 희다 하나니'는 시비를 따지는 일에 대한 경계를 나타내는 표현이며, 〈제6수〉의 '놀고'는 술을 마시며 물에서 풍류를 즐기는 화자의 모습을 나타내는 표현이다. 두 표현 모두 미래에 대한 낙관적 전망과는 관련이 없다.

04.

(다)에서는 친구에 대한 생각이 술과 안주에 대한 연상으로 이어지고, 안주에 대한 생각이 제주 배에 대한 연상으로 이어지며, 제주 배에 대한 생각이 여러 지인들에 대한 연상으로 이어지고 있다. 즉, (다)는 연상을 통해 동해의 다양한 안주와 제주 배를 타고 온 사람들에 대한 이야기, 지인들의 사연을 열거하며 동해에 대한 애정을 드러내고 있다.

오답 풀이

① (다)에서는 의성어가 사용되지 않았다. ③ '무슨 일이 있었다는 둥……'에서 말줄임표가 사용되었다. 하지만 이는 제주 배가 도착한 물가에서 떠도는 이야기들을 생략하여 나타낸 것일 뿐, 과거의 연인과의 재회에 대한 회의감을 표현하는 것이 아니다. ④ 다른 사람의 말을 직접 인용하여 소외된 사람들에 대한 관심을 드러내고 있는 부분은 찾을 수 없다. ⑤ (다)의 글쓴이는 자신이 좋아하는 안주를 나열했을 뿐, 지역의 독특한 조리법들을 비교하여 그중에서 가장 좋아하는 방법을 제시하지는 않았다.

05.

㉠은 화자가 은거하는 곳을 청산과 녹수가 어우러진 공간으로 형상화하는 내용이고, ㉡은 아이들이 제주 배의 움직임에 따라 열심히 따라가는 모습을 나타낸 것이다.

오답 풀이

② ㉡은 아이들이 제주 배의 움직임에 따라 열심히 따라가는 모습을 나타낸 것일뿐, 세상과 거리를 두려는 글쓴이의 태도와는 관련이 없다. 또한 (다)의 글쓴이가 세상과 거리를 두려고 하고 있지도 않다. ③ ㉡은 아이들이 제주 배의 움직임에 따라 열심히 따라가는 모습이지, 파도를 피해 움직이는 모습이 아니다. ④ ㉠이 농촌 생활이라는 내용은 제시되지 않았으며, ㉡이 어촌 생활의 어려움을 나타내고 있지도 않다. ⑤ ㉠과 ㉡ 모두 변화하는 자연의 모습에 주목하고 있지 않다.

06.

(나)에서 화자가 주위 사람들과 어울리며 한가롭게 지내는 내용은 나타나지 않는다. 〈제1수〉는 자연을 앞에 두고 혼자서 술을 마시며 시름을 푸는 상황이고, 〈제4수〉는 자신의 삶에 대해 손쉽게 평가하는 '남'에 대해 비판적 태도를 드러내고 있는 상황이기에, 주위 사람들과 어울리며 한가롭게 지내는 삶의 자세가 나타난다고 보기 어렵다.

오답 풀이

① (가)의 화자가 '천하의 두 총석은 응당 다시 없으려니'라고 표현한 것은 앞으로 다시 나올 수 없을 만큼 총석정 일대의 경치가 감탄스러움을 나타낸 것이다. ② '장관을 다한 후의 다시금 혼자 말이 / 괴외기걸 하온 사람 이같은 이 있다 하면 / 천리를 멀다 말고 결단코 찾으리라'는 총석정 일대의 훌륭한 경치와 비견할 만한 인재가 있으면 반드시 찾아서 나라에 도움을 주겠다는 목민관(백성을 다스려 기르는 벼슬아치)으로서의 역할을 떠올리는 표현이다. ④ '달에 논들 어떠리'는 달과 어울려(달빛을 감상하며) 풍류를 즐기겠다는 화자의 흥취를 드러낸 것이므로, 달이라는 자연물에 대한 친근감을 표현한 것으로 볼 수 있다. ⑤ (다)의 글쓴이는 제주 배에 대해 생각하다가 여러 지인들을 떠올리고 있다. 이때 '처녀 하나가 나를 무척 생각하는 일', '그 영어를 잘하는 총명한 사년생 금이'는 자신이 알게 된 지인들이므로 적절하다.

Part 2. 고전시가 | 07 | 나위소, 강호구가

O/X 정답

01. X 02. X 03. O 04. X 05. O

1. 대화하는 방식은 화자와 청자가 서로 말을 주고받을 때 허용할 수 있다. 〈제4수〉의 '아희야 배 내어 띄워라 그물 놓아 보리라.'와 〈제5수〉의 '백구야 하 즐겨 말고려 세상 알까 하노라.'에서 말을 건네는 방식이 사용되고 있으나, 화자가 '아희', '백구'와 대화하는 방식은 사용되지 않았으므로 적절하지 않다.
2. '연하의 깊이 든 병'은 자연을 사랑하는 마음이 깊어져 생긴 병으로, 화자가 실제로 병이 든 것이 아니라 자연을 사랑하는 마음이 그만큼 깊음을 표현한 것이다. 또한 화자는 '이제 다 못 죽음'을 임금의 은혜라며 자연 생활에 대한 만족감과 연군지정을 드러내고 있으므로 선지의 설명은 적절하지 않다.
3. 〈제5수〉의 '물결이 비단 같다'에서 '물결'을 '비단'에 빗대어 표현함으로써 비단을 펼쳐 놓은 것 같이 아름다운 물결의 속성을 드러내고 있으므로 적절하다.
4. '전나귀', '백구'와 같은 동물이 제시되긴 했으나 동물의 역동성은 드러나지 않으며, 이를 통해 공간의 분위기를 긍정적으로 바꾸고 있지도 않다.

5. 화자는 벼슬에서 물러난 이후 물고기를 낚으며 지내는 '강호한적(자연 속에서 한가로움을 즐기는 것)'의 삶을 '내 분'이라고 여기며 만족감을 드러내고 있으므로 적절하다.

나BS 실전 문제 정답

01. ⑤ 02. ① 03. ④ 04. ⑤ 05. ②

01.

(가), (나), (다) 모두 원경에서 근경으로의 시선의 이동은 드러나지 않으며, 이를 통해 심리의 변화를 드러내고 있지도 않다.

오답 풀이

① (가)와 (나) 모두 4음보 율격을 사용하여 리듬감을 형성하고 있다. ② (가)는 '온가지 소릐로 취흥을 빈야거니(온갖 소리로 취흥을 재촉하니)', '을프락 ᄑ람ᄒ락(읊었다가 휘파람을 불었다가)'에서, (다)는 '쏴아 하고 쏟아지는 폭포 소리' 등에서 청각적 심상을 활용하여 상황을 나타내고 있다. ③ (나)는 〈제5수〉 '믈결이 비단 일다(물결이 비단 같다)'에서, (다)는 '폭포 소리가 마치 요란한 관현악기 소리 같아서 귀를 즐겁게 한다.' 등에서 비유적 표현을 통해 주관적 인식을 드러내고 있다. ④ (가)에서는 '이태백'과 화자 자신을 비교하여 자신의 풍류와 회포가 이태백보다 낫다는 자부심을 드러내고 있으며, (나)는 〈제9수〉에서 '혬 업슨 아ᄒ들'과 화자 자신을 비교하여 자연 속에서 한가로이 살아가는 삶에 대한 만족감을 드러내고 있다. 한편 (다)에서는 가짜 산을 만든 '옛사람들'과 자신을 비교하여 석가산에 대한 자부심을 드러내고 있으므로 선지의 설명은 적절하다.

02.

ㄱ : (가)의 '이 몸이 이렁굼도 역군은이샷다'와 (나)의 〈제3수〉 '긔 성은인가 ᄒ노라'에서 임금의 은혜를 떠올리며 감사하는 태도를 확인할 수 있다. ㄴ : (가)의 '인간올 써나 와도 내 몸이 겨를 업다'와 (나)의 〈제3수〉 '강호에 바리연디 십년 밧기 되어세라'에서 속세와 거리를 두고 지내는 삶의 모습을 확인할 수 있다.

오답 풀이

ㄷ : (가) O, (나) X / (가)는 '술리 닉어거니 벗지라 업슬소냐'에서 자연 속의 흥취를 타인과 나누려는 마음가짐을 확인할 수 있다. 반면 (나)는 〈제5수〉 '백구야 하 즐겨 말고려 세상 알가 ᄒ노라'에서 세상 사람들이 화자가 누리는 자연 속의 흥취를 알지 못하기를 바라는 심정이 나타나 있다. ㄹ : (가) X, (나) X / (가)와 (나) 모두 궁핍한 생활상은 드러나지 않으며, 이를 수용하는 자세 역시 드러나지 않는다.

03.

ⓓ 앞부분의 '그러나 나처럼 연못의 한가운데 산을 만들고 사면이 물로 둘러싸인 곳에 물을 끌어들여 산 위에 폭포를 만든 사람은 없었다.'를 통해 ⓓ는 옛사람과 다른 방식으로 석가산을 만든 것에 대한 자부심을 표출한 것임을 알 수 있다.

오답 풀이

① ⓐ는 '오늘도 자연을 즐길 시간이 부족한데 내일이라고 넉넉하겠느냐'라는 뜻으로, 화자가 주변에 즐길 것이 많다고 인식하고 있음을 알 수 있다. ② ⓑ에서 화자는 '이태백'과의 비교를 통해 '호탕정회(넓고 끝없는 정과 회포)'는 자신이 낫다는 인식을 드러내고 있다. 이는 자신의 풍류와 회포가 이태백보다 낫다는 자부심을 드러낸 것이므로 선지의 설명은 적절하다. ③ ⓒ는 자연을 사랑하는 병이 깊이 들어 약으로도 고칠 수 없다는 뜻으로, 자연을 사랑하는 마음이 그만큼 깊음을 강조하여 표현한 것이다. ⑤ ⓔ는 석가산과 폭포의 경치가 당나라 화가들도 그리지 못할 정도로 아름답다는 뜻으로, 자신이 만든 석가산과 폭포에 대한 화자의 만족감이 드러난다.

04.

이 글에서 글쓴이가 언급한 세 가지 즐거움은 석가산을 만든 후 이를 완상하는 과정에서 맛볼 수 있는 것이며, 글쓴이가 석가산을 만드는 과정에서 고충을 겪었다는 내용은 나타나지 않는다. 또한 글의 마지막 문장에서 글쓴이가 '세상의 호걸들은 모두 나의 이 취미를 비웃지만 나는 이것을 좋아하여 이것으로써 저들이 좋아하는 것과 바꾸지 않겠다.'라고 말한 것은 글쓴이의 자부심을 드러낸 것이지, 자신을 비웃는 사람들을 설득하려는 것으로 볼 수 없다.

오답 풀이

① (다)의 글쓴이는 '나이가 많아 다리에 힘이 없어지'자 산수를 직접 찾아가기 어려워 부득이하게 이름난 화가들의 산수화를 감상하였다. 그럼에도 허전함을 채울 수 없자 별장의 정원에 석가산을 만들어 완상하게 된 것이므로 선지의 설명은 적절하다. ② 〈보기〉에 따르면 조선 시대 사대부들은 요산요수(산과 물을 즐기고 좋아함)를 통해 심미적 가치를 추구하였다. 이를 통해 글쓴이도 요산요수를 위해 별장에 연못을 만들고 그 연못 가운데에 돌을 쌓아 석가산을 만들어 심미적 가치를 추구한 것임을 알 수 있다. ③ 2문단에서 글쓴이는 산수화를 모아 벽에 걸어 놓고 감상을 하였지만, 생동하는 맛은 찾아볼 수 없어 허전함을 느꼈음을 알 수 있다. ④ 〈보기〉에 따르면 석가산을 만들어 완상하는 것은 진가(진짜와 가짜)의 분별이 무의미하다는 인식과 관련이 있다. 7문단의 '무엇 때문에 진가를~그만인 것이다.'를 통해 글쓴이가 진가를 논할 필요가 없으며 자신이 좋아하는 것만 취하면 된다고 생각했음을 알 수 있다.

05.

'나'는 [A]에서 석가산을 만들었고, 이로 인해 [B]에서 미각, 시각, 청각과 관련한 세 가지 즐거움을 얻게 된 것이므로 선지의 설명은 적절하다.

오답 풀이

① '나'는 [A]에서 내적 갈등을 보이지 않고 있다. ③ [A]의 '계단'과 [B]의 '절벽'은 모두 석가산 안에 조성된 실재적 소재이다. ④ [A]의 '놀랍고 신기함에 감탄하였다.'를 통해 '사람들'이 '물'을 긍정적으로 평가하고 있다는 것을 확인할 수 있다. 한편 [B]에서는 '이웃들'이 '물'을 부정적으로 평가하는 내용이 나타나지 않는다. '아침저녁으로 마시니 입맛에 맞다'로 볼 때 오히려 긍정적으로 평가할 것이라고 짐작할 수 있다. ⑤ [A]에 '물'을 집 안으로 끌어들이는 과정은 나타나 있으나, [B]에서 '물'을 집 밖으로 흘려보내는 과정은 나타나지 않는다.

Part 2. 고전시가 08 | 윤선도, 어부사시사

O/X 정답

01. O 02. X 03. X 04. X 05. O

1. 〈춘 1〉의 '해 비친다'에서 자연물인 '해'를 통해 시간적 배경인 아침을 시각적으로 드러내고 있으며, 〈추 4〉의 '기러기 떴는 밖에'에서 자연물인 '기러기'를 통해 계절적 배경인 가을을 시각적으로 드러내고 있다. 계절적 배경 또한 시간적 배경에 포함되는 점 잊지 말자.
2. 화자는 '북포'와 '남강' 어디든 다 좋다며 뚜렷한 목적지 없이 '배' 위에서 시원한 '여름 바람'을 즐기며 유유자적하는 모습을 보이고 있으므로 선지의 설명은 적절하지 않다.
3. '세상을 가'려 주는 '머흔 구름'과 '진훤(속세의 시끄러움)을 막'아 주는 '파랑성'은 긍정적 의미로 사용되고 있으므로 선지의 설명은 적절하지 않다.
4. 〈하 3〉의 '어디 아니 좋을런가', 〈추 4〉의 '천산이 금수ㅣ로다' 등에서 영탄적 표

현이 사용되었음을 알 수 있다. 하지만 이를 통해 대상에 대한 경외감(공경하면서도 두려워하는 감정)을 드러내고 있지는 않으므로 선지의 설명은 적절하지 않다.

5. 〈동 8〉의 '물가의 외로운 솔 혼자 어이 씩씩한고'에서 화자는 세속에 물들지 않고 고고한 삶을 살아가려는 자신의 의지를 '솔'에 투영하여 시적 정서를 환기하고 있으므로 적절하다.

나BS 실전 문제 정답

01. ②	02. ③	03. ②	04. ③	05. ④
06. ③				

01.

(가)의 3문단에 따르면 17세기 '사대부들의 시조에서 자연은 여전히 천리가 구현되어 있으며 질서와 조화를 보여 주는 공간으로 간주'되었다고 하였으므로 선지의 설명은 적절하지 않다.

오답 풀이

① (가)의 3문단에 따르면 17세기 '사대부들은 당쟁과 외적의 침략으로 혼란스러워진 현실'을 목격하고, 이를 시조에 반영하여 현실을 자연과는 '거리가 먼 혼탁함과 부조리의 공간'으로 표현하였으므로 선지의 설명은 적절하다. ③ (가)의 2문단에 따르면 '현실의 변화 가능성에 대한' '긍정적 인식은 자연을 소재로 한 16세기 사대부들의 시조에서 빈번히 드러'나며, 이는 '당대 사대부들의 낙관적인 전망에서 비롯된 것으로 볼 수 있다'고 하였으므로 선지의 설명은 적절하다. ④ (가)의 1문단에 따르면 자연을 관념적 공간으로 인식한다는 것은 자연을 '보편타당한 이치이자 인간이 지향해야 할 대상으로서 천리가 구현된 관념적 공간'으로 여김을 의미한다. 16세기와 17세기 사대부들의 시조에는 모두 자연이 천리가 구현된 것으로 그려져 있으므로 선지의 설명은 적절하다. ⑤ (가)의 1문단 '사대부들은 이들 시조를 통해 자연과 현실의 관계에 대한 인식을 드러내었다.'를 통해 알 수 있다.

02.

[A]의 초, 중장에서는 '청산'과 '유수'에서 파악되는 자연의 영원불변함에 대한 감탄을 드러내고 있을 뿐, 인간의 현실에서 천리를 구현하고자 하는 과정에서 겪을 수밖에 없는 어려움에 대한 한탄을 표현하고 있지 않다.

오답 풀이

①, ② (가)의 1~2문단의 내용에 근거해 볼 때, '청산'과 '유수'는 각각 오랜 시간 동안 푸르름을 유지하며 밤낮으로 그치지 않고 흐른다는 점에서 영원불변한 우주 만물의 보편타당한 이치를 표현한 것이자 인간이 지향해야 할 대상으로서의 천리를 연상시키는 소재라고 할 수 있다. ④ (가)의 2문단에 따르면 [A]에는 '자연에 구현된 천리가 곧 인간이 추구해야 할 보편타당한 이치라고 보는 시각'이 깔려 있다. 따라서 '청산'과 '유수'의 속성을 '우리'와 연결한 것은 자연에 구현된 천리를 인간이 추구해야 할 이치와 동일시하는 작가의 시각이 나타난 것으로 볼 수 있다. ⑤ (가)의 2문단에 따르면 [A]에는 '자연을 닮고자 하는 노력을 통해 현실에서도 천리를 구현하는 것이 가능하다는 인식이 바탕에 깔려 있'다. 따라서 자연의 속성을 닮겠다는 의지를 드러낸 종장의 내용은 현실에서도 천리를 구현하겠다는 태도와 연결할 수 있다.

03.

〈춘 4〉에서 안개 속에서 들락날락하며 마치 움직이는 것처럼 생동감 있게 묘사된 '어촌 두어 집'은 '벅구기(뻐꾸기)'와 '버들숩(버드나무숲)'이 어우러진 가운데 '온갇 고기 뛰노'는 자연의 모습과 조화를 이루는 어촌 풍경의 일부이다. 따라서 '어촌 두어 집'이 자연의 모습과 서로 대조를 이루면서 현실의 혼탁함을 부각한다는 선지의 설명은 적절하지 않다.

오답 풀이

① 〈춘 1〉에서 '안기(안개)'가 걷히고 '히'가 비추는 모습은 새벽녘에서 아침으로의 시간의 흐름을, '밤믈(썰물)'이 거의 빠지고 '낟믈(밀물)'이 밀려오는 모습은 썰물과 밀물이라는 자연의 질서와 조화를 드러내는 것이므로 선지의 설명은 적절하다. ③ 〈하 6〉에서 '만고심'은 화자가 '수조가'를 부르면서 어부 생활의 풍류를 즐기는 가운데 느끼게 되는 근심을 뜻한다. (가)의 3문단에 따르면 (나)에는 자연과 동떨어진 현실에 대한 안타까움이 표현되었다고 하였으므로, '만고심'은 자신이 즐기는 자연의 질서와 조화가 결여된 현실을 떠올리고 안타까움을 느끼는 화자의 심리를 드러낸 것으로 볼 수 있다. ④ 〈추 2〉에서 화자는 '고기마다 술져 읻'는 가을의 어촌 풍경에 감탄하며 '만경 징파', 즉 자연에 몰입하여 흥취를 즐기고자 하는 태도를 드러내고 있다. ⑤ 〈추 2〉의 종장에서 '인간'은 '수국'과 대조적인 공간인 속세를 의미한다. '인간'이 '멀수록 더욱 됴타'는 것은 속세에 대한 화자의 부정적인 인식을 드러냄과 동시에 그곳에 대한 화자의 거리감을 반영한 것으로 볼 수 있다.

04.

〈춘 7〉의 '갈 때는 안개뿐이요 올 때는 달이로다', 〈하 1〉의 '궂은 비 멎어 가고 시냇물이 맑아 온다' 등에서 통사 구조가 유사한 구절을 대응시켜 운율을 형성하고 있으므로 선지의 설명은 적절하다.

오답 풀이

① '무엇인가'와 '그려낸고' 등에서 의문형 어구를 사용하고 있으나 이를 통해 심리적 갈등을 드러내고 있지는 않다. ② 대상을 점층적으로 강조하고 있지 않으며, 이를 통해 시적 긴장감을 높이고 있지도 않다. ④ 색채어를 활용하고 있지 않다. ⑤ 〈추 9〉의 '닻 내려라 닻 내려라'에서 하강 이미지의 반복은 드러나지만, 상승 이미지와 하강 이미지의 반복이 드러난 부분은 없다. 또한 이를 통해 심리 변화의 양상을 표현하고 있지도 않다.

05.

ⓔ에서 '조선'은 헛되고 덧없는 세상인 '부세'와 대조되는 공간이다. 화자는 이 공간에서 세상의 욕망으로부터 벗어나 자유롭게 자연을 즐기고 있다. 따라서 '조선'이 화자가 세속적 삶에 대한 미련을 반영한다는 선지의 설명은 적절하지 않다.

오답 풀이

① ㉠에서는 자연물인 '달'을 배에 실어 함께 돌아오는 화자의 자연 친화적인 삶을 표현하고 있다. 따라서 화자가 친숙하게 대하는 소재인 '달'은 자연에 동화된 화자의 삶을 드러낸다고 할 수 있다. ② ㉡의 '낫대(낚싯대)'는 장마가 끝나고 고기잡이를 하러 가는 어부의 흥취를 자아내는 소재이다. 따라서 화자의 흥을 돋우는 '낫대'가 자연에서 느끼는 충만감을 고조시킨다는 선지의 설명은 적절하다. ③ ㉢에서 화자는 '연강첩장'을 '뉘라서 그려낸고'라며 자연이 그림을 그린 것처럼 아름답다고 예찬하고 있다. 따라서 '연강첩장'이 화자를 둘러싼 자연에 대한 긍정적인 인식을 나타낸다는 선지의 설명은 적절하다. ⑤ ⓜ에서 화자는 '추운 줄'도 모를 정도로 자연의 아름다움을 즐기며 '내일'과 '모레'에도 '이리하자'고 말하고 있다. 따라서 화자가 기대하는 '내일'과 '모레'에는 현재의 삶이 지속되기를 바라는 화자의 심리가 내재되어 있다고 할 수 있다.

06.

[A]에서 '세상'과 '진훤'은 부정적인 속세를 의미하고, '구름'과 '파랑셩'은 이러한 속세를 차단하는 역할을 한다. 반면, 〈보기〉의 '명월(밝은 달)'은 화자가 벗이 되고 싶은 대상이므로 선지의 설명은 적절하다.

오답 풀이

① 〈보기〉와 [A] 모두 현실 개혁에 대한 화자의 의지를 드러내고 있지 않다. ② 〈보기〉에는 현재의 삶에 순응하는 화자의 자세가 나타나 있고, [A]에는 자연을 즐기는 현재의 삶에 대한 만족감이 표현되어 있다. ④ [A]에서 '물가'는 화자가 머물고 있는 자연 공간을, '세상'은 화자가 떠나온 속세를 의미하므로 두 공간은 대비되어 주제를 부각한다고 할 수 있다. 그러나 〈보기〉에서 '강호'와 '풍월 강산'은 모두 자연 공간을 의미하므로 두 공간을 대비되는 공간으로 볼 수 없다. ⑤ 〈보기〉의 '입과 배가 누가 되어 어즈버 잊었도다'는 가난 때문에 자연 속에서 살고자 했던 꿈을 잊고 있었음을 의미한다. 따라서 〈보기〉에서는 화자가 자신의 삶에 대해 반성하는 태도를 보이고 있음을 알 수 있다. 반면, [A]에서는 이러한 태도가 나타나지 않는다.

Part 2. 고전시가 | 09 | 작자 미상, 서경별곡

O/X 정답

01. O	02. X	03. O	04. X	05. O

1. '배 내어놓느냐 사공아', '가는 배에 얹었느냐 사공아'에서 명시적 청자인 '사공'에게 말을 건네는 방식으로 화자의 원망을 드러내고 있으므로 적절하다.
2. '길쌈베'라는 여성의 생활에 밀접한 소재가 나타나고 있지만, 이를 활용하여 흘러가는 세월에 대한 화자의 인식을 표현하지는 않았으므로 적절하지 않다.
3. 화자는 '서경'을 '고외마른(사랑하지마는)' 임과 '여히므론(이별할 바엔)' '길쌈베'와 함께 '버리고' '우러곰(울면서)' 임을 쫓아가겠다고 하였으므로 적절하다.
4. '대동강'은 이별의 공간으로, 화자는 '사공'이 임이 자신을 떠나는 수단인 '배'를 마련한 것에 대한 원망을 드러내고 있으므로 선지의 내용은 적절하지 않다.
5. '끈이야 끊어지리까', '신이야 끊어지리까'에서 설의적 표현을 사용하여 임에 대한 변치 않는 사랑을 강조하고 있으므로 적절하다.

나BS 실전 문제 정답

01. ④	02. ⑤	03. ②	04. ③	05. ⑤
06. ③	07. ③			

01.

(가)의 '좃니노이다'는 임과의 이별을 거부하고 임을 따라 가려는 화자의 행동으로, 임의 곁에 있고 싶어 하는 화자의 마음을 드러낸다. 또한, (나)의 '빗취어든'은 화자가 눈 속에 혼자 핀 매화가 되어 임의 옷에 그림자가 살짝살짝 비치는 상황을 가정한 것으로, 그렇게라도 임의 곁에 머물고 싶은 화자의 소망을 드러내고 있다.

오답 풀이

① (가) O, (나) X / (가)의 '셔울'은 '서경'을 지칭한다. 따라서 화자가 머무르고 있는 공간은 맞다. 하지만 (나)의 '건덕궁'은 화자가 빈 배를 띄워 건너 가고자 하는 곳으로, 현재 머무르고 있는 공간이 아니다. ② (가) X, (나) X / 「서경별곡」은 고전시가의 대표적인 작품이니 기본적인 내용은 알고 있어야 한다. '질삼뵈'는 (가)의 화자의 생계 수단이라고 볼 수 있는데, 사랑하는 임을 잃는다면 질삼뵈를 버리고 임을 좇아갈 만큼 임을 사랑한다는 의미이다. '질삼뵈'가 싫어서 회피하기 위해 떠난다는 의미가 아니다. (나)의 화자는 '빈 낙대'를 들고 배를 띄웠다. 회피하고 싶은 대상이라면 놓고 가면 될 것을, 굳이 그걸 가지고 배를 띄우지는 않았겠지. ③ (가) X, (나) X / (가)에서 '우러곰' 좇는 주체는 임이 아니라 화자이다. (나)의 '슬피 우러'도 임이 아니라 화자의 심정을 드러내고 있는 것이다. ⑤ (가) X, (나) O / (가)의 '그츠리잇가'는 설의적인 표현으로, '(믿음이) 끊어지지 않는다'는 의미이다. 이는 미래 상황에 대한 의혹이 아니라 믿음이 끊어지지 않는다는 확신으로 보는 것이 적절하다. 반면 (나)의 '반기실가'에는 미래 상황에 대한 의혹(임이 나를 반기지 않을 수도 있다)이 드러난다.

02.

'ᄀᆞ을 ᄃᆞᆯ ᄇᆞᆯ근 밤'은 화자가 슬퍼하며 임을 그리워하는 시간적 배경이다. (나)의 화자는 임과의 재회를 상상하고 있기는 하지만 실제 임과의 재회가 이루어지지는 않았다.

오답 풀이

① 화자는 자신의 상황을 '임자 업시 구닐'다가 '학'이 되어 슬피 우는 소리를 임에게 전하는 것으로 가정하고 있다. '일만 이천봉에 ᄆᆞ음껏 솟아올라'에서 상승의 이미지가 확 느껴지지? ② 화자는 '만장송'이 되면 '바람비 뿌린 소리'를 임의 귀에 들리게 하고 싶고, '매화'가 되면 임에게 그림자를 비추고 싶어 한다. 어떤 모습, 어떤 형태로든 임의 곁에 닿고 싶은 화자의 마음이 드러나는구나. ③ 나무가 되어도, 학이 되어도 '소리'를 통해 임에게 자신을 알리고 싶은 화자의 심정이 드러난다. ④ 평범한 매화가 아니다. '한'이 뿌리이고, '눈물'이 가지인 '매화'란다. 엄청난 '한'의 정서가 느껴지지? '한'의 정서를 매화의 뿌리와 가지를 통해 시각적으로 형상화하고 있어.

03.

'바위'는 떨어진 구슬을 깨뜨리는 존재이다. 따라서 사랑을 방해하는 장애물 정도로 볼 수 있겠구나. 구슬이 바위에 떨어져도 구슬 안에 있는 끈(신, 붉은 마음)은 끊어지지 않는다는 것은, 결국 시련이 닥쳐와도 사랑은 변하지 않는다는 의미로 이해하면 되겠다. 그렇기 때문에 믿음 혹은 변하지 않는 사랑을 나타내는 [A]의 '신'과 [B]의 '붉은 마음'을 굳건한 '바위'로 형상화하는 것은 적절하지 않다.

오답 풀이

① '구슬'은 '바위'에 떨어지면 깨져 버리는 존재이므로 변할 수 있는 소재이다. 하지만 구슬 안에 있는 '긴'이나 '끈'은 시련이 닥쳐도(바위에 떨어져도) 변하지 않는 마음을 상징하는 비유적인 표현이다. ③ 화자는 [A]에서 '신잇ᄃᆞᆫ 그츠리잇가'라며 변하지 않는 믿음을 다짐하고 있고, [B]에서는 '붉은 마음이야 어찌 바뀌리오?'라며 변하지 않는 마음을 강조하여 이를 소중한 가치로 여기고 있음을 알 수 있다. ④ 〈보기〉를 통해 구슬과 관련된 동일한 모티프가 「서경별곡」, 「정석가」, '한시'와 같은 다양한 형식의 작품으로 수용되었음을 알 수 있다. ⑤ [A]에는 '나ᄂᆞᆫ'과 같은 여음구와 '위 두어렁셩 두어렁셩 다링디리'와 같은 후렴구가 드러나는 반면, [B]는 여음구나 후렴구를 사용하지 않았다.

04.

(가)의 화자는 임과의 이별 상황에서 길쌈하던 베를 버리고라도 임을 따라가겠다며 적극적인 태도를 보이고 있다. (나)의 화자는 자신을 연모하여 상사병에 걸렸다는 한 남성의 편지를 읽고 안타까워하며 그를 만나고자 하고 있다. (다)의 화자는 죽은 아내를 떠올리며 자신의 심정을 '슬프다.'와 같이 직접 드러내고 있다. 즉, (가)~(다) 모두 상황에 대한 화자의 반응이 구체적으로 제시되고 있다.

오답 풀이

① (가) O, (나) X, (다) X / (가)는 임과 헤어질 바에는 '길쌈 베'를 버리면서까지 '우러곰 좇아가겠'다는 화자의 모습에서 자신을 떠나려는 임의 마음을 돌리려는 애절한 태도가 나타난다고 볼 수 있다. 그러나 (나)와 (다)에서는 상대방의 마음을 돌리려는 애절한 태도가 나타나지 않는다. ② (가) X, (나) X, (다) X / (가)~(다) 모두 상황의 변화에 따라 상대방에 대한 태도를 바꾸고 있지 않다. ④ (가) X, (나) X, (다) X / (가)~(다) 모두 영탄적 표현을 사용하여 상대에 대한 예찬을 나타낸 부분은 찾을 수 없다. ⑤ (가) X, (나) X, (다) X / (가)~(다) 모두 자연물에 화자의 정서를

투영하여 심리를 간접적으로 드러내고 있지 않다. (가)에서 '대동강 건넌편 꽃'이라는 자연물이 나타나고 있긴 하나, 이는 다른 여인을 상징하는 것으로 질투의 대상이지 화자의 마음이 투영된 것이 아니다.

05.

(나)의 ㉠(편지)은 화자를 연모하여 상사병에 걸린 한 남성의 편지이다. ㉠을 읽은 화자는 혼인할 적의 다짐(남편 외에 외간 남자에게 마음을 주지 않겠다는 언약)을 깨고 '금월 모일 명월야'에 그를 만나겠다고 하였으므로 ㉠은 화자의 심경에 변화를 일으키는 계기라고 할 수 있다. 또한, (다)의 ㉡(빈 교지)은 당상관으로 진급한 글쓴이의 아내에게 '숙부인'이라는 내명부 벼슬을 내린다는 교지이다. 글쓴이는 ㉡을 죽은 아내의 영전(죽은 사람의 영혼을 모셔 놓은 자리의 앞)에 바치면서 안타까워하고 있으므로 ㉡은 글쓴이에게 안타까운 정서를 부각시키는 계기라고 할 수 있다.

오답 풀이

① (나)의 화자는 ㉠을 쓴 남성을 만나고자 하고 있으므로 ㉠을 부정적으로 인식한다고 볼 수 없다. 한편, (다)의 글쓴이는 ㉡을 죽은 아내의 영전에 바치며 안타까워하고 있으므로 ㉡을 긍정적으로 인식하고 있다고 보기 어렵다. ② ㉠을 읽은 화자는 '사정 읽어 보니 아득하'고 '삽삽한 이 내 마음 생각하니 후회'라고 하였으므로, ㉠은 화자의 심리적 갈등을 초래하는 계기라 볼 수 있다. 그러나 ㉡은 죽은 아내에 대한 안타까운 정서를 부각하는 계기일 뿐, 자부심을 느끼게 만드는 계기로 보기 어렵다. ③ ㉠은 화자가 아닌 화자를 사랑하여 상사병에 든 한 남성의 비극적인 사랑을 상징하는 것이다. 한편, ㉡은 이미 죽은 아내에 대한 안타까움을 부각시키는 계기라는 점에서 아내의 비극적 운명을 상징하는 것이라 볼 수 있다. ④ ㉠을 읽은 화자가 자신의 마음을 돌아보며 후회하고 있으므로, ㉠을 화자가 자신을 성찰하게 되는 원인이라 볼 여지는 있다. 하지만 ㉡을 글쓴이가 아내의 사랑을 깨닫게 되는 원인이라 보기는 어렵다.

06.

'네 아내 바람난 줄 몰라서'는 임을 배에 싣고 떠나는 사공에게 네 아내나 잘 챙기라고 말하는 것으로, 임을 싣고 떠나는 사공을 원망하는 표현이다. 음란한 세태를 비판하는 것과는 거리가 멀다.

오답 풀이

① '길쌈 베'는 '실을 내어 옷감을 짜는 모든 일'로 여성의 생계 수단을 상징하므로, 이는 화자가 여성이란 사실을 단적으로 보여 주는 소재이다. ② 임과 헤어질 바에는 '길쌈 베'를 버리면서까지 '우러곰 좇아가겠'다는 화자의 모습에서 화자가 이별을 거부하고 있음을 알 수 있다. ④ '사공'은 임이 화자를 떠나는 수단인 '배'를 운용한다는 점에서 화자와 임의 사랑을 방해하는 역할을 한다고 볼 수 있다. ⑤ 꽃을 꺾는다는 것은 여인의 정조를 앗는다는 비유로, '꺾으리이다'는 임이 다른 여인과 사랑을 맺을 것이라는 화자의 불안감을 나타내는 표현이다. 따라서 미래에 나타날 임의 행동을 경계하는 심리가 내재되어 있다고 볼 수 있다.

07.

〈보기〉와 (다) 모두 아내의 죽음에 대한 자식들의 반응은 제시되어 있지 않다.

오답 풀이

① (다)에서는 피난을 가던 중 아들을 출산한 아내가 기운이 다하여 죽었다고 하여 사별의 원인을 서술하였고, 〈보기〉에서도 '만삭의 몸으로~떠난 그대여'에서 사별의 원인을 제시하였다. ② (다)는 '임진년 왜적을 피하여'에서, 〈보기〉는 '임진년 조총에 이리저리 내몰리다'에서 당대의 역사적 현실을 배경으로 하고 있음을 알 수 있다. ④ 〈보기〉의 '달을 보며 맺었던 첫날밤 약속'이라는 표현은 (다)에서는 나타나지 않은 새로운 내용이다. ⑤ (다)에서는 역설적 표현이 나타나 있지 않으나, 〈보기〉에서는 '보고 있어도 볼 수 없는 그대'에서 역설적인 표현을 사용하여 아내에 대한 그리움을 드러내고 있다.

Part 3. 고전 산문 01 | 남영로, 옥루몽

O/X 정답

01. X	02. O	03. X	04. O	05. X

1. "옛적에 장자방이 계명산에 올라 퉁소를 불어 초나라 병사들을 흩어지게 했는데"에서 고사가 활용되고 있으나, 인물의 성격을 고사에 빗대고 있지는 않으므로 적절하지 않다.
2. '갑자기 한 줄기 푸른 기운이~칼날 천지에서 벗어날 길이 없으매'에서 확인할 수 있다.
3. 소유경이 "당돌한 기상은 이 시대의 영웅이요,~용맹한 기상 역시 여자의 자태가 아니니"라며 남만의 장수인 홍랑을 평가한 부분에서 소유경은 홍랑이 여인임을 눈치채지 못하였음을 알 수 있다.
4. 홍랑이 '부모의 나라를 저버리지 못해,~술법을 본받고자' 한 것을 통해 선지의 설명이 적절함을 알 수 있다.
5. '어찌 그 곡조를 모르리오?'에서 서술자의 개입을 확인할 수 있다. 하지만 이를 통해 양 원수가 들려오는 옥피리 곡조를 알고 있음을 드러낼 뿐, 인물에 대한 평가를 제시하고 있지는 않으므로 적절하지 않다.

나BS 실전 문제 정답

01. ③	02. ③	03. ①	04. ⑤	05. ①
06. ⑤	07. ⑤			

01.

보살이 석장을 공중에 던지자 무지개가 일면서 순간적으로 꿈에서 현실로 장면이 전환되어 사건의 환상적 면모를 부각하고 있으므로 선지의 설명은 적절하다.

오답 풀이

① 지문에서 서술자의 개입은 드러나지 않는다. "사십 년 후에 다시 와 옥황상제께 조회하고 천상지락을 누릴지어다."라고 강남홍의 앞날을 예언한 것은 서술자가 아니라 이야기에 등장하는 보살이다. ② 출제된 지문의 내용은 인물들이 모두 천상에서 내려온 것이라는 사실이 밝혀지고, 속세에서 부귀영화를 누리게 되었다는 것이다. 이는 이야기의 결말에 해당되는 부분으로, 대립적인 인물 간의 갈등은 드러나지 않는다. 일반적으로 결말에서는 갈등이 해소되며 갈등이 구체화되는 부분은 전개 단계에 해당한다. ④ 내적 독백은 활용되지 않았으며, 이를 통해 난관을 극복하고자 하는 의지를 표현하고 있지도 않다. ⑤ '눈썹이 푸르며 얼굴이 백옥 같은데 비단 가사를 걸치고 석장을 짚고' 있다는 부분은 보살의 모습에 대한 외양 묘사에 해당한다. 하지만 이러한 묘사는 보살의 신비한 분위기와 모습을 드러낼 뿐, 인물의 혼란스러운 심리 상태를 보여 주지는 않는다.

02.

'강남홍'은 보살을 따라 '남천문' 위에 올라 백옥루를 바라보게 된다. 백옥루에는 '문창성, 제방옥녀, 천요성, 홍란성' 등의 선관과 선녀들이 있었는데, '강남홍'은 이들이 자는 모습을 바라보았을 뿐 선관, 선녀들과 재회하지는 않았다.

오답 풀이

① '보살'이 '강남홍'에게 인간지락이 어떠한지 묻자 '강남홍'은 "도사는 누구시며 인간지락은 무엇을 이르시는 것입니까?"라고 되물었다. 이를 통해 '강남홍'은 '명산'에서

'보살'과 처음 본 사이임을 알 수 있다. ② '보살'이 '석장'을 공중에 던지니 무지개 다리가 생겨서 '남천문' 앞에 당도할 수 있었다. ④ '보살'은 "이곳은 백옥루요 제일 위에 누운 선관은 문창성이요. 차례로 누운 선녀는 제방옥녀와 천요성과 홍란성과 제천선녀와 도화성이니, 홍란성은 즉 그대의 전신이니라."라며 '강남홍'이 천상의 존재였음을 알려 주었다. ⑤ '허 부인'이 "내 고향에 있을 적 늦도록 무자하여 옥련봉 돌부처에게 기도하고 연왕(양창곡)을 낳았으니 그 돌부처가 곧 관세음보살이라."라고 말하는 부분을 통해 확인할 수 있다.

03.

'취봉루'는 강남홍이 위치한 속세의 공간이며, 이곳에서 잠에 들어 꿈을 통해 천상계를 경험하게 되었다. 따라서 '취봉루'는 천상계에서 속세로 입몽하는 공간이 아니라, 속세에서 천상계로 입몽하는 공간에 해당한다.

오답 풀이

② "자신의 정체를 깨달은 것은 보살의 시를 들은 후 아닙니까!"라고 강하게 반문하는 학생들도 있을 수 있겠다. 맞다. 시를 들은 후에 깨달은 것이라 할 수 있다. 하지만 '백옥루'를 보며 깨달은 것도 맞다. 백옥루를 보는 와중에 보살이 시를 읊었기 때문이다. 만약 출제자가 백옥루를 '깨달음의 계기'가 된다고 하면 논란이 될 수도 있다. 하지만 '백옥루를 보며' 깨닫고, 이를 통해 '백옥루'가 천상의 공간이라고 하니, 적절한 선지가 되는 것이다. 허용할 여지가 있으면 허용해 줘야 하는 문학의 이런 속성 때문에 짜증이 나는 친구들도 있을 테다. 그래서 문학 선지는 특정 선지가 정답인 느낌이 오더라도 나머지 선지까지 보면서 상대적인 판단을 해야 하는 것이다. ③ '보살'은 '강남홍'이 자신의 정체를 깨닫고 천상에 머무르려고 하자 "그대 인간 인연을 마치지 못하였으니 빨리 돌아가라."라고 이야기하며 '강남홍'을 현실(속세)로 돌려보낸다. 이를 통해 보살은 천상계에서 속세로의 각몽을 유도하는 신이한 존재라고 할 수 있겠다. 참고로 '각몽'은 '꿈에서 깨어남'이라는 뜻이다. ④ '허 부인'은 보살을 '옥련봉 돌부처'라고 생각하며 '옥련봉 돌부처'를 위해 암자를 짓고 재를 올려 공덕을 갚고자 한다. 이러한 행동은 신이한 존재에 대해 속세에서 행하는 보답이라고 할 수 있다. ⑤ 지문의 마지막 부분을 보면, 모두 장수하고 부귀영화를 누리며 속세에서의 삶이 마무리되고 있다. "사십 년 후에 다시 와 옥황상제께 조회하고 천상지락을 누릴지어다."라고 말한 보살의 말과 연관 지어 본다면, 이들은 속세에서 일생을 마무리하고 천상계로 복귀한다고 볼 수 있겠다.

04.

'배회하다'는 '아무 목적도 없이 어떤 곳을 중심으로 어슬렁거리며 이리저리 돌아다니다.'라는 의미이다. '어울리다'는 '함께 사귀어 잘 지내거나 일정한 분위기에 끼어들어 같이 휩싸이다.'라는 의미이기에, 둘을 바꿔 쓰는 것은 적절하지 않다.

오답 풀이

① '의지하다'는 '다른 것에 몸을 기대다.'라는 의미이다. '기대다' 역시 '몸이나 물건을 무엇에 의지하면서 비스듬히 대다.'라는 의미이므로 바꿔 쓰기에 적절하다. ② '망연히'는 '아무 생각이 없이 멍한 태도로'를 뜻하고, '멍하니'는 '정신이 나간 것처럼 얼떨떨하게'를 의미한다. 서로 비슷한 상태를 의미하므로 바꾸어 쓸 수 있다. ③ '인도하다'는 '길이나 장소를 안내하다.'라는 의미이며, '이끌다'는 '목적하는 곳으로 바로 가도록 같이 가면서 따라오게 하다.'라는 의미이기에 바꾸어 쓸 수 있다. ④ '휘황하다'는 '휘황찬란하다'와 같은 말로, '광채가 나서 눈부시게 번쩍이다.'라는 의미이다. '빛이 아주 아름답고 황홀하다.'라는 의미를 가진 '눈부시다'로 바꿔 쓸 수 있다.

05.

양창곡이 벽성산을 오른 이유는 그간 보지 못했던 벽성산의 진면목을 보기 위함이다. 또한 벽성선을 찾아갔으나 그녀를 만나지 못하고 집으로 돌아온 후 벽성산에 올랐으므로 선지의 설명은 적절하지 않다.

오답 풀이

② 양창곡은 밤에 찾아온 벽성선의 아리따운 자태를 본 후 '정신이 흩날리고 마음이 황홀하'였다고 하였으므로 적절하다. ③ 양창곡은 꿈에서 보살에게 받은 단서를 여러 번 보지 않고 깨달았다고 하였으므로 적절하다. ④ "이렇게 한번 이별하면 아득히 뒷기약이 없을 것입니다만, 군자의 대범함으로 마음에 두실 필요는 없습니다."라는 벽성선의 발화를 통해 알 수 있다. ⑤ 벽성선은 거울을 보며 울다 죽은 난새에 대해 언급하며 양창곡을 모셔서 황홀하며 여한이 없다고 말하였으므로 적절하다.

06.

ⓛ(꿈)에서 양창곡이 벽성선에게 한 "함께 가자"는 말은 그가 유배에서 풀려나 돌아갈 때 같이 가자는 의미이다. 따라서 ⓛ에서 양창곡이 벽성선에게 한 말이 벽성선이 천상계를 떠나 지상계로 되돌아오도록 유도하고 있다는 선지의 설명은 적절하지 않다.

오답 풀이

① ㉠(꿈)에서 보살은 "문창성은 그동안 별고 없으셨소?"라며 양창곡이 천상계의 문창성이라는 사실을 드러내고 있다. ② ㉠에서 보살은 "그대는 널리 중생을 구제하"라며 양창곡이 지상계에서 수행해야 할 임무를 제시하고 있다. ③ ㉠에서 보살은 "홍란성은 어디 두고 제천선녀와 즐기시는 게요?"라며 지상계에서 사랑하는 인물인 '벽성선'이 본래 천상계의 인물인 '제천선녀'임을 알려 주고 있다. ④ ⓛ에서 벽성선은 "상공이 푸른 구름을 타고 북쪽을 향해 가"는 것을 보게 된다. 이는 양창곡이 장차 유배에서 풀려날 것임을 의미하므로 선지의 설명은 적절하다.

07.

벽성선은 둥글어졌다 이지러지는 ⓐ(저 달)의 속성을 통해 인연의 무상함을 말하고 있으며, 그 속에는 인연이 곧 단절될 것에 대한 벽성선의 슬픔이 내포되어 있다고 볼 수 있다. 한편 ⓑ(둥근 달)는 변함없는 사랑을 하겠다는 양창곡의 다짐 속에 나타난 소재로, 벽성선과 맺은 인연이 변함없이 지속되었으면 좋겠다는 소망이 내포되어 있다고 볼 수 있다.

오답 풀이

① ⓐ와 ⓑ 모두 재회를 기원하는 대상으로 인식되고 있지 않다. ② ⓐ와 ⓑ 모두 과거와 현재의 사건이 대비됨을 부각하고 있지 않다. ③ ⓐ와 ⓑ 모두 비극적 상황에 대해 체념하는 운명론적 세계관을 환기하고 있지 않다. ④ ⓐ는 인물이 지향하는 가치가, ⓑ는 인물이 부정하는 가치가 함축되어 있지 않다.

Part 3. 고전 산문 | 02 | 작자 미상, 유씨삼대록

O/X 정답

01. O	02. X	03. O	04. X	05. X

1. 초벽과 천자의 대화를 통해 초벽이 과거 시험에 응시하여 문무 장원에 뽑히기 전에 일어난 사건의 정황을 나타내고 있으므로 적절하다.
2. 세창이 설생이 머무는 송죽헌을 떠나지 않은 것은 맞으나, 세창은 설생이 '남자인지 여자인지가 미심쩍'다고 하였으며 설생이 과거 급제를 한 후에야 설생이 여자임을 알게 되었다. 따라서 세창이 설생이 여인임을 가족들에게 들키지 않기 위해 송죽헌을 떠나지 않았다는 선지의 설명은 적절하지 않다.
3. "설씨녀의 재주와 용모와~세창과 혼인시킬 것이다."라는 천자의 발화를 통해 알 수 있다.
4. 인물의 성격 변화는 인물에게 부여된 본질적인 특성 즉, 가치관, 신분 등의 변화가 나타나는 것을 말한다. "충성심이 세상을 덮을 만하고~선생은 명심하라."라는

천자의 발화를 통해 초벽의 성격 변화를 제시하고 있을 뿐, 배경 묘사를 통해 이를 암시하고 있지는 않다.

5. 지문은 시간의 흐름에 따라 순차적으로 사건이 전개되고 있으므로 현재와 과거를 교차하고 있다는 선지의 설명은 적절하지 않다.

나BS 실전 문제 정답

01. ③　02. ④　03. ③　04. ③

01.

백공이 선생과 승상에게 한 말 "두 형께서 과도히 곧이듣고 아드님을 엄히 꾸짖으셨다 하니,", "두 형은 아드님을 용서하여 아드님이 저를 원망하게 하지 마오." 등을 미루어 보았을 때 선생과 승상은 한림(세기)의 혼사 문제에 대해 의견이 일치했음을 알 수 있다.

오답 풀이

① 백공의 말 "제가 더욱 흠모하여 염치를 잊고 거짓말로 일을 꾸며 구혼하면서 '정약'이라는 글자 둘을 더했으니 이는 진실로 저의 희롱함이외다."를 통해 확인할 수 있는 내용이다. 참고로 갈등의 양상과 원인은 고전 산문에서 자주 출제하는 요소다. 따라서 지문을 읽을 때, 반드시 체크가 되었어야 한다. '백공의 거짓말' 때문에 갈등(유세기↔선생, 승상)이 생겼다는 것을 확인했다면, 바로 지워나갈 수 있는 선지다. ②, ④ 백공의 말 "내가 한림의 재모(재주와 용모)를 아껴 이같이 기별해 사위를 삼고자 하였더니 선생 형제는 도학군자라 예가 아닌 것을 문책하시는도다.", "두 형께서 과도히 곧이듣고 아드님을 엄히 꾸짖으셨다 하니,", "원컨대 두 형은 아드님을 용서하여 아드님이 저를 원망하게 하지 마오."를 통해 확인할 수 있다. ⑤ 백공의 말 "내가 한림의 재모를 아껴 이같이 기별해 사위를 삼고자 하였더니 선생 형제는 도학군자라 예가 아닌 것을 문책하시는도다.", "제가 두 형과 더불어 죽마고우로 절친하고 또 아드님의 특출함을 아껴 제 딸의 배필로 삼고자 하여"를 통해 확인할 수 있다.

02.

[A] X, [B] X / 문학에서 인물의 상황은 인물의 반응을 유도하는 중요한 전제다. 따라서 독해를 할 때 힘을 줘서 체크해야 한다. '장 씨'가 '공주'에 비해 지위가 낮은 상황이라는 것을 체크했다면, '우월한 지위'에서 즉각적으로 반응했을 것이다. 장 씨는 [A], [B] 모두에서 자신의 지위가 공주보다 낮음을 언급하고 있다. 따라서 대화 상대인 세형의 환심을 사기 위해 장 씨가 자신의 우월한 지위를 드러내고 있다는 진술은 적절하지 않다.

오답 풀이

① [A] O, [B] O / [A]의 경우 '유생과 백년가약을 맺었으니', '천자의 귀함으로 한 부마를 뽑는데 어찌 구태여 나의 아름다운 낭군을 빼앗아 가 위세로써 나로 하여금 공주 저 사람의 아래가 되게 하셨는가?', '먼저 혼인 예물까지 받았는데' 등과 같은 부분에서, [B]의 경우 "제가 귀댁에 들어온 지 오륙일이 지났으나", "진양궁에 나아가면 궁비와 시녀들이 다 저를 손가락질하며 비웃어 한 가지 일도 자유롭게 하지 못하게 하옵고, 제 입에서 말이 나면 일천여 시녀가 다 제 입을 가리니, 공주의 은덕에 의지하여 겨우 실례를 면하고 돌아왔사옵니다."와 같은 부분에서 과거 사건에 대한 정보를 제공하고 있다. ② [A] O, [B] O / [A]의 경우 '나와 공주의 현격함은 하늘과 땅 같도다.'에서, [B]의 경우 "우물 속에서 하늘을 바라보는 것 같게 만드옵니다."에서 비유적 진술을 통해 자신이 처한 상황을 부각하고 있다. ③ [A] O, [B] X / [A]의 경우 '천자의 귀함으로 한 부마를 뽑는데 어찌 구태여 나의 아름다운 낭군을 빼앗아 가 위세로써 나로 하여금 공주 저 사람의 아래가 되게 하셨는가?'에서 천자에 대한 자신의 원망을 의문형 표현을 활용하여 드러내고 있고, '나의 재주와 용모가 저 사람보다 떨어지는 것이 없고 먼저 혼인 예물까지 받았는데 이처럼 남의 천대를 감심할 줄 어찌 알리오?'에서 은연중에 공주에 대한 원망까지 드러내고 있다. 하지만 [B]에는 그러한 부분이 없다. ⑤ [A] O, [B] O / [A]의 경우 '제 짐짓 능활(교활)하여 아버님, 어머님이나 시누이를 제 편으로 끌어들인다면 낭군의 마음은 이를 좇아 완전히 달라질지라.'에서 앞으로의 일을 추정(미루어 생각하여 판정함)하는 방식으로 자신의 우려를 제시하고 있다. [B]의 경우 "진양궁에 나아가면 궁비와 시녀들이 다 저를 손가락질하며 비웃어 한 가지 일도 자유롭게 하지 못하게 하옵고, 제 입에서 말이 나면 일천여 시녀가 다 제 입을 가리니, 공주의 은덕에 의지하여 겨우 실례를 면하고 돌아왔사옵니다."에서 지난 일을 토로하는 방식으로 자신의 우려를 제시하고 있다.

03.

㉠(이화정)은 자신의 남편(세형)이 천자의 부마로 정해져 졸지에 공주의 아랫사람이 된 장 씨가, 평생 살아갈 계책을 고심하며 앞날에 대한 한탄을 드러내는 공간이다. 한편 ㉡(이화정)은 장 씨가 세형에게 자신의 외로움과 구차함을 토로함으로써 그를 감동시켜 사랑을 받는 공간이므로, 장 씨가 세형의 애정을 확인하는 공간으로 볼 수 있다.

오답 풀이

① 장 씨는 ㉠에서 학문을 연마하고 있지 않으며, ㉡에서 덕행을 닦고 있지도 않다. ② ㉠에서 장 씨는 공주가 시부모님이나 시누이를 자신의 편으로 끌어들인다면 세형의 마음이 달라질 것이라고 언급하고 있으므로, ㉠을 세형에 대한 불신을 드러내는 공간으로 볼 여지가 있다. 하지만 ㉡에서 장 씨는 자신의 신세를 한탄함으로써 세형을 감동시켜 사랑을 받고 있으므로 ㉡을 장 씨가 조소(비웃음)를 당하는 공간이라고 보기 어렵다. ④ ㉠에서 장 씨는 '평생 살아갈 계책을 골똘히 헤아리'고 있으므로 '계책을 꾸미는 공간'으로 볼 여지가 있다. 그러나 ㉡은 장 씨가 세형의 애정을 확인하는 공간이므로 외로움을 인내하는 공간이라고 보기 어렵다. ⑤ ㉠에서 장 씨는 공주보다 자신이 세형과 먼저 혼인했다고 생각하기에 선후 시비를 따지는 공간임을 허용할 수 있다. 그러나 ㉡이 오해를 해소하는 공간이라고 보기는 어렵다. '부마가 바야흐로 장 씨의 외로움을 가련하게 여기고 공주의 위세가 장 씨를 억누르는 것을 좋지 않게 여기고 있다가'를 고려할 때, "그대 무슨 일로 슬픈 빛이 있나뇨? 나를 좇음을 원망하는가?"라는 세형의 물음은 장 씨를 오해해서라기보다는 장 씨에 대한 연민을 드러내는 부분이라 보는 것이 적절하다. 또한 이 질문을 오해로 보더라도, 둘의 대화가 이뤄지는 곳은 ㉡이 아닌 ㉠이므로 오해를 푸는 공간은 ㉠으로 봐야 한다. 이후 두 사람이 함께하는 공간이 ㉡이다.

04.

갈등의 양상과 원인은 고전 산문에서 자주 출제하는 요소다. 따라서 지문을 읽을 때, 반드시 체크가 되었어야 한다. 유세기가 혼사와 관련한 곤욕을 치른 것은 선생과 승상이 유세기가 '부모의 허락 없이' 혼사를 결정하여 가법을 어겼다고 생각했기 때문이다. '부모의 허락 없이' 혼사를 결정할 수 없는 것은 하나의 '가법(집안의 법도나 규율)'에 해당한다. 하지만 유세기가 가법을 어기고 진짜 혼사를 결정한 것이 아니다. '백공의 거짓말'로 인해 벌어진 오해인 것이다. 따라서 가법과 인물의 성격 간의 대립을 허용할 수 없다. 또한 유세형이 공주를 멀리한 것은 공주의 위세가 장 씨를 억누른다고 생각하여 장 씨를 가련하게 여겼기 때문이므로, 이 역시 가법과 인물의 성격 간의 대립 때문에 일어난 갈등이라고 보기 어렵다.

오답 풀이

① 〈보기〉에서 「유씨삼대록」의 '각 이야기는 그 자체로 완결성을 갖추고 있어 독립적이지만, 혼사나 그로부터 파생된 각각의 갈등이 동일한 가문 내에서 전개된다는 점에서 연결된다.'라고 하였다. 유세기 이야기와 유세형 이야기는 모두 유 씨 가문의 혼사를 중심으로 발생하고 있는 갈등을 다루고 있으므로 두 이야기가 서로 연결되어 있다고 볼 수 있다. ② 〈보기〉에서 '가문의 구성원들은 혼사를 둘러싼 갈등이 가문의

안정과 번영을 저해한다고 여겼기에, 가문 차원에서 이를 해결해 간다.'라고 하였다. 지문에서 선생과 승상을 '선생 형제'라고 표현한 것을 볼 때, 두 인물 모두 유 씨 가문의 구성원임을 알 수 있다. 유세기의 혼사 문제에 선생과 승상이 관여한 것은, 혼사를 둘러싼 갈등을 가문 차원의 문제로 받아들여 함께 해결해 가려는 태도로 볼 수 있다. ④ 혼인 당사자인 남녀가 자신의 결혼 상대자를 자유롭게 결정하는 경우에는 '혼사'를 '혼인 당사자 개인의 문제'라고 볼 수 있다. 하지만 해당 지문에서는 백공이 세기의 재모를 아껴 자신의 딸과 결혼했으면 하는 바람으로 유 씨 가문에 구혼하였으므로, 이를 통해 혼사가 혼인 당사자 개인의 문제가 아니라 가문 사이의 문제임을 알 수 있다. 천자가 유세형을 부마 삼은 것 역시, 혼인 당사자인 공주가 결정한 바가 아니므로 혼사가 혼인 당사자 개인의 문제라고 보기 어렵다. ⑤ 〈보기〉에서 「유씨삼대록」의 '각 이야기는 그 자체로 완결성'을 갖추고 있다고 하였다. 유세기가 혼사 갈등 이후로 평생 첩을 두지 않고 소 소저와 해로했다는 이후 내용을 요약적으로 제시하는 것을 통해, 혼사 갈등이 해소되면서 이야기 하나가 마무리되었음을 알 수 있다.

Part 3. 고전 산문 | 03 | 작자 미상, 낙성비룡

O/X 정답

01. O　02. O　03. X　04. X　05. X

1. 윗글은 '경작'과 '양자윤'의 대화, '경작'의 독백적 발화를 통해 인물의 심리를 생생하게 드러내고 있으므로 적절하다.
2. '경작은 세 살에 부모를 잃고 유모에게 맡겨졌다가 일곱 살에 유모가 죽자 의지할 데 없어 장우의 집 머슴이 된 사연을 이르고'에서 사건을 요약적으로 제시하여 서사를 빠르게 전개하고 있다.
3. '경작'이 '양자윤'에게 "저는 상민 집의 종인데 어르신의 말씀이 사실인가 의심이 갑니다."라며 양자윤의 제안을 의심한 것은 맞지만, 이후 "하지만 정말로 숙녀라면 어찌 사양하겠습니까?"라며 제안을 수락했으므로 적절하지 않다.
4. '흰옷을 입은 어른이~마치 신선 같았다.'에서 양자윤의 외양 묘사가 나타나지만, 이를 통해 인물 간의 갈등을 형상화하고 있지는 않다.
5. 백의 노인이 경작에게 청운사로 가서 학문에 힘쓸 것을 제안한 것은 맞으나, 백의 노인이 경작에게 준 노자는 '네 냥 화폐'이다. '삼백여 냥 은자'는 경작이 어려운 처지에 놓인 사람에게 준 것이다.

나BS 실전 문제 정답

01. ⑤　02. ①　03. ②

01.

두 사람의 대화 특성을 파악했다면 잘 찾을 수 있었으리라. 제시된 장면은 태수인 설인수와 원수인 경작(경모)이 만나 회포를 푸는 장면이다. 계급으로는 태수가 원수를 모시는 형편이지만, 그들은 계급 이전에 동서 지간이다. 둘 사이에 이러한 인연이 밝혀지면서 극존칭을 쓰던 설인수의 말이 편해지고 둘은 사적인 화제를 중심으로 격의 없는 대화를 이어가고 있다. 서로의 안부와 처의 안부를 물으며 흉도 보고, 위협도 하고 있지만 이는 인물들이 그만큼 친밀하기 때문에 가능한 것이다.

오답 풀이

① 사건의 결말을 암시하는 설의적 표현은 쓰이지 않았다. ② 인물의 독백이 제시되지 않았다. ③ 태수와 원수가 동서 지간이라는 것을 상징하는 소재는 나타나지 않았다. ④ 정답을 쉽게 찾지 못한 많은 학생들은 이 선지를 어려워했을 것이다. 먼저 '어지러운 듯, 취한 듯하여'는 심리 묘사가 아니라 단지 설 태수의 모습을 말하는 것이다. '놀라고 반가움을 이기지 못하여'에서 많은 학생들이 혼란이 왔을 수 있는데 이 부분에서 내면 심리가 드러난 것은 맞다. 그러나 심리 묘사를 통해 고조된 감정을 드러냈다고 보기는 어렵다. 묘사라는 것은 등장 인물의 내면을 그리듯 자세히 드러내야 하는데 단순히 '놀랍고 반갑다'는 부분을 묘사로 보기 어려운 것이다. 만약 '심장이 내려앉는 듯하고 가슴 속에서 무엇인가가 울컥 치밀어 오르는 것을 느끼며' 등으로 표현되었다면 이는 묘사라 할 수 있을 것이다. 그러나 지문에서는 단순히 '놀랍고 반가웠다'는 말을 하고 있으므로 묘사로 볼 수 없다는 것이 평가원의 생각이었던 것이다. 그리고 서술상의 특징을 찾는 문제 중 적절한 것 하나를 고르라는 문제는 '거시적인 접근'을 해야 한다. 지문의 주된 특징을 드러내는 선지를 골라야 한다는 것이다. 출제된 지문의 경우 지문의 대부분이 대화로 제시되어 있다. 따라서 '심리 묘사'라는 말을 보자마자 시험장에서 X를 그었어야 한다. 지금까지 기출문제들이 이런 출제 방식을 일관되게 보여 주고 있다.

02.

〈보기〉에서 지문에 대한 정보를 얻으라는 평가원의 배려다. ㄱ : 마지막 장면에서 설 태수는 돌아와서 부인에게 이 원수의 일을 전한 후 돌아가신 장인의 사람 보는 눈이 뛰어남에 감복했다고 했다. 따라서 장인은 이 원수가 크게 될 인물임을 알아보았음을 짐작할 수 있다. ㄴ : 후반부에서 태수는 원수에게 "그 숱하게 자던 잠과 둔하게 많이 먹던 양을 줄이는 것이 좋을까 하오."라고 했고, 이에 대해 원수는 "급제한 후는 더 많이 먹히더이다."라고 했다. 이로 보아 이 원수가 한때 잠을 많이 잤음을 알 수 있다.

오답 풀이

ㄷ : 설 태수와 이 원수의 대화를 통해 이 원수가 부인을 두고 집을 나온 지 십일 년이 되었음을 알 수 있을 뿐, 왜 집을 나오게 되었는지는 제시되지 않았다. ㄹ : 경작이 어떤 과정을 통해 전쟁에서 공을 세우는지는 제시되지 않았다.

03.

억양법(抑揚法) : 수사법에서 강조법의 일종. 칭찬을 하기 위해 먼저 내려 깎는다든지 흉을 보기 위해 먼저 칭찬을 한다든지 하는 것처럼, 우선 누르고 후에 추켜준다든지 혹은 우선 추켜세운 다음 눌러버린다든지 하여 한층 날카롭게 느끼게 하는 표현법이다. "그는 좀 모자라지만 착실한 사람이야.", "머리는 영리한데 사람이 건방져." 등과 같은 표현이 그 예이다. [A]에서 설 태수는 원수가 약한 부인을 버리고 집을 나간 후 십일 년 동안 편지 한 번 없이 보낸 행동에 대해 어둡고 무심하다며 질타를 하고 있다. 그러므로 상대방의 인품을 칭송한다는 것은 잘못된 것이다. 원수의 넓은 덕을 추앙하는 것은 타인의 평가일 뿐이다.

오답 풀이

①, ⑤ "나는 비록 벼슬이 낮아 형을 모시고는 있으나 처자를 편히 거느리니 가히 형보다 낫다고 이르리로다."를 통해 알 수 있다. ③ "오직 빈 방의 약한 부인을 생각하지 아니하니 박덕함이 심하여 장차 약한 부인이 몸을 보존치 못하게 되었으니 가장 어둡고 무심한 장부라."를 통해 확인할 수 있다. ④ 서로 '형'이라 호칭을 하는 것에서 누가 윗사람인지 찾기가 쉽지 않았다. 지문에서 '동서(同壻) : 입장이 같은 며느리나 사위', '처형(妻兄) : 아내의 언니' 등의 호칭에 신경을 썼다면 확인을 할 수는 있지만, 이 호칭의 의미를 몰랐다면 역시 난감했을 터다. 하지만 끝까지 포기하지 않고 관계를 추적했다면 지문의 끝부분에서는 확인할 수 있다. '설 태수 돌아와 부인 난주를 대하여 이 원수의 전후 일을 일일이 전하고 기특히 여김을 마지않으며,'라는 구절을 보자. 내가 수업을 열심히 하면 여러분이 나를 기특하게 여기나? 물론 기특하게 여기는 놈도 있을 테지만, 일반적으로 '기특하다'는 말은 윗사람이 아랫사람에게 쓰는 말이다. 따라서 설 태수가 집안 서열상으로 더 높은 사람임을 알 수 있다.

Part 3. 고전 산문 | 04 | 작자 미상, 흥부전

O/X 정답

01. O　02. O　03. X　04. X　05. X

1. '흥부'는 "어떤 사람은 팔자 좋아~우대량이 방중이라."에서 좋은 벼슬을 가진 사람과 자신의 처지를 비교하며 "차마 서러워 못 살겠네."라고 하였으므로 적절하다.
2. '어찌 아니 서러울 건가.', '어찌 좋지 않을쏜가.'에서 서술자가 개입하여 주관적인 판단이나 감정을 노출하고 있다.
3. 박에서 나온 '청의동자 한 쌍'이 준 것은 술과 풀, 약이다. 살림에 쓸 수 있는 물건은 '청의동자 한 쌍'이 사라진 뒤 새로운 박을 타는 과정에서 나온 것이므로 적절하지 않다.
4. '흥부'가 박을 타서 가르는 행위가 연속적으로 제시되고 있으나, 이를 통해 신분의 변화 과정을 드러내고 있지는 않다.
5. 수수밭에서 집으로 공간의 이동이 드러나지만, 이를 통해 인물들의 외적 갈등을 심화하고 있지는 않다.

나BS 실전 문제 정답

01. ③　02. ⑤　03. ②　04. ⑤　05. ②

01.

가난하고 초라한 흥부의 옷차림인 '망건, 중치막, 술 띠, 고의, 대님, 짚신, 부채' 등을 '열거'하여 나타내고 있다. 그런데 망건에는 편자가 있어야 하는데 없고, 금·옥·뼈·뿔로 만드는 관자 대신에 박쪼가리로 만든 관자를 달고 있다. 이렇게 격식에도 맞지 않는 망건을 '대가리 터지게' 동여매고 걸어가는 흥부의 외양을 '바람맞은 병인' 같고 '잘 쓰는 대비(빗자루)' 같다고 하며 '해학적으로 표현'하고 있다.

오답 풀이

① 판소리계 소설의 특징인 '운문체'를 출제하였구나. ㉠을 읽으면 자연스럽게 4토막으로 끊어 읽을 수 있다(4음보). 또한 글자 수도 거의 4글자씩 구성되어 있다(4·4조의 음수율). 따라서 전체적으로 '운문체'를 사용한 것은 맞다. 그러나 ㉠에는 흥부의 행동과 차림새 같은 외양 묘사만 나올 뿐, '인물 사이의 갈등'은 나타나지 않는다. ② ㉠은 전체가 '현재'로만 이루어졌다. ④ ㉠에는 배경 묘사가 없고 단지 흥부의 겉모습만 나타나는데, 그 모습이 초라하고 볼품없는 모습이기에 '밝고 역동적인 분위기를 조성'한다고 할 수 없다. ⑤ 일반적으로 사건이 요약적으로 제시되면 서사는 빠르게 진행되고, 묘사와 대화로 제시되면 서사는 느리게 진행된다. ㉠은 흥부의 겉모습만을 묘사하고 있을 뿐 사건이 제시되어 있지 않으므로, 서사의 속도 전개를 느낄 수 없다.

02.

[B]에서는 놀부가 먹을 것을 얻으러 온 흥부를 꾸짖는 모습이 나타난다. 그리고 [C]는 제비가 자신을 절뚝발이가 되게 한 놀부를 고발하는 장면이다. 즉, [C]는 [B]의 놀부의 언행과는 관련이 없다.

오답 풀이

① '서술자의 서술'로 흥부의 성품('흥부 마음 인후하여 청산유수와 곤륜옥결이라. 성덕을 본받고 악인을 저어하며 물욕에 탐이 없고 주색에 무심하니')을 드러내고, 흥부와 흥부 아내의 '대화'를 통해 흥부의 가난한 '처지'를 드러내고 있다. ② '놀부 놈의 거동 보소.'에서 '놈'은 '남자'를 낮추어 이르는 말이다. 서술자가 놀부를 '놀부 놈'이라고 서술한 것은 놀부에 대한 서술자의 부정적인 평가가 반영된 것으로 볼 수 있다. ③ '강남'에서 황제 제비와 다리가 부러진 제비의 '대화'를 통해 놀부의 악행을 비판하는 '서사가 진행'되고 있으므로, '우화(동식물을 의인화하여 풍자와 교훈을 담은 이야기)적 공간에서 서사가 진행'되는 것이다. 우화를 사용하여 욕심 탓에 제비의 다리를 일부러 부러트린 놀부를 풍자하고, 욕심을 부리지 말고 착하게 살자는 교훈을 주고 있다. 간혹 서사가 진행된다는 것이 무엇인지 질문하는 학생들이 있는데, 어렵게 생각하지 말고 '이야기가 진행된다', '사건이 진행된다' 정도의 의미로 이해하면 된다. ④ [A]의 "형님이 음식 끝을 보면 사촌을 몰라보고 똥 싸도록 때리는데, 그 매를 뉘 아들놈이 맞는단 말이오?", "애고 동냥은 못 준들 쪽박조차 깨칠쏜가. 맞으나 아니 맞으나 쏘아나 본다고 건너가 봅소."를 통해 흥부가 놀부에게 음식을 얻으러 가면 봉변을 당할 수 있다는 것을 알고 있음을 확인할 수 있다. 따라서 [A]에서 흥부와 흥부 아내의 대화는 [B]에서 일어나는 흥부와 놀부의 갈등 상황을 예고한다고 볼 수 있다.

03.

정말 많은 학생들이 시험장에서 이 쉬운 문제를 틀렸다. 학생들이 〈보기〉 문제에서 가장 쉽게 낚이는 케이스는 바로 지문을 배제한 채 〈보기〉와 선지만 비교하는 케이스다. 물론 〈보기〉와 선지만 비교해도 쉽게 답이 나오는 문제들도 있다. 하지만 고난도의 문제에서는 반드시 〈보기〉와 선지, 그리고 지문을 모두 고려해서 대응해야 한다. 간혹 EBS 작품을 열심히 공부한 학생들이 수능날 아는 지문이라고 대충 보고 풀이하다가 틀리는 케이스도 종종 있는데, 이런 문제에 낚이지 않기 위해서라도 수능날에는 아는 지문도 다시 꼼꼼히 보는 완벽함이 필요하겠다.

지문으로 눈을 돌려라. 놀부는 '갈가마귀'를 보고 제비로 착각하여 "제비 인제 온다."라고 말하지만 제비가 아님을 알고, '눈을 멀겋게 뜨고 보다가' 하릴없이(달리 어떻게 할 도리가 없어) 동네를 다니며 제비를 집으로 몰아들이는 적극적인 행동을 보인다. 즉, '다른 새들을 몰아내는' 행동은 하지 않았다.

오답 풀이

① 놀부는 제비 다리를 고쳐 주는 상황을 '인위적으로' 만들기 위해 '동지섣달'부터 제비를 기다린다. '동지섣달'은 겨울이기 때문에 제비가 올 수 없으므로 그만큼 놀부의 마음이 급하다는 것을 알 수 있다. 이는 '더 큰 부자가 되겠다는 욕망'을 이루기 위한 '놀부의 조급성'을 보여 준다. ③ 놀부는 '사면에 제비 집을 지어' 제비를 들이몰아 '인위적인 상황'을 만들어 흥부의 행동을 '악의적으로 모방'하려 한다. ④ 놀부는 흥부처럼 박씨를 얻어 부자가 되기 위해 제비를 기다리고, 제비의 다리를 고쳐 주었다. 그러니 이제 남은 일은 강남으로 들어간 제비가 박씨를 물어오는 일뿐이므로, 놀부의 입장에서는 기다릴 수밖에 없는 상황이다. ⑤ '보수표'는 '원수를 갚는 박'이란 뜻이므로, 이를 받게 될 놀부는 '화를 입게' 되어 욕망 실현이 '좌절'될 것임을 보여 준다. 또한 놀부가 박씨에 '보수표'를 새기는 행위를 막지 못하는 상황이었으므로 〈보기〉의 'Ⅱ 단계'에 속한다는 선지의 내용도 적절하다.

04.

윗글은 주로 장면(상황)을 장황하게 나열하고 이를 통해 유사한 의미를 확장하는 서술 방식을 취하고 있다. 이는 흥부가 놀부를 찾아가는 장면에서 흥부의 옷차림을 묘사하는 부분, 놀부가 억지 이유를 들어가며 흥부의 염치없음을 탓하는 부분 등에서 확인할 수 있다. 따라서 전체적으로 상황을 요약적으로 제시하여 사건이 빠르게 전개되고 있다는 선지의 설명은 적절하지 않다.

오답 풀이

① '놀부놈의 거동 보소.'에서 서술자의 개입이 드러난다. ② 운율감이 느껴지는 어투는 판소리에서 즐겨 사용되는 어투이다. ③ 박을 타자 그 속에서 사람이 등장하는 것은 현실에서는 일어날 수 없는 일이다. ④ 한편으로는 다소 경박(언행이 신중하지 못하고 가벼움)하거나 비속(격이 낮고 속됨)한 언어를 사용하고, 다른 한편으로는 어려운 한자를 섞어 쓰거나 중국의 고사를 인용하여 양반과 평민 계층의 언어가 혼재

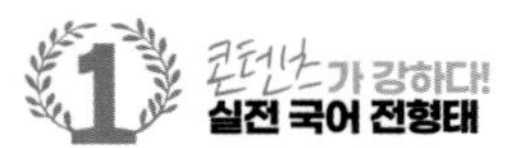

되어 있음을 보여 준다. 또한 이러한 사실은 위 작품의 창작자가 여러 사람일 수 있다는 구비 문학(입에서 입으로 전하여 오는 문학)적 특징을 보여 주기도 한다.

05.

윗글에서 놀부는 "네 콧소리에 보화가 변하였"다는 다소 엉뚱한 이유를 들어 째보를 책망(잘못을 꾸짖거나 나무라며 못마땅하게 여김)하고 있다. 이에 대해 째보는 놀부에게 삯을 받아야 하는 처지이므로 처음에는 참지만, 다음 박을 탔을 때도 놀부가 손실을 입는 상황이 발생하여 자신의 잘못이 아님이 밝혀지자 그를 비아냥거리게 된다. 따라서 째보가 자신의 잘못을 인정한 것으로 볼 수 없다.

오답 풀이

① "좀스러운 계집년이 무슨 일을 아는 체하여 방정맞게 날뛰는가."에서 알 수 있다. ③ 흥부는 "애고 동냥은~건너가 봅소."라는 흥부 처의 말을 듣고 놀부에게 도움을 청하러 간다. ④ "네가 뉜고?", "흥부가 뉘 아들인가?"라는 놀부의 발화를 통해 알 수 있다. ⑤ "형님이 음식 끝을 보면~맞는단 말이요?"라는 흥부의 발화를 통해 알 수 있다.

Part 3. 고전 산문 05 | 작자 미상, 오유란전

O/X 정답

01. X	02. X	03. O	04. O	05. O

1. '여러 고을의 원님들이 좌우로 늘어앉았고,~팔음을 번갈아 연주하고 있었다.'에서 잔치를 벌이는 인물들의 행위가 나열되고 있으나, 이를 통해 신분의 변화 과정이 드러나고 있지는 않으므로 선지의 내용은 적절하지 않다.
2. 윗글은 순행적 흐름으로 서사를 진행하고 있으므로 선지의 내용은 적절하지 않다.
3. "형이 별안간 영화의 길에 올랐음은 어찌 나의 한 정성의 소치로 말미암은 것이 아닌가."라는 감사의 발화를 통해 알 수 있다.
4. 오유란은 어사에게 "산 것을 보고 죽었다고 한 것은~어찌 사졸을 베려 하십니까."라며 자신에게 잘못이 없는 이유를 제시하였다.
5. 어사와 감사의 대화, 어사와 오유란의 대화를 제시하여 인물 간의 갈등을 해소시키고 있다.

Part 3. 고전 산문 06 | 작자 미상, 춘매전

O/X 정답

01. X	02. X	03. O	04. O	05. O

1. 유씨 부인은 회평 원이 자신의 방에 들어오자 도적인 줄 알고 그에게 큰 칼을 휘둘렀으나, 그의 목이 아닌 팔을 베었으므로 선지의 내용은 적절하지 않다.
2. '저놈들 거동 보소.'에서 서술자의 개입을 확인할 수 있으나, 이를 통해 사건의 전모를 밝히고 있지는 않으므로 선지의 내용은 적절하지 않다.
3. 염라국(저승)이라는 배경에서 춘매와 유씨 부인이 염라대왕과 대화하는 장면을 제시하여 허구성을 강화하고 있다.
4. "비나이다, 비나이다. 대왕님 앞에 비나이다.~같은 시에 들어오너라."의 대화를 통해 염라대왕과 유씨 부인 간의 위계를 보여 주고 있으므로 선지의 내용은 적절하다.
5. '절하고 백배사죄하면서 말하였다.~깨어나 생시가 되었다.'에서 유씨 부인이 염라대왕에게 여러 번 절하고 청하여 다시 살아날 기회를 얻었음을 알 수 있다.

Part 4. 현대 산문 01 | 강경애, 소금

O/X 정답

01. O	02. O	03. O	04. X	05. X

1. 일제 강점기라는 시대적 배경과 밀접한 어휘인 '보위단', '일본 순사'를 활용하여 간도로 이주한 이주민들이 겪는 시련을 드러내고 있으므로 선지의 내용은 적절하다.
2. 봉염 어머니는 '소금'을 통해 궁핍한 삶을 사는 현재에 비해서 소금이 풍족했던 고향에서의 삶을 떠올리며 고향에서의 삶을 그리워하고 서러움을 느끼고 있으므로 선지의 내용은 적절하다.
3. 길잡이가 물에 빠져 죽을 뻔한 봉염 어머니를 구조하였을 때 '맘을 졸이고 있던 나머지 사람들', 즉 소금 밀수 일행은 길잡이와 봉염 어머니가 '강가까지' 오자 '저마큼 두 사람을 어루만지며 어떤 사람은 눈물까지 흘리었'으며, '이 부인의 신세가 한층 더 불쌍한 맘이 들었'다고 하였으므로 선지의 내용은 적절하다.
4. 윗글은 3인칭 시점으로, 작품 밖의 서술자는 인물의 내면 심리를 모두 알고 있는 전지적 서술자이다. 따라서 봉염 어머니의 심리는 서술자에 의해 직접 제시될 뿐 특정 인물의 시선을 통해 제시되지 않는다.
5. 윗글은 봉염 어머니의 경험만을 제시하고 있다.

Part 4. 현대 산문 02 | 윤조병, 농토

O/X 정답

01. O	02. O	03. O	04. X	05. O

1. 윗글은 전체적으로 대사에 방언을 사용하고 있으며, 이를 통해 생동감 있게 이야기를 풀어가고 있다.
2. "봉답허구 봇물은 그대루 남는다구유?"라는 점순네의 질문에 돌쇠가 "그려……. 양지짝 위만 깨니께."라고 대답한 것에서 점순네와 달리 돌쇠는 석산에서 벌어지고 있는 상황을 이미 알고 있었음을 확인할 수 있다.
3. '돌쇠'와 '상만', '덕근'의 대화에서 인물들 사이의 갈등이 제시되고 있음을 알 수 있다.
4. 현재와 과거를 교차 편집한 부분은 찾아볼 수 없다. '무대가 서서히 어두워진다.'와 '무대가 밝아진다.'에서 조명을 통해 장면이 전환됨을 알 수 있다.
5. 상만은 점순네를 비롯한 마을 사람들에게 지주 어른이 석산 땅에 별장을 짓는다는 사실을 전달하였다.

Part 4. 현대 산문 03 | 이태준, 낙화의 적막

O/X 정답

01. O	02. X	03. X	04. O	05. X

1. 이 작품은 글쓴이 '나'의 독백적 서술을 통해 낙화에 대한 정서적 반응을 제시하고 있다.
2. '진달래나무 앞에 가서 한참, 개나리 나무 옆에 가서 한참, 살구나무 밑에 가서 한참'에서 여러 가지 꽃들을 감상하는 인물의 행위가 연속적으로 나열되고 있으나 이를 통해 내적 갈등의 해결 과정을 드러내고 있지는 않다.
3. 글쓴이가 떨어진 꽃을 보고 '침묵', '적막', '슬픔'을 느낀 것은 맞지만 '거기에는 조

그만큼도 죽음은 느껴지지 않았다.'라고 하였으므로 선지의 내용은 적절하지 않다.

4. 글쓴이는 '꽃이 열릴 나뭇가지는 자주 손질을 하였으나 꽃이 떨어질 자리는 한 번도 보살펴 주지 못'한 것에 대해 '적지 않은 죄송함'을 느꼈다.
5. 윗글에서 관용 표현(속담, 관용어)은 나타나지 않는다.

Part 4. 현대 산문 04 | 이범선, 고장 난 문

O/X 정답

01. X	02. O	03. O	04. X	05. X

1. "전에는 며칠씩도 문밖에 안 나오시곤 했으면서 뭘 그러셔요."라는 '나'의 발화를 통해 선생님이 며칠씩 문밖에 나오지 않은 상황이 있었음을 알 수 있다. 그러나 해당 상황은 문이 고장 나서가 아니라 선생님 스스로가 "나가고 싶지 않아서 안 나간" 것이므로 선지의 내용은 적절하지 않다.
2. '무서웠어요.~정말 겁났어요.', '겁이 나서'에서 확인할 수 있다.
3. '이마엔 핏줄이 서고 입은 꽉 다물고. 선생님은 자기 성질을 못 이겨서 두 손으로 그 긴 머리카락을 마구 쥐어뜯더군요.'에서 선생님의 외양을 묘사하여 방에 갇힌 혼란스러운 선생님의 심리 상태를 드러내고 있음을 알 수 있다.
4. 선생님은 바람이 통하지 않아 괴로워하고 있는 게 아니며, 목수네 아주머니가 선생님의 처지를 이해하고 있지도 않으므로 선지의 내용은 적절하지 않다.
5. 윗글은 두 공간에서 동시에 일어나는 사건을 병렬적으로 배치하고 있지 않다.

Part 4. 현대 산문 5 | 황순원, 목넘이 마을의 개

O/X 정답

01. X	02. X	03. O	04. O	05. X

1. '목넘이 마을'이라는 공간적 배경이 제시되고 있으나, 그에 대한 상세한 묘사를 통해 사건 전개를 지연시키고 있지는 않다.
2. '동장네 절가'와 '동장 형제'의 대화가 삽입되어 있지만 이를 통해 갈등 해소 과정을 보여 주고 있지는 않다.
3. '간난이 할아버지'는 '신둥이'가 '새끼 밴 것'을 알아차리고 '자기 다리 곁을 빠져나가는 것을 느꼈'음에도 도망가도록 내버려둔다. 이를 통해 새끼를 밴 '신둥이'가 '간난이 할아버지'의 도움으로 '방앗간'을 벗어나게 되었음을 알 수 있다.
4. '나'가 '간난이 할아버지와 김 선달과 차손이 아버지'의 이야기를 듣고 독자에게 전해 주는 액자식 구성을 취하고 있으므로 적절하다.
5. '간난이 할아버지'가 집안사람 몰래 보리범벅 부스러기를 가져다주며 '여웃골'에 있는 강아지들을 보살핀 것은 맞으나, 이 사실을 아내에게 들킨다는 내용은 드러나지 않는다.

나BS 실전 문제 정답

01. ①	02. ②	03. ②

01.

동네 사람들과 함께 신둥이를 잡으려 했던 간난이 할아버지는 신둥이의 새파란 불빛과 같은 눈빛을 보고는 '짐승이라도 새끼 밴 것을 차마?'라는 생각을 하게 된다. 이는 신둥이의 눈빛을 통해 강렬한 생명 의식을 느낀 것으로, 신둥이로 인한 무서움을 느꼈다고 보기는 어렵다.

오답 풀이

② 간난이 할아버지는 '이 개가 그 동안 자기네 집 옆 방앗간에 와 자곤 했으며 으레 자기네 귀한 뒷간의 거름을 축냈을 것만은 틀림없는 일'이라고 생각하였으므로 신둥이가 자기에게 손해를 끼쳤을 것이라 여겼음을 알 수 있다. ③ 간난이 할아버지는 '여웃골'에서 신둥이 새끼들을 발견한 후에 '좀만에 그 곳을 떠나는 간난이 할아버지는 오늘 예서 본 일은 아무한테나, 집안 사람한테도 이야길 말리라 마음 먹었다'고 하였으므로 신중한 태도를 보였음을 알 수 있다. ④ 간난이 할아버지는 '여웃골'의 신둥이의 새끼들을 만나 보살피고 하나하나 데려와 이웃에게 나누어 주었다. 이후 간난이 할아버지는 자기네 집 개뿐만 아니라 목넘이 마을에서 기르는 개가 거의 신둥이의 자손이 된 모습에 '미소를 띄'웠으므로 신둥이 새끼들에게 한 일에 대해 흡족하게 생각했음을 알 수 있다. ⑤ 간난이 할아버지는 자기네 귀한 뒷간의 거름을 축냈을 신둥이를 그대로 내버려 둘 수는 없다고 생각했으며, 이런 때 비린 것이라도 입에 대어 보리라는 개인적인 욕심을 채우려고 하였으므로 적절하다.

02.

ⓑ(여웃골)은 ⓐ(동네)에서 핍박을 받은 신둥이가 자신의 생명을 보호하고 무사히 새끼를 낳아 기르기 위해 이동한 피난처이자 안식처에 해당한다. 따라서 ⓐ에서 ⓑ로의 이동이 새로운 갈등을 예고한다는 선지의 설명은 적절하지 않다.

오답 풀이

① ⓐ에서 마을 사람들이 신둥이를 '미친개'라 하며 '때려잡'으려 하는 모습에서 인간의 비정함을 확인할 수 있다. ③ ⓑ에서 신둥이는 '앙상하니 뼈만 남아' 있지만 '저만큼에 바로' 자신의 새끼들이 있는 곳을 '지키고 서 있는' 모습에서 진한 모성애를 확인할 수 있다. ④ ⓑ에서 태어난 신둥이 새끼들의 모습은 신둥이가 ⓐ로부터 벗어나 새끼들을 낳은 결과이므로 적절하다. ⑤ ⓑ에 있던 신둥이의 새끼들이 ⓐ로 내려와 번성한다는 점에서 면면히 이어지는 끈질긴 생명력을 느낄 수 있다.

03.

㉡은 '크고 작은 동장'이 주동이 되어 신둥이 사냥을 이끌고 있음을 보여 준다. 이러한 점에서 두 사람을 이념적 대립이 극한으로 치달았던 해방기 때 갈등과 대결을 일으키는 원인 제공자로 볼 수는 있으나, 이를 해결할 실마리를 쥐고 있는 세력으로 보기는 어렵다.

오답 풀이

① 윗글이 이념적 대립이 극한으로 치달았던 해방기의 현실을 제시하고 있음을 고려할 때, ㉠은 이념 대립으로 인해 근거 없는 편견과 왜곡된 주장이 생산된 결과로 볼 수 있다. ③ ㉢은 크고 작은 동장이 신둥이를 '미친개'라며 때려잡자는 의견에 동네 사람들이 동조하는 모습이므로 선지의 설명은 적절하다. ④ ㉣은 신둥이를 때려잡으려는 대립의 상황에서 간난이 할아버지가 새끼를 밴 신둥이의 모습을 확인한 뒤 생명의 소중함에 대해 인식하고 있는 모습이다. 이는 생명의 존엄성에 대한 자각을 바탕으로 극한으로 치닫는 대립을 극복할 수 있음을 암시한다. ⑤ ㉤은 이념적 대립이 극한으로 치달았던 해방기의 현실 속에 고통 받았던 당시 우리 민족의 모습을 상징한다.

Part 4. 현대 산문 6 | 목성균, 명태에 관한 추억

O/X 정답

01. X 02. O 03. O 04. O 05. O

1. '명태의 의지'와 같은 표현에서 '명태'를 의인화하고 있음을 알 수 있다. 하지만 이를 통해 세태를 비판하고 있지는 않으므로 적절하지 않다.
2. '명태'는 '썩지 않는 철에만 잡히'지만 '준치'는 '4월에서 7월까지 부패가 촉진되는 철에 잡힌다'고 하였으므로 적절하다.
3. '조선무가 없으면 명태의 담백한 맛을 살려내기 힘들었을지도 모른다.'에서 확인할 수 있다.
4. 부패하지 않는 '명태'와 부패하는 '준치'를 대조적으로 제시하여 '명태'에 대한 글쓴이의 긍정적인 인식을 드러내고 있으므로 적절하다.
5. '건강하기가 과년한 산골 큰아기 같은 조선무'에서 비유법이, '명태는 제 속을 비워~더덕북어가 되었는데'에서 열거법이 사용되어 주제 의식을 표출하고 있으므로 적절하다.

Part 4. 현대 산문 07 | 백석, 마포

O/X 정답

01. O 02. X 03. X 04. X 05. O

1. "마포는 참 좋은 곳이여!"라는 뱃사람 중 한 명의 말을 인용하여 마포 풍경에 대한 감탄을 드러내고 있으므로 적절하다.
2. '커다란 금 휘장의 모자를 쓴 운전수들', '구멍 나간 고의를 입은 사공들' 등에서 인물의 외양을 묘사하고 있으나 이를 통해 인물을 희화화하고 있지는 않다.
3. '돈 많은 집 서방님같이 은회색 양복을 잡숫고'는 '모터보트'의 모양에 대한 비유적 표현이므로 선지의 내용은 적절하지 않다.
4. '전기 공장의 시꺼먼 굴뚝이 미워서' '말없이' 개포를 떠나는 사람들은 '뱃사람들'이므로 선지의 내용은 적절하지 않다.
5. '나무 없는 건넌산들은 키가 돛대보다 낮다~있는 듯하다.' 등에서 비유법이, '백천, 해주, 아산……', '금파환, 대양환, 순풍환,'에서 열거법이 사용되어 1930년대 과도기적 모습을 한 개포의 풍경이라는 주제 의식을 표출하고 있으므로 적절하다.

Part 4. 현대 산문 08 | 김소진, 갈매나무를 찾아서

O/X 정답

01. X 02. O 03. X 04. X 05. X

1. 두현과 할머니의 대화, 두현과 식당 여주인의 대화가 나타나고 있으나 이를 통해 인물이 겪은 사건의 비현실적인 면모를 드러내고 있지는 않다.
2. 윗글은 두현이 겪은 과거 사건에 대한 회상을 통해 이야기가 전개되고 있으므로 적절하다.
3. 두현이 윤정이와 사진을 찍은 '갈매나무'는 '아름다운 지옥'이라는 찻집에 있던 나무이다. '할머니 집 안마당에 어른 키의 갑절만큼 자라 있던' 나무와는 다른 나무이므로 선지의 내용은 적절하지 않다.
4. 두현이 '수칼매나무가 되는 꿈'을 꾼 것은 맞으나 '아직 수그루를 한 번도 보지 못했죠.'라고 하였으므로 선지의 내용은 적절하지 않다.
5. 중심인물이 알지 못하는 사건을 제시해 긴장감을 조성하고 있는 부분은 나타나지 않는다.

Part 4. 현대 산문 09 | 박영준, 모범 경작생

O/X 정답

01. X 02. X 03. X 04. O 05. X

1. '농사 강습회', '보통학교' 등 시대적 배경을 드러내는 소재가 제시되고 있으나 이를 통해 시간의 역전을 보여 주고 있지는 않다.
2. 사건에 대한 중심인물의 내적 반응을 중심인물 자신의 목소리를 통해 제시하는 것은 1인칭 주인공 시점에 대한 설명이다. 지문은 3인칭 전지적 작가 시점이 사용되고 있으므로 적절하지 않다.
3. 동네 사람들은 길서에게 지주 서재당에게 금년만 도지를 감해 줄 것을 말해 달라고 부탁하였으나, 길서가 이를 외면하고 일본으로 떠나자 '할 수 없이 큰마음을 먹고 떼를 지어 읍내로 들어가 서재당에게 사정을 말'했으므로 적절하지 않다.
4. 세를 올리려는 면장의 계획에 협조한 길서는 동네 사람들의 호세가 십일 등으로 오른 것과 달리 호세가 오르지 않는 혜택을 받았으므로 적절하다.
5. '길서는 면장의 말에 무엇이라고~부족할 것이 아닌가.'에서 중심인물인 길서의 내적 갈등이 드러나고 있으나, 길서의 반복적인 동작이 제시되고 있지는 않으므로 적절하지 않다.

Part 4. 현대 산문 10 | 이근삼, 국물 있사옵니다

O/X 정답

01. X 02. X 03. O 04. O 05. X

1. "인천서 근무할 때의 일입니다.~기존 상식을 거부하는 겁니다."라는 상범의 발화를 통해 인물의 성격 변화를 드러내고 있다. 하지만 인물의 등퇴장을 통해 인물의 성격 변화를 드러내고 있지는 않으므로 적절하지 않다.
2. 상범과 문 여사, 소희와 상출, 상범과 상출의 대화가 드러나지만 이를 통해 특정 인물의 생각과 행동을 희화화하고 있지는 않다.
3. "새 상식에 따라 생활을 하고~제가 쓰기로 했습니다."라는 상범의 발화에서 확인할 수 있다.
4. 상범은 상출에게 돈을 건네주면서 돈을 써서 회사에 들어갈 것을 제안하고, "문제는 방 안에 들어가야 하는데~그저 들어가면 돼."라며 수단과 방법을 가리지 않고 회사에 들어가는 것이 더 중요함을 강조하였으므로 적절하다.
5. 시간과 공간이 다른 개별적 상황을 병렬적으로 제시하고 있으므로 적절하지 않다.

Part 4. 현대 산문 11 | 윤흥길, 빙청과 심홍

O/X 정답

01. X 02. X 03. X 04. O 05. X

1. 서술의 초점을 다양한 인물로 옮기고 있지 않으며, 갈등을 다각적으로 조명하고 있지도 않다.
2. '누가 만약 입바른 소리라도 할라치면 당장에 때려죽일 것 같은 기세였으며', '신

하사는 꿀 먹은 벙어리였다.' 등에서 비유적 표현이 활용되고 있으나 이를 통해 인물의 은밀한 행동 양상을 드러내고 있지는 않다.

3. 자신의 권한으로 우 하사를 장교 병동에 입실시키고 표창장을 수여한 사람은 대대장이 아닌 단장이다.
4. 기자들에게 자신이 목격한 격납고 사고의 현장에 대해 사실대로 말한 신 하사는 회견이 끝난 직후부터 상사들에게 불려 다니며 고초를 겪게 되었으므로 적절하다.
5. "우 하사는 작업복이~훌쩍훌쩍 뛰고 있었습니다."에서 우 하사의 행적(행위의 실적이나 자취)을 요약적으로 진술했다고 볼 수 있으나, 이를 통해 갈등의 해결 방향을 제시하고 있지는 않다.

Part 4. 현대 산문 | 12 | 김영현, 서동요

O/X 정답

01. O	02. X	03. X	04. O	05. O

1. 육박전을 벌이며 대립하는 '장'과 '기루'를 통해 인물 간 갈등을 구체화하고 있으므로 적절하다.
2. "니가 내 자릴 뺏어 간 순간, 내게 남은 건~내 운명이 되었어!"라고 말한 '기루'에게 '장'이 "넌 언제나 벗어날 수 있었어! 다만~네 길이 틀렸을 뿐이야."라고 말하는 등에서 '기루'의 의견에 대한 '장'의 부정적 태도가 드러나고 있긴 하지만, 반어적인 발화를 제시하고 있지는 않으므로 적절하지 않다.
3. '기루'가 '장'에게 "너만 아니었으면 선화 공주와 신라가 내 것이었어!"라고 말하며 그를 원망한 것은 맞지만, '기루'가 '장'의 목에 칼을 들이대고 말한 것이므로 적절하지 않다.
4. "내가 공주님을 만나기 위해 연지를 만들고 「서동요」를 만들던 시각에 넌 뭘 했어?"라는 '장'의 발화에서 확인할 수 있다.
5. '장'의 말을 듣고 혼란스러워하는 '기루'의 심리를 '손을 떨'고 있는 행위로 제시하고 있으므로 적절하다.

Memo

메가스터디 **전형태**

나BS 수특 스페셜 special 변형문제 N제

수능완성 문학
+N제 실전 문제

나BS 수완 스페셜

변형문제 N제

PART 01

현대시

1 이성복, 꽃 피는 시절

다음을 읽고 물음에 답하시오.

(가)
멀리 있어도 나는 당신을 압니다
㉠ 귀먹고 눈먼 당신은 추운 땅속을 헤매다
누군가의 입가에서 잔잔한 웃음이 되려 하셨지요

부르지 않아도 당신은 옵니다
생각지 않아도, 꿈꾸지 않아도 당신은 옵니다
당신이 올 때면 먼발치 마른 흙더미도 고개를 듭니다

당신은 지금 내 안에 있습니다
당신은 나를 알지 못하고
나를 벗고 싶어 몸부림하지만

내게서 당신이 떠나갈 때면
내 목은 갈라지고 **실핏줄 터지고**
내 눈, 내 귀, 거덜 난 **몸뚱이 갈가리 찢어지고**

나는 울고 싶고, 웃고 싶고, 토하고 싶고
벌컥벌컥 물사발 들이켜고 싶고 길길이 날뛰며
㉡ 절편보다 희고 고운 당신을 잎잎이, 뱉아 낼 테지만

부서지고 무너지며 당신을 보낼 일 아득합니다
굳은 살가죽에 불 댕길 일 막막합니다
불탄 살가죽 뚫고 다시 태어날 일 꿈같습니다

지금 당신은 내 안에 있지만
나는 당신을 어떻게 보내 드려야 할지 모르겠습니다
㉢ 조막만 한 손으로 뻣센 내 가슴 쥐어뜯으며 발 구르는 당신

- 이성복, 「꽃 피는 시절」 -

(나)
삶은 계란의 껍질이
벗겨지듯
묵은 사랑이
벗겨질 때
붉은 파밭의 **푸른 새싹**을 보아라
얻는다는 것은 곧 잃는 것이다

㉣ 먼지 앉은 석경(石鏡) 너머로
너의 그림자가
움직이듯
묵은 사랑이
움직일 때
붉은 파밭의 푸른 새싹을 보아라
얻는다는 것은 곧 잃는 것이다

㉤ 새벽에 준 조로의 물이
대낮이 지나도록 마르지 않고
젖어 있듯이
묵은 사랑이
뉘우치는 마음의 한복판에
젖어있을 때
붉은 파밭의 푸른 새싹을 보아라
얻는다는 것은 곧 잃는 것이다

- 김수영, 「파밭 가에서」 -

01 (가)와 (나)에 대한 설명으로 적절하지 않은 것은?

① (가)와 달리 (나)는 색채 이미지의 대조를 통하여 주제 의식을 드러내고 있다.
② (나)와 달리 (가)는 자연물에 인격을 부여하여 대상의 행위를 묘사하고 있다.
③ (가)와 (나)는 모두 대상에 대한 관조로부터 깨달은 삶의 교훈을 제시하고 있다.
④ (나)와 달리 (가)는 유사한 통사 구조의 나열을 통하여 화자의 상태를 표현하고 있다.
⑤ (가)와 달리 (나)는 직유를 활용하여 추상적 개념을 구체적 대상으로 제시하고 있다.

02 ㉠~㉤을 이해한 것으로 가장 적절한 것은?

① ㉠ : 부정적 사회 현실로 고통 받는 대상을 향한 화자의 연민이 드러나 있다.
② ㉡ : 대상과의 이별을 낙화(落花)에 빗대어 표현한 부분이다.
③ ㉢ : 화자와의 이별을 수용하지 못하고 괴로워하는 대상의 모습이다.
④ ㉣ : 화자가 오래전부터 이별의 상황을 원해 왔음을 알 수 있다.
⑤ ㉤ : 과거에 대상을 향해 품었던 사랑의 감정에 대한 비유이다.

03 〈보기〉는 선생님 수업의 일부이다. 선생님의 질문에 대한 학생의 의견으로 적절하지 않은 것은?

보기

선생님 : 대상이 자신의 존재적 가능성을 아름답게 발현할 수 있도록 적절한 순간에 그 대상을 놓아주는 것이 진정한 사랑이자 모두의 내면적 성장의 길임을 알면서도 우리는 대상을 구속하거나 집착하려 하고, 대상과의 이별을 큰 아픔으로 받아들이는 경향이 있습니다. (가)와 (나)는 모두 사랑의 주체와 대상 간의 이러한 관계를 형상화한 작품으로서, (가)는 이별의 순간에 주체가 겪는 아픔에, (나)는 이별 이후 느끼는 지난 사랑에 대한 집착과 새로운 사랑의 가능성에 초점을 맞추고 있습니다. 이제 이러한 관점에서 (가)와 (나)를 함께 감상해 볼까요?

① (가)의 '누군가의 입가에서' 피어나는 '잔잔한 웃음'은 대상이 자신의 가능성을 아름답게 발현하여 도달하고자 하는 모습이겠어요.
② (가)의 '실핏줄 터지고'와 '몸뚱이 갈가리 찢어지고'는 이별의 순간에 사랑의 주체가 느낄 큰 아픔을 표현한 부분이겠군요.
③ (가)의 '불탄 살가죽 뚫고 다시 태어날' 시간은 사랑의 주체가 대상을 놓아줄 적절한 순간으로 느끼는 때이겠어요.
④ (나)의 '푸른 새싹'은 새로운 사랑의 가능성을 '얻는다는 것'은 이별 후에 주체가 경험할 내면적 성장을 의미하겠어요.
⑤ (나)의 '뉘우치는 마음의 한복판에 / 젖어 있'는 '묵은 사랑'에서 대상과의 이별 후 지난 사랑에 집착하고 있는 주체의 모습을 볼 수 있어요.

2 김종길, 성탄제

다음 글을 읽고 물음에 답하시오.

(가)
어두운 방 안엔
빠알간 숯불이 피고,

외로이 늙으신 할머니가
애처로이 잦아드는 어린 목숨을 지키고 계시었다.

이윽고 눈 속을
아버지가 약을 가지고 돌아오시었다.

아 아버지가 눈을 헤치고 따 오신
그 **붉은 산수유 열매**—

나는 한 마리 어린 짐생,
젊은 아버지의 **서느런 옷자락**에
열로 상기한 볼을 말없이 부비는 것이었다.

이따금 뒷문을 눈이 치고 있었다.
그날 밤이 어쩌면 성탄제의 밤이었을지도 모른다.

어느새 나도
그때의 아버지만큼 나이를 먹었다.

옛것이라곤 찾아볼 길 없는
성탄제 가까운 도시에는
이제 반가운 그 옛날의 것이 내리는데,

서러운 서른 살 나의 이마에
불현듯 아버지의 서느런 옷자락을 느끼는 것은,

눈 속에 따 오신 산수유 붉은 알알이
아직도 내 혈액 속에 녹아 흐르는 까닭일까.

- 김종길, 「성탄제」 -

(나)
눈 내리는 저녁길엔
목화꽃 지는 냄새가 난다
할머니 옛날 **목화솜** 지으시던
물레 소리가 난다
한밤에 펼치시던 오색 조각보 속
사각사각 자미사* 구겨지는 소리 나고
매조 송학 오동 사꾸라*
유년의 조각 그림 몇 장
떨어지는 소리도 난다
어디서 그 많은 이야기를 실어오는지
어디서 그 작은 소리들을 풀어내는지

눈 내리는 저녁길엔
눈 덮인 고향집 낮은 굴뚝담 위
굴뚝새 푸득푸득 날으는 소리 나고
한 필 **삼팔명주** 하얗게 삭아내린
매운 세월 넘어
어머니 젊은 날 혼자서 넘으시던
오봉산 골짜기 눈에 묻힌 **길**
수묵으로 풀어내는 한오백년
쇠락한 세한도(歲寒圖)*가 있다

사십 년 걸어도 닿지 못한 나라
눈 내리는 저녁길엔
문득 그 나라 먼 길을 다 온 것 같은
내일이나 모레면
그 집 앞에 당도할 것 같은
눈 속에 눈에 묻힌 포근한 평안
더는 상할 것 없는
백발의 평안으로 잠들 것 같다

- 홍윤숙, 「눈 내리는 저녁·망향사(望鄕詞) 6」 -

*자미사 : 비단의 종류.
*매조, 송학, 오동, 사꾸라 : 화투패에 그려진 그림.
*세한도 : 조선 후기의 서화가 김정희가 유배 시에 그린 수묵화로, 매우 심한 추위에도 변하지 않는 의지를 형상화하였음.

01 (가)와 (나)의 공통점으로 가장 적절한 것은?

① 색채 대비를 통해 주제 의식을 강조하고 있다.
② 대구 형식을 활용하여 회고적인 정서를 부각하고 있다.
③ 과거와 현재의 대비를 통해 그리움의 정서를 고조하고 있다.
④ 의성어와 의태어를 구사하여 화자의 행위를 구체화하고 있다.
⑤ 현재형 어미를 활용하여 과거의 체험에 현장감을 부여하고 있다.

02 (가)에 대한 이해로 가장 적절한 것은?

① '어두운 방안'에 핀 '빠알간 숯불'에 주목하여 유년 화자가 경험한 겨울이 가족과의 단란한 시간이었음을 부각하고 있다.
② '외로이 늙으신 할머니'에서 '어린 목숨'으로 묘사의 초점을 이동하여 유년 화자의 생명력이 회복될 가능성을 암시하고 있다.
③ '한 마리 어린 짐생'과 '젊은 아버지'의 대응을 활용하여 두 대상 간에 조성되는 위화감을 묘사하고 있다.
④ '그날 밤'이 '성탄제의 밤'이었을지도 모른다는 추측의 진술을 활용하여 아버지가 베푼 사랑의 고귀함을 환기하고 있다.
⑤ '눈 속'을 헤쳐 온 자신에게 '까닭일까'라는 의문을 던져 현재의 상황에서 느끼는 화자의 고독감을 드러내고 있다.

03 〈보기〉를 참고하여 (가)와 (나)를 이해한 내용으로 적절하지 않은 것은?

보기

현대 산업 사회에서 시간은 양적 가치로 환산되기에, 이미 흘러가 버린 과거는 쓸모없는 것으로 인식된다. 이러한 시간관에 기초한 현대 사회의 급격한 변화는 과거와 현재를 단절시켰고, 이는 현대인의 내면에 자리한 상실감의 원인이 되었다. (가)와 (나)는 그러한 비극성을 극복하기 위해 유년 시절을 불러냄으로써 과거와의 일체감을 회복하려는 작품이다. (가)의 화자는 세월의 흐름에 따른 자아와 세계의 변화에도 불구하고 변하지 않는 애정의 가치를 확인함으로써, (나)의 화자는 실향(失鄕) 이전 평화로운 고향의 모습을 상기함으로써 저마다의 아픔을 위로하고 있다.

① (가)에서 '옛것'을 찾아볼 수 없는 '도시'는 세월의 흐름에 따라 변화한 세계의 모습을 의미한다.
② (나)에서 '사십 년'을 걸어도 닿지 못한 '나라'는 내면에 자리한 상실감이 과거와 현재의 단절에서 비롯한다는 사실을 암시한다.
③ (가)에서 화자는 '반가운 그 옛날의 것'을 매개로 하여, (나)에서 화자는 '눈 내리는 저녁길'을 매개로 하여 유년 시절을 불러내고 있다.
④ (가)에서 '혈액' 속에 아직도 흐르는 '산수유 붉은 알알'은 변하지 않는 애정의 가치를, (나)에서 '굴뚝새' 나는 소리가 들리는 '눈 덮인 고향집'은 평화로운 고향의 모습을 보여 준다.
⑤ (가)에서 '아버지의 서느런 옷자락'을 떠올리는 것은 '아버지'의 상실로 인한 아픔을, (나)에서 '그 집 앞'에 당도할 것 같다고 느끼는 것은 고향 상실로 인한 아픔을 스스로 위로하는 현대인의 모습을 보여 준다.

04 이미지의 활용을 중심으로 (가)와 (나)를 감상한 내용으로 적절하지 않은 것은?

① (가)는 '붉은 산수유 열매'에서 드러나는 색채 이미지를 통해 화자가 아버지에게서 느낀 따뜻한 사랑을 부각하고 있군.
② (가)는 '서느런 옷자락'과 '열로 상기한 볼' 간의 촉각적 이미지를 대비하여 아픈 자식을 위해 고생을 마다하지 않은 아버지의 정성을 표현하고 있군.
③ (나)는 '목화꽃 지는 냄새'라는 후각적 이미지로부터 '목화솜'을 짓던 '물레 소리'라는 청각적 이미지를 연상하여 할머니에 관한 추억을 회상하고 있군.
④ (나)는 '어머니 젊은 날'을 하얀 '삼팔명주'에 연결하여 젊은 어머니의 이미지에서 연상되는 아름다움을 드러내고 있군.
⑤ (나)는 '어머니'가 넘던 '길'을 '쇠락한 세한도'의 이미지와 연결하여 어머니의 인생 역정에서 느껴지는 고단함을 표현하고 있군.

3 이상, 거울

다음을 읽고, 물음에 답하시오.

(가)
거울속에는소리가없소
저렇게까지조용한세상은참없을것이오

거울속에도내게귀가있소
내말을못알아듣는딱한귀가두개나있소

거울속의나는왼손잡이오
내악수(握手)를받을줄모르는—악수를모르는왼손잡이오

거울때문에나는거울속의나를만져보지를못하는구료마는
거울이아니었던들내가어찌거울속의나를만나보기만이라도했겠소

나는지금(至今)거울을안가졌소마는거울속에는늘거울속의내가있소
잘은모르지만외로된사업(事業)에골몰할게요

거울속의나는참나와는반대(反對)요마는
또꽤닮았소
나는거울속의나를근심하고진찰(診察)할수없으니퍽섭섭하오

- 이상, 「거울」 -

(나)
금붕어는 어항 밖 대기(大氣)를 오를래야 오를 수 없는 하늘이라 생각한다.
금붕어는 어느새 금빛 비늘을 입었다 **빨간 꽃 이파리 같은**
꼬랑지를 폈다. 눈이 가락지처럼 삐어져 나왔다.
인젠 금붕어의 엄마도 화장한 따님을 몰라 볼 게다.

금붕어는 아침마다 말숙한 찬물을 뒤집어쓴다 떡가루를
흰손을 천사의 날개라 생각한다. 금붕어의 행복은
어항 속에 있으리라는 전설(傳說)과 같은 소문도 있다.

금붕어는 유리벽에 부딪혀 머리를 부수는 일이 없다.
얌전한 수염은 어느새 국경(國境)임을 느끼고는 아담하게
꼬리를 젓고 돌아선다. 지느러미는 칼날의 흉내를 내서도
항아리를 끊는 일이 없다.

아침에 책상 위에 옮겨 놓으면 창문으로 비스듬히 햇볕을 녹이는
붉은 바다를 흘겨본다. 꿈이라 가르켜진
그 바다는 넓기도 하다고 생각한다.

금붕어는 아롱진 거리를 지나 어항 밖 대기(大氣)를 건너서 지나해(支那海)의
한류(寒流)를 끊고 헤엄쳐 가고 싶다. 쓴 매개를 와락와락
삼키고 싶다. 옥도(沃度)빛 해초의 산림 속을 **검푸른 비늘을 입고**
상어에게 쫓겨다녀 보고도 싶다.

금붕어는 그러나 작은 입으로 **하늘보다도 더 큰 꿈**을 오므려
죽여버려야 한다. 배설물의 침전처럼 어항 밑에는
금붕어의 연령만 쌓여 간다.
금붕어는 오를래야 오를 수 없는 하늘보다도 더 먼 바다를
자꾸만 돌아가야만 할 고향이라 생각한다.

- 김기림, 「금붕어」 -

01 (가)와 (나)에 대한 설명으로 가장 적절한 것은?

① (가)는 시간의 변화를 통해 시상을 전개하고 있다.
② (나)는 부정적 현실을 극복하려는 의지를 표출하고 있다.
③ (가)와 (나)는 모두 공간의 대비를 통하여 이상향에 대한 지향을 드러내고 있다.
④ (가)와 (나)는 모두 구체적 사물을 통해 인간 존재와 삶에 대한 성찰을 유도하고 있다.
⑤ (가)와 (나)는 모두 주로 현재형 어미를 사용하여 과거의 경험을 생동감 있게 표현하고 있다.

02 〈보기〉를 바탕으로 (가)와 (나)를 감상한 것으로 적절하지 않은 것은?

보기

한국 모더니즘 시는 지성을 통한 감정의 절제와 참신한 표현을 강조하며 우리 시단에 나타났다.
이상(李箱)과 같은 초현실주의 작가들은 독자가 진부한 상상력의 굴레에서 벗어날 수 있도록 시의 표현 방식과 제재 선정의 두 측면에 근원적으로 변화를 주어야 한다고 주장하며 다양한 방식의 실험을 시도하였다. 띄어쓰기를 무시하거나 시에 숫자나 기호를 도입하고 인간의 무의식이나 자아의 분열처럼 기존의 우리 시에서 다루어진 적이 거의 없는 제재를 작품으로 형상화하는 등의 노력이 그것이다.
한편 김기림과 같은 비판적 모더니스트들은 다른 모더니스트들처럼 참신한 이미지를 강조했지만, 인간의 왜소화를 초래한 현대의 기계·물질 문명이나 제국주의 등에 대한 비판이 시에 반영되어야 한다고 주장함으로써 그들과 차별성을 보였다.

① (가)가 띄어쓰기를 무시하고 있는 것은 표현 방식의 근원적인 변화를 통하여 독자에게 낯선 경험을 제공하고자 한 데 따른 결과이겠군.
② (가)가 거울 밖의 '나'와 '거울속의나'라는 분열된 자아를 형상화하고 있는 것은 독자를 진부한 상상력의 굴레에서 벗어나게 하려는 시인의 의도에 기인한 것이겠어.
③ (나)는 '어항 속'의 삶에 순응하여 '하늘보다도 더 큰 꿈'을 '죽여버려야' 하는 '금붕어'의 모습을 통하여 인간의 왜소화를 초래한 현대 문명을 비판하고 있는 것이로군.
④ (나)에서 '빨간 꽃 이파리 같은 / 꼬랑지', '검푸른 비늘을 입고' 등의 비유적 표현으로 '금붕어'를 묘사한 데에서 참신한 이미지 창조를 중시한 모더니즘적 특징을 볼 수 있군.
⑤ 화자가 시적 대상에 대한 객관적 묘사에만 치중할 뿐 감정의 표출은 하지 않고 있는 데에서 (가)와 (나)는 모두 '지성을 통한 감정의 절제'라는 모더니즘의 이상에 충실한 작품이야.

03 〈보기〉의 선생님의 말씀에 대한 학생의 대답으로 가장 적절한 것은?

보기

선생님 : (가)의 화자는 '거울'에 비친 자신의 모습을 바라보고 있으며, (나)의 화자는 시의 표면에 드러나지는 않지만 '어항' 속에 있는 '금붕어'를 관찰하고 있습니다. 아래의 도식을 중심으로 (가)와 (나)에 관하여 이야기를 나누어 볼까요?

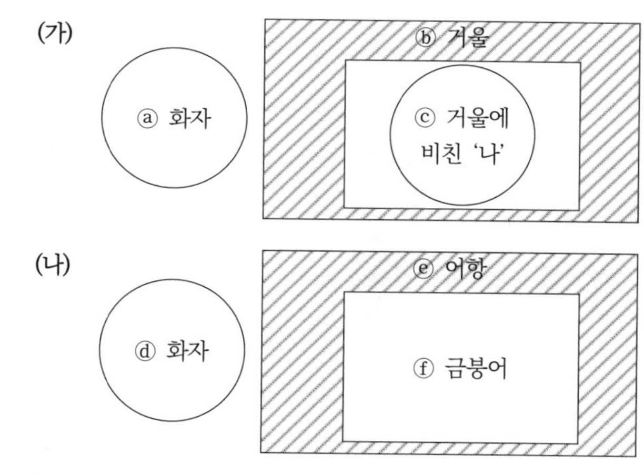

① ⓐ와 ⓓ는 각각 ⓒ와 ⓕ를 바라보면서 자신의 삶을 성찰하고 있어요.
② ⓐ는 ⓑ가 자신과 ⓒ를 매개하면서 동시에 ⓒ와의 합일을 가로막는 대상으로 생각하고 있어요.
③ ⓐ는 ⓒ가 항상 ⓑ 속에 있지만, ⓑ가 부재한 상황에서도 언제든 ⓒ를 만날 수 있다고 여기고 있어요.
④ ⓓ는 ⓕ가 찾는 진정한 행복이 ⓔ 속에 있다고 생각하여 ⓔ의 환경을 더욱 안락하게 만들어주고 있어요.
⑤ ⓓ는 ⓔ 속의 삶에 순응하면서도 ⓔ 너머의 삶에 대한 열망을 간직하고 있는 ⓕ에게서 삶에 대한 긍정적인 깨달음을 얻고 있어요.

나BS
수완 스페셜
변형문제 N제

PART 02

고전시가

▸▸ 수능완성 168page

1 작자 미상, 갑민가

다음을 읽고 물음에 답하시오.

㉠ 차라리 네 살던 곳에 아무렇게나 뿌리박혀
칠팔월에 삼(蔘)을 캐고 구시월 돈피(純皮)* 잡아
공채신역(公債身役)* 갚은 후에 그 나머지 두었다가
함흥 북청 홍원 장사 돌아들어 몰래 팔 제
후가(厚價) 받고 팔아내어 살기 좋은 너른 곳에
가사전토(家舍田土) 다시 사고 세간살이 장만하여
[A] 부모 처자 보전하고 새 즐거움 누리려무나
어와 생원(生員)인지 초관(哨官)인지
그대 말씀 그만두고 이내 말씀 들어보소
이내 또한 갑민(甲民)*이라 이 땅에서 생장(生長)하니 이 땅 일을 모를쏘냐
우리 조상 남촌 양반 진사 급제 잇달아 하여
[B] 금장옥패(金章玉佩) 빗겨 차고 시종신(侍從臣)을 다니다가
시기인(猜忌人)의 참소 입어 전가사변(全家徙邊)* 하온 후에
국내극변(國內極邊) 이 땅에서 칠팔 대를 살아오니
선음(先蔭) 이어 하는 일이 읍중(邑中) 구실 첫째로되
들어가면 좌수별감(座首別監) 나가서는 풍헌감관(風憲監官)
유사장의(有司掌儀) 자리 나면 체면 보아 사양터니
㉡ 애슬프다 내 시절에 원수인(怨讐人)의 모해(謀害)로서
군사 신분 되었단 말인가 내 한 몸이 헐어나니
좌우전후 수다일가(數多一家) 차차충군(次次充軍)* 되었구나
㉢ 누대봉사(累代奉祀)* 이 내 몸은 하릴없이 매어 있고
시름없는 혈족들은 자취 없이 도망하고
[C] 여러 사람 모든 신역(身役) 내 한 몸에 모두 무니
한 몸 신역 삼 냥 오 전(錢) 돈피 두 장 의법(依法)*이라
열두 사람 없는 구실 합쳐보면 사십육 냥
해마다 맡아 무니 석숭(石崇)*인들 당할쏘냐
(중략)
간신조리(艱辛調理) 생명(生命)하여 소에게 실려 돌아오니
팔십당년(八十當年) 우리 노모(老母) 마중 나와 이른 말씀
살아왔구나 내 자식아 사망* 없이 돌아온들 모든 신역 걱정하랴
전토가장(田土家庄) 모두 팔아 사십육 냥 돈 가지고
파기소(疤記所)* 찾아가니 중군파총(中軍把摠) 호령하되
[D] 우리 사또(使道) 분부 내(內)에 각 초군(哨軍)의 신역(諸身役)을 돈피 외에 받지 말라
㉣ 관령(官令) 이토록 지엄하니 하는 수 없어 물러나는구나
돈 가지고 물러 나와 글을 지어 하소연하니
물위번소(勿爲煩訴)* 판결하고 군노장교(軍奴將校) 차사(差使) 놓아 성화같이 재촉하니
노부모의 원행치장(遠行治裝)* 팔 승(升) 네 필(匹) 두었더니
팔 냥 돈을 빌어서 받고 팔아다가 채워내니 오십여 냥 되겠구나
삼수(三水) 각진(各鎭) 두루 돌아 이십육 냥 돈피 사니 십여 일 가까웠네
[E] 성화같은 관가 분부(官家 分付) 차지(次知)* 잡아 가두었네
불쌍할사 병든 처는 감옥 중에 던지어져 결항치사(結項致死)*한단 말인가
내 집 문전 돌아드니 어미 불러 우는 소리 구천(九天)에 사무치고
의지 없는 노부모는 불성인사(不省人事) 누우시니 기절하온 탓이로다
여러 신역 바친 후에 시체(屍體) 찾아 장사하고
㉤ 사묘(祠廟) 모셔 땅에 묻고 애끊도록 통곡(痛哭)하니
무지미물(無知微物) 뭇 오작(烏雀)이 저도 또한 섧게 운다

- 작자 미상, 「갑민가」 -

*돈피 : 담비 종류 동물의 모피를 통틀어 이르는 말.
*공채신역 : 국가에 내는 세금과 군역(軍役).
*갑민 : 갑산(甲山)의 백성.
*전가사변 : 온 집안이 변방으로 이사함.
*차차충군 : 군역으로 충원됨.
*누대봉사 : 여러 대 조상의 제사를 모시다.
*의법 : 법에 의거함.
*석숭 : 중국 진나라 시기에 살았던 거부(巨富).
*사망 : 이익을 많이 얻는 운수.
*파기소 : 병역과 군포(軍布)를 관리하던 관청.
*물위번소 : 번거롭게 소송하지 말라는 뜻.
*원행치장 : 부모의 장례에 쓰기 위한 채비.
*차지 : 죄지은 사람을 대신해 벌을 받는 사람.
*결항치사 : 스스로 목을 매어 죽음.

01 윗글에 대한 설명으로 가장 적절한 것은?

① 공간적 배경의 전환에 따라 사건에 대한 다양한 관점을 제시하고 있다.
② 인물의 외양을 자세하게 묘사하여 화자의 심리적 변화를 드러내고 있다.
③ 구체적인 수치를 나타내는 표현을 통해 막막한 상황을 강조하고 있다.
④ 자연물에 인간적 정서를 투영하여 목가적인 분위기를 환기하고 있다.
⑤ 인물 간의 대화를 통해 현실에 대한 화자의 깨달음을 보여 주고 있다.

02 윗글의 ㉠~㉤에 대한 이해로 적절하지 않은 것은?

① ㉠ : 신역을 치를 방법을 제안하며, 고향을 떠나지 말 것을 권고하고 있다.
② ㉡ : 대대로 내려오던 본래의 신분을 잃은 화자의 한탄이 직설적으로 드러난다.
③ ㉢ : 화자가 '시름없는 혈족들'과 달리 신역을 피하지 못한 이유가 제시되어 있다.
④ ㉣ : 관리들을 설득할 방법을 찾지 못한 화자가 신역을 피하기 위해 고향을 떠날 결심을 하였음을 알 수 있다.
⑤ ㉤ : 신역을 바친 후에야 가족의 장례를 치르는 화자의 비참한 심정이 드러난다.

03 〈보기〉를 참고하여 [A]~[E]를 이해한 내용으로 가장 적절하지 <u>않은</u> 것은?

보기

> 「갑민가」는 조선 후기 신역(身役)의 폐해를 고발하는 현실 비판적 가사로서, 비판의 효과를 높이기 위하여 다양한 서사 전략을 구사한다. 우선 '갑민'인 화자 '나'의 삶을 서사적으로 형상화하면서 사건과 그 전개 과정을 구체적으로 서술하고, 화자의 삶에서 비극적인 순간을 포착함으로써 독자의 감정 이입을 끌어낸다. 그리고 화자의 목소리를 대화 형식을 활용하여 제시하고, 제삼자의 목소리를 통해 당대 현실을 직접 제시함으로써 작품 내용에 대한 독자들의 신뢰감을 높인다.

① [A] : 화자의 목소리는 '그대'와 '나'가 고향을 떠나는 문제를 두고 나누는 대화를 통해 제시되고 있군.

② [B] : 화자가 자신이 살아온 삶의 과정을 구체적으로 서술하고 있다는 점에서 화자의 삶이 서사적으로 형상화되고 있음을 알 수 있군.

③ [C] : 화자가 도망간 열두 명의 친척들이 물어야 할 신역까지 물고 있다는 점에서, 당대 신역 제도가 가지고 있던 폐해가 드러나는군.

④ [D] : 신역을 돈피로 제한하겠다는 '중군파총'의 말을 직접 인용한 것은, 화자가 제시하는 당대 현실의 모습에 신뢰감을 더하기 위한 것이겠군.

⑤ [E] : 화자의 신역 때문에 감옥에 갇힌 '병든 처'가 스스로 목숨을 끊는 모습에서, 조선 후기 현실을 비판하려는 작품의 의도가 효과적으로 전달되겠군.

2 정철, 관동별곡

다음을 읽고 물음에 답하시오.

원통(圓通)골 ᄀᆞᄂᆞᆫ 길로 ᄉᆞᄌᆞ봉(獅子峰)을 ᄎᆞ자가니
그 알ᄑᆡ 너러바회 **화룡(化龍)쇠** 되여셰라
쳔년(千年) 노룡(老龍)이 구ᄇᆡ구ᄇᆡ 서려 이셔
듀야(晝夜)의 흘녀내여 창ᄒᆡ(滄海)예 니어시니
풍운(風雲)을 언제 어더 **삼일우(三日雨)**ᄅᆞᆯ 디련ᄂᆞ다
음애(陰崖)예 이온 플을 다 살와 내여ᄉᆞ라
마하연(摩訶衍) 묘길샹(妙吉祥) 안문(雁門)재 너머 디여,
외나무 뻐근 ᄃᆞ리 불명ᄃᆡ(佛頂臺) 올라ᄒᆞ니,
쳔심졀벽(千尋絶壁)을 반공(半空)애 셰여 두고,
은하슈(銀河水) 한 구ᄇᆡᄅᆞᆯ 촌촌이 버혀 내여,
실ᄀᆞ티 플텨이셔 뵈ᄀᆞ티 거러시니,
㉠ <u>도경(圖經) 열두 구ᄇᆡ*, 내 보매ᄂᆞᆫ 여러히라</u>.
니뎍션(李謫仙) 이제 이셔 고텨 의논ᄒᆞ게 되면,
녀산(廬山)이 여긔도곤 낫단 말 못 ᄒᆞ려니.
산듕(山中)을 ᄆᆡ양* 보랴, **동ᄒᆡ(東海)로 가쟈ᄉᆞ라**.
남여완보(藍輿緩步)ᄒᆞ야 산영누(山映樓)의 올나ᄒᆞ니,
㉡ <u>녕농(玲瓏) 벽계(碧溪)와 수셩 뎨됴(數聲啼鳥)ᄂᆞᆫ 니별(離別)을 원(怨)ᄒᆞᄂᆞᆫ 듯</u>,
졍긔(旌旗)를 ᄯᅥᆯ티니 오ᄉᆡᆨ(五色)이 넘노ᄂᆞᆫ 듯,
고각(鼓角)을 섯부니 ᄒᆡ운(海雲)이 다 것ᄂᆞᆫ 듯.
명사(鳴沙)길 니근 ᄆᆞᆯ이 **취션(醉仙)**을 빗기 시러,
바다ᄒᆞᆯ 겻ᄐᆡ 두고 ᄒᆡ당화(海棠花)로 드러가니,
ᄇᆡᆨ구(白鷗)야 ᄂᆞ디 마라 네 **벗**인 줄 엇디 아ᄂᆞᆫ.

(중략)

진쥬관(眞珠館) 듁셔루(竹西樓) 오십쳔(五十川) ᄂᆞ린 믈이,
태ᄇᆡᆨ산(太白山) 그림재ᄅᆞᆯ 동ᄒᆡ(東海)로 다마 가니,
ᄎᆞᆯ하리 **한강(漢江)의 목멱(木覓)**의 다히고져.
왕명(王程)*이 **유ᄒᆞᆫ(有限)**ᄒᆞ고 풍경(風景)이 못 슬믜니,
유회(幽懷)*도 하도 할샤, **ᄀᆡᆨ수(客愁)***도 둘 듸 업다.
션사(仙槎)ᄅᆞᆯ ᄯᅴ워 내여 두우(斗牛)로 향(向)ᄒᆞ살가,
션인(仙人)을 ᄎᆞᄌᆞ려 단혈(丹穴)의 머므살가.
㉢ <u>텬근(天根)을 못내 보와 망양명(望洋亭)의 올은말이</u>,
바다 밧근 하ᄂᆞᆯ이니 하ᄂᆞᆯ 밧근 므서신고.
㉣ <u>ᄀᆞᆺ득 노ᄒᆞᆫ 고래, 뉘라셔 놀내관ᄃᆡ,</u>
<u>블거니 ᄲᅮᆷ거니 어즈러이 구ᄂᆞᆫ디고</u>.
은산(銀山)을 것거 내여 육합(六合)의 ᄂᆞ리ᄂᆞᆫ 듯,
㉤ <u>오월(五月) 댱텬(長天)의 ᄇᆡᆨ셜(白雪)은 므ᄉᆞ 일고</u>.

- 정철, 「관동별곡」 -

*도경 열두 구ᄇᆡ : 산수의 지세(地勢)를 그림으로 그려 설명한 책에 나오는 십이 폭포를 일컬음.
*ᄆᆡ양 : 매 때마다.
*왕명 : 임금의 일로 다니는 여정.
*유회 : 마음 속 깊이 품은 생각.
*ᄀᆡᆨ수 : 객지에서 느끼는 쓸쓸함이나 시름.

01 윗글에 대한 설명으로 적절하지 <u>않은</u> 것은?

① 규칙적인 음보를 바탕으로 리듬감을 형성하고 있다.
② 상황을 가정하는 방법을 활용하여 대상을 예찬하고 있다.
③ 유사한 구조의 문장을 병렬적으로 제시함으로써 상황을 묘사하고 있다.
④ 하늘과 바다의 대비를 통하여 자연의 아름다움을 부각하고 있다.
⑤ 청자에게 말을 건네는 방식을 사용하여 자연물에 인격을 부여하고 있다.

02 ㉠~㉤에 대한 설명으로 가장 적절한 것은?

① ㉠ : '은하슈' 같은 폭포가 여러 굽이로 흐르는 광경을 보고 감탄하고 있다.
② ㉡ : 산을 떠나고 싶어 하는 마음을 주객전도의 방식으로 표현하고 있다.
③ ㉢ : 정자에 올라 하늘의 끝을 바라보며 허탈한 심정을 달래고 있다.
④ ㉣ : 물을 뿜는 고래를 보며 간신들이 난립해 있는 부정적 현실을 떠올리고 있다.
⑤ ㉤ : 계절에 어울리지 않는 자연 현상을 목격하고 자신에게 닥칠 시련을 예상하고 있다.

03 〈보기〉를 바탕으로 윗글을 감상한 내용으로 적절하지 <u>않은</u> 것은?

보기

윗글의 화자는 '다성(多聲)적 화자'로서 두 개의 목소리로 말을 한다. 첫 번째는 관리로서 임금을 생각하고 백성을 돌보려 하는 사회적 자아의 목소리이며, 두 번째는 자연 속에서 풍류를 즐기고, 현실을 벗어난 이상향을 꿈꾸고자 하는 내면적 자아의 목소리이다. 직설적으로, 때로는 비유를 활용하여 우회적으로 말을 하는 이 두 목소리는 작품 내에서 공존하기도 하고 상호 갈등하는 양상을 보이기도 한다.

① '화룡쇠'를 '쳔년 노룡'으로 표현하여 '삼일우'를 기원하는 데에서 백성을 돌보려는 사회적 자아가 우회적으로 말을 하고 있음을 볼 수 있군.
② '동ᄒᆡ로 가쟈ᄉᆞ라'는 '산듕'이라는 현실을 벗어나 이상향에 도달하고자 하는 내면적 자아의 목소리가 직설적으로 표출되어 있군.
③ 화자가 자신을 '취션', 'ᄇᆡᆨ구'의 '벗' 등으로 표현한 것은 자연 속에서 풍류를 즐기고 싶어 하는 내면적 자아의 목소리가 비유를 통하여 드러난 것이겠군.
④ '태ᄇᆡᆨ산 그림재ᄅᆞᆯ' '한강의 목멱'으로 보내고 싶다는 표현에서는 임금을 생각하는 사회적 자아의 목소리가 우회적으로 드러나 있음을 볼 수 있군.
⑤ '유ᄒᆞᆫ'한 '왕명' 때문에 '유회'와 'ᄀᆡᆨ수'를 느낀다고 말하는 화자의 목소리는 사회적 자아와 내면적 자아의 갈등을 직설적으로 드러낸 것이겠군.

▸▸ 수능완성 225page

3 윤선도, 어부사시사

다음을 읽고 물음에 답하시오.

(가)
우는 거시 벅구기가 프른 거시 버들숩가
이어라 이어라
어촌(漁村) 두어 **집**이 안개 속의 나락 들락
지국총 지국총 어사와
말간 기픈 **소**희 온갖 고기 뛰논다

〈춘사(春詞) 4〉

(나)
물결이 흐리거든 발을 싯다 엇더하리
이어라 이어라
오강(吳江)의 가자하니 천년노도(千年怒濤)* 슬플로다
지국총 지국총 어사와
초강(楚江)의 가자하니 **어복충혼(魚腹忠魂)*** 낚을세라

〈하사(夏詞) 4〉

(다)
흰 이슬 내렸는데 **밝은 달** 돋아온다
배 세여라 배 세여라
봉황루(鳳凰樓) 묘연(渺然)하니* 청광(淸光)을 누굴 줄고
지국총 지국총 어사와
옥토(玉兎)의 찧는 약(藥)을 호객(豪客)*을 먹이고자

〈추사(秋詞) 7〉

(라)
그물 낚시 잊어두고 뱃전을 두드린다
이어라 이어라
앞개*를 건너고자 몇 번이나 혜여본고
지국총 지국총 어사와
무단(無端)한* 된바람이 행여 아니 부러올까

〈동사(冬詞) 5〉

(마)
물가에 외로온 솔 혼자 어이 씩씩한고
배 메여라 배 메여라
머흔 구름 한(恨)치 마라 세상을 가리온다
지국총 지국총 어사와
파랑성(波浪聲)을 염(厭)치 마라 진훤(塵喧)을 막는도다

〈동사(冬詞) 8〉

- 윤선도, 「어부사시사」 -

*천년노도 : 간신의 참소를 받아 오강에 던져진 오자서의 원한 어린 마음.
*어복충혼 : 억울한 상황에 자살한 굴원의 충성스러운 넋.
*묘연하니 : 소식이나 행방을 알 수 없으니.
*호객 : 호걸 같은 손님.
*앞개 : 마을 앞을 흐르는 개울.
*무단한 : 난데없는.

01 윗글의 표현상의 특징에 대한 이해로 가장 적절한 것은?

① 표면에 드러난 화자가 대상을 관찰하고 있다.
② 시각적 이미지를 위주로 시상을 전개하고 있다.
③ 각 수를 명사로 마무리하여 사물의 정적인 모습을 강조한다.
④ 청자와 말을 주고받는 방식을 통해 복잡한 감정을 나타내고 있다.
⑤ 도치의 방법을 사용하여 화자의 감정을 효과적으로 표현하고 있다.

02 〈보기〉를 바탕으로 윗글을 이해한 것으로 적절하지 않은 것은?

보기

「어부사시사」는 말년의 윤선도가 전라도 보길도에 은거하며 자연의 아름다움과 삶의 여유로움을 읊은 작품으로 알려져 있다. 그러나 이 작품은 그러한 탈속적(脫俗的) 성격 외에도, 현실 정치에 참여하고자 하는 욕망, 임금님에 대한 그리움과 충심, 반대 세력의 참소로 인한 자신의 유배 경험 환기 등 현실과의 상관성도 많이 지니고 있는 작품이다.

① (가)에서 화자가 즐기고 있는 아름다운 자연의 모습은 전라도 보길도의 풍경이라고 볼 수 있겠군.
② (나)에서 화자는 '천년노도'와 '어복충혼'을 통해 자신의 유배 경험을 환기하고 있다고 볼 수 있겠어.
③ (다)에서 '봉황루 묘연하'여 '청광'을 줄 수 없다고 표현한 것은 임금님에 대한 그리움과 충심을 드러낸 것으로 볼 수 있겠어.
④ (라)에서 화자가 '앞개를 건너고자' 하지만 '된바람'을 걱정하는 것은 반대 세력의 참소를 염려하는 것으로 볼 수 있겠군.
⑤ (마)에서 '머흔 구름'과 '파랑성'은 현실 정치에 참여하고자 하는 화자의 욕망을 방해하는 장애물이라고 볼 수 있겠어.

03 다음 중 시어의 의미를 중심으로 윗글을 감상한 것으로 가장 적절한 것은?

① (가)에서 화자는 '집'에서 '소'로 공간을 이동하며 자연을 즐기고 있다.
② (나)에서 '어복충혼'은 화자가 '초강'에 가고자 하는 궁극적 목적이다.
③ (다)에서 '흰 이슬'과 '밝은 달'은 대비적 시어로 화자의 혼란한 마음을 환기한다.
④ (라)에서 '앞개'는 화자가 지향하는 이상적인 공간을 상징한다.
⑤ (마)에서 '물가에 외로온 솔'은 자연 속에서 살아가고 있는 화자를 의미한다.

4 작자 미상, 서경별곡

다음 글을 읽고 물음에 답하시오.

서경(西京)이 아즐가 서경(西京)이 셔울히마르는
　위 두어렁셩 두어렁셩 다링디리
닷곤딕 아즐가 ⓐ 닷곤딕 쇼셩경 고외마른
　위 두어렁셩 두어렁셩 다링디리
여히므론 아즐가 여히므론 ⓑ 질삼뵈 브리시고
　위 두어렁셩 두어렁셩 다링디리
괴시란딕 아즐가 괴시란딕 우러곰 좃니노이다.
　위 두어렁셩 두어렁셩 다링디리

구스리 아즐가 구스리 바회예 디신들
　위 두어렁셩 두어렁셩 다링디리
긴힛둔 아즐가 긴힛둔 그츠리잇가 나는
　위 두어렁셩 두어렁셩 다링디리
즈믄 히를 아즐가 즈믄 히를 **외오곰 녀신둘**
　위 두어렁셩 두어렁셩 다링디리
신(信)잇둔 아즐가 신(信)잇둔 그츠리잇가 나는
　위 두어렁셩 두어렁셩 다링디리

대동강(大同江) 아즐가 대동강 너븐디 몰라셔
　위 두어렁셩 두어렁셩 다링디리
빅 내여 아즐가 ⓒ 빅 내여 노혼다 샤공아
　위 두어렁셩 두어렁셩 다링디리
네 가시 아즐가 ⓓ 네 가시 럼난디 몰라셔
　위 두어렁셩 두어렁셩 다링디리
녈 빅예 아즐가 녈 빅예 연즌다 샤공아
　위 두어렁셩 두어렁셩 다링디리
대동강(大同江) 아즐가 ⓔ 대동강(大同江) 건너편 고즐여
　위 두어렁셩 두어렁셩 다링디리
빅 타들면 아즐가 빅 타들면 것고리이다 나는
　위 두어렁셩 두어렁셩 다링디리

- 작자 미상, 「서경별곡」 -

01 윗글에 대한 설명으로 가장 적절한 것은?

① 첫 연과 끝 연을 대응시켜 시상을 전개하고 있다.
② 가정의 상황을 통해 운명론적 태도를 드러내고 있다.
③ 사랑하는 대상에 대한 화자의 태도가 나타나고 있다.
④ 계절적 이미지를 활용하여 시의 분위기를 형성하고 있다.
⑤ 후렴구를 활용하여 화자의 내면을 우회적으로 드러내고 있다.

02 윗글의 ⓐ~ⓔ에 대한 이해로 적절하지 않은 것은?

① ⓐ : 화자가 살고 있는 공간을 의미한다.
② ⓑ : 생업을 버린다는 점에서 화자의 적극성이 나타난다.
③ ⓒ : 화자의 원망이 제3자로 전이되었음을 알 수 있다.
④ ⓓ : 청자 행동 변화의 근거로 제시한 객관적 사실이다.
⑤ ⓔ : 화자가 경계하는 대상으로 볼 수 있다.

03 〈보기〉를 바탕으로 윗글을 이해한 것으로 적절하지 않은 것은?

보기 1

「서경별곡」은 가창 방식에 따라 2연에 대한 해석이 달라지는 노래이다. 가령 (A) 여성 화자가 단독으로 불렀다면 청자에 대한 자신의 절개와 사랑을 부각함으로써, 청자로 하여금 화자에 대해 미안함과 부담감을 갖게 하려는 의도가 2연에 담겨 있다고 볼 수 있다. 그러나 (B) 2연만 남성 청자가 불렀다면 여성 화자를 안심시키기 위해 남성이 노래를 부르는 부분으로 이해할 수 있다.

보기 2

㉠	㉡	㉢
서경	대동강	대동강 건너편

① (A)와 (B)에 관계없이 남성은 홀로 ㉢으로 떠나는 상황이로군.
② (A)라면, '외오곰 녀신둘'의 의미는 남성이 ㉢에서 여성을 기다리며 지낼 모습으로 봐야 되겠군.
③ (B)라면, 남성이 ㉢에 가더라도 둘의 사랑이 변하지 않을 것임을 강조하여 여성을 위로하는 구절로 봐야 되겠군.
④ (B)라면, '긴'이 끊어지지 않는 것처럼 자신이 ㉡을 건너가도 '신'이 끊어지지 않을 것이라고 여성을 안심시키는 구절로 볼 수 있겠군.
⑤ (A)라면, 여성은 ㉠에서 계속 남성을 기다리겠다는 의지를 표명함으로써 남성에게 마음의 부담을 주려는 의도에서 '긴'과 '신'을 언급하는 것으로 볼 수 있겠군.

Memo

나BS
수완 스페셜
변형문제 N제

PART 03

고전 산문

1 남영로, 옥루몽

다음을 읽고 물음에 답하시오.

[앞부분 줄거리] 양창곡은 오랑캐의 침공을 막아낸 공으로 연왕에 임명된다. 그 후 황제는 정사를 멀리하고 간신 노균과 함께 풍류를 즐기는 데에만 몰두한다. 조정에서 연왕이 이끄는 청당과 노균이 이끄는 탁당 간에 정쟁이 발생하자 연왕은 어지러운 정치 현실 앞에 황제에게 상소를 올려 간언을 한다.

"㉠ 짐이 나라 망친 옛 임금과 같은 게 무엇이냐?"

"폐하, 폐하께서 **덕을 닦으시면 어진 임금이 될 것이요, 덕을 닦지 않으시면 망국지군이 되실 것**이옵니다. ㉡ 한번 마음 가다듬기에 달렸는지라 신이 비록 불충하와 폐하를 망국지군에 견주어도 폐하 만일 옛 성군 같은 덕이 있으시면 듣고 보는 이마다 성군이라 할 것이요, 신이 아첨으로 폐하를 옛 성군들에 비겨도 폐하 만일 망국지군의 허물이 있으시면 듣고 보는 자들마다 망국지군이라 할 것이옵니다. 바라옵건대 폐하는 다만 덕을 닦으시고 신하들의 귀 간지러운 칭송을 기뻐 마소서."

황제가 연왕이 하는 말을 다 듣고 초조하여 책상을 밀치고 어탑에 나앉아 말하였다.

"㉢ 요즘 조정에 임금과 신하 간 의리는 없고 저마다 편당을 나누어 싸우더니 짐까지 탁당으로 몰아 배척하느냐?"

연왕이 머리를 깊숙이 숙이며 아뢰었다.

"폐하, 늘 궁색한 말씀으로 신하를 누르고자 하시나 세상에 신하된 자로 어찌 임금과 패당을 나누어 권세를 다투오리까. 이것은 반드시 간신이 참하는 소리를 믿으신 때문이옵니다. 바라옵건대 청룡검을 높이 들어 **간신의 머리를 베어 천지간에 떳떳한 윤리와 기강을 밝힐**까 하나이다."

황제가 참지 못하고 책상을 치며 목소리를 높였다.

"도대체 누구 머리를 베겠다는 것이냐? 누가 간신이란 말이냐?"

연왕이 엎드려 간절히 아뢰었다.

"㉣ 신이 비록 어리석으나 벼슬이 대신에 이르렀사온데, 신하를 예로 부리셔야지 어찌 이다지 논박하시나이까. 참지정사 노균은 간신이옵니다. 두 임금에 걸쳐 특별한 은총을 입어 벼슬이 높고 발이 성성하거늘, 무엇을 더 바라서 듣기 좋은 말로 폐하를 농락하고 예악을 빙자하여 당론을 말씀드려 은근히 폐하로 **탁당 영수**를 삼아 **조정을 한칼에 베려** 하는지 모르겠나이다. 폐하 만일 노균을 베지 않으면 천하에 총명한 군자들이 조정에서 벼슬함을 부끄러이 여길까 하나이다."

말을 마친 뒤 연왕은 당당한 낯빛으로 노균을 노려보았다. 제아무리 소인배라도 어찌 기가 질리지 않으리오. 노균은 저절로 등에 땀이 흐르며 뜰 아래 나가 머리를 수그려 죄를 청하였다.

황제가 독같이 성이 났다.

"경이 짐을 이같이 협박하니 장차 어찌코자 하느냐?"

성난 목소리 우레 같아 의봉정을 쩡쩡 울렸다.

[중략 부분 줄거리] 국력이 쇠퇴하자 북방의 흉노가 명나라를 침략한다. 노균은 적에게 항복한 후 앞잡이가 되고, 양창곡은 위기에 빠진 나라를 구한다.

이튿날 황제는 신하들을 모아 놓고 성대한 잔치를 차렸다. 모두 황제가 내린 술을 받아 들고 만세를 불렀다. 황제는 좌우를 둘러보며 말하였다.

"짐이 덕이 없어 수백 년 왕업이 하루아침에 끊어질 뻔하였는데, 경들의 충성으로 종묘사직이 보존되고 수천 년 왕업이 다시 반석 같이 다져졌으니, 그 빛나는 공적이 나라의 중흥을 이루었도다. 돌이켜 보면 나라 운수는 사람의 힘으로 어쩌지 못할 바이거늘, 아둔한 오랑캐가 때를 모르고 스스로 제 죽을 곳에 드니 어찌 우습지 않겠는가."

모두가 황제 만세를 또다시 부르는데, 연왕이 일어나 아뢰었다.

[A] "옛 책에 쓰여 있기를, '하늘은 진실로 헤아리기 어려우니 임금 노릇 하기 쉽지 않도다.' 하였으니 천명을 믿을 바는 아니나 다만 덕을 닦을 뿐이옵니다. ㉤ 정사가 늘 편안한 가운데 위태로움이 생기고 위태로운 가운데 편안함이 생기는 고로 옛적 황제들은 편안한 때도 언제나 위태로움을 잊지 아니하였나이다. 바라옵건대 폐하는 지난날 연소성에 머물던 때를 잊지 마시고 오늘 모인 신하들을 대하소서."

황제는 기꺼이 머리를 끄덕였다.

"경의 충언은 짐에게 귀한 약과도 같으니 마땅히 잊지 않겠노라."

소유경이 아뢰었다.

"오늘날 조정의 형편을 보면 나라를 세운 처음과 다를 바 없사온데, 간신 노균 무리들이 조정에 틀고 앉아 당론을 굽히지 않고 외려 물 끓듯 하옵니다. 그러하오니 노균 잔당을 모두 벼슬에서 떼어 냄이 옳을까 하나이다."

그러자 연왕이 아뢰었다.

[B] "임금의 정사는 공명정대하여 치우침이 없다고 하였나이다. 하오니 폐하는 다만 착한 자를 쓰시고 어리석은 자를 멀리하실 것이라, 어찌 당론으로 어진 사람과 어질지 못한 사람을 가리겠나이까? 무릇 **임금이 인재를 쓰는 것**이 **목수가 재목을 쓰는 것**과 같사온데, **재간 있는 목수는 버릴 재목이 없다**고 하나이다. 그러니 폐하께서 어찌 옛적 충신들처럼 충성스럽고 공맹처럼 도학을 하고 백이숙제처럼 청렴하고 믿음직한 자들만 쓰시겠나이까. 그 누구든 한 가지 능한 것이 있은즉 그 능한 것을 취하고 능하지 못한 것을 용서하시며, 한 가지 재주가 있은즉 그 재주 쓸 곳을 생각하시면 무슨 소임을 주든 그르치지 않을 것이옵니다. 지난날 노균이 권세를 잡아 생사와 화복이 그 손아귀에 있어, 약한 자는 두려워하고 강한 자는 자리 지키기에 급급하였으며 곤궁한 자는 그 부귀를 사모하여 욕됨을 무릅쓰고 뜻을 굽혀 그 문하에 출입하였으나, 이는 다 그럴 수도 있는 일이옵니다. 어찌 당파를 가지고 명예와 지조를 따지어 사람들을 하나하나 갈라 보시겠나이까. 바라옵건대 **인재를 고를 때 청당인지 탁당인지 묻지** 마시고 노균과 가까운지 먼지도 묻지 마시어, **어질고 어질지 못함**만 살피소서."

- 남영로, 「옥루몽」 -

01 윗글에 대한 설명으로 가장 적절한 것은?

① 역순행적 구성을 통해 사건을 입체적으로 조명하고 있다.
② 초현실적 요소를 활용하여 서사의 흐름을 반전시키고 있다.
③ 서술자가 작품에 개입하여 자신의 주관적 판단을 드러내고 있다.
④ 공간을 상세히 묘사함으로써 사건의 전개를 의도적으로 지연시키고 있다.
⑤ 대화를 통해 인물 간의 갈등이 단계적으로 해소되는 과정을 보여 주고 있다.

02 [A]와 [B]에 대한 설명으로 적절하지 <u>않은</u> 것은?

① [A]와 달리 [B]는 질문을 던짐으로써 상대방의 인식 변화를 유도하려 한다.
② [A]와 [B]는 모두 다른 이의 글이나 말을 인용함으로써 임금의 도리에 대해 말하고 있다.
③ [B]와 달리 [A]는 옛 사람의 예를 들어 상대방이 본받아야 할 대상을 알려 주고 있다.
④ [A]와 달리 [B]는 자신의 주장을 효과적으로 전달하기 위해 비유적인 표현을 활용하고 있다.
⑤ [A]와 [B]는 모두 천명을 따라야 함을 강조하여 상대방을 설득하고 있다.

03 ㉠~㉤에 대한 이해로 가장 적절한 것은?

① ㉠: 자신에 대한 객관적인 평가를 듣고 잘못을 깨닫기 위한 의도가 담긴 질문이다.
② ㉡: 황제의 직분은 마음 가다듬기에 달렸음을 강조하며, 운명에 따를 것을 종용하고 있다.
③ ㉢: 현실에 대한 비판적 인식을 바탕으로 상대방의 의중을 꿰뚫어 보는 예리함이 드러난다.
④ ㉣: 사회적 지위를 내세워 다수가 자신의 의견에 동조하고 있다는 사실을 나타내고 있다.
⑤ ㉤: 위기를 극복하여 평화를 되찾았으나, 언제든지 다시 위기 상황이 닥칠 수 있음을 경고하고 있다.

04 〈보기〉를 바탕으로 윗글을 이해한 결과로 적절하지 <u>않은</u> 것은?

보기

소설은 사실의 축과 허구의 축이 형성하는 팽팽한 긴장감을 바탕으로 서사를 전개하는 양식이기에, 허구의 축에 기울어 있는 작품이라 하더라도 일정 부분 당대 현실을 반영할 수밖에 없다. 「옥루몽」 역시 19세기 혼란스러운 조선의 정치 현실과 그에 대한 작가의 비판적 인식을 담고 있다. 상호 견제와 협력을 통한 정치 운영이라는 붕당 정치 본래의 목적을 잃어버린 채 서로 다투며 상대 집단을 배척하기만 하는 당대의 정치 집단 앞에서 작가는 이 작품을 통하여 군주가 덕을 쌓고 간신을 멀리하며, 당론에 휩쓸리지 않고 어진 이를 등용할 때 그러한 폐해를 극복할 수 있음을 말하고 있다고 볼 수 있다.

① '덕을 닦으면 어진 임금이 될 것이요, 덕을 닦지 않으시면 망국지군이 되실 것'이라는 데에서, 군주가 덕을 쌓아야 한다는 작가의 인식을 확인할 수 있어.
② '간신의 머리를 베어'야 '천지간에 떳떳한 윤리와 기강을 밝힐' 수 있다는 데에서, 군주가 간신을 멀리해야 정치적 폐단을 극복할 수 있다는 작가의 주장을 확인할 수 있어.
③ '인재를 고를 때 청당인지 탁당인지 묻지' 말고 '어질고 어질지 못함'을 살피라는 데에서, 군주가 당론에 휩쓸리지 않아야 혼란스러운 현실을 타개할 수 있다는 작가의 생각을 확인할 수 있어.
④ '임금이 인재를 쓰는 것'을 '목수가 재목을 쓰는 것'에 비교하여 '재간 있는 목수는 버릴 재목이 없다'고 한 데에서, 작가가 상호 견제와 협력이라는 붕당 정치 본래의 목적을 회복하고자 함을 알 수 있어.
⑤ 노균이 황제를 '탁당 영수'로 삼고 '조정을 한칼에 베려' 한다는 데에서, 서로 다투며 상대 집단을 배척하는 19세기 혼란스러운 조선의 정치 현실을 확인할 수 있어.

2 작자 미상, 낙성비룡

다음 글을 읽고 물음에 답하시오.

[앞부분의 줄거리] 명나라 정통연간 북경 유화촌에 이주현이라는 선비가 있었다. 그의 부인 오 씨가 큰 별이 방 안에 떨어졌다가 황룡이 되어 승천하는 꿈을 꾸고 잉태한 뒤, 18개월 만에 아들을 낳아 경작이라고 이름을 지었다. 경작은 어려서 부모를 잃은 뒤 장우의 집에서 머슴살이를 하며 떠돌아 다니다가 퇴임 재상 양 승상의 눈에 들게 된다.

"내 사위를 찾다가 병까지 생겼더니 금일 영웅을 얻어 사위를 허락하니 여아의 재덕을 저버리지 아님이라. ㉠ 어찌 기쁘지 아니하리오."

부인이 또한 기뻐하여 말하기를,

"영웅을 가리었다 하시니, 뉘 집 자녀이며 집안은 어떠하니잇가?"

공이 가로되, / "인품을 볼지니 어이 집안을 이르리오."

하고 경작의 일을 이르니, 부인의 안색이 흙빛이 되어 이르기를,

"다시 이르지 마소서. 경주는 계수나무 궁전의 모란꽃이요, 달속의 선녀라, 마땅히 저와 같은 쌍을 얻어 짝 짓는 것을 볼 것이거늘, 그와 같은 배필을 삼고자 하시니, 상공은 열 번 생각하사 다시 이르지 마소서."

이 말에 공이 웃으며 이르기를,

"사람을 이르매 어찌 부귀한 후를 이르며, 사람이 어질지 못할까 근심하지 어이 부귀하지 못할까 근심하리오. 내 뜻 이미 결정하였으니 부인은 편협한 말을 다시 말라. 이 아이 아직 이러하나 훗날 그 이름이 온 세상에 가득한 성현 군자가 될 것이오, 이 사람에게 미칠 이 없을지라."

(중략)

매파를 보내어 장우의 집에 가 구혼하니 ㉡ 장우 천만의외라, 황공하여 감당하지 못하리라 하거늘, 공이 재삼 청하니 장우 가로되,

"소인의 종을 이리 구하시니 황공하고 스스로 복을 잃을까 두려울지언정 어이 명을 좇지 아니하리잇고."

공이 은자 삼백 냥을 보내어 속량*함을 청하니 장우 받기를 사양하여,

"어이 감히 값을 받으리이까."

공이 재삼 주어 바야흐로 받거늘, 드디어 길일을 택하고 서울의 두 아들과 큰딸에게 혼사 지냄을 기별하니 두 아들은 사 년을 부모와 헤어져 있다가 처자를 데리고 금주로 돌아올 새, ㉢ 설생의 처는 그 시아버지의 제사 지내기로 가지 못하니 서찰을 부치더라.

어사와 한림학사가 금주에 이르러 부모를 뵈매, 서로 반기더라. 어사 묻되,

"누이의 혼사를 정하여 날이 가깝다 하오니, 뉘 집 자제이며, 조상이 어떠하며, 그 대인이 무슨 벼슬 지낸 사람이니까?"

공이 웃으며 말하기를,

"사람을 이르매 어찌 족히 영귀함을 이르리오."

하고 경작의 족보와 외형을 이르고 말하기를,

"내 칠순에 이르도록 사람을 보았으되, 오직 그와 같은 이는 없음이라."

이에 어사가 이르되,

[A] "인품을 이르매 마땅히 귀천이 없기는 하지만, 우리 집은 대대 명문이요, 대인에 이르러서는 물망과 현덕이 사해에 진동하여 사람마다 추존하지 아니할 이 없으니, 명문가의 훌륭한 신랑을 얻어 가문의 명예를 저버리지 아님이 옳거늘, 어찌 도리어 걸인을 얻어 우리 집 명풍(名風)을 저버리나이까? 결연히 행하지 못하리니, ㉣ 대인은 세 번 생각하소서."

이에 공이 웃고 말하기를,

[B] "너희는 매양 사람을 영귀하면 기특한 것으로 알거니와, 순 임금이 대현이시되, 처음에 심히 곤하여 역산에서 밭 가시고 동빈에서 질 그릇 구우시다가 나중에 천하를 맡으시매, 태평히 다스려 성현이 되사 빛난 이름이 후세에 전하시고, 한 고조가 사성 정장(亭長)이로되 사백 년 창업을 열었으니, 가난하고 천하다고 끝까지 천하란 법이 없는데, 사람을 어찌 부귀빈천으로 의논하리오. 그 아이는 실로 범골(凡骨)과 다르니 내 뜻을 이미 결정하였는지라. 어찌 빈천함으로써 영웅을 저버리리오. 이 아이로써 네 아비의 지인지감이 밝은 줄을 알 것이니, ㉤ 그대들은 후일에나 사람 아는 내 눈이 밝음을 깨치리라."

두 아들이 기쁘지 않아 잠잠한 채 다시 대답하지 아니하더라.

(중략)

양 승상이 죽은 후 경작은 게으름이 더욱 심하여 잠자기를 철없이 하고 글은 펴 보지도 아니했다. 한 부인이 본디 밉게 여기는 중에 사랑함이 일호도 없고 매양 질책하니 형제도 기특히 여기지 아니하여 업신여기니 집안 비복들도 그와 같이 여기되, 오직 소저 공경함이 귀한 손님같이 하더라.

다음 해 봄이 되어 소저 친히 비단을 쌓아 이생의 의복을 지으니 모든 사람이 솜씨를 볼 새, 정묘한 침품(針品)이 완연히 선인의 재주이니 칭찬함을 마지아니하고, 부인이 보고 혀를 차며 이르되,

"의복 수품과 빛의 고움이 저렇듯 하되, 둔한 이랑은 아무런 줄도 모르고 정추를 살피지 못하고 한나절만 하면 늘 그러니 입히기 심히 아깝도다."

소저 소이부답*하고 함에 담아 대인각에 이르러 옷을 받들어 입기를 청하니, 생이 본디 의복이 고와도 입고, 추해도 입고, 온갖 것을 사양함이 없으니 가연히 일어나 입기를 마치매, 당중에 단좌(端坐)하여 서안(書案) 위에 책을 보니, 소저 물러나 정당(正堂)에 간 후, 부인이 시녀 난매를 불러 가로되,

"낭이 진실로 잠은 같이 자고 음식만 많이 먹어 온갖 일을 더디게 하여 관계히 여기는 것이 적고 게으름이 극심하여 그 소리를 듣지 못하였으니, 오늘은 새 옷을 입었으니 네 분뇨를 갖다가 그 옷을 던져 더럽혀도 꾸짖지 아니하는가 보라."

난매 명을 받들어 진 똥을 많이 담아 대인각에 이르러 보니 이생이 당중에 단좌하여 고요히 책을 보니 춘풍화기 만면에 띄었으니 웅장 엄숙한지라. 여러 번 주저하여 감히 가까이 가지 못하여 계단 아래에서 쥐어 던지니, 진 것이 멀리 튀어 생의 왼편에 가득하되, 생이 차분히 앉아 조금도 눈을 들지 아니하고 종시 꾸짖지 아니하니, 난매 식경이나 이러하되, 종시 모르는 듯하니 무료히 돌아와 부인께 아뢰니 부인이 혀 차고 이르되,

"나는 그래도 위인을 사람이라 여겼더니 원래 짐승이로다."

차후부터 더욱 멸시하여 음식과 의복을 종과 같이 하고, 밥이 능히 그 배를 채우지 못하게 하더라.

[뒷부분의 줄거리] 장모의 박대를 견디지 못한 그는 청운사로 들어가 학업을 닦아 과거에 장원 급제한다. 마침 번왕이 모반하여 쳐들어오자 그는 원수가 되어 이를 평정하고 평원왕에 봉해진다. 이후 처가에 돌아와 장모를 용서하고 아내와 해로한다.

- 작자 미상, 「낙성비룡」 -

*속량 : 몸값을 받고 노비의 신분을 풀어 주어서 양민이 되게 하던 일.

*소이부답 : 웃기만 하고 대답을 하지 않음.

01 윗글에 대한 설명으로 가장 적절한 것은?

① 초현실적 요소가 개입하여 사건을 해결하고 있다.
② 독백을 활용하여 극적 긴장감을 고조시키고 있다.
③ 대화를 통하여 인물들 사이의 갈등을 드러내고 있다.
④ 배경 묘사를 통해 인물의 내면 심리를 표출하고 있다.
⑤ 시간의 역전적 구성을 통해 사건의 원인을 밝히고 있다.

02 ㉠~㉤을 이해한 것으로 가장 적절한 것은?

① ㉠ : 서술자가 작중 인물에 대해 논평을 하고 있다.
② ㉡ : '경작'을 잃게 되어 '양공'에게 반감을 가지게 되었다.
③ ㉢ : '경작'과 앞으로 동서지간이 될 사람으로 손위 사람이다.
④ ㉣ : '경작'에 대해 다시 생각해 볼 것을 다른 집안의 높은 사람에게 당부하고 있다.
⑤ ㉤ : '양공'은 자신의 지인지감을 내세우기 위해 '경작'을 사위로 맞으려 하고 있다.

03 [A]에서의 '어사'와, [B]에서의 '상공'의 말하기 방식에 대한 설명으로 적절하지 <u>않은</u> 것은?

① '어사'는 '상공'과는 달리 상대방의 의견에 일부 동의하고 있다.
② '상공'은 '어사'와는 달리 완곡한 어조로 '어사'를 설득하고 있다.
③ '상공'은 자신의 식견이 높다는 것을 전제로 의견을 피력하고 있다.
④ '상공'은 '어사'와는 달리 중국의 고사를 인용하여 주장의 근거로 삼고 있다.
⑤ '어사'는 당면 현안이 개인적인 의견으로만 결정해서는 안 되는 문제임을 내세워 '상공'을 만류하고 있다.

04 〈보기〉를 바탕으로 윗글을 이해한 것으로 적절하지 <u>않은</u> 것은?

보기

「낙성비룡」은 주인공이 조력자의 도움을 통해 고난을 극복하고 성취를 보이는 영웅 소설의 구성을 이룬다. 또한 여느 영웅 소설과 마찬가지로 주 독자층이었던 당대 민중들의 이중적 욕망, 즉 현실의 논리와 가치를 따르고자 하면서도, 그것으로부터 벗어나고자 하는 모순적 욕망을 반영하고 있다. 그러나 군담(軍談)이 간략하고 가족 구성원들 사이의 갈등이 사건 전개의 주된 모티프가 되고 있다는 점,과 주인공이 겪는 고난이 상대적으로 약하다는 점 등에서 다른 영웅 소설들과 차별성을 보인다.

① '경작'이 '한 부인'으로부터 핍박을 받는 것은 '고난'에 해당하겠군.
② '경작'이 장원 급제를 하고 전쟁에서 공을 세운 후 아내와 해로하는 것은 '성취'로 볼 수 있겠군.
③ '양 승상'이 다른 가족들의 만류에도 불구하고 '경작'을 사위로 들이는 것은 '조력자의 도움'에 해당하겠군.
④ '한 부인'의 말을 '소저'가 거역하고 '형제'가 동생의 혼사를 만류하는 모습을 보니 가족들 사이의 갈등으로 사건이 전개되고 있군.
⑤ 머슴이던 '경작'이 '양 승상'의 딸과 결혼하는 모습에서 신분 제도라는 현실의 논리에서 벗어나고자 하는 당대 독자의 욕망을 읽을 수 있군.

3 작자 미상, 흥부전

다음을 읽고, 물음에 답하시오.

"여보 아이 아버지. 내 말씀 좀 들어 보오. 부질없는 **청렴** 말고 저 자식들 살려 보오. 저 건너 아주버님 댁에 가서 쌀이 되든 돈이 되든 양단간에 얻어 오소."

흥부가 말했다.

"형님 댁에 갔다가 보리나 타고* 오게?"

흥부 아내 착한 마음에 보리라 하니까 먹는 보리로만 알고 하는 말이,

㉠ "여보 배부른 소리 작작 하오. 보리는 흉년 곡식이라 늘여 먹기는 정말 쌀보다 낫지요."

흥부가 어이없이 말했다.

"여보 마누라. 보리라니까 갈보리, 봄보리, 늦보리로 아나 보오 그려? 우리 형님이 음식 끝을 볼 양이면 사촌을 몰라보고, 가사목이나 물푸레 몽치로 함부로 치는 성품이니, 그런 보리를 어떤 놈이 탄단 말인가?"

흥부 아내 하는 말이,

"애고 그 말이 웬말이오? 속담에 이르기를 '동냥은 아니 준들 쪽박까지 깨치리까?' 아니 하오? 맞으나 아니 맞으나 쏘아나 보다가 그만둡소."

이 말을 듣고 마지못해 형의 집으로 건너갔다. **흥부가 치장 차리고 가는 거동**을 볼작시면, 앞살 터진 헌 망건에 물레줄로 당줄을 달아 쓰고, 모자 빠진 헌 갓을 실로 총총 얽어매어 죽령 달아 쓰고, 깃만 남은 중치막에 동강동강 이은 술띠로 흉복(胸腹)께를 눌러 매고, 떨어진 고의 적삼, 총을 치로 대님 매고, 헌 짚신 들메하고 세살부채 손에 들고, 삼홉들이 오망자루를 꼼무니에 비슷 차고 바람맞은 병자처럼 비슬비슬 건너간다. 놀부집을 들어가며 전후 좌우 돌아보니 앞 노적*, 뒷 노적, 명의 노적. 살노적이 담불담불 쌓였으니 흥부의 어진 마음 즐겁기 측량 없건만, 놀부 심사 무도하여 흥부 오는 싹을 보면 구박이 극성하는지라, ㉡ 흥부는 그 형을 보기가 전에 이왕에 맞던 생각을 하니 겁이 절로 나서, 일신을 떨며 공손히 마루 아래 서서 두 손길을 마주잡고 절하며 문안하였다.

다른 사람 같으면 와락 뛰쳐 내려와서 잡아 올리며 '**형제간에 마루 아래 문안이 웬 말이냐?**' 하여 위로가 대단하련마는, 놀부는 워낙 무도한 놈이라 흥부 온 일이 돈 아니면 곡식을 구걸하라 온 줄을 알아채고 못 본 체하다가 여러 번째야 비로소 물었다.

㉢ "네가 누구인고?"

흥부는 기가 막혀 대답하였다.

"내가 흥부올시다."

놀부가 소리 질러 말하였다.

"흥부가 어떤 놈인가?"

흥부가 울며불며 하는 말이,

"애고 형님, 그 말씀이 웬 말씀이오? 마오, 마오. 그리를 마오. 비나이다, 형님 앞에 비나이다. 세 끼를 굶어 누운 자식 살려 낼 길이 전혀 없어 염치 코치 불고하고 형님 댁에 왔사오니, 동기의 정을 돌보시와 벼가 되나 쌀이 되나 양단간에 주옵시면, 품을 판들 못 갚으며 일을 한들 공하리까? 아무쪼록 동기의 정을 생각하사 죽는 목숨 살려 주옵소서."

이렇듯 애걸하니 **놀부의 거동이 기막히었다.** 맹호같이 날뛰며 모진 눈을 부릅뜨고 핏대 올려 하는 말이,

"너도 염치 없는 놈이로다! 내 말을 들어 보라. 내 말을 들어 보라. 천불생 무록지인(天不生無祿之人)이요, 지불생 무근지초(地不生無根之草)라. 그대로 문자를 풀어 보면 ㉣ 하늘은 녹이 없는 사람을 낳지 않고, 땅은 뿌리가 없는 풀을 낳지 않는다. 너는 어찌하여 복이 없어 나만 이리 보채는가? 잔말은 듣기 싫다."

흥부가 울며 다시 하는 말이,

"어린 자식들 데리고 굶다 못하여 형님 처분 바라옵고 염치 불고 왔사오니, 양식이 못 되거든 돈 서 돈이라도 주시오면 하루라도 살겠나이다."

놀부가 더욱 화를 내어 하는 말이,

"이놈아 들어 보아라. 쌀이 많이 있다 한들 너 주자고 섬을 헐며, 벼가 많이 있다 한들 너 주자고 노적 헐며, 돈이 많이 있다 한들 너 주자고 제돈 헐며, 가루 되나 주자 한들 너 주자고 큰 독에 가득한 것을 떠내며, 의복 가지나 주자 한들 너 주자고 행랑것들 벗기며, 찬 밥술을 주자 한들 너 주자고 마루 아래 ⓐ 청삽사리* 굶기며, 지게미나 주자 한들 새끼 낳은 돼지를 굶기며, 종섬이나 주자 한들 **큰 농우(農牛)가 네 필**이니 너를 주고 소 굶기랴? 정말 염치 없고 속이 없는 놈이로다."

흥부가 하는 말이,

"아무리 그러하실지라도 죽는 동생 살려 주오."

놀부는 화를 버럭 내어 벼락같은 소리로 하인 마당쇠를 불렀다.

"예……."

하고 오거늘, 놀부가 분부하였다.

"이놈아, 뒷광문 열고 들어가면 저편에 보리 쌓은 담불이 있지?"

이때 흥부는 그 말을 듣고, 내심에 '옳다! 우리 형님이 보리 말이나 주시려나 보다.'하고 은근히 기뻐하더니, 놀부놈이 마당쇠를 시켜 보리섬 뒤에 장만하여 두었던 도끼 자루 묶음을 내다 놓고, 손에 맞는 대로 골라잡더니 그대로 달려들어 흥부의 뒤꼭지를 잔뜩 움켜쥐고 사정없이 치는데, 마치 손이 잰 중이 비질하듯, 상좌 중이 법고(法鼓) 치듯 아주 탕탕 두드리니 흥부가 울며불며 말했다.

"애고 형님, 이것이 웬일이오? 방약무인 ⓑ 도척(盜跖)*도 여기 대면 성인요, 무거불측 관숙(管叔)이도 여기 대면 군자로다. 우리 형제 어찌하여 이렇듯 하오? ㉤ 아니 주면 고만이지 때리기는 무슨 일인고? 애고 어머니, 나 죽소!"

놀부의 모진 마음 그래도 그치지 아니하고, 지끈지끈 함부로 치다가 제 기운에 못 이기어 몽둥이를 내던지고 숨을 헐떡이며,

"이놈, 내 눈앞에 뵈지 말라!"

하고 분한 듯 원통한 듯 사랑채로 들어서며 문을 벼락같이 쳐닫았다.

- 작자 미상, 「흥부전」 -

*보리를 타다 : 매를 맞다.
*노적 : 곡식 따위를 한데에 수북이 쌓음.
*청삽사리 : 개의 한 품종. 검고 긴 털이 곱슬곱슬하게 난 개.
*도척 : 고대 중국의 전설적인 도둑.

01 윗글에 대한 설명으로 가장 적절한 것은?

① 공간의 이동에 따라 인물 간의 갈등이 해소되고 있다.
② 유사한 구조의 문장을 중첩하여 리듬감을 살리고 있다.
③ 사건을 요약적으로 제시하여 서사의 흐름을 빠르게 하고 있다.
④ 초현실적 요소의 개입을 활용하여 인물 간의 갈등을 해결하고 있다.
⑤ 역순행적 시간 구조를 활용하여 사건의 전모를 입체적으로 보여 주고 있다.

02 윗글의 내용과 일치하지 않는 것은?

① '흥부'는 '놀부'에게 나중에 갚겠다는 약조를 하며 양식을 빌려달라고 부탁하였다.
② '흥부'는 어린 자식들의 불쌍한 사정을 들어 '놀부'로부터 동정심을 얻으려 하였다.
③ '흥부'는 자신의 아내와 달리, '놀부'에게 가도 양식을 얻을 수 없을 것으로 생각하였다.
④ '놀부'는 '흥부'가 집 앞에 온 것을 보고 하인에게 명령하여 '흥부'를 쫓아내도록 하였다.
⑤ '놀부'는 '흥부'가 직접 말을 꺼내기 전부터 흥부가 자신의 집에 찾아온 이유를 짐작하고 있었다.

03 ㉠~㉤에 대한 설명으로 적절하지 않은 것은?

① ㉠ : '흥부 아내'는 '흥부'가 매를 맞고 올 것을 염려하여 '보리'가 아닌 '쌀'을 요청하고 있다.
② ㉡ : '흥부'는 이전에도 '놀부'에게 도움을 요청했다가 맞았던 적이 있음을 알 수 있다.
③ ㉢ : '흥부'가 구걸하러 왔다는 것을 파악하고 간접적으로 거절의 의사를 밝히고 있다.
④ ㉣ : 누구나 태어나면서 자기가 먹을 것은 가지고 태어난다는 뜻으로 자신에게 도움을 요청하는 흥부를 훈계하고 있다.
⑤ ㉤ : 동냥은 아니 준들 쪽박까지 깨치겠냐는 '흥부 아내'의 말과 연결되어 놀부의 고약한 심사를 부각한다.

04 ⓐ와 ⓑ에 대한 설명으로 적절하지 않은 것은?

① 놀부는 동생인 흥부보다도 ⓐ를 더욱 소중하게 여기고 있다.
② ⓐ와 ⓑ는 모두 놀부의 인색한 심성을 극대화시키는 소재이다.
③ ⓐ는 놀부가 지향하는 대상이고, ⓑ는 흥부가 지향하는 대상이다.
④ ⓐ는 흥부와 비교되는 대상이고, ⓑ는 놀부와 비교되는 대상이다.
⑤ 흥부는 형을 ⓑ보다도 더 부정적으로 여기고 있다.

05 〈보기〉를 바탕으로 윗글을 이해한 내용으로 가장 적절한 것은?

보기

「흥부전」은 세속적·물질적 가치관이 팽배해 가고 화폐 경제가 자리를 잡아 가던 조선 후기의 사회상을 배경으로 한다. 여기서 '흥부'는 실제 생활은 하층민으로 전락하였으나 유교 사상이나 기존의 신분 의식에 얽매여 있는 몰락한 양반의 현실을 반영하고 있는 인물이라고 할 수 있고, '놀부'는 새로이 출현한 서민 부자의 현실을 반영하고 있는 인물이라고 할 수 있다. 「흥부전」은 이 두 인물 모두에 대한 당대 서민들의 비판 의식과 이들 사이에 새롭게 발생한 갈등 양상을 담아낸 작품이다.

① '흥부 아내'가 남편에게 돈을 빌리러 가라고 재촉하면서도 '청렴'의 가치를 추구하는 모습에서, 물질과 신분 의식에서 갈등하는 몰락 양반의 현실을 엿볼 수 있군.
② '흥부가 치장 차리고 가는 거동'을 보면, '흥부'가 조선 후기 몰락한 양반의 현실을 반영하고 있음을 알 수 있군.
③ '형제간에 마루 아래 문안이 웬 말이냐?'라는 '놀부'의 대사를 통해, 형제간의 우애를 중시하는 당시의 유교 사상을 보여 주고 있군.
④ '놀부의 거동이 기막히었다.'라는 서술자의 직접적 개입을 통해, '흥부'와 '놀부' 두 인물 모두에 대한 당대 서민들의 비판 의식이 드러나고 있군.
⑤ '큰 농우(農牛)가 네 필'이라는 '놀부'의 대사를 통해, 물질적으로 풍족하지만은 않았던 서민 부자의 현실을 풍자하고 있군.

나BS
수완 스페셜
변형문제 N제

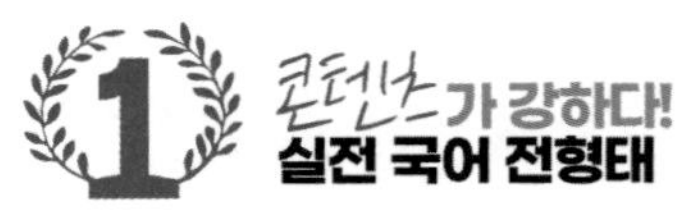

PART 04

현대 산문

1 강경애, 소금

다음 글을 읽고 물음에 답하시오.

올해는 저기다 조를 갈아 볼까, 그리고 가녘으로는 약간 수수도 갈고…… 그때 그의 머리에는 뜻하지 않은 고향이 문득 떠오른다. ㉠무릎을 스치는 다복솔밭 옆에 가졌던 그의 밭! 눈에 흙 들기 전에야 어찌 차마 그 밭을 잊으랴! 아무것을 심어도 잘되던 그 밭! **죽일놈**! 장죽을 물고 그 **밭머리에 나타나**는 참봉 영감을 눈앞에 그리며 그는 이렇게 중얼거렸다. 그리고 가슴이 울렁거리며 손발이 가늘게 떨리는 것을 깨달으며 그는 고향을 생각지 않으려고 눈을 썩썩 부비치고 정신을 바짝 차렸다. 그때 뜰 한구석에 쌓아 둔 짚낟가리에 조잘대는 참새 소리를 요란스러이 들으며 우두커니 섰는 자신을 얼핏 발견하였다. 그는 곧 돌아섰다. ⓐ방 안은 어지러우며 여기 일감이 나부터 손질하시오 하는 것 같았다. 그는 분주히 비를 들고 방을 쓸어 내었다. 그리고 군데군데 뚫어진 삿자리 구멍을 손끝으로 어루만지며 잘살아야 할 터인데 그놈 그 참봉놈 보란듯이 우리도 잘살아야 할 터인데…… 하며 그의 눈에는 눈물이 글썽글썽해졌다. 아무리 마음만은 지독히 먹고 **애를 써서 땅을 파나** 웬일인지 자기들에게는 닥치느니 **불행과 궁핍**이었던 것이다. ㉡팔자가 무슨 놈의 팔자야 하느님도 무심하지 누구는 그런 복을 주고 누구는 이런 고생을 시키고…… 이렇게 생각하며 그는 방안을 구석구석이 쓸었다. 그리고 비 끝에 채어 대구루루 대구루루 굴러다니는 감자를 주워 바가지에 담으며 시렁을 손질하였다. 이곳 농가는 대개가 부엌과 방 안이 통해 있으며 방 한구석에 솥을 걸었다. 그리고 그 옆에 시렁을 매곤 하였다. 그가 처음 이곳에 와서는 무엇보다도 방 안이 맘에 안 들고 **도야지굴**이나 쇠외양간같이 생각되었다. 그리고 어쩌다 **손님이 오면 피해 앉을 곳**도 없었다. 그러니 멍하니 낯선 손님과도 마주 앉지 않으면 안 되게 되었다. 그러나 시일이 차츰 지나니 낯선 남성 손님이 온다더라도 처음같이 그렇게 어색하지는 않았다. 그저 그렁저렁 지낼 만하였다.

(중략)

이튿날 **아버지의 장례**를 지낸 봉식이는 바람이나 쏘이고 오겠노라고 **어디로인지 가버**리고 말았다. 모녀는 봉식이가 오늘이나 내일이나 하고 돌아오기를 손꼽아 기다리나 그 봄이 다 지나도 돌아오기는 고사하고 **소식조차 끊어지**고 말았다. 그래서 그들은 기다리다 못해서 봉식이를 찾아서 떠났다. 월여를 두고 이리저리 찾아다니나 그들은 봉식이를 만나지 못하였다. 마침내 그들은 용정까지 왔다. ㉢그것은 전에 봉식이가 "고학이라도 해서 나두 공부를 좀 해야지" 하고 용정에 들어왔다 나올 때마다 투덜거리던 생각을 하여 행여나 어느 학교에나 다니지 않는가 하였던 것이다. 그러나 그들 모녀가 학교란 학교 뜰에는 다 가서 기웃거리나 봉식이 비슷한 학생조차 만나지 못하였다. 그들이 마지막으로 소학교까지 가보고 돌아설 때 봉식이가 끝없이 원망스러운 반면에 죽지나 않았는지? 하는 불안에 발길이 보이지를 않았다. 더구나, 이젠 어디로 갔나? 어디 가서 몸을 담아 있나? 오늘 밤이라도 어디서 자나? 이것이 걱정이요, 근심이 되었다. 해가 거의 져갈 때 그들은 팡둥을 찾아갔다. 그들이 용정에 발길을 돌려 놓을 때부터 팡둥을 생각하였다. 만일에 봉식이를 찾지 못하게 되면 팡둥이라도 만나서 사정하여 봉식이를 찾아 달라고 하리라 하였던 것이다. 그들이 큰 대문을 둘이나 지나서 들어가니 마침 팡둥이 나왔다.

"왔소. 언제 왔소?"

팡둥은 눈을 크게 뜨고 반가운 뜻을 보이었다. 봉염의 어머니는 그의 반가워하는 눈치를 살피자 찾아온 목적을 절반나마 성공한 듯하여 한숨을 남몰래 몰아쉬었다. 팡둥은 봉염의 머리를 내려쓸었다.

"그새 어디 갔어. 한번 갔어. 없어 섭섭했어."

"봉식이를 찾아 떠났어요. 봉식이가 어디 있을까요?"

봉염의 어머니는 가슴을 두근거리며 팡둥을 쳐다보았다.

"봉식이 만나지 못했어. 모르갔소."

㉣팡둥은 알까 하여 맥없이 그의 입술을 쳐다보던 그는 머리를 숙였다. 팡둥은 그들 모녀를 데리고 방으로 들어갔다. 캉[炕]에 있는 팡둥의 아내인 듯한 나 젊은 부인은 모녀와 팡둥을 번갈아 쳐다보며 **의심스러운 눈치**를 보이었다. 팡둥은 한참이나 모녀를 소개하니 그제야 팡둥 부인은,

"올라앉어요."

하고 권하였다. 팡둥은 차를 따라 권하였다. 가벼운 차내를 맡으며 모녀는 ⓑ방 안을 슬금슬금 돌아보았다. 방 안은 시원하게 넓으며 캉이 좌우로 있었다. ㉤캉 아래는 빛나는 돌로 깔리었으며 저편 창 앞에는 대리석으로 만든 테이블이 놓였고 그 위에는 검은 바탕에 오색빛 나는 화병 한 쌍을 중심으로 작고 큰 시계며 유리단지에 유유히 뛰노는 금붕어 등 기타 이름 모를 기구들이 테이블이 무겁도록 실리어 있다. 창 위 벽에는 팡둥의 사진을 비롯하여 가족들의 사진이며 약간 빛을 잃은 가화들이 어지럽게 꽂히었다. 그리고 테이블에서 뚝 떨어져 있는 이편 벽에는 선 굵은 불타의 그림이 조는 듯하고 맞은편에는 문짝 같은 체경이 온 벽을 차지했으며 창문 밖 저편으로는 화단이 눈가가 서늘하도록 푸르렀다. 그들은 어떤 별천지에 들어온 듯 정신이 얼얼하였다. 그리고 그들의 초라한 모양에 새삼스럽게 더 부끄러운 생각이 들며 맘놓고 숨쉬는 수도 없었다.

- 강경애, 「소금」 -

01 ㉠~㉤의 서술 방식에 대한 설명으로 적절하지 않은 것은?

① ㉠ : 대상을 반복적으로 언급하여 그 대상을 향한 인물의 그리움을 부각한다.

② ㉡ : 인물의 생각을 서술 중간에 삽입하여 서술자가 초점을 맞추는 대상을 보여 준다.

③ ㉢ : 추측의 표현을 사용하여 앞으로 다가올 미래에 대한 인물의 불안감을 드러낸다.

④ ㉣ : 상대의 말을 들은 인물의 반응을 묘사하여 인물의 실망감을 간접적으로 나타낸다.

⑤ ㉤ : 특정 공간에 위치한 여러 사물을 나열하여 그 공간을 감각적으로 묘사한다.

02 윗글에 대한 이해로 가장 적절한 것은?

① 봉염의 어머니는 점차 잊혀 가는 고향의 모습을 또렷이 기억하고자 정신을 가다듬었다.
② 봉염의 어머니는 참봉 영감이 본다는 생각이 들어 방을 청소하기 시작했다.
③ 봉염의 어머니는 가족의 처지를 모르는 체하고 공부에 몰두했던 봉식을 원망했다.
④ 봉염 모녀는 봉식을 찾기 위해 용정에 도착하자마자 바로 팡둥을 찾아갔다.
⑤ 봉염 모녀는 팡둥이 안내한 공간에 자신들이 어울리지 않는다고 생각했다.

03 ⓐ와 ⓑ에 대한 이해로 가장 적절한 것은?

① ⓐ는 '그'가 자신의 팔자를 한탄하는 공간이고, ⓑ는 봉염 모녀가 찾아간 목적을 달성하는 공간이다.
② ⓐ는 일감이 어지럽게 널려 있는 초라한 공간이고, ⓑ는 화려하고 값비싸 보이는 사물로 장식된 공간이다.
③ ⓐ는 '그'가 애정 어린 마음으로 정돈하는 공간이고, ⓑ는 봉염 모녀가 봉식이가 있을 것으로 추정했던 공간이다.
④ ⓐ는 '그'가 처음에 느꼈던 불편함이 심화하는 공간이고, ⓑ는 봉염 모녀에게 정서적 충격을 유발하는 공간이다.
⑤ ⓐ는 '그'가 참봉 영감을 떠올리며 박탈감을 느끼는 공간이고, ⓑ는 봉염 모녀가 팡둥의 언짢음을 감지하는 공간이다.

04 〈보기〉를 참고하여 윗글을 감상한 내용으로 적절하지 않은 것은?

보기

「소금」은 고향에서는 삶의 터전을 빼앗기고, 이주한 간도에서는 열악한 환경에 놓이는 데에 더해 가족의 해체까지 경험하는 주인공의 모습을 그려 낸 작품이다. 작가는 주인공 가족을 둘러싼 대립 구도를 활용하여, 못 가진 자가 아무리 노력해도 빈곤을 떨칠 수 없는 현실의 불평등 문제를 고발하고 있다.

① '밭머리에 나타나'던 참봉 영감을 떠올리며 '죽일놈'이라고 생각하는 것에서, 주인공이 삶의 터전을 떠나 이주해야 했던 원인을 추론할 수 있겠군.
② '손님이 오면 피해 앉을 곳'조차 없는 '도야지굴' 같은 방에서 생활하는 것에서, 간도에 이주한 후에도 주인공이 열악한 환경에 놓여 있음을 확인할 수 있겠군.
③ '아버지의 장례'를 치르고 난 후 '어디로인지 가버'린 봉식이가 '소식조차 끊어지'는 것에서, 가족의 해체를 경험하는 주인공의 모습을 확인할 수 있겠군.
④ 팡둥 부인이 봉염 모녀를 '의심스러운 눈치'로 보는 것에서, 주인공을 향한 적대감이 인물 간의 대립을 초래하여 불평등을 심화하는 원인임을 추론할 수 있겠군.
⑤ '애를 써서 땅을 파'지만 '불행과 궁핍'만이 닥친다는 것에서, 아무리 노력해도 빈곤에서 벗어날 수 없는 못 가진 자의 현실적 문제를 확인할 수 있겠군.

2 황순원, 목넘이 마을의 개

다음 글을 읽고 물음에 답하시오.

그날 초저녁이었다. 신둥이가 큰동장네 대문 안에 서서 지금 거의 다 먹어 가는 검둥이의 구유 쪽을 바라보고 섰는데, 방문이 열리며 큰동장이 나왔다. 역시 작은 동장처럼 작달막한 키에 머리를 빡빡 깎았다. 또한 혈색이 좋아 아주 젊어 뵈었다. 얼른 보매 작은 동장과 쌍둥이나 아닌가 싶게 그렇게 모습이 같았다. 그러지 않아도 처음 보는 사람은 이 두 사람을 서로 바꿔 보는 수가 많았다.

이 큰동장이 뜰로 내려서면서 지금 구유 쪽에만 정신이 팔려 있는 신둥이를 발견하자 **보지 못하던 개**임에, 이놈의 가이새끼, 하고 발을 굴렀다. ⓐ목소리마저 작은 동장처럼 야무졌다. 신둥이는 깜작 놀라 개구멍을 빠져 달아나고 말았다.

큰동장이 대문을 나서는데 마침 저녁을 먹고 이리로 나오던 작은 동장이 신둥이를 보고 이 개가 오늘 아침에 자기가 방앗간에서 쫓은 개라는 것과 지금 또 이 개가 형한테 쫓겨 달아나는 사실에 미루어, 언뜻 보지 못하던 이놈의 개새끼가 혹시 **미친개**나 아닌가 하는 생각이 든 듯, 갑자기 야무진 목청으로, 미친가이 잡아라! 하고 고함을 지르는 것이었다. 그러자 큰동장 편에서도 지금 꼬리를 뒷다리 새로 끼고 달아나는 뒷배가 찰딱 올라붙은 저놈의 낯선 개새끼가 정말 미친갠지도 모른다는 생각이 든 듯, 데놈의 미친가이 잡아랏 소리를 따라 질렀는가 하자 대문 안으로 몸을 날려 손에 알맞은 몽둥이 하나를 집어 들고 나오더니 신둥이의 뒤를 쫓으며 연방, 미친가이 잡아랏 소리를 질렀다.

동장네 형제가 비스듬한 언덕까지 이르렀을 때 신둥이는 벌써 조각뙈기밭 새를 질러 달아나고 있었는데, 마침 늦도록 밭에 남아 있던 김선달이 동장네 형제의 미친개 잡으라는 ⓑ고함 소리를 듣고 두리번거리던 참이라, 이놈의 개새끼가 미친개로구나 하고 삽을 들고 신둥이의 뒤를 쫓아가기 시작했다. 동장네 형제는 게서 더 신둥이의 뒤를 쫓을 염은 않고, 두 형제가 서로 번갈아, 미친가이 잡아랏 소리만 질렀다. 그것은 마치 자기네의 목소리를 듣고 김선달이 한층더 기운을 내어 쫓아가 그 삽날로 미친개의 허리 중동을 내리찍도록 하라는 듯한, 그리고 자기네의 목소리를 듣고 어서 저쪽 서산 밑 사람들도 뭐든 들고 나와 미친개를 때려잡으라는 듯한 그런 **부르짖음**이었다. 이 부르짖음은 신둥이가 서쪽 산 밑 오막살이 새로 사라져 뵈지 않게 되고, 사이를 두어 김선달의 그 특징 있는 뜀질할 때의 윗몸을 뒤로 젖힌 뒷모양이 뵈지 않게 된 뒤에도 그냥 몇 번 계속되었다.

[중략 부분 줄거리] 마을 사람들에게 신둥이가 미친개이고 다시 마을에 나타날 것이라는 소문이 퍼지다.

이튿날 아침, 일찍 일어나기로 유명한 간난이 할아버지가 수수깡바자문을 열고 나오다가 방앗간 풍구 밑에 엎디어 있는 신둥이를 발견하고 되들어가 ㉠지게작대기를 뒤에 감추어 가지고 나왔다. 미친개기만 하면 단매에 죽여 버리리라. 신둥이 편에서도 인기척 소리에 놀라 일어났다. 그러면서 어느새 ㉡신둥이는 꼬리를 뒷다리 새로 끼고 있었다. 저렇게 꼬리를 뒷다리 새로 끼는 게 재미적다. 간난이 할아버지는 한자리에 선 채 신둥이 편을 노려보았다. 뒤로 감춘 작대기 잡은 손에 부드득 힘을 주며.

그래도 주둥이에 거품을 물었다든가 군침을 흘린다든가 하지 않는 걸 보면 이 개가 미쳤대도 아직 그닥 심한 고비엔 이르지 않은 것 같았다. ㉢눈을 봤다. 신둥이 편에서도 이 사람이 자기를 해치려는 사람인가 어떤가를 알아보기나 하려는 것처럼 마주 쳐다보았다. 미친개라면 눈알이 붉게 충혈되거나 동자에 푸른 홰를 세우는 법인데 도무지 그렇지가 않았다. 그저 눈곱이 끼어 있는 겁먹은 눈이었다. 이런 신둥이의 눈은 또, 보매 키가 장대하고 검은 얼굴에 온통 희끗희끗 세어 가는 수염이 덮여 험상궂게만 생긴 간난이 할아버지의 역시 눈곱이 낀, 그리고 눈꼬리에 부챗살 같은 굵은 주름살이 가득 잡힌, 노리는 눈이긴 했으나 그래도 이 눈이 아무렇게 보아도 자기를 해치려는 사람의 눈이 아님을 알아챈 듯이 뒷다리 새로 껴넣었던 꼬리를 약간 들기 시작하는 것이었다. **미친개가 아니다**. 적어도 아직까지는 미치지는 않은 개다. 간난이 할아버지는 뒤로 감추었던 작대기 든 손을 늘어뜨리고 말았다.

그러자 간난이 할아버지의 손에 **쥐인 작대기**를 본 ㉣신둥이는 깜짝 놀라 허리를 까부라뜨렸는가 하자 쑥 간난이 할아버지의 옆을 빠져 달아나는 것이었다. 이런 신둥이의 뒤를 또 안뜰에 있던 ㉤누렁이가 어느새 보고 나왔는지 쫓기 시작했다. 간난이 할아버지는 언뜻 그래도 저 개가 미친개여서 누렁이를 **물지나 않을까** 하는 생각이 들어, 워어리 워어리 누렁이를 불렀다. 그러나 그때는 벌써 누렁이가 신둥이를 다 따라 막아 섰을 때였다. 신둥이는 뒷다리 새에 꼈던 꼬리를 더 끼는 듯했으나 누렁이가 낯이 익다는 듯 저쪽의 코에다 이쪽 코를 갖다 대었을 때에는 신둥이 편에서도 코를 마주 내밀며 꼬리를 쳐들기 시작했다. 간난이 할아버지는 다시 한번 미친개는 아니라고 생각했다.

- 황순원, 「목넘이 마을의 개」 -

01 윗글의 내용에 대한 이해로 가장 적절한 것은?

① 간난이 할아버지와 신둥이는 서로의 외양을 근거로 상대가 안전한 존재임을 판단한다.
② 동장네 형제에게 모진 취급을 당한 후로 신둥이는 사람을 향한 경계를 전혀 풀지 못한다.
③ 큰동장은 정확한 사정을 알지 못한 채 작은 동장의 행동에 동참하여 끝까지 신둥이를 뒤쫓는다.
④ 김선달은 자신이 경작하고 있던 밭을 가로지르는 신둥이에게 앙심을 품어 신둥이를 쫓아가기 시작한다.
⑤ 간난이 할아버지는 신둥이와 누렁이가 코를 마주 내미는 모습을 보고서야 신둥이가 미친개가 아니라고 생각한다.

02 윗글에서 ⓐ와 ⓑ의 서사적 기능에 대한 설명으로 가장 적절한 것은?

① ⓐ가 이야기 내부의 갈등을 촉발하는 계기라면, ⓑ는 이야기 내부의 갈등 관계가 확장되는 계기이다.
② ⓐ가 이야기의 분위기를 조성하는 요소라면, ⓑ는 이야기의 분위기를 전환하는 조건이다.
③ ⓐ가 이야기의 위기감을 초래하는 시발점이라면, ⓑ는 이야기의 위기감을 해소하는 종착점이다.
④ ⓐ가 이야기의 긴장감을 완화하는 요인이라면, ⓑ는 이야기의 긴장감이 다시 높아짐을 드러내는 표지이다.
⑤ ⓐ가 이야기의 주제를 상징적으로 형상화한 소재라면, ⓑ는 이야기의 주제를 반어적으로 부각하는 제재이다.

03 ㉠~㉤에 대한 이해로 가장 적절한 것은?

① ㉠ : 상대의 정체를 확신한 후 상대로 인한 위험 상황에 대비하려는 모습을 드러낸다.
② ㉡ : 자신의 신변을 위협할 수 있는 인물의 등장을 경계하는 태도를 드러낸다.
③ ㉢ : 상대에게 어떤 태도를 취할지 결정했음을 알리려는 의도를 드러낸다.
④ ㉣ : 자신을 해하려는 상대의 의도를 간파한 후 고조된 긴장감을 드러낸다.
⑤ ㉤ : 자신의 존재를 의식한 상대의 돌발 행동을 만류하려는 모습을 드러낸다.

04 〈보기〉를 참고하여 윗글을 이해한 내용으로 적절하지 <u>않은</u> 것은?

보기

「목넘이 마을의 개」에는 집단에서 소외된 대상이 다수로부터 박해받는 모습이 나타난다. 윗글에 등장하는 집단 구성원들은 소외된 대상에게 느끼는 생경함을 명분으로 내세워 대상에게 무비판적인 폭력을 가하며, 그러한 자신들의 행위를 정당화한다. 한편, 윗글에는 합리적 사고를 바탕으로 다수의 구성원에게 동조하지 않는 예외적 인물 또한 등장하는데, 이를 통해 대상에게 가해지는 집단적 폭력에 대한 문제의식과 생명을 존중해야 한다는 주제 의식을 드러낸다.

① '보지 못하던 개'라는 이유만으로 '미친개'라 불리며 쫓기는 신둥이는 단지 낯선 존재라는 이유로 집단에서 소외되는 대상의 모습을 상징적으로 보여 주는군.
② 동장네 형제의 '부르짖음'을 듣고 무작정 신둥이를 쫓아가는 김선달은 집단의 분위기에 무비판적으로 휩쓸려 대상에게 폭력을 행사하는 모습을 보여 주는군.
③ 신둥이를 관찰하여 '미친개가 아니'라는 결론을 내리는 간난이 할아버지는 합리적인 사고를 바탕으로 일체의 집단적 폭력에 반대하는 모습을 보여 주는군.
④ 간난이 할아버지가 '쥐인 작대기'를 보고 놀라 달아나는 신둥이의 모습을 통해 집단 구성원으로부터 박해받는 대상의 고통스러운 삶을 짐작할 수 있겠군.
⑤ 간난이 할아버지가 신둥이가 '물지나 않을까' 걱정하며 누렁이를 부르는 모습을 통해 생명을 소중하게 대해야 한다는 주제 의식을 짐작할 수 있겠군.

3 박영준, 모범 경작생

다음을 읽고, 물음에 답하시오.

[앞부분 줄거리] 길서는 일제 당국에 의해 '모범 경작생'으로 선발되어 서울에서 개최된 농사 강습회를 참관하고 돌아온다.

"제가 **강습회**에서도 가장 많이 들은 일입니다마는 우리가 제일 깨달아야 할 것이 하나 있습니다. 그것은 다름 아니라 **가장 어렵고 무서운 시국**이라는 것입니다. 까딱 잘못하다가는 죽을 죄를 짓기 쉽고 일을 아니 하고 놀려고만 생각하면 농사도 못 짓게 됩니다. 불경기, 불경기 하지만 이것이 얼마 오래 갈 것이 아니며 한 고비만 넘기면 호경기가 온다는 것입니다. 들으니까 요사이에 감옥에 가장 많이 갇힌 죄수들은 일하기가 싫어서 남들까지 일을 못 하게 한 놈들이래요. 말하자면 공산주의자라나요. ㉠ 공연히 알지도 못하고 그런 놈들의 말을 들었다가는 부치던 땅까지 못 부치게 될 것이니 결국은 농군들의 손해가 아니겠소……."

듣고 있던 사람들은 길서의 얼굴만 쳐다보며 멍하니 앉아 있었다.

"또 무슨 전쟁이 일어날 것도 같습니다. 하라는 일을 아니 하면 우리가 어떻게 될는지도 모르지요. 그러나 같은 값이면 마음 놓고 하라는 일을 잘하며 살아야 하겠어요. 에에, 우리는 일을 부지런히 합시다. 그러면 굶어 죽는 법이 없으니깐요. ㉡ 유명하게 된 사람들은 전부 부지런했던 덕택이었다는 것을 우리는 잘 알지 않습니까!"

이 말을 끝맺고 한참이나 섰다가 앉을 때 옆에 앉았던 늙은이가 이마를 긁으며 물었다. / "너 서울 가서 **그런 말**도 배웠니?"

길서는 그저 웃었다. 의숙이도 재미있게 듣는 동네 사람들을 볼 때 길서가 더 훌륭한 것같이 생각했다.

㉢ "그런데 호경긴가 그것은 언제 온대던?"

아닌 밤중에 홍두깨 내밀듯 기억이가 한참 동안 잔잔하던 공기를 깨뜨리고 말했다. 대답에 궁했던 길서는 한참이나 생각하다가,

"얼마 안 있으면 온대더라……."

라고 대답했으나, 어째서 불경기니 호경기니 하는 것이 생기느냐고 캐어물을 때에는 모르겠다는 솔직한 대답밖에 더 할 수가 없었다. 농민들이 나날이 못살게 되어 가는 것이 불경기 때문이냐고 묻는다면 자신 있는 말로 그렇다고 대답했을는지도 모른다.

[A] "암만 호경기가 온다 해두 팔아 먹을 것이 있어야 호경기지. 팔 거 없는 놈이 호경기는 무슨 소용이냐. 호경기가 되면 쌀이 많이 생기기나 하나……."

[B] 이러한 기억의 말은 아무런 생각도 없이 나온 듯했으나 호경기가 쌀을 많이 가져다주는 것이 아니라는 것을 아는 그들은 길서의 말보다도 더 그럴듯이 생각했다.

아무리 **불경기**라 해도 십 리 밖 읍내에 있는 지주 서(徐)재당은 금년에도 **맏아들**을 분가시키고 **고래 같은 기와집**을 지어 주었다.

쌀값이 조금 오르면 고무신값이 조금 오르고, 쌀값이 떨어지면 물건값도 떨어지는 것을 잘 아는 그들은 불경기니 호경기니 해도 그것이 그들에게는 아무 관계가 없는 것같이 생각되었으며 돈 있는 사람들도 불경기에 땅 팔았다는 말을 못 들었으므로 경기라는 것이 무엇인지 참으로 알 수 없었다.

(중략)

"그래 사 원 팔십 전을 받고 팔았단 말인가?"

그의 어머니가 성두에게 하는 말이었다.

"그럼 어떡헙니까? 그거라두 팔아서 용돈을 써야지요. 우선 **지세**도 밀리구, 아직 보리 빌 때까지 먹을 보리두 사야 하지 않아요. ㉣ 또 단오 명절도 가까워 오는데 돈 쓸 데가 없어서 그러십니까?"

"아아니 그런 줄은 알지만 **큰돈을 만들려구 했던 도야지**를 너무 일찍 팔았단 말이다."

"누구는 모르나요. 여름에는 풀을 깎아다 주기만 하면 거름을 잘 만들고 먹을 것도 겨울보다 흔해서 기르기도 쉽구. 그러다가 가을철에 접어들어 팔면 큰돈 될 것두 알기는 하지만 어떻게 합니까?"

성두의 얼굴은 푸르락푸르락했다.

"오빠, 오빠의 잔치는 어떻게 합니까? 돼지를 팔구……."

의숙이가 옆에 앉았다가 눈을 흘기는 것 같으면서도 웃는 얼굴로 말을 했다. / "글쎄 말이다, 내 말이 그 말이 아닌가?"

어머니는 차마 꺼내지 못했던 말이 나와서 시원한 듯했다.

길서는 새벽에 일어나 감자밭에 나가 벌레를 잡고 뽕나무 묘목밭을 한 번 돌아보고는 서울 갈 때 입었던 누런 양복을 입고 읍내로 들어갔다.

먼저 보통학교 교장에게로 가서 제 손으로 만든 빗자루 다섯 개를 쓰라고 주고, 모를 다 냈으니 비료를 사야겠다고 이십오 원을 취해 가지고는 **뽕나무 묘목**에 대한 이야기를 하려고 면사무소로 들어갔다.

"리상, 잘 왔소. 한턱내야지. 오늘은 리상의 점심을 얻어먹어야겠군."

세금 못 낸 사람을 잘 치기로 유명한 뚱뚱한 서기가 길서가 들어서자마자 말을 했다.

"㉤ 한턱은 점심때 내기로 하구, 묘목은 언제 가져갑니까? 퍽 자랐는데, 이번에는 돈을 좀 실하게 받아야겠는데요."

"한턱만 내면야 잘 팔아 주지. 내게만 곱게 보이란 말이야. 값을 정해서 갖다 맡기면 그만이니까. 누가 무슨 소리를 감히 해내나."

면서기는 농담 비슷하게 웃었다. 허리를 구부리고 복종하는 농부들은 절대로 마음대로 할 자신이 있다는 듯한 호걸 웃음을 웃었다.

"일본으로 보내는 사람을 뽑을 때두 면장을 시켜서 잘 말하도록 할 테니 그저 한턱만 내요."

"그것은 염려 마십시오. 술 한 병이면 녹초가 될걸. 그러면서도 얼마나 먹는 듯이…… 하하하……."

길서는 진정으로 한턱내고 싶기도 했다. 묘목만 잘 팔아 주면 예산 이외의 돈이 수십 원 들어온다는 것을 모를 리 없었다.

- 박영준, 「모범 경작생」 -

01 윗글에 대한 설명으로 가장 적절한 것은?

① 과거와 현재를 반복적으로 교차시켜 사건에 입체감을 부여하고 있다.
② 공간적 배경의 묘사를 통해 시대적 배경을 구체적으로 조명하고 있다.
③ 서술자가 작중 인물들의 내면을 직접적으로 전달하며 서사를 전개하고 있다.
④ 인물의 연속적인 행위를 제시하여 인물이 처한 긴박한 상황을 드러내고 있다.
⑤ 시간의 흐름을 단계적으로 보여 줌으로써, 갈등이 해소되는 과정을 부각하고 있다.

02 ㉠~㉤에 대한 이해로 적절하지 않은 것은?

① ㉠ : 길서는 극단적 상황을 들어 '공산주의자'의 선동에 넘어가서는 안 된다고 경고하고 있다.
② ㉡ : 길서는 '유명하게 된 사람들'을 언급하여 어려운 상황에서도 농사일을 멈추지 말아야 함을 강조하고 있다.
③ ㉢ : 기억은 '호경기'가 오면 마을 사람들의 사정이 나아질 것이라는 길서의 말에 의문을 제기하고 있다.
④ ㉣ : 성두는 '도야지'를 판 일을 합리화하기 위해 어머니에게 현재 상황을 상기시키고 있다.
⑤ ㉤ : 길서는 '묘목'을 비싼 값에 팔기 위해 면서기에게 '한턱'을 내는 것을 아까워하는 마음을 숨기고 있다.

03 [A]와 [B]에 대한 설명으로 가장 적절한 것은?

① [A]는 기억이 농민들이 어려운 이유를 지적하는 '길서의 말'에 관심이 없음을 보여 준다.
② [A]는 호경기에 관한 길서의 대답을 듣고 '길서의 말'에 대한 기억의 평가가 달라졌음을 보여 준다.
③ [B]는 '기억의 말'이 덧붙여지면서 청중에게 '길서의 말'이 지닌 설득력이 커졌음을 보여 준다.
④ [B]는 [A]가 호경기를 약속하는 '길서의 말'과 달리 청중의 공감을 유발하고 있음을 보여 준다.
⑤ [B]는 마을 사람들이 [A]에 동의하는 이유가 마을 사람들과 기억 간의 긴밀한 관계 때문임을 보여 준다.

04 〈보기〉를 참고하여 윗글을 감상한 내용으로 적절하지 않은 것은?

보기

「모범 경작생」은 '포섭'과 '배제'라는 이중적 전략을 활용하여 농촌을 지배한 일제의 만행을 그린 작품이다. 일제는 제도적 장치를 통해 조선의 농민들을 수탈하는 한편, 일부 농민에게 '모범 경작생'이라는 지위를 부여하고 경제적 이익을 주는 방식으로 그들을 포섭하여 다른 농민들의 불만을 관리하는 데에 활용하였다. 이 작품은 포섭에서 배제된 농민들이 부조리한 상황을 겪으며 농촌의 문제적 현실을 자각해 가는 과정을 보여 줌으로써, 일제의 농촌 지배 전략이 내포한 모순과 지배 전략의 균열상을 폭로하고 있다.

① 마을 사람들이 '불경기'에도 서재당이 '맏아들'에게 '고래 같은 기와집'을 지어 주는 것을 떠올린 데에서, 일제의 포섭으로부터 배제된 농민들이 현실을 자각해 가는 과정이 드러나는군.
② 성두가 밀린 '지세' 때문에 '큰돈을 만들려구 했던 도야지'를 일찍 파는 데에서, 일제의 제도적 장치에 의해 수탈당했던 농민들의 상황이 드러나는군.
③ '강습회'에 참석한 길서가 '가장 어렵고 무서운 시국'임을 전하는 데에서, 포섭된 농민을 통해 다른 농민들의 불만을 무마하려는 일제의 전략이 드러나는군.
④ 길서의 '뽕나무 묘목'을 '면서기'가 잘 팔아 주겠다고 장담하는 데에서, 농촌 지배를 위해 농민 중 일부에게 대가를 준 후 포섭하려는 일제의 의도가 드러나는군.
⑤ 늙은이가 길서에게 '그런 말'도 배웠느냐고 반문하는 데에서 농촌의 문제적 현실을 자각한 농민으로 인해 일제의 농촌 지배 전략이 균열되는 양상이 드러나는군.

4 목성균, 명태에 관한 추억

다음을 읽고 물음에 답하시오.

(가)

적막한 타국살이로 세월만 보내고 있으니 僑居寂寞閱年華
뉘엿뉘엿 창살에는 해그림자가 지나가네 苒苒窓櫳日影過
매번 봄바람 속에 먼 곳 나그네 되고 보니 每向春風爲客遠
㉠ 호기가 사람을 많이 그르침을 알겠네 始知豪氣誤人多
붉은 복사꽃 흰 오얏이 시름 속에 고우니 桃紅李白愁中艶
땅 낮고 하늘 높음을 취한 중에 노래하네 地下天高醉裏歌
보국할 공로도 없이 몸 이미 병들었으니 報國無功身已病
고향에 돌아가 강호에서 늙느니만 못하리 不如歸去老煙波
〈제2수〉

고향의 오두막집을 꿈속에도 맴돌건만 夢繞鷄林舊弊廬
해마다 무슨 일로 돌아가지 못하는가 年年何事未歸歟
반평생을 괴롭게도 헛된 명성에 얽매여 半生苦被浮名縛
만리타국에서 도리어 이속*과 함께 지내네 萬里還同異俗居
바다가 가까워서 밥상에 오를 물고기 있지만 海近有魚供旅食
하늘이 멀어서 고향 편지 부칠 기러기 없네 天長無雁寄鄕書
배 돌려서 매화를 구걸하여 얻고 돌아가 舟回乞得梅花去
시내 남쪽을 향해 심고 성근 그림자 보리라 種向溪南看影疏
〈제5수〉

- 정몽주, 「홍무 정사년 일본에 사신으로 가서 지음」 -

*이속 : 다른 풍속.

(나)

창오산(蒼梧山)* 해 진 후에 **세월이 깊어** 가니
임 그린 마음이 갈수록 **새로워라**
우로은(雨露恩)* 생각하거든 더욱 설워 하노라

늙고 병이 들어 강호에 누웠은들
임 향한 단심(丹心)이 잠든다고 잊을쏘냐
천리에 일편 혼몽(魂夢)*이 오락가락 하는구나

푸르른 삼각산이 반공(半空)에 섰는 얼굴
눈에 뵈는 듯 그리움이 끝없거든
하물며 **오운궁궐(五雲宮闕)***이야 일러 무엇 하리

- 신계영, 「연군가(戀君歌)」 -

*창오산 : 옛날 순임금이 남방을 순행하다가 죽은 곳.
*우로은 : 이슬이나 비처럼 골고루 미치는 은혜.
*혼몽 : 꿈의 혼.
*오운궁궐 : 채색 구름이 어려 있는 궁궐.

(다)

취기가 도도해진 아버지가 명태 한 코를 들고 와서 마중하는 며느리에게 "옜다" 하며 건네주시는 걸 본 적이 있다. 남용하시는 게 아닌가 싶은 아버지의 ㉡ 호기가 참 보기 좋았다.

그날, "아버님, 저녁 진짓상 차릴까요?" 며느리가 묻자 아버지는 "먹었다" 하시며 두루마기를 벗어서 며느리에게 건네주고 사랑으로 들어가셨다. ⓐ 며느리는 두루마기 자락을 추녀 밑에 걸어 놓은 등불에 비춰 보더니 즉시 우물로 가지고 가서 빨았다. 아버지는 취한 걸음으로 이강들을 건너서, 은고개를 넘어서, 하골 산모랭이를 돌아서 두루마기 앞섶을 휘날리며 오셨을 것이다. ⓑ 삶의 어느 경지에 취해서 맘껏 활개젓는 아버지의 손에 들려 온 명태 두 마리가 얼마나 요동을 쳤으면 두루마기 자락을 다 더럽혔을까.

아침에 아버지가 "아가, 두루마기 내 오너라" 했을 때, 며느리는 엄한 분부에 차질 없이 대령할 수 있도록 푸새 다림질을 해서 횃대에 걸어 둔 두루마기를 이때다 싶은 마음으로 내다 드렸다. 그 두루마기 자락에 온통 명태 비린내를 칠해 오신 것이다. ⓒ 그리고 당당히 그 명태를 며느리에게 건네고, 며느리는 공손히 받아서 부엌 기둥에 걸었다. 한 집안 대주(大主)의 권위가 나를 감동시켰다.

(중략)

명태는 무욕으로 일관한 제 생의 담백한 육질을 신선하게 보전해서 사람들에게 보시(布施)했다. 명태는 제 속을 비워 창난젓과 명란젓을 담게 하고 몸뚱이만 바닷가의 덕장에서 바닷바람에 말려 북어가 되고, 대관령 너머 눈벌판의 덕장에서 더덕북어가 되었는데, 알다시피 제상의 좌포(左脯)로 진설되거나, 고사상 떡시루 위에 실타래를 감고 누워 사람들의 국궁재배(鞠躬再拜)를 받는 귀물(貴物)로 받들어졌다.

ⓓ 명태를 생각하면 언뜻 늦가을 텃밭의 황토 흙에 하반신을 묻고 상반신을 햇살에 파랗게 드러낸 채 서 있던 청정한 무가 떠오른다. 그 순박무구하고 건강하기가 과년한 산골 큰애기 같은 조선무가 없으면 명태의 담백한 맛을 살려내기 힘들었을지 모른다. ⓔ 산골 동네 텃밭에서 그 청정한 무가 가으내 담백한 맛의 진수를 보여 주려고 뻐무르면서 명태를 기다렸다. 순박한 무와 단백한 생선의 만남, 그야말로 산해가 진미로 만나는 것이다.

문득 아버지의 호기가 그립다. **아침 햇살 가득 차오르던 산골 초가집** 부엌 기둥에 걸려 있던 순박한 **명태 한 코가 집안 대주의 권위로 바라보이던 시절**이 그립다.

- 목성균, 「명태에 관한 추억」 -

01 (가), (나)의 공통점으로 가장 적절한 것은?

① 과거를 회상하며 현실의 덧없음을 환기하고 있다.
② 삶의 태도에 대한 경계와 권고의 의도를 드러내고 있다.
③ 시적 공간의 탈속성이 시상을 형성하는 데 기여하고 있다.
④ 이상향에 대한 의식을 역설적 표현을 통해 진술하고 있다.
⑤ 색채어를 활용하여 대상을 선명한 이미지로 제시하고 있다.

02 (가)와 (나)를 비교하여 이해한 내용으로 가장 적절한 것은?

① (가)의 '뉘엿뉘엿'은 화자를 둘러싼 쓸쓸한 분위기를, (나)의 '오락가락'은 '임'을 계속 떠올리는 화자의 모습을 부각한다.
② (가)의 '강호'는 '보국'에 대한 화자의 소망이 실현되는, (나)의 '강호'는 화자가 '늙고 병'든 모습으로 지내는 공간이다.
③ (가)의 '못하는가'는 '고향'에 돌아가려는 열망을, (나)의 '잊을쏘냐'는 화자가 '잠'에 들지 못하는 상황을 강조한다.
④ (가)의 '도리어'는 '이속'과 지내는 심란함을, (나)의 '하물며'는 '삼각산'의 아름다운 풍경에 대한 감상을 부각한다.
⑤ (가)의 '매화'는 '고향'에 돌아가게 된 화자의 즐거움을, (나)의 '우로은'은 '임'을 향한 화자의 서러움을 부각한다.

03 ㉠, ㉡을 중심으로 (가), (다)에 대해 이해한 내용으로 가장 적절한 것은?

① (가)에서는 ㉠을 화자의 태도와 연결하여 '그르침'에 대한 깨달음을 강조하고 있고, (다)에서는 ㉡을 '아버지'의 태도와 연결하여 '권위'의 폐해를 강조하고 있다.
② (가)에서는 ㉠을 화자의 현재와 연결하여 '시름'의 이유를 암시하고 있고, (다)에서는 ㉡을 글쓴이의 과거와 연결하여 글쓴이가 '감동'받았던 이유를 암시하고 있다.
③ (가)에서는 ㉠을 '사람'의 속성과 연결하여 화자의 의지적 자세를 드러내고 있고, (다)에서는 ㉡을 '아버지'의 속성과 연결하여 그에 대한 글쓴이의 평가를 드러내고 있다.
④ (가)에서는 ㉠을 화자의 상황과 연결하여 '타국살이'의 설움을 강조하고 있고, (다)에서는 ㉡을 '아버지'의 상황과 연결하여 '집안 대주'의 삶이 주는 부담감을 강조하고 있다.
⑤ (가)에서는 ㉠을 시간적 배경과 연결하여 '봄바람'과 관련한 화자의 태도 변화를 제시하고 있고, (다)에서는 ㉡을 공간적 배경과 연결하여 '초가집'과 관련한 대상들의 불변성을 제시하고 있다.

04 ⓐ~ⓔ에 대한 이해로 적절하지 않은 것은?

① ⓐ의 '즉시'는 '아버지'에게 공경심을 보이는 '며느리'의 태도를 부각하는 표현이다.
② ⓑ의 '맘껏'은 글쓴이가 가족에 대한 '아버지'의 무심함을 이해하지 못해 품었던 원망을 부각하는 표현이다.
③ ⓒ의 '당당히'는 '공손히'와 대비되어 가정 내에 형성된 위계질서를 부각하는 표현이다.
④ ⓓ의 '언뜻'은 명태에 관한 글쓴이의 사유가 다른 대상으로 확장되고 있음을 부각하는 표현이다.
⑤ ⓔ의 '가으내'는 조선무가 익어 담백한 맛의 진수를 보이기까지 걸리는 시간을 부각하는 표현이다.

05 〈보기〉를 바탕으로 (다)를 감상한 내용으로 적절하지 않은 것은?

보기

수필은 글쓴이의 개성이 강하게 드러나는 글이다. 이러한 글쓴이의 개성은 문체를 비롯한 글의 구성 방식을 통해 확인할 수 있다. 글쓴이는 자신의 개인적인 경험을 제시한 후 이를 주관적으로 해석하여 깨달음을 드러내거나, 제재에 대한 독특한 관점이나 태도를 통해 인생관을 드러내곤 한다.

① '아버지'가 '저녁 진짓상'을 마다하고 '사랑으로 들어가셨'던 '그날'의 상황을 통해 글쓴이의 개인적인 경험이 구체적으로 드러나고 있어.
② '푸새 다림질'하여 준비한 '두루마기'가 더러워졌음에도 불평하지 않는 '며느리'의 행위에 대한 감상을 통해 글쓴이의 주관이 개입되는 양상이 드러나고 있어.
③ '명태'가 자신의 '담백한 육질'을 '보전'하여 '사람들에게 보시했다'는 표현을 통해 '명태'를 '무욕'의 삶과 연관 짓는 글쓴이의 독특한 관점이 드러나고 있어.
④ '명태'가 제 몸을 젓갈의 재료로 내놓고 '북어'가 되어 귀하게 취급되었다는 설명을 통해 자기희생적 태도를 긍정적으로 바라보는 글쓴이의 시선이 드러나고 있어.
⑤ '아버지'와 '며느리'의 일화를 제시한 뒤 '명태'와 '조선무'가 '진미'로 만나 어울린다는 언급을 통해 자연과 인간을 대조하여 깨달음을 부각하려는 의도가 드러나고 있어.

06 〈보기〉를 바탕으로 (가)~(다)를 감상한 내용으로 적절하지 않은 것은?

보기

대상의 부재로 인해 발생하는 그리움은 문학의 창작 동인이 되는 중요한 정서 중 하나이다. 이때 그리움의 대상은 비단 사람뿐 아니라 떠나온 공간이나 과거의 특정 순간이 될 수도 있다. 이때 멈출 수 없는 시간과 좁힐 수 없는 물리적 거리는 그리움을 심화하는 계기가 되기도 하는데, 문학에서는 다양한 표현 방식을 사용하여 이러한 현실적 한계를 극복하지 못하는 안타까움을 효과적으로 드러내곤 한다.

① (가)의 화자는 '바다'와 대립하는 소재로 '하늘'을 제시함으로써 대상과의 거리를 좁힐 수 없는 상황에 대한 답답함을 드러낸다고 볼 수 있겠군.
② (나)의 화자는 '세월이 깊어'지며 '임 그린 마음'이 '새로워'진다고 표현함으로써 현실적 한계를 인식한 후 그리움을 해소하고자 노력하는 모습을 드러낸다고 볼 수 있겠군.
③ (가)의 '만리타국'과 (나)의 '천리'는 대상과 멀리 떨어져 있는 화자의 현재 상황을 환기함으로써 화자가 대상의 부재를 인식하는 모습을 드러낸다고 볼 수 있겠군.
④ (나)의 '오운궁궐'과 (다)의 '아침 햇살 가득 차오르던 산골 초가집'은 특정 공간을 제시함으로써 화자와 글쓴이가 느끼는 안타까움을 부각한다고 볼 수 있겠군.
⑤ (가)의 '고향의 오두막집', (나)의 '임', (다)의 '명태 한 코가 집안 대주의 권위로 바라보이던 시절'은 화자와 글쓴이에게 작품 창작의 계기를 제공한 대상이라고 볼 수 있겠군.

나BS 수완 스페셜 변형문제 N제

정답과 해설

PART 01. 현대시

1	꽃 피는 시절	1 ③ 2 ⑤ 3 ③
2	성탄제	1 ③ 2 ④ 3 ⑤ 4 ④
3	거울	1 ④ 2 ⑤ 3 ②

PART 02. 고전시가

1	갑민가	1 ③ 2 ④ 3 ②
2	관동별곡	1 ④ 2 ① 3 ②
3	어부사시사	1 ② 2 ⑤ 3 ⑤
4	서경별곡	1 ③ 2 ④ 3 ②

PART 03. 고전 산문

1	옥루몽	1 ③ 2 ⑤ 3 ⑤ 4 ④
2	낙성비룡	1 ③ 2 ③ 3 ② 4 ④
3	흥부전	1 ② 2 ④ 3 ① 4 ③ 5 ②

PART 04. 현대 산문

1	소금	1 ③ 2 ⑤ 3 ② 4 ④
2	목넘이 마을의 개	1 ① 2 ① 3 ② 4 ③
3	모범 경작생	1 ③ 2 ⑤ 3 ④ 4 ⑤
4	명태에 관한 추억	1 ⑤ 2 ① 3 ② 4 ② 5 ⑤ 6 ②

Ⅰ. 현대시

2025 수능 국어 대비
실전 국어 전형태

1. 이성복, 꽃 피는 시절

1. ③

관조는 '고요한 마음으로 사물이나 현상을 관찰하거나 비추어 봄'을 의미한다. 영탄적 반응이 나와선 안 되고, 최대한 담담하게 시상이 전개되어야 '관조'라는 표현을 허용할 수 있다. (나)의 화자는 '파밭'의 '푸른 새싹(파)'에 대한 관조를 통하여 삶의 교훈을 제시하고 있다고 볼 수도 있다. 그러나 (가)의 화자는 자신을 대상과 더불어 행위의 주체로 제시하고 있으며, '아득합니다', '막막합니다', '꿈같습니다'와 같이 화자의 정서가 직접적으로 표출되고 있다. 따라서 대상을 '관조'하고 있다고 보기 어려우며, 삶의 교훈을 제시하고 있지도 않으므로 선지의 내용은 적절하지 않다.

오답 풀이

① (가) X, (나) O / (나)는 '붉은 파밭의 푸른 새싹'에서 색채 이미지의 대조(붉다↔푸르다)를 통하여 주제 의식(잃는 것이 있어야 얻는 것이 있다)을 드러내고 있다. 반면, (가)는 색채 이미지의 대조가 나타나지 않으며 이를 통하여 주제 의식을 드러내고 있지도 않다. ② (가) O, (나) X / (가)의 '마른 흙더미도 고개를 듭니다'에서 자연물인 '흙더미'를 의인화하여 '흙더미'가 일어나는 모습을 묘사하고 있다. 반면, (나)는 자연물에 인격을 부여하여 대상의 행위를 묘사하고 있지 않다. 참고로 (가)는 시 전체가 꽃의 외피와 꽃을 의인화하여 표현하고 있다고 볼 수 있기에, (가)에 제시된 행위 대부분을 의인화된 표현으로 볼 수도 있다. ④ (가) O, (나) X / (가)는 '울고 싶고, 웃고 싶고, 토하고 싶고'에서 유사한 통사 구조의 나열을 통하여 '당신'이 떠나갈 때의 화자의 상태를 드러내고 있다. 한편 (나)는 '~듯(이) ~ㄹ 때 ~을 보아라'의 형태를 지닌 문장을 나열하고는 있으나, 이를 통해 화자의 상태를 표현하고 있지는 않다. ▶형태쌤 과외◀ 시는 크게 화자 중심의 시와 대상 중심의 시, 교훈적 메시지 전달 중심의 시로 나뉜다. 이때 '전달 중심의 시'는 화자의 상황을 얘기하지 않고 교훈적 메시지를 반복적으로 전달하기에 해당 시에서 '화자의 상태나 상황을 표현'하고 있다는 내용은 대부분 틀린 선지로 제시가 된다. (나)의 경우 '전달 중심의 시'에 해당하므로 '화자의 상태나 상황을 표현'하고 있다는 선지의 내용은 적절하지 않음을 알 수 있다. ⑤ (가) X, (나) O / (나)는 '삶은 계란의 껍질이 / 벗겨지듯 / 묵은 사랑이 / 벗겨질 때' 등에서 직유를 활용하여 '사랑'이라는 추상적 개념을 구체적 대상(껍질이 벗겨질 수 있는 그 어떤 것 등)으로 제시하고 있다. 반면, (가)는 직유를 활용하여 추상적 개념을 구체적 대상으로 제시하고 있지 않다.

2. ⑤

작품의 해석은 유기적으로 해야 한다. 즉, 'A 하듯이 B 할 때'의 구조에서 A와 B는 유사한 의미로 해석을 할 수 있다는 것이다. (나)의 3연에서 '묵은 사랑'이 젖어 있는 것을 '새벽에 준 조로의 물'이 마르지 않고 젖어 있는 것에 빗대어 표현하고 있으므로, '새벽에 준 조로의 물'은 과거에 대상을 향해 품었던 '묵은 사랑'을 의미한다고 볼 수 있다.

오답 풀이

① (가)의 ㉠에서 '당신'은 꽃을 의미한다. '귀먹고 눈먼 당신'이 '추운 땅속을 헤매'었다는 것은 꽃이 피는 시절인 봄이 오기까지 꽃이 고난과 시련을 겪었음을 의미한다. 이를 부정적 사회 현실이나 화자의 연민과 관련지을 근거는 없다. ② (가)의 ㉡에서 '절편보다 희고 고운 당신'을 '뱉아' 내는 것은 하얀 꽃이 피는 모습을 나타낸다. 따라서 이는 대상과의 이별을 '낙화'가 아니라 '개화'에 빗대어 표현한 부분이라 볼 수 있다. ③ (가)의 3연을 통해 '당신'은 '나를 벗고 싶어 몸부림하'는 상태임을 알 수 있다. 따라서 ㉢에서 '당신'이 '조막만 한 손으로' '내 가슴 쥐어뜯으며 발 구르는' 모습은 '나'로부터 벗어나고자 하는 '당신'의 열망을 나타낸 것이므로, 이를 이별을 수용하지 못하고 괴로워하는 대상의 모습이라고 볼 수는 없다. ④ (나)의 ㉣에서 '먼지 앉은 석경(유리로 만든 거울)'에 비친 '너의 그림자'가 움직이는 것을 바라보고 있는 화자는 지난 사랑을 떨쳐 내지 못하고 있는 것으로 볼 수 있다. 따라서 ㉣을 통해 화자가 오래전부터 이별의 상황을 원해 왔다고 볼 수는 없다.

3. ③

(가)의 '불탄 살가죽 뚫고 다시 태어날' 시간은 '당신'이 화자를 떠난 후, 오랜 시간 이별의 아픔을 감내한 화자에게 찾아오는 성숙의 시간, 혹은 새로운 사랑을 의미하므로 선지의 내용은 적절하지 않다.

오답 풀이

① (가)의 '누군가의 입가에서' 피어나는 '잔잔한 웃음'은 '당신'이 궁극적으로 '되려'는 모습이다. 따라서 〈보기〉의 내용을 고려할 때 이는 대상이 자신의 존재적 가능성을 아름답게 발현하여 도달하고자 하는 모습으로 볼 수 있다. ② (가)의 '내게서 당신이 떠나갈 때면'을 통해 '실핏줄 터지고'와 '몸뚱이 갈가리 찢어지고'는 대상과의 이별의 순간에 주체가 느낄 큰 아픔을 드러낸 것임을 알 수 있다. ④ (나)의 '푸른 새싹'은 '파밭'의 '파'가 시들어 죽은 후 그 씨앗으로부터 발아하여 새롭게 태어난 '파'의 새싹을 가리킨다. 〈보기〉의 내용을 고려할 때 이는 이별 후에 맞이할 수 있는 새로운 사랑의 가능성을 의미한다고 볼 수 있다. 그리고 '얻는다는 것' 역시, 〈보기〉의 내용을 고려할 때 이별 후에 주체가 경험할 내면적 성장으로 볼 수 있으므로 선지의 내용은 적절하다. ⑤ 〈보기〉에서 (나)는 이별 이후 느끼는 지난 사랑에 대한 집착에 초점을 맞추고 있는 작품이라고 하였으므로, '묵은 사랑'에 '마음'에 '젖어 있'는 상태는 대상과의 이별 후 지난 사랑에 집착하고 있는 상태로 볼 수 있다.

2. 김종길, 성탄제

1. ③

(가)의 화자는 아버지의 사랑이 있었던 과거와 '옛것이라곤 찾아볼 길 없는' 현재의 대비를 통해, (나)의 화자는 '고향집'에 머물렀던 평화로운 과거와 '사십 년'을 걸어도 '그 집 앞'에 당도하지 못하는 현재의 대비를 통해 그리움의 정서를 고조하고 있으므로 적절한 설명이다.

오답 풀이

① (가) X, (나) X / (가)의 '빠알간', '붉은'과 (나)의 '오색'에서 색채어가 나타나지만, 둘 이상의 색채어가 사용되지 않았으므로 '색채 대비'는 드러나지 않는다. ② (가) X, (나) O / (나)는 '어디서 그 많은 이야기를 실어오는지 / 어디서 그 작은 소리들을 풀어내는지'와 같은 대구 형식을 활용하여 회고적(과거의 사건이나 경험을 돌이켜 생각함)인 정서를 부각하고 있다. (가)에도 회고적인 정서가 드러나지만, 대구 형식은 나타나지 않으므로 적절하지 않은 설명이다. ④ (가) X, (나) X / (가)에는 의성어나 의태어가 나타나지 않는다. (나)에는 '사각사각', '푸득푸득'과 같은 음성 상징어가 제시되고 있으나, 이를 통해 화자의 행위를 구체화하고 있지는 않다. ⑤ (가) X, (나) O / (나)의 화자는 '-ㄴ다'와 같은 현재형 어미를 활용하여 과거의 체험을 진술함으로써 현장감을 부여하고 있다. 반면 (가)의 화자는 과거의 체험을 진술할 때 과거형 어미 '-었-'을 활용하고 있으므로 적절하지 않은 설명이다.

2. ④

현재 '서러운 서른 살'인 화자는 크게 앓아누운 자신을 위해 아버지가 눈 속을 헤치고 산수유 열매를 따 왔던 과거를 회상하고 있다. 6연에서 화자는 아버지가 자신을 위해 산수유 열매를 따 오신 '그날 밤'이 '성탄제의 밤'이었을지도 모른다고 말하는데, '성탄제'가 환기하는 사랑과 희생의 이미지를 고려할 때, 이는 아버지가 자신에게 베푼 사랑의 고귀함을 환기하는 것이라고 볼 수 있다.

오답 풀이

① 유년 화자는 '외로이 늙으신 할머니'의 보살핌을 받고 있으나, 병을 앓아 애처로이 숨이 잦아드는 상태이다. 즉, 유년 화자가 경험한 겨울이 가족들의 사랑을 확인하는 시간이었다고 볼 수는 있으나, (가)의 '어두운 방 안'에 핀 '빠알간 숯불'은 병을 앓고 있는 화자의 상황을 환기할 뿐, 이를 통해 유년 화자가 경험한 겨울이 가족과 단란하게 지낸 시간이었음을 부각한다고 보기는 어렵다. ② '외로이 늙으신 할머니'에서 '어린 목숨'으로 묘사의 초점을 이동하고 있으나 이는 '방 안'의 상황을 묘사한 것일 뿐, 이를 통해 유년 화자의 생명력이 회복될 가능성을 암시한다고 보기는 어렵다. ③ 유년 화자는 자신을 위해 약을 가지고 돌아온 아버지에게 볼을 부비는데, 그러한 화자의 모습은 '어린 짐생'으로 묘사되고 있다. 이는 젊은 아버지에게 의지할 수밖에 없는 연약한 어린아이의 모습을 나타내는 것으로, '한 마리 어린 짐생'과 '젊은 아버지' 간에 위화감(조화되지 아니하는 어설픈 느낌)이 조성된다고 보기는 어렵다. ⑤ '눈 속'을 헤쳐 온 사람은 과거의 젊은 아버지이지 화자가 아니다. 또 마지막 연의 '아직도 내 혈액 속에 녹아 흐르는 까닭일까'는 시간이 흘러도 화자가 여전히 아버지의 사랑을 느끼고 있음을 나타낼 뿐, 이를 통해 화자의 고독감을 드러낸다고 보기는 어렵다.

3. ⑤

〈보기〉에 따르면 (나)의 화자는 실향 이전 평화로운 고향의 모습을 상기함으로써 내면의 상실감과 아픔을 위로하고 있다. (나)에서 화자가 '눈 내리는 저녁길'에 고향을 떠올리며 '그 집 앞'에 당도할 것 같은 느낌을 받는 것은 고향 상실로 인한 아픔을 스스로 위로하는 모습으로 볼 수 있다. 한편 〈보기〉에 따르면 (가)의 화자는 변하지 않는 애정의 가치를 확인함으로써 아픔을 위로하는데, 그 아픔은 어느덧 '서러운 서른 살'이 된 자신과 '옛것'이라곤 찾아볼 수 없는 도시 때문이다. '아버지의 서느런 옷자락'은 유년 시절 자신을 향한 아버지의 사랑을 의미하므로 화자가 이를 떠올리며 아픔을 느끼고 있다고 보기는 어렵다.

오답 풀이

① 〈보기〉에 따르면 (가)의 화자는 세월의 흐름에 따른 세계의 변화로 인해 상실감과 아픔을 느끼고 있다. (가)에서 '옛것'을 찾아볼 길 없는 '도시'의 모습은 과거와 달라진 세계의 모습을 나타낸다. ② 〈보기〉에 따르면 현대 사회의 급격한 변화는 과거와 현재를 단절시켜 현대인이 느끼는 상실감의 원인이 되었다. '나라'에 '사십 년'을 걸어도 닿지 못했다는 진술은 (나)의 화자가 고향을 잃어버렸다는 사실을 의미하며, 이는 화자의 내면에 상실감이 자리하는 이유를 나타낸다. ③ 〈보기〉에 따르면 (가)와 (나)는 현대인의 비극성을 극복하기 위해 유년 시절을 불러낸다. (가)에서는 '반가운 그 옛날의 것(=눈)'이, (나)에서는 '눈 내리는 저녁길'이 화자가 유년 시절을 떠올리는 계기가 되므로 적절한 설명이다. ④ 〈보기〉에 따르면 (가)의 화자는 변하지 않는 애정의 가치를 확인하고 있으며, (나)의 화자는 실향 이전 평화로운 고향의 모습을 상기하고 있다. (가)에서 어린 시절 아버지가 가져다준 '산수유 열매'가 '혈액' 속에 아직도 흐른다고 느끼는 것은 아버지가 베푼 사랑이 여전히 자신에게 남아 있다고 생각하는 화자의 모습을 보여 주며, (나)에서 '굴뚝새'가 나는 '눈 덮인 고향집'은 화자가 떠올리는 평화로운 고향의 모습을 보여 준다.

4. ④

(나)에서 화자는 '한 필 삼팔명주'가 '하얗게 삭아내'릴 만큼 '매운 세월'을 넘은 어머니의 모습을 떠올린다. 혼자서 '눈에 묻힌 길'을 걸어야 했던 것으로 보아, 화자가 떠올리는 '어머니 젊은 날'은 고단하고 외로운 것이었음을 알 수 있다. 따라서 화자가 '어머니 젊은 날'을 '삼팔명주'에 연결하여 젊은 어머니의 이미지에서 연상되는 아름다움을 드러내고 있다고 보기는 어렵다.

오답 풀이

① (가)의 아버지가 눈을 헤치고 따 온 '붉은 산수유 열매'를 통해 '붉은색'이라는 색채 이미지를 확인할 수 있는데, 이는 화자가 아버지에게서 느낀 따뜻한 사랑과 연결된다고 볼 수 있다. ② (가)의 '서느런 옷자락'과 '열로 상기한 볼'을 통해 차가움과 뜨거움이라는 촉각적 이미지의 대비를 확인할 수 있다. 아버지의 옷이 '서느런' 것은 열병을 앓고 있는 아픈 자식을 위해 눈을 헤치는 고생을 마다하지 않은 아버지의 정성을 표현한다고 볼 수 있다. ③ (나)의 화자는 '눈 내리는 저녁길'에서 '목화꽃 지는 냄새'가 난다고 생각하고, 나아가 할머니가 옛날에 '목화솜'을 지으시던 '물레 소리'를 떠올린다. '목화꽃 지는 냄새'라는 후각적 이미지는 할머니가 '목화솜'을 지으시던 '물레 소리'라는 청각적 이미지를 연상하게 하고, 화자는 이를 통해 할머니에 관한 추억을 회상한다고 볼 수 있다. ⑤ (나)의 화자는 어머니가 젊은 날 혼자서 넘으시던 '오봉산 골짜기 눈에 묻힌 길'을 떠올리고, 이를 '쇠락한 세한도'와 연결한다. 따라서 '쇠락한 세한도'에서 느껴지는 매우 심한 추위는 어머니가 인생에서 겪었을 고단함을 떠오르게 한다고 볼 수 있다.

3. 이상, 거울

1. ④

(가)는 '거울'이라는 구체적 사물을 통해 인간 존재에 대한 성찰을 유도하고 있으며, (나)는 '금붕어'라는 구체적 사물을 통해 현대인의 삶에 대한 성찰을 유도하고 있다.

오답 풀이

① (가) X / (가)에는 시간의 변화(과거 회상/시간의 흐름)가 나타나 있지 않다. ② (나) X / '금붕어는 유리벽에 부딪혀 머리를 부수는 일이 없다. / 얌전한 수염은 어느새 국경임을 느끼고는 아담하게 / 꼬리를 젓고 돌아선다. 지느러미는 칼날의 흉내를 내서도 / 항아리를 끊는 일이 없다.'를 통해, 오히려 (나)의 '금붕어'는 현실 순응적 태도를 보이고 있음을 알 수 있으므로 선지의 설명은 적절하지 않다. ③ (가) X, (나) O / (가)에는 '거울 속'과 '거울 밖', (나)에는 '어항 속'과 '어항 밖'이라는 공간이 대비적으로 제시되어 있다. (나)에서 '금붕어'가 현실 순응적 태도를 보이기는 하지만 꿈이라 가리켜진 '붉은 바다'를 지향하는 모습을 보이기도 하므로 공간의 대비를 통하여 이상향에 대한 지향을 드러내고 있다고 허용할 여지가 있다. 반면, (가)에는 '이상향'이 나타나 있지 않으므로 선지의 설명은 적절하지 않다. ⑤ (가) X, (나) X / (가)에는 현재형 어미가 사용되지 않았다. 한편 (나)의 '금붕어의 연령만 쌓여 간다. / 금붕어는 오를래야 오를 수 없는 하늘보다도 더 먼 바다를 / 자꾸만 돌아가야만 할 고향이라 생각한다.' 등에서 현재형 어미를 사용하고 있으나, 이를 통해 과거의 경험을 생동감 있게 표현하고 있지는 않다.

2. ⑤

(나)는 시적 대상에 대한 객관적 묘사가 주를 이루고 있지만, (가)는 화자가 자신의 상황에 대한 주관적 반응을 주로 얘기하고 있다. 특히 '딱한귀', '퍽섭섭하오'에서 감정의 표출이 확연하게 나타나고 있다. 따라서 '지성을 통한 감정의 절제'라는 모더니즘 시의 내적 요구를 철저하게 지키지 않았으므로 적절하지 않다.

오답 풀이

① (가)는 '거울(∨)속에는(∨)소리가(∨)없소' 등의 표현에서 띄어쓰기가 무시되었고, 이는 〈보기〉에 따르면 표현 방식의 근원적 변화와 연결된다. ② (가)의 '나는지금거울을안가졌소마는거울속에는늘거울속의내가있소'를 통해 거울을 가지지 않은 거울 밖의 '나'와 별개로 거울 속에 '늘' '거울속의나'가 있다는 것을 알 수 있다. 이는 분열된 자아가 문학적으로 형상화된 것이며, 〈보기〉를 고려할 때 독자를 진부한 상상력의

굴레에서 벗어나게 하려는 시인의 의도에서 비롯된 것임을 알 수 있다. ③ (나)의 '어항 속' '금붕어'는 현대 문명 속의 인간을 의미한다. 따라서 '금붕어는 그러나 작은 입으로 하늘보다도 더 큰 꿈을 오므려 / 죽여버려야 한다.'라는 표현을 통해 인간이 현대 문명에 순응하는 삶을 살며 큰 꿈을 포기하는 모습을 확인할 수 있고, 이러한 인간의 왜소화를 초래한 현대 문명에 대한 비판을 허용할 수 있다. ④ (나)의 '빨간 꽃 이파리 같은 / 꼬랑지', '검푸른 비늘을 입고' 등에서 색채어와 비유를 활용한 시각적 이미지를 확인할 수 있다. 이는 '참신한 이미지를 강조'하였다는 〈보기〉의 내용과 연결된다.

3. ②

(가)의 '거울(ⓑ)이아니었던들내(=화자,ⓐ)가어찌거울속의나(=ⓒ)를만나보기만이라도했겠소'를 보면, ⓑ가 있기에 ⓐ가 ⓒ를 만날 수 있으므로 ⓑ는 매개체로서 기능한다. 또한 '거울(ⓑ)때문에나(ⓐ)는거울속의나(ⓒ)를만져보지를못하는구료마는'을 통해 ⓑ가 가진 단절의 속성이 ⓐ와 ⓒ의 합일을 가로막는다고 볼 수 있다.

오답풀이

① (가)는 ⓐ가 ⓒ를 바라보면서 자신의 삶을 성찰하고 있다는 것을 허용할 수 있다. 내 안에 있는 나와 만나고자 하기 때문이다. 그러나 (나)의 ⓓ(화자)는 ⓕ(금붕어)를 바라보면서 현대 문명과 현대인의 삶을 비판적으로 성찰하고 있으나, 화자가 표면에 나타나지 않았기에 자신의 삶을 성찰하고 있다고 보긴 어렵다. ③ (가)의 '나(ⓐ)는지금거울을안가졌소마는거울(ⓑ)속에는늘거울속의내(ⓒ)가있소'를 보면, ⓐ는 ⓒ가 항상 ⓑ 속에 있다고 생각한다. 또한 '거울(ⓑ)이아니었던들(=부재)내가어찌거울속의나(ⓒ)를만나보기만이라도했겠소'의 표현을 통해 ⓑ가 없었다면 ⓒ를 만나지 못했을 것이라고 여기고 있다. ④ (나)의 '금붕어(ⓕ)의 행복은 / 어항(ⓔ) 속에 있으리라는 전설과 같은 소문도 있다.'에서 ⓓ는 ⓕ의 행복이 ⓔ 속에 있다는 소문을 전설에 비유하고 있는데, 이는 ⓕ의 진정한 행복이 ⓔ 속에 없다는 ⓓ의 인식을 반영하는 것이라고 볼 수 있다. 또한 ⓓ는 ⓕ를 바라보고 있을 뿐 ⓔ의 환경에 관여하고 있지 않으며, ⓔ의 환경을 안락하게 만드는 것은 실체를 명확하게 파악할 수 없는 '흰손'이다. ⑤ '금붕어(ⓕ)는 유리벽(=어항, ⓔ)에 부딪혀 머리를 부수는 일이 없다.'에서 ⓕ가 ⓔ 속의 삶에 순응하고 있음을 알 수 있다. 또한 '어항(ⓔ) 밖 대기를 건너서 지나해의 / 한류를 끊고 헤엄쳐 가고 싶다.', '금붕어(ⓕ)는 오를래야 오를 수 없는 하늘보다도 더 먼 바다를 / 자꾸만 돌아가야만 할 고향이라 생각한다.'에서 ⓕ가 ⓔ 너머의 삶에 대한 열망을 가지고 있다고 볼 순 있으나, ⓓ는 이를 통해 긍정적인 깨달음을 얻고 있지 않다.

II . 고전시가

1. 작자 미상, 갑민가

1. ③

한 명에게 부과되는 신역을 '한 몸 신역 삼 냥 오 전 돈피 두 장'과 같이 제시하고, 이어서 화자가 지게 된 신역의 총량을 '열두 사람 없는 구실 합쳐보면 사십육 냥'이라며 구체적인 수치로 나타내고 있다. 이러한 구체적인 수치를 통해 감당하기 어려운 신역을 부담해야 하는 화자의 막막한 상황을 강조하고 있다.

오답 풀이

① '파기소 → 삼수 각진 → 집'으로 공간적 배경이 전환되면서 신역을 물기 위한 화자의 노력과 고난을 제시하고 있으나, 사건에 대한 다양한 관점을 제시하고 있지는 않다. ② 인물의 외양을 자세하게 묘사하여 심리적 변화를 드러내는 부분은 제시되어 있지 않다. ④ '무지미물 뭇 오작이 저도 또한 섧게 운다'에서 '오작'이라는 자연물에 화자의 정서를 투영하고 있다. 그러나 '섧게 운다'에서 알 수 있듯이 자연물에 투영된 화자의 정서는 아내를 잃은 슬픔이고, 이로 인해 환기되는 분위기는 애상적 분위기이다. 목가적인 분위기는 전원 공간에서 느껴지는 한가로운 분위기를 의미하므로 선지의 설명은 적절하지 않다. ⑤ '생원'과 '갑민'의 대화는 나타나지만, 이를 통해 현실에 대한 화자의 깨달음을 보여 주고 있지는 않는다.

2. ④

화자나 인물의 태도가 바뀔 때는 변환점이나 계기를 집요하게 물어본다. ㉣에서는 집안의 재산을 모두 팔아 신역을 납부하려던 화자가, 신역을 돈이 아닌 돈피로만 받으라는 지방 수령의 명령으로 인해 그마저도 납부하지 못하게 된 절망적인 상황이 드러난다. ㉣ 바로 다음 부분에서 화자가 '글을 지어 하소연'하는 등의 노력을 하고 있으며 '이십육 냥 돈피'를 샀다고 하였으므로 ㉣을 '신역을 피하기 위해 고향을 떠날 결심'을 한 것으로 볼 수 없다.

오답 풀이

① ㉠에서는 '살던 곳'에 '뿌리박혀' 살 것을 권하며, 신역을 치르기 위한 방법으로 '삼을 캐고' '돈피'를 잡을 것을 제시하고 있다. 따라서 ㉠에는 상대방에게 고향을 떠나지 말라는 권고의 의도가 있음을 확인할 수 있다. ② '우리 조상 남촌 양반 진사 급제 잇달아 하여'에서 알 수 있듯이, 본래 양반 계층이었던 화자가 ㉡에서 '원수인의 모해'로 '군사 신분'이 되었음을 제시하고 있다. 화자는 이에 대해 '애슬프다'며 직설적으로 한탄하고 있으므로 적절하다. ③ ㉢에서 화자는 '자취 없이 도망'한 '시름없는 혈족들'과 달리, 자신은 '누대봉사'를 해야 하는 입장이기에 신역을 피해 도망하지 못하였음을 토로하고 있다. ⑤ 신역 때문에 아내를 잃은 화자는, 끝내 신역을 바친 후에야 장례를 치르고 있다. ㉤은 신역을 바친 후에 가족의 장례를 치르는 비참한 상황에 대한 화자의 설움이 드러나 있다.

3. ②

[B]는 화자가 양반이었던 자신의 조상이 억울한 누명을 쓰고 '갑산'이라는 변방에 쫓겨나 살게 된 경위를 밝히고 있는 부분이다. 즉, 화자 자신이 살아온 삶의 과정을 서술하는 내용이라기보다는, 화자의 가문이 화자의 대에 이르기까지 어떻게 몰락해 왔는지를 드러내는 내용이라 할 수 있다.

오답 풀이

① [A]는 생원('그대')과 갑민('나')의 대화이다. 화자의 목소리는 둘의 대화를 통해 제시되고 있다. '부모 처자 보전하고 새 즐거움 누리려무나'는 '생원'의 말, '어와 생원인지 초관인지 / 그대 말씀 그만두고 이내 말씀 들어보소'는 '나(갑민)'의 말이다. ③ [C]에서는 화자가 도망간 친척들의 신역까지 물어야 하는 상황이 드러나 있다. 납부해야 할 금액이 '석숭'도 당할 수 없을 정도로 과도한 것임을 나타내어 당시 신역 제도의 모순과 폐해를 드러내고 있다. ④ [D]는 돈으로 신역을 지불하려는 화자에게 '중군파총'이 하는 말로, 신역을 돈피로만 받겠다고 하는 내용이다. 〈보기〉에서 제삼자의 목소리를 통해 작품 내용에 대한 독자의 신뢰감을 높일 수 있다고 하였으므로 선지의 설명은 적절하다. ⑤ [E]는 신역으로 인해 갇힌 화자의 '병든 처'가 감옥에서 스스로 목숨을 끊었다는 내용으로, 이는 화자의 삶에서 비극적인 순간이라고 할 수 있다. 〈보기〉에 따르면 「갑민가」는 화자의 삶에서 비극적인 순간을 포착함으로써 독자의 감정 이입을 끌어낸다고 하였으므로 선지의 설명은 적절하다.

2. 정철, 관동별곡

1. ④

'바다 밧근 하ᄂᆞᆯ이니 하ᄂᆞᆯ 밧근 므서신고.'에서 '하늘'과 '바다'는 연쇄적으로 나온 대상일 뿐, 대비가 되는 대상이 아니다. 또한 이 구절은 하늘 밖이라는 더 넓은 세상에 대한 화자의 호기심을 드러내고 있을 뿐, 자연의 아름다움을 부각하고 있지도 않다.

오답 풀이

① '원통골 V ᄀᆞᄂᆞᆫ 길로 V ᄉᆞᄌᆞ봉을 V ᄎᆞ자가니'에서 알 수 있듯이 윗글은 4음보를 바탕으로 리듬감을 형성하고 있다. ② '니뎍션 이제 이셔 고텨 의논ᄒᆞ게 되면(이태백이 지금 존재하여 다시 이야기를 나눌 수 있다면), / 녀산이 여긔도곤 낫단 말 못 ᄒᆞ려니(여산 폭포가 여기보다 낫다는 말은 못 할 것이니).'에서 상황을 가정하는 방법을 활용하여 불정대에서 바라본 십이 폭포의 아름다움을 예찬하고 있음을 알 수 있다. ③ '정긔를 썰티니 오ᄉᆡᆨ이 넘노ᄂᆞᆫ ᄃᆞᆺ, / 고각을 섯부니 ᄒᆡ운이 다 것ᄂᆞᆫ ᄃᆞᆺ.'에서 유사한 구조의 문장을 병렬적으로 제시함으로써 관찰사 행렬을 묘사하고 있음을 확인할 수 있다. ⑤ 'ᄇᆡᆨ구야 ᄂᆞ디 마라 네 벗인 줄 엇디 아ᄂᆞᆫ.'에서 'ᄇᆡᆨ구'에게 말을 건네는 방식을 사용하여 자연물인 'ᄇᆡᆨ구'에게 인격을 부여하고 있음을 알 수 있다.

2. ①

'은하슈 한 구ᄇᆡ'를 '버혀 내'어 만든 '열두 구ᄇᆡ'는 열두 굽이로 흐르는 십이 폭포를 일컫는 말이다. ㉠에서 화자는 자신이 보고 있는 십이 폭포의 '구ᄇᆡ'가 '도경'에 나온 것보다 더 많아 보인다며 폭포가 여러 굽이로 흐르는 광경을 보고 감탄하고 있으므로 선지의 설명은 적절하다.

오답 풀이

② ㉡은 산을 떠나고 싶어 하는 마음이 아닌, 시냇물 소리와 새 울음소리를 통해 금강산과의 이별을 아쉬워하는 화자의 마음을 주객전도로 표현한 구절이다. ③ ㉢에서 화자는 정자(망양뎡)에 올라 '텬근', 즉 하늘 끝을 바라보는 것이 아니라 하늘 끝을 보기 위해 정자에 오르고 있다. 또한 허탈한 심정을 달래고 있지도 않으므로 선지의 설명은 적절하지 않다. ④ ㉣에서 화자는 커다란 파도가 출렁이는 모습을 '노ᄒᆞᆫ 고래'에 비유하여 묘사하고 있다. 따라서 물을 뿜는 고래를 보며 간신들이 난립(질서 없이 여기저기서 나섬)해 있는 부정적 현실을 떠올리고 있다는 선지의 설명은 적절하지 않다. ⑤ ㉤에서 'ᄇᆡᆨ셜'은 파도가 세게 쳐 물거품이 날리는 모습을 비유적으로 드러낸 표현이다. 따라서 화자가 계절에 어울리지 않는 자연 현상을 목격하고 있다고 할 수 없으며, 이를 보고 자신에게 닥칠 시련을 예상하고 있다고 볼 수도 없다.

3. ②

윗글에서 '산듕'을 현실로, '동ᄒᆡ'를 이상향으로 볼 근거는 없다. '산듕'과 '동ᄒᆡ'는 모두 자연을 지칭할 뿐이다. '산듕을 ᄆᆡ양 보랴, 동ᄒᆡ로 가쟈ᄉᆞ라.'는 산은 볼 만큼 보았으니 이제 바다로 가자는 의미로 화자가 동해를 보기 위해 산에서 바다로 여정을 이동하고 있음을 나타내는 표현이다.

오답 풀이

① '쳔년 노룡'은 '화룡쇠'를, '음애예 이온 플(그늘진 벼랑에 시든 풀)'은 왕의 은덕이 미치지 않는 곳에 사는 힘없는 백성을 비유적으로 표현한 것이다. 이때 화자가 '화룡소'를 '쳔년 노룡'에 비유한 이유는 동양 문화에서 '용'은 비를 내리게 할 수 있는 존재로 여겨지기 때문이다. 따라서 '화룡쇠'를 '쳔년 노룡'으로 표현하여 '삼일우'를 기원하는 화자의 모습은 백성을 잘 돌보려는 사회적 자아의 목소리를 우회적으로 드러낸 것이라고 볼 수 있다. ③ 화자는 자신을 '취선', 즉 술에 취한 신선에, '빅구(흰 갈매기)'를 '벗'에 빗대어 표현하고 있다. 이는 자연에 머물면서 풍류를 즐기고 싶어 하는 화자의 내면적 자아의 목소리를 비유를 통해 드러낸 것이라고 할 수 있다. ④ '태빅산 그림재', 즉 아름다운 풍경을 '한강의 목멱', 즉 임금이 있는 곳으로 보내고 싶다는 표현은 임금을 생각하는 사회적 자아의 목소리가 우회적으로 드러난 것이라고 볼 수 있다. ⑤ '유훈'한 '왕뎡'은 임금의 명을 수행하는 데는 정해진 일정이 있다는 의미이다. 화자는 자연에 더 머물고 싶지만 바로 이 '왕뎡' 때문에 현실로 돌아가야 하기에 '유회'와 '킥수', 즉 그윽한 회포와 쓸쓸함을 느낀다. 따라서 이 구절은 사회적 자아와 내면적 자아의 목소리가 서로 갈등하는 양상을 드러낸 부분으로 볼 수 있다. 또한 화자의 심정을 직설적으로 표현하였으므로 선지의 진술은 적절하다.

---

3. 윤선도, 어부사시사

1. ②

〈춘사 4〉의 '프른 거시 버들숩가', '어촌 두어 집이 안개 속의 나락 들락', 〈추사 7〉의 '흰 이슬', '밝은 달' 등에서 시각적 이미지를 사용하여 시상을 전개하고 있음을 확인할 수 있다.

오답 풀이

① 윗글에서 표면에 드러난 화자('나', '우리')는 나타나지 않는다. ③ 윗글은 각 수를 명사로 마무리하고 있지 않다. ④ 윗글에서 청자와 말을 주고받는 방식은 드러나지 않는다. ⑤ 윗글에서는 도치의 방법이 사용되지 않았다.

2. ⑤

'머흔 구름'과 '파랑성'은 화자가 지양하는 속세를 차단해 주는 역할을 하므로, 이를 현실 정치에 참여하고자 하는 화자의 욕망을 방해하는 장애물이라고 볼 수 없다.

오답 풀이

① 〈보기〉에서 「어부사시사」는 윤선도가 전라도 보길도에 은거하며 읊은 작품이라고 하였다. 따라서 (가)에서 화자가 즐기고 있는 자연의 모습은 전라도 보길도의 풍경이라고 볼 수 있다. ② '천년노도'와 '어복충혼'은 각각 억울하게 참소(남을 헐뜯어서 죄가 있는 것처럼 꾸며 윗사람에게 고하여 바침) 당한 충신의 혼을 가리키는 것이다. 〈보기〉에 따르면 「어부사시사」에서 작가는 반대 세력의 참소로 인한 자신의 유배 경험을 환기하고 있다고 하였으므로, 화자는 '천년노도'와 '어복충혼'를 통해 자신의 유배 경험을 환기하고 있다고 볼 수 있다. ③ (다)에서 '밝은 달'을 본 화자는 임금님을 떠올리며 '청광(선명한 빛)'을 임금님께 전해 주고자 하지만 임금님이 계시는 '봉황루'가 '묘연하'여 이를 전해 줄 수 없음을 탄식하고 있다. 〈보기〉의 내용을 고려해 볼 때 이는 임금님에 대한 그리움과 충심을 드러낸 것으로 볼 수 있다. ④ '그물'과 '낚시'는 자연에 묻혀 현실을 잊고 사는 '어부'로서의 삶을 의미한다. 화자는 그것을 '잊어두고' '앞개를 건너고자' 하는 것이므로 '현실 정치에 참여하고자 하는 화자의 욕망의 표현'으로 볼 수 있다. 또한 '된바람'이 불까 걱정을 하는 것은 〈보기〉의 내용을 고려해 볼 때 예전에 겪었던 반대 세력의 참소를 또 받게 될까봐 염려하는 것이라 할 수 있다.

3. ⑤

'물가에 외로온 솔 혼자 어이 씩씩한고'에서 화자는 물가에 홀로 서 있는 소나무의 모습에 자신을 투영하여 고고하고 청렴한 삶을 살아가려는 태도를 드러내고 있다. 따라서 '물가에 외로온 솔'은 자연 속에서 살아가고 있는 화자를 의미한다고 볼 수 있다.

오답 풀이

① 화자는 '집'에서 '소'로 공간을 이동한 것이 아니라, 시선을 이동한 것이다. (가)의 '집이 안개 속의 나락 들락'한다는 표현을 통해 화자는 집에 있는 것이 아니라 '소'에서 집을 바라보고 있는 것임을 알 수 있다. ② 화자는 초강에 가자하니 굴원의 넋을 낚을까봐 두려워하고 있으므로 '어북충혼'은 '초강'에 가고자 하는 궁극적인 목적이 아닌, '초강'에 갈 수 없는 원인에 해당함을 알 수 있다. ③ '흰 이슬'과 '밝은 달'은 단순한 자연물일 뿐 대비적 의미를 갖지 않으며, 화자의 혼란한 마음을 환기하지도 않는다. ④ (라)에서 화자는 '앞개를 건너고자'하고 있으므로 '앞개'는 화자가 지향하는 이상적 공간으로 가기 위한 과정에 놓인 곳을 의미할 뿐, 화자가 지향하는 이상적 공간을 상징한다고 할 수 없다.

---

4. 작자 미상, 서경별곡

1. ③

임과 '여히므론(이별할 바엔)' '우러곰 좃니노이다(울면서 쫓겠습니다).'라는 화자의 모습에서 사랑하는 대상에 대한 화자의 적극적 태도가 나타나고 있다.

오답 풀이

① 윗글은 첫 연과 끝 연을 대응시켜 시상을 전개하고 있지 않다. ② '대동강 건너편 고즐' '비 타들면 것고리이다'에서 임이 떠나면 다른 여인을 만날 것이라는 가정의 상황이 나타나고 있으나, 이를 통해 운명론적 태도를 드러내고 있지는 않다. ④ 윗글에 계절적 배경은 나타나지 않는다. ⑤ 후렴구는 특별한 의미 없이 리듬감 및 경쾌한 분위기를 형성하기 위해 형식적으로 붙여진 것이다. 화자의 내면과는 관련이 없다.

2. ④

ⓓ의 '럼난디'는 '바람난 줄/음란한 줄' 정도로 해석이 된다. 이는 객관적 사실이 아니라, 임이 탄 배가 떠나지 못하게 만들기 위해 화자가 꾸며낸 거짓말이다.

오답 풀이

① ⓐ('닷곤딕 쇼셩경')는 새로 닦은 수도인 '서경'을 뜻하는 것으로 화자의 삶의 터전을 의미한다. ② ⓑ('질삼뵈 ᄇ리시고')의 '질삼뵈'는 실을 내어 옷감을 짜는 모든 일로 화자의 생계 수단을 의미한다. 이를 버리면서까지 임을 쫓겠다는 화자의 모습에서 적극성이 나타나고 있다. ③ ⓒ('비 내여 노흔다 샤공아')의 '비'는 임이 화자를 떠날 수 있게 하는 수단이다. ⓒ에서 화자는 떠나는 임에 대한 원망을 배를 내어놓은 제3자인 '샤공'에게 전가하고 있다. ⑤ ⓔ('대동강 건너편 고즐')의 꽃은 다른 여인을 뜻하는 말로 화자가 질투하고 경계하는 대상으로 볼 수 있다.

3. ②

〈보기〉에 따르면 여성 화자가 단독으로 부르는 (A)의 경우, 청자로 하여금 화자에 대해 미안함과 부담감을 갖게 하려는 의도가 2연에 담겨 있다고 볼 수 있다. 따라서 '외오곰 녀신들'은 남성이 여성을 기다리며 지낼 모습이 아니라, 여성이 ㉠에서 남성을 기다리며 지낼 모습으로 봐야 한다.

오답 풀이

① (A)와 (B)는 2연에 대한 해석을 다르게 하는 조건이다. 1연에서 임을 쫓겠다는 여성 화자의 모습이 드러나고 있으며 '대동강'이 이별의 공간이므로, 남성이 홀로 ⓒ(대동강 건너편)으로 떠나는 상황임을 알 수 있다. ③ 〈보기〉에 따르면 2연만 남성 청자가 부르는 (B)의 경우, 2연을 여성 화자를 안심시키기 위해 남성이 노래를 부른 부분으로 해석할 수 있다. 따라서 '구스리 아즐가 구스리 바회예 디신돌~신잇둔 그츠리잇가 나눈'은 둘의 사랑이 변하지 않을 것임을 강조하여 여성을 위로하는 구절로 볼 수 있다. ④ 〈보기〉에 따르면 2연만 남성 청자가 부르는 (B)의 경우, 2연을 여성 화자를 안심시키기 위해 남성이 노래를 부른 부분으로 해석할 수 있다. 따라서 '긴힛둔 그츠리잇가~신잇둔 그츠리잇가 나눈'에는 끊어지지 않는 '긴(끈)'처럼 '신'도 끊어지지 않을 것이라 말함으로써 여성 화자를 안심시키려는 의도가 담겨 있다고 볼 수 있다. ⑤ 〈보기〉에 따르면 여성 화자가 단독으로 부르는 (A)의 경우, 청자로 하여금 화자에 대해 미안함과 부담감을 갖게 하려는 의도가 2연에 담겨 있다고 볼 수 있다. 따라서 '긴'과 '신'을 언급한 것은 자신의 절개와 사랑을 부각함으로써 남성에게 부담을 주려는 의도가 담겨 있다고 볼 수 있다.

III. 고전 산문

1. 남영로, 옥루몽

1. ③

'제아무리 소인배라도 어찌 기가 질리지 않으리오.'에서 서술자가 작품에 개입하여 자신의 주관적 판단을 드러내고 있다.

오답 풀이

① 윗글은 역순행적 구성을 취하고 있지 않다. ② 윗글은 초현실적 요소를 활용하고 있지 않으며, 이를 통해 서사의 흐름을 반전시키고 있지도 않다. ④ 윗글에는 공간을 상세히 묘사한 부분이 나타나지 않는다. ⑤ 중략 이전에는 인물 간의 갈등이 고조되는 대화, 중략 이후에는 이미 갈등이 해소된 후의 대화가 제시되어 있다. 대화를 통해 인물 간의 갈등이 단계적으로 해소되는 부분은 나타나지 않는다.

2. ⑤

[A]에서는 "천명을 믿을 바는 아니나"라고 하였고, [B]에서는 천명에 대한 언급이 없으므로 [A]와 [B] 모두 천명을 따라야 함을 강조했다고 볼 수 없다.

오답 풀이

① [A]에는 상대방에게 질문하는 장면이 나오지 않는다. 반면 [B]에서 연왕은 황제에게 당론으로 어진 이를 가릴 수 없다는 깨달음을 주기 위해 "어찌 당론으로 어진 사람과 어질지 못한 사람을 가리겠나이까?"라며 질문을 던지고 있다. 따라서 상대방의 인식 변화를 유도하려 한다는 설명은 적절하다. ② [A]는 "옛 책에 쓰여 있기를, '하늘은 진실로 헤아리기 어려우니 임금 노릇 하기 쉽지 않도다.' 하였으니 천명을 믿을 바는 아니나 다만 덕을 닦을 뿐이옵니다."에서, [B]는 "임금의 정사는 공명정대하여 치우침이 없다고 하였나이다."에서 다른 이의 글이나 말을 인용함으로써 임금의 도리에 대해 말하고 있다. ③ [A]는 "옛적 황제들은 편안한 때도 언제나 위태로움을 잊지 아니하였나이다."와 같이 옛 사람을 예로 들어 황제가 본받아야 할 대상을 알려 주고 있다. 한편, [B]의 "백이숙제처럼 청렴하고 믿음직한 자들만 쓰시겠나이까."에서 예로 제시한 옛 사람은 신하의 모습이므로, 황제가 본받아야 할 대상이 아니다. ④ [A]에는 비유적 표현이 나타나지 않는다. 반면, [B]는 "무릇 임금이 인재를 쓰는 것이 목수가 재목을 쓰는 것과 같사온데", "공맹처럼 도학을 하고 백이숙제처럼 청렴하고" 등에서 자신의 주장을 효과적으로 전달하기 위해 비유적인 표현을 활용하고 있다.

3. ⑤

나라가 오랑캐의 침입을 극복하여 평화를 되찾은 상황에서 연왕이 황제에게 ⓔ과 같이 말한 것은, 위태로운 상황은 언제든지 생길 수 있다는 사실을 왕에게 강조함으로써 위태로움을 잊지 않고 항상 경계해야 한다는 것을 일러 주는 것이라 할 수 있다.

오답 풀이

① 판단은 문맥을 통해 해야 한다. 뒤의 내용과 연결 지어 보았을 때, 황제가 자기 잘못을 깨닫기 위해 연왕에게 질문을 던졌다고 보기는 어렵다. ㉠은 황제가 연왕의 간언에 불만을 가지고 따져 물은 것으로 보는 것이 적절하다. ② ㉡은 운명에 따를 것을 종용한 것이 아니라, 마음을 가다듬어 덕을 닦아 성군이 되어야 한다는 충언을 하는 부분이다. ③ 앞뒤 맥락으로 보아 황제는 연왕의 올바른 간언에 대해 자신을 "탁당으로 몰아 배척하"는 말이라고 여기고 있으므로, 상대방의 의중을 예리하게 꿰뚫어 본다고 할 수 없다. ④ 연왕은 자신의 지위가 '대신'임을 들고 있으나, 이는 신하를 예로써 대하지 못하고 논박하는 왕의 잘못을 간접적으로 비판하기 위한 말일 뿐, 다수가 자신의 의견에 동조하고 있다는 사실을 말하기 위함은 아니다.

4. ④

"임금이 인재를 쓰는 것"을 "목수가 재목을 쓰는 것"에 비교하여 "재간 있는 목수는 버릴 재목이 없다"고 한 것은 당론에 상관없이 어진 이를 등용해야 한다는 작가의 의식이 드러난 부분이다. 이는 군주가 당론에 휩쓸리지 않아야 한다는 의미이지, 붕당 정치의 본래 목적을 회복해야 한다는 의미가 아니다.

오답 풀이

① 연왕은 "덕을 닦으시면 어진 임금이 될 것이요, 덕을 닦지 않으시면 망국지군이 되실 것이옵니다."라며 황제에게 덕을 쌓아야 함을 간언하고 있다. 〈보기〉를 참고할 때 이는 군주가 덕을 쌓아야 한다는 작가의 인식이 반영된 것이라 볼 수 있다. ② 연왕은 황제에게 간신 노균을 베어야 나라의 질서가 바로 선다고 말하고 있다. 〈보기〉를 참고할 때 이는 간신을 멀리해야 정치적 폐해를 극복할 수 있다는 작가의 주장과 일치하므로 선지의 설명은 적절하다. ③ 연왕은 황제에게 "인재를 고를 때 청당인지 탁당인지 묻지 마시고" "어질고 어질지 못함만 살"펴야 한다고 말하였다. 〈보기〉를 참고할 때 이는 군주가 당론에 휩쓸리지 말아야 한다는 작가의 생각과 일치하므로 선지의 설명은 적절하다. ⑤ 연왕은 간신 노균이 황제를 자기가 이끄는 탁당의 영수(우두머리)로 삼고 조정을 베려 한다고 주장하였다. 〈보기〉를 참고할 때 이는 19세기 혼란스러운 조선의 정치 현실에 해당하므로 선지의 설명은 적절하다.

2. 작자 미상, 낙성비룡

1. ③

양 승상과 한 부인 간의 대화, 양 승상과 어사(아들) 간의 대화를 통해 인물들 사이의 갈등이 드러나고 있다.

오답 풀이

① 초현실적 요소란 현실에서는 절대 있을 수 없는 일을 의미한다. 윗글에서는 현실에서 있을 수 없는 일들을 서술하고 있지 않다. ② 윗글에서는 인물의 독백이 나타나지 않는다. ④ 윗글에서 배경을 묘사하고 있는 부분은 제시되지 않았다. ⑤ 사건이 시간의 흐름에 따라 순차적으로 일어나고 있으므로 시간의 역전적 구성이 사용되었다고 볼 수 없다.

2. ③

인물이 많이 등장할 때는 인물 간의 관계 파악이 기본이다. 특히 호칭에 신경을 쓰고, 머릿속에 안 들어오면 가볍게 메모를 해서라도 인물 간의 관계를 정확하게 파악해야 한다. 수능날 집요하게 물어보기 때문이다. '양공'이 서울의 두 아들과 큰딸에게 혼사 지냄을 기별하였다고 했다. 이에 두 아들은 처자를 데리고 본가로 돌아오지만, '설생의 처'는 시아버지의 제사 때문에 본가로 돌아오지 못하고 서찰을 부쳤다고 하였으므로 '설생의 처'는 '큰딸'임을 알 수 있다. '소저'가 작은딸이므로 '경작'과 '설생'은 동서(처형이나 처제의 남편)지간이 될 사이이며, '설생'이 '경작'보다 손위 사람이다.

오답 풀이

① ㉠은 서술자가 작중 인물에 대해 논평을 하는 부분이 아닌, '양공'이 사윗감을 얻어 기뻐함을 나타낸 부분이다. ② '장우'는 황공함(위엄이나 지위 따위에 눌리어 두려움)을 느끼며 구혼을 받아들이고 있다. 따라서 '양공'에게 반감을 가지게 되었다는 의미로 해석할 수 없다. ④ ㉣의 '대인'은 다른 집안이 아닌, 어사 자신의 아버지인 '양공'을 의미한다. 따라서 ㉣은 자신의 아버지에게 '경작'을 사위로 맞을 것에 대해 다시 생각해 볼 것을 당부한 것이라 할 수 있다. ⑤ '양공'은 자신의 지인지감(사람을 잘

알아보는 능력)을 내세우기 위해서가 아니라, 자신의 지인지감을 통해 지위나 부귀를 초월한 '경작'의 인품을 보았기에 그를 사위로 맞으려 하는 것이다.

3. ②

완곡한 어조는 간접적으로 돌려 말하는 것이다. 하지만 '어사'는 '경작'을 사위로 맞지 않을 것에 대해 가문의 명예를 근거로 직설적으로 이야기하고 있다. '상공' 역시 "그 아이는 실로 범골과 다르니 내 뜻을 이미 결정하였는지라. 어찌 빈천함으로써 영웅을 저버리리오."라며 '경작'을 사위로 맞아들일 것을 직설적으로 이야기하고 있다. 또한 '상공'은 "내 뜻은 이미 결정"되었다고 하였으므로 '어사'를 설득하고 있다는 설명도 적절하지 않다.

오답 풀이

① '어사'는 '상공'과는 달리 "인품을 이르매 마땅히 귀천이 없기는 하지만"이라며 '상공'의 의견에 일부 동의하는 모습을 보인다. ③ '상공'은 "이 아이로써 네 아비의 지인지감이 밝은 줄을 알 것이니, 그대들은 후일에나 사람 아는 내 눈이 밝음을 깨치리라."라며 자신의 식견이 높다는 것을 전제로 하여 의견을 피력(생각하는 것을 털어놓고 말함)하고 있다. ④ '상공'은 '어사'와는 달리 중국의 '순 임금'과 '한 고조'의 고사를 인용하여 사람을 부귀빈천으로만 의논해서는 안 된다는 주장의 근거로 사용하고 있다. ⑤ '어사'는 '대대 명문'인 가문의 명풍을 훼손해서는 안 됨을 내세워 당면 현안(눈앞에 해결되지 않은 채 남은 문제)인 '소저'의 혼사를 추진하려는 '상공'을 만류하고 있다.

4. ④

'한 부인'이 '소저'에게 따로 당부하거나 명령하는 장면은 나타나지 않으며, '한 부인'의 말을 거역한 '소저'의 모습 역시 드러나지 않으므로 적절하지 않다.

오답 풀이

① '경작'이 '한 부인'으로부터 핍박을 받는 것은 '고난'을 극복하는 영웅 소설의 구성에 해당한다. [뒷부분의 줄거리]에서도 '경작'이 장모의 박대를 견디다 못해 집을 떠나 청운사에 기거하게 된다고 하였다. ② '경작'이 장원 급제를 하고 전쟁에서 공을 세운 후 아내와 해로하는 것은 '성취'를 보이는 영웅 소설의 구성에 해당한다. ③ '양 승상'은 머슴이던 '경작'을 사위로 들여, 그가 낮은 신분에서 벗어날 수 있도록 한 인물이다. 이에 따라 '경작'이 과거에 장원 급제하여 원수가 될 수 있었으므로 '양 승상'을 '조력자'라고 표현할 수 있다. ⑤ 머슴이던 '경작'이 '양 승상'의 딸과 혼인하여 신분 제도의 논리에서 벗어나는 것은 당대의 가치에 어긋나는 것이므로 이는 민중들의 욕망이 투영된 내용으로 볼 수 있다.

3. 작자 미상, 흥부전

1. ②

판소리계 소설에 남아 있는 판소리의 흔적을 물어보는 문제다. "마오, 마오. 그리를 마오.", "내 말을 들어 보라. 내 말을 들어 보라.", "하늘은 녹이 없는 사람을 낳지 않고, 땅은 뿌리가 없는 풀을 낳지 않는다." 등의 부분에서 유사한 구조의 문장을 중첩하여 리듬감을 살리고 있다.

오답 풀이

① 흥부와 아내가 대화하는 공간에서 놀부의 집으로의 공간 이동이 나타나고 있으나, 이에 따라 인물 간의 갈등이 해소되고 있지는 않다. ③ 윗글에서 사건을 요약적으로 제시한 부분은 나타나지 않는다. ④ '초현실적 요소'는 현실을 완전히 벗어난 천상계에 대한 내용이 나타나거나, 주인공이 도술을 부리는 등 현실에서는 절대 일어날 수 없는 일이 작품에서 일어날 때 허용할 수 있다. 윗글에는 초현실적 요소의 개입을 활용한 부분이 나타나지 않는다. ⑤ 윗글은 역순행적 시간 구조를 활용하고 있지 않다.

2. ④

'놀부'가 하인에게 집 앞에 온 '흥부'를 쫓아내라고 명령했다는 내용은 찾을 수 없다. '놀부'는 '흥부'가 찾아왔을 때 처음에는 '못 본 체하다가' 이후 하인에게 도끼자루를 가져오라 명한 다음 직접 '흥부'를 때렸으므로 선지의 설명은 적절하지 않다.

오답 풀이

① "동기의 정을 돌보시와 벼가 되나 쌀이 되나 양단간에 주옵시면, 품을 판들 못 갚으며 일을 한들 공하리까?"라는 흥부의 발화에서 확인할 수 있다. ② "세 끼를 굶어 누운 자식 살려 낼 길이 전혀 없어", "어린 자식들 데리고 굶다 못하여"라는 흥부의 발화에서 확인할 수 있다. ③ "저 건너 아주버님 댁에 가서 쌀이 되든 돈이 되든 양단간에 얻어 오"라는 아내의 말에 흥부가 "형님 댁에 갔다가 보리나 타고 오게?"라고 답한 것을 통하여 흥부는 놀부에게 가도 양식은커녕 매만 맞고 올 것이라 생각했음을 알 수 있다. '아내와 달리' 부분을 고려할 때, '동냥은 아니 준들 쪽박까지 깨치리까?'를 보고 낚여서는 안 된다. 만약 흥부의 아내가 놀부로부터 양식을 얻을 수 없을 것이라고 생각했다면, 굳이 흥부를 재촉하지 않았을 것이다. ⑤ '놀부는 워낙 무도한 놈이라 흥부 온 일이 돈 아니면 곡식을 구걸하라 온 줄을 알아채고 못 본 체'하였다는 내용을 통해 놀부는 흥부가 자신의 집에 찾아온 이유를 미리 짐작하고 있었음을 알 수 있다.

3. ①

㉠은 매를 맞는다는 뜻의 '보리를 타다'를 먹는 '보리'로 잘못 알아듣고 한 말로, 흉년에 오래 먹기는 보리가 쌀보다 낫다는 의미이다. 따라서 '흥부 아내'가 '흥부'가 매를 맞고 올 것을 염려하여 '쌀'을 요청하고 있다는 선지의 설명은 적절하지 않다.

오답 풀이

② '흥부는 그 형을 보기가 전에 이왕에 맞던 생각을 하니 겁이 절로 나서'를 통해 흥부가 놀부에게 이전에도 맞았던 적이 있음을 알 수 있다. 또한 놀부는 흥부가 온 이유가 돈 아니면 곡식을 구걸하기 위함임을 알고 있다고 하였으니, 흥부가 이전에 매를 맞았던 이유도 도움을 요청했었기 때문임을 짐작할 수 있다. ③ 놀부는 '흥부 온 일이 돈 아니면 곡식을 구걸하라 온 줄을 알아채고 못 본 체하다' 비로소 ㉢이라고 물었다. 동생인 흥부를 못 본 척하다가 누구냐고 묻는 것은 간접적으로 흥부의 구걸에 대해 거절의 의사를 밝힌 것이라 볼 수 있다. ④ ㉣은 누구나 태어나면서 자기가 먹을 것은 가지고 태어난다는 의미이다. 놀부는 이를 통해 자신에게 기대지 말고 스스로의 힘으로 살아가라며 흥부를 훈계하고 있다. ⑤ ㉤은 도움은커녕 매질을 하는 놀부를 원망하는 흥부의 발화로, 이는 동냥은 아니 준들 쪽박까지 깨치겠냐던 흥부 아내의 말과 연결되어 놀부의 고약한 심사를 부각하고 있다.

4. ③

놀부는 흥부에게 음식을 주기 위해 ⓐ(청삽사리)를 굶길 수는 없다고 말하고 있으므로 ⓐ는 놀부가 흥부보다 소중히 여기는 대상임을 알 수 있다. 그러나 놀부가 자신이 키우는 개인 ⓐ을 지향한다고 보기는 어렵다. 한편, 흥부는 전설적 도둑인 ⓑ(도척)도 놀부에 비하면 성인이라며 놀부를 부정적으로 여기고 있음을 드러내고 있다. 그러나 ⓑ는 놀부의 인색한 심성을 극대화하려는 표현일 뿐, 흥부가 지향하는 대상은 아니다.

오답 풀이

① 놀부는 흥부에게 음식을 주기 위해 ⓐ를 굶길 수는 없다고 말하고 있으므로 ⓐ는 놀부가 흥부보다 소중히 여기는 대상임을 알 수 있다. ② 동생보다도 자신이 키우는 개인 ⓐ를 소중히 여기는 놀부의 모습과 도둑인 ⓑ보다도 놀부가 부정적이라고 여기는

흥부의 발화를 통해 놀부의 인색한 심성이 극대화되고 있다. ④ ⓐ는 놀부가 흥부보다 소중히 여기는 대상이며, ⓑ는 흥부가 놀부보다 낫다고 여기는 대상이다. ⑤ 흥부는 전설적 도둑인 ⓑ도 놀부에 비하면 성인이라며 놀부를 ⓑ보다도 더 부정적으로 여기고 있다.

5. ②

〈보기〉에 따르면 '흥부'는 조선 후기 몰락한 양반의 현실을 반영하고 있는 인물이다. 따라서 남루한 치장을 차리고 가는 흥부의 거동을 보면 흥부가 조선 후기 몰락한 양반의 현실을 반영하고 있음을 알 수 있다.

오답 풀이

① "부질없는 청렴 말고 저 자식들 살려 보오."라는 '흥부 아내'의 발화를 통해 아내는 물질적 가치관을 가지고 있음을 알 수 있다. 따라서 '흥부 아내'가 '청렴'의 가치를 추구한다는 선지의 설명은 적절하지 않다. 또한 〈보기〉에 따르면 몰락한 양반의 현실을 반영하고 있는 인물은 '흥부 아내'가 아니라 '흥부'이다. ③ '형제간에 마루 아래 문안이 웬 말이냐?'는 '놀부'의 실제 대사가 아니라 놀부를 비판하려는 서술에 해당한다. 또한 윗글에는 형제간의 갈등이 나타나고 있을 뿐 형제간의 우애는 찾아볼 수 없다. ④ '놀부의 거동이 기막히었다.'라는 서술자의 직접적 개입은 '놀부'에 대한 비판 의식이 드러난 부분으로, '흥부'에 대한 비판 의식이 드러났다고 볼 수는 없다. ⑤ '큰 농우가 네 필'인데 '흥부'에게 먹을 것을 줄 수 없다는 '놀부'의 대사는, 동생보다 자기 재산인 소를 더 소중히 여기는 물질적 가치관을 드러내는 것이다. 이는 풍족하지 않았던 서민 부자의 현실과는 관련이 없다.

1. 강경애, 소금

1. ③

ⓒ의 '행여나 어느 학교에나 다니지 않는가'에서 추측의 표현이 사용되었음을 확인할 수 있다. 그러나 이는 봉식의 행방에 대한 봉염 모녀의 추측을 보여 줄 뿐, 앞으로 다가올 미래에 대한 불안감을 드러낸 것은 아니다.

오답 풀이

① ㉠에서는 고향의 '밭'을 반복적으로 언급하여 '밭'에 대한 봉염의 어머니의 그리움을 부각하고 있다. ② ㉡의 '팔자가 무슨 놈의 팔자야 하느님도 무심하지 누구는 그런 복을 주고 누구는 이런 고생을 시키고……'에서 봉염의 어머니의 생각이 인용 부호 없이 서술 중간에 삽입되었음을 확인할 수 있다. 이는 작품 밖의 서술자가 봉염의 어머니에 초점을 맞추어 서술하고 있음을 보여 준다. ④ ㉣에서는 팡둥의 말을 들은 봉염의 어머니의 반응을 묘사하여 봉염의 어머니의 실망감을 간접적으로 나타내고 있다. ⑤ ㉤에서는 '대리석으로 만든 테이블', '검은 바탕에 오색빛 나는 화병 한 쌍', '작고 큰 시계', 금붕어가 유유히 뛰노는 '유리단지'와 같은 사물들을 나열하고 있으며, 이를 통해 '방 안'이라는 공간을 감각적으로 묘사하고 있다.

2. ⑤

팡둥을 따라 들어간 화려한 방에서 봉염 모녀는 '어떤 별천지에 들어온 듯'한 기분을 느끼면서, 동시에 자신들의 '초라한 모양에 새삼스럽게 더 부끄러운 생각이 들'었다고 하였다. 이를 통해 봉염 모녀가 팡둥이 안내한 공간에 자신들이 어울리지 않는다고 생각했음을 알 수 있다.

오답 풀이

① 봉염의 어머니는 '뜻하지 않'게 머릿속에 떠오른 고향 모습을 그리다가, '밭머리에 나타나는 참봉 영감'의 모습에 '손발이 가늘게 떨리는 것을 깨달'아 '고향을 생각지 않으려고 눈을 썩썩 부비치고 정신을 바짝' 차렸다. 따라서 봉염의 어머니는 점차 잊혀 가는 고향의 모습을 또렷이 기억하기 위해서가 아니라, 더 이상 고향을 떠올리지 않기 위해 정신을 가다듬었음을 알 수 있다. ② 봉염의 어머니는 '분주히 비를 들고 방을 쓸어 내'면서 '참봉놈 보란듯이 우리도 잘살아야 할 터인데……'라며 '불행과 궁핍'에서 벗어나지 못하고 있는 자신의 처지에 관해 생각한다. 따라서 참봉 영감이 본다는 생각이 들어 방을 청소하기 시작했다고 보긴 어렵다. ③ 봉염의 어머니는 용정에 들어왔다 나올 때마다 "고학이라도 해서 나두 공부를 좀 해야지"라고 투덜거린 봉식을 떠올리며 용정까지 향하였지만, 결국 봉식을 찾지 못하고 그의 소식조차 듣지 못하였다. 이때 봉염의 어머니가 봉식이를 '끝없이 원망'스럽게 여긴 것은 '아버지의 장례를 지낸' 후 '바람이나 쏘이고 오겠노라고 어디로인지 가버'린 봉식이 '돌아오기는 고사하고 소식조차 끊어'져 더 이상 찾을 수 없게 되었기 때문이다. 가족의 처지를 모른 체하고 공부에 몰두했던 봉식의 모습은 드러나지 않으므로 선지의 내용은 적절하지 않다. ④ 봉염 모녀는 봉식을 찾아 용정까지 이르러 '학교란 학교 뜰에는 다 가서 기웃거'렸으며 '마지막으로 소학교까지 가보'았음에도 봉식을 찾지 못하자 '해가 거의 져갈 때' 팡둥을 찾아갔다. 따라서 봉염 모녀가 용정에 도착하자마자 바로 팡둥을 찾아갔다고 볼 수는 없다.

3. ②

'어지러우며 여기 일감이 나부터 손질하시오 하는 것 같았다.'와 '군데군데 뚫어진 삿자리 구멍', '대구루루 굴러다니는 감자' 등을 통해 ⓐ(방 안)는 일감이 어지럽게 널려 있는 초라한 공간임을 확인할 수 있다. 한편, ⓑ(방 안)는 '대리석으로 만든 테이블', '화병 한 쌍', '작고 큰 시계며 유리단지에 유유히 뛰노는 금붕어' 등에서 화려하고 값비싸 보이는 사물로 장식된 공간임을 확인할 수 있다.

오답 풀이

① ⓐ O, ⓑ X / '팔자가 무슨 놈의 팔자야 하느님도 무심하지~누구는 이런 고생을 시키고……'를 통해 ⓐ는 '그'가 자신의 팔자를 한탄하고 있는 공간임을 확인할 수 있다. 반면, '봉식이를 찾지 못하게 되면 팡둥이라도 만나서 사정하여 봉식이를 찾아 달라고 하리라 하였던 것이다.'와 '팡둥은 알까 하여 맥없이 그의 입술을 쳐다보던 그는 머리를 숙였다.'를 통해 ⓑ는 팡둥에게서 봉식의 행방에 관한 소식을 들으려던 봉염 모녀가 목적을 달성하지 못한 공간임을 확인할 수 있다. ③ ⓐ X, ⓑ X / '그는 분주히 비를 들고 방을 쓸어 내었다.'에서 ⓐ를 정돈하는 '그'의 모습을 확인할 수 있으나, '그'가 ⓐ를 '그렁저렁 지낼 만'한 정도의 곳으로 여긴다는 점에서 애정 어린 마음을 가지고 있다고 볼 수는 없다. 한편, '봉식이를 찾지 못하게 되면 팡둥이라도 만나서 사정하여 봉식이를 찾아 달라고 하리라 하였던 것이다.'에서 봉염 모녀가 봉식의 소식을 듣기 위해 팡둥을 찾아갔음을 알 수 있다. 그러나 ⓑ에 봉식이 있을 것이라고 추정했던 것은 아니다. ④ ⓐ X, ⓑ O / '어쩌다 손님이 오면 피해 앉을 곳도 없었다.'와 '시일이 차츰 지나니 낯선 남성 손님이 온다더라도 처음같이 그렇게 어색하지는 않았다. 그저 그렁저렁 지낼 만하였다.'를 통해 '그'가 처음에는 초라한 ⓐ에 불편함을 느꼈으나 시간이 갈수록 적응하게 되었음을 확인할 수 있다. 반면, '그들은 어떤 별천지에 들어온 듯 정신이 얼얼하였다.'를 통해 봉염 모녀가 화려한 ⓑ를 보고 정서적 충격을 받았음을 확인할 수 있다. ⑤ ⓐ O, ⓑ X / '그 참봉놈 보란듯이 우리도 잘살아야 할 터인데……'를 통해 '그'가 ⓐ에서 참봉 영감을 떠올리며 박탈감을 느끼고 있음을 확인할 수 있다. 반면, 팡둥은 '눈을 크게 뜨고 반가'워하며 봉염 모녀를 ⓑ로 안내했을 뿐, 언짢음을 드러내지는 않았다.

4. ④

〈보기〉에 따르면 윗글의 작가는 주인공 가족을 둘러싼 대립 구도를 활용하여 현실의 불평등 문제를 고발하고 있다. 윗글에서 팡둥을 찾아간 봉염 모녀에게 팡둥 부인은 '의심스러운 눈치를 보이'는데, 이는 봉염 모녀를 향한 팡둥 부인의 적대감이 표출된 것으로 볼 수 있다. 그러나 이로 인해 봉염의 어머니와 팡둥 부인 간의 대립이 초래된다고 보기는 어렵다. 또한 〈보기〉에서 말하는 현실의 불평등 문제는 못 가진 자가 아무리 노력해도 빈곤을 떨칠 수 없다는 것에서 기인하는데, 팡둥 부인으로 인해 이러한 불평등이 심화된다고 볼 수 없다.

오답 풀이

① 〈보기〉에 따르면 윗글은 고향에서 삶의 터전을 빼앗긴 후 간도로 이주한 주인공의 모습을 그려 내고 있다. 봉염의 어머니는 '뜻하지 않'게 머릿속에 떠오른 고향의 '밭'을 그리며, 그 '밭머리에 나타나는 참봉 영감'을 '죽일놈'이라 지칭하고 있다. 또한 봉염의 어머니가 '참봉놈 보란듯이 우리도 잘살아야 할 터인데……'라고 생각하는 것을 볼 때, 봉염의 어머니는 참봉 영감으로 인해 삶의 터전이었던 고향을 떠나 이주해야 했던 것임을 추론할 수 있다. ② 〈보기〉에 따르면 윗글은 삶의 터전을 빼앗긴 주인공이 간도로 이주하여 열악한 환경에 놓이는 모습을 그려 내고 있다. 봉염의 어머니는 '처음 이곳'에 왔을 때는 '손님이 오면 피해 앉을 곳도 없'는 '방 안'이 '도야지굴'처럼 생각되었다고 하였다. 이는 주인공이 간도로 이주한 후에도 열악한 환경에서 생활하고 있음을 보여 준다. ③ 〈보기〉에 따르면 윗글은 간도로 이주한 주인공이 열악한 환경에 놓이는 데에 더해 가족의 해체까지 경험하는 모습을 그려 내고 있다. '아버지의 장례'를 치른 후 사라져 버린 봉식의 소식조차 듣지 못하는 봉염의 어머니의 모습은 가족의 해체를 경험하는 주인공의 모습이라 할 수 있다. ⑤ 〈보기〉에 따르면 윗글은 못 가진 자가 아무리 노력해도 빈곤을 떨칠 수 없는 현실의 불평등 문제를 고발하고 있다. 봉염의 어머니는 고향을 떠나 간도로 이주하여 살아가면서 아무리 '애를 써서 땅을 파'도 '불행과 궁핍'만이 닥치는 자신의 팔자를 한탄한다. 이는 갖은 노력을 해도 빈곤에서 벗어날 수 없는 못 가진 자의 현실적 문제를 보여 주는 것이라고 할 수 있다.

2. 황순원, 목넘이 마을의 개

1. ①

간난이 할아버지는 신둥이를 보며 '주둥이에 거품을 물었다든가 군침을 흘린다든가 하지 않는 걸 보면 이 개가 미쳤대도 아직 그닥 심한 고비엔 이르지 않은 것 같'다고 여기고, '미친개라면 눈알이 붉게 충혈되거나 동자에 푸른 홰를 세우는 법인데 도무지 그렇지가 않았다.'라고 생각하는 등 신둥이의 외양을 통해 신둥이가 자신에게 위협을 끼칠 만한 미친개가 아니라고 판단한다. 신둥이 또한 간난이 할아버지의 눈이 '아무렇게 보아도 자기를 해치려는 사람의 눈이 아'니었다고 생각하므로, 간난이 할아버지의 외양을 통해 간난이 할아버지가 자신을 해칠 사람이 아님을 판단하고 있다고 볼 수 있다.

오답 풀이

② 동장네 형제는 신둥이를 향해 '미친가이 잡아랏'이라 외치며, 신둥이를 미친개로 취급한다. 신둥이는 이들로부터 달아난 후 간난이 할아버지가 낸 '인기척 소리에 놀라'며 사람을 경계하는 모습을 보이지만, 간난이 할아버지가 '자기를 해치려는 사람'이 아님을 알아채고는 '뒷다리 새로 껴 넣었던 꼬리를 약간 들기 시작하'며 사람을 향한 경계를 푸는 모습을 보인다. ③ 큰동장은 '미친가이 잡아라!'라는 작은 동장의 고함을 듣고 신둥이가 '정말 미친갠지도 모른다는 생각'을 하며 '몽둥이 하나를 집어 들고 나'와 신둥이를 쫓는 작은 동장의 행동에 동참한다. 이때 작은 동장이 신둥이를 '미친개'로 취급하여 쫓으려는 정확한 사정을 큰동장이 알지 못한 채 동조하고 있다고 볼 수는 있으나, 동장네 형제는 '비스듬한 언덕'에 이르러 더 이상 '신둥이의 뒤를 쫓을 염은 않고' '소리만 질렀'으므로 적절하지 않다. ④ 동장네 형제에게 쫓기는 신둥이가 '밭 새를 질러 달아나'자, '마침 늦도록 밭에 남아 있던 김선달'이 신둥이를 쫓았다. 이때 김선달은 '미친개 잡으라는' 동장네 형제의 외침을 듣고 신둥이의 뒤를 쫓은 것일 뿐, 자신이 경작하고 있던 밭을 가로지른 신둥이에게 앙심을 품어 신둥이를 쫓아가기 시작한 것이 아니다. ⑤ 간난이 할아버지는 신둥이의 '눈알이 붉게 충혈되거나 동자에 푸른 홰'가 서지 않은 것, '뒷다리 새로 껴 넣었던 꼬리를 약간 들기 시작하는 것'을 보고는 '적어도 아직까지는 미치지는 않은 개'라고 판단한다. 또한 간난이 할아버지는 신둥이와 누렁이가 '코를 마주 내'미는 모습을 보며, '다시 한번' 신둥이가 미친개는 아니라고 생각했으므로, 간난이 할아버지가 신둥이와 누렁이가 코를 마주 내미는 모습을 보고서야 신둥이가 미친개가 아니라고 생각했다고 볼 수는 없다.

2. ①

ⓐ(목소리)는 큰동장이 신둥이를 쫓아내며 내는 소리이다. 이처럼 큰동장이 신둥이를 쫓아내고, 그 모습을 본 작은 동장이 신둥이를 미친개로 여김에 따라, 인물들이 신둥이를 뒤쫓는 사건이 시작된다. 즉, 큰동장의 ⓐ는 신둥이와 마을 사람들 간의 갈등을 촉발하는 계기로 기능한다고 볼 수 있다. 한편, ⓑ(고함 소리)는 동장네 형제가 신둥이를 잡으라며 내는 소리로, 이는 김선달이 신둥이를 뒤쫓도록 만든다. 즉, ⓑ는 동장네 형제와 신둥이 간의 갈등이 동장네 형제, 김선달과 신둥이 간의 갈등으로 확장되는 계기가 된다고 볼 수 있다.

오답 풀이

② ⓐ O, ⓑ X / ⓐ는 신둥이가 '쫓겨 달아나'게 함으로써 이야기의 분위기를 조성하는 요소라고 볼 수 있다. 반면, ⓑ로 인해 김선달까지 신둥이를 쫓게 되므로 ⓑ는 이야기의 분위기를 전환하는 것이 아닌, 분위기를 고조하는 요소라고 볼 수 있다. ③ ⓐ O, ⓑ X / ⓐ는 신둥이가 '쫓겨 달아나'도록 함으로써 이야기의 위기감을 초래하는 시발점(일이 처음으로 시작되는 계기)으로 기능한다고 볼 수 있다. 반면, ⓑ는 위기감을 해소하는 것이 아닌 위기감을 고조하는 요소라고 볼 수 있다. ④ ⓐ X, ⓑ X / ⓐ는 이야기의 긴장감을 완화하는 것이 아니라 신둥이가 '달아나'도록 만듦으로써 긴장감을 촉발하는 요인으로 작용한다고 볼 수 있다. 한편, ⓑ는 동장네 형제뿐 아니라 김선달까지 신둥이를 쫓도록 만듦으로써, 앞서 촉발된 긴장감을 더욱 높이고 있다고 볼 수 있다. ⑤ ⓐ O, ⓑ X / ⓐ는 별다른 이유 없이 단지 '보지 못하던 개'라는 이유로 신둥이를 쫓아내는 큰동장의 목소리이다. 즉, 특정 대상에게 정당한 이유 없이 무비판적으로 가해지는 폭력을 상징적으로 드러낸다는 점에서, 이야기의 주제를 상징적으로 형상화한다고 볼 여지가 있다. 반면, ⓑ는 동장네 형제뿐 아니라 김선달까지 신둥이를 뒤쫓게 만드는 소리로, ⓐ와 유사하게 소외된 대상에게 가해지는 폭력을 암시한다. 따라서 ⓑ가 이야기의 주제를 반어적으로 부각한다고 볼 수는 없다.

3. ②

신둥이는 간난이 할아버지의 '인기척 소리에 놀라' ㉡에서 '꼬리를 뒷다리 새로 끼'는 행동을 보인다. 그러나 신둥이는 간난이 할아버지가 '자기를 해치려는 사람'이 아니라는 사실을 알아챈 후 '뒷다리 새로 껴 넣었던 꼬리를 약간 들기 시작'한다. 이를 통해 신둥이가 ㉡의 행동을 보인 이유는 간난이 할아버지가 자신의 신변을 위협할지 모른다는 경계심 때문이었음을 알 수 있다.

오답 풀이

① ㉠에서 간난이 할아버지는 '지게작대기를 뒤에 감추어 가지고 나'오면서 신둥이가 '미친개기만 하면 단매에 죽여 버리'려 하고 있다. 즉, ㉠에서 간난이 할아버지는 신둥이가 미친개인지를 확신하지 못하고 있으며, 신둥이가 미친개의 행동을 드러낼 경우를 가정하여 그에 대비하려는 모습을 보임을 알 수 있다. ③ ㉢에서 간난이 할아버지는 신둥이가 정말 '미쳤'는지를 확인하기 위해 신둥이의 '눈'을 보고 있다. 간난이 할아버지는 아직 신둥이가 미친개인지 판단을 내리지 않은 상황이므로, 신둥이에게 취할 태도를 결정했음을 알리려 했다고 볼 수 없다. ④ ㉣에서 신둥이는 간난이 할아버지가 '뒤로 감추었던 작대기'를 보고 '깜짝 놀라 허리를 까부라뜨'리는 모습을 보이고 있다. 그러나 ㉣ 직전의 내용을 통해 간난이 할아버지는 신둥이를 해하려는 의도를 갖고 있지 않음을 알 수 있으므로, 신둥이가 자신을 해하려는 의도를 간파하여 그에 대한 긴장감을 드러냈다고 볼 수는 없다. ⑤ ㉤에서 누렁이는 신둥이를 '쫓기 시작'하는데, 이는 신둥이가 '쑥 간난이 할아버지의 옆을 빠져 달아'난 것에 대한 반응이다. 신둥이의 행동은 간난이 할아버지에게서 '빠져' 도망치기 위함이므로 누렁이를 의식한 행동이라고 볼 수 없으며, 누렁이가 신둥이를 쫓아 달린 것이 신둥이의 돌발 행동을 만류하려는 것이었다고 볼 수도 없다.

4. ③

〈보기〉에 따르면 윗글에는 소외된 대상에게 무비판적인 폭력을 가하는 집단 구성원들과 달리, 합리적인 사고를 바탕으로 다수의 구성원들에게 동조하지 않는 예외적 인물이 등장한다. 간난이 할아버지는 신둥이의 '눈'을 보는 등 신둥이를 관찰하여 신둥이가 '미친개가 아니'라는 합리적인 사고를 하는 예외적인 모습을 보이지만, 신둥이가 '미친개기만 하면 단매에 죽여 버리'겠다고 생각하는 모습을 보이기도 한다. 이를 고려했을 때, 간난이 할아버지가 일체의 집단적 폭력에 반대하는 모습을 보여 주었다고 할 수는 없으므로 적절하지 않다.

오답 풀이

① 〈보기〉에 따르면 윗글에는 소외된 대상에게 느끼는 생경함을 명분으로 내세워 집단이 그 대상을 박해(못살게 굴어서 해롭게 함)하는 모습이 나타난다. 큰동장은 마을에서 '보지 못하던 개'라는 이유로 신둥이에게 '발을 굴'리고, 작은 동장은 '저놈의 낯선 개새끼가 정말 미친갠지도 모른다'며 신둥이를 잡으려 한다. 이는 신둥이가 단지 생경함을 주는 낯선 개라는 이유로 집단에서 소외되는 모습을 보여 준다. ② 〈보기〉에 따르면 윗글에 등장하는 집단 구성원들은 무비판적으로 대상에게 폭력을 행사하며 그러한 행위를 정당화한다. 김선달은 신둥이에 대해 정확히 알지 못하는 상태에서 '동장네 형제의 미친개 잡으라는 고함 소리를 듣고'는 의심 없이 무작정 '신둥이의 뒤를 쫓아가기 시작'한다. 이는 집단의 분위기에 휩쓸려 다수의 의견을 무비판적으로 수용하여 대상에게 폭력을 행사하는 모습을 보여 준다. ④ 〈보기〉에 따르면 윗글에는

집단에서 소외된 대상이 다수로부터 박해받는 모습이 나타난다. 자신을 미친개로 몰아 '때려잡으'려는 사람들로부터 달아난 신둥이는 '인기척 소리'나 '간난이 할아버지의 손에 쥐인 작대기를' 보고 놀라는 모습을 보인다. 이는 집단 구성원으로부터 박해받는 대상의 고통스러운 삶을 짐작할 수 있도록 한다. ⑤ 〈보기〉에 따르면 윗글에는 생명을 존중해야 한다는 주제 의식이 드러난다. 간난이 할아버지는 누렁이가 '신둥이의 뒤를' 쫓는 모습을 보고 신둥이가 '누렁이를 물지나 않을까' 걱정하는 모습을 보인다. 생명의 소중함은 모든 생명에 동등하게 적용되는 것이기에 누렁이에 대한 태도도 주제와 연관이 된다고 볼 수 있다. 따라서 이를 통해 생명을 소중하게 대해야 한다는 주제 의식을 짐작할 수 있다.

3. 박영준, 모범 경작생

1. ③

윗글은 '의숙이도~생각했다.', '그들은 길서의 말보다도 더 그럴듯이 생각했다.', '길서는 진정으로 한턱내고 싶기도 했다.' 등과 같이 인물의 심리를 모두 알고 있는 3인칭 전지적 작가인 서술자가 인물들의 내면을 직접적으로 전달하며 서사를 전개하고 있다.

오답 풀이

① 윗글은 과거와 현재를 반복적으로 교차시키는 부분이 제시되어 있지 않다. ② 윗글에서 '감자밭', '읍내' 등의 공간적 배경이 제시되어 있지만, 그림 그리듯이 자세히 설명하는 '묘사'의 방법은 쓰이지 않았다. ④ '길서는 새벽에 일어나~면사무소로 들어갔다.'에서 길서의 연속적인 행위가 제시되고 있으나, 이는 길서의 일과를 드러내는 부분일 뿐 긴박한 상황과는 무관하다. ⑤ 시간의 흐름을 '단계적'으로 보여 준다는 선지는 '여름 〉 겨울' 혹은 '아침 〉 저녁' 등 명백한 시간적 표지가 제시될 때 허용할 수 있다. 윗글에서 시간의 흐름을 단계적으로 보여 주는 부분은 없고, 갈등이 해소되는 과정이 제시되지도 않았다.

2. ⑤

ⓜ에서 길서는 '묘목'을 비싼 값에 가져가라고 면서기에게 요구하고 있을 뿐, 이를 통해 길서가 면서기에게 '한턱'을 내야 하는 것을 아까워하는지는 알 수 없다. 오히려 '길서는 진정으로 한턱내고 싶기도 했다.'를 통해 길서가 면서기와 우호적 관계를 유지하여 이익을 계속 누리고자 하고 있음을 확인할 수 있다.

오답 풀이

① ㉠에서 길서는 농민들에게 '부치던 땅'을 잃는 극단적인 상황을 들어 '공산주의자'들의 일하지 말라는 선동에 넘어가서는 안 된다는 경고를 하고 있다. ② ㉡에서 길서는 '유명하게 된 사람들'의 사례를 들어, 농민들도 부지런히 일하면 잘 살 수 있다는 생각을 심어 주고 있다. 이를 통해 길서는 어려운 상황에서도 농민들이 농사일을 부지런히 해야 한다는 것을 강조하고 있음을 알 수 있다. ③ ㉢ 이후에 기억이 "암만 호경기가 온다 해두~호경기는 무슨 소용이냐."라고 말하는 것을 통해, ㉢은 그가 길서의 말에 대해 의구심을 갖고 있음을 나타내는 것이라 볼 수 있다. ④ 헐값에 '도야지'를 판 것에 대해 묻는 어머니에게 성두가 ㉣과 같이 반문한 것은 명절이 다가오는 시기에 어쩔 수 없는 일이었다며 자신의 행동을 합리화하기 위함이다.

3. ④

[B]의 '이러한 기억의 말'은 [A]를 가리키는 것으로, 경기의 변화가 농민의 처지에 영향을 미치지 않는다는 내용이다. [B]의 '길서의 말보다도 더 그럴듯이 생각했다.'를 통해 마을 사람들은 호경기가 온다는 '길서의 말'보다 '기억의 말'에 공감하고 있음을 알 수 있다.

오답 풀이

① [A]는 호경기가 오면 농민들도 잘 살게 된다는 '길서의 말'을 듣고 나서 기억이 제기한 의문이므로, '길서의 말'에 대한 무관심을 드러내는 표현으로 보기 어렵다. ② 기억은 '길서의 말'을 듣고 "그런데 호경긴가 그것은 언제 온대던?"이라며 회의적인 반응을 보이는데, 길서는 이러한 기억의 질문에 얼버무리며 제대로 대답을 하지 못하였다. 그 이후에도 기억은 "암만 호경기가 온다 해두~생기기나 하나……."라며 호경기에 대한 회의적 반응을 보이므로, '길서의 말'에 대한 기억의 평가는 달라지지 않았음을 알 수 있다. ③ [B]는 '길서의 말'에 호경기가 자신들과 관련이 없는 것 같다는 '기억의 말'이 덧붙여지면서 청중인 마을 사람들이 '길서의 말'보다 '기억의 말'을 더 그럴듯하다고 생각하게 되었음을 보여 준다. 따라서 '기억의 말'을 통해 '길서의 말'이 지닌 설득력이 커졌다는 설명은 적절하지 않다. ⑤ [B]는 마을 사람들이 [A](기억의 말)의 내용이 타당하다고 여기며 이에 동의하고 있음을 보여 주지만, 마을 사람들과 기억 간의 관계가 긴밀하다는 것을 보여 주지는 않는다.

4. ⑤

늙은이의 말 뒤에 이어지는 '길서는 그저 웃었다. 의숙이도 재미있게 듣는 동네 사람들을 볼 때 길서가 더 훌륭한 것같이 생각했다.'와 같은 인물들의 반응으로 보아, 늙은이의 반문은 현실에 대한 자각이라기보다는 길서에 대한 대견함, 놀라움을 드러내는 것으로 이해할 수 있다.

오답 풀이

① 마을 사람들은 지주인 서재당이 '불경기'에도 '고래 같은 기와집'을 '맏아들'에게 지어 주는 것을 떠올리며, '불경기니 호경기니 해도 그것이 그들에게는 아무 관계가 없는 것같이 생각'하고 있다. 모두가 힘들다는 '불경기'이지만 가진 자들은 그렇지 않은 부조리한 상황을 떠올린다는 것은, 농민들이 농촌의 문제적 현실을 자각해 가는 과정을 보여 준다. ② 성두가 '잔치'를 위한 '큰돈'을 마련하기 위해 키우던 '도야지'를 싼 값에 팔아 치운 이유는, 밀린 '지세'를 내고 생활비를 마련하기 위해서이다. 이를 통해 당대 일제로부터 배제된 농민들이 제도적 장치를 통해 일제에 수탈당하며 가난에 시달렸음을 알 수 있다. ③ '강습회'는 길서가 일제의 지배 논리를 학습하는 곳으로, 여기에 참석했던 길서는 '가장 어렵고 무서운 시국'임을 다른 농민들에게 전하며 열심히 일하도록 독려하고 있다. 이는 일제가 자신들이 포섭한 농민인 길서를 통해 현재 열악한 농촌 현실에서 터져 나올 수 있는 농민들의 불만을 무마하려는 것으로 볼 수 있다. ④ 길서는 일제를 대변하는 면서기를 만나 자신이 기른 '뽕나무 묘목'을 비싼 가격에 사 줄 것을 요구하고 있는데, 이에 면서기는 '뽕나무 묘목'의 값을 자신이 좌지우지할 수 있다고 장담한다. 이는 일제가 길서를 포섭하기 위해 경제적 이익을 제공하는 모습으로 볼 수 있다.

4. 목성균, 명태에 관한 추억

1. ⑤

(가)는 '붉은 복사꽃 흰 오얏'에서 색채어를 활용하여 화자를 둘러싼 봄의 아름다운 풍경을 선명하게 표현하고 있다. 한편, (나)는 '푸르른 삼각산'에서 색채어를 활용하여 화자가 바라보는 '삼각산'의 풍경을 선명하게 제시하고 있다.

오답 풀이

① (가) O, (나) X / (가)에서는 '헛된 명성에 얽매'였던 과거를 회상하는 화자의 모습을 확인할 수 있다. 이는 화자가 '보국(나라의 은혜를 갚음)할 공로도 없이' 늙어 버린 현실의 덧없음(보람이나 쓸모가 없어 헛되고 허전함)을 환기하는 계기가 된다고 할 수 있다. 반면, (나)에서는 화자가 과거를 회상하는 모습을 확인할 수 없으며, 이를 통해 현실의 덧없음을 환기하고 있지도 않다. ② (가) O, (나) X / (가)에서는 '호기

가 사람을 많이 그르침'을 깨닫게 된 화자의 모습을 통해 삶의 태도에 대한 경계와 권고의 의도가 드러난다고 볼 수 있다. 반면, (나)에서는 삶의 태도에 대한 경계와 권고의 의도가 드러나지 않는다. ③ (가) X, (나) O / (가)에서 화자가 위치한 '타국'은 화자가 '헛된 명성'을 위해 찾았지만 '보국할 공로'를 세우지 못한 공간이므로, 속세와 강한 단절이 이루어지는 탈속적인 공간으로 보기 어렵다. 반면, (나)에서 화자가 머무르는 '강호'는 '임(임금)'이 있는 '오운궁궐'과 멀리 떨어진 자연이라는 점에서 탈속성을 지니며, 그 공간이 임에 대한 그리움이라는 시상(시를 짓기 위한 착상이나 구상)을 형성하는 데 기여하고 있음을 확인할 수 있다. ④ (가) X, (나) X / (가)와 (나) 모두 이상향에 대한 의식을 역설적 표현을 통해 진술하고 있지 않다.

2. ①

(가)의 '뉘엿뉘엿'은 '해그림자가 지나가'는 상황을 나타내는 표현으로, 해가 지는 모습은 '적막한 타국살이'를 하며 세월을 보내는 화자의 쓸쓸한 처지를 부각한다. 한편, (나)의 '오락가락'은 '천리'에 있는 '일편 혼몽'의 움직임을 나타내는 표현으로, '임 향한 단심'을 잊지 못하고 끝없이 '임'을 그리는 화자의 모습을 부각한다.

오답 풀이

② (가) X, (나) O / (가)의 '강호'는 '타국살이'의 무의미함을 강조하기 위해 제시된 공간이다. 화자는 이미 '보국할 공로도 없이' 늙어 버린 자신의 처지를 한탄하며, '타국'에서의 삶이 '고향에 돌아가 강호에서 늙'는 것보다 못하다고 말하고 있다. 따라서 '강호'를 '보국'에 대한 화자의 소망이 실현되는 공간으로 볼 수 없다. 반면, (나)의 '강호'는 '늙고 병'이 든 화자가 머무르는 공간에 해당한다. ③ (가) O, (나) X / (가)의 '못하는가'는 '고향의 오두막집'으로 돌아가지 못하는 현실을 한탄하는 화자의 태도를 드러낸 표현이다. 〈제5수〉에서 화자는 '배 돌려서~성근 그림자 보리라'라며 '고향'으로 돌아가고 싶은 마음을 드러내고 있으므로, '못하는가'는 '고향'에 돌아가려는 열망을 강조한다고 볼 수 있다. 반면, (나)의 '잊을쏘냐'는 '잠'에 든다고 해도 '임'을 향한 그리움은 지속됨을 드러낸 표현이다. (나)에서 화자가 '잠'에 들지 못하는 모습이 나타나지는 않으므로 선지의 설명은 적절하지 않다. ④ (가) O, (나) X / (가)의 '도리어'는 '헛된 명성에 얽매'인 탓에 '이속과 함께 지내'야 하는 화자의 심란함을 부각하는 표현이다. 반면, (나)의 '하물며'는 '삼각산'을 통해 연상된 '오운궁궐'을 그리워하는 화자의 모습을 부각하는 표현이다. 이를 통해 '삼각산'의 아름다운 풍경에 대한 화자의 감상이 드러난다고 보기는 어렵다. ⑤ (가) X, (나) O / (가)의 '매화'는 '고향'에 닿을 수 없는 처지에 놓인 화자가 '시내 남쪽을 향해 심고'자 하는 대상으로, '고향'을 향한 화자의 그리움을 드러낸다고 할 수 있다. 그러나 화자는 '고향'에 돌아가지 못하는 현실을 말하고 있으므로, '매화'가 '고향'에 돌아가게 된 화자의 즐거움을 부각한다고 볼 수 없다. 반면, (나)의 '우로은'은 '임'이 화자에게 베푼 은혜를 의미하므로 화자가 '우로은'을 생각하며 서러움을 느끼고 있다고 볼 수 있다.

3. ②

(가)의 ㉠(호기)은 '사람을 많이 그르'치는 것으로, 이는 과거 '헛된 명성에 얽매'였던 화자의 태도와 연결된다. 따라서 (가)에서 ㉠을 '보국할 공로도 없이' 타국에서 세월을 보내는 현실에 한탄하는 화자의 현재와 연결하여 화자가 느끼는 '시름'의 이유를 보여 준다고 할 수 있다. 한편, (다)의 ㉡(호기)은 '아버지'가 과거 '집안 대주'로서 보인 것으로, 글쓴이는 아버지가 보인 ㉡에서 '집안 대주의 권위'를 느끼고 '감동'하였다고 하였다. 따라서 (다)에서는 ㉡을 글쓴이의 과거와 연결하여 글쓴이가 '감동'받았던 이유를 암시한다고 할 수 있다.

오답 풀이

① ㉠ O, ㉡ X / (가)에서 화자는 ㉠이 '사람을 많이 그르침을 알겠'다고 말하고 있다. 이는 과거 '헛된 명성에 얽매'였던 태도가 결국 자신을 그르쳤다는 깨달음을 얻은 것으로 볼 수 있다. 반면, (다)에서 ㉡은 '아버지'가 '집안 대주'로서 보였던 '권위'적 태도와 연결되는 것은 맞으나 글쓴이는 이를 긍정적으로 인식하고 있으므로 폐해(옳지 못한 경향으로 생기는 해)를 강조한다는 선지의 설명은 적절하지 않다. ③ ㉠ X, ㉡ O / (가)의 화자는 ㉠을 통해 잘못된 '사람'을 바로잡으려 하거나 현재 처한 현실을 극복하려 하는 등의 의지적 자세를 보이고 있지는 않다. 반면, (다)에서 ㉡은 '아버지'가 '집안 대주'로서 보였던 '권위'적 태도와 연결되는 것으로, 글쓴이는 이를 '참 보기 좋았다'며 긍정적으로 평가하고 있음을 확인할 수 있다. ④ ㉠ O, ㉡ X / (가)에서 ㉠은 '사람을 많이 그르'치는 것으로, 이는 과거 '헛된 명성에 얽매'였던 화자의 태도와 연결된다. 따라서 ㉠은 '타국살이'를 하며 '보국할 공로도 없이' 세월을 보내는 화자의 설움을 강조한다고 볼 수 있다. 반면, (다)에서 ㉡은 '아버지'가 '집안 대주'로서 보였던 '권위'적 태도와 연결되는 것이다. '아버지'가 권위를 '남용하시는 게 아닌가 싶은' '당당'한 태도로 '명태 한 코'를 '며느리'에게 건네는 모습을 고려해 볼 때, '아버지'가 '집안 대주'로서 부담감을 느끼고 있다고 볼 수는 없다. ⑤ ㉠ △, ㉡ X / (가)에서 화자는 '매번 봄바람 속에 먼 곳 나그네'가 되고 보니 ㉠이 '사람을 많이 그르침을 알'게 되었다고 하였다. 따라서 ㉠과 연결된 '봄바람'은 화자가 ㉠으로 인해 과거 '헛된 명성에 얽매'였던 자신을 돌아보게 한다는 점에서 화자의 태도 변화를 제시한다고 볼 여지가 있다. 반면, (다)에서 글쓴이는 ㉡과 함께 '아침 햇살 가득 차오르던 산골 초가집 부엌 기둥에 걸려 있던 순박한 명태 한 코가 집안 대주의 권위로 바라보이던 시절'을 그리워하고 있다. 즉 화자는 현재와는 다른 과거의 시절을 그리워하고 있으므로, ㉡이 '초가집'과 관련한 대상들의 불변성을 제시하고 있다고 볼 수는 없다.

4. ②

ⓑ에서 '맘껏'은 '명태 두 마리'를 휘저었을 '아버지'의 행위와 연결되어 '두루마기'가 더러워질 수밖에 없었던 경위를 보여 주는 것으로, 여기서 가족에 대한 '아버지'의 무심함은 나타나지 않는다. 또한, 글쓴이는 그 당시 '아버지의 호기가 참 보기 좋았다'며 긍정적으로 평가하고 있으므로 '아버지'에게 원망을 품었었다고 보기도 어렵다.

오답 풀이

① ⓐ에서 '즉시'는 더럽혀진 '두루마기'를 빠는 '며느리'의 행위가 '등불'에 '두루마기'를 비춰 보는 행위에 이어 즉각적으로 발생했음을 드러내는 표현이다. '며느리'의 이러한 행동은 '집안 대주'인 '아버지'를 향한 '며느리'의 공경심을 부각한다고 볼 수 있다. ③ ⓒ에서 '당당히'는 '며느리'에게 '명태'를 건네는 '아버지'의 태도를, '공손히'는 '아버지'로부터 '명태'를 받는 '며느리'의 태도를 보여 주는 것으로, 두 태도는 서로 대비를 이룬다. 이를 통해 가정 내에 형성된 위계질서가 부각되므로 선지의 설명은 적절하다. ④ ⓓ에서 '언뜻'은 '명태'에 관한 글쓴이의 사유가 '조선무'로 이어져 확장되고 있음을 나타내는 표현이다. ⑤ ⓔ에서 '가으내'는 '가을 내내'라는 뜻을 가진 표현으로, '조선무'가 '담백한 맛의 진수'를 보이기 위해 '명태를 기다'리며 익어 간 시간을 의미한다. 이는 '조선무'의 '담백한 맛'이 한순간 이루어지는 것이 아니라 오랜 시간이 필요함을 보여 주는 표현이다.

5. ⑤

〈보기〉에 따르면 수필은 문체를 비롯한 글의 구성 방식을 통해 글쓴이의 개성이 강하게 드러난다. (다)에서 글쓴이는 '집안 대주'로서 '아버지'의 '권위'가 드러나는 일화를 제시하고, '아버지'가 가져왔던 '명태'와 그와 관련된 '조선무'에 관해 사유하고 있다. 이를 '아버지'와 '며느리'의 관계에 대입하면, 가정 내에서 각자의 역할을 충실히 수행했던 '아버지'와 '며느리'의 모습을 각각 '명태'와 '조선무'를 통해 형상화한 것으로 해석할 수 있다. 따라서 글쓴이가 자연과 인간을 대조하고 있다고 보기는 어렵다.

오답 풀이

① 〈보기〉에 따르면 수필은 글쓴이가 자신의 개인적인 경험과 그에 대한 주관적인 해석을 제시하는 글이다. (다)의 글쓴이는 '취기가 도도해진 아버지가 명태 한 코를 들고 와서' 며느리에게 건넨 후 '저녁 진짓상'을 마다하고 '사랑으로 들어가셨'던 '그날'을 회상하며, 그날의 일화를 구체적으로 제시하고 있으므로 선지의 설명은 적절하다.

② 〈보기〉에 따르면 수필의 글쓴이는 자신의 개인적인 경험을 제시한 후 이를 주관적으로 해석하여 깨달음을 드러내기도 한다. (다)의 글쓴이는 '며느리'가 '아버지'를 위해 '푸새 다림질'을 하여 미리 준비해 두었던 '두루마기'가 명태로 인해 더럽혀졌음에도 이를 불평하지 않고 '즉시 우물로 가지고 가서 빨'고, '명태'를 '공손히 받아서 부엌 기둥'에 거는 모습을 보고 '한 집안 대주의 권위'를 느끼며 '감동'했다고 하였다. 이처럼 '며느리'의 행위를 보며 글쓴이가 느끼고 생각한 것은 글쓴이가 자신의 경험에 대해 주관이 개입된 해석을 하고 있음을 보여 주므로 선지의 내용은 적절하다. ③ 〈보기〉에 따르면 수필의 글쓴이는 제재에 대한 독특한 관점이나 태도를 통해 자신의 인생관을 드러내곤 한다. (다)의 글쓴이는 '명태'가 '무욕으로 일관한 제 생의 담백한 육질을 신선하게 보전해서 사람들에게 보시(자비심으로 남에게 재물을 베품)했'다고 표현하고 있다. 이때 '명태'를 '무욕'의 삶을 사는 존재로 표현한 것은 글쓴이의 독특한 관점이 드러난 부분으로 볼 수 있다. ④ 〈보기〉에 따르면 수필의 글쓴이는 제재에 대한 독특한 관점이나 태도를 통해 자신의 인생관을 드러내곤 한다. (다)의 글쓴이는 '명태'를 '무욕'의 삶을 사는 존재로 표현하면서, '제 속을 비워 창난젓과 명란젓을 담게' 한 뒤에 '북어'가 되어 '제상'이나 '고사상'에 올라 '귀물'로 대접받았다고 말한다. 사람들을 위해 '제 속을 비워' 주는 '명태'가 귀하게 취급되는 것은 '명태'의 자기희생적 태도를 환기하는 한편, 그에 대한 글쓴이의 긍정적 인식을 드러낸다고 볼 수 있다.

6. ②

〈보기〉에 따르면 멈출 수 없는 시간과 좁힐 수 없는 물리적 거리는 그리움을 심화하는 계기가 되기도 하며, 문학에서는 다양한 표현 방식을 사용하여 이러한 현실적 한계를 극복하지 못하는 안타까움을 효과적으로 드러내곤 한다. (나)의 화자가 '세월이 깊어 가니 / 임 그린 마음이 갈수록 새로워라'라고 말한 것은 시간이 갈수록 '임'을 향한 그리움이 심화하고 있음을 나타낸다. 화자가 '임 향한 단심이 잠든다고 잊을쏘냐'라고 말하는 것과 함께 고려해 볼 때, 이는 화자가 '임'을 향한 그리움을 해소하고자 노력하는 모습을 드러낸다고 볼 수 없다.

오답 풀이

① (가)의 화자는 '바다'는 자신과 가까운 대상으로, '하늘'은 자신과 멀리 있는 대상으로 제시하고 있다. 〈보기〉의 내용을 고려할 때 이와 같은 '바다'와 '하늘'의 대립 관계는 '고향 편지 부칠 기러기'조차 없는 화자의 현재 상황을 부각하여, '고향'과의 거리를 좁힐 수 없는 상황에 대한 화자의 답답한 마음을 부각한다고 볼 수 있다. ③ (가)에서 화자는 '만리타국'에서 '고향'에 돌아가지 못하는 자신의 처지를 한탄하고 있다. 이때 자신이 있는 공간을 '만리타국'으로 표현한 것은 '고향'과의 거리를 부각하는 것으로 볼 수 있다. 한편, (나)에서 '천리'는 화자가 '임'과 멀리 떨어져 있는 거리를 드러내는 표현이다. 〈보기〉의 내용을 고려할 때 이처럼 대상과의 거리를 환기하는 표현들은 대상의 부재를 인식하는 화자의 모습으로 연결되므로 선지의 내용은 적절하다. ④ (나)에서 '오운궁궐'은 '채색 구름이 어려 있는 궁궐'로 '임'이 있는 공간을 제시한 것이다. 〈보기〉의 내용을 고려할 때, 이처럼 부재한 '임'이 있는 공간을 제시한 것은 그곳으로 가지 못하는 화자의 처지와 그로 인한 화자의 안타까움을 부각한다고 볼 수 있다. 한편, (다)에서 글쓴이는 과거 '아버지'와 '며느리'가 있던 공간을 '아침 햇살 가득 차오르던 산골 초가집'으로 제시하였다. 이때 '산골 초가집'을 '아침 햇살 가득 차오르'는 공간으로 표현한 것은 과거의 '시절'을 그리워하는 글쓴이의 태도와 그 '시절'로 돌아갈 수 없는 글쓴이의 안타까움을 부각하는 기능을 한다. ⑤ 〈보기〉에 따르면 대상의 부재로 인해 발생하는 그리움은 문학의 창작 동인이 되는 중요한 정서 중 하나이며, 이때 그리움의 대상은 비단 사람뿐 아니라 떠나온 공간이나 과거의 순간이 될 수도 있다. (가)에서 화자는 '고향'을 떠나 '만리타국'에 있으며, '고향'에 돌아가지 못하는 자신의 처지를 한탄하고 있다. 이때 화자는 '고향의 오두막집'을 그리워하고 있으며, 이는 작품 창작의 계기를 제공한 대상이라고 볼 수 있다. 한편, (나)에서 화자는 '임'을 향한 '그리움'이 끝없다고 말하고 있다. 이때 화자는 '오운궁궐'에 있는 '임'을 그리워하고 있으며, 이는 작품 창작의 계기를 제공한 대상이라고 볼 수 있다. (다)에서 글쓴이는 '아버지의 호기가 그립다'고 말하면서 '순박한 명태 한 코가 집안 대주의 권위로 바라보이던 시절이 그립다'고 말하고 있다. 이때 글쓴이는 '집안 대주'로서 '아버지'가 보였던 '호기'와 '아버지'가 권위를 가졌던 과거의 한 시절을 그리워하고 있으며, 이는 작품 창작의 계기를 제공한 대상이라고 볼 수 있다.